Karl Werner

**Die italienische Philosophie des neunzehnten Jahrhunderts**

Karl Werner

**Die italienische Philosophie des neunzehnten Jahrhunderts**

ISBN/EAN: 9783742813060

Hergestellt in Europa, USA, Kanada, Australien, Japan

Cover: Foto ©Klaus-Uwe Gerhardt /pixelio.de

Karl Werner

**Die italienische Philosophie des neunzehnten Jahrhunderts**

Die

# italienische Philosophie

des

neunzehnten Jahrhunderts.

Von

Dr. Karl Werner.

Fünfter Band:
Die Selbstvermittelung des nationalen Culturgedankens in der
neuzeitlichen italienischen Philosophie.

Wien.
Verlag von Georg Paul Faesy.
1886.

# Inhaltsverzeichniß.

Orientirung. Die Beziehungen der neuzeitlichen italienischen Philosophie zu den mannigfachen Seiten des nationalen Culturlebens. S. 1 f.

## I. Naturphilosophie und Ästetik.

Innere Bedingtheit der philosophischen Ansicht vom Schönen durch die philosophische Naturansicht. Rosmini's philosophischer Naturbegriff im Verhältniß zu jenem Caluso's; Umsetzung der Moleculartheorie desselben in die Idee der Zusammengesetztheit des Körperlichen aus empfindungsfähigen Componenten zusammt den hieraus sich ergebenden Consequenzen in Bezug auf die Wechselanziehung der Massentheilchen, Wesen der Materialität als solcher, Objectivität der Raumvorstellung u. s. w. (SS. 5—14). Interpretation der mathematisch-physikalischen Seite der philosophischen Naturlehre Rosmini's durch Gius. Calza; Elimination des exclusiven Physikalismus (SS. 15—23). Vermittelung des Reciprocitätsverhältnisses zwischen Mensch und sichtbarer Außenwelt durch die körperliche Materialität als gemeinsamen Wirkungsterminus des intellectiven Principio corporeo einerseits, des intellectiven menschlichen Empfindungsprincipes andererseits; ausschließlich terminative Bedeutung der Materie. Subsumtion der realen endlichen Dinge unter die Kategorie des subjectiven Seins, subjectivistischer Individualismus der Rosmini'schen Anthropologie und die hiedurch bedingte Auffassung und Behandlung der Probleme der philosophischen Ästhetik. Coincidenz des Schönen mit dem Idealen, die der Dreitheilung des Seins entsprechende Unterscheidung zwischen natürlichem, intellectuellem, moralischem Schönen, der in den moralisch-teleologischen Beziehungen des Schönen enthaltene Hinweis auf das absolute Schöne, die zu demselben hinanführenden Stufen (SS. 24—36). Musikalische Auffassung des Schönen, die Dreieinheit des absoluten Schönen als absolute Urbildung des Lebensconcentes alles Seienden; Verhältniß der musikalischen Auffassung des Schönen zur plastisch-realistischen Auffassungsweise desselben: Reducirung der musikalischen Auffassungsweise des Schönen bei Rosmini auf seinen naturphilosophischen Monadismus (SS. 36—40). Identificirung der platonisch-spiritualistischen Auffassung des Schönen mit der specifisch christlichen Ansicht vom Schönen; die Vergegenwärtigung der in Gott vollendeten menschlichen Lebens= wirklichkeit als christliches Kunstideal. Die von Rosmini geplante Callologia, seine sonstigen Schriften philosophisch=ästhetischen Inhaltes, seine Beziehungen zu Al. Manzoni (SS. 40–46). Manzoni's Dialogo dell' invenzione als der durch die Befreundung mit Rosmini's Lehre herbeigeführte Abschluß seiner philosopischen Verständigung über das Wesen des Schönen. Geistiger Ent= wickelungsgang Manzoni's, seine christlich=nationalen Dichtungen, sein Verhält= niß zum Mailänder Conciliatore, der Gegensatz und Conflict zwischen Roman= ticismus und Classicismus auf italischem Boden, Phasen und innere treibende Motive dieses Kampfes, Verständigungen über das eigentliche Wesen und über die Intentionen des italienischen Romanticismus (SS. 46–55).

Gioberti's Stellung zu dem Gegensatze zwischen den Romantikern und Classicisten, Betonung der antiken Cultur als Unterlage der modernen Civili= sation, psychologisch=geschichtliche Erklärung des Ursprunges des Kunstschönen (SS. 56–59). Begriff des Schönen und Ableitung desselben aus Gioberti's Formola ideale; das menschliche künstlerische Schaffen als Nachahmung der göttlichen Schaffensthätigkeit (SS. 59–62). Unterschied zwischen dem Erhabenen und specifisch Schönen, Präcedenz der ersteren Form des Schönen vor der letzteren im schöpferischen Machtwalten Gottes und in der Entwickelung der menschlichen Kunstthätigkeit, Architektur und Musik als die ersten Künste und Mütter der übrigen Künste; das absolute Ziel aller schöpferischen Kunstthätigkeit, der göttlichen sowohl als der menschlichen, die den beiden Cyclen der göttlichen Schaffensthätigkeit entsprechenden Entwickelungsstadien der menschlichen schöpfe= rischen Kunstthätigkeit (SS. 62–68). Die Hauptformen der vorchristlichen Kunstentwickelung, specifischer Charakter des der christlichen Anschauung ent= sprechenden Kunstschönen (SS. 68–73). Deduction der besonderen Arten des Kunstschönen aus dem allgemeinen Wesen desselben; das Geheimnißvolle, Übernatürliche und Wunderbare als Reflexe des göttlichen Machtwaltens in den ächten Erzeugnissen des menschlichen Kunstschaffens (SS. 74–77). Ver= hältniß der Gioberti'schen Philosophie des Schönen zu jener Rosmini's, relative Vorzüge und Mängel beider (SS. 77–83).

Fornari's kunstphilosophische Anschauungen; seine auf Grund Gioberti= scher Ideen entwickelte ästhetisch=musikalische Weltlehre; der Reflex der dem speculativen Denken sich erschließenden und im sittlichen Wirken sich actuirenden gottgedachten Harmonien des Weltganzen im Bereiche des menschlichen Kunst= schaffens (SS. 83–87). Die naturphilosophische Unterlage des in der Erkennt= niß des göttlichen Unitutto sich abschließenden Verständnisses der Harmonie des Weltalls; die drei Hauptstufen der in der hierarchisch gegliederten Ordnung des Weltganzen durchklingenden absoluten Harmonie des göttlichen Unitutto, Bekämpfung des pessimistischen Skepticismus Leopardi's (SS. 87–97). Fornari's Theorie der Redekünste; Gliederung derselben mit Beziehung auf die vier Hauptobjecte des menschlichen Gedankens und auf die in der Erfassung der= selben concurrirenden vier Grundkräfte der menschlichen Seele: Gedächtniß, Intellect, Phantasie, Wille; historische, didaskalische, poetische, rhetorische Dar=

stellungsform. Die Dichtkunst als die specifisch den Charakter des Schönen an sich tragende Redekunst und als die höchste in der Reihe der die Stufenunterschiede des Schönen reflectirenden besonderen Arten der schönen Künste. Coincidenz der Poesie mit der vollkommenen Actualität der Phantasie; die Phantasie als Seelenauge und geistige Leuchtkraft, das Wahrnehmungsorgan des Schönheitsglanzes der gottgeschaffenen Dinge. Fornari's kritische Bemerkungen zu den Auffassungen des Schönen von Seite Gioberti's und Hegel's; sein Gegensatz zu Vera's philosophischer Theorie des Schönen (SS. 111—115). Tari's Estetica ideale; seine Modificationen an den ästhetischen Theorien Vera's und Hegel's, sein Verhältniß zur Herbart'schen Erklärung des Schönheitseindruckes; Verschmelzung der realistischen Auffassung des Schönen mit dem Hegel'schen Dialekticismus. Das Erhabene und das Komische als die zwei gegensätzlichen Erscheinungsformen des Schönen und deren synthetische Vermittelung und Ausgleichung im Dramatischen als durchgebildetster Form der concreten Erscheinung des Schönen. Die Dramaticität als die dem modernen Bildungsleben entsprechende Entwickelungsform der künstlerischen Darstellung des Schönen (SS. 115—125). Fornari's Verwerfung des modernen Drama und des historischen Romans; der Hervorgang der Poesie aus dem Religionsleben der Menschheit, Erklärung der drei typischen Gattungen der poetischen Darstellung aus den Beziehungen derselben auf den religiösen Gedanken; die Ausprägungen der drei poetischen Gattungstypen in der vorchristlich-antiken Welt und in der christlichen Weltzeit. Überschau und vergleichende Würdigung der hervorragendsten poetischen Leistungen der christlichen Culturvölker unter besonderer Berücksichtigung der italienischen Poesie (SS. 125—138).

Reaction gegen den in Fornari's Beleuchtung der italienischen Poesie eingenommenen Standpunkt von Seite nachfolgender neapolitanischer Literarhistoriker. De Sanctis über die Aufgaben des modernen Literarhistorikers und der literargeschichtlichen ästhetischen Kritik; sein Verhältniß zu Dante's Commedia divina. Würdigung ihres Gedankeninhaltes als unvergänglicher Substanz des nationalen Geistes= und Bildungslebens, kritische Zersetzung ihres mystischen Transcendentalismus durch die nachfolgende Entwickelung des europäischen Culturlebens, Reflexe derselben in der italienischen Poesie und Literatur nach Dante; der durch den Unterschied der Zeiten bedingte Unterschied zwischen der christlichen Dichtung Manzoni's und Dante's, Unklarheiten der neuitalienischen Romantiker, Zerfahrenheit der gegenwärtigen italienischen Bildungszustände, Mangel an wahrhaft schöpferischen Productionen der heutigen italienischen Literatur, Charakter der Gegenwart als Übergangsperiode (SS. 138—154). Einbämmung des kritisch=skeptischen Elementes der literargeschichtlichen Anschauungen des de Sanctis durch Settembrini, de Leonardis' Verhältniß zu Beiden, Hinweisung desselben auf die Ergänzung der durch Fornari, de Sanctis und Settembrini repräsentirten süditalienischen Schule in dem dem nördlichen und mittleren Italien angehörigen Leistungen auf dem Gebiete der philosophischen Kunstlehre und ästhetischen Kritik. Zanella über den Gegensatz der durch de Sanctis und Villari repräsentirten Richtungen, sein Urtheil über die in der jüngeren italienischen Dichtergeneration vorwaltenden Tenden=

zen, Charakteristik derselben durch de Leonardis (SS. 154—163). Caporali über den Positivismus als einzig möglichen Standpunkt der heutigen Ästhetik, erziehliche Aufgabe der im Dienste der modernen Culturidee stehenden Kunstthätigkeit (S. 163 f.). Conti's Theorie des Schönen, Verhältniß des Schönen zum Wahren und Guten; Aufgabe des künstlerischen Thuns die Nachahmung der Natur, d. i. der Gesammtheit dessen, was in der äußeren und inneren Lebens- und Denkerfahrung des Menschen gegeben ist. Bestimmung des Antheiles des Intellectes und der Phantasie am künstlerischen Hervorbringen; Unterordnung des künstlerischen Bildens unter die Regel der Wahrheit, innerer Zusammenhang derselben mit dem christlich-theistischen Gedanken, Bedeutung der Commedia divina. Haupt- und Hilfskriterien des Schönen, Parallelismus zwischen der Arte del Bello und Arte del Vero. Eintheilung und Gliederung der schönen Künste, geschichtliche Entwickelungsstufen des menschlichen Kunstschaffens; die Poesie als die höchste aller schönen Künste, Analogie des Verhältnisses der Poesie zu den übrigen Künsten mit jenem der Philosophie zu den übrigen Wissenschaften (SS. 165—175). Guis. Rossi als Bestreiter des vom ächten Realismus des künstlerischen Schaffens abirrenden Verismus oder falschen Realismus; Beleuchtung desselben in seinen Erscheinungen auf dem Gebiete der Poesie und schönwissenschaftlichen Literatur durch Belardita. Cartolano's Zurücklenkung von dem durch Conti und Guis. Rossi vertretenen ästhetischen Realismus auf die idealistische Auffassung des Schönen; sein Verhältniß zu Rosmini und Gioberti in diesem Punkte. Kritik der Gioberti'schen Definition des Schönen durch Antonio Petrich; Bemängelung des aus Kantschen Einflüssen abzuleitenden Subjectivismus der Gioberti'schen Anschauung vom Schönen (SS. 175—179).

C. Cantoni's kritische Beleuchtung und Würdigung der philosophischen Ästhetik Kant's, Aufzeigung ihres Zusammenhanges mit den in Kant's beiden Kritiken der theoretischen und praktischen Vernunft entwickelten Anschauungen; Kant's Verdienste um die Ästhetik, Bemängelung des Subjectivismus derselben, Bemühungen Cantoni's, den ästhetischen Subjectivismus Kant's durch eine tiefere und vollere Erfassung des inneren Seelenmenschen zu überwinden (SS. 179—189).

Kant als Überleiter der ontologistischen zur ideologischen Ästhetik; der ontologistische Standpunkt der italienischen Ästhetik noch neuerlichst repräsentirt durch Leone's Metaphysik des Schönen. Verhältniß seiner ästhetischen Theorie zu den Theorien eines Fornari, Gioberti, Hegel u. s. w.; Zurückverweisung auf die altitalische Weisheit, relative Anknüpfung an Vico, Hinausgehen über den empiristischen Denkstandpunkt älterer auf Vico sich stützender Ästhetiker. Darlegung der historisch-genetischen Entwickelung der menschlichen Kunstthätigkeit in deren Zusammenhange mit der Entwickelung der Sprache und Schrift. Sprache, Musik und Architektur als die drei Hauptkünste, an welche sich die Entwickelung aller übrigen Künste anlehnt; die classischen Repräsentanten der bildenden und redenden Künste in Italien (SS. 189—200).

## II. Psychologie und Pädagogik.

Rosmini's theoretische und praktische Thätigkeit auf dem Gebiete des Unterrichts und Erziehungswesens; seine Metodica, Verhältniß derselben zur zeitgenössischen italienischen und französischen pädagogischen Literatur (SS. 203 bis 207). Rayneri's Wirksamkeit als Pädagogiker; sein Verhältniß zu Gioberti's und Rosmini's Ideen über Erziehung und Unterricht, seine schriftstellerische Wirksamkeit auf pädagogischem Gebiete (SS. 208–218). Die in das Gebiet der Erziehungslehre einschlagenden Schriften Tommaseo's (S. 218).

Die auf positivistischem Grunde stehende pädagogische Literatur Italiens; Siciliani's Basirung der Erziehungslehre auf den kritischen Evolutionismus, Polemik gegen den spiritualistischen Theologismus und materialistischen Biologismus (SS. 218–224). Reaction gegen die moderne Säcularisirung und Verstaatlichung des gesammten Unterrichts- und Erziehungswesens: Allievo, R. Bobba, Valdarnini; Allievo's philosophische Grundlegung der christlichen Erziehungslehre, Valdarnini's Hinweisung auf Kant's classisches Büchlein über Pädagogik (SS. 224–231).

## III. Ethik und Juridik, Staats- und Gesellschaftslehre.

Die Aufeinanderbeziehung von Ethik und Juridik und die Verbindung beider mit der Gesellschaftslehre in Rosmini's Denksystem; seine Auffassung der staatlichen und kirchlichen Gemeinschaft, seine Unterscheidung zwischen natürlicher und übernatürlicher theokratischer Gemeinschaft (SS. 235–240). Conti's Arte del bene als Darlegung der im moralischen Wirken, im Rechts- und Gesellschaftsleben der Menschen sich actuirenden sittlichen Ordnung; Verhältniß der Ethik Conti's zu jener Gioberti's und Rosmini's (SS. 241–248). Labanca als Ethiker; Abgrenzung des von ihm auf ethischem Gebiete eingenommenen Denkstandpunktes gegen die sensistischen und intellectualistischen Psychologisten, sowie gegen die katholischen Ontologisten (SS. 249–252). Galasso's Auffassung der Aufgaben der wissenschaftlichen Ethik; unlöslicher Zusammenhang derselben mit dem christlichen Gottesgedanken (SS. 252–255).

Überblick der neueren rechtsphilosophischen Literatur der Italiener bis in die nächste Gegenwart herab (SS. 255–257). Rosmini's Filosofia del diritto; allgemeine Charakteristik derselben; Verhältniß Labanca's zu derselben (SS. 257–263). Lilla's Hochhaltung der Rechtsphilosophie Rosmini's, seine Stellung zu den an Gioberti sich anlehnenden Rechtsphilosophen, Dringen auf die richtige Erfassung der Wechselbeziehung von Recht und Sittlichkeit. Geschichtliche Beleuchtung der verschiedenen geistigen Richtungen auf dem Gebiete der Rechtsphilosophie, Nothwendigkeit einer harmonisirenden Ausgleichung und Einigung derselben (SS. 263–269). Cavagnari über die drei einander integrirenden Elemente des rechtsphilosophischen Gedankens und deren bisherige Entwickelung; die durch die geschichtliche Entwickelung der menschlichen Gesellschaft bedingte Wandelbarkeit der rechtlichen Befugnisse und Anschauungen, die Idee der persönlichen Freiheit als das Princip der modernen Rechtsentwickelung

(SS. 269—271). Die Stellung der Positivisten und Evolutionisten zu den Aufgaben und Problemen der Rechtsphilosophie; D. Lioy's Bekämpfung der materialistisch-sensistischen Begründung und Ableitung des Rechtsgedankens, Eintreten für die spiritualistisch-idealistische Auffassung desselben unter Anlehnung an Gioberti einerseits, an Vico andererseits; Darlegung der auf dieser doppelten geistigen Unterlage ausgeführten philosophisch-geschichtlichen Rechts- und Gesellschaftslehre (SS. 271—279). Emerico Amari's Bemühungen um eine auf dem Wege der vergleichenden Gesetzeskunde zu gewinnende Theorie des idealen Musterstaates; seine Studien auf dem Gebiete der Theorie und Geschichte des Strafrechtes (SS. 279 f.).

Die Philosophie des Strafrechtes im neuzeitlichen Italien; die ontologistische Auffassung und Behandlung ihrer Probleme: Rosmini; Controverse zwischen Mamiani und Mancini, Polemik des Ersteren gegen den psychologistischen Subjectivismus des Letzteren, gemeinsames Eintreten Beider gegen die Utilitarier ihres Zeitalters auf dem Gebiete der Rechtsphilosophie und Strafrechtslehre (SS. 280—286). Diverse Stellungnahmen der Positivisten und Evolutionisten zu den Problemen der Philosophie des Strafrechtes; Classification der Ursachen der Verbrechen; widerstreitende Meinungen über die Möglichkeit einer Minderung der Zahl der Verbrechen durch eine radicale Gesellschaftsreform (SS. 286—288).

Erörterungen der socialen Frage von Seite der älteren Vertreter der neuzeutlichen italienischen Philosophie: Minghetti als nationalökonomischer Gesellschaftstheoretiker (SS. 288—294); Mamiani über das durch staatliche Fürsorge zu regelnde Verhältniß zwischen Capital und Arbeit (S. 294). Mamiani's Auffassung des Staates als einer der bürgerlichen Gesellschaft übergeordneten Potenz, Zusammenhang dieser Auffassung mit Mamiani's Monarchismus; Bekämpfung dieser Anschauung vom Staate durch Bovio, der republikanische Idealstaat der Zukunft das höhere Dritte über den einseitigen Gegensätzen des monarchischen Constitutionalismus und communistischen Socialismus; die richtige Äquilibrirung der individuellen Freiheit und Eigenheit mit jener aller anderen in der den berechtigten Interessen Aller entsprechenden Form der politischen Gemeinsamkeit als das von der universalgeschichtlichen Rechts- und Gesellschaftsentwickelung angestrebte Endziel derselben. Bovio's Construction der bisherigen Rechts- und Gesellschaftsentwickelung auf Grund der im alten Orient gegebenen prähistorischen Anknüpfungspunkte, Verfolgung dieser Entwickelung im alten Griechenland und im altrömischen Gemeinwesen; Einfluß des Christenthums und der Kirche auf den weiteren Gang der Entwickelung, Beleuchtung desselben mit specieller Rücksicht auf das mittelalterliche Italien; die Anbahnung der Entwickelung des Civismus und Individualismus in der europäischen Völkerwelt durch die italienische Renaissance. Die harmonische Vermittelung und Verschmelzung des Individualismus und Civismus als die Aufgabe der heutigen italienischen Rechts- und Gesellschaftslehre, die Neapolitaner Gravina, Vico und Giannone als Anticipatoren derselben (SS. 294—301).

Italienische Bearbeitungen der Geschichte der Rechtsphilosophie. Carmignani's Scheidung derselben in die zwei Hauptperioden der vorchristlich-antiken

und der in die christliche Weltzeit fallenden Entwickelung des rationalen Rechts=
gedankens; der in der zweiten Hauptperiode sich vollziehende Übergang vom
Diritto dell'umanità als Forschungsobjecte der antiken Philosophie zur Filosofia
del diritto als Forschungsobjecte der Filosofia moderna, Entwickelungsstadien
derselben bis zu Kant herab. Kritische Vergleichung der Leistungen Kant's
mit jenen Vico's, unbedingte Bevorzugung des Letzteren, kritische Streiflichter
auf Filangeri's und Romagnosi's rechtsphilosophische Anschauungen (SS. 301
bis 325). Ergänzungen der bis zum Beginne des 19. Jahrhunderts reichen=
den Darstellung Carmignani's durch die der Gegenwart angehörigen Überblicke
und kritischen Beleuchtungen der rechtsphilosophischen Literatur dieses Jahr=
hunderts (S. 325). Carle's Vita del diritto als Versuch einer Verschmelzung
der allgemeinen Geschichte der Rechtsentwickelung mit der Entwickelungs=
geschichte der Rechts= und Staatswissenschaften; geschichtsphilosophischer Charak=
ter dieses auf Völkerpsychologie basirten Werkes (SS. 325—347).

## IV. Philosophie der Geschichte.

Die Bemühungen um Gewinnung einer philosophisch vertieften Idee der
Menschheitsgeschichte in der italienischen Literatur dieses Jahrhunderts unter
Anknüpfung an Vico, Hegel, Comte. Übergeschichtlicher Standpunkt der Specu=
lation Rosmini's; geschichtsphilosophischer Positivismus Gioberti's, Untergehen
des geschichtsphilosophischen Gedankens im kosmischen Evolutionismus bei
Ferrari, ungenügende Loslösung des geschichtsphilosophischen Gedankens von
jenem der universalen kosmischen Entwickelung bei Mamiani (SS. 351—354).
Vera's Einleitung in die Wissenschaft der Geschichtsphilosophie (SS. 354—358).
Marselli über die Wissenschaft der Geschichte und deren Aufgaben; Ent=
wickelungsphasen der Geschichtswissenschaft, anerkennende Würdigung Buckle's,
Betonung der von Buckle übersehenen Bedeutung der Ethnologie; Culturmission
der arischen Völker Europas, Bedingungen eines siegreichen Erfolges derselben
(SS. 358—363). Die Geschichtsphilosophie der christlichen Weltanschauung;
speculative Denkvoraussetzungen derselben (SS. 363—367). Die geschichtsphilo=
sophischen Anschauungen und Constructionen Conti's (SS. 367—371) und
Fontana's (SS. 371—378).

## V. Geschichte der Philosophie.

Darstellungen der Geschichte der italienischen Philosophie und einzelner
Epochen derselben (SS. 381). Darstellungen der Geschichte der Gesammt=
philosophie und einzelner Zeiträume derselben; Bobba's Geschichte der philo=
sophischen Gotteslehre (SS. 383—394). Kritische Bearbeitungen der Geschichte
der Kategorienlehre durch Rosmini (SS. 394—402) und Ragnisco (SS. 402
bis 414). Bonghi's commentatorische Erläuterungen der aristotelischen Meta=
physik und der platonischen Dialoge (SS. 415—420).

Der nationale Culturgedanke eines Volkes drückt sich in seiner Literatur, in seinem Unterrichts- und Erziehungswesen, in seinen politisch-staatlichen Einrichtungen aus; er spricht sich in dem Bewußtsein aus, welches ein bestimmtes Volk von seiner geschichtlichen Aufgabe und Sendung und vom Verhältniß derselben zur gemeinmenschlichen Aufgabe aller Cultur und Civilisation und deren weltgeschichtlichem Entwickelungsgange hat. Der nationale Culturgedanke eines Volkes muß sich auch in seinen philosophischen Bestrebungen als höchstem geistigem Sublimate seines Culturlebens reflectiren, und wird sich innerhalb des Bereiches der philosophischen Denkforschung vornehmlich in jenen Disciplinen zum Ausdrucke bringen, in welchen die unmittelbare Beziehung der Philosophie zu den speciellen Aufgaben und Functionen des gemeinmenschlichen und nationalen Culturlebens zu Tage tritt, also auf dem Gebiete der philosophischen Ästhetik und Kunstlehre, der Pädagogik, der Staats- und Rechtslehre, der philosophisch vertieften Geschichtskunde. Diese Disciplinen aber, die zufolge ihrer unmittelbaren Beziehung auf den menschheitlichen und nationalen Culturgedanken den Bereich der sogenannten angewandten Philosophie constituiren, hängen innerlichst mit bestimmten, ihnen entsprechenden Disciplinen der sogenannten reinen Philosophie zusammen, in welchen die theoretischen Voraussetzungen und Unterlagen der in der angewandten Philosophie zum Ausdrucke gelangenden Anschauungen enthalten sind. Überdieß bringt sich auch in den rein philosophischen Disciplinen der nationale Denkhabitus mehr oder weniger zum significanten Ausdrucke, so daß schon aus diesem Grunde, soweit es sich um Kenntlichmachung des nationalen Denkhabitus der italienischen Philosophie handelt, von der Wechselbeziehung zwischen den einander entsprechenden Abtheilungen und Fächern der reinen und angewandten Philosophie sich nicht absehen läßt.

Darnach bestimmt sich denn auch die diesem Bande zugewiesene Aufgabe; nachdem wir den allgemeinen Entwickelungsgang der nationalen Philosophie des neuzeitlichen Italiens vorgeführt haben, haben wir nunmehr noch ersichtlich zu machen, wie der philosophische Gedanke mit Beziehung auf die besonderen ideellen Aufgaben und Ziele des nationalen Volks- und Staatslebens sich gestaltete und mit sich selber vermittelte, welche Unterlagen sich diesem Bestreben in den allgemeinen Denkanschauungen des italienischen Geistes darboten, und in welcher Weise dieselben in ihrer Anwendung auf die allgemeinen Culturziele der Nation sich concretisirten.

Die Probleme der philosophischen Kunstlehre, der Pädagogik, der Rechts- und Staatslehre weisen allwärts auf die allgemeine Weltlehre, auf die Psychologie und Moral zurück; ihre Lösungen gestalten sich im Denken der Nation zu Folgerungen aus den in den genannten Fächern der theoretischen Philosophie enthaltenen Prämissen. Die Zusammenfassung der verschiedenen Seiten und Elemente der nationalen Culturthätigkeit in der einheitlichen Anschauung von der geschichtlichen Culturmission des Volkes führt von selber auf das geschichtsphilosophische Gebiet hinüber, dessen Anbau und Pflege sich insbesondere dem Denken der ältesten unter den heutigen Culturnationen Europas ganz besonders nahelegen mußte. Das Gemälde der neuzeitlichen italienischen Philosophie würde unvollständig und lückenhaft bleiben, wenn in dasselbe nicht die bewußten Beziehungen des nationalen philosophischen Gedankens auf seine geschichtliche Culturmission und deren traditionelle Unterlagen mit aufgenommen wären. Darnach bestimmt sich Inhalt und Gliederung der nachfolgenden literargeschichtlichen Ausführungen, in welchen die Schilderung und Charakteristik der nationalphilosophischen Denkbewegung im neuzeitlichen Italien ihren ergänzenden Abschluß finden soll.

# I.

# Naturphilosophie und Ästhetik.

Wir glauben die naturphilosophischen Anschauungen der hervorragendsten Vertreter der neuzeitlichen italienischen Philosophie in unmittelbarer Verbindung mit den ästhetischen Principien und Doctrinen derselben behandeln zu sollen, weil in der That die philosophische Ästhetik mit der speculativen Auffassung der Natur im engsten Zusammenhange steht und einen philosophisch vertieften Naturbegriff zu ihrer denknothwendigen Voraussetzung hat. Demzufolge bietet die Auffassung und Gestaltung des letzteren bei jedem einzelnen philosophischen Denker unmittelbar durch sich selbst schon einen Gradmesser für die philosophische Wahrheit und Tiefe seiner ästhetischen Grundanschauungen dar. Die geistig tiefe Naturanschauung hat unmittelbar selbst schon einen ästhetischen Charakter, da ein entwickelter Formensinn eine der Grundbedingungen einer sinnig tiefen Naturauffassung ist; die Aufgabe der Philosophie ist, die sinnig tiefe Naturauffassung in das Licht eines speculativen Verständnisses zu erheben, das Mittel der Verständigung ist die speculative Morphologie als gemeinsame philosophische Fassungsform des sichtbaren Weltdaseins und der Schönheitsidee.

Wir lassen die Reihe der neuzeitlichen italienischen Denker, welche über die Erscheinungen des sichtbaren Weltdaseins und über die Idee des Schönen philosophirten, mit demselben Manne beginnen, dessen philosophische Bestrebungen überhaupt den Ausgangspunkt der neuzeitlichen philosophischen Denkbewegung in Italien bilden; an ihn reihen sich in geordneter historischer Folge die naturphilosophischen und ästhetischen Theorien der übrigen hervorragenderen Vertreter der italienischen Philosophie an, welche wir nach ihrer allgemeinen Stellung und Bedeutung im Entwickelungsgange der neuzeitlichen italienischen Philosophie in den vorausgegangenen Theilen unserer Arbeit vorgeführt und charakterisirt haben.

Eine Philosophie der Natur im engeren Sinne des Wortes als einen auf sich selber stehenden Theil der philosophischen Kosmologie, d. i. als Entwickelung der Idee des von Gott und vom unsichtbaren Geisterreiche unterschiedenen sichtbaren Weltganzen, hat die italienische Philosophie nicht aufzuweisen. Die philosophische Naturlehre findet sich da durchwegs der allgemeinen Weltlehre, und diese der Ontologie eingegliedert. Soweit sie als rationale Physik, d. i. als eine auf die experimentale Naturkunde gestützte rationale Naturlehre behandelt wurde, ging sie des specifisch philosophischen Charakters verlustig und suchte sich als eine von der Metaphysik unabhängig bestehende Doctrin zu behaupten. In dieser Gestaltung trat die rationale Naturlehre als Gegensatz zur ontologistischen Weltlehre hervor und bildete das Übergangsglied zur positivistischen Weltlehre, in welcher alle Metaphysik grundsätzlich verneint und als ein durch den modernen wissenschaftlichen Naturgedanken endgiltig überwundener Denkhabitus abgeworfen wird.

Wir haben am entsprechenden Orte[1] die der allgemeinen Weltlehre eingegliederte philosophische Naturlehre Rosmini's vorgeführt und uns hiebei vornehmlich auf die in Rosmini's Teosofia enthaltenen Ausführungen unter nebenhergehender Beiziehung seiner Teodicea und Psicologia gestützt. Daß Rosmini schon bei den ersten Entwürfen seines ideologischen Denksystems über die philosophischen Principien der Naturlehre mit sich im Reinen war, geht aus seinen schon früher erschienenen größeren Werken, aus seinem Saggio sull' idee und seiner Antropologia hervor und liegt in der Natur der Sache, da sein Seelenbegriff nach dem Verhältniß der erkenntnißfähigen Seele zur Idee einerseits, zur materiellen Wirklichkeit andererseits sich bestimmte.

Es ist von Interesse zu sehen, in welchem Verhältniß sein philosophischer Naturbegriff zu jenem eines von ihm hochgehaltenen, seiner gesammten Bildung nach dem 18. Jahrhundert angehörigen Mannes stand, dessen philosophisches Denken vornehmlich durch seine mathematisch-physikalischen Studien bestimmt war, und mit Beziehung auf dieselben sich entwickelt hatte. Wir meinen damit die Principes de Philosophie des Turiner Akademikers Abate Tommaso Valpergo-Caluso,[2] deren

---

[1] Vgl. Bd. I, SS. 410 ff.
[2] Erschienen Turin 1811 (2. Aufl. 1815).

von Pietro Corte angefertigte Übersetzung¹ Rosmini auf Wunsch der Nichte des Verfassers, der Gräfin Euphrasia Solaro-Valperga di Masino, mit einer fortlaufenden Reihe von Anmerkungen versehen hatte.² Caluso steht auf dem Standpunkte einer Reflexionsphilosophie, in welcher die Thatsächlichkeit der äußeren Sinnenwelt anerkannt, die rationale Erkennbarkeit der Objecte derselben aber nur insoweit zugestanden wird, als damit nicht ein Eindringen in's Wesen der Dinge, sondern ein Verstehen derselben aus ihren Begriffen und Ursachen gemeint ist. In den Begriffen der Dinge drückt sich die rationale Wahrheit und die darin begründete Denkbarkeit der Dinge aus, welche bei Caluso mit der idealen Wahrheit derselben zusammenfällt, während die in der sinnlichen Wahrnehmung percipirte Existenz des Dinges durch das Causaldenken auf seine nächsten und entfernteren Ursachen, schließlich auf eine letzte und höchste, absolute Ursache zurückgeführt wird. Indem Caluso zwischen der Existenz und dem Sein der Dinge unterscheidet und letzteres in Gott verlegt, gibt sich sein philosophisches Denksystem als ein durchaus antisensistisches zu erkennen; sofern ihm die Existenz der Außenwelt durch die Sinneswahrnehmungen unwiderleglich bezeugt ist, ist sein Denksystem als antiskeptisch zu bezeichnen. Die mathematisch-physikalischen Wissenschaften wären unwahr, wenn die sinnliche Außenwelt nicht existirte. Das specifische Object jener Wissenschaften ist der Raum zusammt seinem Inhalte. Der in abstracto verstandene Raum ist als unendliche Ausdehnung zu denken, in welcher zufolge der Unbeweglichkeit des als unendlich gedachten Raumes jeder besondere Ort seine unveränderliche Stelle hat. Der unendliche leere Raum existirt zwar nicht; deßungeachtet ist unser Gedanke von demselben keine leere Vorstellung, sondern hat gleich jeder Abstraction ideale Wahrheit; er existirt nicht, aber er ist,³ und sein von uns gedachtes

---

[1] Vgl. Bd. I, S. 442, Anm. 2.

[2] Der vollständige Titel des in's Italienische übersetzten Buches lautet: Principii di Filosofia per gl' Iniziati nelle Matematiche. Volgarizzati dal Prof. P. Corte, con annotazioni dell' Abate A. Rosmini-Serbati (Turin, 1840). Das Biographische über T. Valperga-Caluso (1737—1815) wird von Corte in dem seiner Übersetzung vorausgeschickten Vorberichte (pp. IX—XLI) ausführlich mitgetheilt; ebendaf. pp. I—VIII Rosmini's Brief aus Stresa an die Gräfin von Masino, auf deren Wunsch er die Übersetzung mit Anmerkungen begleitet hatte.

[3] Dieser Satz ist gegen Maclaurin gerichtet, welcher Sein und Existenz identificirend die Existenz des absoluten Raumes behauptet, pensando egli —

Sein umfaßt alle Arten dessen, was in der Gegenwart, Vergangenheit und Zukunft existirt, daher mit ihm zugleich auch die Zeiten coexistent gedacht werden. In der That würde die Zeit, wenn es keine Bewegung gäbe, mit der Ewigkeit zusammenfallen; zur Bewegung kommt es in Folge der Veränderlichkeit der im Raume existenten Körper, in welchen die in abstracto unbegränzte Räumlichkeit als eine begränzte existirt. Der Raum an sich und in abstracto ist die bloße Möglichkeit der Ausdehnung; die wirklichen Ausgedehntheiten sind in den Körpern gegeben, deren Existenz uns durch das Zeugniß der Sinne unzweifelhaft bezeugt ist. Die realen Ausgedehntheiten sind keine Continua; das Continuum ist bloß der von ihnen ausgefüllte Raum. An dieser Continuität participiren auch die geometrischen Körper als die von jener Discontinuität und sinnlichen Irregularität abgezogenen Ausdehnungsformen. Obschon man die geometrischen Körper gewöhnlich als Solida faßt, muß doch die ihnen beigelegte Solidität von jener der physischen Körper unterschieden werden, welche aus Zusammenhäufungen und Zusammensetzungen materieller Molecule resultirende Tota sind, deren Natur durch die Beschaffenheit der Componenten bestimmt ist. Die Zusammenfassung des Körpers und seiner realen Elemente in Einen Begriff ergibt jenen der Materie. Boscovich's Annahme schlechthin unausgedehnter einfacher Punkte als Componenten der Körper verträgt sich nicht mit der in der Idee der Ausdehnung enthaltenen Idee der Continuität; die mit der absoluten Einfachheit gegebene absolute Gleichheit aller Componenten würde die Wesensunterschiede der Körper aufheben, oder dieselbe einzig von den Bewegungen des Körperlichen abhängig machen, so daß ein Pfund Butter lediglich durch eine bestimmte Art von Bewegung in ein Pfund Gold verwandelt werden könnte. Die Grundtheilchen der Körper müssen sonach als ausgedehnt

---

bemerkt Caluso hiezu — che se non esistesse lo spazio, ci sarebbe un nonessere. Non entis, si dice, nulla sunt attributa. Benissimo; questo gli è per sè evidente. Ma essendo l'astrazione una determinazione parziale, egli è evidente altresì, che gli esseri di ragione hanno loro attributi: i quali vero è che altrove non esistono fuorchè nel nostro pensiero; ma gli è questo per lo appunto il caso degli attributi positivi dello spazio. Il nostro spirito è quegli che li determina sull' idea della possibilità dell' estensione, possibilità la quali costituisce lo spazio; questa è, se cosi vuolsi, più veramente che non un oggetto sensibile, giacchè essa è necessariamente per ogni dove e sempre. Ma tali possibilità sono e non esistono punto. Principii, p. 57.

gedacht werden; auch müssen sie von verschiedener Größe und Gestalt sein, damit sie in geringerer oder größerer Zahl sich zu unlöslichen, oder für den Fall gewaltsamer Trennung leicht wieder sich zusammenfügenden Ganzen verbinden können. Damit wird das Phänomen der Materialität im Allgemeinen hervorgebracht, welches in den verschiedenen Species des Materiellen allüberall dasselbe ist und darauf beruht, daß in jeder Species homogene Elemente sich zusammengefunden haben, die von einander nicht lassen wollen. Aus der Zusammenfügung heterogener Species des Materiellen oder heterogener Molecule ergeben sich die leicht auflöslichen Materien. Als die der Natur selber immanenten Gestaltungsprincipien hebt Caluso vor allem die Schwerkraft, sodann die Cohäsionskraft und die chemische Verwandtschaft hervor; für den Bereich der vegetabilischen und animalischen Welt sind reale Keimprincipien zu postuliren, welche nach Caluso's Annahme durch eigenartige Zusammenfügungen der Materie gebildet werden. Die ersten Zusammenfügungen derselben sind aus unmittelbarer creativer Thätigkeit zu erklären; alle nachfolgenden Keimbildungen erklären sich auf Grund der Lebensvorgänge innerhalb der durch eine primitive göttliche Creationsthätigkeit gesetzten organischen Lebewelt. Von den Keimprincipien der animalischen Organismen müssen die Seelen derselben unterschieden werden, welche wesentlich cognoscitive Empfindungsprincipien sind und einer unmittelbaren creativen Setzung ihr Dasein verdanken. Die Erhaltung derselben ist continuirliche Neuschaffung; diese ist bei den unsterblichen Menschenseelen eine immerfort dauernde, bei den Thierseelen auf die Dauer des animalischen Organismus beschränkt. Der Abstand zwischen Thier- und Menschenseelen ist an der menschlichen Sprachfähigkeit zu ermessen, die im engsten Verbande mit dem menschlichen Vernunftvermögen steht und auf eine der Thierseele abgehende Entwickelungs- und Vervollkommnungsfähigkeit hinweist. Das Dasein cognoscitiver und mit dem Vermögen spontaner Selbstbewegung begabter Empfindungsprincipien ist im Namen der Schönheitsidee gefordert; durch die dem Gesetze der physikalischen Regelmäßigkeit und Uniformität entrückte Bewegungsfähigkeit der sensationsfähigen psychischen Principien wird eine reiche Mannigfaltigkeit der Lebensbethätigungen und Lebensentfaltungen geschaffen, ohne deren Vorhandensein die Schönheit der Welt mangelhaft und unvollkommen wäre.

Rosmini steht dem Denksysteme Caluso's nicht durchwegs als Bestreiter gegenüber; es finden sich vielmehr auffällige Berührungspunkte zwischen beiden Denkern, welche auf eine gewisse Gleichartigkeit des allgemeinen Denkhabitus hinweisen, andererseits auch aus dem gemeinsamen Bestreben Beider, den Sensismus philosophisch zu überwinden sich erklären. Die Differenzen der beiderseitigen Anschauungsweisen erklären sich hinlänglich aus dem Unterschiede der Bildungsepochen, welchen Rosmini und Caluso angehörten. Rosmini hebt anerkennend Caluso's principielle Auseinanderhaltung von Esse und Existere, und die Beziehung des Unterschiedes beider auf jenen zwischen Idee und Wirklichkeit hervor. Mit Recht sagt Caluso, daß die Ideen seien, aber nicht existiren; sie drücken eben nur reine Possibilitäten aus. Er nennt sie nicht unrichtig negative Wahrheiten, sofern in ihnen die Möglichkeit ihres Gegentheils verneint ist. Nur ist damit die Erklärung des Wesens der Ideen nicht erschöpft. Er anerkennt richtig ihre vom subjectiven Denken unabhängig bestehende Wahrheit, bleibt aber bei dieser Erkenntniß als etwas Letztem stehen, ohne in die Natur der zwischen jenen Wahrheiten und den subjectiven menschlichen Seelenwesen bestehende innere Verbindung einzudringen. Daher seine Behauptung, daß uns die Essenz der Dinge unbekannt sei, was man nicht so schlechthin zugeben kann. Versteht man unter Essenz dasjenige, was in der Idee einer Sache enthalten ist, d. i. die objective Existenz, so liegt offen da, daß die Idee einer Sache gleichbedeutend ist mit dem Erkennen der Essenz; die Ideen der Dinge bieten in diesem Falle durch sich selbst die Essenzen der Dinge dar. Versteht man unter Essenz nicht die objective, sondern die subjective Existenz einer Sache, so ist es freilich wahr, daß uns die Essenz sehr vieler Dinge verborgen bleibt; wir können insgemein von der objectiven Essenz zur Betrachtung der Möglichkeit einer subjectiven Essenz nur unter Zuhilfenahme des Principes der Integration[1] übergehen.

Rosmini bemängelt an Caluso, daß derselbe die Körper als Dinge außer uns bezeichnet; diese Ausdrucksweise sei zum mindesten ungenau. Die Körper sind wol außereinander; im Verhältniß zum Geiste aber ist der Körper, genau gesprochen, nicht etwas außer demselben Sciendes, sondern ein vom Geiste Verschiedenes, aber zugleich dem Geiste Inexistirendes. Einzig unter Festhaltung dieser Inexistenz läßt sich die Wahrheit unserer Begriffe von den äußeren Objecten aufzeigen und der alles Wirkliche subjectivirende Idealismus über-

---

[1] Vgl. Bd. I, S. 350.

winden. Calujo bleibt trotz seiner grundsätzlich antiskeptischen und antisensistischen Tendenz theilweise im subjectivistischen Sensismus seines Zeitalters befangen. Dieß zeigt sich auf dem Gebiete der Psychologie; er weiß den durchgreifenden Unterschied zwischen Thierseele und Menschenseele nicht zum vollen Ausdrucke zu bringen, indem er dem ausschließlich nur empfindenden und instinctmäßig handelnden Thiere ein relatives Erkennen und Wollen beilegt, und Thier- und Menschenseele unter den gemeinsamen Begriff eines einfachen Ens subsumirt, während doch die Thierseele an sich und vom thierischen Leibe getrennt gar nicht existirt. Daraus erhellt zugleich auch die Unwahrheit der Unterscheidung Calujo's zwischen der Thierseele und der Keimursache des animalischen Organismus, welche eben das empfindungsfähige Evolutionsprincip desselben ist. Sofern dieses als monadisches Princip zu denken ist, steht auch Calujo's Ansicht von der Zusammengesetztheit der Keimprincipien sehr in Frage. Und was von diesen, nach seiner Ausdrucksweise ersten physischen Ursachen der organischen Lebewelt gilt, muß auch auf seine ersten physischen Ursachen des Geschehens in der organischen Stoffwelt, auf die von ihm angenommenen Kräfte der Gravitation, der Cohäsion und der chemischen Verwandtschaft übertragen werden.

Calujo bezeichnet die Gravitation als eine Kraft und unterscheidet sie von der Cohäsionskraft. Er folgt in der Auseinanderhaltung beider den Annahmen Newton's und Clairaut's, welchen aber die entgegengesetzte Ansicht Buffon's und Laplace's gegenübersteht. Auch neuere italienische Physiker, Leop. Nobili und Giuf. Belli, halten dafür, daß die Molecularanziehung denselben Gesetzen wie die universale kosmische Massenanziehung folge. Übrigens hat Newton die Gravitation nicht als ein ursächliches Princip, sondern als eine thatsächlich zu Tage tretende Eigenschaft der Materie, als etwas rein Factisches angesehen, was ungleich richtiger, aber vielleicht noch immer zu viel gesagt ist, da niemand beweisen kann, daß die Ursache der Gravitationserscheinung im Stoffe selber gelegen sein müsse. Und angenommen, daß die Phänomene der Gravitation aus dem Stoffe immanenter Kräfte erklärt werden müßten, würde es noch immer seine großen Schwierigkeiten haben, den Actionsmodus dieser Kräfte zu bestimmen. Soll man eine directe wechselseitige Anziehung der Massentheilchen annehmen, oder irgend ein feinstes Fluidum zum Medium der Aneinanderpassung derselben machen? Einige Physiker nahmen den Äther dafür, und auch Newton schien sich dieser Ansicht zuzuneigen; ein neuerer italienischer Physiker, Dr. Forni, glaubte alle Anziehungen mittelst des Caloricum erklären zu können.

Während Caluso die Gravitation als eine Grundkraft der Natur ansieht, will er die Ausdehnung der Körper nur als bloßes Phänomen gelten lassen. Dieselbe ist indeß in der Idee des Körpers oder der Materie so sehr begründet, daß im Absehen von ihr der Begriff einer körperlichen Kraft gar nicht denkbar ist; jede körperliche Kraft muß wenigstens das Vermögen haben, extensiv zu wirken, sonst ist sie als körperliche Kraft gar nicht vorhanden. Aus der Ausgedehntheit des Körperlichen ergibt sich die Undurchdringlichkeit desselben, welche Caluso auf die Grundtheilchen des Körperlichen beschränkt wissen will, während er andererseits sich geneigt zeigt, sie allen geschöpflichen Substanzen, also auch den geistigen, zuzuerkennen. Er beruft sich auf Thomas Aquinas, nach dessen Ansicht zwei Engel nicht einen und denselben Ort einnehmen können. Rosmini sieht nicht ein, weßhalb zwei Engel ihre Wirksamkeiten nicht in einem und demselben Raumpunkte sollten bethätigen können, vorausgesetzt, daß die betreffenden Wirksamkeiten einander nicht ihrer Natur nach ausschließen. Wenn die Theologen lehren, daß der Engel dort sei, wo er wirke, so will damit nicht gesagt sein, daß er an diesen Ort als seinen Wohnort gebannt sei; ähnlicher Weise läßt sich vom Zusammensein zweier Menschenseelen in ihren Wirkungen auf einen ihnen beiden fremden Ort sprechen, daher auch Caluso's Behauptung von der Unmöglichkeit der Coexistenz zweier Seelen in einem und demselben Raume nicht absolut gelten kann.

Unsere der Außenwelt zugewendete sinnliche Empfindungsthätigkeit hat das Körperliche als Ausgedehntes oder Räumliches zu ihrem Terminus. Demzufolge fallen Raum und Ausdehnung in Eins zusammen, und es geht nicht an, mit Caluso den Raum als die bloße Möglichkeit des Ausgedehntseins zu fassen. Unter dem Raume als bloßer Möglichkeit der Ausdehnung versteht Caluso den unendlichen Raum, welcher ihm lediglich die subjective geistige Fassungsform aller in denselben hineingestellt gedachten körperlichen Erscheinungen bedeutet; der Raum hat sohin nach Caluso kein objectives Dasein, sondern ist ein bloßes Ens rationis, eine Idee. Rosmini findet diese Auffassungsweise des Raumes denkwidrig; dasjenige, was von den Körpern ausgefüllt wird und worin die Körper sich bewegen, kann nicht ein bloßes Ens rationis sein, sondern muß ein objectives Dasein haben. Richtig ist nur so viel, daß die Kenntniß des Vorhandenseins des Raumes uns durch ein Ens rationis vermittelt wird; denn wir schöpfen den Concept des Raumes aus der sinnlichen Wahrnehmung der Körper vermittelst der Abstraction und intellectiven Imagination. Calufo's Subjectivirung des Raumbegriffes hängt mit seiner unrichtigen Deutung der Theorie Jener zusammen, welche nach seinem Dafürhalten wohl die Möglichkeit, nicht aber die Wirklichkeit des Leeren in der Körperwelt zulassen. Er ist überzeugt, daß es ein Leeres geben müsse; das Hinderniß der Anerkennung desselben sieht er im Festhalten an der Objectivität der Raumvorstellung, daher er sich zur Verwerfung derselben gedrängt fühlt. Nach Rosmini läßt sich die Objectivität der Raumvorstellung ganz wol mit der Annahme des Leeren vereinbaren, weil der Raum, ohne die ihn ausfüllenden Körper gedacht, selber das Leere ist, während das Volle der von den Körpern erfüllte Raum ist.

Damit kommen wir zu Rosmini's selbsteigener Ansicht vom Raume und vom Räumlichen,[1] für welche sich in Calufo's Theorie insofern ein Anknüpfungspunkt findet, als Rosmini die von Calufo festgehaltene atomistische Grundanschauung der Natur als physikalische Vorstufe der philosophischen Naturauffassung gelten läßt und ihr somit eine relative Berechtigung zuerkennt. Diese findet freilich ihre Gränze in der von Rosmini zugelassenen Wirksamkeit geistiger Agentien in der stofflichen Wirklichkeit; der von Calufo festgehaltene mathematisch=physikalische Standpunkt wird hiedurch zwar nicht völlig exauctorirt, aber doch insoweit umgestellt und modificirt, als es die Reduction der stofflichen Realität als solcher auf die Bedeutung eines unabweislichen Existenzfactums mit sich bringt, dessen Erklärungs= gründe durchwegs außer dem Bereiche der Stofflichkeit als solcher liegen. Rosmini stützt seine philosophische Erklärung der stofflichen Wirklichkeit auf die psychologische Analyse des Empfindungsfactums und anerkennt die Realität derselben insofern und insoweit, als sie sich ihm in der Analyse der Empfindungsthatsache bewahrheitet. Diese Bewahrheitung ist indeß nur eine relative. Sie reicht aus, gegen Berkeley zu erhärten, daß die Existenz der sinnlichen Wirklichkeit

---

[1] Vgl. über dieselbe Bd. I, SS. 415 ff.

keine Sinnestäuschung sei;¹ Rosmini ist aber weit davon entfernt, der sinnlich percipirten Stofflichkeit als solcher eine andere, als eine abgeleitete, phänomenale Realität zuzugestehen. Hierauf beruht nun letztlich sein Gegensatz zu Calujo, welcher die phänomenale stoffliche Wirklichkeit für die unmittelbare Realität des sinnlich Wirklichen nimmt, und in dieser die rationalen Erklärungsgründe des sinnlich Erscheinenden sucht. Caluso besteht in Folge dessen auf der Annahme untheilbarer ausgedehnter Grundcomponenten alles Körperlichen, verwirft die Annahme einer Continuität der Materie als falsche Denkgewöhnung, und hält die Raumvorstellung für ein bloßes Ens rationis. Im Grunde anerkennt auch Rosmini die Objectivität des Raumes nur in sehr bedingter Weise; der Raum hat nach ihm kein subjectives, sondern bloß ein terminatives Sein, d. h. er existirt nicht an sich, sondern bloß als denknothwendiger Terminus unserer Empfindungsthätigkeit. Er kann kein subjectives Sein haben, weil auch die Materie kein solches hat; subjectives Sein kommt bloß den empfindungsfähigen monadischen Componenten des Körperlichen zu. Diese sind aber, da sie nur zufolge ihrer Empfindungsfähigkeit ein subjectives Sein haben, etwas von den rein materiellen Atomen Caluso's durchaus Verschiedenes; Rosmini findet letztere philosophisch und physikalisch undenkbar, da ihre eines zusammenhaltenden lebendigen Mittelpunktes entbehrende Ausgedehntheit nicht bloß ihrer angeblichen Einfachheit und Untheilbarkeit widerspricht, sondern ihre Existenzfähigkeit schlechthin aufhebt.

Rosmini's philosophische Naturlehre hat nach ihrer physikalisch-naturwissenschaftlichen Seite einen verläßlichen Interpreten in Giuj.

---

[1] La realità pura nè cade, nè può cadere sotto alcuna percezione sensitiva, e quindi molto meno sotto percezione intellettiva: di maniera, che noi non abbiamo alcuna prova ch'ella esista da sè, ma solo per astrazione la deduciamo dal nostro sentito, come un che di straniero rinchiuso in esso. Nè dobbiamo illuderci se ci sembra di pensare a un corpo anche rimosso da' nostri sensi e chiuso in un armadio, poichè noi non pensiamo a quel corpo, se non come a una realità già sentita da noi, vestita insomma di sensazioni, delle quali se fossimo stati privi, noi non potremmo pensare quel corpo dentro quell' armadio. Il qual fatto incompiutamente osservato fu cagione a Berkeley di definire il corpo un gruppo di sensazioni, e quindi negarne la realità. Ma il vero si è, che c'è la realità, ma sempre involta nel sentimento, e non possibile a separarsi da questo. Teosofia III, p. 371.

Salza gefunden, dessen Filosofia delle Matematiche[1] in zwei
Abtheilungen von der mathematischen und physischen Quantität
handelt, und in letzterer, die ursprünglich als eine selbstständige Arbeit
beabsichtigt war, Rosmini's Körperlehre zusammt den damit zusammen=
hängenden Erörterungen über Raum, Zeit und Bewegung in metho=
discher Form auseinandersetzt. Der Körper wird als eine im Raume
sich ausbreitende Kraft definirt. Die Kraft ist das denknothwendige
unificirende Princip des Körpers. Ein derartiges Princip eignet
bereits jedem einzelnen Körperatome; es ist ferner als dominante
Kraft in jeder durch eine Mehrheit von Atomen constituirten körper=
lichen Einheit vorhanden. Auch die von einander unterschiedenen Körper,
welche in ihrem Zusammensein eine bestimmte Ordnung, ein be=
stimmtes System constituiren, setzen ein diese Ordnung beherrschendes
Einheitsprincip voraus; und so kommt man aufwärts steigend bei
einem letzten und höchsten Unificationsprincip der gesammten
Körperwelt an.

Die aus dem Begriffe des Körpers als einer im Raume sich
ausbreitenden Kraft unmittelbar sich ergebenden Grundeigenschaften
des Körperlichen sind die Ausgedehntheit und Untheilbarkeit der
Körper. Die Ausgedehntheit läßt sich als virtuelle und actuelle Aus=
gedehntheit fassen, je nachdem der Körper nach seiner immateriellen
Essenz oder nach den durch seine Essenz gewirkten räumlichen Dimen=
sionen in die Länge, Breite und Tiefe in's Auge gefaßt wird. Aus
der actuellen Ausgedehntheit des Körpers ergibt sich seine Theil=
barkeit. Die Theilung fällt unter den Gesichtspunkt der Verviel=
fältigung, sofern die auseinandergeschiedenen Theile eines Körpers
selber wieder Körper sind. Die Zersetzung eines Körpers in seine
elementarischen atomischen Bestandtheile fällt eben so sehr unter den
Gesichtspunkt der Theilung als der Vervielfältigung; dasselbe gilt
von der chemischen Zersetzung des Wassers in Sauerstoff und Wasser=
stoff. Sofern aber bei der Theilung eines Körpers bestimmte Eigen=
schaften desselben verloren gehen, welche von dem Zusammensein der
atomischen oder chemischen Bestandtheile des Körpers abhängig sind,
kann die Auflösung desselben weder eine Theilung noch eine Verviel=
fältigung desselben genannt werden; das mit der Auflösung eines
derartigen körperlichen Gebildes entweichende Einigungsprincip läßt

---

[1] Turin, 1869. Vgl. Bd. I, S. 442, Anm. 2.

als solches weder eine Theilung noch eine Vervielfältigung zu. Es ist ein Princip höheren Ranges, welches nicht dem Stoffe als solchem angehört, sondern in seiner stoffbildenden Kraft sich als ein Princip von geistiger Natur zu erkennen gibt. Jede Theilung des Körperlichen kommt durch eine Kraftäußerung zu Stande, welche doppelter Art sein kann, je nachdem die Theilung durch mechanische Kraftmittel oder im Wege eines chemischen Processes vollzogen wird; im ersteren Falle ist die Überlegenheit des mechanischen Kraftmittels über die Widerstandsfähigkeit der Cohäsionskraft des zu theilenden Körpers die Ursache der Theilung, im letzteren Falle hat die Scheidung ihren Grund in der Kraftabnahme eines bestimmten Körpers bei der Annäherung eines anderen, der denselben mächtiger an sich bindet, als jener in sich selbst zur Einheit verbunden ist. In beiden Fällen ist die Prävalenz einer Kraft über die andere die Ursache der Theilung oder Scheidung. Die Physiker lehren gemeinhin, daß die Theilbarkeit der Materie im Denken in's Unendliche gehe, in der Wirklichkeit aber an den Atomen ihre Gränze finde. Dieser Satz bedarf einer genaueren Begränzung, sofern im Atom das zusammenhaltende Princip von der ausgedehnten Umhüllung desselben unterschieden werden muß; letztere läßt sich allerdings im Gedanken in's Unendliche theilen, nicht so aber das jeder Theilung widerstrebende einfache unausgedehnte Princip des Atoms. Als Körperdinge sind alle Atome gleicher Natur; als Kräfte, die sich im Raume ausbreiten, sind sie nach dem Grade ihrer Energie von einander verschieden. Als Kräfte, die im Raume sich ausbreiten und einen bestimmten Raum occupiren, setzen die Atome das Vorhandensein des Raumes voraus; soweit durch sie der an sich leere Raum zum erfüllten Raume wird, ist er ein Terminus ihrer Wirksamkeit, und sofern er von ihnen gleichsam in Besitz genommen wird, ein Existenzelement derselben. In Kraft dieses Elementes erlangen die Körper ein extrasubjectives Sein, welches sie zu sinnlich wahrnehmbaren Objecten macht.

An die erörterten unmittelbaren Grundeigenschaften der Körper schließen sich in weiterer Folge Impenetrabilität, Trägheit und Bewegbarkeit an. Die Impenetrabilität bezeichnet jene wesentliche Eigenschaft des Körperlichen, welcher zufolge nicht mehrere Körper zugleich denselben Raum einnehmen können. Diese Eigenschaft bezieht sich selbstverständlich nur auf das extrasubjective Sein der Körper; die mit ihrem Kraftvermögen nicht actuell im Raume diffundirten, somit bloß subjectiven Körper müssen allerdings mit extrasubjectiven Körpern an einem und demselben Orte coexistiren können. Die Trägheit gilt den Physikern als jene Eigenschaft des Körperlichen, vermöge welcher die Körper ohne äußeren Impuls weder sich in Bewegung zu setzen, noch aus der ihnen ertheilten Bewegung sich in den Stand der Ruhe zurückzuversetzen vermögen. Der metaphysische Grund des Unvermögens der Körper, aus dem Stande der Ruhe in jenen der Bewegung überzutreten, liegt darin, daß der bestimmte Raum, welchen ein bestimmtes körperliches Kraftprincip in seiner Selbstausdehnung sich angeeignet hat, ein Existenzelement des Körpers geworden ist, welches derselbe im Interesse seiner Selbsterhaltung zu behaupten das natürliche Bestreben hat. Wird er durch eine äußere Ursache in Bewegung gesetzt, so befindet er sich in der Gewalt einer fremden Kraft, welche ihn nicht eher zur Ruhe kommen läßt, als bis sie erloschen ist. Der Körper geräth in Bewegung, wenn die ihn in Besitz nehmende fremde Macht stärker ist, als das selbsteigene Kraftprincip des Körpers, welches denselben in einem bestimmten Raume festhält; die Folge des Überwiegens des fremden Krafteinflusses auf die materiale Körperlichkeit kann nur die Herausrückung des Körpers aus seinem innegehabten Raume und aus jedem folgenden Raume sein, in welchem das selbsteigene Kraftprincip ihn festhalten will.

Der innere Grund der Bewegbarkeit der Körper liegt darin, daß es für den Körper als solchen gleichgiltig ist, ob er in diesem oder jenem Raume existire. Er muß aber in jedem Momente in irgend einem Raume existiren; demnach besteht die Bewegung darin, daß er nacheinander an verschiedenen Orten existirt, indem er successiv stets einen anderen Raum einnimmt. Daraus folgt, daß die Bewegung der Körper keine continuirliche ist, weil er während der Dauer der Bewegung von einem Orte zum anderen in jedem der durchmessenen Zwischenräume momentan existirt, indem er ohne ein derartiges momentanes Existiren in allen mittleren Zwischenräumen nicht von seinem ursprünglichen Orte zu demjenigen gelangen könnte, bei welchem er schließlich anlangen soll. Die Zahl der durchmessenen Zwischenräume muß eine endliche sein; wäre die Bewegung continuirlich, so würde zufolge der in's Unendliche gehenden Theilbarkeit des Raumes die Zahl der Zwischenräume zu einer unendlichen, und damit die Möglichkeit einer Fortbewegung des Körpers im Raume geradezu aufgehoben. Die Continuirlichkeit der Bewegung ist nur scheinbar; an ihrer sachlichen Wahrheit festhalten hieße so viel als behaupten, daß ein Körper zu derselben Zeit in einem bestimmten Raume sei und nicht sei. Selbst die Möglichkeit einer photographischen Aufnahme bewegter Gegenstände kann als Beweis für das momentane Ruhen des bewegten Körpers in einem bestimmten Raume angeführt werden; hätte er nicht die nöthige Zeit, in jedem der zu durch= messenden Zwischenräume Platz zu nehmen, so könnte er von der Ausgangsstelle seiner Bewegung gar nicht wegkommen. Die Fort= bewegung des Körpers vollzieht sich dadurch, daß er seine im Raume sich ausbreitende Kraft aus einem bestimmten Raume zurückzieht und gleichzeitig in einem anderen nächstanstoßenden Raume entfaltet; denn zum natürlichen Wesen des Körpers gehört es, stets im Raume zu sein, obschon es denkbar wäre, daß das immanente Kraftprincip des Körpers sich aus der Diffusion in einem bestimmten Raume zurück= zöge, ohne gleichzeitig in einem anderen Raume sich auszubreiten. Damit würde er zeitweilig sein extrasubjectives Sein verlieren und unsichtbar werden. Dieß wäre freilich kein natürlicher, sondern ein in Gottes Kraft gewirkter wunderbarer Vorgang.

Die Fortbewegung der Körper im Raume geht nach bestimmten Gesetzen vor sich, welche sich nach dem Verhältniß der Bewegungs= kraft zur Masse und Größe des Körpers bestimmen. Das Bewegt= werden des Körpers besteht insgemein im Versetztwerden des Körpers aus einem Raume in einen anderen; je stärker der Impuls der Bewegung ist, desto weiter wird er in einer bestimmten kleinsten Zeiteinheit von seinem ursprünglichen Orte hinweggerückt werden; je größer die Masse des Körpers ist, desto langsamer wird ein Körper im Verhältniß zu einem anderen von gleich starkem Bewegungs= impulse von seiner ursprünglichen Stelle weggerückten Körper sich fortbewegen. Die entsprechenden Formeln dieser beiden Bewegungs= gesetze sind: $S = \frac{F}{M}$; $F = \frac{M}{F}$, wobei S (spacio) den in einer bestimmten Zeiteinheit durcheilten Raum, F (fermata) die Dauer des momentanen Aufenthaltes in jedem der successiv nach einander occu= pirten Räume, F (forza) die Größe des Bewegungsimpulses, M (massa) die materielle Quantität des Körpers bedeutet. Strenge genommen gibt es nur eine geradlinige Bewegung der Körper, indem zwei aus= einanderliegende Punkte, welche die zwei aufeinanderfolgenden Auf= enthaltsorte eines bewegten Körpers andeuten, durch eine gerade

Linie mit einander zu verbinden sind. Eine krummlinige Bewegung entsteht, wenn mehrere solche kürzeste gerade Verbindungslinien unter stumpfen Winkeln sich mit einander verbinden; die gleichförmigste dieser krummen Bewegungslinien ist die Kreislinie, an welche sich als Variationen der regelmäßigen krummen Bewegungslinien die Ellipse, Parabel, Hyperbel u. s. w. anreihen. Wenn die Physiker alle Bewegungslinien als Resultanten kleinster, ja unendlich kleiner Elemente ansehen, so entspricht ihre Auffassung der thatsächlichen Wahrheit der Dinge; die Schwierigkeit besteht nur in der Bestimmung der Quantität jener Elemente oder der ihnen entsprechenden Räume. Wenn die Mathematiker die geometrischen Figuren aus der Bewegung deduciren und sofort Oberfläche und Tiefinhalt der auf solche Weise deducirten Figuren berechnen, so ist ihr Calcul wol physikalisch richtig, aber nicht zugleich auch mathematisch wahr.

Obschon das Bewegtwerden nicht zum Wesen des Körpers als solchen gehört, so vermittelt es doch die Actuirung der seinem Kraftprincipe eignenden Vermöglichkeiten, indem dasselbe in successiv fortschreitender Occupirung neuer Räume stets neue Acte setzt. Obschon ferner alle Bewegungsantriebe außer der Stofflichkeit als solcher liegen, so hat man doch innere und äußere Bewegungsursachen zu unterscheiden, weil von den Kraftprincipien der Körper selber auch Bewegungsantriebe ausgehen, welche darauf abzielen, den von ihnen durchdrungenen Körpern zum vollkommensten Existenzstande zu verhelfen. Das Vorhandensein solcher innerer Bewegungsantriebe beweist sich aus dem Factum der Massenanziehung, aus welchem zugleich hervorgeht, daß die den Körpern immanenten Strebekräfte über den Bereich des selbsteigenen körperlichen Seins hinausgreifen, zu dem Ende, eine harmonische Einigung alles Körperlichen zu erwirken. Die Wirksamkeit der immateriellen Kraft des Körpers ist nicht auf den Ausdehnungsbereich desselben beschränkt, sondern greift über denselben in den allgemeinen Raum hinaus, und diffundirt sich zufolge der Untheilbarkeit desselben in die Gesammtheit desselben. Je größer die Masse eines Körpers ist, desto stärker ist auch das ihm einwohnende Kraftprincip, und desto intensiver das Begehren des jedem Körper eignenden Sensitivprincipes, mit anderen Empfindungsobjecten sich zu einigen; die Thätigkeit des Kraftprincipes aber, so wie auch jene des Empfindungsprincipes ist in Beziehung auf die außer dem selbsteigenen Körper befindlichen körperlichen Realitäten eine bloß mittelbare, welche sich überdieß nach den verschiedenen Graden der Nähe oder Entfernung abstuft. Daher die beiden physikalischen Gesetze, daß die Attractionskraft im geraden Verhältniß zur Masse des anziehenden Körpers, im umgekehrten Verhältniß zum Quadrate der Entfernung des anzuziehenden Körpers stehe. Das Correlat der Attractionskraft ist die Repulsionskraft, welche zu verhindern hat, daß die einander anziehenden Körper nicht in eine einzige Masse zusammenstürzen, wodurch die organische Gliederung eines aus vielen und verschiedenen Theilen bestehenden Ganzen unmöglich gemacht würde. Jegliches Seiende, jedes Princip soll seine Individualität behaupten; das individuelle Sein ist unter den Schutz einer über den Attractionskräften stehenden Macht gestellt, in deren Dienste die Repulsionskraft thätig ist. Aus der Correlativität der Attractions- und Repulsionskraft erklärt sich die Gliederung der kosmischen Bewegungssysteme, die Rotation der Wandelsterne um einen Centralkörper; die elliptische Bahn der planetarischen Bewegung wird aus dem periodischen Wechsel einer regelmäßig fortschreitenden Zu- und Abnahme der Kräfte und Thätigkeiten des anziehenden und angezogenen Körpers zu erklären sein. Das in stetiger Periodicität sich wiederholende Anschwellen und Nachlassen der Kraftenthaltung bedeutet den in regelmäßiger, stetiger Folge sich wiederholenden Wechsel zwischen dem Heraustreten der Activität aus ihrem subjectiven Stande in jenen der entwickelten Extrasubjectivität und zwischen der Rückkehr aus diesem Stande in jenen der subjectiven Involution; wobei es weiter sich fügt, daß dem Maximum der Kraftenfaltung des anziehenden Körpers ein Minimum der Kraftentwickelung des angezogenen Körpers entspricht, und umgekehrt. Das durch Galilei formulirte Gesetz der im Fallen der Körper statthabenden einseitigen Anziehung bewahrt sich nur unter der Bedingung, daß der von den Physikern gemeinhin festgehaltene Gedanke einer continuirlichen Beschleunigung der Bewegung aufgegeben wird. Statt eine continuirlich wachsende Zunahme der Anziehung anzunehmen, hat man die Anziehung als einen bereits im ersten Momente gesetzten Investitionsact des anziehenden Körpers zu fassen, und die in der Aufeinanderfolge der discreten Zeitmomente statthabende Beschleunigung der Bewegung als eine der Zahl der in ihnen zurückgelegten Raumtheile proportionirte Beschleunigung der Entwickelung des im ersten Momente gesetzten Actes anzusehen. [1]

---

[1] Si dice dai fisici nel movimento uniforme accelerato prodotto dall' attrazione, a piccole distanze dal corpo attraente, ad ogni istante, o meglio

Die bewegende Kraft kann auf einen Körper entweder unmittelbar oder mittelbar wirken. Eine unmittelbare Wirkung ist jene der Seele auf den von ihr bewegten Leib; eine mittelbare Wirkung diejenige, welche von der bewegenden Kraft auf einen bestimmten Körper durch Vermittelung eines zwischen ihm und dem zu bewegenden Körper befindlichen Körpers oder des extrasubjectiven Raumes zwischen ihr und dem zu bewegenden Körper ausgeübt wird. Die durch einen Zwischenkörper vermittelte Bewegung eines Körpers ist der Stoß. Der unmittelbar bewegte Zwischenkörper bildet mit dem ihn bewegenden Motor ein Ganzes und nimmt die Thätigkeit desselben in sich auf, um sie an den zu bewegenden Körper mitzutheilen. Der erste Anstoß zur Bewegung der Körper muß von einem Empfindungsprincipe ausgehen, welches seinen bewegbaren körperlichen Empfindungsterminus zum Mittler seiner Wirkung auf einen anderen Körper macht. Sobald das körperliche Medium die vom Principe ausgegangene Bewegungsthätigkeit in sich aufgenommen hat, handelt es unabhängig von diesem und drückt auf den anderen durch seine Vermittelung zu bewegenden Körper. Dieser wird schneller oder langsamer in Bewegung gesetzt werden, je nachdem seine Quantität eine geringere oder größere Zahl von Atomen in sich faßt, die Wirksamkeit des Stoßes aber zunächst von der Kraft des bewegenden Körpers abhängig sein, welcher die vom Princip ausgehende Bewegungsthätigkeit in sich aufzunehmen hatte. Der dem Empfindungsprincip als Medium dienende körperliche Motor wird auf den zu bewegenden Körper um so kräftiger wirken, je größer der Zwischenraum zwischen diesem und ihm selber ist; ein Wurf mittelst einer Schleuder wird kräftiger ausfallen, als jener mit der Hand; mit der Zunahme des Zwischenraumes vergrößert sich die Energie des Empfindungsprincipes eben so, wie sie mit der Größe des unmittelbaren körperlichen Empfindungsterminus desselben zunimmt.

---

al cominciar di ogni tempuscolo, si aggiunge al corpo attratto un grado di forza uguale al primo, di modo che nel secondo tempuscolo vi sarebbono accumulati due gradi di forza attraente uguale, nel terzo tre, e così via discorrendo. Se poi si tratta di moto uniformemente ritardato si direbbe che ad ogni tempuscolo viene tolta una quantità uguale di forza. L'energia della gravità varia col variar delle distanze, e però non si può dire che nel moto uniformemente accelerato o ritardato vengano dati, o tolti in tempi uguali eguali gradi di forza. Altrimenti nel secondo tempuscolo il corpo percorrebbe il doppio nel primo, e nel secondo tempuscolo il triplo, neu si avrebbe così la legge di Galilei. Filos. d. Matemat. p. 243.

Die Fortbewegung der Körper im Raume geht in der Zeit vor sich, welche das Maß der Bewegungsdauer in deren Gesammtheit und allen einzelnen Momenten ist. Die einzelnen Momente der Bewegung werden durch den längeren oder kürzeren Aufenthalt des bewegten Körpers in jedem einzelnen Zwischenraume zwischen dem Ausgangs- und Zielpunkte seiner Bewegung bestimmt. Nach der Dauer der intermediären Aufenthalte bestimmt sich die Zahl derselben, deren Größe im verkehrten Verhältnisse zur Dauer der intermediären Aufenthalte steht; der mathematische Ausdruck dieses Verhältnisses ist in der Formel
$$C = \frac{S}{T}$$
gegeben (C = celerità; S = spazio; T = tempo). Diese Formel bietet zugleich auch den Messer der intensiven Quantität der Bewegungskraft dar. Die Physiker pflegen das Quantum der Bewegungskraft (F) durch die Formel $F = MV$ (M = Massa, V = velocità) auszudrücken. Bei der philosophischen Beurtheilung dieser Formel kommt in Betracht, daß F die bewegende Kraft nicht in ihrem entitativen Wesen, sondern bloß in ihren durch den Umfang des ihr eignenden Körpers begränzten Äußerungen in's Auge faßt; es wird ferner vorausgesetzt, daß sie in alle Atome des von ihr bewegten Körpers eingeht, und zwar so, daß die Gesammtheit der stofflichen Molecule als Termini einer einzigen sie durchwirkenden Kraft gelten. Man mag das Letztere als etwas ganz Natürliches erklären, und die Quantität der Kraft als Summe einer Vielheit elementarer Kräfte fassen, welche in den verschiedenen Theilen des Körpers thätig sind. Diese Summe der Molecularkräfte wird aber nur dann eine wirkliche Einheit constituiren, wenn die verschiedenen elementaren Theile des Körpers von einem einheitlichen Kraftprincipe durchdrungen sind, welches sich die elementaren Theile des Körpers dienstbar macht. Dieß ist mit einer Modification des aus Atomen zusammengesetzten Körpers verbunden; die von ihren Sensitivprincipien abhängigen Elementartheile desselben müssen näher aneinanderrücken, und von der hieraus resultirenden einheitlichen Kraft kann man nicht mehr sagen, daß sie die Summe der Kraftcomponenten des Körpers sei, weil eine neue Kraft, ein neues Princip in's Dasein getreten ist. Daraus folgt, daß die bewegende Kraft nicht so schlechthin, wie in der angegebenen physikalischen Formel geschieht, als der Masse proportionirt gesetzt werden darf, so daß das Wachsen oder Abnehmen der Kraft genau nach dem Anwachsen oder Abnehmen der Masse sich bestimmen würde. Neben

der Masse kommt die Dichtigkeit in Betracht, welche wol zur Masse in directem, zum Volum des Körpers aber in verkehrtem Verhältnisse steht, und bezüglich ihres Grades von der durchgreifenden Macht eines immateriellen Unificationsprincipes abhängt. Die im Dichtigkeitsgrade eines Körpers sich zum Ausdrucke bringende Quantität der Kraft läßt sich als etwas an sich Immaterielles nur relativ nach ihrer Wirkung auf unsere Empfindung und nach ihren Bethätigungen in Raum und Zeit messen.

Calza's Ausführungen kehren ihre Spitze gegen den exclusiven Physikalismus; sie laufen in den Nachweis aus, daß die Begriffe Materie und Körper sich nicht decken, und letzterer ohne ein der Materie immanentes Kraftprincip gar nicht denkbar wäre. Die Nothwendigkeit der Unterscheidung zwischen Materialität und Körperlichkeit erhärtet sich nach Rosmini auf dem Wege der reflexiven Analyse des Inhaltes der sinnlichen Empfindung; unser passives Verhalten im Empfinden weist, da jeder Passio eine Actio entsprechen muß, auf ein Agens hin, welches der Wirkungsgrund des Inhaltes unserer Empfindung sein muß. Der extrasubjective Inhalt unserer sinnlichen Empfindung ist die materielle Ausgedehntheit, welche als Terminus iners der Empfindungsthätigkeit nicht der Wirkungsgrund der passiven Affection des Empfindungsprincipes sein kann; diese muß sonach von einem hinter der materiellen Ausgedehntheit zurückliegenden activen Wirkungsprincipe causirt sein, welches immaterielles Unifications- und Kraftprincip des auf uns einwirkenden körperlichen Objectes das Correlat des subjectiven menschlichen Empfindungsprincipes constituirt. Die Correlation zwischen dem Menschen und der ihm gegenüberstehenden sinnlich wahrnehmbaren Außenwelt beschränkt sich nicht auf die in den Bereich des Empfindungslebens fallende Reciprocität von Actio und Passio, sondern schließt ein dieser Reciprocität analoges Verhältniß zwischen dem erkennenden menschlichen Intellecte und dem die sinnlich wahrnehmbaren Objecte der menschlichen Intellection wirkenden intellectiven Gestaltungsprincipe der Körperwelt, dem Principio corporeo,[1] in sich, auf dessen Bethätigung die dem menschlichen Intellecte sich aufdrängende Nothwendigkeit der Anerkennung einer extrasubjectiven Wirklichkeit zurückzuführen ist.

---

[1] Vgl. über dieses Princip und seine Actionen Bd. I, SS. 414—417.

Das Reciprocitätsverhältniß zwischen Mensch und sichtbarer Außenwelt ist durch die körperliche Materialität vermittelt, welche eben so sehr der Wirkungsterminus des intellectiven Principio corporeo, wie der Sensationsterminus des intellectiven menschlichen Empfindungsprincipes ist. Die körperliche Materialität hat sonach eine doppelte terminative Bedeutung, mit dem Unterschiede jedoch, daß sie der menschlichen Empfindungsthätigkeit als Terminus extraneus gegenübersteht, während sie zum Principio corporeo als Terminus proprius der Wirkungsthätigkeit desselben sich verhält. Die körperliche Materialität geht, obwol wesentlich phänomenal, doch nicht in der Erscheinung auf, sondern ist etwas Reales; ihre Realität ist mit den durch die göttliche Creationsthätigkeit causirten Grundcomponenten alles körperlichen Seins, den ausgedehnten empfindungsfähigen Atomen gegeben, welche als im Raume sich ausbreitende Kräfte selber schon Körper, obschon Körper allergeringsten Umfanges sind. Ihre Vereinigungen zu jenen Complexen, durch welche die uns sinnlich wahrnehmbaren Körper constituirt werden, sind Wirkungen des im Dienste der göttlichen Schöpferidee thätigen Principio corporeo, welches dadurch, daß es die Sensitivprincipien seinem Wirken dienstbar macht, zu einer stoffbildenden Wirksamkeit gelangt. Nach seinem rein metaphysischen Begriffe ist das Principio corporeo der der stofflichen Wirksamkeit immanente göttliche Schöpferwille; sofern dieser die gesammte göttliche Conception der sichtbaren Weltwirklichkeit in sich faßt, schließt das an sich Eine Principio corporeo eine Vielheit von Ideen in sich, welche durch seine gestaltende Thätigkeit im Stoffe verwirklichet werden sollen. Seine erste Thätigkeit ist die Actuirung des Stoffes selber und der lebendigen Voraussetzungen der stofflichen Realitäten durch Actuirung der sensitiven Componenten alles Stofflichen und deren Zusammenfügung zu wirklichen Körpern; auf Grund der ersten elementaren Gestaltungen des Materiellen schreitet die Wirksamkeit des Principio corporeo stufenweise zu stets durchgebildeteren Formationen des Körperlichen vor, bis es bei der Hervorbringung der animalischen Organismen anlangt. Der Unterschied zwischen anorganischer und organischer Stofflichkeit hängt von der geringeren oder größeren Zahl der unterschiedlichen Arten der Grundelemente ab, welche in der Formation einer bestimmten Art von Stofflichkeit verwendet werden.[1]

---

[1] I minerali risultano spesso da due sole spezie di elementi; i vegetabili almeno da tre: ma non si dà corpo animale, in cui non si rinvengano

Die in der organischen Stofflichkeit hervortretenden Entwickelungsstufen stellen sich dar in der homogenen Structur der körperlichen Masse, im Vermögen der Selbstreproduction des lebendigen Körpers, in der Irritabilität als initialer und verhüllter Sensationsfähigkeit und in der vollkommen actuell gewordenen Sensibilität. Empfindung ist eigentlich in allem körperlichen Sein enthalten; die Äußerungsfähigkeit derselben ist jedoch von der mehr oder minder vollkommenen Zusammenfügung und Einigung der zu einem organischen Ganzen vereinigten Grundelemente des Körperlichen abhängig.

Wie es ein dem sichtbaren Kosmos immanentes intelligentes Gestaltungsprincip gibt, so auch ein allgemeines Empfindungsprincip, dessen Individuationen die sensitiven Grundelemente alles Körperlichen sind. Rosmini postulirt das allgemeine Empfindungsprincip als Correlat des continuirlichen Raumes, der als Sensationsterminus ein Sensationsprincip involvirt, und zu demselben sich theils als Terminus extraneus, theils als Terminus proprius verhält. Als Terminus extraneus ruft er im Empfindungsprincip die Raumempfindung hervor, als Terminus proprius ist er das Product derselben, aber ein in rein passiver Weise hervorgebrachtes Product, dessen eigentliche actve Ursache das Principio corporeo ist. Als Product und Terminus proprius des allgemeinen Empfindungsprincipes ist der Raum das Phänomen der Continuität, das Minimum von Realität, welches realer Empfindungsterminus werden kann. An sich unausgedehnt setzt er sich als Product der Empfindungsthätigkeit in die reine Ausdehnung um, die zugleich auch Terminus des activen Principio corporeo sein muß. Denkt man sich nun in den reinen oder continuirlichen Raum die, wenn auch nicht unendliche, doch unbegrenzt große Zahl von Molekeln hineingesetzt, so wird durch die Beziehung auf dieselben als Empfindungsterminos das Sensitivprincip des Raumes in so vielfacher Weise individuirt, als Molekel vorhanden sind. Zugleich tritt es in Verbindung mit den Sensitivprincipien aller in den Schooß des reinen Raumes gesetzten Molekel oder discreten räumlichen Ausgedehntheiten; und eben hiedurch wird auch seine Verbindung mit den raumerfüllenden Körpern und mit der Materie vermittelt. Es tritt in Beziehung zu allen in aufwärts steigender Ordnung sich entwickelnden

---

almeno quattro spezie di elementi chimici, cioè l'ossigene, l'idrogene, il carbonico, e l'azoto. Quest' ultimo non è a' vegetabili necessario. Psicologia, § 542.

körperlichen Bildungen, und hat deren eigenartiges Sein und Leben zu seinen Empfindungsterminis; es gewinnt damit fortschreitend neue Empfindungsthätigkeiten, die zuhöchst, sofern es mit dem Empfindungsleben der intellectiven Menschenseele in Verbindung tritt, bei der Apprehension der Seinsidee anlangen.[1] Das Dasein dieses allgemeinen Lebens- und Empfindungsprincipes, welches in alles besondere Lebende und Empfindende eingeht und es durchdringt, hat sich dem Denken der Alten gleichsam unwillkürlich aufgedrungen; die Lehre von der Weltseele ist zur Tradition der philosophischen Schulen geworden. Steht man von dem Gedanken ab, die Weltseele für ein besonderes selbstseiendes Wesen zu nehmen, in welchem man alles Sonderleben aufgehen läßt, und hält man den Charakter desselben als bloßen Empfindungsprincipes mit Ausschluß intellectiver Functionen fest, so ist gegen die Annahme einer Weltseele nichts einzuwenden.

Wir entnehmen aus dem Gesagten, daß sich Rosmini's philosophische Welt- und Naturlehre unter einem doppelten Gesichtspunkte zum empiristischen Physicalismus in Gegensatz stellt, indem sie erstlich dem Materiellen bloß insoweit, als es Terminus der Empfindungsthätigkeit ist, eine Existenzberechtigung zugesteht, und weiter sodann keine andere Stofflichkeit als die lebendige und zufolge ihrer Lebendigkeit organisirbare Stofflichkeit als denkmöglich zuläßt. Die Organisirbarkeit derselben involvirt selbstverständlich ein intelligentes Gestaltungs- und Organisationsprincip, wodurch das Dasein der Körperwelt von vornherein mit der Idee eines göttlichen Schöpferprincipes in Verbindung gesetzt ist. Dieses ist zunächst als Causalprincip der Raumerfüllung denknothwendig, weiter aber auch als Causalprincip und Regulator der im erfüllten Raume vor sich gehenden Bewegungen. Die nächste Ursache der Bewegungen liegt in den Körpern selber, nämlich in den der materiellen Stofflichkeit immanenten Sensitivprincipien; die von den particulären sensitiven Bewegungsprincipien ausgehenden Bewegungen können aber nur unter der Bedingung

---

[1] È sempre questo principio dello spazio, che andando avanti va acquistando nuove attività. senza perder nulla di quelle che aveva prima; egli è quello che prima sentiva solo spazio, e poi sente materia, e poi anche eccitamenti, e poi anche armonia, e poi finalmente lo stesso essere nel suo modo ideale. Ad ognuna di queste attività egli diventa un altro individuo, ma in questo individuo giace tutto ciò che vi era prima, si bene come precedente, non più come ultimato e individuato. Teosofia V, p. 376.

harmonisch in einander greifen, daß sie der Obmacht eines ordnenden und ausgleichenden intelligenten Regulativprincipes unterstellt sind. Die Mittheilung der Bewegung von einem Körper an den anderen und die Erhaltung der Bewegung lassen sich überhaupt nicht aus der Thätigkeit der Sensitivprincipien erklären, sondern müssen auf jene Ursache zurückgeführt werden, welche die Körper constituirt und ihnen in ihrer Constituirung das Gesetz der Trägheit auferlegt.[1]

Durch die Zurückführung der Existenz, der Bewegung und des Lebens der Körperwelt auf immaterielle Ursachen ist die physikalische Weltlehre in den Bereich einer metaphysischen Kosmologie emporgerückt, welche mit den der Ontologie oder allgemeinen Seinslehre entlehnten Grundbegriffen als Erklärungsmitteln operirt. Solche Grundbegriffe sind die Begriffe Terminus und Princip, deren Anwendung auf das Verhältniß zwischen der Materie und deren Bewegungsursachen wir bereits kennen. Die Materie als solche hat eine ausschließlich terminative Bedeutung; sie ist der Terminus der Thätigkeiten der Sensitivprincipien und des intellectiven Principio corporeo. Das Principio corporeo ist ein Princip höheren Ranges als die Sensitivprincipien, welche letztere in ihrer Einigung mit der Materialität als solcher selber wieder zu Terminis der Wirksamkeit des Principio corporeo werden. Die geschöpflichen Principien haben eine wesentliche Bezogenheit auf ihre Terminos, so daß sie ohne Beziehung auf dieselben gar nicht real existent sein könnten; der Terminus des geschöpflichen Principes ist gleich dem geschöpflichen Principe etwas Geschaffenes und sohin für dasselbe Gegebenes, zugleich aber etwas von demselben Actuirtes. Dieses doppelte Verhalten des geschöpflichen Principes zu seinem Terminus erklärt sich aus dem doppelten Charakter desselben als Natur und als Agens; als Natur verhält es sich seinem creativ gesetzten Terminus gegenüber empfangend, als thätiges Princip setzt es denselben als sein wesentliches Correlat. Sachlich fällt das Empfangen und Setzen in Eins zusammen, da das Empfangen selber ein Handeln, ein Act ist. Hiebei tritt zwischen dem Intellectionsprincipe und Sensationsprincipe der significante Unterschied zu Tage, daß das Intellectionsprincip, ohne aus sich selbst herauszugehen, sich mit Beziehung auf seinen specifischen Terminus actuirt, während das Sensationsprincip auf seinen correlativen Terminus reagirt und denselben modi-

---

[1] Vgl. Bd. I, S. 417.

ficirt, um ihn hiedurch zu seinem Correlate zu machen, wodurch dieses eine neue Actualität erlangt, welche es früher nicht hatte. Der Grund dieses unterschiedlichen Verhaltens liegt darin, daß der specifische Terminus des Intellectionsprincipes einer anderen Seinskategorie angehört als das Princip selber, nämlich der Kategorie des objectiven Seins, während das Sensationsprincip zusammt seinem Terminus unter dieselbe Kategorie der rein subjectiven Realität fällt. Das objective Sein ist durch sich selbst schon das Correlativ des geschöpflichen Intellectes, braucht also nicht erst durch eine Thätigkeit des Intellectes dazu gemacht zu werden; der Terminus des Empfindungsprincipes aber muß durch eine besondere Thätigkeit des Principes zum Correlativ desselben gemacht werden.

Rosmini unterscheidet drei Kategorien und Formen des Seins: das subjective, objective, moralische Sein. Die realen endlichen Dinge fallen sämmtlich unter die Kategorie des subjectiven Seins. Dem subjectiv Seienden ist wesentlich eigen, daß in ihm Princip und Terminus als zwei von einander unterschiedene Naturen auseinandertreten. Der Grund dessen liegt daran, daß das geschöpfliche subjectiv Seiende als eine bloß relative Natur seinen Relationsterminus nicht gleich der Einen absoluten Natur, die das Sein selber ist, in sich selber haben kann, sondern außer sich und in einer von ihm unterschiedenen Natur haben muß. Hiebei findet aber zwischen dem geschöpflichen Intellectivprincipe und Sensitivprincipe dieser Unterschied statt, daß das erstere nicht gleich letzterem eine durchaus andere und von ihm verschiedene Natur zum Terminus haben muß, weil für das Intellectivprincip die sinnlichen Dinge nicht als sinnlich empfundene, sondern als erkannte Relationsterminus sind. Daraus erklärt sich weiter auch, wie und warum das Intellectionsprincip ohne reale Verbindung mit der körperlichen Realität als Subject existiren kann, während die Sensitivprincipien nur in realer Verbindung mit der körperlichen Materie subjectiv existent sein können. Allerdings hat das geschöpfliche intellective Princip gleich dem Sensitivprincipe seinen Wesensterminus außer sich; derselbe gehört aber nicht wie jener des Sensitivprincipes der subjectiven, sondern der objectiven Seinsform an, mit welcher verbunden das Intellectivprincip zum intelligenten Subjecte wird; der geschöpfliche Intellect tritt kraft dieser seiner Constituirung in eine wesentliche Beziehung zu den ewigen göttlichen Dingen, er ist in die Region des objectiven Seins emporgehoben.

Das reale Sein stellt sich in der Welt und im Menschen als ein dreifach abgestuftes dar: intellectives, sensitives, materielles rein terminatives Sein. Daraus ergibt sich eine durchgängige Correlation zwischen Welt und Mensch, und zwar so, daß der Mensch als das durch diese Correlation determinirte Seiende erscheint. Der Mensch steht als Körperwesen wol auf der obersten Stufe aller körperlichen Organismen; der specifische Modus seiner leiblichen Organisation ist jedoch durch die Beschaffenheit der organischen Formationen der Vor= stufen seiner leiblichen Existenz wesentlich bedingt und prädeterminirt. Das durch das Zusammensein der empfindungsfähigen Seele mit dem stofflichen Leibe constituirte Grundgefühl unterliegt allen Arten von Modificationen im Contacte der Seele mit dem extrasubjectiven Sein der sinnlichen Außenwelt und des selbsteigenen Körpers. Der durch die Intuition der Seinsidee constituirte und über alles bloß subjective Seiende hinausgehobene Intellect ist in Bezug auf die Determinationen der ihm intuitiv präsenten unbestimmten Seinsidee von den in den Wirkungen des Principio corporeo sich ihm präsentirenden Gestaltungen des Realen abhängig. Allerdings greift der menschliche Intellect in der Intuition der unbestimmten Seinsidee über den Bereich der Wirksamkeiten des Principio corporeo und über dieses selbst hinaus, indem er in der Intuition der allgemeinen Seinsidee die gottgedachte Voraussetzung und Essenz des endlichen geschöpflichen Seins erfaßt. Die Seinsidee ist jedoch in ihrer unbestimmten Allgemeinheit ein speculativ unfruchtbarer Gedanke, der Gedanke der allmöglichen Be= stimmbarkeit, deren Determinationen vom göttlichen Schöpferwillen abhängen. So ragt der Mensch als intellectionsfähiges Wesen wol über die sichtbare Wirklichkeit hinaus, und dringt auf Grund der reflexiven Denkbeziehungen der Gestaltungen des sichtbaren Weltdaseins auf deren ideales Possibilitätsprincip in die Welt der reinen Intelli= gibilien ein; er ermangelt aber des Vermögens eines activen geistigen Umgreifens der sichtbaren Weltwirklichkeit, in welche er hineingestellt ist, und ist somit nicht der wahrhaft Höhere über ihr, sondern weit eher und weit mehr der in ihrem allgemeinen Lebensgrunde Wurzelnde und somit durch seine Existenzbedingungen Gebundene. Damit steht die von Rosmini gegebene Wesensbestimmung der menschlichen Seele als universaler Sensationspotenz[1] in Übereinstimmung; die von dieser

---

[1] La sensitività, in quant' è potenza universale, non è che l'anima stessa per sua propria essenza sensibile, considerata in relazione a suoi atti

universalen Potenz umfaßten besonderen Sensitivitäten: Sensitività corporea, pneumatica, ideologica, teorica,¹ bedeuten die allseitigen passiven Bezogenheiten des inneren seelischen Menschen, in deren intellectiver Verification die Aufgabe des philosophischen Denkens besteht. Das Correlat der universalen Sensitivität ist die universale Activität, welche keine andere als jene des absoluten Seins sein kann. Damit ist nun wol der innere Seelenmensch in eine innigste Beziehung zur Gesammtheit alles Seienden, zum göttlichen und gottgewirkten Sein gesetzt; die Art der Bezogenheit aber schließt die Möglichkeit einer Selbstconstituirung des inneren Seelenmenschen als gottesbildlichen selbstigen Mittelpunktes einer geistigen Schaffens- und Wirkenssphäre aus. Es ist ganz richtig, daß der Mensch, wie alles Geschöpfliche, sich Gott gegenüber nur empfangend verhalten könne; das Geistwerden des inneren Seelenmenschen darf aber nicht auf dieses Empfangen reducirt, sondern muß als lebendige Selbstthat des inneren Seelenmenschen gefaßt werden.

Der Mangel eines Fassens des Menschen in der Tiefe seines geistigen Wesens ist bei Rosmini augenscheinlich in der Subsumtion des Menschenwesens unter die abstract ontologischen Kategorien des subjectiven, objectiven und moralischen Seins gegründet. Nicht als ob diese Subsumtion an sich unrichtig wäre; sie wird aber in ihrer absoluten Prävalenz zum Hinderniß einer centralen einheitlichen Fassung des Menschenwesens, und läßt das Selbstsein des Menschen nur in der Form des moralischen Seins zu seinem Rechte kommen, während es doch im Wesen des Menschen als solchen gegründet sein muß. Schon die Art, wie Rosmini das subjective und objective Sein des Menschen auseinanderhält, ist fehlerhaft; daß das seelische Princip des Menschen an sich bloß subjectives Sein wäre, und erst in Folge seiner Beziehung auf den specifischen Terminus der Intellection, auf die

---

accidentali qual principio di essi. Onde la sensitività dell' anima si mescola e s' accompagna in tutte le altre sue potenze, facoltà, funzioni ed operazioni, e però il suo svolgimento è tanto ampio quanto lo svolgimento di tutte le altre potenze prese insieme. Or l' anima è un sentimento sostanziale, nel quale v' ha principio e termine; se il sentimento si considera nel principio che è l' anima stessa, dicesi sensitività psichica e universale, la quale è uniforme, perchè il principio è sempre il medesimo; ma egli acquista diverse relazioni co' suoi termini in quanto lo informano. Psicologia, § 1005.

[1] Vgl. Bd. I, S. 281 ff.

Seinsidee, zum Theilhaben am objectiven Sein gelange, mag in moralischem Sinne wahr sein, ist es aber sicher nicht in metaphysischem Sinne, da die Intellectivität unmittelbar mit dem Wesen der menschlichen Seele selber gegeben sein muß. Mit der Intellectivität ist aber unmittelbar auch schon die geistige Selbstigkeit der Anlage nach gegeben, oder vielmehr die intellective Thätigkeit selber nur die successiv fortschreitende Acturirung der in realer Potenzialität vom Anfange her vorhandenen geistigen Selbstigkeit des Menschen. Die drei Seinsformen, unter welche Rosmini das Menschensein subsumirt, können sonach nur als die drei aufeinander folgenden Lebens- und Entwickelungsstufen des selbstigen Menschenwesens auf Wahrheit Anspruch machen; in der That lebt die der sinnlichen Leiblichkeit eingesenkte Menschenseele anfangs nur das rein subjective Sein des Empfindungslebens, welches mit dem Erwachen und der fortschreitenden Entwickelung der intellectiven Thätigkeit allmälig mehr und mehr in die Region der Objectivität emporgehoben wird, in der durchbrechenden Kraft des moralischen Willens aber zur consistenten actuellen Selbstigkeit gelangt. Das selbstige Sein des Menschen macht sich indeß bereits in dem (vom sinnlichen Empfinden verschiedenen) seelischen Empfinden vernehmbar; die Intellection hat die Bedeutung einer Orientirung des empfindungsfähigen selbstigen Wesens des Menschen an den objectiv gegebenen Beziehungen desselben; das sittliche Thun und Handeln ist Zusammenfassung der intellectiv apprehendirten Wesensbeziehungen in der Energie des an den objectiv gegebenen Beziehungen intellectiv orientirten Selbstwillens. Herz, Geist, Wille bilden eine lebendige Dreieinheit in der Auswickelung des in seiner gottgedachten Idee sich fassenden menschlichen Selbstwesens, dessen Leben in dem Grade, als es in sich selber erstarkt, von seinen leiblich-sinnlichen Grunde sich ablöst, und das sinnliche Selbstleben des Leibes zur instrumentalen Basis seiner selbst herabsetzt. Damit affirmirt und acturirt sich die vom Subjectivismus der sinnlichen Menschenexistenz unabhängige Objectivität des menschlichen Geistdaseins, während umgekehrt der Selbstausdruck des inneren Seelenmenschen in dessen sichtbarer äußerer Erscheinung auch in dieser das objective Sein des inneren Seelenmenschen wiederscheinen macht.

Rosmini kommt in seiner speculativen Auffassung des Menschenwesens über einen subjectivistischen Individualismus nicht hinaus, weil er die menschliche Seele wesentlich als Sensationsprincip ansieht, und jede Sensation ihrer Natur nach subjectivistisch ist. Die menschliche Seele kann ihm daher von vorne herein nicht ein die sinnliche Leiblichkeit des Menschen real umgreifendes und relativ in sich hineinnehmendes Gestaltungsprincip sein; und da die intellective Seele in ihren Acten sich als dasjenige bethätiget, was sie ihrem Wesen nach ist, so kann sie, wenn sie ihrem Wesen nach nicht ein den Stoff umgreifendes Princip ist, auch in ihren geistigen Lebensthätigkeiten sich nicht als ein die sichtbare Wirklichkeit ideal umgreifendes Princip bethätigen. Der Möglichkeitsgrund der das Stoffliche real und ideal umgreifenden Thätigkeit der intellectiven Menschenseele liegt in der mit der Selbstigkeit derselben gegebenen Macht der Aneignung der selbstlosen Stofflichkeit, welche ihrer Natur nach darauf angewiesen ist, sich einem sie continirenden Principe einzuordnen und die Form desselben in sich zu recipiren.

Diese Auffassungsweise des Menschenwesens ist nun entscheidend für die Auffassung und Behandlung der Probleme der philosophischen Ästhetik, welchen Rosmini von jeher mit Vorliebe seine Aufmerksamkeit zuwendete.[1] Rosmini setzt in Übereinstimmung mit der gemeingiltigen Definition des Schönen das allgemeine Wesen desselben in die Hineinbildung des Stofflichen in die der Idee entsprechende Form; die abstracte Fassung des Ideellen bringt aber mit sich, daß er nicht zur Erfassung des specifischen Wesens des Schönen in dessen Unterschiede vom Wahren und Guten vordringt. Ihm fällt das Schöne einfach mit dem Idealen zusammen; und wie er, entsprechend seiner Dreitheilung des Seienden in das subjective, objective und moralische, drei Arten des Idealen unterscheidet: natürliches, intellectuelles und moralisches Ideales, so auch drei damit zusammenfallende Arten des Schönen.[2] Das

---

[1] Die auf die Lehre vom Schönen bezüglichen Schriften und Gedankenäußerungen Rosmini's finden sich vereiniget in der von Paoli Perez edirten Sammlung Rosmini'scher Schriften unter dem Titel: Letteratura e arti belle; 2 Voll. (Intra 1870—73). Diese Publication enthält theils Wiederabdrücke schon früher von Rosmini selber edirter Arbeiten, theils Ungedrucktes aus Rosmini's literarischem Nachlasse. Auf die Lehre vom Schönen beziehen sich in Vol. I: Saggio sull' idillio e sulla nuova letteratura italiana (pp. 1—98); Ragionamento intorno alla bellezza (pp. 99—200, aus Rosmini's Teosofia II, pp. 412—509, herübergenommen). — Vol. II: Arti belle e bellezza (pp. 1—305; aus verschiedenen gedruckten und ungedruckten Schriften Rosmini's zusammengestellt).

[2] Sull' idillio (siehe vor. Anm.) pp. 57 sgg. Vgl. unf. Abhandl.: Idealistische Theorien des Schönen in der ital. Philos des XIX. Jahrh (Wien, 1884), SS. 17 ff.

natürliche Ideale ist dasjenige, welches den musterbildlichen Arttypus darstellt; das intellectuelle Ideale stellt den musterbildlichen Typus einer differente Arten umfassenden Ordnung dar; das moralische Ideale ist dasjenige, welches der gottgedachten und gottgewollten Vollendung des Weltganzen entspricht. Im intellectuellen Idealen wird das Besondere und Singuläre, dessen Verhältniß zu seinem musterbildlichen Arttypus beim natürlichen Idealen in Frage kommt, der Rücksicht auf eine Mehrheit von Dingen, welche ein complexives Ganzes bilden, untergeordnet, und die Übereinstimmung mit der Idee dieses Ganzen zum Kriterium der ästhetischen Angemessenheit des Einzelnen gemacht. Die Einordnung des Einzelnen in die Idee des complexiven Ganzen involvirt eine Herabstimmung der natürlichen Schönheit des Einzelnen, deren ungeordnetes Sichhervordrängen die Verwirklichung der intellectuellen Schönheit, der harmonischen Einheit des Vielen beeinträchtigen würde.

Das intellectuelle Ideale steht zufolge seines intellectuellen Gehaltes ungleich höher als das natürliche Ideale; sein übergeordneter Rang bekundet sich auch in der unerschöpflichen Zahl der Conceptionen des intellectuellen Idealen, sowie in der Größe und Weite, welche diese Conceptionen zulassen. Mit der Größe und Weite derselben muß auch die Schönheit derselben wachsen; daraus folgt, daß die vollkommenste Schönheit sich in einer weitesten, alle Dinge in sich fassenden Complexion realisiren werde. Damit wird indeß aus dem Bereiche des intellectuellen Idealen in jenen des moralischen Idealen übergegangen, welches die vollkommene Einheit der Gesammtheit aller Weltdinge, die gottgedachte Ordnung und Verknüpfung derselben mit Beziehung auf den absoluten Zweck des Universums zu seinem Inhalte hat. Ein Verständniß der Vollkommenheit der Weltordnung ist nur unter Voraussetzung des moralischen Idealen möglich; und wie die Realisirung des intellectuellen Idealen eine Reduction der idealen Vollkommenheit des Einzelnen oder der natürlichen Schönheit involvirt, so die Verwirklichung des moralischen Idealen eine Reduction des Gefallens am intellectuellen Idealen, welches letztere sich nicht auf Kosten des ihm übergeordneten moralischen Idealen geltend machen darf, sondern der Idee einer höheren und umfassenderen Ordnung zu subordiniren hat. Das natürliche, intellectuelle und moralische Ideale sind einander proportionirt als die abstracten Vollkommenheiten der Einheit, Vielheit und Totalität.

Wir entnehmen aus dem Gesagten die Grundbedingungen, von welchen Rosmini den Schönheitseindruck abhängig macht; wir lernen ferner die von der Rangordnung des kosmischen Schönen abhängig gemachten Höhengrade des Schönheitseindruckes kennen, welche in der Apperception des moralisch Schönen als der höchsten Vollendung der geschöpflichen Wirklichkeit gipfeln. Wir sehen uns damit auf die moralisch teleologischen Beziehungen des Schönen hingewiesen, welche auf ein im göttlichen Weltgedanken existentes vollendet Schönes als Urbildung der in der Kraft des weltleitenden göttlichen Waltens zu verwirklichenden Weltvollendung hindeuten. Das absolut Schöne kann nur Gott selber sein, weil sein absolut vollendetes Sein und Wesen jenen beschränkenden Determinationen entrückt ist, welchen das endliche Weltdasein unterstellt ist. Nun wissen wir, daß die thatsächlich gegebenen Determinationen des Weltdaseins vom göttlichen Willen abhängig sind; daher die factisch existenten Dinge auch in ihrem idealen gottgedachten Sein nur in dem von Gott gewollten Maße am Schönsein theilhaben können; die Schönheit als solche ist über alle geschöpfliche Wirklichkeit erhaben und fällt unmittelbar mit der göttlichen Wesenheit zusammen, indem einzig diese die absoluten Numeros des in Einheit, Vielheit und Totalität bestehenden Schönen in sich faßt und darstellt. Die absoluten Numeri der Schönheit sind in der Dreieinheit des göttlichen Wesens dargestellt,[1] indem diese denjenigen Seinsmodus darstellt, in welcher die das Schönsein bewirkenden Grundeigenschaften des Vollkommenen in absoluter Weise existent und miteinander vermittelt sind.

Rosmini sucht dieß durch eine Charakteristik der zur Erkenntniß des absolut Schönen hinanführenden Stufen des Schönen klar zu machen.[2] Das Schönsein der Dinge ist durch ihr Gefaßtsein in einem einigenden Höheren bedingt; die Gesammtheit der Weltdinge ist in Gott gefaßt, und zufolge der Vollkommenheit dieses Gefaßtseins ein Ganzes von höchster Schönheit, obschon diese nicht von ferne an die absolute Schönheit des sich vollkommenst in sich gefaßt haltenden dreieinen göttlichen Seins hinanreicht. Das Gefaßtsein setzt ein einigendes Fassendes voraus; damit aus der einigenden Fassung ein Schönes im vollen Sinne des Wortes resultire, muß das Gefaßte

---

[1] Teosofia II, § 1087.
[2] Vgl. Idealistische Theorien u. s. w., SS. 25 ff.

vollkommen durch das Fassende bestimmt sein, was aber nur bei realen Existenzen möglich ist, weil nur in diesen eine bestimmte Idee zu einem vollkommen bestimmten Ausdrucke gelangt. Eine wesentliche Bedingung der vollen Schönheit ist, daß das von dem einigenden Fassenden Umschlossene ein vollständiges Ganzes sei. Eine Fassung untersten Ranges ist jene, in welcher die körperliche Form ihre materielle Füllung umschlossen hält, und den Begriff der körperlichen Schönheit realisirt. Eine nächst höhere Schönheitsform stellt sich in der psychischen Schönheit dar, in welcher ein Principium sentiens die Materie zusammt der körperlichen Form umschlossen hält. Eine weitere höhere Stufe des Schönen ist durch das Gefaßtsein der animalischen Körperlichkeit in einem Rationalprincipe dargestellt; damit ist der Begriff der mikrokosmischen Schönheit realisirt. Von diesen drei Stufen des Schönen hört jede mindere der nächstfolgenden höheren gegenüber auf, eine complete Schönheit darzustellen, weil das Subject derselben sich als Theil einem größeren Ganzen einfügt. Das im Menschen sich darstellende Unum rationale hat nicht bloß gleich den beiden ihm untergeordneten Stufen des Seienden ein subjectives Sein, sondern lebt kraft der dem menschlichen Geiste präsenten Seinsidee auch im Elemente der Objectivität, in deren Mittel sich ihm die drei Arten der Schönheit des subjectiv Seienden: die körperliche, psychische und mikrokosmische Schönheit vernehmbar machen. Das in der unbestimmten Seinsidee dem menschlichen Geiste präsente objective Sein ist in der Form, in welcher es dem Geiste präsent ist, nicht ein ganzes, sondern ein verringertes Unum, ein Continens, dessen Inhalt durchaus nur virtuell, aber eben deshalb unbegränzt ist. Es ist als intellectives Licht ein Element der Schönheit, und zwar das unificative Element derselben, welches jedoch an sich der in der actuellen Vielheit gegebenen realen Füllung ermangelt. Das menschliche Denken kann indeß bei dem objectiven Sein mit einem bloß virtuellen unendlichen Inhalte nicht stehen bleiben, sondern strebt dasjenige zu erfassen, in welchem der bloß virtuelle Inhalt der unbestimmten Seinsidee actuell existent ist. Es gelangt auf diesem Wege zum Gedanken des absolut Seienden, welchem das Sein nicht, wie dem Menschengeiste, als ein außer ihm seiendes Object sich präsentirt, sondern welches sich selber Object ist, und in welchem Subject und Object sich wechselseitig innigst durchdringen. Die dialektische Analyse der denknothwendigen Seins- und Existenzweise des absoluten Seins ergibt den Gedanken eines in drei unterschiedlichen, unzertrennlich miteinander verbundenen Modis oder Formen subsistirenden Seins, welches unter jedem der drei Subsistenzmodi die beiden anderen innigst in sich faßt, und so drei absolute Continentia, jedes derselben mit absolutem Seinsinhalte, und mithin von absoluter Schönheit darstellt. Rosmini zieht aus dem Gesagten die Folgerung, daß, wie es drei Genera des relativ Schönen, so drei Modi des Einen absolut Schönen gebe. Das diese drei Modos in sich fassende dreieine göttliche Sein erscheint sonach als der dem creatürlichen Sein unerreichbare Urtypus alles Schönen, und die Dreigliederung desselben als der durch die Dreiheit der Seinsform involvirte Modus der absoluten Vermittelung der einigenden Form mit der absoluten Füllung der Form. Die Dreieinheit des absoluten Seins ermöglichet, daß das Gefaßte zugleich auch das Fassende sein kann und umgekehrt; sie erschöpft die möglichen Modes des wechselseitigen Fassens und Gefaßtseins. Sie ist die absolute Concretisirung des absolut Schönen, dessen Wesen darin besteht, daß der Inhalt ganz Form, die Form ganz Inhalt ist, während gleichzeitig die Form in ihrem Unterschiede vom Inhalte, der Inhalt in seinem Unterschiede von der Form sich behauptet. Ist alles Schöne als solches wunderbar, so ist das göttliche Schönsein das absolute Wunder der Schönheit, die göttliche Dreieinheit der wesentliche Modus dieses absoluten Wunders.

Rosmini's Construction des absolut Schönen aus drei Componenten ist charakteristisch für seine Auffassung des Schönen im Allgemeinen, die eine wesentlich musikalische ist und in der Idee des absoluten Lebensconcentes gipfelt. Das Wesen der musikalischen Auffassung des Schönen besteht darin, daß das Schönsein in die harmonische Einheit des Vielen gesetzt wird, während die plastisch-realistische Auffassung des Schönen das Wesen derselben in der adäquaten Verbildlichung der Idee im Stoffe erkennt, und die Grade des Schönen von dem Grade der Annäherung desselben an den vollkommen adäquaten Ausdruck der Idee abhängig macht. Der Unterschied beider Auffassungsweisen des Schönen gründet im Unterschiede der Auffassung des Formprincipes, welches in der musikalischen Auffassung specifisch als Einigungsprincip des zum schönen Ganzen zu einigenden Vielen erscheint, während es in der plastisch realistischen Auffassung die Bedeutung eines den Stoff innerlich fassenden und äußerlich umschließenden Principes hat. Das bildende Princip gewinnt in der letzteren

Auffassungsweise des Schönen unverkennbar eine weit activere Bedeutung, als in der rein musikalischen Auffassungsweise; und man wird wol mit Recht dafürhalten, daß eben nur in ihr der specifische Charakter des Schönen in dessen Unterschiede vom Wesen des Wahren und Guten zum Ausdrucke komme. Rosmini identificirt als Platoniker das Schöne sachlich mit dem Wahren und Guten, und neigt in Folge dessen zu einer möglichst spirituellen Auffassung des Schönen, die von seinem edlen, keuschen Sinne Zeugniß gibt, aber dem genialen Walten der kunstschöpferischen Thätigkeit nicht gerecht zu werden weiß. Der Ausspruch des heiligen Augustinus, daß Gott die ewige nie alternde Urschönheit sei, ist gewiß ein eben so wahres als tiefsinniges Wort; nach unserem Dafürhalten bewahrheitet sich aber dasselbe darin, daß man das göttliche Sein als die active Urform der Dinge faßt, welche auf die vielfältigste Weise in die geschöpfliche Wirklichkeit sich projicirend, auch die geschaffenen Dinge schön macht. Die activen Gestaltungsmächte der Dinge sind die dem Weltdasein immanenten und in demselben sich auswirkenden göttlichen Ideen, durch deren Walten der Kosmos zu einem Werke des schöpferischen Kunstverstandes Gottes gemacht wird. Die Welt ist schön, weil und insoweit in ihr die das geschöpfliche Sein in seiner innersten Tiefe fassenden und äußerlich umgreifenden göttlichen Wirkungsmächte activ durchgreifen. Gott wäre aber nicht wahrhaft Schöpfer, wenn er als Schaffender sich nicht selbst in einer schaffensmächtigen geschöpflichen Causalität reproducirte, und so tritt in die Reihe der Wirkungsursachen des Schönen gleichsam wie von selbst der Mensch als Schöpfer des Kunstschönen ein, durch welches das in der makrokosmischen und tellurischen Wirklichkeit sich entfaltende und ausbreitende Naturschöne in das rein geistige Göttlich-Schöne zurückvermittelt werden soll. Als Nachahmung und Nachbildung der göttlichen Schöpferthätigkeit muß das menschliche Kunstschaffen gleichfalls in einer den Stoff der Kunstschöpfung ideell durchgeistenden und formmächtig von Außen umgreifenden Schaffensthätigkeit bestehen, und wird alle Arten und Grade der göttlichen Schaffensthätigkeit, von der ersten elementaren Projection der Umrisse des Weltbaues angefangen bis hinan zu den in der höchsten Vollendung des kosmischen Seins sich offenbarenden Wundern der Gnade und Glorie zum Gegenstande seiner reproductiven Selbstbethätigung haben.

Rosmini's musikalische Ansicht vom Schönen basirt letzlich auf seinem physikalischen Atomismus, der, wenn auch physikalisch wahr, doch nur die vom empirischen Denkstandpunkte aus zu eruirenden letzten Grundcomponenten des Materiellen zu seinem Denkinhalte hat, somit nicht das absolut Letzte ist, zu dessen Erfassung das in das Wesen des Materiellen eindringende menschliche Geistdenken vorzudringen vermag. Rosmini adoptirte in seiner philosophischen Erklärung der materiellen Wirklichkeit ohne weiters den physikalischen Begriff des Atoms, und suchte ihn nur mittelst des, die Construction seines gesammten philosophischen Weltsystems bedingenden und beherrschenden Gegensatzes zwischen Princip und Terminus zu verlebendigen. Auf diesem Wege gelangt er auch zum Begriffe der einigenden Form, die jedoch als Sensitivprincip nicht eine das Stoffliche innerlich fassende und von Innen heraus umgreifende Form, sondern vorherrschend nur Receptionsprincip ist. Diese Auffassung überträgt sich bei Rosmini weiter auch auf das seelische Informationsprincip und schließlich auf die zwischen dem absoluten Sein und der geschöpflichen Wirklichkeit stehende indeterminirte Seinsidee, welche als Continens wol ein wesentliches Element des Schönen ist, aber als rein passives Continens die realen Gestaltungen desselben nur der passiven Möglichkeit nach in sich trägt, somit auch nicht als active Macht in die Gestaltung des Weltdaseins eingreifen kann. Dieses Eingreifen fällt vielmehr dem im Dienste des göttlichen Willens thätigen Principio corporeo zu, welches die gottgewollten Determinationen des objectiven Seins im Weltstoffe verwirklicht. Das Gestalten derselben nimmt da vorwiegend die Bedeutung eines Machens an, dessen künstlerische Bedeutung in der sinnvollen und planvollen Zusammenfügung des Vielen zur geordneten Einheit besteht, daher Rosmini die Schönheit als die der Idee entsprechende Ordnung im Bereiche des Existenten[1] definirt. In vollkommenem Einklange hiemit werden als die vier Coëfficienten des Schönheitseindruckes Wahrheit, Einheit, Vielheit, Totalität vorgeführt,[2] zu welchen als Fünftes die im Plauso mentale zu Tage tretende Wirkung des Schönheitseindruckes hinzutritt. In dieser Wirkung charakterisirt sich der Unterschied des Schönen vom Wahren und Guten; das Wahre heischt theoretische Zustimmung, das Gute praktische Zustimmung, das Schöne Lob und Beifall. Daraus folgt aber, daß der

---

[1] Per bellezza intendo l'ordine delle verità nelle cose.... Verità chiamo l'idea esemplare delle cose, la quale viene partecipata dalle cose (existenti) per la similitudine che hanno colla medesima. Idillio, p. 44.

[2] Teosofia II, § 1067 sgg.

Unterschied des Schönen vom Wahren und Guten nur im Unterschiede der Wirkung auf das percipirende Subject gelegen ist; objectiv oder an sich genommen ist das Schöne seiner Idee nach mit dem Wahren und Guten identisch, constituirt sonach keine von der Idee des Wahren und Guten unterschiedene Idee. Die geschöpflichen Entia sind in so weit schön, als sie wahr oder gut sind; Wahrsein, Gutsein und Schönsein derselben sind aber gleich dem Sein derselben nur participativer Natur, und weisen somit auf ein Urseiendes hin, welches das Wahrsein, Schönsein, Gutsein in eigenster Wesenheit ist.

Rosmini unterläßt zwar nicht, auch innere Unterschiede des Wahren, Schönen und Guten hervorzuheben,[1] die darin bestehen, daß die Schönheit ihrem Begriffe nach etwas Objectives ist, während das Gute nur als subjectives Sein Wirklichkeit hat, und das Wahre, welches mit dem Schönen das Objectivsein gemein hat, gegen den Unterschied von Schönem und Häßlichem sich indifferent verhält. Diese Unterschiede heben sich indeß mehr oder weniger wieder im Begriffe der architypischen Essenz auf, welche als die eigentliche Wahrheit des Dinges zugleich auch die Regel des Schönseins und Gutseins desselben in sich schließt. Zu sachlichen Abgränzungen des Begriffes des Schönen kommt es nur in den Verhältnißbestimmungen desselben zu jenen der Harmonie und Convenienz. Die Convenienz bedeutet das Hineinpassen des einzelnen Theiles eines Ganzen in den Zusammenhang desselben, die Harmonie das Zusammenstimmen aller Theile desselben untereinander; das Schönsein resultirt aus der überwältigenden Macht des einigenden Principes, welche die unterschiedliche Vielheit des Geeinigten in dem Grade verschwinden macht, daß dem Beschauer nicht mehr das Viele als solches, sondern bloß die durch das Vorhandensein desselben bedingten Übereinstimmungsverhältnisse des Geeinigten bemerkbar werden. In dieser Prävalenz der Einheit über die Vielheit ist der zum Beifall fortreißende Eindruck des Schönen begründet; das Schönsein ist gleichsam der geistige Glanz,[2] welchen das zur vollendeten Einheit Zusammengeschlossene ausstrahlt. Wir verkennen nicht, daß damit wirklich der specifische Charakter des Schönen als eines Erscheinenden angegeben ist; es fehlt aber die Erklärung des Erscheinenden aus dem Wesen desselben, welches doch nur in der

---

[1] O. c., §§ 1063 sgg.
[2] Teosofia II. § 1079.

durchgreifenden Macht der den Stoff zum adäquaten Ausdrucke ihrer selbst gestaltenden Idee gelegen sein kann.

Rosmini bezeichnet seine platonisch spiritualistische Anschauung vom Schönen als die specifisch christliche, und zeigt sich insgemein um Schaffung einer specifisch christlichen Kunstlehre bemüht. Er will dieselbe durchaus auf die christliche Weltlehre gegründet sehen, deren specifische Grundideen (Gott, Mensch, Christus) ihm die höchsten Stützpunkte für die Beleuchtung und Begründung der Grundnormen der künstlerischen Schaffensthätigkeit: Verisimiglianza, Facilità, Bellezza darbieten.[1] Die genannten drei Grundnormen drücken die drei nothwendigen Grundeigenschaften einer ihrem Zwecke entsprechenden Kunstleistung aus. Der Zweck der künstlerischen Thätigkeit ist, dem zeitlichen Erdenmenschen das ihm nicht sichtbare An-sich-Schöne durch eine dem Wesen des Menschen angepaßte und deßhalb unschwer zu fassende Nachbildung zu vergegenwärtigen. Das in seinem Ansichsein für uns nicht faßbare ewig Schöne und absolut Schöne ist Gott; die höchste und vollkommenste Vergegenwärtigung und Verbildlichung desselben für uns ist Christus. Diese Art der Verbildlichung bewahrheitet ihre höchste Vollkommenheit dadurch, daß sie das durch sie zu Verbildlichende dem unbefangenen Menschensinne leichter und unmittelbarer als irgend eine andere Art der Verbildlichung vernehmbar macht. Somit wird den an jede künstlerische Darstellung des Schönen gestellten Anforderungen der Verisimiglianza und Facilità am vollkommensten durch Gottes selbsteigenes Schaffen und Wirken, welches eine Offenbarung seines Wesens nach Außen ist, entsprochen. Im christlichen Kunstschaffen wird eine Nachahmung desselben angestrebt. Der Mensch hegt ein natürliches Interesse für die künstlerische Darstellung des Schönen, weil er sich durch die veranschaulichende Vergegenwärtigung desselben freundlich angesprochen und über die gewöhnliche Wirklichkeit hinausgehoben fühlt; eben deßhalb aber wird er am vollkommensten sich durch die künstlerische Vergegenwärtigung des absolut Schönen beglückt fühlen, welche ihn über den Bereich der Endlichkeit geistig in das Reich der ewigen Vollendung emporhebt. Dem angebornen und

---

[1] Dio, gli uomini, il Mediatore, tre termini dell' umano universo, sono tre fonti della legislazione dell' arti. Della natura di Dio nasce alle arti il supremo tipo della bellezza; dalla natura del Mediatore nasce il supremo mezzo della verisimiglianza; dalla natura dell' uomo nasce la suprema condizione della facilità. Idillio, p. 32.

natürlichen Interesse des Menschen an der sinnvollen Vergegen=
wärtigung des Schönen vermag somit nur die christliche Kunst voll=
kommen zu entsprechen. Das absolute Object der christlichen Kunst=
darstellung ist die Glorie der Seligen als absolute Verwirklichung
des Gesetzes der Schönheit im creatürlichen Sein zufolge der in die
allumfassende Einheit mit Gott hineingenommenen Mannigfaltigkeit
aller einzelnen individuellen sittlichen Vollendungen, deren jede in
ihrer Art einzig ist,[1] so daß alle Einzelnen nur das Vollendetsein in
Gott miteinander gemeinsam haben, hiemit aber freilich zur innigsten
Einheit, die im creatürlichen Sein denkbar ist, miteinander verbunden
sind. Das Reich der ewigen Glorie ist die absolute Vermittelung der
Einheit mit der Vielheit des geschöpflichen Seins, und somit der
höchste Abschluß der auf Grund der ursprünglichen Setzung der
monadischen Componenten des Universums unter Obmacht des
continuirlichen göttlichen Waltens successiv sich entwickelnden und aus=
gestaltenden Reiches der Harmonien des geschöpflichen Seins. Die
gottgedachte Ordnung desselben bringt es mit sich, daß die harmonische
Einigung jedes niederen Grades in die Harmonie eines nächst höheren
Grades hineingenommen ist, der höchste Grad individueller geschöpf=
licher Vollendung aber alle ihm untergeordneten Harmonien auf
singuläre Weise in sich abschließend zusammenfaßt, und so ein höchstes,
in seiner Art einziges Schönes darstellt, welches in allen anderen
neben ihm bestehenden und in ihrer Art einzigen individuellen Voll=
endungen seine vielfältigste überreiche Ergänzung findet, und im
Vereine mit denselben ein constitutiver Component der vollendeten
Totalität des kosmisch Schönen wird. Damit tritt als charakteristischer
Gegensatz zwischen dem untersten Anfange und höchsten Abschlusse des
gottgesetzten Weltdaseins dieß hervor, daß, während die Atome als
individuelle Componenten der niedersten Formationen des kosmischen
Seins gegen den Unterschied zwischen Schön und Häßlich an sich
völlig indifferent sind, in den höchsten und durchgebildetsten For=
mationen des individuellen Seins jene Indifferenz vollkommen und
absolut ausgeschlossen ist, indem in ihnen das Häßliche, Ordnungs=
widrige und Böse zur absoluten Unmöglichkeit geworden ist.

Rosmini setzt die Lehre vom Schönen in eine engste Verbindung
mit der Idee des Sittlichen, und sieht in der moralischen Vollendung

---

[1] Teodicea, § 640.

den höchsten Grad des creatürlichen Schönen. Er bezeichnet das moralisch Schöne als specifischen Charakter des in christlichem Sinne gedachten Schönen, für dessen Hoheit sich Rosmini bereits in seiner Erstlingsschrift [1] begeistert gezeigt hatte. Der sittlichen Zweckbeziehung des Schönen gab er auch dadurch einen significanten Ausdruck, daß er die von ihm geplante Callologia [2] den deontologischen Wissenschaften einreihte;[3] umgekehrt ließ er alle deontologischen Verhältnisse zuletzt in der Idee des Schönen als des absolut Gesollten aufgehen, und sah in der Callologia die generelle Unterlage der gesammten Deontologie. Diese Auffassung der Callologia steht im engsten Zusammenhange mit den das literarische Wirken Rosmini's beseelenden Grundabsichten, welche auf die moralische Erneuerung des italienischen Volksgeistes durch die Wiederbelebung der idealen, mit dem Katholicismus engst verschwisterten Traditionen des italienischen Culturlebens abzielten. Er anerkennt die Kunst des vorchristlichen classischen Alterthums, soweit ihre Denkmale denkverwandte Beziehungen auf die Ideale des christlichen Denkens zulassen, und theilt deßhalb Winckelmann's Begeisterung für die antiken Götterstatuen, welche ihm die christliche Idee der verklärten Leiber der Seligen sinnbilden.[4] Aber eben nur die Anticipationen der christlichen Idee und die Nachklänge ursprünglicher reinerer gemeinmenschlicher Anschauungen in der antiken vorchristlichen Kunst und Literatur haben seinen Beifall, während er die mit der Abwendung vom christlichen Ideal verbundene Rückkehr zur vorchristlichen antiken Kunst und Literatur entschiedenst mißbilligt, und als ein Hinderniß der moralischen Erneuerung des italienischen Volksgeistes beklagt. Er gab dieser seiner Überzeugung entschiedenen Ausdruck in seinem Essay über Foscolo's Carme dei Sepolcri [5] und

---

[1] Vgl. Bd. I, S. 43, Anm. 1. Auszüge aus Rosmini's Lodi di S. Filippo Neri in der Sammelschrift Della lett. e delle arti belle II, pp. 44 sgg.

[2] Bruchstücke derselben mitgetheilt in Lett. e art. e bell. II, pp. 1 sgg.

[3] Vgl. Bd. I, S. 427.

[4] La natura umana, appunto perché tende alla perfezione, tende anche a un tale stato di corpo; almeno ella se lo imagina tale, tale se lo idea. E di qui ebbero origine altresi le apoteosi o deificazioni degli uomini illustri, o cari, dell' antichità. La stessa riflessione porgono a fare le statue greche degli dei: que' grandi artisti tendevano a dar loro qualche cosa di puro, di etereo, d'immortale, per quanto poteva ciò loro venir fatto, dovendo pur comporle di materia inanimata. Lett. e art. bell. II, p. 38.

[5] Vgl. Bd. I, S. 46 f.

mochte sich trotz seiner Hochhaltung Virgil's auch mit jenen nicht befreunden, welche in dem Culte dieses reinsten aller vorchristlichen Dichter ein harmloses Genügen fanden. Homer ist ein ursprünglicherer Geist als Virgil, und deßhalb höher als dieser zu stellen;[1] da aber insgemein ein tieferes geistiges Eindringen in das Empfinden, Denken und Leben des Alterthums über dasselbe hinausführt, so würde ein Stehenbleiben bei der bewundernden Anerkennung Homer's einer unfreien Selbstbeschränkung auf das Gebiet der von diesem Dichtergeiste umfaßten natürlichen Wirklichkeit gleichkommen, über welche die der christlichen Anschauung erschlossene höhere ideale Wirklichkeit unermeßlich hinausragt. Darum ist nicht Homer, sondern Dante der Dichter der christlich gewordenen Zeit und Welt.[2]

Rosmini's Ideal ist eine sittlich reine, unschuldsvolle, von religiösen Ideen durchgeistete Kunst; als höchste Bestimmung derselben gilt ihm die Vergegenwärtigung der in Gott vollendeten menschlichen Lebenswirklichkeit. Diese ist nun allerdings nur in sehr unvollkommener Weise ein Gegenstand unserer zeitlich irdischen Erfahrung; daher alle menschliche Kunst nothwendig unvollkommen ist und bleiben muß. Damit wird aber der hohen ethischen Bestimmung der Kunst nicht Eintrag gethan, deren Aufgabe darin besteht, den Gedanken und Strebungen des irdischen Zeitmenschen die Richtung auf die durch sie unmittelbar vergegenwärtigten Vollendungsziele der Menschheit zu geben; die mittelbare Vergegenwärtigung derselben besteht in der gedankentiefen künstlerischen Beleuchtung des göttlichen Schaffens und Wirkens in Zeit und Welt, welches in seinen letzten Endabsichten auf die Herbeiführung des Vollendungsstandes der zeitlichen Weltwirklichkeit abzielt.[3] Die christliche Kunstthätigkeit hat vor der antiken dieß voraus, daß ihr im christlichen Gedanken das Mittel einer sicheren Orientirung an der idealen Wahrheit des zeitlichen Weltdaseins zu

---

[1] Idealist. Theorien, S. 14 f.

[2] Rosmini hatte als junger Mann den Plan zu einem umfassenden Werke über Dante's Commedia divina gefaßt, kam aber nicht über den Anfang der Arbeit hinaus. Das in Rosmini's literarischem Nachlasse vorgefundene Bruchstück derselben zusammt den in seinen gedruckten Werken zerstreut vorkommenden Beleuchtungen der philosophischen und theologischen Doctrinen Dante's finden sich zusammengestellt in Lett. e art. bell. II, pp. 251 sgg.

[3] La letteratura cristiana è l'espressione della divina Providenza nell' Universo. Idillio, p. 56.

Gebote steht, und daß ihr in der christlichen Lebenswirklichkeit auch lebendige Bilder und Ausdrücke derselben gegenübertreten. Die antike Kunst vermochte bloß Ahnungen der idealen Wahrheit zu produciren; das christliche künstlerische Schaffen steht auf dem Boden der geschichtlichen Verwirklichung des idealen Wahren, und ist demzufolge in der Lage, den abstract typischen Charakter der antiken Kunst abzustreifen und seine Inspirationen aus der reich individualisirten Mannigfaltigkeit des im christlichen Geiste erneuerten Weltdaseins zu schöpfen. Das Stehenbleiben der Kunst und Literatur bei dem Bemühen um äußere Formschönheit ohne Streben nach einem im christlichen Denken geistig vertieften Inhalte gilt Rosmini als Symptom versumpfter Lebenszustände;[1] die von Vielen begehrte Rückkehr der italienischen Kunst und Literatur zu den Zuständen und Bestrebungen des Renaissancezeitalters erscheint ihm nicht nur als ein großer Irrthum, sondern als etwas geradezu Unmögliches. Das seine geistige Erneuerung und moralische Kräftigung anstrebende Italien kann die Anregungen zu seinem erneuerten Lebensaufschwunge nicht aus der Kunst und Literatur einer Epoche schöpfen, deren rein reproductive Bestrebungen[2] nur das Herabgesunkensein der damaligen Gesellschaft von einer in den vorangegangenen Jahrhunderten in Kraft des christlichen Geistes errungenen Höhe des geistigen Strebens und Schaffens bekundeten.

Da Rosmini die von ihm geplante Callologia unausgeführt ließ, so kam er nicht dazu, die Lehre von den schönen Künsten im Einzelnen zu entwickeln; in den hinterlassenen wenigen Fragmenten der Callologia findet sich bloß der Ansatz zu einer Ableitung der Vielzahl der schönen Künste oder Arti imitative, wie sie Rosmini als Darstellungen der imperativen Seelenbewegungen nennt,[3] aus der Verschiedenheit des stofflichen Elementes, in welchem die imperative Bewegung den inneren Seelenmenschen zum Ausdrucke bringt. Diese Elemente sind Geberde, Ton, Sprache, Farben und Formen; die Geberde wird in Tanz und Pantomimik, der Ton im Gesange und in der Instrumentalmusik, die Sprache in der Redekunst und Dichtkunst, die Farbe in der Malerei und Mosaikdarstellung, die Form in der

---

[1] Lett. e art. bell. II, pp. 92 sg.
[2] Nel risorgimento le lettere italiane furono imitative, e perciò espressero una società trapassata e morta. L. c.
[3] Vgl. Lett. e art. bell. II, pp. 1 sg.

Sculptur, Architektur und Gartenkunst Medium der Kunstdarstellung. Rosmini wendete bloß der Redekunst eingehendere Studien zu,[1] wie er denn insgemein für sprachliche Studien sich lebhaft interessirte. Das Interesse an denselben war theils ein nationales, und als solches speciell den italienischen Trecentisten zugewendet;[2] theils ein philosophisches, welches ihn zur Beschäftigung mit den Aufgaben einer philosophischen Grammatik hinführte;[3] theils endlich theologisch-speculatives Interesse, welches ihn zu Erörterungen über die menschliche Ursprache, über die symbolische Sprache des alten Morgenlandes und der Bibel veranlaßte.[4] Die Erörterungen über die symbolische Sprache des alten Morgenlandes hängen mit jenen über den Symbolismus der vorchristlichen heidnischen Mythologie zusammen, aus welchem sich die durch Pythagoras repräsentirte altitalische Weisheit heraussetzte; Rosmini widmete seine hierauf bezüglichen Ausführungen unter dem Titel Del divino nella natura[5] seinem Freunde Manzoni als Erwiederung auf dessen Dialogo dell' invenzione,[6] in welchem der gefeierte Dichter das Bekenntniß abgelegt hatte, in Rosmini's philosophischem Idealismus die erklärenden Grundvoraussetzungen der Intentionen seines poetischen Schaffens gefunden zu haben.

Die näheren Beziehungen zwischen Rosmini und Manzoni datiren vom J. 1827, in welchem Beide sich in Mailand persönlich kennen lernten.[7] Die dazumal von Rosmini veröffentlichten Opuscoli, unter welchen auch der Saggio sull' idillio sich befand, erregten Manzoni's lebhaftestes Interesse; er übergab dem neugewonnenen Freunde das für den Druck vorbereitete Manuscript seiner Sposi promessi zur

---

[1] Eine Zusammenstellung der hierauf bezüglichen Erörterungen Rosmini's aus seinen gedruckten und ungedruckten Werken Lett. e bell. art. II, pp. 92 sgg. — Tommaseo gibt in seiner Biographie Rosmini's eine eingehende Analyse einer hieher gehörigen Jugendschrift Rosmini's; vgl. O. c. II, p. 92, not. 1.

[2] Vgl. Bd. I, S. 45, Anm. 3.

[3] Seine hierauf bezüglichen Studien zusammengestellt in Lett. e bell. art. II, pp. 95—210.

[4] Vgl. O. c. II, pp. 211—250.

[5] Teosofia IV, pp. 1—318.

[6] Vgl. Ideal. Theorien, SS. 8 ff.

[7] Eine ausführliche Schilderung der persönlichen und geistigen Beziehungen zwischen Rosmini und Manzoni bei Cantù: Alessandro Manzoni. Reminiscenze (Mailand, 1885; 2 Voll. 2. Aufl.) I, pp. 296—323. — Vgl. auch Paoli, Memorie I, pp. 477 sgg.

Durchsicht. Rosmini erwiederte diese Artigkeit zwei Jahre später, indem er ihm den ersten Band seiner Ideologie vor dem Drucke desselben einhändigen ließ. Zufolge des von Manzoni ertheilten Rathes erhielt das Werk statt des in die Form einer Frage gekleideten Titels, welchen Rosmini gewählt hatte,[1] jenen Titel, unter welchem es in der philosophischen Welt bekannt ist: Saggio sull' origine delle idee. Obschon vom Anbeginn mit den Ausführungen des polemisch-kritischen Theiles des Werkes vollkommen einverstanden, zögerte Manzoni doch lange, den positiven Grundgedanken desselben als richtig anzuerkennen; bei der Abfassung des Dialogo dell' invenzione hatte er aber denselben sich bereits vollkommen angeeignet, und erklärte in platonisirender Weise die über dem Wirklichen stehende Idee als das Object der künstlerischen Intuition und als die Leuchte des künstlerischen Schaffens, soweit überhaupt das von einer höheren idealen Macht inspirirte Thun ein selbsteigenes Schaffen genannt werden kann.

Eben das Bedenken, daß die in Rosmini's Sinne verstandene ideologische Intuition die Idee eines selbstigen künstlerischen Schaffens beeinträchtige, scheint Manzoni von einer sofortigen unbedingten Zustimmung zur Doctrin Rosmini's abgehalten zu haben. Daß er Bedenken dieser Art zu überwinden hatte, geht auch aus dem Dialogo dell' invenzione hervor; Manzoni sagt sich in demselben von der Idee des künstlerischen Thuns als eines schöpferischen Hervorbringens aus dem Grunde los, weil damit die Objectivität der vom Künstler concipirten Idee in Frage gestellt werde.[2] Die Objectivität der Idee hieng ihm aber so unzertrennlich mit der theistischen Metaphysik und Moral des Christenthums zusammen, daß er, wenn ihm die Rosmini'sche

---

[1] Nach Rosmini's Vorhaben sollte der Titel lauten: Quanta parte d' innato v' abbia nella cognizione prima?

[2] È la questione prima e perpetua della filosofia con le filosofie o, per parlare esattamente, con que' tanti sistemi che, affatto opposti in apparenza, sono d' accordo nel tendere in diverse maniere lo stesso impossibile, cioè di far nascere l' idea della mente che la contempla; che è quanto dire, la luce dall' occhio, il mezzo necessario all' operazione dall' operazione medesima. Sistemi, per conseguenza, i seguaci de' quali, anzi gli autori medesimi, quando vadano un po' avanti nell' applicazione, finiscono col fare della verità una cosa contingente e relativa, negandole esplicitamente i suoi attributi essenziali d' universalità, d'eternità, di necessità; perchè in effetto tali attributi non possono convenire a una cosa che sia stata prodotto. Dial. d. invenz. (ed. Milano, 1879), p. 80.

Auffassung der Objectivität der Idee als die einzig mögliche erschien, derselben seine Zustimmung nicht weiter versagen konnte. Manzoni sah sich in Folge seines Bekanntwerdens mit der Rosmini'schen Philosophie in die Lage versetzt, eine bis dahin stets noch verschobene Entscheidung bezüglich einer den Intentionen seines künstlerischen Schaffens entsprechenden philosophischen Theorie desselben treffen zu müssen. Nicht als ob Manzoni diesem Problem früher gleichgiltig gegenüber gestanden wäre; er glaubte jedoch die Erörterung desselben der von seinem Freunde Hermes Visconti [1] betriebenen psychologisch-experimentalen und anthropologisch-geschichtlichen Forschung anheimgeben zu können, und dachte nicht an den tiefeinschneidenden Gegensatz derselben zu den von Rosmini im Namen der christlichen Wahrheit vertretenen Denkanschauungen. Visconti spricht sich in einem Briefe aus dem J. 1819 [2] an Manzoni über die Nothwendigkeit aus, die von Vico gegebene Erklärung des geschichtlichen Ursprunges der Poesie durch eine Darlegung ihrer weiteren historischen Entwickelung zu ergänzen, und auf Grund derselben festzustellen, von welcher Beschaffenheit eine Poesie sein müsse, welche nach Beseitigung alles Conventionellen an die heute noch in unseren Gemüthern vorhandenen poetischen Elemente anknüpfen wolle. Er unterscheidet in der Geschichte der Poesie, der vorchristlichen Zeit sowol als auch der nachchristlichen, fünf Epochen, die er als Evolutionen der im ursprünglichen völlig incivilisirten Menschen in reinster Ursprünglichkeit vorhanden gewesenen poetischen Anlage ansieht. Als psychologischer Empirist ließ er natürlich die über die rein geschichtliche Erklärungsweise des Ursprunges der Poesie weit hinausreichenden ideellen Momente in Vico's bezüglicher Doctrin ganz bei Seite. Manzoni schien dieß nicht zu beachten, obschon er in einem Briefe vom J. 1821 an seinen und Visconti's gemeinsamen Freund Fauriel in Paris [3] entschieden ausspricht, daß

---

[1] Hieher gehörige Schriften Visconti's: Saggi filosofici (Mailand, 1829). — Saggi intorno ad alcuni quesiti concernenti il bello (Mailand, 1833). Vgl. über diese beiden Schriften: Poli, Supplem. p. 821. — Visconti schloß sich in seiner psychologischen Forschung wesentlich an den Schotten T. Brown an; vgl. über denselben Poli p. 99 sgg., und den im Dictionnaire des sciences philosophiques enthaltenen Artikel Bouillet's über Brown. — Über Visconti's Lebenslauf und Beziehungen zu Manzoni vgl. Cantù, O. c. II, pp. 36—68.

[2] Derselbe findet sich abgedruckt in der Nuova Antologia Anno XV, Ser. II, Vol. 19 (Rom, 1880), pp. 655 sgg.

[3] O. c., p. 673.

er mit dem Stehenbleiben bei einer bloßen Geschichte und so zu sagen Stastitik der poetischen Thätigkeit nicht einverstanden sei; er gibt jedoch in demselben Briefe der Erwartung Ausdruck, daß Visconti, der in den eben dazumal in Angriff genommenen philosophischen Erörterungen über das Schöne nunmehr über das bloß geschichtlich vergleichende Verfahren hinausgekommen sei, eine Arbeit liefern werde, welche geeignet sein dürfte, zur Klärung der vielfältig gespaltenen und widersprechenden Ansichten auf dem Gebiete der Ästhetik bei= zutragen. Das mittlerweile erfolgende Bekanntwerden Manzoni's mit Rosmini lenkte selbstverständlich Manzoni's philosophisches Denken in eine von Visconti's Anschauungen abweichende Richtung, und trug auch zu einer schärferen Bestimmtheit desselben bei; die Hinwendung zum platonischen Idealismus war eine naturgemäße Folge seiner philosophischen Selbstverständigung über das Wesen und die Exigenzen des durch seine poetische Schaffensthätigkeit vertretenen neuitalienischen christlichen Romanticismus, welcher die moralische Wiederaufrichtung des italienischen Volksgeistes am Geiste der glorreichsten Jahrhunderte seiner christlichen Vergangenheit als praktisches Ziel anstrebte.

Manzoni vollzog durch seine Hinwendung zu den philosophischen Anschauungen eines christlichen Platonismus den letzten Schritt in jenen Wandlungen, welchen sein Denk= und Gemüthsleben unter den Eindrücken der im allgemeinen Zeitleben sich vollziehenden successiven Übergänge aus den Anschauungen und Stimmungen der letzten De= cennien des vorigen Jahrhunderts in jene der ersten Decennien dieses Jahrhunderts unterworfen war. Er war durch seinen frühesten Jugend= unterricht zur Bewunderung der Alten angeleitet worden, und hieng mit pietätsvoller Verehrung an Vincenzo Monti, der ihm als der größte der heimischen Dichter galt, und durch dessen ermunternden Zuspruch er sich selbst zu seinen ersten poetischen Jugendversuchen ermuthigt gefühlt hatte. Die pflichtgemäße pietätsvolle Erinnerung an Cesare Beccaria, seinen Großvater von mütterlicher Seite, mußte ihm die durch denselben einflußreich geförderten Anschauungen des Aufklärungszeitalters als unwiderleglich wahr erscheinen lassen. Dazu kamen die besonders auf die Jugend mächtig wirkenden Eindrücke des französischen Revolutionsdrama; Manzoni dichtete als fünfzehnjähriger Jüngling ein revolutionäres Gedicht in vier Gesängen: Il trionfo della libertà (1800), welches die Stimmungen jener tiefsterregten Zeit treu wiederspiegelt. Familienverhältnisse veranlaßten seine Über=

siedelung nach Paris (1806), wo er mit dem französischen Pindariker Lebrun verkehrte und für Boileau's L'Art poétique sich begeisterte. Das kurz darauf veröffentlichte Gedicht Urania (1807), welches allgemeine Bewunderung erregte, war nach Inhalt und Form im Geiste des antik-modernen Classicismus gehalten. Sein guter Genius führte ihn mit Claude Fauriel zusammen, zu welchem er in dauernde freundschaftliche Beziehungen trat; der geistige Verkehr mit dem neugewonnenen Freunde trug wesentlich dazu bei, den Gesichtskreis Manzoni's auf ästhetischem Gebiete zu erweitern, ihn von der einseitigen Bewunderung der glänzenden, classisch vollendeten poetischen Diction Monti's abzulenken und auf die in der Innerlichkeit des menschlichen Gemüthes verborgenen Keime und Ansätze eines ächt poetischen Empfindens aufmerksam zu machen. Damit war eine poetische Wandelung Manzoni's vorbereitet, welche aber freilich nur unter den Eindrücken eines in die innersten Tiefen seines Seelenlebens eingreifenden Erlebnisses zur Thatsache werden konnte. Auch dieses Erlebniß blieb nicht aus. Manzoni hatte 1808 sich mit Henriette Blondel, der Tochter eines Genfer Bankiers, bürgerlich trauen lassen. Henriette, eine Protestantin, auf welche die entschiedene, durch die damals üblichen voltairianischen Spöttereien völlig unbeirrte katholische Gläubigkeit des dem Manzoni'schen Hause befreundeten piemontesischen Grafen Somis di Chiavrie tiefen Eindruck machte, begehrte katholisch zu werden; die zwischen ihr und ihrem Gatten bestehende Seelengemeinschaft hatte zur naturnothwendigen Folge, daß auch dieser die Leere eines den Überlieferungen der religiösen Familienpietät entfremdeten Gemüthslebens mächtig empfand. Die beiden Gatten ließen sich in der italienischen Gesandtschaftscapelle zu Paris nach kirchlichem Ritus trauen; einige Wochen später erfolgte der feierliche Übertritt Henriettens zur katholischen Kirche. Manzoni hatte seit der Zeit, als seine Gattin ihre Conversion plante, mit der apologetischen Literatur des Katholicismus sich eifrig zu beschäftigen angefangen; namentlich zogen ihn Pascal und Arnauld an. Er griff auch auf ältere Quellen, namentlich auf Augustin's Bekenntnisse zurück und verfolgte selbstverständlich die damals im Entstehen begriffene religiös-philosophische Literatur des Restaurationszeitalters mit lebhaftestem Interesse. Die erste poetische Frucht seiner Wiedervereinigung mit der Kirche waren die Inni sacri, in welchen den durch die Mysterien und Thatsachen des christlichen Heilsglaubens hervorgerufenen Empfindungen des religiösen Gemüthes ein Ausdruck von unmittelbarster Ursprünglichkeit verliehen wurde. Diesen folgten in den Zwanziger Jahren die beiden Dramen: Il Conte di Carmagnola und Adelchi, so wie weiter die Sposi promessi nach, mit welchen Manzoni den Gipfel seines Dichterruhmes erstieg. Sein Abgehen von den Regeln der französischen classicistischen Dramaturgie wurde Gegenstand von Beanstandungen, welche Manzoni zu einer ausführlichen Motivirung der früher schon angegebenen Gründe seines Abgehens Anlaß gaben. Er kommt am Schlusse seiner hierauf bezüglichen Abhandlung [1] auf den ihm gemachten Vorwurf des Romanticismus zu sprechen,[2] so wie auf die von gegnerischer Seite behauptete Unmöglichkeit eines tiefer dringenden Erfolges der Tendenzen desselben in Italien. Manzoni erwidert, daß das Bestreben, die beengenden Fesseln des Classicismus zu sprengen, nicht bloß in Italien, sondern auch anderwärts, in Deutschland, England und selbst in Frankreich durchgegriffen habe, daß es sich ferner im italienischen Romanticismus nicht um eine einfache Copirung der anderwärts unter diesem Namen gehenden Bestrebungen, sondern um eine dem italienischen Denken und Empfinden angepaßte Prüfung, Sichtung und Aneignung der allenthalben im europäischen Leben zum Durchbruche gekommenen regenerativen Bestrebungen auf dem Gebiete der Ästhetik und philosophischen Kunstlehre handle.

Manzoni's Gegner hatte nicht ganz Unrecht, wenn er prophezeite, daß der Dichter in seinem eigenen Vaterlande auf Widerstand gegen die von ihm versuchten Neuerungen stoßen werde; die Biblioteca italiana, ein von der österreichischen Regierung nach der Wiederbesitznahme der Lombardei in's Dasein gerufenes literarisches Organ, sprach sich über Manzoni's erstes Drama sehr abfällig aus; Ugo Foscolo verurtheilte es, und selbst Silvio Pellico gestand in einem

---

[1] Lettre de M. Manzoni a M. C*** (Chauvet) sur l'unité de tems e de lieu dans la tragedie. Diese durch Fauriel's Vermittelung veröffentlichte Abhandlung findet sich in der Florentiner Ausgabe der dramatischen und lyrischen Poesien Manzoni's im Anschlusse an Fauriel's Erörterungen über beide Dramen Manzoni's abgedr. pp. 457—551. Rosmini kommt in seinem Saggio sull' Idillio wiederholt (pp. 54 sg.; 57 sg.) auf diese Abhandlung zu sprechen, um seine Zustimmung zu den in derselben ausgesprochenen Ideen auszudrücken. Vgl. Ideal. Theorien S. 19 f. (die daselbst in der Anmerkung citirte Stelle referirt nicht Worte Rosmini's, sondern ist eine Glosse des Herausgebers des Idillio, wiedergibt aber sachlich Rosmini's selbsteigene Ansicht).

[2] Lettre de M. Manzoni pp. 541 sg.

Briefe an einen Freund,[1] daß er als Schüler Alfieri's sich mit Manzoni's dramatischer Compositionsweise nicht unbedingt befreunden könne. Erst Goethe's anerkennendes Urtheil verhalf beiden Dramen Manzoni's zur Berühmtheit, wozu Fauriel durch die der französischen Übersetzung derselben beigegebene Übersetzung des Urtheiles Goethe's das Seine beitrug. Der Mailänder Conciliatore, welchem das Eintreten für Manzoni's Dramen zugestanden wäre, existirte beim Erscheinen des ersten Dramas Manzoni's nicht mehr; er hatte kaum länger als ein Jahr (vom September 1818 bis October 1819) bestanden, die an demselben betheiligten Literaten hatten, abgemüdet durch das stete Ringen mit der Censurpolizei, auf die Weiterführung ihres Unternehmens verzichtet. Der Verdacht der österreichischen Polizei galt jenen politisch-nationalen Hoffnungen, welche von den Mitarbeitern des Conciliatore in der That gehegt wurden, ohne daß indeß irgend einer derselben, mit Ausnahme des Grafen Luigi Porro Lambertenghi, der materiellen Stütze des Blattes, dem österreichischen Regimente ernstliche Gefahren zu bereiten im Stande gewesen sein möchte. Die Mehrzahl derselben konnte in dem nicht lange darauf eingeleiteten Hochverrathsprocesse mit voller Wahrheit versichern, an eine Betheiligung an conspiratorischen Unternehmungen nicht gedacht zu haben;[2] die österreichische Regierung war aber sicher nicht im Unrechte, wenn sie dafür hielt, im Erscheinen des Conciliatore einer literarischen Verschwörung sich gegenüber zu sehen. Nur war diese geistige Verschwörung nicht polizeilich faßbar; und die Biblioteca italiana war trotzdem, daß man für sie gleich anfangs bedeutende Kräfte, darunter einen Monti, Giordani u. A., zu gewinnen getrachtet hatte, nicht im Stande, den im Conciliatore sich verkörpernden politisch-nationalen Tendenzen das moralische Gleichgewicht zu halten. Die älteste und in den vergangenen Jahrhunderten einflußreichste Culturnation des christlichen Europa konnte nicht auf die Dauer dahin gebracht werden, sich mit den Erinnerungen an ihre glorreiche Vergangenheit zu begnügen; im Gegentheile mußte die literarische Wiedererweckung und Pflege dieser Erinnerungen durch sich selbst die Hoffnungen auf eine Wiedererneuerung der glorreichen Vergangenheit

---

[1] Vgl. Cantù: Manzoni I, p. 125.
[2] Vgl. die hierauf bezüglichen Aussagen Silv. Pellico's bei Cantù O. c. I, p. 93.

nähren und lebendig erhalten, obschon die volle Verwirklichung der=
selben in Anbetracht der hiebei in Frage kommenden politischen, mo=
ralischen und religiösen Factoren zu einem der verwickeltesten und
complicirtesten Probleme geworden ist, dessen endgiltige befriedigende
Lösung weder heute schon vollzogen ist, noch auch von der nächsten
Zukunft zu erwarten steht.

Der Conciliatore war nicht bloß der österreichischen Censurpolizei
mißliebig, sondern gab durch die von ihm auf dem Gebiete der
Ästhetik und literarischen Kritik vertretenen Anschauungen auch den
Italienern selber Anstoß, jenen nämlich, welche an den conventionellen
Formen des Classicismus hingen, und das Zurückgreifen auf das
Mittelalter, sowie den mit dem Romanticismus verschwisterten ästhe=
tisch=literarischen Kosmopolitismus nicht vertragen mochten. Der
Gegensatz beider Richtungen dauerte auch nach dem Eingehen des
Conciliatore fort; Monti's zürnendes Auftreten gegen die „verwegene
nordische Schule" rief Manzoni's satirische Ira d'Apollo hervor,[1]
die zugleich als anticipirte Antwort auf Monti's später folgenden
poetischen Sermone sulla Mitologia gelten konnte. Manzoni sprach
sich in einem längeren Schreiben an Massimo d'Azeglio über die
tiefernsten Gründe seiner Opposition gegen den Classicismus aus,
der in Wahrheit doch nur eine Repristination der mit den religiös=
sittlichen Anschauungen der christlichen Gesellschaft nicht verträglichen
Anschauungen der vorchristlich antiken Welt sei, und demzufolge jener
belebenden und regenerativen Wirkung auf den Volksgeist, welche von
der echten Poesie ausgehen soll, entbehren müsse. Die wahre, echte
Kunst müsse vom heiligen Ernste der Wahrheit durchdrungen sein;
mit der Imagination einer glänzenden Scheinwelt, deren Wesen=
losigkeit sich der Denkende nicht verhehlen könne, werde lediglich dem
Bedürfniß nach einer geistreichen Zerstreuung genügt, zu dessen Dienste
die edle Kunst nicht erniedrigt werden dürfe. Da Manzoni ferner
in Folge der aus Rosmini's Schriften geschöpften philosophischen
Anregungen den philosophischen Unterlagen des christlichen Kunst=
strebens nachforschte, so wurde ihm der geistige Zusammenhang des
Classicismus der zeitgenössischen italienischen Poesie mit den An=
schauungen des sensistischen Empirismus klar; die in der theoretischen
Kunstlehre des Classicismus zum höchsten Kanon des künstlerischen

---

[1] Vgl. Ideal. Theorien S. 7.

Schaffens gemachte treue Nachahmung der Natur erschien ihm als eine Übertragung der erkenntnißtheoretischen Grundanschauung des empiristischen Sensismus auf das Gebiet der philosophischen Kunstlehre. Das aus demselben gefolgerte ästhetische Dogma konnte nach Manzoni's Überzeugung nur auf dem Standpunkte des heidnisch-antiken Naturalismus Wahrheit beanspruchen; wenn die Natur selber göttlich ist, muß allerdings das Schöne als das Naturwahre gelten, und es kann für das künstlerische Schaffen keine höhere Aufgabe geben, als die treue Wiedergabe der natürlichen Wirklichkeit. Wenn hingegen das Wahre und Göttliche über der Natur steht und in ihr nur wiederscheint, so muß das Ziel des künstlerischen Schaffens höher liegen, und nicht das Wirkliche als solches, sondern die Idee des Wirklichen muß das Object der künstlerischen Intuition und die Leuchte des künstlerischen Schaffens sein.

Mit der Zurückführung des die Form vergötternden Classicismus auf den heidnisch antiken Naturalismus wurde die eigentliche Grunddifferenz der beiden einander bekämpfenden Richtungen aufgedeckt, und der Gegensatz zwischen Classicismus und Romanticismus auf jenen zwischen ethnisirenden Indifferentismus und christlicher Religiösität reducirt. Während in der ersten Zeit des Kampfes der Romanticismus von Manzoni als die gegen den Idealismus des Classicismus reagirende historische Richtung bezeichnet wurde, nahm nunmehr der Romanticismus den christlichen Idealismus als charakteristische Bezeichnung seiner Tendenzen im Gegensatze zum ethnisirenden Naturalismus des Classicismus in Anspruch. Das ursprüngliche Epithet der Mailänder Romanticisten als historischer Schule entsprach dem ursprünglichen Programme derselben, welches Giovanni Torti in seinem Lehrbriefe sulla Poesia (1818) in wuchtigen Terzinen poetisch formulirt, und Manzoni in seiner Selbstauseinandersetzung mit Chauvet[1] als das eigentliche Bekenntniß der Schule anerkannt hatte. Jedes Zeitalter, sagte Torti in seinem Lehrbriefe, habe sein eigenes Schönheitsideal, welches nach seiner objectiven Seite in der Convenienz mit der Natur bestehe, nach seiner subjectiven Seite aber der Empfindungsweise eines bestimmten Zeitalters und Volkes entspreche: dem Dichter, der auf sein Volk wirken wolle, obliege, solche Stoffe zu wählen, welche dem lebendigen Interesse der gegenwärtigen Gesellschaft ent-

---

[1] Vgl. Lettre de M. Manzoni pp. 641 sg.

sprechen, und deren Behandlung in das Herz des Volkes greift, gleichviel ob man ihm seine geschichtliche Vergangenheit näher rücken, oder, was damit zusammenhängt, die Ziele und Aufgaben seiner Zukunft ihm vergegenwärtigen wolle. Damit war nun indirect der christliche Culturstandpunkt als der für das Kunstschaffen der Völker des heutigen Europa maßgebende angedeutet. Rosmini, der auf den in Italien dazumal bestandenen Gegensatz zwischen idealistischer und historischer Schule Bezug nimmt,[1] deutet bereits an, daß er die Bezeichnung des Romanticismus als historischen Systems nur insofern als zutreffend anerkenne, als in der christlichen Lebenswirklichkeit das christliche Gedankenideal eine historische Wirklichkeit anstrebe, woraus dann von selbst folgt, daß die ideale Kunstauffassung und Kunstschule eigentlich die christliche sei, und den heidnisch antikisirenden poetischen und künstlerischen Bestrebungen der Anspruch auf den Rang der Idealität abgehe.[2] Dieß wird mit schärfster Entschiedenheit in den ästhetischen Betrachtungen ausgesprochen, welche Maroncelli in einem einer Zusätze zu S. Pillico's Prigioni[3] entwickelte. Die christliche und heidnische Kunstauffassung weichen von einander in allen wesentlichen Punkten ab, sowol in Bezug auf Ursprung und Zweck des künstlerischen Schaffens, als auch in Beziehung auf das specifische Mittel der Kunstwirkung. Die heidnische Kunst ist aus dem Nachahmungstriebe hervorgegangen, der Quell des christlichen Kunstschaffens ist die Begeisterung. Die heidnische Kunst strebt als höchsten Zweck die Ergötzung des Menschen an, die christliche Kunst die Hinlenkung auf das Gute. Das heidnische Mittel der Kunstwirkung ist die treue Nachahmung des Wirklichen, das specifische Mittel der christlichen Kunstwirkung das Schöne. Die heidnische Kunst geht in der Vergegenwärtigung des Endlichen auf, die christliche Kunst will das Unendliche dem Menschen nahebringen. Die bisherigen Bezeichnungen beider Arten des künstlerischen Schaffens als classische und romantische Kunst wird von Maroncelli verworfen; sie bezog sich nicht auf das

---

[1] Idillio pp. 49 sgg.

[2] Elle non giungomo no le Pimplee — sagt Rosmini mit kaum zu verkennender Anspielung auf die Anfangsverse von Monti's Sermone sulla mitologia — che di loro canti confidano far lieti i diserti, nè l'armonia, che di mille secoli vincer crede il silenzio, a riscaldare nel petto umano un fuoco spento dalla natura, e da Dio. Idillio, p. 95.

[3] Le mie prigioni. Addiz. al cap. 17.

Wesen, sondern bloß auf den Stoff der Kunstthätigkeit. Dem Wesen nach werden beide Arten von Kunstthätigkeit charakterisirt, wenn man die christliche Kunstthätigkeit als Cormentalismus (Cuore, Mente), die heidnische als Prosilismus bezeichnet; hiedurch werde der Gegensatz zwischen der Innerlichkeit der christlichen Kunst und der an der äußeren Erscheinungsform haftenden heidnischen Kunst zum Ausdrucke gebracht. Man kann Maroncelli's Cormentalismus [1] als eine eigenartige technische Bezeichnung dessen ansehen, worin Manzoni unter Fauriel's Einflusse, wie oben bemerkt wurde, die Keime und Ansätze eines ächt poetischen Empfindens und einer wahrhaft ursprünglichen dichterischen Auffassung der Dinge erkennen gelernt hatte. Von Tommaseo, dessen philosophisch ästhetische Anschauungen wir an einem anderen Orte in Kürze charakterisirt haben,[2] genüge es zu bemerken, daß seine Anschauungen über das Schöne und die Kunst im Wesentlichen dieselben, wie jene Rosmini's waren, und daß er, der gemeinsame Freund Rosmini's und Manzoni's, auch mit den Ansichten Beider über die erziehliche Bedeutung und Bestimmung der Kunst vollkommen einverstanden war.[3]

---

[1] Incoltamente proponendo il suo Cormentalismo — sagt Cantù von Maroncelli — prevenne la moderna sintesi letteraria, restaurando l'unità della riflessione colla fantasia, della mente col cuore, cioè prendendo l'uomo interno. Cantù, il Conciliatore (Mailand, 1878) p. 101.

[2] Ideal. Theorien S. 32 f. Vgl. auch Bd. I, S. 445. Außer den daselbst erwähnten Studii filosofici Tommaseo's sind noch folgende hieher gehörige Schriften desselben zu erwähnen: Ispirazione e Arte (Florenz, 1858). — Dizionario estetico (Venedig, 1840, sodann in wiederholten Auflagen, letzte Aufl.: Florenz, 1867). — Bellezza educatrice (Venedig, 1839). — Arte e civiltà (Florenz, 1859). Daneben verschiedene Abhandlungen über specielle Kunstgegenstände und Aufsätze philosophisch-ästhetischen Inhaltes in mehreren Zeitschriften.

[3] Aus den Jahren, in welchen der Kampf zwischen den Romantikern und Classicisten am heftigsten brannte, rührt eine Lettera di N. Tommaseo all' amico suo Niccolò Filippi (Brief vom 11. Mai 1827) her, in welcher er sich als Anhänger der ersteren aus beiden Richtungen bekennt, die Bezeichnung derselben als Romanticismus aber nur, weil sie schon bestehe, gelten läßt. Als leitende Principien des poetischen Schaffens dieser Schule bezeichnet er: 1. Verità. 2. Popularità. 3. Moralità. 4. Rispetto della storia patria. 5. Libertà dell' azione tragica. 6. Libertà da ogni legge arbitraria. 7. Libertà dalla tirannide dell' esempio. 8. Unica legge seguire l' impulso del cuore. Mit dem verweichlichten Stile und Wesen der neueren italienischen Literatur und Poesie sei aufzuräumen. Ferner: Lo stile petrarchesco, il dantesco, il pariniano sono buoni in se, ma non sono imitabili ... Lo stile d'Alfieri e di Foscolo non è stato inteso dai

Den erziehlichen Einfluß des Schönen betreffend, konnte Gioberti [1] keiner anderen Ansicht sein, als Rosmini, Manzoni und deren Freunde. Ihm gilt die Ästhetik als eine Art Vorbereitungsdisciplin für die geistige Erkenntniß des Wahren und Guten, der Cult des Schönen als die Vorhalle der Wissenschaft und Tugend, welche beide andererseits im Schönen ihre wesentliche Erscheinungsform haben. Das Schöne selber aber wird von Gioberti wesentlich anders gefaßt als von Rosmini, daher er auch zur heimischen schönen Literatur anders als Rosmini sich stellte. Mit den christlich nationalen Tendenzen der Romanticisten vollkommen einverstanden, hielt er doch dafür, daß sie sich gegen das classische Alterthum zu einseitig abschlössen; er hob nachdrücklich hervor, daß die christliche italienische Literatur wesentlich auf dem Grunde der altclassischen lateinischen Literatur stünde, und die Schulung der italienischen Jugend im Verständniß der heroischen Größe des antiken Geistes ein unerläßliches moralisches Bildungsmittel sei. Da Geist und Darstellungsform der antiken Literatur sich nicht von einander trennen lassen, in der classischen Form vielmehr der antike Geist mustergiltig ausgeprägt ist, so mußte Gioberti in der Befreundung mit der altclassischen Literatur auch ein vorzügliches ästhetisches Schulungs- und Bildungsmittel erkennen; er glaubte, Männer, in deren dichterischem Schaffen Geist und Form des antiken Classicismus in solcher Weise, wie bei Alfieri [2] und Leopardi, sich wechselseitig durchdrangen, von rein ästhetischem Standpunkte aus angesehen als Musterschriftsteller der italienischen Nation ansehen zu

loro contemporanei come quel di Petrarca e di Dante dai loro. Wahrheit und Gemeinverständlichkeit fordern: Bandire ogni allusione agli Dei del Paganismo ... Banditi egualmente i pregiudizi del medio evo, le streghe e simili ... Patriotisch-nationale und moralische Tendenz fordern: Niente di Settentrionale, d' Orientale, d' Ispano. Le passioni turpi il romanticismo sdegni di ornarle: nella tragedia e nell' epica le dipinge co' suoi colori, non le canta però nella lirica che assai rado ... Nè solo le turpi, ma le periculose o le inette. Non versi amorosi, non versi panegirici alla potenza impotente, non inni ad ogni menomo accidentucciaccio di questa prosaica vita. La poesia è istrumento sacro, e corredo solenne.

[1] Über Gioberti's philosophische Lehre vom Schönen vgl. Ideal. Theorien SS. 33—67.

[2] In seinem Buche del Primato erinnert sich Gioberti bei Nennung Alfieri's auch des Lehrers desselben, Valpergo di Caluso, welchen er als Begründer der subalpinischen Philologie und Literatur in unvergänglicher Erinnerung erhalten wissen will.

müssen. Beiden stellt er Parini zur Seite, der, an dichterischem Vermögen ihnen nachstehend, sich zur christlichen Culturtradition Italiens in's richtige Verhältniß zu setzen gewußt habe. Daß Monti und G. B. Niccolini nicht allwärts die ihrer unzweifelhaft hohen Begabung gebührende Werthschätzung fänden, ist Gegenstand seines Bedauerns. Überhaupt legt Gioberti großen Werth auf die Bemühungen um die möglichst vollkommene Ausbildung der heimischen Schriftsprache, als deren classisches Mutterland er Toscana preist; aus dem lebendigen Borne der florentinischen Sprachüberlieferung schöpften Giuſ. Giusti als Dichter, Tommaseo als Prosaist. Florenz ist die Wiege der national-italienischen Literatur; aus Dante's Poesie ist die gesammte italienische Nationalpoesie herausgewachsen; er ist auch der Schöpfer der italienischen Prosa. Der erneuerte Aufschwung der seit dem 17. Jahrhundert in fortschreitendem Verfalle begriffenen italienischen Literatur datirt von der Wiederaufnahme des Studiums der Werke Dante's; die Universalität seines hohen allumfassenden Geistes gestattete, daß nach den verschiedensten Seiten an ihn angeknüpft werden konnte, und so die Strahlungen seines Genius nach den mannigfachsten Richtungen in die neuerstehende italienische Literatur sich belebend und befruchtend ergossen. Bannetti, Cesari, Perticari widmeten sich dem Studium der wunderbaren Sprache seines großen Gedichtes; Vico und Nicolo Nicolini knüpften an seine Philosophie an, G. Gozzi bildete seinen Geschmack, Giordani seinen Stil am Studium der Schriften Dante's, Varano und Monti studirten ihn, um ihre dichterische Begabung zu vervollkommen, Parini gewann aus ihm die moralische Strenge seiner Gedanken und Affecte; Alfieri, Foscolo, Leopardi, Marchetti kräftigten an ihm ihren Patriotismus und versenkten sich in seine politischen Ideen; Troya, Balbo u. A. suchten durch das Studium Dantes die leitenden Gesichtspunkte für die richtige Auffassung der italienischen Nationalgeschichte zu gewinnen; Manzoni fand in den Ideen der Commedia divina einen unerschöpflichen Quell geistiger Erhebung. Gioberti's Begeisterung für Dante bildete allerdings einen lebendigen Berührungspunkt mit den Anschauungen der Romanticisten; er rechnete es Manzoni zum höchsten nationalen Verdienste an, der neuzeitlichen italienischen Literatur wieder jene religiöse Tiefe eingegeistet zu haben, durch welche Dante's Gedicht die Gesammtheit der vorchristlichen poetischen Schöpfungen so unermeßlich hoch überragt; dazu komme noch, daß er die Härte und

Herbheit mancher Urtheile Dante's, welche sich aus den leidenschaftlichen Stimmungen des in erbitterten Parteikämpfen zerklüfteten Italiens erklären, in der geklärten Ruhe einer rein objectiven Auffassung menschlicher Dinge vermieden habe. Gioberti legt in der Beurtheilung der italienischen Literaturen großes Gewicht auf die Unabhängigkeit derselben von fremdländischen, insbesondere französischen Einflüssen; demzufolge ist ihm auch darum zu thun, zu constatiren, daß Manzoni nicht durch Fauriel's Rathschläge oder durch die aus W. Schlegel's Geschichte der dramatischen Literatur geschöpften Belehrungen zum Abgehen von den durch die französischen Classicisten festgesetzten Regeln der dramatischen Composition vermocht worden sei;[1] bereits Angelo Poliziano habe in seinem Orpheus die das moderne Drama vom antiken unterscheidende Compositionsweise anticipirt, und den Regelzwang der drei Einheiten zusammt den übrigen willkürlichen Satzungen der Classicisten abgeworfen.

Während Rosmini eine ausschließlich auf christlichem Grunde stehende Bildung und Kunst postulirt, und beide nur insoweit anerkennt, als sie aus dem christlichen Geiste herausgewachsen sind, betont Gioberti von Anbeginn her, daß Religion und Bildung zwei von einander verschiedene Mächte seien, und letztere auf Grund der antiken Cultur sich entwickelt habe. Allerdings habe sie sich dem christlichen Geiste conformirt und in demselben sich umgestaltet, behaupte aber dessungeachtet ein von demselben unterschiedenes Sein, dessen Realität vom christlichen Denken anerkannt werden müsse. Daraus folgt, daß das Schöne seiner Idee nach etwas vom Wahren und Guten Unterschiedenes sei, welches im Wahren und Guten seine absolute Regel hat. Ist das Wahre und Gute in seiner Wesenheit mit dem göttlichen Sein identisch, so ist das Schönsein eine Qualität des dem absolut Wahren und Guten zu verähnlichenden kosmischen Seins. Der Rosmini'sche Begriff Gottes als der absoluten Schönheit hat sonach in Gioberti's Denksysteme keine Geltung; die Idee des Schönen hat sich in der gottgesetzten und gottgeleiteten kosmischen Wirklichkeit, und in deren idealisirender Reproduction durch die menschliche künstlerische Thätigkeit zu verwirklichen. Als idealisirende Wiedergabe des in der kosmischen Wirklichkeit gegebenen Schönen entspricht

---

[1] Betreffs der kritischen Bemerkungen Gioberti's zu Manzoni's Controverse mit Chauvet vgl. Idealistische Theorien S. 54.

das Kunstschöne dem specifischen Begriffe des Schönen als des reinen Ausdruckes der typischen Form im geformten Stoffe vollkommener als das Naturschöne; dem menschlichen Kunstschaffen stehen aber nicht jene gewaltigen Raummaße zu Gebote, mittelst welcher die Natur die Idee des Erhabenen zum Ausdrucke bringt, daher die menschliche Kunstthätigkeit in Bezug auf diese fundamentale Erscheinungsform des Schönen von der Schönheit der Natur überragt wird. Auch war der menschliche Kunstbildungstrieb kein originaler Trieb des in die kosmische Wirklichkeit gesetzten anfänglichen Menschen, sondern ist erst durch die Deterioration der ursprünglichen Schönheit der Schöpfung hervorgerufen worden; das vollendete göttliche Schöpfungswerk der menschlichen Anfangszeit stellte lauter reine, unentstellte Ausdrücke der Idealtypen der Dinge dar, so daß die Natur mit den in ihren großen Maßverhältnissen hervortretenden Erscheinungsformen des Erhabenen allwärts auch die ungeschmälerten Reize des specifisch Schönen verband, und so dem Menschen ein ungetrübtes, ihn vollkommen befriedigendes Bild der im Schönsein sich offenbarenden Vollkommenheit darbot. Die Triebe der menschlichen Kunstthätigkeit wurden erst durch das in die Schöpfung eindringende Häßliche, eine Folge und Versinnlichung des in die Menschenwelt eingedrungenen moralisch Bösen, aufgeweckt; der Mensch empfand das Bedürfniß, die verloren gegangene Idealität der ihn umgebenden äußeren Wirklichkeit durch Werke seiner selbsteigenen bildnerischen Thätigkeit sich zu vergegenwärtigen. Er handelte hiebei unter den verborgenen Antrieben der die gesammte geschöpfliche Wirklichkeit und das Menschendasein durchwaltenden göttlichen Wirkungsmacht, so daß, wie unmittelbar die kosmische Wirklichkeit, zuhöchst und mittelbar auch die Erzeugnisse des menschlichen bildnerischen Triebes, soweit sie der Idee des Schönen wirklich entsprechen, Werke Gottes sind, der in der Hervorbringung des Schönen sich als Kunstschöpfer offenbart.

Gioberti definirt das Schöne als die durch die ästhetische Imagination gewirkte unzertrennliche Einigung des intelligiblen Typus mit einer aus dem Geiste des Künstlers herausgesetzten Phantasieanschauung.[1] Der intelligible Typus gehört dem reflexiven Vernunftdenken des Menschen an; die aus der Tiefe der Seele herausgesetzte Phantasieanschauung aber kommt durch eine dem Künstler selber

---

[1] Dell bello (Florenz, 1845) p. 25.

unbewußte unmittelbare göttliche Causalität zu Stande, in deren Dienste die ästhetische Imagination thätig ist. Die Aufgabe derselben kann dem vorhin Gesagten zufolge nur in der Klärung und Vergeistigung der rein sinnlichen Vorstellung bestehen, wodurch diese zum reinen, unentstellten Bilde des intelligiblen Typus wird. Sofern in der Hervorbringung der den Idealtypus veranschaulichenden Phantasievorstellung eine unmittelbare göttliche Causalität intervenirt ist das künstlerische Concipiren ein schöpferisches Thun, aber nicht des menschlichen Künstlers, sondern des ihn inspirirenden göttlichen Künstlers, welcher durch seine verborgene active Präsenz im menschlichen Künstler denselben das göttliche creative Wirken nachahmen macht. Dieses hat seinen prägnanten Ausdruck in der Formula ideale,[1] aus deren specieller Application auf den göttlichen Schaffensact der Satz resultirt: „Gott schafft durch Vermittelung des Cronotopo[2]) die endlichen Dinge." In seiner speciellen Anwendung auf die Lehre vom Schönen verwandelt sich dieser Satz in die Formel: „Gott schafft durch Vermittelung des Erhabenen das Schöne." Das Erhabene oder der Cronotopo ist das göttliche Correlativ der menschlichen Phantasie, welches vermittelnd zwischen dem Seienden (Gott) und den geschöpflichen Existenzen steht, wie die menschliche Phantasie vermittelnd zwischen dem rationalen Denken und sinnlichen Empfinden steht. Der Cronotopo (d. i. der reine Raum und die reine Zeit) ist gewissermaßen selber eine göttliche Imaginationsthätigkeit, aus welcher sich die den göttlichen Gedanken entsprechenden existenten Dinge heraussetzen. Reine Zeit und reiner Raum bedeuten die Expansionsthätigkeit des absoluten schöpferischen Principes,[3] und die mit derselben gegebenen göttlichen Fassungen der zeitlich-räumlichen Dinge; die allgemeinen Fassungen und Contouren des Weltgemäldes erhalten ihren Schmuck durch die sie ausfüllenden und belebenden Einzeldinge, welche als das

---

[1] Vgl. Bd. II, S. 143.
[2] Vgl. Bd. II, SS. 147 u. 165.
[3] L' idea di forza infinita e atta a creare appartiene al primo membro della formula; ma l' esplicazione estrinseca di questa forza e il suo passagio dalla potenza all' atto spettano al secondo membro, come i suoi effetti compongono il terzo. L'idea di creazione ci somministra adunque i tre concetti concomitanti di tempo, spazio e forza, che, congiunti o separati, fanno le varie spezie del sublime. Il sublime è la creazione in quanto è rappresentata alla fantasia, come la creazione è il sublime in quanto è effettuato da Dio e appreso dalla facoltà ragionevole. Del Bello, p. 96.

specifisch Schöne aus den erhabenen Umrahmungen derselben heraus=
treten.¹ In der Nachahmung der göttlichen Schaffensthätigkeit expandirt
sich auch die Phantasie des menschlichen Künstlers, aus der Ruhe ihres
potentiellen Seins heraustretend, in einer imaginären Zeit und in
einem imaginären Raume,² und richtet das Proscenium oder den
Rahmen zu, innerhalb dessen das Drama der Kunstschöpfung sich ent=
wickeln soll. Sie läßt anfangs die Eingränzung noch mehr oder
weniger unbestimmt, bis daß die künstlerische Conception durch Heraus=
bildung aller einzelnen Theile derselben von selber ihre sichere und
feste Begränzung erlangt, die dem aus der Idealapprehension der
gegebenen Wirklichkeit geschöpften Detailinhalte des Ganzen das richtige
Relief gibt, und damit das Schönsein desselben voll macht.

Nicht bloß das Schaffen des einzelnen Künstlers, sondern der
gesammte weltgeschichtliche Entwickelungsgang der menschlichen Kunst=
thätigkeit ist ein abbildlicher Reflex der göttlichen Schaffensthätigkeit,
mag diese im engeren Sinne als urzeitliche Hervorbringung der
kosmischen Wirklichkeit verstanden, oder in erweitertem Sinne auf die
das gesammte Zeitdasein der Schöpfung von deren Beginne bis zur
letzten Vollendung derselben umfassende göttliche Wirksamkeit bezogen

---

¹ Il bello è l'intelligibile relativo delle cose create, appreso dalla
immaginazione; il sublime è l'intelligibile assoluto di tempo, di spazio e di
forza infinita, rappresentato alla virtù fantastica. O. c., p. 98.

² La fantasia uscendo dalla quiete della potenza, erumpe nell'espansione
del tempo e dello spazio imaginarii, e ammanisce, come dire, il proscenio su
cui reciteranno gli attori del dramma. Dovendo ristringere quelle due forme
fra certi limiti, ella inganna in qualche modo sè stessa, rimovendo ogni
confine troppo preciso e lasciandone incerti e vacillanti i contorni, quasi
pareti di una vasta sala rischiarata dalla luce tremolante e moribonda di una
lucerna. La quale perplessità di forme adombra e richiama allo spirito
l'incomprensibilità dell'essenza e il pelago dell'infinito. Messo in assetto il
seggio dei fantasmi, l'immaginativa creatrice chiama i tipi ideali coi loro
nomi, li fa passare dalla loro mentale semplicità alla sussistenza e realtà
fantastica, gli abbiglia a modi di corpi, gl'individualizza, gli incarna, gli
avviva, li fa apparire, muoversi, gestire, parlare, operare sul teatro loro
assegnato. Per tal guisa lo spirito umano discorre a imitazione di Dio pei
tre gradi della formola ideale, e dopo aver creato nel secondo momento il
sublime e il maraviglioso, produce nel terzo il bello, accrescendone pure il
risalto con alcuni tocchi e quasi pennellati di misterioso e d'oltranaturale
mediante il chiaroscuro che vi sparge, o lo straordinario con cui varia
e distingue l'indole e le vicende de'suoi personaggi. O. c. p. 142.

werden. Denn in letzterer reflectiren sich die drei aufeinanderfolgenden Acte und Momente der ersteren; Weltsetzung, Weltleitung und palingenetische Umbildung der kosmischen Wirklichkeit sind nur die in erweitertem Maßstabe sich wiederholenden Acte der urzeitlichen göttlichen Schaffensthätigkeit: Production der Weltkräfte, Contemperirung derselben, vollendende Gestaltung des Weltganzen. Aus der Continuirung der urzeitlichen göttlichen Schaffensthätigkeit in den derselben nachfolgenden göttlichen Wirksamkeiten erklärt sich das Hineingenommensein der menschlichen bildnerischen Thätigkeit in das creative göttliche Wirken und das Durchwirktsein der ersteren von letzterem. Der nachbildliche Charakter der menschlichen Kunstthätigkeit tritt in den, die erwähnten drei Acte und Momente der göttlichen Schaffensthätigkeit reflectirenden Acten der reproductiven, combinatorischen und gestaltenden Thätigkeit hervor; die beiden ersteren Thätigkeiten verhalten sich als Vorbereitungsacte zur dritten Thätigkeit, mittelst welcher das Schöne wirklich wird, gleichwie sich die entsprechenden beiden ersteren Acte der im engeren und weiteren Sinne verstandenen göttlichen Schaffensthätigkeit als Vorbereitungsacte zum abschließenden dritten Acte verhalten. Die reproductive Thätigkeit des menschlichen Künstlers, in welcher die gottgesetzte Wirklichkeit in die menschliche Innerlichkeit hineingenommen wird, entspricht der göttlichen Setzung des Stoffinhaltes der kosmischen Wirklichkeit; die combinatorische Thätigkeit des menschlichen Künstlers entspricht der den creativ gesetzten Stoffinhalt der kosmischen Wirklichkeit contemperirenden göttlichen Thätigkeit; die Gestaltungsthätigkeit des menschlichen Künstlers, in welcher die Phantasieanschauung dem intelligiblen Typus conformirt und zum specifischen Ausdrucke desselben gemacht wird, entspricht der das göttliche Schaffenswerk vollendenden göttlichen Thätigkeit, sei es, daß darunter die ursprüngliche oder die palingenetische Vollendung der Schöpfung verstanden werde. In der Aufeinanderfolge der beiden großen weltgeschichtlichen Epochen der menschlichen Kunstthätigkeit reflectirt jene der vorchristlichen Weltepoche specifisch die göttliche Schaffensthätigkeit als urzeitliche und vorzeitliche göttliche Thätigkeit, während die menschliche Kunstthätigkeit der christlichen Weltepoche specifisch den Charakter einer Anticipation der palingenetischen göttlichen Thätigkeit an sich trägt.

Wir kennen nach Gioberti das kosmische Schöne oder Naturschöne, soweit das Schöne in seinem specifischen Unterschiede vom Erhabenen verstanden wird, nur insoweit, als es sich uns in den unserem Erd=

körper angehörigen Bildungen und Gestaltungen vernehmbar macht; der Erdplanet ist jedoch etwas verschwindend Kleines im Verhältniß zu der unermeßlichen Zahl riesiger Weltkörper, von welchen wir zu vermuthen haben, daß sie gleich unserer Erde mit lebendigen Gebilden aller Art erfüllt seien, ohne daß wir uns auch nur von ferne über die Beschaffenheit derselben eine Vorstellung zu bilden im Stande wären. Das specifisch Schöne in den terrestrischen Bildungen gehört der gegenwärtigen Epoche des tellurischen Daseins an, welche als ein Mittleres zwischen der urzeitlichen geogonischen Epoche und zwischen der Zukunftsepoche der Auflösung und Palingenesie liegt. Des ästhetischen Reizes entbehren auch diese beiden, die gegenwärtige Epoche des tellurischen Daseins eingränzenden Epochen nicht; es ist aber nicht das specifisch Schöne, sondern das Erhabene, was in ihnen als specifische Signatur des Waltens der schöpferischen Potenzen zum Ausdrucke kommen muß. Das Erhabene ist seinem Begriffe nach an grandiose Raumverhältnisse und Kraftentwickelungen geknüpft; das Giganteske, Ungeheuerliche, Wüste, das Deforme und Chaotische ist eine wesentliche Erscheinungsform des Erhabenen, das aber freilich noch großartiger am Abschlusse der geogonischen Epoche in deren Übergange in die zweite Epoche sich darstellt. Die Geburt des Lichtes aus der chaotischen Dämmerwelt der urzeitlichen Schöpfung, womit die Welt des Schönen ihren Anfang nahm, war ein erhabenster Anfang der zweiten Epoche; die mosaische Kosmogonie ist eine Darstellung der göttlichen Werke, welche in den Beginn der zweiten Epoche fallen und die irdische Schöpfung in ungeschwächtem Glanze unversehrter jugendlicher Schönheit leuchten machten. Das Schöne erscheint da als Hervorbringung des Sublime dinamico und als etwas im Sublime matematico Enthaltenes; es lag daher in der Natur der Dinge, daß das Schöne auf das Erhabene folgte; das mit dem Schönen gleichzeitige Erhabene ist als eine Fortsetzung und Nachwirkung des Erhabenen der ersten Epoche anzusehen. Das göttliche Wirken der in der geogonischen Epoche und jenes am Beginne der zweiten Epoche verhalten sich zu einander als die zwei distincten Endpunkte des göttlichen Schöpferactes; im ersteren Wirken handelte es sich um die Formation und Disposition der tellurischen Materie, im letzteren um die Vollendung ihrer Gestaltung. Durch ersteres wurden die materiellen Kräfte des Erdglobus geschaffen und einander contemperirt; durch letzteres wurden mit der Materie die Form und mit den geschaffenen

Kräften die ewigen Ideen geeinigt in Kraft des lebendigen Gottes=
wortes, welches sich selber zu offenbaren und als das göttliche Form=
und Vollendungsprincip der irdischen Schöpfung zu erweisen begann.
Wäre die gottbegründete ursprüngliche Ordnung der irdischen Dinge
nicht durch den Einfluß des Bösen verwüstet worden, so würde das
in primitiven Typen verwirklichte Schöne mit der normalen Ent=
faltung des irdischen Daseins und Lebens sich weiter entwickelt und
in einer reichen Vielheit secundärer Bildungen in überschwellender
Fülle entfaltet haben; das Ziel der Entwickelung wäre die an die
volle Entwickelung des Wahren und Guten sich knüpfende vollkommene
Verwirklichung des Schönen gewesen, welche freilich über die Zeit
hinausfällt und mit der allgemeinen Weltvollendung zusammenfällt.
Gemäß der Stellung, welche Gioberti dem Schönen im Verhältniß
zum Wahren und Guten gibt, kann das vollendete Schöne nur in
der vollendeten Ausgestaltung der Weltidee und der vollkommene
Schönheitsgenuß nur in der Anschauung der vollendeten Weltwirklichkeit
bestehen; auch ist dieser Genuß nicht als ein rein geistiger, sondern als
eine höchste Befriedigung der imaginativen Kraft der Seele zu ver=
stehen. Der neue Himmel und die neue Erde, welche vom apokalyp=
tischen Seher verheißen werden, sind, soweit sie nicht bloß auf die
geistige Seligkeit der in Gott Vollendeten, sondern auch auf die sichtbare
Schöpfung sich beziehen, von der Palingenesia estetica zu verstehen,
in welche der Abschluß der dritten kosmischen Epoche ausläuft.

Die menschliche kunstbildnerische Thätigkeit ist in ihrer Gesammt=
entwickelung sowol als auch im künstlerischen Schaffen der Einzelnen
eine Nachbildung der auf die Verwirklichung der absoluten kosmischen
Schönheit, in der das ewig Wahre und Gute sich wiederspiegeln und
verwirklichen soll, gerichteten göttlichen Thätigkeit. Der Hervorgang
des Schönen aus der kunstschöpferischen menschlichen Thätigkeit ist eine
Nachbildung des Hervorganges der kosmischen Wirklichkeit aus der
schöpferischen Causalität Gottes, und diese Nachbildung gelingt insoferne
und in dem Maße, als der Mensch sich bewußt oder unbewußt zum
Organ der sein selbsteigenes bildnerisches Thun regelnden und durch=
herrschenden göttlichen Causalität macht. Die künstlerische Nachbildung
der gottgeschaffenen kosmischen Wirklichkeit ist ein Reflex der in einer
unmittelbaren Intuition des Absoluten sich vermittelnden intellectiven
Erkenntniß der Dinge; wie er sie primär und unmittelbar in ihrer
schöpferischen Ursache schaut und erkennt, so vollzieht sich auch ihre

nachbildende künstlerische Reproduction in Kraft einer innerlichen mysteriösen Verbindung mit Gott, welcher zufolge die Erzeugung des Kunstschönen zu einer menschlichen Nachbildung des Hervorganges der Dinge aus Gott wird. Aus den Tiefen der unergründlichen Schöpferkraft Gottes tauchen die endlichen Dinge hervor, deren absolute Fassungen Zeit und Raum sind, und den Übergang der Dinge aus ihrem ewigen Gedachtsein in Gott in die contingente Wirklichkeit, aus dem Sein in's Dasein vermitteln. Wie nun Raum und Zeit ein Prius im Verhältniß zu den von ihnen umfaßten Dingen sind, so mußten auch in der das göttliche Schaffen nachbildenden menschlichen Kunstthätigkeit zuerst die allgemeinen absoluten Fassungsformen der gottgeschaffenen Dinge von der künstlerischen Intuition erfaßt und nachgebildet werden; und darum hatte alle menschliche Kunstthätigkeit von der Architektur und Musik ihren Ausgang zu nehmen, wie denn in der That Maß und Harmonie die absoluten Grundbedingungen alles künstlerischen Schaffens sind. Da ferner die in beiden Künsten objectivirten Grundbedingungen und Fassungsformen alles Schönen ein subjectiv Daseiendes involviren, in dessen Erscheinung Maß und Harmonie zu einer concreten Verlebendigung gelangen, so schließen jene beiden ersten Künste implicite alle übrigen eben so in sich, wie die actuirten absoluten Fassungsformen aller Weltdinge das Vorhandensein dieser und die Beziehungen derselben auf ihre im göttlichen Denken existirenden intelligiblen Typen involviren. Die absoluten Fassungsformen der geschöpflichen Dinge oder das Sublime matematico werden durch die im schöpferischen Gottesworte subsistirende unendliche Kraft oder durch das Sublime dinamico zu dem Ende actuirt, um die den intelligiblen Typen entsprechenden contingenten Dinge existent zu machen, welche eben nur innerhalb jener allgemeinsten Fassungsformen alles Endlichen ein außergöttliches Dasein haben können und, soweit sie ihren intelligiblen Typen entsprechen, schön sind. Wie nun das schöpferische Gotteswort die Dinge dadurch schön macht, daß es sie den im göttlichen Denken existenten intelligiblen Typen verähnlicht, so erweist es sich auch im menschlichen Kunstbilden als jene Geistesmacht, von welcher innerlich berührt, gehoben und getragen der kunstsinnige Mensch das Schöne schöpferisch hervorbringt; von einem schöpferischen Hervorbringen des Kunstschönen muß aber schon darum gesprochen werden, weil dasselbe keine Copie der gegebenen geschöpflichen Wirklichkeit, sondern eine Umbildung der depotenzirten sinnlichen Wirklichkeit nach der geistig percipirten reinen göttlichen Urbildung desselben ist. Ein Kunstschönes existirt überhaupt nur darum, weil das gottgesetzte natürliche Schöne in Folge der durch die erste Menschensünde causirten Destituirung der zeitlich-irdischen menschlichen Daseinswelt mit einer für alle irdische Menschenzeit andauernden Vitiation behaftet ist. Da nun das Kunstschöne sein Dasein eben nur dem Bedürfnisse des gefallenen Geschlechtes nach veranschaulichender Vergegenwärtigung der in der gegebenen natürlichen Wirklichkeit nicht mehr vorhandenen, reinen, adäquaten Darstellung der göttlichen Idee in der kosmischen Wirklichkeit verdankt, und die reine, adäquate Darstellung nur in der Macht des restaurativen göttlichen Waltens zum Ausdrucke gelangen kann, so erklärt sich hieraus der unzertrennliche Connex der Kunstentwickelung mit dem welthistorischen Processe der menschheitlichen Religionsentwickelung, welche unter die Obhut und Leitung des causativen und revelativen göttlichen Schöpferwortes gestellt, die eigentliche Seele der menschheitlichen Culturentwickelung constituirt.

Die Absicht des schöpferischen göttlichen Machtwaltens ist auf die Hervorbringung eines den intelligiblen Typen der Dinge adäquaten Ausdruckes derselben in den substanzialen endlichen Kräften gerichtet. Dieser Ausdruck war ein zwar reiner, aber noch unvollständig entwickelter in der gottgewirkten anfänglichen Gestaltung der Dinge; er sollte zu einem vollständig entwickelten Ausdrucke am Ende der zeitlich-irdischen Weltentwickelung werden. Die menschliche Kunstentwickelung, welche in ihrer geschichtlichen Entstehung und Ausbildung zwischen beide, nur dem Erinnern und dem Hoffen des Zeitmenschen gegenwärtige Ausdrücke des natürlich Schönen fällt, hatte an den nur unvollkommen erfaßten Ausdruck des Erhabenen anzuknüpfen, aus welchem durch Vermittelung des Wortes, des menschlichen Nachhalles des göttlichen Offenbarungswortes, die in den beiden Grundformen des Kunstschönen potentiell enthaltenen besonderen Formen des specifisch Schönen herausgebildet wurden. Das menschliche Wort existirt als ein geschriebenes und als ein gesprochenes; das erstere wurde der Architektur einverleibt, das letztere mit der Musik in Verbindung gesetzt, und so wurden diese beiden ersten Künste zu Müttern, von welchen in der Macht des befruchtenden Wortes allmälig die übrigen Künste geboren wurden. Denn das Wort ist zufolge seiner ursprünglichen Entstehung der lautlich fixirte Ausdruck der Idee, welche in einem bestimmten gottgesetzten Dinge realisirt ist;

wie die in ihrer absoluten Fassung potentiell enthaltenen Dinge in
der Macht des göttlichen Wortes actuell existent werden, so sollte das
lautlich fixirte Menschenwort das ideelle Verständniß der auf ihre
intelligiblen Typen zu beziehenden Dinge vermitteln und in Kraft
dieses Verständnisses auch die Art ihres Enthaltenseins in ihrer göttlichen Fassung und den Modus ihres Hervorgehens aus derselben
kennbar machen und diese Erkenntniß sich in dem Hervorgange der
besonderen abgeleiteten Künste aus den beiden Grundformen des
künstlerischen Schaffens reflectiren. Dieß war aber nur unter der
Bedingung möglich, daß das lautlich fixirte Menschenwort ein ideell
durchgeistetes Wort, der Ausdruck eines vom göttlichen Logos durch-
leuchteten Gedankens war; im heterodoxen Emanatianismus der
heidnisch orientalischen Kunst war jedoch der im Worte fixirte geistige
Lichtgedanke von der Macht der sinnlichen Imagination überwältigt.
Es konnte demnach weder im Denken, noch auch im künstlerischen
Bilden zu einer distincten Ablösung der Dinge aus ihrer mangelhaft
und unrichtig verstandenen göttlichen Fassung kommen; der Mangel
an einer wahren und richtigen ideellen und ästhetischen Erfassung
des Erhabenen ließ es auch zu keiner wahren und richtigen ideellen
und ästhetischen Erfassung des specifisch Schönen kommen. Die von
der emanatianistisch-pantheistischen Idee des Theokosmos durchdrungene
altorientalische hieratische Kunst ließ es anfangs gar nicht zu einer
Anerkennung des distincten Seins der singulären Dinge kommen und
behandelte die Gestalten derselben nur als symbolische Ausdrücke des
im Theokosmos sich darstellenden alleinen Ganzen; die ideographischen
Zeichen, mit welchen die heiligen Bauten bedeckt waren, bildeten mit
denselben ein unzertrennliches Ganzes und symbolisirten die in dem Einen
Theokosmos enthaltene Vielheit der Dinge, wie der heilige Bau in
seiner Gesammtheit die Einheit derselben im Alleinen darstellen sollte.
Dem stummen Worte der heiligen Bauten entsprach das in den
heiligen Büchern der altorientalischen Völker niedergelegte gesprochene
Wort, in welchem die der hieroglyphisch-symbolischen Kunst entsprechende
hieratische Doctrin fixirt wurde; die elementare Unterlage dieser Bücher
waren alte Gesänge als ältester musikalischer Ausdruck der in den
heiligen Bauten symbolisirten theokratischen Ideen. Die allmälige
Abschwächung und Abwerfung des hierokratischen Regimentes gewährte
wohl der Entfaltung der auf Hervorbringung des specifisch Schönen
gerichteten secundären Künste freieren Spielraum und der japhetische

Geist brachte es besonders im Occident zu einer in ihrer Art bewundernswerthen Entfaltung der redenden und bildenden Künste, aber nicht zu einer wahrhaften Freiheit des kunstschöpferischen Triebes, der erst in der reinen ungetrübten Geistigkeit der christlichen Weltanschauung gewonnen werden konnte.

Die vorchristliche Kunst repräsentirt das auf das urzeitlich überlieferte Wort gestützte Schaffen und Walten der menschlichen Kunstthätigkeit, welche eine unvollkommene sein und bleiben mußte, so lange und soweit sie auf die geistigen Nachwirkungen des urzeitlich überlieferten göttlichen Wahrheitswortes beschränkt blieb, indem dieses schon an sich nicht den vollentwickelten geistigen Wahrheitsbegriff darstellte, und überdieß in dem Grade, als die bildnerische menschliche Thätigkeit sich entwickelte, in die Trübungen eines in die kosmische Wirklichkeit versenkten Denkens hineingezogen wurde. Das vorchristliche heidnische Weltdenken charakterisirt sich durchwegs durch eine mangelhafte Orientirung der Reflexion an der idealen Wahrheit der Dinge; es vermochte nicht die reinen, unentstellten intelligiblen Typen der Dinge zu gewinnen. In Ermangelung einer reinen geistigen Intuition mußte in der imaginativen Schaffensthätigkeit das von der Macht des sinnlichen Eindruckes beherrschte Phantasieelement des Schönen über das intelligible Moment desselben mehr oder weniger prävaliren. Demzufolge konnten auf dem Grunde des heidnischen Weltbewußtseins nur lauter solche Kunstbildungen entstehen, welche mit der reinen Regel des Schönen nicht vollkommen congruiren und das Schöne nicht zu seinem vollkommenen Ausdrucke zu bringen vermögen. Gioberti nennt das in diesen unvollkommenen Kunstbildungen zum Ausdrucke gebrachte Schöne das heterodoxe Kunstschöne, welchem er das auf dem Grunde der ungetrübten und vollentwickelten Offenbarungswahrheit erwachsene Schöne als das orthodoxe Kunstschöne gegenüberstellt. Dasselbe repräsentirt den mit der Incarnation des ewigen Wahrheitswortes dem geschichtlichen Zeitdasein der Menschheit eingebornen absoluten Kunstverstand.

Gioberti unterscheidet zwei geschichtliche Hauptformen des heterodoxen Kunstschönen, die orientalische und die gräco-italische oder occidentalische Form. Das heterodoxe Wesen derselben beruht auf den ihnen zu Grunde liegenden emanatianistischen oder pantheistischen Anschauungen, obschon diese in der gräco-italischen Bildung bedeutend gemildert sind. Der Ursprung jener Anschauungen ist bei den Hamiten zu suchen, welche zwar die ältesten Begründer der menschlichen Civilisationen sind, dieselben aber auch am tiefsten in die Trübungen eines naturalistischen Denkens getaucht haben. Die relative Überwindung des hamitischen Naturalismus ist im Orient und Occident auf Rechnung der japhetischen Stämme zu setzen, welche Gioberti in ihrer Ausbreitung über den Orient und Occident unter dem Namen der Indopelasger zusammenfaßt. Diese traten in das Culturerbe der von ihnen bewältigten Hamitenvölker ein und veredelten es, indem sie es sich geistig aneigneten; so gestaltete sich im Orient der Brahmanismus, die Zendlehre und die Hermetische Doctrin aus, in Griechenland, Spanien und Italien die sogenannte pelasgische Cultur, deren specifischer Sitz Italien war. Ein Theil der pelasgischen Stämme hatte sich von der Vermischung mit den Hamiten frei erhalten und in Folge dessen die reineren älteren Anschauungen des pelasgischen Völkerstammes bewahrt; dahin sind vornehmlich die Dorier zu rechnen, durch welche der schon vorhandenen pelasgischen Cultur ein neues noch geistigeres Element zugeführt wurde; auf Rechnung desselben ist die bei Plato und Aristoteles hervortretende Annäherung an den Theismus des Offenbarungsglaubens zu setzen. Gioberti nennt dieses Element das semiorthodoxe im Gegensatze zum heterodoxen Wesen des orientalischen Emanationismus und Pantheismus.

Die orientalische Cultur entwickelte sich unter der Herrschaft eines mächtigen in sich abgeschlossenen Priesterstandes, welcher seine bestimmten Traditionen hatte und eine dem Geiste desselben entsprechende Kunst schuf. Das Ideal der hieratisch=ästhetischen Kunstphantasie war der unbegränzte Kosmos als Continens aller aus seinem Schoße herauszusetzenden Dinge. Das Continens primum wurde mit dem unermeßlichen Raume und mit der unermeßlichen Zeit identificirt. Der Raum läßt sich jedoch nur durch bestimmte Begränzungen und Theilungen versinnlichen und veranschaulichen; durch diese Begränzungen und Theilungen sollte die Structur des Weltganzen symbolisch dargestellt werden. Damit ist die der alt= orientalischen hieratischen Architektur zu Grunde liegende Idee angedeutet, die keine andere als jene des Sublime matematico ist. Mit Vorbedacht wurde hiebei vorzugsweise die gerade Linie in Anwendung gebracht; es wäre ein Irrthum, die ungefällige Steifheit derselben einzig auf Rechnung der ursprünglichen Rohheit der Kunstbildung zu setzen. Das Richtige ist vielmehr, daß die hieratische Kunst von der Idee des Erhabenen durchdrungen war, deren Symbol die gerade Linie ist, während die gebogene Linie die Schönheitslinie ist, die einem anderen Entwickelungsstadium der kunstbildenden Thätigkeit angehört. Nur zur Hälfte wird das Sublime matematico durch die Architektur ausgedrückt; neben dem Unum geometricum, welches im allumfassenden Raume besteht, kommt noch das Unum arithmeticum in Betracht, welches in der Zeit als Continens aller Succession sich darstellt und in der Musik sich ästhetisch vernehmbar macht. Darum trat der Architektur in ältester Zeit die Musik ergänzend zur Seite; beide ergänzten einander als die zwei wesentlichen Formen, unter welchen das Erhabene zum Gegenstande ästhetischer Wahrnehmung wird, und zwar so, daß es in der Architektur Gegenstand äußerer Anschauung, in der Musik Object einer innerlichen Perception ist, ohne daß jedoch die Architektur eine rein äußerliche Darstellung des Erhabenen, oder die Musik eine rein innerliche Perception desselben wäre. Denn wie einerseits die Musik ohne das Mittel sinnlicher Perception nicht denkbar ist, so ist andererseits die Architektur selber auch schon Musik, während umgekehrt die Musik eine aus der Form des Nebeneinander in die Form des Nacheinander umgesetzte Darstellungsform der Maßverhältnisse der Architektur ist. Die Musik ist in der Architektur wie der Geist im Leibe enthalten, während umgekehrt die Architektur in der Musik wie das gedachte Object in der das Object denkenden Seele enthalten ist.

Architektur und Musik sind die ältesten und zuerst ausgebildeten Künste, wie sie auch in logischer Ordnung den übrigen Künsten, die im Gegensatze zur erhabenen Kunst specifisch Künste des Schönen sind, vorausgehen. Die Künste des ästhetisch Erhabenen bringen das Schöne nur unter dem quantitativen Gesichtspunkte, unter jenem des Großen oder Unendlichen, zur Anschauung, während das specifisch Schöne das qualitativ Schöne ist und den menschlichen Typus zu seinem Hauptobjecte hat. Die Künste des specifisch Schönen oder qualitativ Schönen haben sich aus jenen des Erhabenen herausgebildet und stehen ihrer Natur nach in einem Verhältniß logischer Unterordnung zu denselben, indem die Künste des Erhabenen die primitiven Formen des Schönen darstellen, welche in jenen des specifisch Schönen sich verlebendigen und zu einem mannigfachst diversificirten Ausdrucke gelangen sollen. Im Orient wurde indeß die freie Entwickelung der Künste des specifisch Schönen durch den symbolischen Charakter der hieratischen Kunst niedergehalten; bei den Italogräkern fanden sie Raum für ihre ungehemmte Entfaltung, aber auf Kosten der in der hieratischen Kunst des Orients gehüteten Harmonie und Eurythmie des Ganzen. Die theokosmische Einheit der hieratischen Kunstanschauung gieng in Brüche, ohne daß die Orientirung an dem die freie Entfaltung des menschlich Schönen normirenden höchsten, wahrhaft geistigen Einheitsprincipe gefunden worden wäre. Dem hellenischen Schönheitsculte fehlte die Idee der wahrhaften Erhabenheit, und deßhalb war die hellenische Kunst und Poesie unvermögend, das vollendet Schöne zu verwirklichen.

Unter den Wirkungen, welche der Geist des Christenthums auf die menschlichen Kunstbestrebungen ausübte, ist die erste die Wiederherstellung des wahrhaften, auf die Creationsidee gestützten Begriffes vom Erhabenen. Die Richtung auf das Erhabene tritt auf Grund der aus der Bibel beider Testamente geschöpften geistigen Anschauungen bereits in den Werken einiger alter Kirchenschriftsteller als significanter Zug hervor; indeß handelte es sich bei diesen lediglich um den sachlichen Inhalt des christlichen Denkens, nicht aber um eine demselben entsprechende künstlerische Form, welche erst in einer specifisch christlichen schönwissenschaftlichen Literatur ihren Ausdruck finden konnte. Diese trat in der christlich-germanischen Völkerwelt in's Dasein, in welcher der pelasgische Geist das Übergewicht behauptete. Als Gründer und Haupt dieser Art von Literatur ist Dante anzusehen, der nach der einen Seite auf Moses und Jesaias sich stützt, während er nach der anderen Seite an Homer und Virgil sich anlehnt. So einigten sich in ihm zwei weltgeschichtliche Culturströmungen, die hebräische und pelasgische, christliche und dorische, um in den großen Weltstrom der modernen Bildung zusammenzufließen. Der christliche Einfluß auf die übrigen Künste tritt bereits in der mittelalterlichen Gothik hervor, welche zwar noch der Schönheit entbehrt, aber die christliche Idee des Erhabenen zum Ausdrucke brachte; die vollkommene Schönheit der den sinnlichen Stoff adelnden Kunst wurde durch den Meister dreier Künste, durch den in danteskem Geiste schaffenden Michelangelo in's Dasein gerufen. Das christliche Ideal des Kunstschönen ist die Gestalt des Gottmenschen Christus, die absolute Einigung der beiden Schönheitsformen, jener des Erhabenen und des specifisch Schönen, der geklärteste, göttlich durchleuchtete Ausdruck des Menschlichen, dessen Darstellung das Hauptobject der das Schöne zum specifischen Ausdruck bringenden Künste ist. Die Incarnation des ewigen Gotteswortes war die absolute

Bedingung der Verwirklichung des absolut Schönen, welches Gott nicht an sich in der aller sinnlichen Anschaulichkeit entrückten absoluten Geistigkeit seines Wesens ist, sondern nur im Mittel einer menschlichen Repräsentation werden kann. An diesen absoluten Schönheitstypus schließen sich drei andere exemplarische Typen an, jene der Jungfrau-Mutter, des Engels, des christlichen Heiligen, letzterer in den beiden Haupterscheinungsformen der heroischen Liebe als geklärtesten sittlichen Willens und höchsten contemplativen Aufschwunges. In rein ästhetischer Hinsicht ist der Engeltypus wol der mindest wirksame, da in Anbetracht der Körperlosigkeit des Engelwesens die bildliche Darstellung desselben eine vorwiegend symbolische Bedeutung hat und daher auch nur accessorisch in Betracht kommt. Umgekehrt aber ist die Jungfrau-Mutter ein Kunstideal, in dessen Ermangelung es niemals einen Raffael hätte geben können. Nestorius und Jovinianus würden, wenn sie mit ihrer Läugnung der durch diesen exemplarischen Typus ausgedrückten Idee erfolgreich durchgedrungen wären, nicht bloß die Religion, sondern auch den Bereich der Kunst unermeßlich geschädiget haben. Der durch das Christenthum in die Kunst hineingetragene Ausdruck des Übernatürlichen ist eine wesentliche und unerläßliche Bedingung des vollendeten Schönen.

Das menschliche künstlerische Bilden und Gestalten ist eine Nachbildung der creativen Thätigkeit Gottes. Das Wesen letzterer besteht darin, daß die im göttlichen Denken existirenden intelligiblen Typen der Dinge innerhalb der das göttliche Wirken nach Außen bedingenden Begränzung durch Zeit und Raum als denknothwendige Fassungen alles geschöpflichen Daseins in anschauliche Wirklichkeiten sich umsetzen. Die Anschaulichkeit der für den Menschen in der zeitlich-irdischen Erfahrung gegeben Dinge ist eine doppelte, eine sinnliche und eine geistige. Das Wesen der kunstbildnerischen menschlichen Thätigkeit besteht darin, daß durch dieselbe die gottgesetzten realen Dinge nach ihrer doppelten Anschaulichkeit, der geistigen und natürlichen, in jener Weise wiedergegeben werden, welche dem im gottgesetzten Dinge ausgedrückten göttlichen Gedanken desselben entspricht. Es genügt sonach nicht, den geistigen Gedanken des anschaulichen Dinges erfaßt zu haben, es muß auch die demselben entsprechende sinnlich anschauliche Form erfaßt werden, welche mit dem im Dinge ausgedrückten intelligiblen Typus unzertrennlich Eins ist, aber im depotenzirten menschlichen Zeitdasein sich nicht unmittelbar der äußeren sinnlichen

Anschauung darbietet, sondern nur der inneren imaginativen Thätigkeit des Menschen vergegenwärtigen kann. Das dem Menschen hiefür eignende seelische Vermögen ist die Phantasie, in welcher sich der geistig erfaßte intelligible Typus des sinnlich angeschauten Dinges in die ihm congruente sinnlich anschauliche Erscheinungsform umsetzt und verleiblichet; in dieser innerlichen mentalen Hervorbringung der dem intelligiblen Typus des Dinges entsprechenden sinnlich anschaulichen Erscheinungsform besteht das schöpferische Thun der kunstbildnerischen menschlichen Thätigkeit. Es begreift sich hienach, weßhalb die Künste des specifisch Schönen so langsam sich entwickelten und in der vorchristlichen Zeit und Welt überhaupt nicht zu ihrer vollkommenen, der Idee des Schönen entsprechenden Ausbildung gelangen konnten; die menschliche Phantasie mußte in der Macht des rein geistigen Wahrheitsgedankens erst von den trübenden Eindrücken der depotenzirten sinnlichen Daseinswirklichkeit losgelöst und sozusagen sich selber wiedergegeben werden, ehe sie geeignet war, reine, ungetrübte Sinnenbilder der intelligiblen Typen der Dinge wiederzuspiegeln. Bei dem alttestamentlichen Hebräervolke konnte zufolge der eigenartigen Bestimmung desselben, welche es in einen entschiedenen Gegensatz zu der in naturalistischen Kosmismus versenkten Heidenwelt stellte, von einer Pflege der bildenden Künste oder von einem Cultus des specifisch Schönen keine Rede sein; der ernste hohe Geist der alttestamentlichen Offenbarungsreligion lenkte vielmehr von diesem Cultus ab, sofern er durchaus auf die Loslösung des reflexiven menschlichen Denkens von den Trübungen des imaginativen heidnischen Weltdenkens abzielte. Er weckte aber dafür in eminenter Weise den Sinn für das geistig Erhabene, der seinen unübertrefflichen, ja unnachahmlichen Ausdruck in den heiligen Offenbarungskunden des Alten Testamentes gefunden hat,[1] und bereitete hiedurch die Ausgeburt des edlen, reinen, von allen sinnlich trübenden Beimischungen freien Schönen aus dem christlichen Geiste vor.

---

[1] Rispetto alla poesia i sacri scrittori, mossi da più alta musa che quella di cui favoleggia Platone, toccarono il segno più eccelso a cui si giammai salito l'ingegno dell'uomo, e per ciò che spetta al sublime riuscirono inimitabili. Il libro di Giobbe è un poema perfettissimo, che per ricchezza e venustà delle parti e la maestria del generale ordinamento può reggere al paragone dell' Iliade, e per sublimità del dettato la soprastà di gran lunga. Del bello, p. 266.

Das Reich des Kunstschönen hat als eine Schöpfung der menschlichen Phantasie nur eine imaginäre Existenz und ist bloß für Denjenigen vorhanden, welcher Sinn und Verständniß für die Gestalten und Erscheinungen desselben hat. Sie haben etwas Luftartiges und Ätherisches an sich, sind demzufolge auch von einer eigenartigen Beweglichkeit, welche eine Anfassung durch ein grobsinnliches oder unbeholfen steifes Denken nicht gestattet. Die indeterminirte Beweglichkeit der Gestaltungen des Kunstschönen macht, daß sich die zeitlich-räumlichen Fassungsformen desselben eben so sehr von der intellectiven, wie von der sinnlich empirischen Perception des Raumes und der Zeit abscheiden; in der ästhetischen Perception des Zeitlich-Räumlichen fließen die mathematische und physische ineinander und constituiren ein aus beiden Perceptionsweisen in eins gebildetes mittleres Drittes, in welchem auf wunderbare Weise die im göttlichen Schaffensacte sich vollziehende Umsetzung der dynamischen absoluten Fassung der Dinge in die concretisirte zeitlich-räumliche Existenzweise der geschöpflichen Dinge sich nachbildet.

Es gibt eine ästhetische Mathematik und eine ästhetische Physik, welche sich zum Schönen in dessen allgemeinen quantitativen und specifischen qualitativen Gestaltungen ebenso verhalten, wie Mathematik und Physik im eigentlichen Wortsinne sich zur abstracten Quantität und zur sichtbaren Natur sich verhalten. Die ästhetische Mathematik befaßt sich mit der quantitativen, die ästhetische Physik mit der qualitativen Eurhythmie des Kunstschönen. Aus dem relativen Vorwiegen der quantitativen und qualitativen Eurhythmie ergeben sich zwei Classen der besonderen Künste;[1] diese selber aber reihen sich in einem Verhältniß aneinander, welches der Aufeinanderfolge von Arithmetik, Geometrie, Mechanik, Anthropologie und encyclopädischer Zusammenfassung der gesammten Wahrheitserkenntniß entspricht.[2]

[1] Alcune delle quali, come l'architettura, la mimica, la danza, si travagliano sui tipi intelligibili che si riferiscono all'armonia quantitativa, altre, come la scultura, la pittura, la poesia, l'eloquenza, la musica, sui tipi concernenti in ispecie l'armonia qualitativa, o l'una e l'altra egualmente, e sono di mista natura. O. c., p. 63.

[2] La musica, che lavora sul numero e sulla successione dei suoni, è l'aritmetica della matematica estetica, l'architettura ne è la geometria, la mimica e la danza ne son come la meccanica; laddove la pittura e la scultura sono principalmente l'antropologia dell'arte, la poesia e l'eloquenza spaziano per tutti i generi, sono universali ed enciclopediche. L. c.

Da die Welt des Kunstschönen einen von der gewöhnlichen alltäglichen Wirklichkeit unterschiedenen Seinsbereich constituirt, so kann überhaupt die Ordnung dieser nicht zur Norm dessen, was im Bereiche der ästhetischen Wirklichkeit zulässig und giltig ist, gemacht werden. Das Außergewöhnliche, Geheimnißvolle, Wunderbare hat eine berechtigte Geltung im Bereiche der ästhetischen Wirklichkeit, das freie Walten der Phantasie darf nicht durch einen unverständigen Zwang eingeengt werden, welcher die schöpferischen Inspirationen des künstlerischen Genius unter das Nichtmaß der alltäglichen Wirklichkeit beugen und die hehre göttliche Kunst zu nichtssagender Bedeutungslosigkeit herabdrücken würde. Das Übernatürliche ist im Reiche der Dichtung etwas Natürliches, es ist der Reflex der höheren Mächte, welche über dem irdischen Dasein und Leben geheimnißvoll walten, die Aufdeckung der tiefsten und innerlichsten Gründe alles zeitlichen Geschehens, des inneren psychischen sowol als des äußeren historischen. Gioberti legt den Regelzwang der französischen Kunsttheorie, welche den freien Aufschwung des Dichtergenius hemmte, dem Rationalismus der Cartesischen Philosopie zur Last, welcher sich hiemit, wie in Bezug auf Religion und Philosophie, so auch in Literatur und Kunst als gemeinschädlich erwiesen habe.[1] Nun hat freilich nicht jedweder ästhetische Supranaturalismus als solcher schon absolute Berechtigung; es genügt nicht, daß für die Veranschaulichung oder Versinnlichung supranaturaler Potenzen eine angemessene imaginative Form ausgemittelt werde, dieselbe soll vielmehr zugleich auch Ausdruck eines wahren Gedankens sein. Die dem altorientalischen Emanatianismus entstammenden ästhetischen Veranschaulichungen der supranaturalen Potenzen, welche auch in die gräco-italische Poesie und Kunst übergiengen und selbst bei hervorragenden christlichen Dichtern (Ariost, Bojardo, Camoens) eine ingeniöse Verwerthung fanden, zeugen zwar in ihrer bunten Vielheit von einer wunderbaren Beweglichkeit und Gestaltungskraft der Phantasie, verdunkeln aber doch mehr oder weniger den echten Begriff des Supramundanen und geben sich gerade da, wo sie mit genialster Freiheit gestaltet erscheinen, am allermeisten als Geschöpfe der Willkür

---

[1] Bezüglich der literargeschichtlichen Exemplificationen dieser, sowie der weiter folgenden Bemerkungen Gioberti's über die aus der Natur der Sache sich ergebenden Normen des auf dem Boden des christlichen Denkens stehenden dichterischen Schaffens vgl. Ideal. Theorien SS. 55—57 in den Anmerk.

ihres Bildners oder Erfinders zu erkennen; sie können daher wol hohes ästhetisches Gefallen erwecken, aber nicht das Gemüth des Beschauers in seiner Tiefe ergreifen, sie können nicht erschüttern, nicht zu höchsten Gedanken erheben. Die vollkommene harmonische Einigung des Natürlichen und Übernatürlichen findet sich einzig im christlichen Weltbegriffe. Hiebei ist indeß wol zu beachten, daß das der heiligen Geschichte angehörige Wunderbare zwar in der Form eines lyrischen Conceptes seinen Ausdruck finden könne, nicht aber als Vehikel der dramatischen Exposition oder epischen Entwickelung sich verwerthen lasse, weil es in diesem Falle als ein zum Apparate der poetischen Maschinerie gehöriges Element erscheinen und den Charakter poetischer Erfindung annehmen würde. Das der geschichtlichen Wirklichkeit angehörige Wunderbare und das poetische Wunderbare gehören zwei ganz verschiedenen Gebieten an; das Erstere läßt sich nicht in Letzteres verwandeln, ohne es seiner historischen Wahrheit zu berauben.

Das Übernatürliche und das Wunderbare fallen unter den allgemeinen Begriff des Geheimnißvollen, welcher auch für die natürliche Ordnung der Dinge gilt und demzufolge, wie er für die richtige Auffassung des intellectiven Erkennens ohne Unterschied des Objectes von wesentlicher Bedeutung ist, auch in der ästhetischen Veranschaulichung des Wahren durch das Kunstschöne gemeinhin zum Ausdrucke kommen muß. Es liegt jedoch in der Natur der Sache, daß, da das specifisch Schöne wesentlich das Klare und Lichtvolle ist, das Geheimnißvolle vorwiegend in der ästhetischen Veranschaulichung des Erhabenen, welches als solches das die menschliche Fassung überragende ist, zum Ausdrucke kommt; dem specifisch Schönen haftet es an, so weit dieses von dem geheimnißvollen Grunde, aus welchem es in Kraft der göttlichen Schaffensthätigkeit sich heraussetzt, sich nicht vollkommen ablösen läßt und demzufolge trotz seiner lichten Klarheit auch eine geistige Tiefe hat, deren ermangelnd es auch des Reizes wahrer, echter Schönheit entbehren würde. Das echte Schöne hat eine revelative Bedeutung, in welcher durch die dem Künstler zu Gebote stehenden Versinnlichungsmittel: Farben, Töne, Gestalten, Bewegungen, die geisterhellende Wirksamkeit des im Menschenworte nachtönenden Offenbarungswortes nachgebildet wird.

Das auch den Dingen der natürlichen Ordnung anhaftende Geheimnißvolle, welches nur in Kraft des göttlichen Offenbarungswortes sich aufhellt, zeugt durch sich selber gegen die Selbstgenügsamkeit des Rationalismus in Wissenschaft und Kunst, der eigentlich nur den gegen alles Tiefere, gegen alle Offenbarungen des Göttlichen in Natur und Geschichte verschlossenen Sinn repräsentirt und bahnt dem menschlichen Denken die Wege vom Supraintelligiblen zur geistigen Erfassung des Supranaturalen, dessen Gedanke in der Creationsidee seinen absoluten Stützpunkt hat. Die creative göttliche Thätigkeit erschöpft sich jedoch nicht in ihren primitiven, das Weltdasein causirenden Satzungen; diese bilden vielmehr nur die Unterlage für eine Reihe nachfolgender göttlicher Machtbethätigungen, welche man in relativem Sinne schöpferische Thätigkeiten nennen kann, sofern sie die Restauration und Vollendung der ursprünglichen Schöpfung zum Zwecke haben. Auf die Idee dieser doppelten supranaturalen Machtbethätigung Gottes in der ersten und in der zweiten auf Grund der ersten vor sich gehenden Schöpferthätigkeit Gottes ist schließlich das gesammte philosophische Verständniß des Schönen gestützt. Auf den Gedanken der primitiven Schöpferthätigkeit Gottes ist zu recurriren, um das Gefaßtsein alles wahrhaft Schönen in der Idee des Erhabenen zu verstehen; das Schöne als solches aber in seinem vollendeten und der göttlichen Idee adäquaten Ausdrucke muß aus seiner causalen Beziehung auf die göttliche Wiederherstellungs- und Vollendungsthätigkeit verstanden werden. Das vollendet Schöne ist der in Gott vollendete, von Gottes Licht und Klarheit vollkommen durchdrungene Kosmos; der in richtigem, theistischem Sinne gefaßte Theokosmos, dessen gottgewirkte Urbildung und sublimirte Recapitulation der Gottmensch Christus ist. Der Mensch ist gemeinhin die höhere Zusammenfassung der sichtbaren irdischen Wirklichkeit und bildet daher den lebendigen Mittelpunkt aller Gestaltungen im Reiche des Schönen; somit muß auch die höchste Urbildung im Reiche des Schönen wesentlich den Typus des Menschlichen an sich haben.

Wie sehr immerhin die Bestimmungen des Wesens des Schönen der richtigen philosophischen Auffassung des Schönen sich annähern, enthalten sie doch nicht das volle Verständniß desselben, sind sogar mit einem grundwesentlichen Mangel behaftet, dessen Ursache darin gelegen ist, daß Gioberti die Wesensform des Menschen nicht als die schlechthin höchste aller Formen des sichtbaren Weltdaseins, somit auch nicht als specifischen Reflex der absoluten Urform alles geschöpflichen Seins im Bereiche der sichtbaren Wirklichkeit erkannte. Da er Gott nicht als die absolute Urform aller Dinge, somit nicht als die absolute

Schönheit erfaßte, so entgieng ihm mit dem absoluten Sein des Schönen auch die wahrhafte Objectivität des Schönen selbst im Bereiche der kosmischen Wirklichkeit; wir hörten oben, daß er das Kunstschöne, welches er als die ideale Vergeistigung des Naturschönen ansah, nur in der Phantasie des kunstsinnigen Menschen existiren läßt. Da er ferner den Menschen nicht als schlechthin höchstes Wesen der sichtbaren Wirklichkeit anerkennt, sondern auch alle übrigen Weltkörper von menschenähnlichen Wesen sich bevölkert denkt, das menschliche Kunstschöne aber nur als idealisirten Reflex der zeitlich-irdischen menschlichen Daseinswirklichkeit ansieht, so wird der Bereich des eigentlich ohnedieß nur mental existirenden Schönen in ziemlich enge Gränzen verwiesen; daraus erklärt sich die Unterordnung des Schönen unter das Wahre und Gute und die Reduction des Schönen auf seine Bedeutung als geistig-sittliches Erziehungsmittel. Die Betrachtung des Schönen ist nach Gioberti dazu dienlich, die Herrschaft des Gedankens über die sinnliche Empfindung, des Verum über das Factum, des Geistes über den Körper, der ewigen unvergänglichen Dinge über die sinnlich-irdischen Interessen und Vergnügungen zu begründen und die Erringung jener geistigen Unabhängigkeit anzubahnen, deren voller Besitz mit der Sittlichkeit und Religiösität des Menschen gegeben ist. Das objectivistische Moment des Kunstschönen fällt über das künstlerisch schaffende menschliche Subject hinaus und coincidirt mit der inspirativen göttlichen Causalität; sofern diese ihrer Natur nach auf die Actuirung des absolut Schönen als der vollendeten kosmischen Wirklichkeit gerichtet ist, hat das menschliche Kunstschaffen wol ein absolutes Object, welches indeß der künstlerischen Intuition nur sehr unvollkommen erreichbar ist. Wir begreifen daher den von Rosmini[1] der Gioberti'schen Theorie des Schönen gemachten Vorwurf des Subjectivismus; wir begreifen weiter auch, wie Rosmini, der mit Gioberti die Nichterfassung des speculativen Begriffes der menschlichen Wesensform gemein hat, dazu kommen konnte, die von ihm geplante Callologia den deontologischen Wissenschaften einzuordnen, indem dieß der einzige Weg war, dem bei Ermangelung einer speculativen Erfassung des bildnerischen Wesens der menschlichen Seele unvermeidlichen Subjectivismus in der philosophischen Auffassung des Schönen zu entgehen. Sowol Rosmini als auch Gioberti

---

[1] Ideal. Theorien, S. 64.

fassen die Seele wesentlich als Empfindungswesen auf. Beiden ist die Intellection wesentlich ein vergeistigtes Empfinden und Wahrnehmen, nicht aber ein innerliches Fassen und geistiges Umgreifen des erkannten Objectes; der subjectivistischen Auffassung der Wahrheitserkenntniß entspricht auch der subjectivistische Charakter der philosophischen Auffassung des Schönen als musikalischen Concentes, welcher bei Rosmini offen ausgesprochen vorliegt und auch von Gioberti trotz seines Ankämpfens gegen den Augustinisch-Leibniz'schen Begriff des Schönen als harmonischen Zusammenklanges der Vielheit im Wesentlichen nicht überschritten wird. Er überschreitet denselben nur insoweit, als er sich auf die Idee des Erhabenen als der Grundfassung des Schönen zurückbezieht; wie würdig sich immerhin dieser Rückgang Gioberti's auf eine das sinnlich Schöne überragende geistige Fassungsform des Schönen ausnimmt, so bekundet er doch zugleich auch, daß ihm die speculative Erfassung des Wesens des Schönen nicht gelungen sei, indem er sonst das Erhabene nicht vom specifisch Schönen ausgeschieden, sondern es als eine wesentliche Form desselben begriffen haben würde. Das specifische Wesen des Schönen besteht in der adäquirten Veranschaulichung und Verbildlichung des Idealen; ob diese Veranschaulichung und Verbildlichung eine sinnliche oder geistige sei, kommt in Bezug auf das specifische Wesen des Schönen als solchen nicht in Betracht, sondern deutet nur auf bestimmte, innerhalb des Bereiches des Schönen bestehende Art- und Gradunterschiede des Schönen hin. Die Abtrennung des Erhabenen vom specifisch Schönen würde dazu führen, das Schöne in seiner höchsten Erscheinungsform als Symbolismus, als bloße Andeutung einer jeder ausdrucksvollen Veranschaulichung sich entziehenden Idee auffassen zu müssen. Dieß hätte eine Berechtigung, wenn man bei dem negativen Begriffe Gottes als des unendlichen Seins stehen bleiben müßte, wird aber seiner Berechtigung entkleidet, wenn zum positiven Begriffe des Göttlichen als der absoluten Urform der Dinge vorgeschritten wird. Man wird daher kaum darüber im Zweifel sein können, daß Gioberti die von ihm angestrebte Vermittelung zwischen classisch-antikem und christlichem Geiste und Wesen nicht gelungen sei, weil ihm der beide vermittelnde Gedanke der plastischen Form als lebendigen Selbstausdruckes des bildnerischen Wesens der Menschenseele fehlte. Der specifische Unterschied zwischen dem Kunstschönen der classisch antiken Zeit und des christlichen Weltalters wird wol darin zu suchen sein, daß der bildnerische Seelentrieb, der alles menschliche Kunstschaffen beseelt, in der christlichen Weltzeit in einer höheren Region und in einem höheren Lebenselemente, als jenes der classisch antiken Kunstthätigkeit war, sich zum Ausdrucke brachte. Wo es sich lediglich darum handelte, die Seele als plastisches Princip der sinnlichen Leiblichkeit zum idealisirten Ausdrucke zu bringen, wie in der antiken Sculptur und Malerei, erreichte das classische Alterthum die Höhe einer absoluten Kunstvollendung; Ähnliches läßt sich vom sprachbildenden Genius des classischen Alterthums sagen, soweit es sich um den naturtreuen, prägnanten und gediegenen Ausdruck der im imaginativen sinnestiefen Denken apprehendirten sinnefälligen zeitlich-irdischen Daseinswirklichkeit des Menschen handelte. Der plastische Genius des antiken Kunstschaffens war aber zufolge seiner Beschränkung auf die idealisirenden Formationen des sinnlich Wirklichen unvermögend, die dem christlichen Idealdenken erschlossene geistige Wirklichkeit künstlerisch zu umspannen; Gioberti selber hat das Gefühl, daß in der christlichen Idee des Erhabenen der Bereich der classisch antiken Kunstbildung schlechthin durchbrochen sei, woraus indeß nur so viel folgt, daß der im antiken Kunstschaffen sich bethätigende bildnerische Trieb sich in dem Grade zu vergeistigen hatte, daß er auch die höhere geistige Daseinswirklichkeit des christlichen Denkens gestaltend zu umgreifen im Stande war. Ob dieß in der von Gioberti mit Recht gefeierten großartigen Dichtungsweise Dante's bereits vollkommen gelungen sei, möchte billig bezweifelt werden. In Dante's dichterischem Schaffen brachte sich der vollberechtigte und durchaus wahre Gedanke zum Ausdrucke, daß die classisch-antike Kunstvollendung eine geschichtlich nothwendige Vorstufe und unentbehrliche Vorschule des den Intentionen des christlich vertieften Denkens entsprechenden künstlerischen Schaffens sei; die von Gioberti geforderte Wechseldurchdringung des antiken und christlichen Geistes aber[1] beruhte offenbar auf der unrichtigen Identificirung einer moralisch-politischen

---

[1] Se volete in effetto beneficare la civiltà del secolo, e vi dà animo di mutare i costumi, aggiungete la perfezione sovrumana dell' Evangelio agli antichi spiriti di Atene e di Sparta, di Sannio e di Roma: accozzate e contemperate insieme Platone e Dante, Bruto e Michelangelo, Catone e Ildebrando, Licurgo e Carlo Borromeo: componete insieme questi elementi, che ci maravigliamo di trovar divisi nella storia, tanto gli uni, ad essere perfetti abbisognan degli altri: fatene uscire una civiltà nuova, più eccellente e squisita delle passate; la quale vorrebbe essere il supremo intento del secolo,

Idee mit einem ästhetischen Gesetze, auf der Verwechselung eines ausgelebten innerlich treibenden Principes mit der für immer geltenden Forderung maßvoller Begränzung als unerläßlicher Bedingung und adäquater Fassung des wahrhaft Schönen. Die für alles künstlerische Bilden als ästhetisches Gesetz geltende maßvolle Begränzung ist als der vollendete Formausdruck des künstlerischen Schönen der Selbstausdruck der im Kunstwerke zu veranschaulichenden idealen Apprehension, in deren künstlerischer Objectivirung sich der angeborne bildnerische Trieb der Seele als subsistenten gottesbildlichen Formprincipes bethätiget.

Das Mangelhafte und Unzureichende in Gioberti's Theorie des Schönen hat seinen Grund in der Nichterfassung der menschlichen Seele als lebendigen gottesbildlichen Principes aller bildnerischen Thätigkeit. Daraus erklärt sich sein Verkennen dessen, was in der classisch-antiken Kunst eine unvergänglich bleibende Bedeutung hat, sowie sein Dringen auf Repristination dessen aus dem antiken Leben, was unwiderruflich der geschichtlichen Vergangenheit anheimgefallen ist. Er sieht nicht, daß die von ihm geforderte durchgreifende Erneuerung des modernen Lebens in der Idee der wahrhaften Christlichkeit eine Ausscheidung oder völlige Umbildung eben jener Elemente involvirt, welche er aus dem antiken Culturleben beibehalten wissen will, und daß die dem christlichen Culturideal entsprechende Ausgestaltung des Kunstschönen aus dem Gesammtleben der christlichen Culturwelt in wechselseitigem Austausche und wechselseitiger Anregung der individuellen Culturbestrebungen aller einzelnen christlichen Culturvölker sich heraussetzen müsse. Daß Gioberti selber trotz seiner energischen Protestation gegen die Versetzung des italienischen Bildungslebens mit ungehörigen auswärtigen Elementen sich fremdländischen Anregungen nicht entziehen wollte, geht aus seiner eigenen Theorie des Schönen hervor, welche unter augenscheinlicher Bezugnahme auf Kant'sche und Schelling'sche Ideen sich ausgestaltete,[1] und zwar unter ausdrücklicher rühmender Anerkennung dessen, was er aus Kant schöpfte. In seiner Protologia[2] geht er auf Plato's Lehre vom Eros zurück, in welcher er das letzte

---

e in ispecie degli Italiani, al cui genio maschio e severo non debbono andare a sangue le puerili esorbitanze, le affettazioni e le caricature oltramontane. Introduz. Lib. I, c. 2.

[1] Vgl. Ideal. Theorien, SS. 58—61.

[2] Protologia II, pp. 423—453. Vgl. hiezu Luciani, Gioberti e la nuova filosof. ital. II, p. 289 sgg.

erklärende Wort über die Ideen des Guten und Schönen gefunden zu haben glaubt.[1] Plato ist der erste gewesen, welcher den inneren Zusammenhang zwischen der begeisterten Liebe und dem Schönen erkannt hat.[2] Der platonische Eros ist das harmonisirende Weltprincip;[3] bereits Pythagoras habe dieses Princip geistig erfaßt, jedoch unvollkommen, weil nicht von seiner activen Seite.[4] Da der Zug der begeisterten Liebe zuhöchst auf das Göttliche geht, so ist sie in ihren höchsten Strebungen eine Anticipation der Methexis finalis oder der Einigung mit dem Unendlichen; diese Anticipation spricht sich in Gefühl und Gedanke des Erhabenen aus. Die vollendete Methexis ist das überweltliche Schöne im Unterschiede von dem aus Minesis und Methexis zusammengesetzten weltlichen Schönen. Das weltliche oder mimetische Schöne ist im absoluten oder methektischen Schönen so enthalten, wie die Species im Genus enthalten ist. Das beiden Modis des Schönen Gemeinsame ist, Offenbarung der Essenz oder des Supraintelligiblen zu sein. Das Supraintelligible ist das Concrete des Concreten oder die Grundconcretheit der Dinge. Das intelligibel gewordene Supraintelligible der göttlichen Essenz constituirt das absolute Schöne. Dieses höchste Schöne ist uns gegenwärtig verborgen; ein bis zu uns dringender Abstrahl desselben ist das relative und sinnlich faßbare Schöne, in welchem die reale Essenz des Supraintelligiblen durchleuchtet; das absolute Schöne ist die vollkommene Actuirung des relativen Schönen. Wir ersehen aus diesen Sätzen, daß sich Gioberti auch in der späteren Epoche seines Philosophirens darin treu bleibt, unter Hinwegsehen von dem plastischen Formprincip

---

[1] Intorno alla natura razionale del virtuoso amore il Cristianesimo s'accorda con Platone. Protol. II, p. 450.

[2] L'amore è estetico. Mira al bello e al vero. Ha di più potenza di creare l'ideale. L'amante infatti vede l'amato ornato di tutte le perfezioni, ancorchè nol sia in effetto. L'amore perciò è rivelatore dell'idea. La perfezione non si trova quaggiù se non nella fantasia dell'amante. Amore è dunque cima del bello e dell'immaginazione. O. c. II, p. 442 sg.

[3] L'Ero di Platone appartiene come il Logo al secondo membro della formola; esprime il Noo attivo, la Causa prima operante; ma operante come ordinatrice e conciliatrice degli opposti e non come creatrice. O. c. II, p. 449.

[4] Il concetto pitagorico che corrisponde all'Ero è in parte l'armonia; dico in parte, perchè questa non esprime l'elemento efficiente: è una regola anzichè un regolatore. L. c.

als Causa formalis des Schönen lediglich das mit der göttlichen Schaffensthätigkeit zusammenfallende ätiologische Princip des Schönen in's Auge zu fassen. Der Begriff des absolut Schönen, zu welchem er in der Protologia vorzudringen sucht, verwandelt sich ihm unter der Hand in einen Relationsbegriff, in den Begriff dessen, was Gott für die mit ihm vereinigte Creatur ist, während es umgekehrt den Anschein hat, als ob die in Gott vollendete Welt für das absolut Schöne zu nehmen sei.

Die bereits an einer früheren Stelle[1] erwähnte dialogisch gehaltene Schrift Fornari's della armonia universale ist ein Versuch, das Denksystem Gioberti's von der ästhetisch musikalischen Seite desselben darzustellen und somit Gioberti's Lehre vom Schönen, wie sie in dessen Buche Del bello vorliegt, zu einer allgemeinen Weltlehre zu erweitern. Der Grundgedanke der Schrift Fornari's ist, daß die Idee der Harmonie, welche im künstlerischen Schaffen sich zum Ausdrucke bringt, nicht etwa bloß ein subjectiver Menschentraum sei, wie der von den Leiden des menschlichen Erdendaseins gedrückte Pessimist in seiner seelischen Zerrissenheit dafürzuhalten geneigt ist, sondern objective Wahrheit habe, deren Nachweisung auf den drei Gebieten der Ontologie, Gnoseologie und Naturphilosophie Fornari sich zur Aufgabe setzt. Von dem Gedanken ausgehend, daß das durch die Musikkunst vernehmbar gemachte Reich der Harmonien nur ein Wiederklang und Nachbild der Harmonien der gottgesetzten Daseinswirklichkeit sei, welche auf eine göttliche Urharmonie als causatives Princip der Harmonien des geschöpflichen Daseins zurückweisen, legt er die Vertretung der objectiven Wahrheit und Realität der Idee der Harmonie dem berühmten Tonsetzer N. A. Zingarelli († 1837) in den Mund; die Rolle des skeptischen Bestreiters derselben wird dem Dichter Giacomo Leopardi zugewiesen, welcher sich unglücklich fühlt, weil er außerhalb des Bereiches des künstlerischen Schaffens nirgends harmonische Verhältnisse zu entdecken vermag, indeß geneigt ist, auf Zingarelli's Gründe zu hören, weil er den wohlthätigen und beruhigenden Einfluß der Musik, namentlich jener Zingarelli's, oftmals an sich erfuhr. Da Zingarelli in Neapel lebte, wohin 1833 auch Leopardi aus Florenz übersiedelte, so hat man das Gespräch zwischen Beiden der Intention des Autors gemäß in die Zeit zwischen 1833 und 1837

---

[1] Vgl. Bd. II, S. 332.

zu verlegen; dieser Zeitstellung entspricht auch die Leopardi in den Mund gelegte Erwähnung seines Freundes Gioberti, der gegenwärtig noch ungekannt und unbeachtet in der Verbannung lebend seiner Zeit rasch Italien und Europa mit seinem Ruhme erfüllen werde.

In ächt Gioberti'scher Weise wird von dem im Namen des Autors sprechenden Zingarelli die musikalische Harmonie mit den Ideen von Zeit und Raum in Verbindung gebracht. Die Musik ist das Reich der Töne, welches die Unterschiede zwischen hohen und tiefen, schnellverklingenden und langgezogenen Tönen als elementare Grundbedingungen harmonischer musikalischer Verhältnisse in sich faßt; Tiefe und Höhe der Töne bestimmt sich nach der Länge oder Kürze der schwingenden Saite, womit sohin das Raummaß der Töne gegeben ist, während der Rhythmus der fortschreitenden Entwickelung der Tonverhältnisse die Zeit zu seinem natürlichen Maße hat. In Raum und Zeit bietet sich das Regelmaß aller geschöpflichen Harmonien dar; sie sind als nothwendige Eingränzungen alles geschöpflichen Daseins und Lebens auch die nothwendigen Bedingungen der Harmonien desselben, obschon diese Harmonien zufolge der Begränzungen des geschöpflichen Daseins nicht selber schon die absolute Harmonie constituiren, sondern nur auf dasjenige Seiende hinweisen können, in welchem die Harmonie ein allen beschränkenden Bedingungen entrücktes absolutes Sein hat. Dieses Sein ist Gott als die absolute Unitotalität, die ihrer Natur nach incommunicabel ist, daher sie dem von Gott ausgehenden und zu Gott wieder zurückstrebenden geschöpflichen Sein nothwendig fehlt. Das Fehlen der Unitotalität im gottgesetzten geschöpflichen Dasein bedingt das Räumlichsein desselben, das Fehlen der Unitotalität im geschöpflichen Thätigsein die Unterstellung des geschöpflichen Daseins und Lebens unter das Maß der Zeit. Das Fehlen der Unitotalität im geschöpflichen Dasein und Wirken kann nicht als Beweis gegen die Harmonie des geschöpflichen Universums geltend gemacht werden; die Begränzungen, unter welche die geschöpflichen Existenzen und Actionen fallen, schließen eine innere Beziehung auf das absolut Begränzende als Grund und Ziel der Creatur in sich. Der reine Raum schließt die Beziehung auf den Hervorgang der geschöpflichen Substanzen oder Kräfte aus der absoluten Einheit in sich, die reine Zeit die Beziehung auf die absolute Einheit als Endziel der Actionen der geschöpflichen Kräfte; die in dieser doppelten Beziehung sich ansprechende Relativität des geschöpflichen Daseins involvirt die innere Bezogenheit der relativen

Harmonie des Universums auf die in Gott existente Harmonie, von welcher sie gar nicht losgelöst gedacht werden kann. Die relative Harmonie des in sich getheilten und nach verschiedenen Graden abgestuften geschöpflichen Seins spricht sich aber einerseits in der hierarchisch gegliederten Ordnung des Weltganzen, andererseits in der auf Grund dieser Ordnung statthabenden fortschreitenden zielstrebigen Entwickelung des Weltganzen und seiner einzelnen Theile und Constituenten aus. Die Nachahmung der absoluten Harmonie durch die Harmonien des geschöpflichen Universums läßt sich in mancherlei Weise durch mathematische Gleichnisse versinnlichen; so ist z. B. die in ihren Anfangspunkt zurückkehrende Kreislinie eine relative Nachbildung der absoluten Einheit des Kreismittelpunktes; die Entwickelung der Kreislinie in ihrer ersten Hälfte läßt sich mit dem Hervorgange der geschöpflichen Existenzen aus der absoluten Unitotalität des göttlichen Seins, der Abschluß ihrer Entwickelung in ihrer zweiten Hälfte mit dem Zurückstreben der aus der absoluten Unitotalität hervorgegangenen Kräfte in ihren Ausgangspunkt vergleichen. Der erste Halbzirkel sinnbildet den in abwärts steigender Ordnung sich entfaltenden hierarchischen Zusammenhang des Weltganzen, der ergänzende zweite Halbzirkel die in der Entfaltung der geschöpflichen Kräfte und Wirksamkeiten angestrebte Rückvermittelung der relativen Harmonien des Universums in die absolute göttliche Harmonie; so wären die beiden halben Kreisbögen Sinnbildungen des Raumes und der Zeit und der in beiden sich darstellenden Qualität des auf seinen göttlichen Urgrund und sein göttliches Endziel zurückzubeziehenden geschöpflichen Daseins. Der geniale Violinvirtuose Tartini († 1770), der Compositeur der Variationen des Teufels, deutete geistreich an, wie in allen musikalischen Harmonien die Wechselbeziehung zwischen der absoluten göttlichen Einheit und der zusammengesetzten Einheit des kosmischen Universums sich reflectire.[1]

---

[1] Diceva che ogni armonia musicale si contiene tra la monade o unità componente e il suono pieno o unità composta. si che ella da' due estremi abbia per termine l'unità. Voi certo sapete che toccandosi alcuna nota più bassa, risuonano le più alte, avvegnachè il suono di queste non si oda, ma si il grave. Sapete ancora, che renduti due suoni da alcuno strumento, a una certa distanza se ne ode un solo, il quale è come la somma di que' due. Or non vedete, per questo, come principio e termine dell' armonia è l' unità? chè voi certo non ignorate che tutte, anco le più opposte scuole, ripongono in que' due naturali accordi tutto il fondamento dell' armonia.

Diese Wechselbeziehung stellt sich in jedem Theile und in jeder Sonder=
sphäre des Universums auf ihre Weise dar; allüberall wiederkehrt das
Schauspiel des Hervorganges der Vielheit und Mannigfaltigkeit aus
der Einheit und der Zusammenfassung der Vielheit und Mannig=
faltigkeit im einheitlichen Accorde.

Fornari bezeichnet Raum und Zeit als die zwei Hauptsaiten, auf
welchen die Grundtöne der in der unermeßlichen Ausdehnung des
Universums sich abspielenden Weltharmonie angeschlagen werden. Die
Harmonie des Universums besteht im Zusammenklange der Zahl mit
dem Unitutto als der obersten und wahrhaften Einheit des Universums
oder der Zahl. Der Zusammenklang ist als proportionirtes Verhältniß
der Weltkräfte zu ihrem göttlichen Principe und Ziele zu verstehen.
Der vollkommene Einklang des Universums mit dem Unitutto ist im
Verum als lebendigem Wirkungsprincipe gegeben, kraft dessen die
ideale Harmonie des Universums sich zunächst in unserem Denken aus=
wirkt und als Gegenstand unserer ideellen Apprehension weiter auch
den menschlichen Willen zur Actuirung des Wahren in den gegebenen
Verhältnissen des zeitlich irdischen Menschendaseins sollicitirt. Das
seinem Wesen nach mit Gott identische Verum ist unter Einem Ob=
ject und Leuchte unseres Denkens, Gegenstand unserer geistigen An=
schauung und Wirkungsprincip unserer Denkthätigkeit; in diesem doppelten
Verhältnisse desselben zu unserem Denken reflectirt sich der in der
absoluten Einheit des göttlichen Seins geeinigte Doppelcharakter der
absoluten Substanzialität und schöpferischen Causalität. Nach der ersteren
Seite ist es die absolute Wahrheit in ihrem Ansichsein und ihrer
ewigen Identität mit sich selber, in deren Anschauung sich der mensch=
liche Geist als Intellect bethätiget; nach seiner anderen Seite ist es das
lebendige Band zwischen dem Uunitutto und den Creaturen, in dessen
ideeller Apprehension sich der menschliche Geist als Ratio bethätiget.
Der doppelten Function des menschlichen Geistes als Intellect und
Ratio entsprechen zwei Classen der menschlichen Urtheile: absolute

---

E il primo accordo non vi par egli che imiti l'universo, il quale rampolli
dell'unità creatrice, e termini nella moltitudine delle forze? Ed il secondo
non imita l'azione, la quale movendo dal diviso e dal vario s'indirizza al
suo fine unico e divino? Non vi par egli il primo un simbolo della gerarchia,
e l'altro del progresso? il primo non esprime quasi l'unità creata della forza
che si diffonde nel vario, e l'altro la varietà della forza creata che si raccoglie
nell'uno? O. c., p. 72.

Urtheile und Relationsurtheile, in deren ersteren die absolute Identität des göttlichen Seins mit sich selber, in den letzteren die causale Thätigkeit des schöpferischen Principes sich reflectirt. Durch die Wirkungskraft des Verum wird die urbildliche Harmonie des actuosen göttlichen Seins zunächst unserem Denken eingegeistet; ein innerer gottgewirkter Willenszug der Seele zum Göttlichen hin enthält die aus der göttlichen Anschauung des Wahren entspringenden Antriebe zur Verwirklichung der im Wahren beschlossenen Harmonien; diesem Wesenszuge seiner Seele folgend schafft der Mensch die Bedingungen der vollkommenen Harmonisirung seines Daseins und Wesens, die allerdings erst in einem vollendeten zukünftigen Sein zur vollkommenen Wirklichkeit werden kann. Nicht der Mensch allein, sondern alle geschöpflichen Geister sind in der Auswirkung der moralischen Harmonie des Universums thätig, in welcher die im Denken ideal erfaßte Harmonie in lebendige Wirklichkeit umgesetzt werden soll. Wenn die im speculativen Denken ermittelten Harmonien specifisch das Verständniß des in der menschlichen Erfahrung Gegebenen aus seinem absoluten göttlichen Wirkungsgrunde zu ihrem Inhalte haben, so sollen die durch das freithätige sittliche Wirken actuirten Harmonien die Zurückbeziehung alles Geschaffenen auf sein göttliches Urziel zum vollentwickelten Ausdrucke bringen. Beide Arten von Harmonien, jene des speculativen Denkens und jene des freithätigen sittlichen Thuns haben ihr Nachbild in den schönen Künsten, deren Bereich sich in zwei Hauptkreise scheidet, indem eine Classe derselben vorherrschend das in Gott begründete Sein der Dinge, eine andere Classe die lebendige Zurückbeziehung der Dinge auf ihr göttliches Urziel zum Ausdrucke bringt, daher die erstere Classe specifisch den Raum, die andere die Zeit zum Orientirungsprincipe hat; letzterer gehört im Besonderen die Musik an. Beide Classen von Künsten sind zu einer höheren Einheit in der Poesie zusammengefaßt, welche ebenso sehr Bilder als auch Affecte, oder in höchster abschließender Vollendung beide zugleich zu veranschaulichen befähiget ist (Epik, Lyrik, Drama).

Das Verständniß der Harmonie des Weltalls hat die Naturkunde zu seiner Unterlage und schließt sich zuhöchst in der Erkenntniß des göttlichen Unitutto ab. Zwischen der im Weltdasein gesetzten Vielheit und Mannigfaltigkeit und zwischen dem göttlichen Unitutto steht der Mensch, welcher dem Weltdasein gegenüber als activ unisicirendes Princip sich bethätiget, während er zu den Harmonien des göttlichen Unitutto bloß als Vernehmender sich verhält. Eben dieses Vernehmen befähiget ihn aber zu jener dreifachen unificirenden Thätigkeit im wissenschaftlichen Erkennen, sittlichen Thun und künstlerischen Wirken, wodurch die in der kosmischen Vielheit und Mannigfaltigkeit gegebenen Harmonie auf dreifache Weise potenzirt wird, im speculativen Erkennen durch die Reduction der in der Wirklichkeit gegebenen Vielheiten auf zusammenfassende logische Einheiten, im künstlerischen Thun durch imaginative Vergeistigung, im sittlichen Handeln durch reale Verähnlichung der in der kosmischen Wirklichkeit gegebenen Vielheit und Diversität mit dem göttlichen Unitutto. Die kosmische Vielheit und Diversität in ihrer unmittelbaren Gegebenheit ist wol selbst schon ein harmonisches Ganzes, jedoch unvollkommener Art, weil in ihm die Vielheit über die Einheit überwiegt. Die universalen Theilungsprincipien der kosmischen Wirklichkeit sind Zeit und Raum, auf welche als letzte Erklärungsgründe die Unterschiedenheit von Substanz und Actus, passivem und activem Verhalten der geschöpflichen Potenzen, die Theilung in Genera und Species, Elemente und Individuen, in Zahlen und Figuren, Sinne und Begehrungen, in Organe und Functionen, Expansion und Concentration zurückzuführen ist. Diese unzähligen Unterschiedlichkeiten sind gleichsam die Saiten des großen kosmischen Toninstrumentes, in welche von den geistigen Existenzen des Kosmos gegriffen wird, um ihnen die vom Schöpfer eingeschaffenen Töne zu entlocken und aus denselben neue Tongebilde höheren Ranges zu formen, welche den Harmonien des göttlichen Unitutto näher verwandt sind. So ergeben sich drei Stufen von Harmonien, die kosmische Harmonie in deren unmittelbarer Gegebenheit, die vergeistigenden Potenzirungen und höheren Unificationen derselben im Thun und Wirken der geschöpflichen Geister und endlich die in beiden Stufen geschöpflicher Harmonien durchklingende göttliche Urharmonie, in deren Vernehmen die Seligkeit der Geister besteht. Fornari erkennt eine ausdrucksvolle Versinnbildung dieser drei Stufen und Ordnungen der Harmonie in dem von Varro[1] beschriebenen Grabmal des etruskischen Königs Porsenna in Clusium, welches ein in drei übereinandergestellten Abtheilungen ausgeführtes symbolisches Bauwerk darstellt.

Fornari stützt den Nachweis der in der kosmischen Wirklichkeit unmittelbar gegebenen Harmonie auf die dem Atomismus zu substi-

---

[1] Vgl. Plinius Hist. Nat. XXXVI, 19.

tuirende Lehre von lebendigen Kräften als Grundcomponenten des Universums. Dieselben scheiden sich ihm in herrschende und dienende Kräfte, deren abgestufte Unterschiede der hierarchisch gegliederten Ordnung des Universums entsprechen. Es liegt in der Natur der Sache, daß die herrschenden Kräfte in die dienenden eindringen, um durch sie und mittelst derselben ihre Wirksamkeiten zu entfalten, während die niederen nicht in gleicher Weise auf die höheren wirken können; die niederen können nur in sich selber thätig sein, stoßen aber da auf Begränzungen ihrer selbst und scheiden sich in Elemente, deren jedes den übrigen Elementen neben ihm undurchdringlich gegenübersteht. So entstehen Impenetrabilität und Ausdehnung als Grundeigenschaften der Materie. Die herrschenden Kräfte, welche, weil nicht in sich selber, sondern auf die niederen Kräfte wirkend, weder von diesen noch durch sich selbst begränzt werden, lösen sich nicht in Theile und Elemente auf, sondern in Individuen von verschiedener Qualität. Sowol die geistigen Individuen, als auch die Elemente und die aus denselben gebildeten Körper ordnen sich gemäß ihrem größeren oder geringeren Kraftvermögen zu bestimmten Gruppen zusammen, in deren Verhältniß zu einander der Gegensatz von höheren und niederen Kräften und Wirksamkeiten wiederkehrt. Die Individuen oder übergeordneten immateriellen Kräfte sind geschöpfliche Nachbildungen der göttlichen Unitotalität, indem sie gleich dieser aus einer centralen Mitte heraus einen ihnen untergeordneten Kräftebereich beherrschen, dem Multiplum desselben eine individuelle Form aufdrücken und wofern sie einer vom geformten Multiplum unabhängigen Thätigkeitsäußerung fähig sind, sich als personhafte Principien darstellen. Die herrschenden und dienenden Kräfte involviren sich gegenseitig und stellen in ihrer wechselseitigen Aufeinanderbezogenheit das mannigfachst variirte Verhältniß des Einen zum Vielen dar; die Materie ist das Multiplum als solches, welchem im persönlichen Geiste ein höchstes geschöpfliches Unum gegenübersteht; zwischen die Materie und den persönlichen Geist fallen als Mittelglieder die Unificationsprincipien untergeordneten Ranges, welche in aufsteigender Ordnung als Centralkraft, Organisationsprincip, Beseelungsprincip sich darstellen. Das Unterste und Oberste zusammt den drei Zwischengliedern constituiren eine fünfgliedrige Kette kosmischer Kräfte und Wirksamkeiten, in welcher jedes Niedere in die Verbindung mit dem nächstfolgenden Höheren hineingenommen und im Höchsten alle untergeordneten Stufen zusammengefaßt sind; die fünf Glieder der Kette sind: mechanische Kraft oder ponderable Materie, physische Kraft oder imponderable Materie (Äther), Vegetationskraft, Animationskraft, persönlicher Geist. Die mechanische Kraft ist eine Kraft der Concentration, welche an jedem Punkte der ponderablen Materie thätig ist und den Erklärungsgrund der in der Welt des Körperlichen zu Tage tretenden Phänomene der Gravitation, Cohäsion und Attraction abgibt. Das Wirken der physischen Kraft besteht im Gegensatze zu jenem der mechanischen Kraft im Scheiden und Theilen und ist in allen vom Äther ausgehenden Bewegungsprocessen der sinnlichen Körperwelt vernehmbar; der Äther ist seinem Wesen nach Expansion, daher seine Theile einander nothwendig abstoßen. Zufolge der gegenseitigen Hemmung der Äthertheilchen ist, wie die ponderable Materie, so auch der Äther etwas Materielles, im Stande des Gleichgewichtes jedoch in den ponderablen Körpern verborgen; bei Störung des Gleichgewichtes macht sich diese latente Materie in linearer Richtung als magnetische Strömung, in der Flächenausdehnung durch die Phänomene der Elektricität vernehmbar. Das Dasein der sinnlichen Erscheinungswelt hat das Gegeneinander- und Ineinanderwirken der mechanischen und physischen Kraft, der ponderablen und imponderablen Materie zu seiner Voraussetzung; Newton, welcher mit der Attractionskraft als Erklärungsursache der allgemeinen physikalischen Erscheinungen und Vorgänge ausreichen zu können glaubte, wurde indirect durch Laplace widerlegt, welcher zur Annahme einer Hemmung des Wirkens der Attractionskraft sich hingedrängt sah. Jenes unbekannte Hemmende ist nun eben der Äther, sofern er den Concentrationsbestrebungen der ponderablen Materie entgegenwirkt. Aus dem relativen Gleichgewichte der beiden einander entgegenwirkenden Kräfte lassen sich die elliptischen Bahnen der Weltkörper, aus dem Überwiegen der Expansionskraft des Äthers über Concentrationskraft der ponderablen Materie die kometarischen Bahnen erklären. Aus dem größeren oder geringeren Grade des Entgegenwirkens der beiden in der Formation des Körperlichen concurrirenden Grundkräfte resultiren die Unterschiede der Aggregationszustände der ponderablen Materie als gasförmiger, tropfbarflüssiger und fester Materie; die Unterschiede der chemischen einfachen Stoffe bestimmen sich nach dem unterschiedlichen Verhältnisse derselben zum Äther. Obschon die Bildung des Erdballs aus denjenigen allgemeinen Gesetzen wie jene der übrigen Weltkörper sich erklärt, so dient doch unsere nähere Bekanntschaft mit demselben dazu, die aus der

Concurrenz und dem Gegeneinanderwirken der ponderablen Materie und des Äthers resultirenden Ergebnisse genauer und eingehender beobachten zu können; Erdinneres, Erdoberfläche und die Lufthülle der Erde zeigen uns drei unterschiedliche Ergebnisse des Zusammenwirkens beider kosmischer Kräfte, von welchen in der Bildung des Erdkernes die mechanische Concentrationskraft, in der Bildung der Atmosphäre die expansive Ätherkraft überwiegt, während in der Bildung der Erdoberfläche das relative Gleichgewicht beider Kräfte zu Tage tritt. Geologie, Meteorologie, Geographie sind die auf die drei unterschiedlichen Resultate des Ineinander- und Gegeneinanderwirkens beider Kräfte bezüglichen Wissenschaften, deren Einzelheiten eine Überfülle ästhetischen Reizes darbieten und in ihren wissenschaftlichen Erklärungsgründen wunderbare Reflexe der Harmonien des Unitutto in den elementaren Grundverhältnissen der sichtbaren Wirklichkeit aufdecken. Allerdings bedingt der perpetuirliche Antagonismus der beiden kosmologischen Grundkräfte scheinbare Abweichungen von der Regel der Schönheit, welche indeß in Wahrheit nicht als Störungen der kosmischen Ordnung, sondern als gesetzmäßige Vorgänge zu erachten sind und nur so viel beweisen, daß die vollendete Continuität durch den zum Wesen des Naturdaseins gehörigen Antagonismus der Kräfte ausgeschlossen ist. Das makrokosmische Naturleben verläuft in der continuirlichen Aufeinanderfolge von Epochen der Action und Reaction; diese sind dem Naturleben so wesentlich, daß ohne sie das Leben selber fehlen würde. Der Streit der Kräfte im Schooße der schaffenden Natur ist das Vehikel des Aufsteigens zu stets höheren Bildungen, bis diejenige erreicht ist, in welcher das vollendete Individuum als höchste im sichtbaren Naturdasein mögliche Einheitsform sich darstellt.

In den beiden materiellen Grundkräften: ponderable und imponderable Materie, reflectirt sich der Unterschied und Gegensatz von Substanz und Action, deren erstere den Raum, die letztere die Zeit zum Maße hat. Beide Grundkräfte werden zu einer höheren Einheit vermittelt in der organischen Kraft, die auch Leben heißt, und ihrer Natur nach immateriell und untheilbar ist, weil sie sonst nicht die höhere Einigung des Materiellen und seiner Gegensätze sein könnte. Indem ihr die beiden gegensätzlichen Kräfte des Materiellen dienstbar werden, übt sie mit Hilfe derselben die den Ernährungsproceß bedingenden Thätigkeiten des Aneignens und Ausscheidens. Die ihr mit allen geschöpflichen Potenzen gemeinsame innere Unterschiedenheit zwischen

Substanz und Actus drückt sich in dem Unterschiede zwischen Organ und Function ab, deren ersteres aus der ponderablen Materie sich herausbildet, während die Function specifisch den Äther zum sinnlichen Mittler hat. Das primitive Organ der Lebenskraft ist die organische Grundzelle, aus welcher alle anderen sich hervorbilden und die erste Function dieses Organs die oscillirende Bewegung. Die natürliche Präcedenz des Organs vor der Function und die Zusammensetzung der Zelle aus mindestens drei heterogenen materiellen Elementen zeugt gegen die falsche Lehre von der natürlichen Entwickelung des Organischen aus dem Unorganischen. Die Vervielfältigung des Lebens erklärt sich daraus, daß das der Continuität des ewigen Lebens entbehrende zeitliche Leben sich in jedem Momente neu hervorbringen muß, womit eine Vervollkommnung desselben, wegen seiner Discontinuität aber zugleich auch eine Vervielfältigung verbunden ist. Diese hat bereits in der stetigen Zellenvermehrung des organischen Gebildes statt, weiter sodann in der geschlechtlichen Zeugung, in welcher die doppelte Repräsentation der Substanz und der Action durch die einzelne Zelle an zwei unterschiedene Individuen vertheilt ist, in deren einem die vom Gesammtkörper sich absondernde Zelle, aus welcher neues Leben sich entfalten soll, die Substanz repräsentirt, in dem anderen die Bedeutung der Action hat, deren Wirkung auf die sich ablösende Zelle im Organismus des ersteren Individuums die Erweckung eines neuen selbstständigen Lebens ist. Die Zeugung ist als Correlat des individuellen Absterbens das Mittel der Continuation des in den einzelnen Individuen hinfälligen Lebens, der Zeugungssame selber nach seiner stofflichen Seite ein Überschuß, welchen die Lebenskraft des zeugungsfähigen Individuums nicht mehr zur Alimentation des eigenen Individuums zu verwerthen vermag; er deutet damit zugleich auch die Gränzen der Entwickelungsfähigkeit des individuellen Selbstlebens an. Die Absonderung eines neuen selbstständigen Organismus vom organischen Leben der zeugenden Factoren läßt sich durch ein mathematisches Symbol erläutern; die Tangenten der Wellenlinien werden an bestimmten Punkten der undulirenden Linie zu Secanten, durch welche die Abscheidungen der folgenden Theile die Linie von ihren vorausgehenden Theilen ausgedrückt sind. Die einzelnen Wellen der undulirenden Linie sind die Symbole der individuellen Sonderleben, welche in der Abfolge der Generationen auseinander hervorgehen.

Die nothwendige Varietät und Discontinuität des Naturdaseins bringt es mit sich, daß, wie die Materie in eine Vielheit von elementaren Theilen, so die organische Lebenskraft und die Beseelungskraft in eine individuirte Vielheit diverser Species auseinandergeht; einzig im persönlichen Geiste ist das Princip des Lebens und der Animation über diese individuirenden Theilungen hinausgerückt, daher es gegenüber der Speciesvielheit im Pflanzen- und Thierreiche nur Eine Menschenspecies geben kann. Der Mensch ist der nothwendige Abschluß der sichtbaren Schöpfung; dieses Abschlusses entbehrend würde dieselbe der zusammenfassenden Einheit entbehren und somit auch nicht das möglichst ausdrucksvolle Abbild der schöpferischen Unitotalität darstellen. Der Mensch ist seinem Wesen nach die lebendige Darstellung des Verhältnisses der göttlichen Einheit zur kosmischen Vielheit der Dinge; die allbeherrschende göttliche Einheit wird specifisch durch den persönlichen Menschengeist, die kosmische Vielheit durch das mikrokosmische Gebilde des Menschenleibes repräsentirt. Da aber der Mensch als sinnlich-leibliches Wesen selbst noch innerhalb der kosmischen Vielheit steht und im gegenwärtigen Zeitleben seine Herrschaft über die stoffliche Natur nur im Ringen mit den Kräften derselben behaupten kann, so ist die wahre Einheit der Natur in etwas zu suchen, was über dem Menschen und der kosmischen Wirklichkeit liegt und dieß ist die im Geiste des göttlichen Weltarchitekten existente Idee der Natur als der in allen seinen einzelnen Theilen vollkommenst durchdachte, absolut fertige künstlerische Plan des Weltganzen, dessen Ausführung, nach vorausgegangener Verwirklichung der allgemeinsten Umrisse des Weltganzen von unten auf beginnend, in allmäliger Folge sich vollzieht, keineswegs aber mit der Erschaffung des Menschen abschließt, indem die in der Hervorbringung des Menschen als letzten Weltwesens zum Abschlusse kommende Anfangsthätigkeit des göttlichen Schaffens nur die Vorstufe einer Schaffensthätigkeit höherer Art, der mit der göttlichen Vollendungsthätigkeit zusammenfallenden Recreatio oder Creatio secunda ist. Diese besteht in der Vergeistigung der sinnlichen Wirklichkeit und bezweckt die Einsetzung des menschlichen Geistes in die vollkommene Herrschaft über die sichtbare Wirklichkeit, und weiter die in der zeitlichen menschlichen Intellections- und Ratiocinationsthätigkeit anticipirte vollkommene und ungetrübte Darstellung der göttlichen Idee der Dinge in deren geschöpflichen Wirklichkeit.

In Fornari's Auffassung der geistigen Anticipation der zukünftigen Weltvollendung spricht sich der ästhetisch-moralische Charakter seiner Weltansicht unzweideutig aus. Das geistige Denkleben vermittelt sich in der Subsumtion des Vielen und Mannigfaltigen unter die logischen Einheiten der Species und Genera; das Substantiv Species steht in einem inneren sachlichen Zusammenhange mit dem Sinne des Adjectivs Speciosus, das Substantiv Genus in einem gleichen Zusammenhange mit dem Adjectiv Generosus. Dieser Zusammenhang wird ersichtlich, wenn in's Auge gefaßt wird, daß die Species eigentlich die Idee der Substanzen, die Genera die Ideen der Actus bedeuten; aus letzterer Bedeutung erklärt sich auch der tiefere Sinn des Terminus Generare, aus dessen philosophischer Aufhellung die in künstlerischem Sinne aufgefaßte innere Wechselbeziehung zwischen Sein und Wirken, Substanz und Actus hervorleuchtet.[1] Der menschlichen Intellection hat das freithätige Wirken des Menschen zu entsprechen; er soll seine ästhetisch-moralische Auffassung der Dinge in sein freithätiges Handeln hineintragen und damit, so viel an ihm ist, die zukünftige palingenetische Umbildung der kosmischen Wirklichkeit vorbereiten helfen. Auf diesen Beruf zweckt die gesammte psychisch-leibliche Organisation und Begabung des Menschen ab; er spricht sich in dem Adel und in der Schönheit der äußeren sichtbaren Erscheinung des unentstellten und durch keine niederen Leidenschaften corrumpirten Menschenwesens aus. Die den Menschen vor dem Thiere auszeichnende psychische Begabung deutet die unmittelbar vom Schöpfer ihm ertheilte Richtung auf das Wahre, Schöne und Gute an; Intellect, Phantasie und wahlfreier Wille sind die ihn vor den bloßen Sinnenwesen der Erde auszeichnenden Gaben. Wie die Intellection in der mit ihr unzertrennlich verbundenen imaginativen Thätigkeit sich verlebendigt und künstlerisch gestaltet, so schöpft der Wille aus den Inspirationen der Phantasie seinen begeisterten Aufschwung zum edlen Schaffen, Thun und Walten, kraft dessen er die sinnlich-empirische Wirklichkeit zum Bilde einer höheren ideellen Wirklichkeit umzubilden trachtet.

Es wäre schließlich noch zu fragen, ob der Mensch, das höchste Wesen der sichtbaren Wirklichkeit, schlechthin das höchste

---

[1] Chiamasi generoso l'operare efficace di che che sia. Per generazione s' intende il gittarsi nel conio medesimo più individui simili. Armon. univers., p. 306.

Wesen der Schöpfung sei, oder ob es höhere geistige Wesen über ihm gebe. Der gemeinmenschliche Glaube an die Existenz einer höheren Geisterwelt ist von den vornehmsten Denkern des Alterthums als philosophische Überzeugung festgehalten worden und bewahrheitet sich aus der Idee der harmonischen Ordnung des Weltganzen. Es sind vordem drei übereinander gestellte Reihen geschöpflicher Potenzen aufgewiesen worden: materielle Kräfte, organisatorische Lebenskräfte, geistige Existenzen. Von den beiden ersten Reihen ist nachgewiesen worden, daß jede derselben in eine Zweiheit von Kräften zerfällt, deren eine im dienenden Verhältniß zur anderen steht; die materiellen Kräfte zerfallen in concentrative und expansive Kräfte, die organisatorischen Potenzen in Lebenskräfte und Beseelungskräfte. Nach Analogie dieser Zweitheilung scheint auch das Geisterreich in zwei Ordnungen sich scheiden zu müssen, deren eine durch die Menschenseelen, die höhere durch die dem Menschen übergeordneten Geistwesen repräsentirt ist. Indessen lassen sich nähere Aufschlüsse über diese Wesen auf dem Wege des natürlichen Vernunftdenkens nicht gewinnen; was wir über sie wissen können, verdanken wir einzig der göttlichen Offenbarung. Dem natürlichen Vernunftdenken bewahrheitet sich ihr Dasein nur insoweit, als es durch die harmonische Ordnung des Weltganzen gefordert zu sein scheint.

Fornari's Zurückhaltung in diesem Punkte hat ihren Grund offenbar darin, daß er Zeit und Raum als denknothwendige Eingränzungen alles geschöpflichen Daseins ansieht; der Gedanke an äviterne Geistexistenzen, welche Zeit und Raum ihres Daseins sich selber schaffen, muß ihm fremd bleiben, da er bei der Gioberti'schen Idee des reinen Raumes und der reinen Zeit als unmittelbarer göttlicher Fassungen der Dinge stehen bleibt, somit zur Idee activer geschöpflicher Raumfassungen und Zeitumfassungen sich nicht erhebt. Jede von Innen heraus wirkende Gestaltungsmacht ist eine active Raumfassung und als solche wenigstens relativ über die zeitliche Succession hinausgerückt, indem sie dieselbe vielmehr sich selbst wenigstens relativ unterthan macht; als die absolute Gestaltungsmacht ist Gott die absolute active Fassung der Dinge, woraus aber nur so viel folgt, daß man den Begriff des Raumes in dem Maße zu vergeistigen hat, daß ihm nichts mehr von jenen imaginativen Elementen anhaftet, mit welchen Gioberti's Anschauung vom reinen Raume und von der reinen Zeit behaftet ist. Das imaginative Element der Gioberti'schen Metaphysik des Raumes und der Zeit rührt daher, daß er beide Begriffe bloß als Mittelbegriffe faßt, mittelst welcher er sich den Übergang vom göttlichen Sein zu den geschöpflichen Existenzen ermöglichen will, also Gott nicht unabhängig von den Creaturen als die absolute Fassung eines aller Wandelbarkeit entrückten Seins- und Lebensinhaltes zu erfassen weiß. Aus der Idee Gottes als des sich selbst zum absoluten Inhalte habenden absoluten Continens wird auch die Idee jener relativen geschöpflichen Continentia verständlich, welche, ohne gleich der menschlichen Seele das göttliche Continiren der Schöpfung nachzubilden, doch wahrhafte Nachbildungen des absoluten göttlichen Continens sind und es sogar in höherem Sinne nachbilden, als die Menschenseele, weil sie specifisch die active Selbstfassung Gottes nachbilden, während die menschliche Seele specifisch Gott als active Fassung der geschöpflichen Dinge nachbildet. Sofern in der activen Selbstfassung Gottes der Weltgedanke als Gedanke des außer Gott Möglichen und von Gott Gewollten nothwendig enthalten ist und die geistigen Creaturen überhaupt nur aus der Selbstoffenbarung Gottes und seiner Werke ein concretes Verständniß des göttlichen Seins gewinnen können, wird die geistige Reproduction des Inhaltes der göttlichen Weltidee zum wesentlichen Lebensinhalte der reinen Geister, welche sich in der successiven geistigen Selbstvorstellung jenes Denkinhaltes die äviternen Tage ihres über die irdische Zeit hinausgestellten Lebens schaffen und in der geistigen Entfaltung des sichtbaren Weltdaseins in höherem Sinne geistig darstellen. Sie sind zwar nicht gleich den Menschenseelen im realen Sinne active Fassungen des räumlich Ausgebreiteten, umgreifen aber in ihrer rein ideellen Fassungsthätigkeit nicht bloß die sichtbare Wirklichkeit, sondern den Gesammtbereich der Schöpfung und sind gewissermaßen lebendige Vervielfältigungen derselben, indem jeder einzelne der reinen geschöpflichen Geister eine individuell concrete Fassung des Gesammtinhaltes der göttlichen Weltidee darstellt. Sie sind nach dieser ihrer kosmischen Bedeutung die denknothwendige unerläßliche Ausfüllung des unermeßlichen Abstandes zwischen dem absoluten göttlichen Continens und der die sichtbare Wirklichkeit continirenden Seele, so zwar, daß erst, soweit auf ihr Dasein reflectirt wird, der menschliche Gedanke des Universums einen der Idee des geschöpflichen Universums adäquaten Inhalt gewinnt.

Daß es bei Gioberti nicht zur Hervorbildung dieser Idee vom Universum kam, hat seinen Grund in seinem Stehenbleiben bei Plato, mit welchem er die Auffassung des mathematischen Denkens als Zwischenstufe und Mittelglied zwischen der idealen Anschauung und dem sinnlichen Vorstellen, zwischen dem Reiche der Ideen und der empirischen Wirklichkeit gemein hat. Indem ihm die Idee als bloßes Intuitionsobject außer und über dem Menschengeiste liegt und mit dem göttlichen Sein nach dessen menschlich vernehmbarer Seite zusammenfällt, wird ihm das mathematische Denken in dessen beiden Zweigen als Wissenschaft der Zahlen und der idealen Raummaße zum Medium der geistig imaginativen Fassung der Dinge. Daraus ergibt sich die specifische Auffassung des Schönen als musikalischen Concentes in der zeitlichen Aufeinanderfolge und räumlichen Begränzung.

Fornari führte auf Grund seiner philosophisch-ästhetischen Weltlehre eine Theorie der Redekünste aus.[1] Die Rede wird zur Kunst durch die Harmonie des sprachlichen Ausdruckes mit dem Gedanken; das Wesen aller Kunst besteht in der Darstellung des Geistigen durch angemessene ausdrucksvolle Formen. Der menschliche Gedanke hat zu seinem Objecte das Wahre, Gute und Schöne; das Wahre scheidet sich in das factische und ideale Wahre. Demzufolge ist ein vierfacher Gedankeninhalt als Gegenstand der Redekunst gegeben: das geschichtlich Wahre, das ideell Wahre, das Gute und das Schöne, welche beide gleichfalls idealer Natur sind, so daß die verschiedenen Arten der kunstgemäßen Rede sich zuhöchst auf den Unterschied der Darstellung eines historischen oder idealen Gedankeninhaltes reduciren. Die Beziehung des Unterschiedes zwischen Historischem und Idealem auf den Gegensatz zwischen kosmologischer Teleologie und Ätiologie ist oben angedeutet worden. Man kann die vier Arten des kunstgemäßen Redeausdruckes als die historische, wissenschaftliche, rhetorische und poetische Gedankendarstellung bezeichnen. In jeder dieser vier Darstellungsformen concurriren Gedächtniß, Intellect, Phantasie und Wille, jedoch so, daß in der historischen Darstellungsform das Gedächtniß, in der wissenschaftlichen der Intellect, in der poetischen Darstellung die Phantasie, in der rhetorischen der Wille den primären Antheil hat. Die historische Darstellungsform faßt Erzählung und Beschreibung als Unterarten in sich; in der ersteren wird das historische Object specifisch unter der

---

[1] Dell' arte del dire Neapel, 1866 ff., 4 Voll. (4. Aufl.). Vgl. Bd. II, S. 233, Anm. 1.

Form der zeitlichen Aufeinanderfolge, in letzterer mit specifischer Beziehung auf sein räumliches Nebeneinander dargestellt. An sich genommen könnte wol alles in Zeit und Raum sich entfaltende Geschehen Gegenstand erzählender und beschreibender Darstellung sein; dem menschlichen Erkennen ist jedoch nur das durch den menschlichen Willen veranlaßte Geschehen aus seinen inneren Gründen so vollkommen verständlich, daß er es in seinen causalen Verkettungen darzulegen vermag, daher nur diese Art des Geschehens sich zum Gegenstande der historischen Erzählung und Schilderung eignet. Die räumliche Entfaltung der Wirksamkeiten der uns in ihrem Wesen verhüllten geschöpflichen Kräfte eignet sich wol zum Gegenstande einer wissenschaftlichen oder poetischen Beschreibung, fällt aber eben deßhalb nicht in den Bereich der historischen Darstellung. Diese selber läßt nach Verschiedenheit des zeitlich-räumlichen Umfanges ihres Objectes und der Behandlungsweise desselben mannigfache Kategorien und Abstufungen zu, angefangen von der auf das historische Gesammtleben der Menschheit gerichteten Betrachtung bis herab zu der auf Leben und Thun einzelner Menschen beschränkten biographischen Schilderung und andererseits von der Verzeichnung der Tagesvorkommnisse und Zusammenstellung der Jahresereignisse angefangen bis zu einer die Gesammtheit der bisher abgelaufenen Zeiten überschauenden Geschichtsdarstellung hinan, ungerechnet die mannigfaltigen Specialgebiete der menschheitlichen und völkergeschichtlichen Entwickelung und die mannigfachen speciellen Arten und Modi der Beleuchtung und geschichtlichen Verewigung der das menschliche Zeitdasein ausfüllenden Handlungen und Begebenheiten. Das Object der wissenschaftlichen oder didascalischen Redeform sind die Ideen; das Künstlerische dieser Redeform besteht in dem angemessenen Ausdrucke der intellectuellen Apprehension der Ideen oder des Wahren als solchen. Der Meister dieser Darstellungsform ist Plato, der uns die lebendige Verleiblichung der Erkenntniß im Worte zeigt, während uns Aristoteles nur seine Gedanken mittheilt, ohne der Form der Mittheilung irgend ein künstlerisches Interesse zuzuwenden; daher die Trockenheit seiner didascalischen Darstellung im Gegensatze zur lebensvollen Frische der platonischen Darstellung. Ein ähnlicher Unterschied obwaltet zwischen den didascalischen Darstellungsformen der altchristlichen Lehrer und der später folgenden Scholastiker. Der durch die intellectuelle Selbstthätigkeit acturirten wissenschaftlichen Erkenntniß geht eine natürliche Wahrheitserkenntniß voraus, die auf

Intuition beruht; ihr Ausdruck ist die Sentenz. Ist die Erkenntniß noch nicht sicher, so kleidet sich das Suchen nach ihr in die Form der Frage, Sentenz und Frage sind die ersten Keime und Ansätze der didascalischen Redeform; aus der Entwickelung dieser Keime und Ansätze gehen alle Arten didascalischer Composition hervor. Aus der Frageform wächst die Meditation und der Dialog heraus, aus der Sentenz die erklärende Auseinandersetzung (discorso), die entweder einfach Abhandlung (trattato) ist oder im Bestreben, der Fassungs= kraft der Hörer sich anzupassen sich zum Vortrag (lezione) gestaltet. Gegenstände, welche der menschlichen Fassungskraft nur durch das Mittel der analogischen Erkenntniß zugänglich sind, haben die Allegorie zu der ihnen angemessenen didascalischen Darstellungsform. In Bezug auf die oratorische Darstellungsform beklagt Fornari den bis heute bestehenden Mangel einer richtigen Theorie der Ars oratoria. Das specifische Wesen der oratorischen Darstellungsweise besteht darin, der Idee des Gerechten einen überzeugenden und die Hörer fort= reißenden Redeausdruck zu geben; statt dessen ist die Theorie der Redekunst seit Aristoteles dabei stehen geblieben, die Darstellungsform unter Hinwegsehen von dem gesollten Inhalte derselben zum Gegenstande ihrer Erörterungen zu machen. Die verantwortliche Schuld der Abtrennung der Form vom Inhalte lastet auf den griechischen Sophisten; Plato hat in seinem Gorgias leider unterlassen, der Sache vollkommen auf den Grund zu gehen und der eitlen Prunkrednerei die Theorie der ächten gediegenen Beredsamkeit entgegenzustellen. Daß die Literaturen der alten und neueren Völker deßungeachtet großartige oratorische Leistungen aufzuweisen haben, muß auf Rechnung der über irrthümliche Kunsttheorien siegenden Wahrheit der menschlichen Natur gesetzt werden; Chrysostomus und Bossuet sind trotz von ihren Lehrmeistern über= kommenen Theorien der Eloquenz große Redner geworden. Es fehlt indeß bei den Meistern der antiken Redekunst nicht an wahrhaft classischen Aussprüchen über das Wesen und die Aufgabe der ächten Beredsamkeit. Demosthenes verpflichtet den Redner, die lebendige Aus= sprache des Gesetzes zu sein, und vindicirt dem gewaltigen Weckrufe des mit weitschauendem, tiefdringendem Blicke die gefahrvolle Lage des Vaterlandes erfassenden beredten Anwalte der heiligsten Interessen desselben den Charakter majestätischer Erhabenheit ($\delta\varepsilon\iota\nu\acute{o}\tau\eta\varsigma$). Cicero erkennt die ächte Beredsamkeit als die göttlich inspirirte Lenkerin des Gemeinwesens und den ächten Orator als Organ der weltordnenden ewigen Vernunft. Der geistige und sittliche Adel der Eloquenz ergibt sich aus den Möglichkeitsbedingungen derselben; sie kann sich nur da entfalten, wo die Sprache und mit dieser die Bildung eines Volkes so weit entwickelt und vorgeschritten ist, daß der Redner in der Sprache des Volkes sich der Menge verständlich machen und dieselbe für große Zwecke begeistern kann und das Volk der oratorischen Darlegung derselben ein geistiges Verständniß entgegenzubringen befähiget ist. Diese Bedingungen trafen in der vorchristlichen Zeit nur in Griechenland und Italien zu, weil es einzig da freie Gemeinwesen gab. Die orientalischen Culturvölker des Alterthums haben keine oratorischen Schriftwerke aufzuweisen; die Bibel, welche die erhabensten Redemuster in sich faßt, ist nicht das Erzeugniß des hebräischen Volksgeistes, sondern göttliches Offenbarungswort. Die antike Beredsamkeit wurde in den politischen und moralischen Verfall und Untergang der Völker hineingezogen, bei welchen sie geblüht hatte; der erneuerte Aufschwung der Eloquenz ist dem Machtwirken des christlichen Geistes zu verdanken, welcher in den Schriftdenkmalen der altchristlichen Zeit eine in ihrer Art einzige oratorische Literatur hervorrief und der im Alterthum auf die engen Gebiete Griechenlands und Latiums beschränkten Pflege der Eloquenz ein die gesammte christianisirte Welt umfassendes Gebiet eroberte. Auf dem Grunde der christlichen Geistesbildung erwuchs die neuzeitliche oratorische Literatur der europäischen Culturvölker; zuerst in Italien, wo die antike Culturtradition noch fortlebte und zuerst wieder neu auflebte, sodann bei den anderen westeuropäischen Nationen, deren Bildungsstreben von Italien aus befruchtet wurde. In Italien selber gab es vor dem 16. Jahrhundert nur dort eine Beredsamkeit, wo ein freies Gemeinwesen sich erhalten hatte, wie in Florenz und Venedig; die Renaissance rief wohl eine große Zahl eleganter und formvollendeter Redemuster hervor, lenkte aber die Geister von den Quellen der edlen kraftvollen Beredsamkeit ab und so kam es, daß die neuere italienische Literatur an Erzeugnissen ächter Eloquenz geradezu arm ist. Die Beredsamkeit hatte nach dem Verluste der nationalen Freiheit und Unabhängigkeit Italiens eigentlich nur noch in der Kirche eine Stätte; aber auch da macht sich einzig der Jesuit Paolo Segneri als eine großartige Erscheinung bemerkbar. Daß ihm nicht andere Männer von gleicher Bedeutung zur Seite traten oder nachfolgten, war durch die Isolirung der Religion von der Weltbildung und vom öffentlichen Gemeinleben verschuldet. In Spanien war dieß in noch größerem Maße der Fall; in Frankreich kam es besser, weil der Kampf gegen die Hugenotten zur Entfaltung geistiger Machtmittel nöthigte und der Hinblick auf das in so nahe Beziehungen zu Frankreich gerückte protestantische England das katholisch-französische Ehrgefühl stachelte. So konnten unter dem nichts weniger als freiheitsliebenden Ludwig XIV., der in der Religion ein politisches Machtmittel erkannte, jene großen geistlichen Redner erstehen, deren größter, Bossuet, einen Demosthenes, Cicero und Chrysostomus ebenbürtig zur Seite tritt. In England entfaltete sich eine parlamentarische Beredsamkeit großen Stiles, welcher indeß doch die Größe ächter Eloquenz abgeht, weil sie den Interessen der mit einander um den Besitz der Staatsleitung ringenden politischen Parteien dienstbar ist.

Die specifisch den Charakter des Schönen an sich tragende Redekunst ist die Dichtkunst, in deren Auffassung und Würdigung Fornari seinen Ausgang von Plato[1] nimmt, indem er die dem bloßen Ergötzen dienende Poesie verwirft, weil dieselbe vom Wahren und Guten abziehe, andererseits aber die von Plato ausgesprochene Geneigtheit, die dem Wahren und Guten befreundete Poesie anzuerkennen, als die auch ihn beseelende Gesinnung bekennt, und dieß um so mehr, als der im Lichte der christlichen Erkenntniß erschlossene Einblick in das ideale Wesen des Schönen die Schaffung einer philosophisch vertieften Poetik ermöglichet, an welcher es nicht bloß im vorchristlichen Alterthum, sondern noch bis auf unser Jahrhundert herab fehlte. Plato, die Alexandriner und die altchristlichen Lehrer faßten das Schöne lediglich nach seiner sittlichen Zweckbeziehung in's Auge und identificirten es hin und wieder geradezu mit dem Sittlichen; die Kunsttheoretiker späterer Zeiten blieben entweder bei Aristoteles stehen und verfielen im zähen Festhalten an ihn in steifen Pedantismus, oder sie verirrten sich, von der Autorität des Aristoteles sich emancipirend, in geradezu falsche und extravagante Theorien. Aristoteles läßt die Frage unerörtert, was die Poesie ihrer Idee nach sei; er scheint ihr Wesen in die Nachahmung setzen zu wollen, deutet aber doch wieder an, daß er die Lyrik nicht für rein imitativ halte. Von einer Erörterung des Wesens der Poesie absehend, behandelt er die Poetik nicht als Wissenschaft, sondern lediglich als Kunstunterweisung, deren Regeln auf Beobachtung des von den vornehmsten griechischen Dichtern eingehaltenen Ver-

---

[1] Vgl. **Plato** Republ. X, pp. 607 sq.

fahrens beruhen. Es fehlt bei ihm nebenbei nicht an feinsinnigen Bemerkungen über die Natur des inneren Seelensinnes, über die Gründe des Gefallens an dieser oder jener poetischen Form; er bleibt aber hier eben nur bei Beobachtung von Sachverhalten stehen. Durch den Zwang der aristotelischen Regeln wurden nicht nur schwächere Talente völlig unfruchtbar gemacht, sondern selbst das Genie eines Torquato Tasso gehemmt und geschädiget. G. V. Gravina deutete in seinen beiden Büchern della ragion poetica zuerst die Nothwendigkeit eines Hinausschreitens über den Standpunkt der aristotelischen Poetik an; wie das Schaffen die Regel, so müsse die Regel die Ratio aeterna zur Norm haben. In Frankreich war Pierre Corneille den Chicanen der aristotelischen Theoretiker ausgesetzt, welche dem auf Corneille's Dichterruhm eifersüchtigen Cardinal Richelieu als Werkzeuge dienten. In England und Deutschland bahnten einige erlesene Geister eine tiefere Verständigung über das Wesen der Poesie an. Kant wendete seinen scharfsinnigen Verstand der Untersuchung des Wesens der Poesie und der schönen Künste zu; Schelling verpflanzte diese Untersuchungen auf das Gebiet der Metaphysik und sagte über das Schöne so viel Wahres, als bei seinen irrthümlichen metaphysischen Grundanschauungen erstrebt werden konnte. Hegel vollendete das Werk seiner beiden Vorgänger und lieferte eine vollständig ausgeführte Wissenschaft des Schönen, welche in ihrer Weise ebenso für die moderne Gegenwart eine abschließende Bedeutung hatte, wie die Kunstunterweisung des Aristoteles für das Alterthum. Hegel verpflanzte die Lehre vom Kunstschönen, die bei Aristoteles auf Beobachtung gestützt war, auf das Gebiet der speculativen Erkenntniß und gab Antwort auf die von Aristoteles unbeantwortet gelassene Frage, worin das Wesen des Schönen bestehe. Freilich war diese Antwort höchst unbefriedigend. Er faßte die Poesie und alle übrigen schönen Künste als Manifestationen der Idee und gab zu, daß die Idee in der Kunst zu einem wahreren Ausdrucke gelange als in der Natur und in der Geschichte, aber doch nicht so vollkommen, daß das Kunstschöne etwas wahrhaft Wahres darstellen würde; dasselbe ist sonach unter Einem zugleich wahr und unwahr. Die Definition des Schönen als sinnlich wahrnehmbarer Darstellung der Idee ist zu weit; nach Hegel ist jede sinnliche Realität, somit auch das dem Schönen entgegengesetzte Häßliche, eine Manifestation der Idee. Es fehlt sonach bei Hegel an dem Einblicke in das specifische Wesen des Schönen. Fornari bemüht sich im Gegensatze zu

Hegel um einen möglichst geistigen Begriff des Schönen, der die Gefahr einer Neutralisirung des Gegensatzes vom Schönen und Unschönen ausschließt. Das Schöne ist ohne Zweifel Offenbarung und Erscheinung eines Seienden, die aber selbst da, wo es sich um eine körperliche Realität als schönes Object handelt, nicht mit der sinnlichen Körperlichkeit als solcher zusammenfällt, sondern als etwas Unkörperliches sich von demselben ablöst. Das der sichtbaren Wirklichkeit angehörige Schöne wird nicht mit den gröberen Sinnen getastet, sondern durch Auge und Ohr vernommen und hat Licht und Luft zu Mittlern seiner Apperception. Die Objecte dieser Apperception sind Gestalten und Töne. Die von der realen Körperlichkeit losgelöste Gestalt oder Form ist ihrer Idee nach eine vom Körper ausgestrahlte Lichtbildung; in ähnlicher Weise sind Ton und Stimme als Formationen der Luftbewegung zu fassen. Die lichtbildende und bewegende Thätigkeit geht vom erscheinenden Objecte aus, ist aber in den sinnlichen Objecten eine mehr oder weniger gebundene Thätigkeit, deren Vorhandensein nur durch den geistigen Sinn des Menschen erfaßt wird. Denn dasjenige, was in der durch Licht und Luft vermittelten Erscheinung sich darstellen soll, ist das innere verborgene Wesen des sinnlichen Wirklichen; wo es sich wirklich ausdrucksvoll vernehmbar macht, wie z. B. in Blitz und Donner, tritt etwas wahrhaft Schönes sinnlich vernehmbar zu Tage. Alles Seiende offenbart sich im Leuchten und Tönen; dieß gilt nicht bloß von den sinnlichen, sondern auch von den geistigen Realitäten; die von der seelischen Innerlichkeit producirten Leuchtungen und Töne sind die Imaginationen und Affecte. Daß statt lichter glänzender Bilder und harmonischer Töne dunkle verworrene Bildungen und disharmonische Laute sich vernehmbar machen, muß auf Rechnung von Störungen des gottgeordneten Thuns und Wirkens der geschöpflichen Dinge gesetzt werden.[1] Jedem geschöpflichen Seienden ist es von Natur aus eigen, sein gottgesetztes Wesen durch sein Thätigsein zu offenbaren und an's Licht zu stellen, und zwar so, daß das Thätigsein der wesentliche Modus des Erscheinens und dieses der Grund

---

[1] Sapete in che consiste, e da che nasce l'oscuramento? Consiste nella confusione, e nasce dal disordine. La parvenza è produzione ed emanazione dell'essere. Or l'emanazione ordinata palesa l'essere, e la disordinata lo nasconde. Cosi emanazione è il fumo, ed emanazione è la fiamma di ciò che bruciasi; ma il fumo nasconde, come disordinata emanazione; e la fiamma palesa, come emanazione ordinata. Arte di dire IV, p. 46.

und Mittler des Thätigseins ist. Substanz, Erscheinen, Thätigsein constituiren sonach eine unlösliche Dreieinheit, die, weil an allen geschöpflichen Existenzen sich vorweisend, als der Abdruck eines göttlichen Urternars in ihnen verstanden werden muß. Auf diese Weise gelangt Fornari zu der von uns schon an einem früheren Orte[1] angeführten Definition des urwesentlichen Charakters des Schönen, in welcher wir, unbeschadet der von uns anerkannten Wahrheit des theophanischen Charakters des Schönen, eine gelungene philosophische Verdeutlichung des Wesens des Schönen nicht zu erkennen vermochten. Wir haben nichts gegen die theologisch-speculative Erläuterung des Wesens des Schönen einzuwenden, obschon in dieser Beziehung bei Fornari die Identificirung speculativer Ideen mit dogmatischen Terminis zu beanstanden ist; daß der reine Abglanz des göttlichen Wesens, das absolute Gleichbild der göttlichen Substanz, das schöpferische göttliche Wort mit dem ewigen Sohne Gottes als zweiter Hypostase des dreieinen göttlichen Seins zusammenfällt, ist wol dogmatisch gewiß, aber keine philosophische, sondern eine der positiven Theologie angehörige Wahrheit. Es ist aber weiter auch nicht richtig, daß der im ewigen Gottesworte gegebene reine volle Abglanz der göttlichen Wesenheit den Begriff des Schönen in dessen urwesentlicher Realität erschöpft; er läßt sich strenge nur so viel erhärten, daß er das causative Princip aller geschöpflichen Schönheit sei und das göttliche Urschöne in sich reflectire; dieses selber aber fällt unbedingt mit dem göttlichen Sein zusammen und kann nur, wie auch Rosmini die Sache faßte, in der göttlichen Dreieinheit als urhafter Harmonie gegeben sein. Wie sehr ferner auch Fornari's Dringen auf die Geistigkeit des Wesens des Schönen berechtigt ist, so ist doch das Schönsein von den sinnlichen Objecten nicht so weit abzutrennen, daß es der Körperlichkeit als solcher abgesprochen würde; gewiß ist die Schönheit nichts Sinnliches, aber es inhärirt den schönen körperlichen Objecten derart, daß diese, so weit sie wirklich schön sind, in ihren Formen aufgehen. In der That kann nichts Seiendes, so weit es wahrhaft und wirklich ist, unschön sein; die Unschönheit und Häßlichkeit fällt, an sich genommen, mit der Leere und Wesenlosigkeit zusammen. Aus der berechtigten und denknothwendigen idealistischen Seinsmetaphysik folgt nur so viel, daß das Körperliche und Sinnliche als solches an Schönheit hinter dem Un-

---

[1] Vgl. Bd. II, S. 233, Anm. 3.

sinnlichen und Geistigen zurückstehen müsse und letzteres einen höheren Grad und eine höhere Art des Schönen repräsentire als ersteres.

Dieß führt uns auf Jornari's Lehre von den Stufenunterschieden des Schönen. Er scheidet das geschöpfliche Schöne in das natürliche und in das Kunstschöne und läßt beide in fünf einander entsprechende Stufen zerfallen, so zwar, daß das natürliche Schöne die unteren Stufen, das Kunstschöne die oberen Stufen constituirt und die oberste Stufe des Naturschönen den Übergang zur untersten Stufe des Kunstschönen bildet. Die aufwärts steigende Reihe der Stufen des Naturschönen wird constituirt durch die Erscheinungen der ponderablen und imponderablen Materie des Lebens, der Seele und des Geistes als natürlicher Realitäten. Die im Mittel der menschlichen Phantasie sich vollziehenden idealisirenden Reproductionen dieser fünf Stufen im Kunstschönen sind die Architektur, Musik, Sculptur, Malerei und Poesie. Die Phantasie ist ihrem Wesen nach Erscheinung des Geistes, die ihre volle Realität in der Poesie hat; das Gegenbild der Phantasie in der sichtbaren Wirklichkeit ist das Licht als die Erscheinung der Materie. Auch der Ton ist Erscheinung der Materie, aber nicht der ponderablen, wie das Licht, sondern der imponderablen; daher das Licht den untersten Grad der geschöpflichen Participation an der Selbstimaginirung des Göttlichen darstellt, während die Phantasie den obersten Grad derselben repräsentirt; der Ton schiebt sich als Mittleres zwischen beide Arten der Participation ein. Licht und Ton sind Erscheinungen, welche sich dem Sinne vernehmbar machen; die Phantasie ist eine sich selbst offenbare Erscheinung. Der menschliche Geist hat eine unmittelbare Berührung mit den drei Schönheitsgraden: Licht, Ton und Phantasie; Leben und Seele aber oder die Erscheinungen der vegetativen und animalischen Kraft werden vom Menschen nicht nach ihrem unmittelbaren Ansichsein, sondern nach ihrem Sein im Körper oder im Geiste erfaßt. Nach ihrem Sein im Körper werden sie durch Vermittelung des Lichtes und Tones vernehmbar; nach ihrem Sein im Geiste durch Bild und Wort. Die Phantasie beherrscht unmittelbar die Seele, durch Vermittelung der Seele das Leben, durch Vermittelung des Lebens die beiden untersten Erscheinungen, Ton und Licht, um in denselben durch den Blick des Auges und den dem Munde entströmenden Gesang sich zu spiegeln. Der Blick faßt alle Schönheiten des Geistes, der Seele, des Lebens, des Lichtes — der Gesang alle Schönheiten des Geistes, der Seele, des Lebens, des Tones in sich; Auge und Mund sind daher die bevorzugten Sitze der äußeren Schönheit des Menschen. Durch den Blick des menschlichen Auges werden alle Schönheiten des sichtbaren Universums zusammengefaßt zusammt der aus dem Auge sprechenden Schönheit der Phantasie; diese letztere verdunkelt sich aber einigermaßen bei ihrer Spiegelung in sinnlichen Dingen, während umgekehrt die ihr untergeordneten Schönheiten der sichtbaren Wirklichkeit durch ihre Aufnahme in die lichte Geistspiegelung der Phantasie geklärt werden. Darum setzt sich im phantasievollen Hervorbringen des Menschen die Stufenreihe des in der geschöpflichen Wirklichkeit vorhandenen Schönen nach oben fort bis zur höchsten Stufe hinan, welche, wie bereits gesagt, in der Poesie gegeben ist.

Die wesentlichen Formen des Kunstschönen einfach nur als Fortsetzung der Stufen des Naturschönen betrachten wollen, heißt den specifischen Charakter des Kunstschönen als menschlicher Schöpfung im Gegensatz zu den gottgeschaffenen Formen der sichtbaren Wirklichkeit übersehen. Es ist allerdings richtig, daß das Naturschöne im Kunstschönen vergeistiget wiedergegeben wird; andererseits darf aber nicht unbeachtet gelassen werden, daß das Kunstschöne vom Naturschönen relativ insofern überragt wird, als der menschliche Künstler, obschon in einer vergeistigten Schaffenssphäre thätig, nicht über die Machtmittel der dem Stoffe immanenten göttlichen Schöpferidee zu verfügen hat. Hier bietet sich zugleich auch der geeignete Anlaß zu bemerken, daß die von Fornari angeführte Hegel'sche Definition des Schönen als sinnlicher Manifestation der Idee sich mit der Idee des Naturschönen deckt und sofern sie sich mit derselben deckt, den Grund in sich schließt, weßhalb das vollkommen Schöne in der von der Macht der unpersönlichen Idee beherrschten und durchgeisteten Wirklichkeit nicht zum Ausdrucke gelangen kann. Das Schöne nach seiner specifischen Eigenheit als die von der Macht des idealen Gedankens vollkommen durchgeistete Stofflichkeit kann erst in dem über der rein sinnlichen Wirklichkeit stehenden Menschendasein zum Ausdrucke kommen und hat ihren ersten urhaften Ausdruck in der gottesbildlichen Menschengestalt, zu dessen Erfassung sich zuerst die griechische Plastik erhob, sofern sie die Götter menschenähnlich darstellte, freilich nicht ohne Trübung der Idee des vermenschlichten Göttlichen durch die Deification der ungeheiligten Menschennatur. Das specifisch Schöne hat also seine wahrhafte Wirklichkeit in der That erst im Bereiche der menschlichen Daseins- und Schaffenswirklichkeit, soweit in derselben das sinnlich Wirkliche gemäß der vom menschlichen Geiste erfaßten Idee des Wirklichen gestaltet und umgebildet wird. Auch Hegel verstand unter dem Schönen wesentlich das Kunstschöne, womit er allerdings der Idee des Naturschönen nicht gerecht wurde, so sehr er immerhin dasselbe in seinen einzelnen Erscheinungen zu würdigen sich geneigt zeigte. Der Grund der relativen Naturfeindlichkeit Hegel's lag in seiner falschen Auffassung des Naturdaseins als bloßer Negation des Geistdaseins, womit umgekehrt die Negation der Natur durch den Geist und die Verwerfung einer zukünftigen Naturverklärung als absoluter Vollendung des Naturdaseins involvirt war. Die Idee der Naturverklärung coincidirt mit der Idee des in Gott vollendeten Weltdaseins, dessen anticipative Vergegenwärtigung im irdisch menschlichen Zeitdasein das Ziel und Wesen der nach ihrer wahrhaften Bedeutung erfaßten bildnerischen Thätigkeit des irdischen Zeitmenschen constituirt. Diese Thätigkeit würde, da sie im Elemente und mit den Mitteln der sinnlich anschaubaren und vernehmbaren Wirklichkeit sich actuirt, der inneren Wahrheit entbehren, wenn die Natur selber unwahr wäre, d. h. kein ewiges und nothwendiges Sein in der dialektischen Gliederung des göttlichen Weltgedankens hätte. Wäre die Idee der Natur unwahr, so wäre auch die Idee des Menschen, des dialektischen Schlußgliedes des göttlichen Schöpfungsgedankens und die Idee des im Menschenwesen gegebenen gottgesetzten Stützpunktes der Rückvermittelung des kosmischen Seins in sein causales göttliches Urprincip unwahr und damit der denkenden Vermittelung des Weltdaseins in der Idee des Göttlichen der Boden absolut entzogen. Die bildnerische Thätigkeit und kunstschöpferische Wirksamkeit des Menschen ist ihrer Idee nach die specifische Veranschaulichung dieser Vermittelung, in welcher das Niederste auf das Höchste bezogen, das Stoffliche vom Lichte der Idee durchgeistet und das Sinnlich-Natürliche zum Medium der Selbstdarstellung des Göttlichen gemacht werden soll. Die specifische Veranschaulichung dieser Vermittelung ist ein dem Wesen des Menschen als lebendiger Ineinsbildung des Geistigen und Sinnlichen entsprechendes Thun, dessen vollkommene Entfaltung dem zukünftigen Vollendungsstande des Menschen angehört, welcher in der bildnerischen kunstschöpferischen Thätigkeit des irdischen Zeitmenschen auf unvollkommene Weise anticipirt wird; daher in derselben nicht bloß das vollendete Weltdasein, sondern auch die demselben entsprechende ungehemmte Schaffensthätigkeit des übersittlichen Vollendungsstandes des Menschen anticipirt wird. Damit ist die ideelle

Berechtigung der zeitlichen bildnerischen und kunstschöpferischen Thätigkeit des Menschen, nebstbei aber freilich auch der unermeßlich weite Abstand derselben von der dem vollendeten Weltdasein angehörigen vollentwickelten Schaffensthätigkeit des Menschen ersichtlich gemacht, die nichts Geringeres, als die ein unvergängliches Dasein ausfüllende active Reproduction des göttlichen Weltgedankens zu ihrem Inhalte haben kann. Der selige Geist reproducirt denselben im rein geistigen Denken; der in Gott vollendete Mensch wird ihn im Mittel des ideell durchgeisteten imaginativen Denkens reproduciren und so sich eine eigenartige Welt schaffen, in deren ungehemmter continuirlicher Hervorbringung er die Freude seines gottbegnadeten Daseins genießen und den Gesammtinhalt alles dessen, was er geistig zu fassen und zu umfassen fähig ist, sich vergegenwärtigen wird.

Auch Fornari gibt dem Inhalte der menschlichen Kunstthätigkeit eine wesentliche Beziehung auf die Seinszustände der künftigen vollendeten Welt,[1] ohne jedoch die Thätigkeit selber als relative Anticipation der in Gott vollendeten Lebens- und Schaffensthätigkeit des Menschen zu erfassen. Dieß hängt wol damit zusammen, daß er sich den zukünftigen Vollendungsstand als den Zustand eines seligen Schauens denkt, was derselbe sicher auch ist und primär sein muß, nur daß dieses Schauen nicht ein in der gegenständlichen Wirklichkeit aufgehendes Betrachten, sondern die lebendige Animation einer höchstgesteigerten activen Lebens- und Thätigkeitsentfaltung, lebendige Auswirkung der intuitiv apprehendirten Ideen sein wird. Wenn Fornari weiter sagt, daß der bessere oder vorzüglichere Theil des Inhaltes der künstlerischen Darstellung der zukünftigen Vollendungswelt angehöre, so möchten wir auch gegen die Unterscheidung zwischen einem diesseitigen und jenseitigen Inhalte Verwahrung einlegen; Gegenstand der künstlerischen Darstellung ist die idealisirte und dadurch in das Reich des ewig Wahren emporgehobene Wirklichkeit. Sofern im künstlerischen Schaffen das Wirkliche in den Bereich des ewig Wahren emporgehoben wird, hebt die Kunst die strenge Scheidung zwischen diesseitiger und jenseitiger Wirklichkeit auf und macht den Unterschied zwischen beiden zu einem fließenden, in welchem sich diesseitiges und jenseitiges ineinanderschieben.

---

[1] L' ottimo che ci viene messo innanzi dalle arte, è seminato nel presente, ovvero, che torna il medesimo, è lo stato avvenire di questo mondo presente. O. c. IV, p. 79.

Dieß ist freilich nur dann der Fall, wenn im Objecte der künstlerischen Darstellung die gottgedachte Idee desselben zum Ausdrucke kommt; aber eben nur unter dieser Voraussetzung ist ein wirkliches Kunstwerk vorhanden und deßhalb zwischen ächter Kunst und falscher Kunst oder bloßer Scheinkunst zu unterscheiden. Ist nun der Idealgehalt der künstlerischen Darstellung die absolute Seinsbedingung einer Kunstleistung, so verliert der von Fornari betonte Unterschied zwischen Idee und Ideal[1] seine Bedeutung, die im Grunde nur darauf gestützt ist, daß die Idee einer Sache mit dem Begriffe derselben identificirt und somit auf das Wirkliche als solches bezogen wird, welches sodann durch die künstlerische Thätigkeit in eine höhere Region, in den Glanz eines verklärenden Lichtes hinaufgerückt werden soll. Dieses Licht ist nach Fornari die menschliche Phantasie, welche er als die Erscheinung des Geistes definirt. Wir erkennen in der menschlichen Phantasie nicht ein einfaches, unzusammengesetztes Seelenvermögen, sondern die von Ideen durchgeistete sinnliche Einbildungskraft, deren Durchgeistung das Vorhandensein der idealen Apprehensionen als ihr denknothwendiges Prius voraussetzt; die Phantasie in ihrem Unterschiede von der rein sinnlichen Einbildungskraft ist ein Vermögen des bereits actuell gestalteten und bis zu einem gewissen Grade entwickelten inneren Seelenmenschen und ist vordem nur in seinen potentiellen Ansätzen vorhanden. Demnach entfällt die von Fornari gezogene Parallele der Phantasie mit dem Lichte und mit dem göttlichen Glanze als urhaften Realitäten.[2] Die Aufgabe der künstlerischen Thätigkeit besteht sonach nicht darin, das wirkliche Object schön zu machen oder im Glanze der ihm von Natur aus eignenden Schönheit zu zeigen, sondern vielmehr in der

---

[1] Noi intenderemmo per ideale una natura più semplice, se può dirsi, dell' idea, o almeno semplice altrettanto, ma che acquistasi mediante una più semplice operazione dello spirito. La nostra idea sarebbe una parte dell' ideale, ossia, a parlare con proprietà, sarebbe l' ideale terminato all' essere e usato come un mezzo alla cognizione dell' essere; laddove il nostro ideale sarebbe la luce che emana dall' essere, la parvenza dell' essere, ma pigliata in sè medesima, e non riferita a quello. O. c. IV, p. 78.

[2] In tutto sono tre bellezze: una bellezza superiore a noi, una bellezza inferiore a noi, una bellezza nostra. La prima è l'immagine divina; l'altra è la natura; la terza è l'arte o fantasia.... La fantasia è la parvenza, e quasi la faccia dello spirito. Lo spirito pare nella fantasia; ovvero, lo spirito, in quanto pare, è fantasia. La fantasia è l'immagine, la similitudine, la parola dello spirito. O. c. IV, p. 101.

Versichtbarung der gottgedachten Idee des Objectes der Darstellung. Der Künstler verfolgt in seinem Wirken eine ihm mit dem Philosophen gemeinsame Aufgabe, nur mit dem Unterschiede, daß der Philosoph die Idee des Objectes dem rein geistigen Denken, der Künstler aber dem imaginativen Denksinne vernehmbar machen will.

Fornari nimmt das Schöne als Offenbarwerden dessen, was das wirkliche Ding innerlich ist. Allem Wirklichen ist eine Leuchtkraft eigen, mittelst welcher das verborgene innerliche Sein des Dinges kund wird. Da nun das Licht es ist, was die Dinge schön macht und alle Dinge leuchten, so sind alle Dinge ihrem inneren Wesen nach schön, obschon die Schönheit der sinnlichen Dinge nicht so unmittelbar, wie jene der geistigen Existenzen, sondern im Mittel eines allgemeinen Lichtelementes zu Tage tritt, welches die eigentliche Schönheit derselben als Wiederschein des Glanzes der göttlichen Wesenheit in der sichtbaren Wirklichkeit ist, gleichwie die Phantasie oder geistige Leuchtkraft ein Wiederschein jenes Glanzes im geschöpflichen geistigen Sein und Leben ist. Das Licht ist nicht etwas Stoffliches, sondern eine Thätigkeit; darum ist die Schönheit der sinnlichen Dinge etwas Unsinnliches, wenn schon nicht so innerlicher Natur, wie jenes der geistigen Existenzen; indeß wird auch das physische Licht im menschlichen Auge schon zu etwas in seiner Art völlig Innerlichem und vermählt seinen Glanz mit jenem der Phantasie oder geistigen Leuchtkraft, wodurch ein Schönes wundervoller Art geschaffen und das Wesen der Phantasie oder geistigen Leuchtkraft verbildlichet wird. Die Phantasie ist das Auge der Seele und der ächte Dichter ein geistiges Weltauge,[1] welches vom ungeschaffenen göttlichen Lichte durchgeistet in die Herrlichkeiten der himmlischen Welten hineinblickt. Dante ist der größte aller Dichter; vor dem Blicke seines geistigen Auges, welches sich im Glanze des ungeschaffenen Lichtes sonnt, liegt der Gesammtbereich der gottgesetzten Wirklichkeit ausgebreitet. Die Aufgabe der künstlerischen Thätigkeit besteht dem Gesagten zufolge in der Wiedergabe der durch die Phantasie des Künstlers hindurchgehenden und von den Lichtern derselben beglänzten gottgesetzten Wirklichkeit in deren objectiver Gegebenheit.[2] Die Phantasie ist erfinderisch,

---

[1] O. c. IV, p. 107.

[2] Il proprio uffizio della fantasia è d'imitare; e l'imitare val tanto quanto generare ed inventare. Or notate come tra' vocaboli corrono i medesimi riscontri a punto, che tra le cose da loro significate. Se altri ode

aber nicht schöpferisch; und auch erfinderisch ist sie nur, insoferne ihr die Erinnerungskraft der menschlichen Seele dienstbar ist und so weit das in die Zukunft vorgreifende Hoffen der Seele in der Leuchtkraft der Seele sich spiegelt. Die Phantasie wirkt überhaupt nicht rein aus sich selbst, sondern ist in ihrem künstlerischen Thun von einer höheren Macht durchwirkt, wodurch dasselbe zu einem über die Enge der zeitlich-räumlichen Gegenwart hinausgerückten seherischen Thun wird.¹ Das Seherische bedeutet indeß hier nicht so sehr ein Blicken in die Tiefen der Dinge, als vielmehr ein aus der Hinausrückung über die Schranken von Raum und Zeit resultirendes Allessehen.

Fornari's Auffassung der Schönheit als reinen Lichtwesens bildet den augenscheinlichen Gegensatz zu jener bei Vera,² deren Berücksichtigung ihn zu nicht unwesentlichen Modificationen an der in seiner Armonia universale vorgetragenen philosophisch-ästhetischen Weltlehre vermochte. Er verwarf zwar nicht den Grundgedanken derselben, die Zurückführung der Vielheit auf die Einheit als Grundbedingung der Harmonie, hielt aber dafür, daß sich mittelst dieses Gedankens nicht in das eigentliche Wesen des Schönen eindringen lasse;³ er erklärt sich direct, wie gegen Hegel, so auch gegen Gioberti, sofern bei beiden das Sinnliche als ein wesentliches und nothwendiges Element des Schönen erscheine.⁴ Die von ihm bekämpfte indifferentistische

---

il greco suono della voce imitare, tosto accorgesi che quello risponde al suono oude i latini esprimono l'immaginare e la potenza immaginativa, cioè memoria. O. c. IV, p. 112. Fornari's Zurückführung von Memoria und μιμέομαι auf eine gemeinsame Sprachwurzel wird durch die vergleichende Sprachwissenschaft nicht bestätigt. Zu einer ähnlichen Bemerkung werden wir auch noch weiter unten Anlaß finden.

¹ L'immaginativa è specchialità dello spirito, cioè una parvenza creata che specchia le altre parvenze mediante la parvenza infinita. Ora, per questo rispetto niente è lontano dallo spirito, niente è passato, niente distante, niente avvenire; ma tutto è in ciascuno, e ciascuno è in tutto sempre. O. c. IV, p. 114.

² Vgl. Vera's Abhandlung: Amour et Philosophie. Abgedruckt in Vera's Essais de Philosophie Hégélienne (vgl. Bd. III, S. 235), pp. 69—121.

³ Arte di dire IV, p. 68.

⁴ Io non nego, che secondo un certo rispetto abbia del vero l'opinione di coloro che collocano la bellezza nella forma o nell'espressione, come il Goethe, o in non so che manifestazione a modo dell'Hegel e del Gioberti. L'error loro giace, da una parte, nel riputar necessario il sensibile a cotale manifestazione, facendo così del bello un intriso, o affermando essere mista

Gleichsetzung des Schönen und Häßlichen als gleichwesentlicher und gleichnothwendiger Componenten eines geistig tiefen Kunstwerkes findet sich entschiedenst bei Vera ausgesprochen,[1] der den Contrast für eine unerläßliche Bedingung der ästhetischen Wirkung erklärt. Die Iliade komme um allen ästhetischen Reiz, wenn man aus ihr alles Leidenschaftliche, wild Anstürmende, wüste Verheerung Verbreitende hinwegdenke; die griechische Kunst wäre ohne die Inspirationen, welche sie aus den von schaudervollen Unthaten erfüllten Heroenmythen schöpfte, schlechthin unmöglich gewesen. Wenn die antike Poesie derlei Eindrücken halb unbewußt sich hingab, so haben die Dichter der modernen Völker den Contrast mit bewußter Absichtlichkeit als ästhetisches Reizmittel verwerthet; Dante stellte Himmel und Hölle einander gegenüber, in Milton's verlornem Paradiese und Goethe's Faust trete das gleiche ästhetische Grundmotiv zu Tage; Shakespeare, der größte moderne Tragiker, sei geradezu als der Dichter der Contraste zu bezeichnen. Es begreift sich, weßhalb Fornari[2] mit unverkennbarer Beziehung auf Vera's Bemerkung über Dante's Commedia divina darzuthun bemüht ist, daß der erste Theil der Dichtung nur die Bestimmung habe, die Lichtwirkung des dritten Theiles, welche durch den zweiten Theil als Übergang vorbereitet werde, in ihrer vollen Intensivität fühlbar zu machen; Dante's künstlerische Absichten seien nach seinen philosophischen Anschauungen zu beurtheilen, welchen gemäß die in den Zuständen des Infernus sich offenbarende absolute Wahrheit der Gerichte der göttlichen Gerechtigkeit die erhabene Glanzeshülle der im ersten Theile des Gedichtes aufgeschlossenen Daseinswelt constituire.

Die von Vera aufgestellte Theorie der ästhetischen Kunstwirkung schloß eine Negation der absoluten Realität des Schönen in sich, welcher er die mystisch dunkle Idee einer im Universum sich ausbreitenden und Alles ohne Unterschied umfassenden ewigen Liebe substituirte.[3] Die ideale Evolution der Liebe stellt sich in drei durch Kunst,

---

una semplicissima natura; e, dall' altra, nel guardare da una sola faccia la bellezza, impicciolendone cosi e falsificandone il concetto. L. c.

[1] L'opinion qui l'assigne à l'art, comme objet propre et exclusif, le beau n'est pas plus fondé. L'objet de l'art n'est ni le beau ni le laid, mais tous les deux harmonieusement combinés. L'amour et philos. p. 78.

[2] Arte di dire IV, pp. 103 sgg.

[3] S'il est vrai, ainsi que nous l'apprennent les religions elles-mêmes, que l'univers soit l'oeuvre et l'effusion de l'amour éternel, comme il y a

Religion und Philosophie constituirten Stufen dar. Die Kunst hat die Idee zu ihrem specifischen Objecte; sie macht dieselbe in die Natur hinabsteigen und im Mittel der Natur sich versichtbaren; in dieser Versichtbarung besteht das schöpferische Thun der Kunst. Die Kunst zur bloßen Copistin der Natur machen, heißt sie erniedrigen; die Natur ist lediglich Werkzeug der Kunstthätigkeit; sie verhält sich zur Idee, wie der Laut zum Gedanken. Man kann dem Denken nicht zumuthen, daß es sich mit seiner sinnlichen Verlautbarung identificire; es würde damit aufhören, selber zu sein. Ebenso würde die Kunst aufhören, Kunst zu sein, wenn sie ihre Aufgabe in die Nachahmung der Natur setzen wollte. Andererseits aber erweist sich in der eigentlichen Aufgabe der Kunst die Unzulänglichkeit ihres Thuns. Die Idee wird durch ihre Versenkung in die Natur verhüllt, sie stellt sich in derselben durch das Gegentheil ihrer selbst dar, kann in ihr nur einen particulären Ausdruck erlangen. Sie wird der Natur mittelst Inspiration ingegeistet; die Inspiration ist jedoch eine unvollkommene Form des Gedankens, dessen wahres, ächtes Wesen klare Bewußtheit des bei sich selber seienden Denkens ist. Darum kann die vom absoluten Gedanken bewegte Liebe nicht bei der Kunst stehen bleiben, sondern läßt sie in ihrem weiter schreitenden Streben als eine unzulängliche Entwickelungsstufe ihres Strebens hinter sich zurück, um Schöneres und Vollkommeneres hervorzubringen. Ihr nächst höheres Product, die Religion, hat wol das Unendliche als solches zum Objecte, wendet sich auch unmittelbarer als die Kunst an das Denken, um sich über ihr Object zu verständigen; dieses selbst ist in ihr indeß doch nur ein dem Denken aufgegebenes und somit äußerliches Object, daher sie selbst, obwol dem Unendlichen zugewendet, es sich nicht wahrhaft eigen zu machen vermag, sondern im Endlichen zurückbleibt. Sie genügt nicht dem absoluten Denken, welches sich selber Regel ist und alles andere Gedachte nach sich bemißt und in Folge dessen auch die absolute Regel aller Bewegungen und Aspirationen der Seele sein muß.

Das directe Gegentheil alles dessen ist bei Fornari zu lesen. Die Schönheit hat ein absolutes Sein in Gott, die göttliche Schönheit ist das absolute Maß und die absolute Regel aller geschöpflichen

---

dans l'univers et dans toutes se sphères, dans la nature ainsi que dans l'esprit, la laideur et la beauté, il suit que l'une n'est pas moins que l'autre alliée à l'amour. Amour et philos., p. 78.

Maßverhältnisse, die erste Ursache alles Gleichen und Ähnlichen, alles Geregelten und maßvoll Geordneten.¹ Die menschliche Phantasie ist Maß, Regel und Proportion des menschlichen Geistes² und erfaßt im Mittel der göttlichen Schönheit oder der absoluten Erscheinung alles Erscheinende in dessen gottgedachten harmonischen Verhältnissen; sie ist der lebendige Spiegel des Alls, welcher die Bilder der Dinge generativ aus sich hervorstellt. Dieses Generiren ist als Wiedergabe des Vorhandenen imitativer Natur und ihr imitatives Wesen ein Mittleres zwischen receptivem und operativem Verhalten, von welchem ersteres dem Sinne, letzteres dem Willen zukommt.³ Der Enthusiasmus (estro), in welchem das Wesen der Phantasie sich kundgibt, ist die höchstgesteigerte Form der imaginativen seelischen Denkthätigkeit, deren Wesen darin besteht, das Erscheinende in sich zu reflectiren und es lebendig aus sich hervorzustellen.⁴ Er ist die Lebensäußerung eines naturnothwendigen Begehrens der menschlichen Seele nach dem göttlichen Urlichte, welches das sonnenhafte Centrum der gleichsam planetarischen Lebensbewegung des zeitlichen Menschheitsdaseins constituirt. Als Lebensäußerung eines naturnothwendigen Verhältnisses der menschlichen Seele zum göttlichen Urlichte schließt der Enthusiasmus das innerste Wesen der Seele auf und macht dasjenige offenbar, was der menschlichen Natur in allen Individuen der menschlichen Gattung, unabhängig von allen individuellen Begehrungen, Strebungen und Leidenheiten der einzelnen Menschen, gemeinsam ist; der Mensch wird in den Bewegungen begeisterter Stimmungen die innerste Wahrheit seines von der Macht des Göttlichen gehaltenen Wesens inne. Darum kann auch dasjenige,

---

¹ Arte di dire IV, p. 68.
² O. c. IV, p. 102.
³ I filosofi non hanno, che io sappia, notato la natura di queste facoltà spirituali che non sono nè operative nè recettive..... Ciascuno di voi, guardando attentatamente in sè stesso, vi può avvertire come lo spirito, immaginando, nè operi nè patisca propriamente, ma generi, ch' è una cosa diversa dal patire e dall' operare, e mezzana tra l'uno e l'altro. O. c. IV, p. 109.
⁴ Questa facoltà che ricorda, immagina e inventa, possiamo chiamarla memoria, fantasia, estro, e come altrimenti ci piace; ma ora sarà meglio di chiamarla imitativa o immaginativa, per distinguere i suoi tre gradi o forme co' nomi di memoria, di fantasia, di estro. L' imitativa, in quanto è memoria, riferisce il passato; in quanto fantasia, riferisce il lontano; in quanto estro, riferisce l'avvenire. O. c. IV, p. 113.

was der Mensch im Zustande innerlicher Gehobenheit und wahrhafter Begeisterung erfaßt, nicht auf subjectiver Täuschung beruhen; der Inhalt begeisterter Denkapprehensionen ist vielmehr dasjenige, in dessen Anerkennung sich alle Menschen geistig begegnen müssen, wie denn in der That alle diejenigen Anschauungen und Erkenntnisse, welche als Gemeingut der gesitteten Menschheit zu gelten haben, aus gehobenen Seelenstimmungen herausgeboren worden sind. Damit rechtfertigt sich auch die Bezeichnung der Phantasie als eines specifisch erfinderischen Vermögens, obwohl ihr Erfinden nicht ohne Concurrenz der übrigen Seelenkräfte zu Stande kommt;[1] auch die menschliche Sprache ist ein Erzeugniß der erfinderischen Phantasie und als Kunstwerk eine Offenbarung der Seele, die das ihr in ihren innersten Tiefen eingesprochene göttliche Wort in innerlicher Gehobenheit nachgesprochen hat;[2] sie war der erste poesievolle Ansatz aller in ihr als Darstellungsmittel auszuprägenden Wahrheitserkenntnisse. Die Sprache ist nicht lediglich Zeichen oder verhüllendes Symbol der Geisteserkenntniß (wie Vera dafürhält), sondern Enthüllung und Vernehmbarmachung der Wahrheit.

Das Bedürfniß, der Idee des Schönen als eines an sich Seienden und um seiner selbst willen Geltenden gerecht zu werden, wurde auch innerhalb des Kreises der italienischen Hegelianer selber empfunden. Die Art und Weise aber, in welcher A. Tari[3] diesem Bedürfnisse abzuhelfen suchte, schloß einen Rückgang hinter Vera und Hegel in sich, indem er die Kunst der Religion überordnete und als die zwischen Religion und Philosophie stehende Manifestation des absoluten Geistes

---

[1] Perchè s'inventi, bisogna il concorso della volontà e delle altre potenze; ma tra le concorrenti potenze la fantasia quella è che proprio genera e inventa. E tra le sue invenzioni tre sono le più illustri, e tanto simili tra loro, che si direbbero sorelle; l'invenzione delle opere di arte: l'invenzione delle matematiche: l'invenzione del linguaggio. O. c. IV, p. 111.

[2] Mi par certo che la fantasia è l'autrice del linguaggio, e che il linguaggio è tutt'insieme una bellezza, una poesia, un splendore, una faccia dello spirito; come può anche inferirsi dal vedere che in greco e in latino da un sol ceppo nasce tutta la famiglia de' vocaboli usati a significar la parola, la bellezza e a luce (O. c. IV, p. 112). Fornari stellt φάω, φῶς, φημί, ferner καλέω und καλός als wurzelverwandt zusammen. Die erstere der beiden Zusammenstellungen ist etymologisch begründet, nicht so die zweite. Bezüglich einer anderen Zusammenstellung siehe oben S. 110, Anm. 2.

[3] Estetica ideale. Neapel 1863. Vgl. über Tari Bd. III, SS. 233 u. 240.

faßte.¹ Consequent stellt er demzufolge Ariost's rasenden Roland als Kunstleistung über Dante's Commedia divina.² Tari gehört zu den ältesten Vertretern des italienischen Hegelianismus, ohne jedoch sich ausschließlich zu Hegel zu bekennen; er sucht vielmehr auf dem Gebiete der philosophischen Kunsttheorie, auf welchem er schriftstellerisch thätig war, zwischen Hegel und Herbart zu vermitteln. Er adoptirt aus der Herbart'schen Philosophie die Anerkennung der Ursprünglichkeit des Gefallens an harmonischen Verhältnissen, nimmt aber dieses Gefallen für eine an sich rein empirische Thatsache, welche in den Fluß der dialektischen Erörterung gezogen werden muß, um die Rationalität derselben ersichtlich werden zu lassen. Er verwirft den absoluten Apriorismus der Hegel'schen Dialektik und verlangt, daß die dialektische Entwickelung an das in der phänomenalen Wirklichkeit Gegebene anknüpfe, indem sie keine andere Aufgabe haben könne als diese, den in der phänomenalen Apprehension latenten Geistgehalt und Wahrheitsgehalt in das Licht der bewußten Erkenntniß treten zu lassen. Hiebei wird nun allerdings der Geist als das in der Form der sinnlichen Erscheinung sich Darstellende und dieselbe Causirende vorausgesetzt; und die dialektische Aufhellung des geistigen Wesens des sinnlich Erscheinenden kann nur darin bestehen, zu zeigen, wie der Geist, der als absolutes Prius allem sinnlich Erscheinenden vorauszusetzen ist, dahin gekommen sei, dieses oder jenes sinnlich Erscheinende zu setzen. Dieß leuchtet aus Tari's Definition des Schönen hervor; er bezeichnet es als Hervorgebrachtwerden eines singulären Sensiblen, welches in allen seinen Theilen Ausdruck einer Idee ist, so zwar, daß sich in ihm der Geist verwirklichet und an sich Gefallen hat zufolge der im Schönen sich darstellenden Coincidenz der drei Momente: versichtbarter Gedanke, Ursprünglichkeit des Lebens, befriedigte Empfindung. In dieser Definition wird vorausgesetzt die Deduction des Singulären als des concretisirten Lebendigen, der Lebendigkeit als ursprünglicher Daseinsform der Idee, der Idee oder des Geistes als desjenigen, der im Lebendigsein seine ursprüngliche Daseinsform hat. Den logischen Begriffsabsolutismus der stricten Hegelianer glaubt Tari dadurch überwunden zu haben, daß er das Lebendigsein als eine ursprüngliche

---

[1] O. c., pp. 128, 129.
[2] O. c., p. 131.

Daseinsform der sich in die Wirklichkeit übersetzenden Idee faßt.¹ Der Geist ist nothwendig schöpferisch, er ist seinem Wesen nach die absolute Efficienz; die Urhaftigkeit seiner Efficienz involvirt aber denknothwendig die Lebendigkeit ihrer Hervorbringungen, die in den unbestimmten generischen Ansätzen des Existenten ein anfangsweises intelligibles Dasein hat, aber bei dieser Unbestimmtheit nicht stehen bleiben kann, sondern zur Speciesbildung fortschreiten muß, in welcher die unbestimmte Lebensmöglichkeit sich in actuale Lebendigkeit umsetzt, jedoch so, daß die der Lebendigkeit als solcher zukommende Ursprünglichkeit erst in der Singularität als Individuation des specifischen Seins zum Ausdrucke gelangt. Das Singuläre ist ein Esse sui generis, in welchem sich die im unendlichen Progresse ihrer Selbstentwickelung begriffene Idee auf eine bestimmte Weise individuirt und veranschaulichet. Die Idee in ihrem Ansichsein ist ein Auge, das sich selber sieht; in dieser Selbstanschauung differenzirt sich die Indifferenz von Subject und Object, welche beide einander innigst durchdringend unter Einem Erkenntniß und Leben werden und hiemit das Concrete darstellen. Die mit der Concretion verbundene Selbstdetermination der Idee macht das Wesen des Geistes aus, der mit innerer Nothwendigkeit sich zur Entwickelung seiner selbst in einem unendlichen Fortschreiten determinirt. Er schaut sich als die unendliche intelligible Totalität an; die Intelligibilität des Totalinhaltes seines Lebens muß sich in actuale Intellectionen umsetzen, was nur durch reale Selbstentfaltung des Totalinhaltes vermittelt werden kann. Wie der Geist in seiner reinen Selbstanschauung sich zugleich auch schon ein Anderes ist, so muß er auch in der realen Selbstentfaltung seines Lebensinhaltes sich ein anderer werden, und zwar, zufolge der Unendlichkeit des Lebensinhaltes, in unendlich vielfacher und verschiedener Weise; es ist dies eine unendlich fortschreitende Diversification und Individuation seiner selbst, jedoch so, daß in jeder einzelnen dieser diversificirten Individuationen das allgemeine Wesen des Geistes als innerlicher Wechseldurchdringung von Licht und Leben, Ansichsein und Sein im Anderen wiederscheint. Durch diesen Reflex des absolut Allgemeinen im singulären

---

¹ Ridarguisco di errore gli Hegeliani, che trasmodano ostinandosi a voler logicare il Bello, il semplice buon senso, che non disconosca in fondo ad ogni fatto davvero artistico, la originalità di un inceato, invitto agli sforzi della meccanicità, e solo in misterioso commercio col trasumanarsi della mente nelle geniali visioni. O. c., p. 6.

Sein wird das Wunder der Schönheit geschaffen, welches allerdings erst im Kunstschönen zum vollkommenen Ausdruck gelangt. Das Wunder besteht im Esse sui generis, welches einer absoluten Subsumtion unter die Verallgemeinerungen des schematisirenden Verstandesdenkens widerstrebt, weil es eben die Unterschiedenheit der Lebendigkeit von der Intelligibilität zum Ausdrucke zu bringen hat.[1] Der Grund des Gefallens liegt nicht, wie die Herbartianer annehmen, in der Form des Erscheinenden als solcher, sondern darin, daß in der Form ein Esse sui generis sich darstellt; daher der überraschende und hinreißende Eindruck der schönen Erscheinung, welcher in der dialektischen Deduction des Singulären sich aufklärt, während die Herbartianer bei einem nicht weiter aufgeklärten unmittelbaren Gefallensurtheile stehen bleiben.[2] Tari's Hegelianismus besteht sonach darin, daß er auf einer dialektisch vermittelten Erklärung des Schönheitseindruckes besteht; er greift aber hinter Hegel auf Schelling's Naturphilosophie zurück, sofern er in der natürlich-sinnlichen Wirklichkeit eine positive Lebensmanifestation des Absoluten sieht.[3]

Als Grundelemente ergeben sich aus der Definition desselben: die im Singulären sich darstellende Idee, die Form, unter welcher sich die Idee im Singulären sinnlich darstellt, die Wechseldurchdringung

---

[1] Il Bello, o si riguardi con subbjettiva esclusività quale giudizio, o adorisi con obbjettiva esclusività quale angelo esulante nella natura: contempera sempre un' Idea ed una forma. Le percezioni, dati dall' intendimento, che gli analizza, gli diduce, gli classifica; non hanno indipendenza verace. Ma ecco appresentarsi qualcosa sui generis; qualcosa, che, a simiglianza dell' Iside egiziana, dice: Ego sum quæ sum; e l' intendimento abbagliato abdica la sua signoria, e rende omaggio alla nuova forma. O. c., p. 48.

[2] Confuta gli Herbartiani il riflesso dell' inammissibilità della negazione del sapere nel sapere, cui condurrebbe il postulato estetico esperimentare a oltranza, e l' autocrazia monadica del formoso di là ogni costruzione, anzi intellezione; chè, nella scienza, intendere è, di un modo o di un altro, sempre ed inalterabilmente costruire. Or la mediatrice investigazione, che invochiamo, o meglio, alto reclama l' antitetica postura, cui la disputa va riducendosi; solo può accettare dagli Hegeliani il metodo, vero loro vanto. O. c., p. 6.

[3] La natura naturans è per noi quella, che il pensiero pone originale e creatrice ..... Entrando la seconda fase dello Spirito diciamo, lei conteneremo tre momenti, che sono a) il genere ovvero l' universale naturante; b) la specie ovvero il particolare naturante; c) l' individuo, in cui la nozione di vita compiesi appieno. O. c., p. 38.

von Idee und Form in der schönen Erscheinung. Auf diese drei Grundelemente sind die besonderen Eigenschaften zurückzubeziehen, welche das Wesen der schönen Erscheinung bedingen: auf die Idee die Typicität, Speciosität und Charakteristicität; auf die Form die Plasticität, das Maß und die Accidentalität; auf die Einigung von Form und Idee in der schönen Erscheinung die Zweckbeziehung, die Verbildlichung, die Individuirung. Typicität und Speciosität bedeuten die generische und specifische Bestimmtheit der schönen Erscheinung, aus deren Zusammensein sich die Charakteristicität als Kennbarmachung des bestimmten Schönheitstypus einer besonderen schönen Erscheinung ergibt. Ebenso ist die Accidentalität als Synthese der Plasticität und der Maßbestimmtheit zu fassen;[1] sie ist nicht als Zufälligkeit in ordinärem Sinne, sondern als Originalität, als Kundgebung des unberechenbaren Waltens der Genialität zu verstehen. Die Zweckmäßigkeit ist als prämeditirte Übereinstimmung von Form und Idee gemeint,[2] aus welcher die exacte Verbildlichung der Idee resultirt;[3] die Individuirung als Synthesis der prämeditirten Zweckmäßigkeit und der exacten Bildhaftigkeit constituirt das abschließende Moment der genialen Selbst-

---

[1] Se il plastico importa la primigenia figurabilità, e la misura la legge di contorno in tutte figurazioni, comprendesi come il negare codesta sintesi tornerebbe ad ammettere figure senza contorni o contorni contornanti il nulla. Che, per altro, ciò metta capo alla accidentalità, che non ripugna, ma risponde ad un plasmare misurato, desumesi dalla considerazione della originalità, la quale conchiude ogni nesso organico. Se le forme non possedessero contrassegno alcuno di realtà, non sarebbero più che sole d' inferno immaginare; ma non riuscirebbero meno vuote se, perpetui secondi termini, non provenissero mai da sè stesse. L'attuale sintesi adunque non può che atteggiarsi ad accidentalità. O. c., p. 106 sg.

[2] Una idea bella è il farsi già vagheggiato come fatto; avvegnachè non sia bella l'incompitezza e la imperfezione, sibbene il perfetto ed ultimo. Lo scopo adunque balena qui al pensiero con la predeterminazione a lui propria . . . . . La suiantecedenza, che contraddistingue la reale finalità, è interna nella finalità estetica; stantechè il Bello presuppone il combaciare di Forma ed Idea, o sè stesso, nella sua esistenza. O. c., p. 111.

[3] Contrasegnemmo il nostro secondo momento sintetico col nome d'imagine a denotare il complesso d'intuito plasticizzato, che l'animo accoglie in sè a informare uno scopo di arte . . . Immagine vale per noi disegno, calcato nella percezione sensibile con la sculturale precisione di un bassorilievo; ma, nel tempo medesimo, non provveniente dalla necessità del senso, sibbene dalla libertà della immaginativa. O. c., p. 124.

actuirung des Schönen¹ und macht es zu einer in sich geschlossenen Totaleinheit.²

In der concreten Selbstdarstellung des Schönen kann entweder die Idee über die Form, oder die Form über die Idee vorwiegen; daraus ergeben sich das Erhabene und das Komische als zwei besondere Hauptformen des Schönen, deren synthetische Ausgleichung im Dramatischen als durchgebildetster Form der concreten Erscheinung des Schönen gegeben ist. Das Dramatische bezeichnet hier nicht eine bestimmte Kunstgattung oder Form des künstlerischen Schaffens, sondern eine allgemeine Eigenschaft der vollkommen durchgebildeten concreten Darstellung des Schönen. Das Erhabene faßt als besondere Formen das natürliche, moralische, sociale Erhabene in sich. Die drei Formen des natürlichen Erhabenen sind das Erhabene der Ausdehnung, der Aufeinanderfolge, der Kraft. Von den drei Dimensionen der Ausdehnung eignet sich am ehesten jene in die Tiefe als ein die Geheimnisse des Schaudervollen und Schrecklichen in sich bergender nächtlich finsterer Abgrund zum Mittel einer Versinnlichung des Erhabenen. Die extensive Größe läßt als continuirliche und als discrete Größe eine unbegränzte Mehrung zu und bietet sich so unter zwei unterschiedlichen Formen als Mittel zum Ausdrucke des natürlichen Erhabenen dar; in beiden Fällen besteht das Erhabene im Hinausragen über gewöhnliche Größenmaße. Das Erhabene der Aufeinanderfolge vermittelt sich in der Zeitvorstellung und schließt einen reflexiv vertieften Ausdruck des natürlichen Erhabenen in sich. Das Erhabene der Kraft, der Immanenz der Idee im Weltdasein kommt dann zum Ausdrucke, wenn das richtige, ästhetisch geforderte Verhältniß zwischen

---

¹ Lo scopo non naturale e trascendente, non morale ed intrascendente, ma estetico, cioè dire trascendente intrascendentemente, o trascendente in sè medesimo, importa l' imminenza incoativa dello Spirito totalità allo Spirito lateralità. A codesta imminenza non manca che l' esistere fattivo. Ciò premesso, che fa l'immagine? Dà plasmato a misura ed accidentato a novità lo specioso primitivo; e sculturalmente fissa la determinazione di lui nella coscienza. Al possibile, adunque, arreca l' esistente, che mancava; laonde non possiamo non vedere emergere la necessità originale sotto specie d' Individuo bello. O. c., p. 130.

² L' individuare vero è piuttosto la unicità di concetto, o, meglio, la compitezza, che fa di un pensiero un tutto chiuso; onde non si può torre, e cui non aggiungere bricciolo di contenuto. O. c., p. 131.

der Kraft und dem Wirkungsmittel gegeben ist. Im entgegengesetzten Falle tritt an die Stelle des Erhabenen das Lächerliche oder das abstoßende Ungeheuerliche, je nachdem Wirkungsmittel an sich absolut unzureichend sind oder in der Verwerthung derselben Maß und Regel bei Seite gelassen wird. Das moralisch Erhabene faßt als drei Entwickelungsstufen das Erhabene der Leidenschaft, des Lasters und der Tugend in sich; die Steigerung besteht hier im Übergange von der Leidenheit zum Thätigsein, von der schlechten Thätigkeit zur guten. Natürlich kann die echte Erhabenheit nur im tugendhaften Heroismus der Tugend zum Ausdrucke kommen, daher es ein ästhetischer Mißgriff wäre, die Darstellung der zu gigantesken moralischen Verirrungen fortgerissenen Leidenschaftlichkeit zu einer poetischen Glorification derselben machen zu wollen, was Tara speciell an Byron rügt. Die Leidenschaft als solche kann wahrhaft großartig sein, sie ist ein nothwendiger Hebel großer Thaten und Ereignisse; insgemein kann die Tugend nicht apathisch gedacht werden, schließt aber den fanatischen Eifer als moralische Häßlichkeit aus. Die Entwickelungsstufen des socialen Erhabenen liegen zwischen dem Walten des blinden Verhängnisses als Ironisirung des Hinausstrebens der individuellen Kraft über die in der thatsächlichen Wirklichkeit gegebenen unüberwindlichen Hindernisse desselben und zwischen dem providentiellen Walten als Ironisirung der Schicksalsidee, durch welches dem berechtigten Streben der endlichen Kraft letzlich ihr Recht wird. In der Mitte zwischen den bezeichneten Endpunkten liegt das Tragische, welches mit dem Untergange des Helden endet, jedoch so, daß in der Sühnung der Schuld durch den Untergang des Helden die Erhabenheit der sittlichen Idee offenbar wird und zugleich der untergehende Held selber von der Schuld der Ausschreitungen seines relativ berechtigten individuellen Strebens gereinigt erscheint.

Der herben Ironie des Schicksals steht die heitere Ironie des über das Zufallsspiel des endlichen Daseins sich erhebenden Geistes gegenüber, welche im Komischen ihren ästhetischen Ausdruck findet. Die Entwickelungsstufen des Komischen sind die Posse, das Witzwort, der Humor. Die Posse (buffoneria) schließt als besondere Formen in sich das Scurrile, Burleske und die Carricatur; das Witzwort den Scherz, den Sarcasmus und das Epigramm; der Humor die Ironie, die humoristische Wunderlichkeit (ghiribizzo), den Humor im eigentlichen Sinne.

Das Komische sucht sich als Correctur der falschen Erhabenheit zur Geltung zu bringen, corrigirt aber den Fehler derselben durch einen noch größeren Fehler entgegengesetzter Art,[1] daher sich mit Nothwendigkeit eine dritte concrete Erscheinungsform des Schönen einstellt, in welcher sich die Einseitigkeiten der beiden ersteren Darstellungsformen ausgleichen und in der wechselseitigen Ergänzung und Durchdringung beider das Schöne seinen lebendigsten Ausdruck erhält. Die einseitige Objectivität, in welcher die Idee die Form nicht zu ihrem Rechte kommen läßt, und die einseitige Subjectivität, welcher die Idee äußerlich bleibt, sollen einander in ihrer Wechseldurchdringung nicht neutralisiren, sondern in lebendigem Ringen miteinander das dramatisch Lebendige[2] als das Schöne des Schönen[3] hervorbringen. Dieses will ein ausdrucksvolles, sprechendes Bild der menschlichen Daseinswirklichkeit in deren vielseitiger Erscheinungsweise sein.[4] Die drei Entwickelungsstufen des Dramaticismus sind das statarische Dramatische oder Dramatische der Situation, das motorische Dramatische oder Dramatische der Action, das scenische Dramatische oder Dramatische der Wirkung. Die unmittelbare, den Beschauer des Kunstwerkes gleichsam unbewußt, ja gegen seinen Willen fortreißende Wirkung ist das Zeugniß und die Probe einer ächt künstlerischen Inspiration und Originalität.[5]

[1] Il Comico adoperava a riparare l'abuso ideale del Sublime; ma con abuso più flagrante. L'eccesso di un Idea-fenomeno mal rettificasi con un Fenomeno-idea; e l'amplificarsi del finito, a capere Infinito, riesce a ridicola autonomia di lui. Ciò obbligavaci a venire risolutamente a una sintesi compiuta e finale degli squilibrati elementi. O. c., p. 334.

[2] Il Drammatico è la bellezza in azione, o veramente la ideale concretezza di lei, a rincontro della potenzialità del Formoso, e del parziale esistere del Sublime e del Comico. O. c., p. 335.

[3] Il pensiero, costantemente cupido di caratteristica, alfine, non pure intuisca la bellezza, ma la intende, cioè la possiede qual bellezza della bellezza, oltre le formosità pure, che divengono, non che elementari, indifferenti. O. c., p. 334.

[4] L'ideale della drammaticità, cioè il dramma moderno, inspirasi talmente di codesto genio scienziale, che potrebbe bene denominarsi un sistema artistico compiuto di esegesi del mondo e dell'uomo. Le sentenze della tragedia erano un fuor di opera filosofico, e quasi una poetica decorazione. La parabasi della commedia riusciva ad un abusivo notabene. Solo in un vero dramma l'aforistica del pensatore s'immedesima con gli stati ed i moti, in altri termini, con la scena dell'attore. O. c., p. 340.

[5] Chiunque facciasi a raffrontare una tragedia di Manzoni ed una di Alfieri, ed abbia sufficiente discernimento da scorgere, nel primo, accanto

Tara betrachtet die Dramaticität als die dem modernen Bildungsleben entsprechende Entwickelungsform der künstlerischen Darstellung des
Schönen, deren Ausbildung und Vervollkommnung der Zukunft an-
heimgegeben sei. Sie bedeutet ihm die vollkommen humanisirte Form
des Kunstschönen, welche durch den gegen den Classicismus reagirenden
subjectivistischen Romanticismus angebahnt worden sei. Mit der abstracten Vornehmheit des classischen Exemplarismus brechend ist sie
die den Bildungszuständen der demokratisirten Gesellschaft angemessene
Darstellungsform des Schönen. Im heutigen Italien ist das Verständniß derselben noch nicht errungen; es wird aber unvermeidlich
durchbrechen, wenn die im besten Zuge befindliche nationale Transformation vollzogen und die Italiener wahrhaft Ein Volk, und zwar
ein Volk im modernen Sinne des Wortes, geworden sein werden.
Übrigens hat Italien das unvergängliche Verdienst, die soliden Unterlagen des wahrhaften Dramaticismus vor der Entwickelung der
modernen Bildungszustände geschaffen zu haben; sie sind in Dante's
Divina Commedia gegeben. Der gelehrte Humanismus der Renaissance
hat zum Schaden der italienischen Bildung von dem durch Dante
inaugurirten ästhetischen Humanismus abgelenkt; bei der teutonischen
Race hat sich der Sinn für dramatische Lebendigkeit und Vielseitigkeit
in Shakespeare zum significanten Ausdrucke gebracht. Shakespeare hat
die Ausgeburt des modernen Kunstschönen von einem der idealen
Kirchlichkeit Dante's entgegengesetzten Standpunkte, von jenem des
freiweltlichen ästhetischen Idealismus, angebahnt.

Tara betont mit Recht den schöpferischen Charakter des künstlerischen
Thuns, verzichtet aber auf den Glauben an die Wirklichkeit eines
absoluten Ideals, daher ihm das künstlerische Thun nur als eine
ästhetisch verschönernde Wiedergabe der in den Fluß einer interminablen
Entwickelung gezogenen irdischen Diesseitigkeit gelten kann. Die Lebendigkeit wird auf Kosten der Idealform, deren allbewältigende Macht das
absolute Gesetz des Schönen ist, verabsolutirt. Dieses Gesetz existirt

---

all' irreprensibile condotta e felicità delle innovazioni nella tecnica teatrale
una innegabile languidezza nell' esplicarsi dell' azione; in quella che l' Asti-
giano, impastoiato nel pessimo dei convenzionalismi scenici ha tanta foga
da trascinare seco gli animi dell' uditorio: chiunque, diciamo, meditò, ne'
due grandi italiani tale notevole discrepanza dei mezzi col fine, comprende
che intender debbasi per effetto drammatico, e che arduo assunto sia il
padroneggiarlo. O. c., p. 389.

allerdings nicht als abstracte Regel, gegen deren Herrschaft Tari mit Recht protestirt, sondern hat ein lebendiges Dasein in dem von göttlichen Inspirationen durchgeisteten sinnigen Seelenmenschen, der auf Grund der anregenden und bildenden Einflüsse civilisirter Lebenszustände die einer unvergänglichen, in Gott vollendeten Wirklichkeit angehörigen Ideale seines Glaubens und Hoffens sich vergegenwärtigen und bildnerisch veranschaulichen will. Die Realität jener höheren Wirklichkeit wird bei Tari der Idee eines unendlichen Fortschreitens der diesseitigen Daseinswirklichkeit geopfert und damit dem Idealismus der ächten Kunstanschauung ein von der wahrhaften Idee des Schönen ableitender Realismus substituirt, den allerdings Tari selber noch als Idealismus ausgibt, sofern er die Idee dem Weltentwickelungsprocesse immanent sein läßt. Die Kunst hat nach ihm keine andere Aufgabe, als diese, die unmittelbare Natürlichkeit des Ausdruckes der Idee in der kosmischen Wirklichkeit zu vergeistigen, das in den Erscheinungen der kosmischen Wirklichkeit unmittelbar schon gegebene Schöne vollkommen sichtbar zu machen.[1] Die unmittelbare Lebenswirklichkeit soll durch das künstlerische Schaffen in den ästhetischen Olymp erhoben werden;[2] die Wirklichkeit selber wird sich da zum Ideale. Daher weiter auch die Eigenthümlichkeit der Sprechweise Tari's in der Gegenüberstellung von Idee und Form, aus deren Gegensatze er, wie wir oben sahen, die zwei antithetischen Formen des Schönen in dessen concreter Erscheinung ableitet. Ihm ist der in der kosmischen Daseinswirklichkeit

---

[1] Come processo infinito ed Idea davano a risultato ciò, ch' è bello nel singulo sensibile, così l' attuale movimento riesce a ciò, ch' è Bello nel Bello medisimo, ossia all' Ideale. In esso la naturalità cessa dalle osperimentazioni, che davano equivocità di meriti, ed una titubanza tra la speciosità e la bruttezza. In esso, dall' altro lato, l' intuito del Divino, come l' Egioco della favola, spoglia i raggi a rendersi possibili gli amori della Semele formale (O. c., p. 53). Diese mythologische Anspielung enthält eine unverkennbare Beziehung und zugleich Berichtigung der von Vera (Essais, p. 73) dem Mythus von Amor und Psyche gegebenen ästhetisch-philosophischen Deutung.

[2] Queste due astensioni (vgl. vor. Anm.) questi due grandi rifiuti, non fatti per viltade, ma per maturità di ardimento, si equilibrano tanto e compensano reciprocamente in un capolavoro artistico, che la materia, in lui, la a più doppi, nell' infinita idealità, che acquista, un surrogato alla evoluzione, che perde; e l' Idea moltiplica ed arricchisce, nella palpabilità della forma, l' illusoria transparenza primitiva. Il che compie nell' Ideale l' immobilità, che vedemmo signoreggiare in tutto l' orbe dello Spirito. O. c., p. 53.

gegebene Stoff und Gegenstand der künstlerischen Gestaltung unmittelbar selber schon die Form, die als solche sodann allerdings als Antithese der Idee erscheinen muß, während vom Standpunkte des speculativen Theismus die Form als Ausdruck der Idee im Stoffe erscheint und die Aufgabe des menschlichen Kunstschaffens wesentlich darin besteht, die natürliche Stofflichkeit insoweit zu durchgeisten, daß dieselbe aufhört, für sich selber und unabhängig von der sie durchgeistenden Idee etwas zu bedeuten, sondern als Ausdruck derselben in dem dieselbe veranschaulichenden Formausdrucke aufgeht.

Nun ist allerdings nicht zu verkennen, daß es Stufenunterschiede in der künstlerischen Darstellung der schönen Erscheinung gibt und der Stoff nur in der vollkommensten Darstellung des Schönen vollkommen in der Form aufgeht. Nicht zu verkennen ist ferner, daß der Mangel an absoluter Formvollendung durch die reelle Wahrheit und reiche Lebendigkeit des künstlerisch Dargestellten ersetzt werden kann. Auf die sogenannte realistische Kunstdarstellung würde sonach specifisch die Bezeichnung des imitativen Schönen passen, während in der absoluten Formvollendung des künstlerisch Dargestellten specifisch die Schaffenskraft der ideell durchgeisteten Phantasie, somit der schöpferische Charakter der künstlerischen Gestaltungskraft zu Tage tritt. Eben deßhalb ist es aber unrichtig, wenn Tari, der in der Auffassung des Schönen den realistischen Standpunkt vertritt, das künstlerische Thun als schöpferisches Thun angesehen wissen will, während umgekehrt Fornari, der den ästhetischen Realismus verurtheilt, im künstlerischen Thun wesentlich ein imitatives sieht. Hier stehen sich augenscheinlich zwei einseitige Gegensätze gegenüber, deren Überwindung und wechselseitige Vermittelung nur durch eine speculativ vertiefte Anschauung vom Wesen des Menschen und vom geschichtlichen Culturdasein desselben erzielt werden kann.

Fornari verwirft den modernen historischen Roman und das moderne Drama, welches, wie seiner Zeit das antike Drama aus der Ilias, aus dem historischen Roman hergewachsen sei.[1] Nur entbehrt der historische Roman jener inneren natürlichen und gemeinmenschlichen Wahrheit, welche dem aus dem griechisch-nationalen Religionsleben herausgewachsenen antiken Epos eigen ist; er ist in seiner ersten Entstehung das Erzeugniß unwahrer und ungesunder Lebenszustände, welchen

---

[1] Arte di dire IV, pp. 503 sgg.

keine ächte Poesie entstammen konnte. Er ist in Persien und Arabien, den Ländern des Harems und der Satrapendespotie, entstanden und verpflanzte sich von da in das mittelalterliche Europa als romantische Verherrlichung des Ritterthums der Feudalbarone und der leichtfertigen Minnehöfe; er substituirte den naturwahren menschlich edlen Gefühlen des Glaubens und der Liebe jene der falschen, sinnlich angehauchten Sentimentalität und der abenteuerlichsten Wunderglaubigkeit. In den Literaturen der einzelnen modernen Culturvölker faßte er unter verschiedenen Nuancirungen Wurzel; in Italien gab ihm Bocaccio die Gestalt eines frivolen Sensualismus, in Frankreich vereinigte er Sentimentalität und extravagantes Wesen, in England wurde er einer moralisch reinigenden Reform unterzogen, die jedoch nicht so weit reichte, daß der ihm anhaftende Haremsduft und Stallgeruch völlig verflogen wären. De Foe suchte ihn auf Kosten des poetischen Gehaltes historisch wahr zu machen; und so entstand ein Mittelding von Poesie und Prosa, dessen Gebrechen auch in den anderweitig höchst schätzenswerthen historischen Romanen W. Scott's sich fühlbar machen. Manzoni's Sposi promessi sind von den Mängeln des gewöhnlichen Romanwesens völlig frei, sie sind nicht von der falschen Sentimentalität und dem sonstigen unwahren Wesen desselben angekränkelt; der einzige Fehler dieses besten aller Romane ist, daß er ein Roman und nicht ein Epos ist, d. h. daß in ihm die flamändische Kleinmalerei den großen kühnen Aufschwung und die vollkommen freie Entfaltung des poetischen Genius Manzoni's niederhält. Fornari will den Werth der Leistungen Cooper's, der in W. Scott's Fußstapfen trat, sowie T. Grossi's, Azeglio's und anderer Nachahmer Manzoni's nicht unterschätzen; er verwirft aber die Romandichtung als solche, weil sie gemeinhin nur dem Unterhaltungsbedürfniß dient und bereits nach der Art ihrer ersten Entstehung sich als eine dem ächten Quelle poetischer Begeisterung entfremdete Afterart der Poesie zu erkennen gibt.

Die Poesie hat, wie Fornari weiterhin ausführt,[1] vom religiösen Festhymnus, als erster, primitiver Selbstäußerung begeisterter Erhebung ihren Ausgang genommen;[2] aus der hymnischen Dichtungsform ent-

---

[1] Arte di dire IV, pp. 230 sgg.

[2] Il mondo festtivo quello è in cui si specchia e da cui si mira il mondo divino, che chiamiamo cielo. Laonde una proprietà della festa, e forse la principale e che contiene e spiega tutte le altre, è questa, che il mondo inferiore si veda congiunto col superiore, e si guardi, diciamo cosi,

wickelte sich die epische, aus dieser die dramatische. Die Poesie hat sonach geschichtlich ihren Ursprung in der Religion, und ihre bisherigen geschichtlichen Entwickelungsstadien bestimmen sich nach dem Verhältniß der Poesie zur Religion. Nur ist in den geschichtlich erweisbaren Anfängen das rein Menschliche allenthalben, die biblische Poesie ausgenommen, mit trübenden Zusätzen versetzt; daraus erklärt sich die Art ihres Entwickelungsverlaufes, in dessen zweitem Stadium die Eingebungen der getrübten poetischen Imagination des Göttlichen bereits als objectiver Denkinhalt der Religion selber galten, worauf als Reaction das Willkürspiel der vom Glauben an die objective Wahrheit des religiösen Mythus emancipirten Phantasie mit dem überlieferten mythischen Religionsinhalte folgte. Damit schloß die vorchristliche Entwickelung der Poesie ab. Das Christenthum fand bei seinem Eintritte in die Welt eine ihrem Geiste widerstrebende Poesie und Kunst vor, welche einer durchgreifenden Umbildung bedurfte, wenn sie wieder in ein positives Verhältniß zur Religion treten sollte; dazu wurde indeß erst nach einer Reihe von Jahrhunderten der Anfang gemacht, während mittlerweile eine aus dem Orient nach dem Occident verpflanzte Poesie im Leben der modernen Culturvölker Wurzel faßte und sich weiter entwickelte, jene oben erwähnte Harems- und Satrapenpoesie, die nur dem Namen nach Poesie ist und an ästhetischem und sittlichem Werthe weit hinter der classisch-antiken Poesie zurücksteht.[1]

la terra nel cielo. La festa purga e rinforza la vista spirituale di maniera, che diventiamo atti a discernere in ogni cosa l'immagine, e nell'immagine della cosa discernere l'immagine divina secondo cui e per cui quella è fatta. O. c., IV, 236.

[1] Che è l'empietà di Lucrezio e la licenza di Ovidio verso la scostumatezza delle scritture di Giovan Boccacci e verso le scostumatezze e le bestemmie di Giorgio Byron? Non nomino altri, dissoluti o bestemmiatori quanto o più del Byron e del Boccacci, perchè non mi pajono per niente degni del nome di poeti.... Due de' meno casti poeti dell'antichità, Anacreonte ed Orazio, celebrando i giuochi e i men degni sollazzi, non di rado, come altri ha bene osservato, escono in gravi considerazioni sopra l'instabilità delle nostre fortune e la ferrea necessità della morte; con chè si dimostra due cose; che la bellezza poetica non deriva ne' loro versi da ciò che piace e sollecità il senso, ma da ciò che sollevasi sopra del senso; e che gli antichi, se e'sono veramente poeti, non mai trattano di proposito il turpe, o almeno non mai ciò che a loro pareva turpe. O. c. IV, pp. 284, 285.

Die Regeneration der classisch-antiken Poesie in christlichem Geiste[1] ist durch Dante angebahnt worden. Auch die specifisch christliche Poesie hat ihre Anfänge in der religiösen Hymnik,[2] sofern diese das Ewige in begeistertem Aufschwunge als ein Gegenwärtigs erfaßt; in diesem Sinne steht Dante's Commedia divina auf dem Grunde der christlichen Hymnik, während sie in ihrem eigensten Wesen nach der einen Seite Epos, nach der anderen Drama ist. Das Epos greift aus der Gegenwart in die Vergangenheit zurück, das Drama anticipirt die Zukunft; Dante greift in der Divina Commedia über die geschichtliche Vergangenheit auf die göttlichen Urgründe alles geschichtlichen Geschehens zurück und deckt das Ende aller Dinge auf. Dante's Commedia ist eine in ihrer Art einzige poetische Conception, die, unbeschadet des geistigen Zusammenhanges Dante's mit dem classischen Alterthum, mit Virgil, Homer und Äschylos, an sich nur in der Bibel, speciell im Buche Job und in den alttestamentlichen Propheten ihre geistigen Wurzeln hat. In der Lyrik als besonderer Dichtungsgattung steht Dante hinter Petrarca zurück; er ist auch nicht Epiker und Dramatiker im technischen Sinne des Wortes; sofern aber die Hymnik potentiell alle Poesie in sich faßt und Dante den in derselben potentiell enthaltenen Universalinhalt aller Poesie aus sich entwickelt hat, wie kein anderer Dichter außer ihm, ist er der Dichter schlechthin und schließt jede Zusammenstellung mit irgend einem anderen Dichter neben ihm aus.

Fornari setzt die drei von ihm unterschiedenen Dichtungsgattungen der Lyrik, Epik und Dramatik in's Verhältniß zu den drei von ihm unterschiedenen Functionen der das göttliche Walten in der Gegenwart ergreifenden, in der Vergangenheit aufweisenden und im zukünftigen Geschehen erahnenden Phantasie, so wie weiter auch zu den drei Epochen, in deren beständig wiederkehrender Aufeinanderfolge nach Vico sich der continuirliche Kreislauf oder, wie die verbesserte Fassung

---

[1] Oggi l'arte dee contemperare le doti della prima e della terza età, e conciliare le qualità letterarie di Moisè, di Job e David co' pregi di Omero, di Eschilo e di Pindaro. O. c. **IV**, p. 287.

[2] I primissimi albori di quel gran giorno poetico che si apre con la Divina Commedia, sono gl'inni di san Gregorio Nazianzeno, di Sinesio, di Prudenzio, di san Paolino di Nola, e finalmente di san Francesco d'Assisi, di cui ci è noto l'inno a Dio, pieno di affettuosa e ingenua poesia. O. c. **IV**, p. 291.

der Formel Vico's lautet, das spiralförmige Fortschreiten der geschichtlichen Menschheitsentwickelung sich vollzieht. Der hierokratischen Epoche Vico's entspricht die Lyrik, der heroischen die Epopöe, der humanisirten bürgerlichen Epoche das Drama. Der Unterschied zwischen vorchristlich antiker und christlicher Weltzeit charakterisirt sich dadurch, daß in ersterer das epische, in letzterer das lyrische Moment vorwiegt. Fornari macht dieß an dem Gegensatze zwischen Homer's Ilias und Ariost's Orlando furioso bemerklich; der Dichter der Ilias tritt nämlich gänzlich hinter den Gegenstand seiner Erzählung zurück, während bei Ariost von Zeit zu Zeit sich der Dichter in den Vordergrund stellt, um sich an dem Schauspiel der von ihm erzählten Begebenheiten poetisch zu ergötzen. Die in die Vergangenheit sich vertiefende Epopöe ist wesentlich eine Aufdeckung geschichtlicher Ursprünge. In der Ilias werden die Ursprünge der griechischen Nation, in der Odyssee die Ursprünge der einzelnen griechischen Staaten, Gemeinwesen und Familien aufgedeckt: Ferdusi will die ersten Regungen und die successive Entwickelung des nationalen Geistes des Perservolkes aufhellen; im Ramayama und Mahabharata soll die nationale Selbstconstituirung der indischen Arier poetisch verherrlichet werden. Die großen Epen der christlichen Weltzeit, Ariost's Roland und Tasso's befreites Jerusalem haben jene geschichtlichen Begebenheiten zum Vorwurfe, in welchen die vom Muhamedanismus bekämpfte und bedrängte Christenheit sich als ausschließlich berechtigte Weltgemeinschaft zu fühlen beginnt. Das christliche Epos hat sonach eine universalistischere Tendenz als das vorchristliche und außerchristliche; es will die Selbstconstituirung der Christenheit im Völkerdasein aufzeigen oder geht, wie bei Klopstock und Milton, auf den Gründer des Christenthums oder gar auf die Anfänge des Menschheitsdaseins zurück, die in der biblischen Genesis dargelegt sind. Die im christlichen Epos zu Tage tretende Verallgemeinerung der Tendenz ist mit einer geistigen Vertiefung und Harmonisirung derselben verbunden. Die gesuchten Ursprünge erhellen sich im Lichte des providentiellen göttlichen Waltens, welches in den vor- und außerchristlichen Epen zwar durchaus nicht übersehen ist, aber doch nur zu einem höchst unvollkommenen Ausdrucke gelangen kann. In den Homerischen Epen stehen alle Götter des Olymps in lebendigem Wechselverkehre mit den Personen, deren Handlungen und Thaten Gegenstand der Dichtung sind; Plato und Cicero aber stießen sich an der unwürdigen Vermenschlichung der Götter. Den christlichen

Epikern ist es nur unvollkommen gelungen, das in den menschlichen Handlungen und Ereignissen durchgreifende göttliche Walten zum vollen und wahrhaft dichterischen Ausdrucke zu bringen. Milton und Klopstock nehmen zur Symbolisirung und Allegorie Zuflucht; auch Tasso weiß den historischen Inhalt seines Epos nicht vollkommen in den Bereich der poetischen Imagination emporzuheben, der Dichter und der Erzähler fallen in demselben in zwei verschiedene Personen auseinander. Einzig Dante wußte, obschon seiner Intention nach nicht Epiker, das Göttliche in seiner vollen Realität dem geschichtlichen Verlaufe der menschlichen Dinge wahrhaft poetisch einzugeisten. Über Ariost's Geist, Genie und poetische Meisterschaft will Fornari keine überflüssigen Worte verlieren; den auffallenden Contrast zwischen dem hohen heiligen Ernste Dante's und dem genialen Übermuthe Ariost's glaubt er durch die Beschaffenheit des von Ariost episirten Geschichtsstoffes erklären zu sollen.[1] Ariost will die jugendlich träumerische Verworrenheit der Lebenszustände der christlichen Welt in dem von ihm poetisirten Entwickelungsstadium derselben veranschaulichen; einem Manne von so überlegenem Geiste wie Ariost, konnten sich dieselben kaum anders darstellen, als er sie schildert,[2] unbeschadet der aufrichtigsten, ungebrochenen religiösen

---

[1] Il gran poema di messer Ludovico ha in sè un piccolo poema dove concentra e specchia e chiarisce tutto il rimanente: vo' dir la pazzia di Orlando. Qui mi sovviene dell' Amlet di Guglielmo Shakespeare, e parmi che ivi sia, non dirò imitato, ma ripetuto l' artificio dell' Ariosto; cioè introdotto nell' azion generale del dramma un' azione speciale, che è parte di quella, e n' è anche un' immagine riflessa, ma impiccolita e chiarita. Dunque, siccome l' nomo è la perfezione e la spiegazione dell' universo, cosi la pazzia di Orlando è la perfezione e la spiegazione del poema epico italiano. Di qui seguiterebbe, che una vasta e moltiplice pazzia fosse l' epopea trattata dall' Ariosto. Ed è cosi. Quell' intreccio, quel viluppo, quel laberinto di avventure e di fatti, d' incontri e di fughe senza fine, quegli odii e amori senza cagione proporzionata, quelle guerre e quelle paci senza odio e senza amore, quelle azioni senza filo, quelle imprese che non hanno séguito, quel mescersi e alternare delle cose grandissime con le piccolissime, delle nobili con le vili, delle virtuose con le vituperevoli, quella successione sempre inaspettata di pianto e di riso, tutta, in somma, quella confusione e contradizione di cose non è che una gran pazzia, o pazzia di una gran persona, cioè di una persona composta, di tutta quanta una società di popoli. Lo stato, dunque, di cristianità nel tempo descritto dall' Ariosto somigliava allo stato di Orlando nel tempo ch' egli fu matto. O. c. IV, p. 328.

[2] La follia si descrive con quella stessa disposizione di animo con la quale si vede e contempla il folle, cioè seriamente e con un gentile affetto

Gläubigkeit Ariost's.[1] Die christliche und die patriotische Tendenz treten in seinem Gedichte unverkennbar zu Tage.[2] Ariost und Tasso bewährten sich durch die Wahl ihres Stoffes als ächte Epiker, während Ercilla und Camoens im Stoffe fehlgriffen und deßhalb keine wahrhaften Epopöen schufen.[3] Auch Milton und Klopstock gingen dem von den genannten beiden Dichtern der pyrenäischen Halbinsel bei Seite gesetzten Stoffe aus dem Wege, weil sie als Protestanten sich für denselben nicht poetisch zu begeistern vermochten.[4] Eine wesentliche Bedingung der ächten Epopöe ist ein möglichst großer Reichthum an Episoden als Füllung des Inhaltes einer Dichtung, welche die Anfänge einer neuen Lebenswelt zur Anschauung bringen soll. In dieser Beziehung gehen im Allgemeinen die Alten, Virgil ausgenommen, den neueren

---

di pietà, ma non senza uno spesso affacciarsi del riso in sulle labbre, quasi non volendo. E che questo sia il tuono generale del poema di Ludovico Ariosto, non credo che si possa negare, nè che esso non sia convenientissimo. O. c. IV, p. 331.

[1] L'Ariosto, descrivendo una età come pazzia, ma pazzia gioconda e di quel genere che sono belle; ritrae fedelmente l'indole delle origini, in cui, come si è detto, ha sempre luogo un certo scompiglio, e un certo fermento indeterminato, e l'uso esagerato della forza, e un fare a caso, che somiglia allo stato in cui è lo spirito di un folle. Ma ciò, che più rileva è, che nella stoltezza degli uomini risplende il senno di Dio. O. c. IV, p. 333.

[2] Degli effetti chiari e grandi che nascono da quell'itrigo di cause la maggior parte ridicole, due sono chiarissimi e amplissimi; la liberazione de' cristiani dal minacciato giogo de' Saraceni, cioè l'origine di cristianità; e l'origine degli Estensi. La quale il poeta ingrandisce, legandola à principii del risorgimento d'Italia. O. c. IV, p. 334.

[3] Entrambi vollero comporre un poema epico; il primo nell'Araucana, dove si celebra la guerra degli Spagnuoli con gli Americani; e l'altro nella Lusiade, che celebra la spedizione di Vasco Gama nelle Indie. Sono l'una e l'altra imprese tanto illustri, quanto l'ingegno de' poeti; ma non sono un'origine, nè una vera epopea: e però i due poemi o non sono epici, o come tali, sono con tutti i loro pregi una povera cosa. Perchè non risalirono essi al tempo glorioso della cacciata de' Mori? Ciò è il loro Achille; e nelle poesie che portano quel titolo, è il primo abbozzo di una vera e grande iliade spagnuola. O. c. IV, p. 307.

[4] I poeti de' due popoli protestanti non potevano sentire la qualità epica della guerra de' Mori e della spedizione in Terra Santa, che furono i primi avvenimenti di quella grande società di nazioni, che era stata fondata dal Pontefice Romano, e turbata da Lutero ed Errico ottavo. O. c. IV, p. 306.

chriſtlichen Epikern entſchieden voraus; nur Arioſt iſt es wieder, der auch in dieſer Beziehung den Vorrang behauptet.[1]

Das antike Drama wuchs aus der Myſterienfeier hervor;[2] Äſchylos wurde beim Areopag verklagt, die Myſterien durch Enthüllung derſelben auf der Schaubühne entweiht zu haben. Die mittelalterlichen Myſterienſpiele waren der erſte Anſatz des modernen Drama. Der Darſtellungsinhalt der antiken Myſterien war der Eingang durch Leiden und Tod in die Freuden des Elyſiums; die im Darſtellungsinhalte zum Ausdrucke kommende Grundidee war die durch eine Schmerzensſühne erkaufte Hoffnung eines zukünftigen Seins in ſeliger Vollendung. In dieſe Grundidee war der Mythus von einem leidenden und ſterbenden Gotte und deſſen nachfolgende Wiedererſtehung und Verherrlichung verwoben; der ſpecifiſche Träger dieſes in tiefe naturaliſtiſche Trübungen gezogenen Mythus war Bacchos-Dionyſos, deſſen orgiaſtiſche Feſte mit den das Menſchengemüth durchſchauernden und erſchütternden Vorſtellungen von Tod, Unterwelt und jenſeitigem Sein auf's Engſte verknüpft waren. Als der Gott der räthſelhaft erahnten Zukunftswelt tritt Bacchos-Dionyſos in Gegenſatz zu Phöbus Apollo, dem Gotte der im Glücke der Gegenwart ſchwelgenden Feſtfreude und zu Zeus, dem Gotte der Urſprünge, in deſſen Walten ſich die Vergangenheit poetiſch aufhellt und erklärt. Jeder dieſer drei Götter hat ſeinen eigenen religiöſen und poetiſchen Cult; Hymnus, Päan und Dithyrambus ſind die ſpecifiſchen Formen dieſer drei Arten des Cultes. Aus dem Dithyrambus, dem Ausdrucke des von der tiefſterregenden Vorſtellung des zukünftigen Seins außer ſich verſetzten Menſchengemüthes, iſt das Drama herausgewachſen; es iſt der Verſuch einer Verdeutlichung und gedankenhaften Geſtaltung dieſer Vorſtellung und des in ihr latenten Erkenntnißinhaltes. Dieſer iſt in dem Prometheus des Äſchylos tiefſinnig geahnt, deſſen höheres Gegenbild das Buch Job iſt; der Gedankeninhalt beider vorchriſtlicher dramatiſcher

---

[1] Scarso è Virgilio, e poco meno di lui il nostro Torquato, e quasi altrettanto il Milton e il Klopstock; ma povero il Camoens. Il poema, che solo tra' moderni per ricchezza e varietà regga al confronto di uno de' poemi omerici, anzi di tutti e due insieme riuniti, è il Furioso; dove la moltitudine, la diversità, l' urto, l' intreccio, il disordine e la confusione stessa degli uomini, delle cose, de' luoghi, de' fatti e de' tempi ritrae a maraviglia lo stato di un mondo che nasce, cioè un' origine. O. c. IV, p. 315.

[2] O. c. IV, pp. 396 sgg.

Geistesschöpfungen ist in Dante's Divina Commedia in wunderbarer Weise aufgehellt und beleuchtet. Die Schuld, die Schmerzenssühne und das aus der Schmerzensläuterung herauszugebärende Zukunftsleben der Vollendung sind die drei, in den drei Theilen des Gedichtes Dante's zum Ausdrucke gebrachten Gedanken, auf welchen die dramatische Exposition beruht. Er gibt jenen drei Gedanken die reichsten und vielfältigsten Beziehungen, indem er seine eigene persönliche Lebensgeschichte, die Geschichte Italiens, die Gesammtgeschichte der Menschheit in sein Gedicht hineinträgt und unter dem Gesichtspunkte der abschließenden Zukunftsoffenbarung in's Auge faßt. Die Dreigliederung des Gedichtes ist ächt dramatischer Natur; die Trilogien der antiken Tragiker und die Trikosmien der mittelalterlichen Mysteriendichter drücken die Bedeutung des Drama als Exposition der drei Ideen: Schuld, Schmerz, Versöhnung, in significanter Weise aus. Dante's Commedia läßt sich speciell mit der in der Orestias gegebenen dramatischen Trilogie des Äschylos vergleichen,[1] nur daß bei diesem Vergleiche der unermeßliche Abstand zwischen dem heidnisch-antiken und christlichen Dichter in Bezug auf die Kunde der jenseitigen Dinge sich aufdrängt. Immerhin aber darf die Ideenverwandtschaft und die Übereinstimmung beider Dichter in der Auffassung der Aufgabe des Drama nicht verkannt werden, während in Goethe's Faust diese Aufgabe einfach negirt wird. Fornari will nicht behaupten, daß der Pact des Goethe'schen Faust mit dem Teufel einem ähnlichen Pacte Ezzelin's in der nach demselben benannten Tragödie des Albertino Mussato († 1330) nachgebildet sei; sicher habe indeß Goethe bei Entwerfung des Planes zu seiner Dichtung das Buch Job und Dante's Commedia vor Augen gehabt. Wie sehr weicht er jedoch von seinen Vorbildern ab! Faust's schmerzliche Zerrissenheit ist nicht ethisch motivirt, die geheimnißvollen Seiten des durch Schuld und Sünde verdunkelten Menschendaseins werden nicht

---

[1] Possediamo intiera una trilogia di Eschilo, cioè l'Orestiade, ch'è un gran poema composto di tre minori, l'Agamennone, le Coefore, le Eumenidi; rispondenti il primo al Inferno dantesco, il secondo al Purgatorio, e l'ultimo al Paradiso. La differenza, per questo lato, dal poema greco al nostro è una, ma immensa; e nasce da questo, che il poeta greco ha della virtù e del vizio e della vita avvenire un concetto mal fermo e non chiaro; laddove il poeta nostro, attignendo alle sincere fonti della religione cristiana, potè a' tanti altri pregi aggiugnere il supremo pregio di un' armonia perfetta tra la verità e l'immagine. O. c. IV, p. 434.

ethisch aufgehellt, die Räthsel desselben bleiben ungelöst oder werden eigentlich noch verworrener gemacht; endlich stellt sich Goethe's Gedicht auch seiner Form nach nicht als ein organisch gegliedertes Ganzes, sondern als eine Aneinanderreihung von Scenen dar, deren innerliche Verknüpfung vermißt wird.[1] Das lose Gefüge der Dichtung und die sensualistische Lebensauffassung derselben legen nach Fornari's Urtheil weit eher einen Vergleich derselben mit dem Decamerone als mit der Commedia divina nahe. Das komische Gegenstück der Tragödie Goethe's ist der Don Quixote des Cervantes, der die dem Nichts nachjagende Thorheit zum Gegenstande der Satyre macht. Sofern das Lächerliche ein Mittel dramatischer Wirkung ist, muß die Satyre unter das Drama subsumirt werden, wie sie denn in der That bei dramatischer Haltung weit wirksamer ist als da, wo sie, wie bei Horaz, Ariost, Chiabrera und Gozzi, zur Lyrik hinneigt. Cervantes und Parini sind Repräsentanten der dramatischen Satyre, die bei Giusti sogar die dithyrambische Grundform des Drama erreicht, daher er als satyrischer Poet über alle anderen zu stellen ist, obschon Fornari diese Dichtungsgattung nach ihrem poetischen Werthe im Allgemeinen nicht hoch veranschlagt. Wem das Geschick der feinen ingeniösen Satyre versagt ist, verzichte darauf, Lachen zu erregen und greife nach jener Geißel, welche Äschylos, Dante, Shakespeare geschwungen haben.

Das Bühnendrama ist, nach seiner dramatischen Essenz gewürdiget, von Dante's Commedia wenig unterschieden; der Unterschied ist nur im äußeren Darstellungsmodus zu suchen.[2] Die Essenz der dramatischen Poesie besteht so zu sagen in der Maskirung der inneren seelischen Persönlichkeit des Dichters, der sich geistig in eine bestimmte andere Persönlichkeit hineinversetzt oder vielmehr in dieselbe völlig umsetzt, um in dieser Versetzung außer sich selbst sich in die dichterisch anticipirte Zukunft, d. i. in die dem göttlichen Walten vorbehaltene Enthüllung der Geheimnisse des zeitlichen Menschendaseins hineinzuversetzen.[3]

---

[1] Nach dieser letzteren Seite hat auch Imbriani in seinen Fame usurpate (Neapel, 1877) Goethe's Faust scharf getadelt, dem er überdieß zur Last legt, daß in ihm der ursprüngliche Sinn der Faustsage völlig alterirt worden sei.

[2] Ad ogni modo piccola è la differenza tra un poema drammatico siccome la Divina Commedia, e un dramma teatrale siccome gli Edipi o il Prometeo: ed è, che ivi la scena viene dipinta o architettata con le parole, e qui parlata con opere di pittura e di architettura. O. c. IV, p. 451.

[3] L'Hamlet, dunque, le Shakespeare e il Saul dell'Alfieri sono un Alfieri e un Shakespeare futuri, condizionali, trasfigurati, mascherati, l'uno

Es ist ganz wol möglich, durch dichterische Selbstversetzung in eine der Vergangenheit angehörige Persönlichkeit etwas Zukünftiges zu anticipiren; man hat vom Vergangenen und vom Zukünftigen nur dasjenige wegzulassen, wodurch das, was war und sein wird, zu einem Vergangenen oder Zukünftigen gemacht wird; durch diese Hinweglassung wird es in die Gegenwart hineingerückt, die Infuturizione wird zur Rappresentazione. Das Mittel der Rappresentazione war im antiken Drama der Chor, der bei Äschylos über die handelnden Personen des Drama vorwaltet, bei Sophokles so weit reducirt wird, daß das richtige Gleichmaß zwischen dem Chore und der dramatischen Action hergestellt ist, bei Euripides aber schon zu einem bloßen Zusatze zur Handlung herabgedrückt wird. Damit wurde das Drama der Idee seiner selbst untreu und ging jenes ruhig betrachtenden Elementes verlustig, durch dessen Vermittelung die Lichtstrahlen der geistig anticipirten Zukunftsenthüllung in das vergegenwärtigte Geschehen der Vergangenheit fallen und die Räthsel desselben klären und deuten sollen. Damit kommt eine peinlich berührende leidenschaftliche Unruhe in den Gang der dramatischen Entwickelung, deren möglichste Steigerung man sich in neuerer Zeit gerade dort zur Aufgabe setzte, wo man die antike Tragödie resuscidirt zu haben glaubte; das Extrem der Verirrungen der sogenannten classischen Tragödie der Franzosen stellt sich in Voltaire's Dramen dar. Voltaire repräsentirt in dieser Beziehung den directesten Gegensatz zu dem großen englischen Dramendichter, dessen geistige Verwandtschaft mit seinem griechischen Vormanne Äschylos so augenfällig daliegt.[1] Auch in Corneille's Polyeuct weht der Geisteshauch des Äschylos; Racine hat sicher weit mehr dramatische Ader in sich als Voltaire, aber nicht hinlänglich viel, um einem Äschylos zur Seite treten zu können. Das Gleiche gilt von Schiller, bei dem der lyrische Affect über den dramatischen Estro vorwiegt, und von Alfieri, bei welchem

sotto la persona di Hamlet, e l'altro sotto la persona di Saul. O. c. IV, p. 453.

[1] Altro è il lento bruciarsi, che suole dar fumo, ed altro il repentino infiammarsi, come di cosa percossa dal fulmine. Or la passione opera nel vero dramma come la saetta, che in attimo tocca, divampa, incenerisce; e cosi la trattano Eschilo e il grande inglese. Per contrario il Voltaire ed altri deliziandosi nella descrizion minuta delle passioni, non traggono dall' incendio de' sensi una fiamma che illumini lo spirito, ma fumo e caligine che offusca: onde io soglio dire, che costoro usano il mezzo, non per conseguire, si per non conseguire il fine. O. c. IV, p. 462.

der abwägende Verstand den Estro niederhielt. Daß ein Bühnenspiel auch ohne Chor wahrhaft dramatisch componirt sein könne, beweisen nebst Shakespeare die beiden großen Spanier Lope de Vega und Calderon,[1] die dem Äschylos nahekamen; Shakespeare kann nicht auszeichnender gerühmt werden, als wenn ausgesprochen wird, daß er den beiden unübertrefflichen griechischen Tragikern Äschylos und Sophokles ebenbürtig zur Seite tritt.

Auch Petrarca scheint in seinen Trionfi zwar nicht der Form nach, aber gleich Dante der Sache nach dramatisch verfahren zu wollen. Es fehlt ihm indeß ganz und gar an der dramatischen Ader; statt aus der Höhe der Contemplation den Gegenstand der Dichtung zu erklären und den zukünftigen Endausgang des Liebelebens zu beleuchten, beschränkt er sich darauf, in wohlklingenden Versen eine Geschichte und Apologie seiner Liebesschwärmereien vorzutragen. Petrarca ist groß als Lyriker, ja als Sänger der Liebe der größte aller Lyriker, wie es Pindar als Sänger des Ruhmes, Leopardi als Sänger des Schmerzes ist. Den größten Lyrikern sind nebstdem Anakreon, Tibull, Horaz, Catull beizuzählen, obschon sie nicht gleich den vorgenannten in ihrer Art einzig sind; Poliziano, Monti, Dryden, Gray u. A. sind wol als Lyriker sehr schätzenswerth, gehören aber nicht zu den größten derselben.

Fornari's philosophische Ästhetik gestaltete sich, wie schon bemerkt, unter unverkennbarer Bezugnahme auf die in seiner neapolitanischen Heimat zur Geltung gelangten Anschauungen des Hegelianismus; er wollte dieser gegenüber erweisen, daß das Schöne als solches nicht eine den Offenbarungen des Absoluten in Religion und Philosophie untergeordnete Offenbarungsform desselben, sondern vielmehr die wesentliche Begleitschaft und wesentliche Form aller Offenbarungen des Ewigen in Zeit und Welt sei; da das Schöne als solches ein urhaftes Sein in Gott habe und mit dem Glanze der göttlichen

---

[1] Il Calderon con ardite invenzioni sveste risolutamente la sostanza della vita da tutto il vano ingombro di cui la cuoprono i sensi, e ti presenta l'immagine dell'avvenire più pronta forse che non faccino Eschilo e l'inglese: ma il suo dramma è quasi tutto esteriore; chè egli non penetra nel misterioso bujo dell'anima, e mette in azione Gajo e Sempronio anzi che l'anima di questo e di quell'uomo. Se la musa di lui leggesse ne' cuori, come legge negli avvenimenti, egli andrebbe del pari co' tre sommi. O. c. IV, 469.

Herrlichkeit identisch sei, so müssen alle Selbstmanifestationen Gottes in den Glanz der ewigen Schönheit getaucht sein und die Aufgabe des menschlichen künstlerischen Thuns könne keine andere sein als diese, die dem Menschen anschaubar gewordenen Werke Gottes in den Glanz der ewigen Schönheit zu rücken. Das dem Menschen für die Apperception dieses Glanzes eignende Vermögen ist die Phantasie, in deren Inspirationen der Mensch über sich selbst hinausgehoben wird und die zeitlich-irdische Daseinswirklichkeit in den Glanz des Himmels hineingerückt sieht. Die höchste und geistigste Vernehmbarmachung der Immanenz des Göttlichen im menschlichen Zeitdasein ist die Poesie, die nicht ohne den Glauben an die Wahrheit jener Immanenz gedacht werden kann, da ja dieselbe ihre eigentliche Lebensbedingung ist. Wie sollte der Mensch geistig über sich erhoben werden können, ohne die wirksame Macht der Gegenwart des Göttlichen im Zeitdasein? Indem er innerlich der irdischen Gegenwart entrückt in die himmlische Urbildung derselben sich hineinversetzt fühlt, in deren ewiger Gegenwart Vergangenes und Zukünftiges mit einander verknüpft sind, wird der Dichter zum Seher, welchem in der ewig lichten Gegenwart des göttlichen Seins auch die vergangenen und zukünftigen Dinge offenbar werden; daher die platonische Definition der Poesie als der Darlegung der vergangenen, gegenwärtigen und zukünftigen Dinge.[1] Die in diesem Schauen sich ausdrückende Wahrheitszuversicht schließt durch sich selbst jeden Zweifel an den Vorbedingungen des Vorhandenseins einer Poesie aus, welche in den das gesammte geschichtliche Zeitdasein des Menschen beleuchtenden und in seinem tiefsten Grunde aufhellenden Thatsachen der christlichen Heilsoffenbarung gegeben sind. Darum steht der durch sein Glaubensleben vollkommen in diesen Thatsachen wurzelnde Dante, in dessen weltumspannender dichterischer Conception die begeisterten Imaginationen der lebenswahren classisch-antiken Poesie ihre höhere Bewahrheitung gefunden haben, im Zenith des poetischen Himmels der Menschheit, und alle nachfolgenden Dichter haben die Berechtigung ihrer Bestrebungen durch ihre Übereinstimmung mit dem Geiste und den Intentionen der Commedia divina zu erweisen. Fornari ist nicht so engherzig, daß er den bedeutenden poetischen Leistungen der außer-

---

[1] Vgl. Plato Republ. III, p. 392, d.: $\Delta\iota\acute{\eta}\gamma\eta\sigma\iota\varsigma$ $\mathring{\eta}$ $\gamma\varepsilon\gamma o\nu\acute{o}\tau\omega\nu$, $\mathring{\eta}$ $\mathring{o}\nu\tau\omega\nu$, $\mathring{\eta}$ $\mu\varepsilon\lambda\lambda\acute{o}\nu\tau\omega\nu$.

italienischen Literatur die gebührende Anerkennung entzöge; er will sie nur unter das Richtmaß der christlichen Idee, die im Katholicismus ihre volle Verwirklichung habe, gestellt sehen. Den Streit zwischen Classicisten und Romantikern hat er als etwas Vergangenes hinter sich; seine Beurtheilung der Sposi promessi Manzoni's und sein Schweigen über beide Tragödien desselben deuten auf eine relative Bevorzugung des Classicismus hin, die in seiner Anlehnung an den antiken Classicismus als gottgefügte geschichtliche Voraussetzung aller Poesie der christlichen Culturvölker ihre ausreichende Erklärung findet. Eben diese vorwaltend geschichtliche Basirung seiner philosophischen Ästhetik, die von ferne her an gewisse ästhetische Theorien älterer Neapolitaner aus der Schule Vico's erinnert,[1] ist indeß ein Hinderniß der vollkommenen Bewältigung der Aufgabe einer speculativen Ästhetik und war geeignet, eine Reaction auf demselben Boden der vorwiegend geschichtlichen Betrachtungsweise hervorzurufen. Dieselbe blieb in der That nicht aus und ist uns repräsentirt durch die literargeschichtlichen Arbeiten des Francesco de Sanctis, welche wir als Antithese zu Fornari's Philosophie der Poetik hiemit folgen lassen.

De Sanctis[2] sprach den von ihm eingenommenen Standpunkt philosophisch-ästhetischer Kritik in einer Beurtheilung der italienischen Literaturgeschichte Cantù's aus.[3] Er dringt auf eine ächt geschichtliche Auffassung und Würdigung der den verschiedenen Epochen des menschheitlichen Culturlebens angehörigen Erzeugnisse der sogenannten schönen Literatur und bezeichnet den von Cantù eingenommenen übergeschichtlichen Standpunkt religiös-moralischer Würdigung als ein Hinderniß, dem geschichtlich-concreten Charakter der Literaturerzeugnisse als significanter Ausdrücke des geschichtlichen Zeitlebens und seiner Wandlungen gerecht zu werden. De Sanctis will damit nicht sagen, daß Religion und Sittlichkeit gleichgiltige Dinge seien, die in der Beurtheilung literarischer Erzeugnisse nicht in Betracht zu kommen hätten, sondern nur, daß die Functionen der literaturgeschichtlichen ästhetischen Kritik nicht mit jenen der religiös-moralischen Beurtheilung identisch sind. Das künstlerische und poetische Wirken ist wesentlich ein schöpferisches

---

[1] Vgl. „Idealistische Theorien" u. s. w. SS. 3 u. 4. Fornari bekämpft übrigens Vico's psychologische Erklärung des Ursprunges der Poesie: Arte di dire IV, p. 237.

[2] Vgl. über ihn Bd. III, SS. 233 u. 240.

[3] Vgl. De Sanctis, Saggi critici (Neapel, 1884; 4. Aufl.), pp. 300 sgg.

Hervorbringen und Wirken; und demzufolge gelangt das Erzeugniß desselben primär und wesentlich durch das in demselben bethätigte und bekundete Kraftvermögen des Hervorbringers zur Geltung und Bedeutung. Von dem Können des schaffenden Künstlers ist die Wirksamkeit auf seine Zeitgenossen und die im geschichtlichen Culturleben der Menschheit hinterlassene Nachwirkung abhängig; und dieser Eindruck, diese Nachwirkung ist das für die literargeschichtliche ästhetische Kritik in erster Linie Ausschlaggebende. Es ist etwas Anderes, eine Theorie der schönen Redekünste abfassen, und wieder etwas Anderes, eine Literaturgeschichte schreiben; im ersteren Falle handelt es sich darum, anzugeben, wie eine Kunstleistung beschaffen sein soll, auf daß sie den an sie im Namen des gebildeten Geschmackes und der edlen Menschlichkeit an sie zu stellenden Forderungen entspreche; im letzteren Falle aber um ein Urtheil darüber, ob in einer bestimmten thatsächlich vorhandenen Kunstleistung die wahrhaft schöpferische Kraft einer künstlerischen Eigenart sich kundgebe, deren unfehlbare Machtwirkung unmittelbar durch sich selbst über den Erfolg und damit über den ästhetischen Werth und Gehalt der Leistung entscheidet. De Sanctis kommt damit auf dieselben Kriterien des Kunstschönen zurück, welche wir oben durch Tari vertreten fanden; die dem gemeinsamen Denkstandpunkte Beider zu Grunde liegende Voraussetzung einer unbegränzt fortschreitenden humanitären Entwickelung schließt auch eine wenigstens indirecte Zurückweisung der von Fornari in der katholischen Idee aufgewiesenen Vermittelung der geschichtlichen Manifestation des Schönen mit der ewigen Idee desselben in sich. Auf die Erfassung letzterer verzichtet De Sanctis ausdrücklich;[1] der Objectivismus der ontologischen Ideologie gilt ihm als ein der Vergangenheit anheimgefallener Standpunkt, wobei er sich allerdings im Namen der edlen gebildeten Menschlichkeit gegen die Ausschreitungen des Verismus auf das Entschiedenste erklärt. Die Rohheiten desselben sind ihm widerwärtig und der Anspruch des Verismus auf eine ästhetische Zukunftsmission erfüllt ihn mit einem gelinden Schauder; er kann sich insgemein im Hinblicke auf die gegenwärtigen geistigen Zustände Italiens ernster Besorgnisse nicht erwehren. Das heutige italienische Bildungsleben befinde sich in den unfertigen Zuständen eines Übergangsstadiums, welche nur dadurch

---

[1] Vgl. Il Darwinismo nell' arte. Conferenza di Fr. de Sanctis. Neapel 1883. — Vorausging: Zola e l' Assommoir; Conferenza (Mailand, 1879).

überwunden werden können, daß an die Stelle der ausgelebten Factoren und Motoren der nationalen Culturthätigkeit neue geistige Impulse treten, welche sich aus den verborgenen Tiefen des nationalen Geistes herauszusetzen haben.

De Sanctis anerkennt[1] in dem Inhalte der Commedia divina die unvergängliche Substanz des italienischen Geistes- und Bildungslebens; dieselbe ist jedoch in Dante's Dichtung in das tiefe Dunkel des Mysteriums eingehüllt, aus welchem sie durch die Studienthätigkeit der nachfolgenden Jahrhunderte hervorgezogen und in das klärende Licht des rationalen Verständnisses gerückt werden mußte, um den gemeinmenschlichen für immer giltigen Geistgehalt derselben offenbar zu machen. In diesem Sinne läßt sich die gesammte seitherige Literatur der Italiener als eine successive Entfaltung und Answickelung des Geistgehaltes der Divina Commedia auffassen, wenn auch der durch Dante's Gedicht repräsentirte Glaubens- und Vorstellungsinhalt des dreizehnten Jahrhunderts seither ein völlig andererer geworden ist. Die Commedia ist eine nationale Bibel, welche keimartig den Gesammtinhalt des nationalen Cultur- und Geisteslebens der Italiener in sich faßt. In der Wechseldurchdringung von Geschichte und Gedanke, Kirche und Welt, Religion und Politik, Glauben und Wissen, Theologie und Philosophie hat sie eine mikrokosmische Bedeutung; sie ist das in die Form des nationalen Gedankens gefaßte Drama des Weltdaseins des Menschen in der centralen Einigung aller Haupt- und Grundformen der poetischen Darstellung.[2] Die gemeinmenschliche Grundidee des Gedichtes ist der Antagonismus der beiden im menschlichen Weltdasein miteinander ringenden Mächte des Geistes und Fleisches, des Hasses und der Liebe, welche in Hölle und Himmel

---

[1] Storia della letteratura italiana (Neapel 1879; 3 ed.) I, p. 262. — Mit der von de Sanctis gegebenen ausführlichen Beleuchtung und Beurtheilung der Commedia divina ist die kurze Charakteristik derselben in den von Hotho herausgegebenen Vorlesungen Hegel's über die Ästhetik (Bd. III, SS. 409 f.) zu vergleichen.

[2] Ci è materia epica, e non è epopea; ci è una situazione lirica e non è lirica; ci è un ordito drammatico, e non è dramma. È una di quelle costruzioni gigantesche e primitive, vere enciclopedie, bibbie nazionali, non queste o quel genere, ma il Tutto, che contiene nel suo grembo ancora involute tutta la materia e tutte le forme poetiche, il germe di ogni sviluppo ulteriore. Perciò nessun genere di poesia vi è distinto ed esplicato; l'uno entra nell'altro, l'uno si compie nell'altro. O. c. I, p. 183.

poetisch objectivirt sind und zwischen welche als vermittelnder Übergang das Fegefeuer tritt. Die Hölle ist das Reich des Bösen, der Tod der Seele und die Übermacht der sinnlichen Materialität, das Chaos; in ästhetischer Beziehung ist sie das Häßliche. Das Häßliche ist in seiner natürlichen Wirklichkeit die an ihre Instincte ungezügelt hingegebene Materie; daraus entwickelt sich eine dem sittlichen Bewußtsein und ästhetischen Sinne widerstreitende Lebenswirklichkeit, welche der Dichter in seine Imagination aufnimmt, um sie möglichst naturtreu wieder zugeben. Das Häßliche ist ein wesentliches und nothwendiges Element in der Natur sowohl als in der Kunst, weil das Leben als solches zwischen den Gegensätzen des Wahren und Falschen, Guten und Bösen liegt und beide in sich reflectirt. Als Gegenstand der Kunstdarstellung bietet es reichere und wirksamere Motive der dramatischen Darstellung und Entwickelung als das einfach Schöne, weil es den Gegensatz seiner selbst in sich schließt. Daher ist auch die Hölle der interessanteste Theil der Dante'schen Dichtung, deren eindrucksvolle Kraft in den beiden nachfolgenden Theilen mehr und mehr sich abschwächt. Die fortschreitende Entwickelung des Gedichtes gleicht einem Fortgehen vom Individuellen zum Speciellen, von diesem zum Generischen, d. i. einer fortschreitenden Entstoffung des sinnlich Individuellen, welche zwar der christlichen Moral entspricht, aber keine Steigerung der ästhetischen Vollkommenheit darstellt. Die Kunst ist gleich der Natur generativ, die Generation setzt aber Individuelles, nicht Species oder Genera, nicht Typen und Musterbilder in's Dasein. In Dante liegen der Dichter und der theologisch geschulte Denker in einem unbewußten Streite miteinander. In der Hölle trägt der Dichter entschieden den Sieg über den Denker davon; anders verhält es sich in den beiden folgenden Theilen des Gedichtes, deren Inhalt der Verfasser nicht auf dem Wege sinnlich-anschaulicher Erfahrung, sondern nur durch phantasievolle Belebung eines mehr oder weniger abstracten Denkinhaltes zu gewinnen vermochte. Im ersten Theile des Gedichtes wird der Dichter in der poetischen Belebung der Vorhölle sogar antitheologisch, indem er die Trägen und aus reiner Schwäche nicht böse Gewordenen tiefer stellt als die in die Hölle Verwiesenen, andererseits aber die berühmt gewordenen Ungetauften trotz ihrer Ausschließung aus dem Reiche der Seligkeit Ehren im Himmel haben läßt. Überhaupt ist nicht das Jenseits als solches, sondern die unter den Gesichtspunkt des Jenseits oder der Idee gestellte concrete Diesseitigkeit der eigentliche Gegenstand der dichterischen Veranschaulichungen der Commedia divina. Der diesseitige Mensch ist nach der natürlichen Lebendigkeit seines Wesens der Mensch mit seinen leidenschaftlichen Begehrungen, in welchen sich sein persönlicher Selbstwille bekundet; als solcher ist er das Object einer poetischen Auffassung und Darstellung, welche in Dante's Hölle zu einem höchsten Grade tragischer Wirkung dadurch gesteigert wird, daß er die Leidenschaft und ihr Verhängniß in deren reiner Gestalt, von allen abschwächenden und zerstreuenden Beimischungen der empirischen irdischen Zeitlichkeit losgelöst darstellt. Es sind da zwei Unendlichkeiten, welche miteinander ringen, der menschliche Selbstwille als solcher in seiner verkehrten Richtung, und das ihn zermalmende Verhängniß. Dieses Bild des menschlichen Daseins fällt unter den Gesichtspunkt des Erhabenen, allerdings unter Hervorstellung der Kehrseite desselben, sofern es als die auf das ungestüme Begehren der Leidenschaft drückende Wucht des Unendlichen erscheint und die niederhaltende Macht desselben unter den Inspirationen einer colossalen Phantasie in fortgesetzter Steigerung unter den mannigfachsten Variationen veranschaulichet. Die successive Steigerung der drückenden Wucht, die in den Verzweiflungsqualen der ohnmächtig sich windenden Leidenschaft zum Ausdrucke kommt, entspricht der stufenweisen Steigerung des Bösen, das in den verschiedenen plastisch veranschaulichten Arten und Formen des leidenschaftlichen Begehrens zum Ausdrucke kommt. Daß es sich hiebei aber nur um eine Stereotypirung des ethischen Bildes der diesseitigen Wirklichkeit handle, leuchtet aus Allem hervor; Dante unterscheidet zwischen adeligen und gemeinen Naturen, daher auch Schmerz und Qual derselben unter ganz verschiedenen Bildern zum Ausdrucke gelangt. Die Leidenszustände der edleren Naturen erwecken menschliches Mitgefühl; je tiefer abwärts in der fortschreitenden moralischen Verschlimmerung, desto widriger und abstoßender wird die äußere Erscheinung derselben, welche nicht mehr Mitgefühl, sondern nur moralischen Abscheu hervorzurufen vermag, während auch die umrahmende locale Scenerie mehr und mehr den Charakter des Wüsten, Zerrissenen, Schaurigen und Grotesken annimmt. Der Dichter mag sich, je tiefer er abwärts steigt, desto weniger mehr den Einzelnen zuwenden, sondern faßt die plebejischen Haufen gruppenweise zusammen und hebt nur Einzelne als exemplarische Verbildlichungen menschlicher Verworfenheit heraus, die schließlich bei der völligen Einteufelung der in völliger Verthierung untergegangenen

Menschennatur anlangt. Der Teufel als solcher ist weniger Person als Typus, Species und Symbol; er repräsentirt die in der verthierten Menschennatur nach dem successiven Verluste aller Intellection und edleren Willensregung zurückbleibenden Instincte und Triebe, die infernalische Natur als solche in ihrer absoluten Schlechtigkeit und Gebundenheit.[1] Die in Dante's Infernus vorgeführten Gestalten und Scenen sind ausdrucksvolle Bilder und Charakteristiken des individuellen menschlichen Seins, Lebens und Thuns; die Grundidee der poetischen Darstellung bedingte den epischen Charakter derselben und schloß die dramatische Entwickelung aus,[2] deren Mischung von Ernst und Scherz dem strengen Sinne Dante's nicht zusagte.[3]

Im Purgatorium tritt der Dichter aus der lebendigen Daseinswirklichkeit heraus, deren fortschreitende Verschlimmerung in ihm das Bedürfniß nach beschaulicher Zurückgezogenheit und Sammlung in sich selber erweckt; er sucht die Ruhe des Weisen zu gewinnen und sich im Mittel der religiös-philosophischen Betrachtung jener stürmischen Bewegungen zu entäußern, welche der Anblick der lebendigen Wirklichkeit in seiner Seele hervorrief.[4] Wunderbar bleibt für immer die in

---

[1] Immaginate una piramide. Nella larghissima base vedete la natura infernale. Più su è il demonio, figura bestiale in faccia umana, bestia talora in tutto, mai in tutto uomo. Alzate ancora l'occhio e vedete gruppi nella violenza della passione. È la stessa idea che si sviluppa e si spiritualizza, insino a che da questo triplice fondo si eleva sulla cima la statua, l'individuo libero, l'idea nella sua individuale realtà, e più che l'idea, sè stesso nella sua libertà. È di mezza a quella folla confusa, a quei gruppi che escono i grandi uomini dell'inferno o piuttosto della terra; è da questa triplice base dell'eternità che esce fuori il tempo o la storia e l'Italia e più che altri Dante come uomo e come cittadino. O. c. I, p. 199.

[2] Queste grandi figure, là sul loro piedistallo rigide ed epiche come statue, attendono l'artista che le prenda per mano e le gitti nel tumulto della vita e le faccia essere drammatici. E l'artista non fu un italiano; fu Shakespeare. O. c. I, p. 215.

[3] Il brutto come il bello muore nel sublime. E il brutto è sublime quando offende il nostro senso morale ed estetico e ci gitta in violenta reazione. Scoppia la collera, l'indignazione, l'orrore: il comico è immediatamente soffocato.... La caricatura e l'ironia si risolvono in una forma superiore, il sarcasmo, la porta per la quale volgiamo le spalle al comico e rientriamo nella grande poesia. O. c. I, p. 210.

[4] Il Purgatorio è il dulce rifugio della vecchiezza. Quando la vita si disabella a' nostri sguardi, quando le volgiamo le spalle e ci chiudiamo nella santità degli affetti domestici tra la famiglia e gli amici, nelle opere dell'

dieser Selbstentäußerung des Dichters beharrende poetische Gestaltungskraft, welche auch die Denkwelt der von der unmittelbaren Lebenswirklichkeit abgezogenen Beschauung künstlerisch zu beleben vermag. Das Purgatorium steht vermittelnd zwischen den beiden Lebenswirklichkeiten der Hölle und des Himmels, welche beide in der Dämmerwelt des Purgatoriums sich reflectiren; je mehr die erstere verschwindet, desto heller beginnt die letztere aufzuleuchten, bis sie endlich in der Form der ekstatischen Vision vollkommen durchbricht und den Dichter in das ewige Lichtreich versetzt. Diese Versetzung ist indeß im Purgatorium vor der Hand nur eine imaginäre; der Schauende ist zwar von den Banden der Sinnlichkeit vollkommen losgelöst, der verwirrenden Unruhe der sinnlich=irdischen Daseinswelt vollkommen entrückt, aber noch nicht in jene höhere rein geistige Wirklichkeit eingetreten, welche von Dante unter der Form des Reiches der himmlischen Seligkeit angeschaut wird, in Wahrheit aber das vollkommene Sein des Geistes bei sich selbst ist, sofern derselbe sich im Unendlichen faßt. Dieses Sichselberfassen erscheint bei Dante als ein relatives Aufgehen des Geistes im Unendlichen, als ein Untergehen im ewigen Lichtmeere. Daher geht auch die poetische Darstellungsform, welche im Purgatorium imaginativ malerisch ist, in eine rein musikalische und lyrische Darstellungsweise über, in welcher sich der Dichter von den Lichtfluthen des Unendlichen tragen und wiegen läßt. Die Seelen fließen ineinander, die Person ist nicht mehr ein Individuum, sondern eine Gruppe, die Gruppen sind nicht Chöre, welche die individuelle Handlung begleiten und ergänzen, sondern die eine und selbe Individualität, welche in allen Seelen hindurchwirkt, der eine und selbe Geist, welcher sich in allen gottbeseligten Seelen vernehmbar macht. Wenn man schon von Chören sprechen will, so sind es Chöre, durch welche nicht selber sprechende Personen: Christus, Maria, Gott sich vernehmbar machen. Die Gesänge der Seelen drücken nicht einen Gedankeninhalt aus, sondern sind Gefühlsergießungen; die Monotonie des himmlischen Seligkeitsschauspieles wird nur dadurch vermieden, daß in den Himmel auch noch die Erde hineinragt und dem Munde der Seligen richtende Worte heiligen Zornes über das verderbte Treiben in der Kirche auf

---

arte e del pensiero, il purgatorio ci s'illumina di viva luce e diviene il nostro libro, e ci scopriamo molte delicate bellezze, una gran parte di noi. Fu il libro di Lamennais, di Balbo, di Schlosser. O. c. I, p. 238.

Erden entströmen. Die richtenden Worte der Heiligen sind Hindeutungen auf die urzeitlichen Vollkommenheitszustände, von welchen die Kirche der Gegenwart völlig abgekommen sei; somit sind die das Paradies belebenden Partien eben nur ein in den Himmel versetzter Reflex der irdischen Lebenszustände in deren Gegensatz zwischen Gut und Böse, Vergangenheit und Gegenwart, zwischen dem goldenen Zeitalter des Anfanges und den von demselben fortwährend weiter abgekommenen späteren Zeiten.

De Sanctis sieht in dem Endverlauf der poetischen Durchführung des Inhaltes der Commedia divina eine Vorbildung des Endverlaufes der älteren schönen Literatur Italiens, welche in der Epoche von Tasso an bis auf Metastasio herab nichts Anderes als ein musikalisches Nachklingen der mittelalterlichen Lebens- und Anschauungswelt bei succejsiv fortschreitender Verflüchtigung des Realinhaltes derselben dar=stellt. Bereits Petrarca ist, so nahe er der Zeit nach Dante steht, wesentlich ein Anderer als Dante; er hält noch an einem dem Jen=seits angehörigen Ideale fest, aber unter Ablösung der Vorstellung desselben von der in der speculativen Scholastik ausgeprägten Welt=anschauung; die Beatrice verwandelt sich in eine Laura und wird Gegenstand eines persönlichen Gefühles, welchem die von Dante der Beatrice gegebene universalistische Bedeutung gleichgiltig ist. Sie gehört allerdings noch der jenseitigen Welt an und die Liebe zu ihr bedeutet das Hinausgehobensein des Dichters über alles sinnlich=irdische Be=gehren; aber sofern sie einer überirdischen Wirklichkeit angehört, ist sie eben nur ein mit allen Vollkommenheiten ausgestattetes Gedanken=bild, eine allgemeine Schönheitsform ohne die Wahrheit eines ihr ein=wohnenden Lebens. Demzufolge ist ihr Cult eine harmlose Schwärmerei, welcher aber etwas Krankhaftes und Unmännliches anhaftet; wie denn auch die poetische Darstellungsform bei Petrarca in die Mängel der Troubadourpoesie zurückfällt und bei Abwesenheit einer wirklichen Leidenschaft von geziertem, manierirtem Wesen sich nicht frei hält. Gleichwol thut der classisch geschulte Petrarca einen wesentlichen Schritt über Dante hinaus; er steht wol in seinem Denken noch ganz inner=halb der Glaubenswelt seines Zeitalters; seine Poesie ist aber nicht mehr geistlich, sie nimmt vielmehr einen subjectivisch=weltlichen Charakter an, ohne daß er es selber merkt. Wäre er sich des inneren Zwie=spaltes seines Wesens bewußt gewesen, so hätte er der Commedia Dante's eine Tragödie des mit sich selbst zerfallenden mittelalterlichen

Geistes zur Seite stellen können; dazu fehlte es aber Petrarca an Kraft und Energie des Denkens und Empfindens, und so wurde er, statt ein Weltgedicht zu schaffen, ein der irdischen Lebenswirklichkeit überdrüssiger poetischer Eremit. Boccaccio[1] stellte dem melancholischen Ernste Petrarca's den lebenslustigen Spaß entgegen und ließ die Transcendenz und den Ascetismus der mittelalterlichen gläubigen Lebensanschauung als etwas erscheinen, was im Empfinden und Leben der wirklichen Menschen gar nicht so ernst gemeint sei, als man vorgebe und sich selber glauben mache. Nach der positiven Seite seines poetischen und literarischen Schaffens war Boccaccio ein Vorläufer des Humanismus als des Gefallens an der schönen Form um ihrer selbst willen. Dieser Cult modificirte sich nach dem subjectiven Verhalten zu dem in die schöne Form zu fassenden Inhalte, welcher entweder jener der christlichen Glaubenswelt oder jener der classisch-antiken Zeit sein konnte; das Verhalten konnte ein zustimmendes oder ablehnendes sein, letzteres kleidete sich im Renaissancezeitalter in heiter scherzende Formen ohne directe Angriffe gegen das Bestehende. Aber dem ernstgemeinten Rückrufe zum himmlischen Seligkeitsideale Dante's fehlte die künstlerische Kraft; die vielgerühmte Predigt Segneri's über das Paradies nimmt sich angesichts der thatsächlichen Stimmung seines Zeitalters wie eine rhetorische Declamation aus.[2] Der ächte Repräsentant der Zeitstim-

[1] Il Paradiso del Boccaccio è un tempio dell'umanità, un nobile castello, che ricorda il Limbo dantesco, ricco di sale splendide e storiate, come sono le pareti del purgatorio. Ed è tutta la storia umana, che ti viene innanzi in quelle pitture. O. c. I, p. 310.

[2] Se avesse veramente il sentimento della terrena infelicità, e delle gioie celesti, non mancherebbe ai suoi colori novità, freschezza, profondità. Ma non è che uno spasso letterario, un esercizio rettorico. Luogo comune il concetto; luoghi comuni gli accessorii. Non mira efficacemente a convertire, a persuadere l'uditorio; non ha fede, nè ardore apostolico, nè unzione; non ama gli uomini, non lavora alla loro salute e al loro bene. Ha nel cervello una dottrina religiosa e morale di accatto, ed ereditaria, non conquistata col sudore della sua fronte, una grande erudizione sacra e profana: ivi niente si move, tutto è fissato e a posto. La sua attività è al di fuori, intorno al condurre il discorso e distribuire le gradazioni, le ombre e la luce e i colori. Gli si può dar questa lode negativa, che se spesso stanca, non annoia l'uditorio, che tien sospeso e maravigliato con un crescendo di gradazioni e sorprese rettoriche; e talora piacevolleggia e bambineggia per compiacere a quello. Ancora è a sua lode, che si mostra scrittore corretto, e non capito nelle stramberie del Panigarola, o nelle sdolcinature affettazioni de' suoi successori. O. c. II, p. 226.

mung war Ariost, in dessen humoristischer Schöpfung sich die Auflösung des Mittelalters poetisch vollzieht und der Geist der Neuzeit sich ankündigt. In Tasso streiten sich der Heide und der Katholik, Ariost und die reformirte Kirchlichkeit des Trienter Concils. Er hat eine gewisse Ähnlichkeit mit Petrarca; beide sind Poeten einer Übergangszeit, deren innere Widersprüche sie nicht zu bewältigen vermögen. Nur machen sich dieselben bei dem einem späteren Jahrhundert angehörigen Tasso weit mehr fühlbar, als bei Petrarca, in dessen Zeitalter sie noch unentwickelt in den Gemüthern lagen. Tasso hat das Bewußtsein der Discrepanz zwischen seinem religiösen Glauben und zwischen der Zeitbildung, welche er in sich aufgenommen hat. Diese letztere ist die eigentliche Seele seines geistigen Strebens und Schaffens, während ihm das pflichtgemäße kirchliche Bekenntniß mit seinen Glaubenssätzen als etwas Äußerliches gegenübersteht. Dieß macht sich auch in seinem Epos bemerkbar, in welchem die Religion nur den äußerlichen Rahmen für den eigentlichen Inhalt desselben, die lebensfrohe Romantik des mittelalterlichen Ritterthums, darbietet. Tasso fühlte dieß sehr wol und unterzog deßhalb den Gegenstand seines Epos einer neuen Bearbeitung, in welcher er dem religiösen Elemente desselben mehr gerecht zu werden suchte. Dieses Bemühen war jedoch vorherrschend Verstandesarbeit und beschränkte sich auf Erzielung einer größeren geschichtlichen Treue in der Wiedergabe seines Erzählungsstoffes, ohne daß es ihm gelungen wäre, aus demselben eine der katholischen Idee entsprechende poetische Wirklichkeit zu schaffen. Er konnte sich der romantisch-subjectivistischen Stimmung der Poesie seines Zeitalters nicht entäußern und streifte nur von ferne an jenen weit späteren, unter veränderten Lebensbedingungen unternommenen Erneuerungsversuch einer wirklich christlichen Poesie, welcher in Manzoni's Sposi promessi vorliegt.

Manzoni's Romanticismus unterscheidet sich von jenem Tasso's dadurch,[1] daß das Leben in seiner realen geschichtlichen Wirklichkeit als eine von der religiösen Idee durchdrungene Wirklichkeit poetisch reproducirt wird. Dieß war nur bei einer wesentlich anderen Auffassung des Lebens möglich, welche den im Laufe des 18. Jahrhunderts zur Geltung gelangten Ideen der Humanität und toleranten Milde freien Raum ließ und dieselben als Früchte des christlich-evangelischen Geistes

---

[1] O. c. II, p. 435 sgg.

poetisch verklärte. Damit tritt aber eine vom Geiste des Dante'schen Gedichtes grundverschiedene poetische Auffassung zu Tage; statt die geschichtliche Daseinswirklichkeit der kirchlich-dogmatischen Lehranschauung einzuordnen, muß diese mit den factisch gegebenen Zuständen und Anschauungsweisen der neuzeitlichen Lebenswirklichkeit vermittelt werden.[1] Dieß trat bereits in Manzoni's religiöser Hymnik sichtlich zu Tage;[2] auch alle weiter folgenden dichterischen Hervorbringungen Manzoni's standen unter dem Einflusse des fortschrittlichen neuzeitlichen Bewußtseins, erhielten aber ihr specifisches Colorit durch die Zeitstellung Manzoni's im Übergange aus den Stürmen des Revolutionszeitalters in eine neue Epoche, in welcher die friedensbedürftige Welt am religiösen Gedanken sich aufrichtete, ohne ihre Fortschrittsideale aufzugeben, deren Verwirklichung vielmehr von den friedlichen Entwickelungen der neuen Epoche angehofft wurde. Man erkannte in den blutigen Gräueln des Revolutionsdrama eine Verzerrung und sacrilegische Entweihung des neuzeitlichen Humanitätsideals; und da dieselben als eine Folge der geistigen Ausschreitungen des Bildungslebens des 18. Jahrhunderts sich eingestellt hatten, so handelte es sich vor Allem um Beseitigung jener Ausschreitungen und um die Wiedergewinnung der hinter dem Aufklärungszeitalter zurückliegenden geschichtlichen Unterlagen des neuzeitlichen Bildungslebens. Daher die Rückkehr zu den vom Aufklärungszeitalter verneinten religiösen Vorstellungen der Jugendzeit der europäischen Culturvölker, aber nicht als einfache Repristination,

---

[1] Lo spirito non rimane nelle vette del soprannaturale e nello generalità del dogma. Oramai conscio di sè, plasma il divino a sua immagine, lo colloca e lo accompagna nella storia. La Divina Commedia è capovolta: non è l'umano che s'india, è il divino che si umanizza. Il divino rinasce, ma senti che già innanzi è nato Bruno, Campanella e Vico. O. c. II, p. 435.

[2] Vi senti lo spirito nuovo, che in quel ritorno delle idee religiose non abdica, e penetra in quelle idee e se le assimila, e vi cerca e vi trova sè stesso. Perché la base ideale di quegl' Inni è sostanzialmente democratica, è l'idea del secolo battezzata e consecrata sotto il nome d'idea cristiana, l'egualianza, degli uomini tutti fratelli in Cristo, la riprovazione degli oppressori e la glorificazione degli oppressi, è la famosa triade, libertà, uguaglianza, fratellanza, vangelizzata, è il cristianismo ricondotto alla sua idealità e penetrato dallo spirito moderno. Onde nasce una rappresentazione pacata e soddisfatta, pittoresca nelle sue visioni, semplice e commovente ne' suoi sentimenti, come di un mondo ideale riconciliato e concorde, ove si armonizzano e si acquietano le dissonane del reale e i dolori della terra. O. c. II, p. 437.

sondern in der Form einer Vermittelung mit dem neuzeitlichen Culturideal. Daher verwandelt sich der alte starre Begriff des Absoluten in ein ideales Werden, vermöge dessen das transcendente Göttliche in der Realität des Zeitdaseins mehr und mehr Gestalt gewinnen soll. Allerdings wog in dieser die Gegenwart mit der Vergangenheit vermittelnden Anschauungsweise anfangs die theologische Vorstellung vor, welche sich einen wahrhaft großartigen Ausdruck in Manzoni's berühmter Ode auf den Tod Napoleon's schuf;[1] es konnte aber nicht fehlen, daß die neue theologische Vorstellung sich sofort, wenn auch zunächst nicht in Italien, in den philosophischen Ausdruck ihres modernen Grundinhaltes umsetzte, welchen Vico in seiner Lehre von der Conversion des Verum mit dem Certum anticipirt hatte.[2]

[1] Questa novità di contenuto, di forma e di sentimento rende altamente originale il Cinque Majo, composizione epica in forma liriche. L'individuo, grande ch'ei sia, non è che un'orma del Creatore, un istrumento fatale. La gloria terrena, posto pure che sia vera gloria, non è in cielo che silenzio e tenebre. Sul mondano rumore sta la pace di Dio. È lui che altera e suscita, che affanna e consola. La sua mano toglie l'uomo alla disperazione, e lo avvia pe' floridi sentieri della speranza. Risorge il Deus ex machina, il concetto biblico dell'uomo e dell'umanità. La storia è la volontà imperscrutabile di Dio. Così vuole. A noi non resta che adorare il mistero o il miracolo, chinar la fronte. Meno comprendiamo gli avvenimenti, e più siamo percossi di maraviglia, più sentiamo Dio, l'Incomprensibile. La storia anche d'ieri si muta in leggenda, diviene poesia epica. Napoleone è un gran miracolo, un'orma più vasta di Dio. A che fine? per quale missione? L'ignoriamo. È il secreto di Dio. Così volle..... Sono nove strofe, di cui ciascuna per la vastità delle prospettiva è quasi un piccolo mondo, e te ne viene una impressione, come da una piramide. A ciascuna strofa la statua muta di prospetto, ed è sempre colossale. L'occhio profondo e rapido dell'ispirazione divora gli spazii, aggruppa gli anni, fonde gli avvenimenti, ti dà l'illusione dell'infinito. Le proporzioni sono ingrandite da un lavoro tutto di prospettiva nella maggior chiarezza e semplicità dell'espressione. Le immagini, le impressioni, i sentimenti, le forme tra quella vastità di orizzonti ingrandiscono anche loro, acquistano audacia di colori e dimensioni. Trovi condensata la vita del grande uomo nelle sue geste, nella sua intimità, nella sua azione storica, ne' suoi effetti sui contemporanei, nella sua solitudine pensosa, immensa sintesi, dove precipitano gli avvenimenti e i secoli, come incalzati e attratti da una forza superiore in quegli sdruccioli accavallantisi, appena frenati dalle rime. O. c. II, p. 438.

[2] Nelle idee codificate da Hegel ricordi Machiavelli, Bruno, Campanella, sopratutto Vico. Ma è un Vico a priori. Quelle leggi che egli traeva da' fatti sociali, ora si cercano a priori nella natura stessa dello spirito. O. c. II, p. 440.

Und selbst die auf der wiedererneuerten theologischen Vorstellung fußende Dichtung konnte nur als Inspiration des von den modernen Ideen durchdrungenen Genius Eindruck machen.[1] Der moderne italienische Romanticismus war über sich selbst im Unklaren, wenn er sich als Gegensatz zum modernen Classicismus ansah und denselben als reprisstinirtes Heidenthum bekämpfte, statt sich als Fortsetzung desselben, als Weiterführung der in demselben zum Ausdrucke gekommenen neuzeitlichen Ideen zu erkennen. Der moderne italienische Classicismus war zuerst in Parini als entschiedener Bruch mit dem schlaffen, gezierten, inhaltslos gewordenen Wesen der Poesie der Arkadier in das italienische Bildungsleben eingetreten und zielte auf die moralische Kräftigung der Nation ab; Alfieri suchte in ähnlicher Weise auf den Geist des öffentlichen Lebens zu wirken; ihm folgte Ugo Foscolo, der seinen Geist an Plutarch, Dante und Alfieri genährt hatte. Die patriotisch-nationale Tendenz der Romantiker war somit nicht etwas Neues, sondern ihnen mit den von ihnen bekämpften Classicisten Gemeinsames; die Gegensätze der beiden einander bekämpfenden Richtungen verschwimmen hin und wieder derart, daß Vielen Monti als Romantiker in classischem Gewande, Manzoni als Classicist in romantischen Formen erschien. Auch waren die Romantiker den Classicisten gegenüber nur relativ im Rechte; sie eiferten gegen die sklavische Abhängigkeit von veralteten Kunstregeln, wollten aber ihren Zeitgenossen die mittelalterliche Unfreiheit des Gedankens aufnöthigen; sie eiferten gegen den Cult der leeren Form und verfielen in's formlose Unschöne, der neuitalienische Romanticismus war eine verspätete Nachbildung des deutschen und französischen Romanticismus; es fehlte ihm überdieß an jener geschichtlichen Vollberechtigung, welche er für das deutsche Bildungsleben hatte. Während der deutsche Romanticismus einfach nur eine Losreißung von ungehörigen fremdländischen Einflüssen und eine Vertiefung im nationalen Bewußtsein, somit einen reinen Fortschritt bedeutete, war der italienische Romanticismus ausländischen Ursprunges und hemmte die im neuitalienischen Classicismus durchgebrochene bessere Richtung; sein Aufkommen in Italien constatirte ferner das Zurückgebliebensein

---

[1] Quardate il Cinque maggio. La cornice è una illuminazione artistica, una bell' opera d' immaginazione, da cui non esce alcuna seria impressione religiosa. Il quadro è la storia di un genio rifatta dal genio. L' interesse non è nella cornice, è nel quadro. O. c. II, p. 440.

Italiens hinter den Deutschen, welche dazumal den Romanticismus als eine schon durchlebte Entwickelungsepoche hinter sich hatten. Ähnlicher Weise verhielt es sich mit der verspäteten Einführung des Hegelianismus in Italien; ein paar Decennien früher hätte er in dem Ringkampfe zwischen Theologie und Metaphysik auf italienischem Boden sich als befruchtendes Element bewähren können und es wären vielleicht einem Giacomo Leopardi die Zweifelsqualen erspart geblieben, an welchen sein Leben hinsiechte. Heute ist überhaupt eine metaphysische Ideologie überflüssig und jede auf eine solche Unterlage sich stützende Philosophie des Schönen ein verspätetes Unternehmen. Die ächte und wahre Philosophie des Schönen wird sich von selbst einstellen, wenn Italien sich selbst wiedergefunden und erneuert haben wird. Die Zustände des heutigen italienischen Bildungslebens sind Übergangszustände, in welchen das ausgelebte Alte zu einer rein conventionellen Bedeutung herabgesunken ist,[1] während man vor der Hand noch nicht dazu kam, die realen Lebens- und Existenzbedingungen des politisch reconstituirten Italiens zum Gegenstande eines ernstlichen Nachdenkens zu machen. Daher der Mangel an wahrhaft schöpferischen Productionen in der heutigen italienischen Literatur; es fehlt in der gegenwärtigen Oberflächlichkeit und Zerfahrenheit der geistigen Zustände jene energische geistige Selbstconcentration, welche nothwendig wäre, um den realen Geistinhalt der neuen nationalen Daseinswirklichkeit sich innerlich zu vergegenwärtigen und ihm zur Ausgeburt in den Lebenszuständen der Nation zu verhelfen.[2] Wenn dieß geschehen sein wird, wird es an künstlerisch gestaltenden Reflexen der neuen Lebenswirklichkeit in der nationalen Literatur nicht fehlen und das den realen Lebens-

---

[1] Ci incalza ancora l'academia, l'arcadia, il classicismo e il romanticismo. Continua l'enfasi e la rettorica, argomento di poca serietà di studii e di vita. Viviamo molto sul nostro passato e dal lavoro altrui. O. c. II, p. 465.

[2] L'Italia dee cercare sè stessa, con vista chiara, sgombra da ogni velo e da ogni involucro, guardando alla cosa effetuale, con lo spirito di Galileo, di Machiavelli. In questa ricerca degli elementi reali della sua esistenza, lo spirito italiano rifarà la sua coltura, ristaurerà il suo mondo morale, riufrescherà le sue impressioni, troverà nella sua intimità nuove fonti d'ispirazione, la donna, la famiglia, la natura, l'amore, la libertà, la patria, la scienza, la virtù, non come idee brillanti, viste nello spazio, che gli girino intorno, ma come oggetti concreti e familiari, divenuti il suo contenuto. O. c. II, p. 464.

bedingungen des erneuerten nationalen Daseins entsprechende philo=
sophische Verständniß des Schönen sich von selbst einstellen.

Man könnte freilich fragen, ob auf dem von de Sanctis ein=
genommenen Standpunkte eine Philosophie des Schönen möglich sei.
Denn diese hat doch die Aufgabe, das absolute Wesen des Schönen,
die ewige Idee desselben zu bestimmen; de Sanctis anerkennt kein mit
dem Charakter der Unwandelbarkeit ausgestattetes absolutes Wesen des
Schönen, wofern nicht etwa jede einzelne schöne Erscheinung für
absolut, d. i. um ihrer selbst willen geltend genommen werden soll.
Das Schöne als allgemeine Idee über die concreten Erscheinungen
des Schönen hinausrücken, heiße in die Lehre von den angebornen
Ideen zurückfallen und auf den cartesischen Standpunkt zurückgreifen,
welcher durch Vico ein= für allemal überwunden worden sei. Vico
versetzte seine Landsleute aus dem Gebiete der abstracten Ideologie
in die concrete geschichtlich=positive Wirklichkeit und stand für eine auf
Beobachtung und auf das Reale gegründete Wissenschaft ein; seine
bisher noch nicht erschöpfend gewürdigte Lehre wird im kommenden
Jahrhundert ihre Fortbildung und Weiterentwickelung erleben. Die
ontologisch=metaphysische Ansicht vom Schönen sucht den Inhalt des
menschlichen Ideales außer dem Menschen, während er doch nur der
Reflex aller großen, im Menschen selber vorhandenen höheren Lebens=
empfindungen sein kann. Das künstlerische Schaffen und Gestalten ist
Objectivirung dessen, was der Anlage nach im Menschen ist; diese
entwickelt sich im geschichtlichen Processe, in dessen Verlaufe der Mensch
mehr und mehr zur vollen Bewußtheit seiner selbst gelangt. Die zum
vollkommenen Begriffe ihrer selbst durchgedrungene Nation wird
auch die vollkommene künstlerische Objectivirung ihres Selbstgedankens
aus sich hervorstellen. Da nun aber jedes Volksthum individuell und
kein Volk unsterblich ist, so wird — folgern wir aus der von de Sanctis
aufgestellten Theorie des geschichtlichen Progresses — auch die Literatur
und Kunst des zukünftigen Italiens ebensowenig als die einer anderen
neben den Italienern bestehenden Nation den Vollinhalt dessen, was
im Wesen des Menschen liegt, zum Ausdrucke bringen; es wird über=
haupt das Wesen des Schönen als solchen in aller irdischen Menschen=
zeit ein halb verhülltes Mysterium bleiben und auf die Erringung
eines absoluten Begriffes und objectiven Kriteriums des Schönen
verzichtet werden müssen.

Wir anerkennen vollkommen und unbedingt, daß der Zukunft neue Offenbarungen des Kunstschönen vorbehalten seien, welche in ihrer Art ebenso original sein werden, als es die wahrhaft schöpferischen Kunstleistungen der bisher abgelaufenen Weltzeiten gewesen sind. Welche Wandelungen der bisherigen Lebenszustände aber immerhin im Sein und Leben der kommenden Menschengeschlechter eintreten mögen, jedenfalls darf getrost angenommen werden, daß der geistige Lebensinhalt der Zukunft nicht so sehr außerhalb des Gesichtskreises der Gegenwart liege, als jener der christlichen Weltzeit außer dem Gesichtskreise der vorchristlichen Zeit lag, und zwar deßhalb nicht, weil wir mitten in der geschichtlichen Entwickelung des christlichen Weltgedankens stehen, dessen vollkommene Ausgestaltung wir von der Zukunft erwarten. Die gegenwärtig vorwiegende realistische Richtung der künstlerischen Bestrebungen bekundet allerdings nach der einen Seite ein Ermatten der geistigen Schwingen, von welchen das künstlerische Schaffen und Streben in den Zeiten seiner wahrhaft originalen Productionsthätigkeit getragen war; andererseits kann sie aber als Vorbedingung und Vorbereitung eines erneuerten Aufschwunges wahrhaft productiver Schaffensthätigkeit angesehen werden. Wie der forschende Gedanke, so verliert sich auch die bildnerische Thätigkeit unter der rasch anwachsenden Fülle des neu eruirten empirischen Stoffes cognoscitiver und bildnerischer Thätigkeit zeitweilig bis auf einen gewissen Grad in der Welt des Erscheinenden, langt aber schließlich bei einem Punkte an, wo das Zurückgreifen des von der Fülle der äußeren Eindrücke gesättigten Menschen auf die in ihm selber lebende Idee des in der Wirklichkeit Gegebenen mit der Macht einer Naturnothwendigkeit eintritt und zur Subsumtion des neugewonnenen empirischen Stoffes unter die in der Seele latent präexistirende Idee des Gegebenen sollicitirt. Der Geist kehrt mit neuen Erfahrungen bereichert aus der Welt der Empirie in sich selbst zurück und es treten neue, geistig vertiefte Selbstfassungen des cognoscitiven und künstlerischen Strebens ein, in welchen die großen und tiefen Strebungen der Vergangenheit sich verjüngen und in entwickelterer Gestalt zu Tage treten. Das Reich der Idealität ist ein unbegrenztes; darum ist auch eine unabsehbare Reihe von Entwickelungsgraden und Steigerungen der idealen, wahrhaft schöpferischen bildnerischen Thätigkeit denkbar; auf keiner dieser Entwickelungsstufen wird aber etwas absolut Neues hervorgebracht werden können, sondern nur dasjenige, was im inneren Menschen verborgen immerdar ist und lebt, in erneuerter, geistig vertiefter Gestalt zu Tage treten. Es gibt zufolge der Immanenz des Ewigen in der zeitlichen Entwickelung des Menschheitsdaseins eine geschichtliche Continuität, welcher zufolge das später Eintretende nicht zu einer bloßen Negation des früher Dagewesenen herabgedrückt werden darf, wie der in diesem Punkte von Hegel beeinflußte de Sanctis anzunehmen geneigt ist; daher auch die Literaturgeschichte nicht so ausschließlich oder vorherrschend, wie de Sanctis will, unter den Gesichtspunkt einer die Vergangenheit negirenden Kritik gestellt werden darf. Es ist dieß der einseitige Gegensatz zu dem von Fornari eingenommenen Standpunkte, auf welchem unter Hinwegsehen von der schöpferischen Macht des bildnerischen Triebes die der vorchristlich=antiken Vergangenheit angehörigen Formen der poetischen Thätigkeit als normative für immer giltige ideale Bildungsformen festgehalten werden wollen.

De Sanctis erfreut sich des Rufes, unter den ästhetischen Kritikern des heutigen Italiens den ersten Rang einzunehmen.[1] Indeß schien die aus seinen literargeschichtlichen Arbeiten als Grundstimmung hervortretende philosophisch=kritische Skepsis doch hin und wieder selbst seinen Freunden und Anhängern zu herb, als daß sie nicht, obschon in Bezug auf die höheren Aufgaben einer nationalen Literaturgeschichte mit ihm vollkommen einverstanden, doch das kritisch=skeptische Grundelement seiner literargeschichtlichen Anschauungen einzudämmen oder wo möglich völlig zu beseitigen sich bemüht hätten. Luigi Settembrini[2] ist zwar mit de Sanctis vollkommen davon überzeugt, daß man zur Beurtheilung der aus dem geistigen Lebensentwickelungsprocesse der Culturvölker herausgesetzten literarischen Erzeugnisse nicht einen im Voraus fertigen Maßstab mitbringen dürfe, daß vielmehr das Endurtheil durch die Ergebnisse des kritisch zu beleuchtenden Processes selber auch mitbestimmt werde. Er wendet sich deßhalb kritisch gegen Fornari's Arte di dire als verfehltes Vorhaben einer Aufstellung universaler und für immer geltender Regeln der künstlerisch bildnerischen literarischen Thätigkeit; diese Regeln modificiren sich nicht nur

---

[1] Vgl. Bonghi, Lettere critiche (Neapel, 1884; 4. ed.), p. 26.
[2] Lezioni di letteratura italiana (Neapel, 1867; 5. Aufl. 1879. 3 Voll.). — Vgl. über dieses Werk: Gius. de Leonardis, L'arte e la vita dello spirito (Genua, 1880) I, pp. 23 sgg.

nach den individuellen Eigenarten der einzelnen Culturvölker, sondern unterliegen auch in der geistigen Entwickelung jedes einzelnen Volkes Wandlungen. Das Festhalten an allgemein giltigen unwandelbaren Formen involvirt eine Gleichgiltigkeit gegen den Inhalt, der in denselben ausgeprägt werden soll, womit der nationalen Literatur als solcher die geistig-sittliche Existenzberechtigung entzogen wird. Die von Fornari ausgeführte Arte di dire müsse sonach in eine Arte nel dire oder Arte nella parola umgewandelt werden. In dieser Arte nel dire müsse ferner ein subjectives und objectives Moment unterschieden werden; das subjective Moment ist der individuelle Geistesausdruck des Literators im Werke seines Gedankens, das objective Moment der durch das kunstgemäß geformte Wort vermittelte Ausdruck des vom Geiste gedachten Wahren. Dieses Festhalten am Wahren als etwas objectiv Gegebenen ist nun dasjenige, worin Settembrini von de Sanctis grundsätzlich abweicht; das objectiv gegebene Wahre ist ihm der Grundinhalt der die geistige Lebensentwickelung der Nation wiederspiegelnden literarischen Bewegung, der als vorhanden vorausgesetzt werden muß, weil ohnedem der Entwickelungsproceß selber nicht möglich wäre. Das Wahre, welches unmittelbar durch sich selber auch schon das Schöne ist, wird auf dreifache eigenartige Weise in Gefühl, Phantasie und Denkvernunft (ragione) apprehendirt; die dieser dreifachen Apprehension entsprechende dreifache Gestalt der menschlichen Wahrheitsperception sind Religion, Kunst und Wissenschaft, welche als drei Strahlen eines und desselben Lichtes wurzelhaft und wesenhaft Eins sind und darum auch in ihrem gesonderten Sein unlöslich mit einander verbunden sind, so daß keine Religion ohne Kunst und Wissenschaft, keine Kunst ohne Religion und Wissenschaft, keine Wissenschaft ohne Religion und künstlerische Selbstgestaltung gedacht werden kann. Die Kunst hat dasjenige darzustellen, was in der Religion empfunden, in der Wissenschaft gedacht wird; sie wird damit zum Spiegel des menschlichen Gesammtlebens, ihr specifisches Thun ist die schöpferische Veranschaulichung des Wahren. Die wahre, ächte Kunst kann zufolge ihrer Objectivität niemals das Falsche, sondern nur das Wahre, nicht das Vergängliche, sondern nur das Absolute, nicht das Phänomenische, sondern nur das in der Realität der Dinge enthaltene Unendliche, nicht die Natur, sondern nur das Geistige in der Natur zum Ausdrucke bringen. Das Geistige in der Natur wird vom menschlichen Geiste als das ihm Ähnliche erfaßt; es präsentirt sich ihm in der

Form der sinnlichen Vorstellung, welche ihrer Durchgeistung durch den intellectiven Wahrheitsgedanken entgegenharrt. Der Wahrheitsgedanke ist der der sinnlichen Fassungsform einzugeistende Wahrheitsgehalt, dessen adäquater Ausdruck in der versinnlichenden Form das Wahre als Schönes erscheinen läßt. Es handelt sich sonach um das harmonische Verhältniß zwischen Inhalt und Form; in der Actuirung dieses Verhältnisses besteht das künstlerische Thun, dessen Geschick sich nicht anlernen läßt, sondern eine spontane Selbstbekundung des Geistes ist und der individuellen Eigenart desselben entspricht. Alles individuelle Schaffen kann die Wahrheit nur auf individuelle Weise zum Ausdrucke bringen; die ganze volle Wahrheit kann sich nur in der Gesammtheit aller individuellen Ausdrücke, somit nur auf dem Wege der geschichtlichen Evolution zur Erscheinung bringen. Die Geschichte ist die wesentliche Lebensform des menschlichen Geistes; die innere Geisteswelt ist gleich der äußeren sichtbaren Welt in stetem Werden begriffen, dessen continuirlicher Proceß sich auch in den künstlerischen Objectivirungen des inneren geistigen Lebens der Menschheit, somit in der Literatur reflectirt.

Settembrini kommt nach dieser Seite de Sanctis ziemlich nahe, steht aber tiefer in Hegel als de Sanctis, und sucht für seine Verständigung über das Wesen des Schönen Anknüpfungspunkte bei Gioberti, mit welchem er das Wesen des Schönen in die harmonische Einigung des Sensiblen und Intelligiblen setzt. Von Fornari weicht er durch seine Betonung dessen ab, was er das individualisirende Thun des künstlerisch schaffenden Geistes nennt; die Phantasie ist ihm nicht, wie Fornari, ein Lichtelement, in welches im künstlerischen Thun das sinnlich Erscheinende gerückt wird, sondern ein Krystall, in welchem sich das geistige Licht des Wahrheitsgedankens im bunten Farbenspiele bricht. Sofern er nun alles literarische Schaffen als künstlerisches Produciren durch das verbildlichende Wort im Elemente der Phantasievorstellung sich vermitteln läßt, definirt er das Literaturstudium als Studium des im Worte phantasievoll verbildlichten Ausdruckes des geistigen Lebens. De Leonardis[1] findet diese Begriffsbestimmung der Literatur zu enge; sie beschränke den Begriff der Literatur auf die poetischen Productionen und scheide alle übrigen Gattungen kunstgemäßer Darstellung (didaskalische, historische, oratorische Schriftwerke)

---

[1] L'arte ecc. (siehe oben S. 154, Anm. 2), p. 37.

gegen Settembrini's selbsteigenes Vorhaben aus dem Bereiche der Literaturgeschichte aus; es sei ihm somit nicht gelungen, die von ihm beabsichtigte Umsetzung der Arte di dire in eine Arte nel dire mit dem richtigen Begriffe von der menschlichen Phantasie in Einklang zu bringen. Nach unserem Dafürhalten fehlt es allerdings sowol bei Settembrini als auch bei Fornari an der richtigen psychologischen Analyse als philosophischer Unterlage einer Theorie und Geschichte der Literatur; Beide glaubten von einer derartigen Unterlage in der Unmittelbarkeit ihrer geistigen Anschauung absehen zu können und stehen sich ungeachtet ihres verschiedenen Verhaltens zu dem gemeinsamen Gegenstande ihrer Betrachtung unter einem gewissen Gesichtspunkte so nahe, als es ihre gemeinsame Abhängigkeit von den Nachwirkungen der Gioberti'schen Doctrin unvermeidlich mit sich brachte. Es ist nicht schwer zu erkennen, um was es sich für beide Neapolitaner eigentlich handelte, nämlich um den Begriff des auf dem Gebiete des literarischen Schaffens sich zum Ausdrucke bringenden und nach allen Seiten hin entfaltenden menschlichen Ingeniums, wie dasselbe seiner Zeit von Vico als göttlich eingegeistete Anlage des Einzelnen, des Volksgeistes und der Gesammtmenschheit aufgefaßt worden war. Auf diese Grundidee stützt sich auch die Anschauung des de Sanctis von den Aufgaben und Functionen der Literaturgeschichte; in dieselbe theilen sich gemeinhin alle Vertreter der heutigen ästhetisch-kritischen Bestrebungen in Süditalien, wie sehr auch im Einzelnen ihre individuellen Anschauungen zufolge der besonderen und eigenartigen Vermittelungen der Anschauungen Vico's oder Gioberti's mit Hegel'schen Ideen oder positivistischen Doctrinen auseinandergehen mögen. Bonghi[1] sieht in der heutigen neapolitanischen Schule die Fortsetzerin der Bestrebungen jenes Bildungskreises, welcher einst um den Mailänder Conciliatore sich gesammelt hatte; nicht als ob die Vertreter der neapolitanischen Schule in denselben Bahnen wandelten, wie einst jene der Mailänder Schule, sondern sofern sie die ästhetisch-kritischen Bestrebungen derselben auf anderen Unterlagen, auf jenen der mittlerweile bedeutend vorgeschrittenen deutschen Philologie, Kritik und Ästhetik wieder aufnahmen. De Leonardis hebt als die Hauptvertreter der drei verschiedenen Richtungen der neapolitanischen ästhetisch-kritischen Schule Fornari, Settembrini, de Sanctis hervor, wünscht aber, daß neben

---

[1] Lettere critiche, pp. 30 sgg.

denselben die Leistungen eines Bartoli in Florenz,[1] Carducci in Bologna,[2] Celesia in Genua,[3] Paolo Ferrari in Mailand,[4] Graf in Turin,[5] Guerzoni in Padua,[6] Nannarelli in Rom,[7] Zoncada in Pavia[8] nicht übersehen werden mögen. Seinen Lehrer de Sanctis stellt er über alle eben Genannten, bekennt jedoch zugleich sein entschiedenes Festhalten am Standpunkte der christlichen Weltbetrachtung als Hort und Inbegriff aller civilisatorischen Ideen.

Settembrini hatte als Aufgabe der Literaturgeschichte bezeichnet, alle constitutiven Elemente der im geschichtlichen Progresse sich vollziehenden Lebensentwickelung zum Gegenstande des Studiums zu machen und das Ineinanderwirken derselben in der geistigen Entwickelungsgeschichte eines bestimmten Volkes oder der Gesammtmenschheit zu beleuchten. Als die constitutiven Elemente des geistigen Lebens und seiner geschichtlichen Entwickelung bezeichnete er das Wahre als solches, welches in Religion und Wissenschaft seinen rein geistigen Ausdruck hat, die im Elemente der sinnlichen Vorstellung sich vermittelnden künstlerischen Ausdrücke des Wahren, und endlich das Wort als solches oder die Sprache als specifisches Vehikel der Gedankendarstellung. De Sanctis anerkannte zwar,[9] daß Settembrini die Aufgabe der Literaturgeschichte richtig bestimmt habe, erklärte aber eine dem Programm entsprechende Darstellung der italienischen Literaturgeschichte für etwas vor der Hand Unmögliches, weil die nöthigen Vorarbeiten hiefür: eine befriedigende Geschichte der italienischen Sprache, gediegene monographische Würdigungen der hervorragendsten, der Literaturgeschichte angehörigen Vertreter des italienischen Geisteslebens in den verschiedenen Stadien seiner Entwickelung, schlechterdings fehlen, abgesehen davon, daß in Bezug auf die Principien der ästhetischen Kritik eine verwirrende Vielheit von Meinungen herrsche, deren Zerfahrenheit für sich allein ausreiche, die Hoffnung auf das Glücken

---

[1] Vgl. über Adolfo Bartoli De Gubernatis, Dizionario biografico, p. 105.
[2] Gubernatis, pp. 260 sgg.
[3] Gubernatis, p. 276.
[4] Gubernatis, p. 437.
[5] Gubernatis, p. 527.
[6] Gubernatis, p. 541.
[7] Gubernatis, p. 749.
[8] Gubernatis, p. 1087.
[9] Nuovi saggi critici (Neapel, 1872), pp. 254 sgg.

eines derartigen Unternehmens in der Gegenwart gar nicht aufkommen zu lassen.

Giacomo Zanella[1] verkennt nicht die hohe Begabung des de Sanctis für eine feinfühlige ästhetisch-kritische Würdigung literarischer Meisterwerke, glaubt aber, daß de Sanctis an den ästhetischen Kritiker unerfüllbare Forderungen stelle. Derselbe solle sich so vollkommen in die Seele des beurtheilten Literators hineinzuversetzen wissen, daß er nicht bloß das vom Auctor wirklich Gesagte aus seinen tiefsten seelischen Motiven versteht, sondern auch dasjenige divinatorisch ergründet, was der Autor ungesagt ließ. Man gewinnt in der That aus den literarischen Essays des de Sanctis den Eindruck, als ob er den die geistigen Intentionen und seelischen Motive eines Literaturwerkes reconstruirenden Kritiker unter einem gewissen Gesichtspunkte dem schöpferischen Hervorbringer des Werkes nicht bloß gleichstelle, sondern sogar über denselben stelle. Daß es bei diesem vermeintlichen Eindringen in die innerste Seele eines Dichters nicht ohne subjective Täuschungen abgehe, glaubt Zanella an manchen Beispielen erproben zu können, so z. B. in der von de Sanctis außerordentlich geistreich und anziehend entworfenen Beurtheilung des Gedichtes Leopardi's Alla mia donna, welche ungeschrieben geblieben wäre, wenn de Sanctis gewußt hätte, daß der ursprüngliche Titel des Gedichtes, wie Antonio Ranieri versichert, Alla libertà gelautet habe. De Sanctis wäre demnach schon um dieses seines geistreichen Subjectivismus willen nicht der geeignete Mann, eine den von ihm selber gestellten Anforderungen entsprechende Literaturgeschichte zu liefern. Überdieß schließt das von ihm geforderte vermeintlich absolute Verständniß eines literarischen Meisterwerkes eine Verkennung der Natur des schaffenden Genius in sich; das Wesen der Genialität ist ein Schöpfen aus unerforschlich tiefen Gründen, zufolge dessen die vielseitigsten Auffassungen eines genialen Werkes Berechtigung haben können und keine aus ihnen die Bedeutung desselben absolut erschöpft. Der Genuß einer poetischen Meisterschöpfung würde sich in eine Plage verwandeln, wenn der Leser, um das volle Verständniß desselben zu erringen, den absoluten Begriff desselben zu gewinnen verpflichtet wäre. Den Gegensatz zur kritischen Methode des de Sanctis, welcher das Geheimniß

---

[1] Paralleli letterari (Verona, 1885), pp. 279 sgg. — Über Zanella im Allgemeinen: Gubernatis p. 1079.

des schaffenden künstlerischen Genius ergründen will, bildet die von Pasquale Villari[1] bevorwortete Methode, welcher zufolge die künstlerische Leistung des Einzelnen vornehmlich als Erzeugniß des Volksgeistes begriffen werden soll. Zanella hält dafür, daß mit der Eruirung der geschichtlichen Vorbedingungen der Entstehung eines künstlerischen Werkes noch nicht das Verständniß der dem Geiste des Schöpfers desselben angehörigen Idee gewonnen sei; auf dem von Villari empfohlenen Wege literargeschichtlicher Forschung mögen sehr gelehrte Werke entstehen, das ästhetische Kunsturtheil werde durch dieselben kaum gefördert werden. Die Hauptsache bleibt immer, zu ermitteln, ob und in wie weit eine literarische Composition den kanonischen Gesetzen der Kunst entspreche, ob ihre Theile harmonisch zusammenstimmen, ob in den nebensächlichen Theilen der Composition nicht die Grundidee des Ganzen aus den Augen verloren sei u. s. w. Ein Muster ächter literarischer Kunstkritik liegt in mehreren Arbeiten Foscolo's vor, welcher als ausgezeichneter Stilist vorzugsweise zur Würdigung jener Momente, auf welche es in der ästhetisch-kritischen Beurtheilung eines literarischen Erzeugnisses ankommt, befähiget war. Weder de Sanctis, noch Villari haben dem Stil die gebührende Aufmerksamkeit zugewendet; im Stil reflectirt sich nicht bloß das Denkleben eines Autors, sondern auch jenes der Zeit und des Volkes, welchen er angehört. Beim Stil kommen Zeichnung, Colorit und Lebendigkeit der Darstellung in Frage; der Italiener verlangt vor Allem correcte Zeichnung, während die Deutschen ein phantasiereiches, aber unbestimmt gehaltenes Colorit lieben. Zanella findet kein Gefallen an der in der jüngeren italienischen Dichtergeneration vorwiegenden Neigung, die Deutschen nachzuahmen; er weist auf Foscolo und Leopardi als die Musterschriftsteller des edlen correcten Stiles hin, bei welchen er Beeinflussung durch englische Muster glaublich zu machen sucht. So bringt er Leopardi mit Byron und Shelley in Verbindung, Foscolo mit Thomas Gray; auch bei Ippolito Pindomonte lassen sich englische Einflüsse nachweisen, die übrigens weiter zurückreichen und bei hervorragenden italienischen Dichtern und Schriftstellern des vorigen Jahrhunderts: Gasparo Gozzi, Cesarotti, Antonio Conti u. A. sich bemerkbar machen. Die erste Bekanntschaft der Italiener mit deutscher Prosa wurde durch Sal. Geßner's Freund

---

[1] Arte, storia e filosofia. Florenz, 1884.

Aurelio Bertòla vermittelt; die deutsche Literatur in ihrem damaligen Stande war nicht geeignet, anregend und befruchtend auf die italienische zu wirken. Sie hat seitdem einen mächtigen Aufschwung genommen und in Schiller und Goethe unsterbliche Genien hervorgebracht, deren Ruhmesglanz durch alle kommenden Jahrhunderte leuchten wird. Deßungeachtet muß man es beklagen, wenn die heutige jüngere Generation in Italien mehr mit Goethe, Schiller und Heine, als mit Dante und Tasso sich vertraut zeigt und die heutigen Dichter nicht die dem italienischen Volksgemüthe zusagenden Töne anzuschlagen verstehen. Die unruhige Bewegtheit in der modernen italienischen Dichtergeneration erinnert an die dem Auftreten Goethe's und Schiller's vorausgegangene Sturm- und Drangepoche der deutschen Literatur; man glaubt durch Mißachtung und Verkehrung der fundamentalsten Gesetze des poetisch-künstlerischen Schaffens neue Bahnen erschließen zu können. Manzoni und Leopardi waren gewiß kühne Neuerer auf dem Gebiete des dichterischen Schaffens; sie gaben aber niemals die dem italienischen Denken und Empfinden angemessene poetische Form preis, wollten dieselbe vielmehr rein und unentstellt gewinnen. Die beiden begabtesten unter den Vertretern des italienischen Parnasses in jüngster Zeit waren unzweifelhaft Giovanni Prati und Aleardo Aleardi, deren ersterer jedoch nicht die nöthige Sorgfalt auf die Ausbildung der ihm gewordenen natürlichen Gaben verwendete, während der letztere es wol an Sorgfalt nicht fehlen ließ, aber sein Talent nicht richtig zu discipliniren wußte.

Zanella, bei welchem es an Kundgebungen patriotisch-nationaler Gesinnung durchaus nicht fehlt, wünscht durch seine Hindeutung auf die ewig giltigen Grundbedingungen des dichterisch Schönen von jenen unruhigen und schwärmerischen Extravaganzen abzulenken, welche in dem mit seiner religiösen und politischen Vergangenheit zerfallenen Italien auch auf dem Gebiete der ästhetischen Kritik zu Tage traten. Man suchte sich über die thatsächliche Unfruchtbarkeit des heutigen Italiens an wahrhaft schöpferischen poetischen Begabungen durch allerlei schiefe oder unrichtige Theorien hinwegzutäuschen. De Leonardis[1] unterscheidet drei Blüthezeiten der italienischen Literatur (Trecento, Renaissance, Rinnovamento), als deren specifische Beseelungsprincipien er Glaube, Kunstenthusiasmus und Wissenschaftseifer bezeichnet. Jede

---

[1] L' arte ecc. p. 245.

dieser drei Epochen verläuft in der naturnothwendigen Aufeinanderfolge von Lyrik, Epik, Dramatik, Satyre. In der dritten Epoche hat
man das Vorbereitungsstadium von der eigentlichen Entwickelung, in
deren Mitte die Gegenwart steht, zu unterscheiden. Die Lyrik der vorbereitenden Epoche wird durch Meli, Manzoni, Leopardi eingeleitet,
welche das nationale Bewußtsein wecken; dieses schafft sich sofort seine
italienische Marseillaise, deren Sänger Berchet, Mameli, Rossetti,
Poerio, Mercantini, Brofferio sind. Den Lyrikern folgen die Epiker
und Romanzieri nach (Sposi promessi, Marco Visconti, Battaglia
di Benevento ecc.); der Volksheld Garibaldi fand seinen Sänger
in Alberto Mario. Die Dramatik ist durch Niccolini und Giocometti,
die Satyre durch Giusti repräsentirt. Der fortschreitende Triumph der
nationalen Revolution regt das Entstehen einer neuen Literatur an,
welche wesentlich wissenschaftlicher und sociologischer Natur ist. Die
sociale Tendenz der neuen Epoche ist bereits durch Manzoni und
Mazzini (freies Italien, Rom als Hauptstadt des neuitalienischen
Reiches) gekennzeichnet; das Wissenschaftsideal derselben, den absoluten
Naturalismus, hat Leopardi präconcipirt. Unter die idyllischen Vorläufer der Lyrik dieses neuen Entwickelungsstadiums rechnet de Leonardis
Aleardi und theilweise sogar Zanella;[1] die heroischen Lyriker desselben
sind Carducci und Rapisardi;[2] die Dramatik ist durch Cossa,[3] Caval-
lotti,[4] de Gubernatis und P. Ferrari repräsentirt. Im poetischen
Schaffen dieser Periode wird die vollkommene Vermittelung des reinen
Idealismus mit dem absoluten Verismus, somit die vollkommene
Verwirklichung des Kunstideals angestrebt, welche de Leonardis mit
einem biblischen Ausdrucke als Fleischwerdung des ewigen Wortes
bezeichnet. Der diesen Verismus beseelende Idealismus schließt den

---

[1] Lo Zanella facevasi a poetare sopra una conchiglia fossile, tra le
sue poesi originali certo la più bella, e che fa mirabile contrasto a tutte le
sue versioni bibliche, greche e latine, tutte cose nate morte: l'anima del
Secolo è li, in quella conchiglia fossile, che vide „il mattino del giovine
mondo", e che „vagava co' nautili, co' murici a schiera", quando l'uomo
non era per anco apparso sopra la superficie terrestre, e questa Italia era
tuttora immersa nella profondità delle acque. Ed ecco la Lirica nuova: la
Lirica della Scienza; e chi se ne diparte, cade nel vuoto, nel chimerico, nè
più è sentito. O. c., p. 253.

[2] Gubernatis. p. 860.

[3] Gubernatis, p. 320.

[4] Gubernatis, p. 271.

rohen Sensualismus aus; der geläuterte Naturalismus der modernen Kunst und Ästhetik hat mit dem Realismus Zola's nichts gemein. Die Naturwahrheit, auf welche sich die heutige Kunst und Ästhetik stützt, ist jene der gesunden politisch-gesellschaftlichen Lebenszustände der Nation, welche sich selbst wiedergefunden hat und in ihrem künstlerischen Schaffen und Streben das Bild ihrer selbst vergegenwärtigt.

Caporali[1] sieht die Anfänge der positivistischen Kunsttheorie bereits bei Leonardo da Vinci gegeben. Der Positivismus sei, nachdem die ontologische, psychologische und speculative Schule dem Wesen des Schönen und der Idee des künstlerischen Schaffens nicht gerecht zu werden vermochten, der einzig mögliche Standpunkt der Ästhetik, welcher heute durch Carriere, Hippolyt Taine, Zeising, Hanslick vertreten sei. Der ästhetische Positivismus in dem von Caporali verstandenen Sinne besteht in der geistigen Apperception des die Natur und Geschichte beseelenden Geistes und heischt Eindringen in das Verständniß des Schaffens dieses Geistes durch ernste Studien. Caporali ist von der Überzeugung durchdrungen, daß die von ihm angestrebte exacte Philosophie der Natur und Geschichte ohne Mitwirkung ästhetisch gebildeter Männer und künstlerisch angelegter Naturen kaum realisirbar sein möchte. Er hat die Grundzüge derselben in der die bisher erschienenen Hefte seiner Nuova Scienza durchziehenden Auseinandersetzung der Formula Pitagorica della cosmica evoluzione zu veröffentlichen begonnen. Diese beginnt mit dem Begriffe der Zahl als lebendiger Potenz der Selbstvervielfältigung, Entfaltung und Gestaltung des Seienden. Die reale Zahl ist wesentlich empfindungsfähiges Sein und durch das Empfinden wird das Handeln der Natur determinirt; daher die Naturentwickelung mit Freiheit vor sich geht und ihre Evolutionen nur auf Grund der Beobachtung und Erfahrung ermittelt werden könne. Dieß ist in der wesentlich auf Spinoza fußenden neudeutschen Speculation verkannt worden, daher ihre Systeme mehr oder weniger fatalistisch sind; Giordano Bruno, der die trüb prädestinatianistischen Anschauungen des Protestantismus von sich ferne zu halten wußte, ist der ächte Erneuerer der auf die Erkenntniß des Wesens der Zahl gegründeten Philosophie. Caporali folgt der Entwickelung des allgemeinen Weltsystems aus seinen monadischen Grundkräften durch alle Stadien derselben von der Entstehung des kosmischen

---

[1] La Nuova Scienza, p. 82. — Vgl. Bd. IV, S. 9 Anm. 1.

Äthers angefangen bis herab zur Erzeugung der aus dem tellurischen Dasein herausgebornen thierischen Lebewelt unter specieller Würdigung dessen, was die neuzeitliche Himmels- und Erdkunde, Physik und Chemie, Organologie und Physiologie als gemeingiltiges Resultat abgesetzt haben. Caporali will, daß die Exactheit der Naturvorgänge nicht mit mechanistischer Determinirtheit verwechselt werde, welche letztere jede fortschreitende Entwickelung aufheben würde. Im Gegesatze zwischen der schon gewordenen und der sich selber schaffenden Natur tritt letztere als Geist der Natur im engeren Sinne gegenüber; Natur bedeutet da alles Seiende mit seinen habitualen, verfesteten Instincten, Geist die auf Grund des Gegebenen sich selbstthätig weiter entwickelte Natur. Jede Weiterentwickelung vermittelt sich durch actives Zusammenfassen des Gegebenen zur Erzielung neuer, höherer Formationen zur Schaffung neuer harmonischer Verhältnisse. Die Hervorbringung solcher neuer Harmonien ist mit lauter Gefallenszuständen der Seele verbunden, die hiebei ihrer schöpferischen Freiheit inne wird; so arbeitet also gemeinhin die Kunst an der fortschreitenden Entwickelung der Humanität. Das künstlerische Thun umfaßt, in einem weitesten Sinne verstanden, alle höheren Culturfunctionen; zuhöchst fällt die Kunst mit der Philosophie zusammen. In der That wäre es das Höchste, die gesammte Weltentwickelung als Gedicht eines der kosmischen Wirklichkeit immanenten göttlichen Verstandes zu erfassen. Alles künstlerische Thun beruht wesentlich auf einer Harmonisirung von Gegensätzen; die ächte Poesie vergegenwärtiget den continuirlichen Gegensatz zwischen den Ideen und subjectiven Affecten und läßt durch die Darstellung des Wechselspieles beider das Gefühl der sittlichen Würde im Menschen erzeugt werden. Der erhabene Contrast, der sich in der geistigen Zusammenhaltung des thatsächlich Gegebenen mit dem ewig Wahren, Schönen und Guten ergibt, erzeugt in seiner richtigen Vermittelung das Gefühl der Bewunderung. Der Bereich der erhabenen Contraste ist unbegränzt und demzufolge nach dieser Seite die Möglichkeit einer unbegränzten Zukunftsentwickelung der kunstbildnerischen Thätigkeit geboten.

Die Würdigung, welche Caporali dem Kunstschönen angedeihen läßt, bezieht sich vornehmlich auf die erziehliche, versittlichende Wirkung desselben — eine Auffassungsweise, welche naturnothwendig in den Vordergrund tritt, wenn das absolute, an sich seiende Wesen des Kunstschönen sich der geistigen Auffassung entzieht. Das Kunstschöne, nach seiner absoluten Bedeutung gewürdigt, ist ein im bildnerischen Werke festgehaltener ewiger Moment, unter welchem sich das zeitlich-räumliche Object der Kunstdarstellung dem idealen Blicke des Künstlers darbot. Von einer absoluten Bedeutung der Kunst läßt sich sonach nur unter Voraussetzung einer göttlichen Ideenwelt und des menschlichen Vermögens einer activen lebendigen Reproduction der geistig erfaßten göttlichen Ideen sprechen. Damit ist auch der schöpferische Charakter des künstlerischen Thuns gewahrt, welcher in Italien gerade von den Vertretern der theistischen Ästhetik aus befangener Furcht vor pantheistisch-Hegel'schen Anschauungen so beharrlich bestritten wird. A. Conti,[1] welchem die italienische Philosophie eine der durchgearbeitetsten Theorien des Schönen verdankt, anerkennt wol ein erfinderisches Element der künstlerischen Thätigkeit, welches er jedoch erst in dritter Linie auf Grund der beobachtenden und nachahmenden Thätigkeit eintreten und in einer glücklichen Individualisirung der allgemeinen Idee des Darstellungsobjectes bestehen läßt.[2] Das inventive Verfahren des menschlichen Intellectes in Hervorbringung des Kunstschönen gleicht nach Conti[3] ganz jenem in der Ausübung des logischen Kunstgeschickes und der Ars moralis, und muß demselben gleichen, weil Logik, Ästhetik und Moral als praktische Fertigkeiten nur drei besondere Modificationen des allgemeinen, auf die Verwirklichung der Ideen des Wahren, Schönen und Guten gerichteten menschlichen Kunstgeschickes sind.[4] Wahrheit, Güte, Schönheit stellen drei Ordnungsbereiche dar, deren ersterer durch das Erkennen, der zweite durch die Acturirung sittlicher Zweckbeziehungen ein lebendiges Sein erlangt, während der Schönheitsbereich die unmittelbar zur Bewunderung fortreißende Ordnung des Vollkommenen repräsentirt. In allen drei Bereichen entwickelt sich das praktische Kunstgeschick des Menschen auf Grund der gott-

---

[1] Il Bello nel Vero (Florenz, 1884), 2 Voll.
[2] Poeta, musico, architetto, pittore, scultore avendo in idea, non il tale uomo, si la natura umana, non que' tali pensieri d'un uomo, ma un pensiero universale di religione, di patria, di famiglia, d'amore, d'amicizia, può con la scelta de' particolari e con la fantasia variare indefinitamente. Quello che Aristotele disse per la poesia, può adunque dirsi d'ogni arte bella, cioè che mentre i particolari formano oggetto di storia, oggetto dell'arte bella è anzi l'universale. O. c. II, p. 6.
[3] O. c. I, p. 59.
[4] Vgl. Bd. III, SS. 416 ff.

gesetzten natürlichen Ordnung, deren Gesetze und Modos zu ermitteln, die erste Aufgabe des zum praktischen Thun berufenen Menschen ist. Der Logiker hat die Modos und Gesetze der Denknatur, der Moralist die natürlichen Gesetze und Modos des Sittlichen und Zweckdienlichen, der Pfleger des Kunstschönen die von der Natur in der Manifestation der Schönheit oder Vollkommenheit befolgten Modos und Gesetze zu beobachten und ihre Nachahmung sich zur Richtschnur zu machen. Die mit der Nachahmung verbundene Reflexions- und Willensthätigkeit rückt das künstlerische Thun des Intellectes über den Bereich der bloßen Naturnachahmung hinaus und verleiht ihm den Charakter eines inventiven Thuns. So verhält es sich mit den nicht unmittelbar von der Denknatur des Geistes causirten Ratiocinien, Methoden, Abstractionen und vergleichenden Zusammenhalten der logischen Kunst als Ars inventiva; so mit der auf dem Wege der Beobachtung gewonnenen Kunst eines naturwahren und ordnungsgemäßen pflichttreuen Thuns und Handelns; somit der Erzeugung der das natürlich Schöne nachbildenden Formen des Kunstschönen. Wenn alles selbstthätige intellective Thun des Menschen Kunst ist, so verliert dasjenige, was man specifisch Kunst heißt, seinen specifischen Charakter, der doch nur in der bildlichen Vergegenwärtigung einer idealen Wirklichkeit bestehen kann, während die speculative Denkforschung bei der Eruirung der die empirische Wirklichkeit erklärenden Ideen stehen bleibt, das sittliche Thun aber die Umsetzung der Idee in eine Willensthat zum Inhalte hat. Conti substituirt der Angabe des Wesens oder der Idee des dreifachen intellectiven Thuns die drei specifischen Zwecke desselben: Erzeugung des Wahren, des Schönen, des Guten durch das intellective Thun;[1] er kann, da ihm die genannten drei Thätigkeiten dem Wesen oder der Idee nach identisch sind, die Unterschiede derselben nur in der Verschiedenheit ihrer besonderen Zwecke begründet finden. Daß in jedem dieser drei Zwecke der selbstige menschliche Geist sich auf eine specifisch andere Art actuire und in jeder dieser drei verschiedenen Actuationsmodi sich eine specifisch andere Daseinswirklichkeit schaffe, liegt außer

---

[1] A quel modo che l'arte logica è osservazione imitativa di natura e inventrice a fine di verità; e a quel modo ancora che l'arte morale si è osservazione imitativa di natura e inventrice a fin di bene; così l'arte bella o estetica è osservazione imitativa di natura e inventrice a fine di bellezza; qui sta, di fatti, l'oggetto suo e la sua distinzione da ogni arte. O. c. I, p. 60.

dem Gesichtskreise des von Conti vertretenen ontologistischen Positivismus. Er betont den gemeinsamen künstlerischen Charakter des cognoscitiven, bildnerischen und sittlichen Thuns, verkennt aber das jedem einzelnen derselben eignende creative Wesen, weil er überhaupt das selbstige Thun und Wesen des Menschen nicht in seiner inneren Tiefe zu ergreifen vermag.

Conti weist der Kunst die Nachahmung der Natur als Aufgabe zu. Natur im Unterschiede von Kunst bedeutet ihm Alles, was von der Kunst nicht abhängig ist,[1] somit die gesammte Außen- und Innenwelt des Menschen, die dem Menschen connaturale Idealität und die Realität, das Endliche und Unendliche. Gleichwie nun der Mensch alles Denkbare unter die Begriffe des Endlichen oder Unendlichen, Natürlichen oder Übernatürlichen und deren Attinenzen zu subsumiren hat, so stellt sich auch die Schönheit dem Intellecte unter den zwei correlativen Terminis des Natürlichen oder Übernatürlichen und deren Correlation dar. An Gioberti sich anlehnend, läßt Conti das Übernatürliche mit dem Erhabenen zusammenfallen; das natürliche Schöne zerfällt ihm in das körperliche, geistige, intellectuelle, moralische, ideale Schöne, welches letztere in seiner interminablen Bestimmbarkeit zum Unendlichen in Beziehung steht und somit den Übergang vom Schönen zum Erhabenen bildet. Der Begriff der Natur in dem von Conti hier aufgestellten unermeßlich weitem Sinne faßt die Gesammtheit dessen in sich, was durch die Kunst nachgeahmt werden kann; denn als das durch die Kunst Nachahmbare hörten wir oben die Natur definiren. Wie aber, wenn das durch die menschliche Kunst Nachahmbare selber schon ein Werk der Kunst — zwar keiner menschlichen, wol aber einer göttlichen wäre? Wenn es wahr ist, daß eine menschliche Kunst nur unter Voraussetzung der göttlichen möglich sei, so wird die menschliche Kunstthätigkeit nur in der Reproduction der Werke göttlicher Kunst bestehen, diese Reproduction aber nur dann und insoweit, als sie nicht bloß Reproduction, sondern zugleich auch ideelle Umschaffung ist, eine ideelle Berechtigung ansprechen können. Von einem nachahmenden Thun der menschlichen Kunst kann nur insoweit die Rede sein, als die gottgesetzte Beschaffenheit der darzustellenden Dinge eine unverbrüchliche Regel der menschlichen Kunstbildung in sich schließt, die allezeit naturwahr sein soll; damit sind

---

[1] O. c. I, pp. 67 sgg.

aber nur die Gränzen fixirt, innerhalb welcher sich die selbstthätige menschliche Kunstthätigkeit zu bewegen hat, um nicht in wilde, ungezügelte Regellosigkeit zu verfallen.

Conti spricht wol von einem ingeniösen Thun des menschlichen Künstlers; dieses beschränkt sich indeß auf die Erfassung der richtigen Maßverhältnisse des künstlerisch darzustellenden Objectes, dessen specifische Eigenheit, wie wir bereits sahen, völlig außer dem Gesichtskreise Conti's liegt. Das ingeniöse Thun des Künstlers besteht doch wol darin, daß er in das empirische Zeitdasein schöpferisch eine in demselben nicht vorhandene Wirklichkeit setzt, die er aus den Tiefen seiner selbstigen Innerlichkeit hervorstellt und in deren Form er die empirisch gegebene Wirklichkeit hineinbildet. Eigentlich ist es der innere Seelenmensch selber, welcher sich mit seinen Wünschen, Hoffnungen und Gedankenidealen im künstlerischen Thun in die sinnlich vernehmbare zeitliche Wirklichkeit projicirt und die äußere Wirklichkeit nach der in ihm vorhandenen inneren Welt gestaltet und umbildet; dieses eminent subjectivistische Thun des genialen künstlerischen Schaffens vermag im objectivistischen Ontologismus Conti's nicht zu seinem Rechte gelangen. Das subjectivistische Moment des künstlerischen Schaffens beschränkt sich bei ihm auf die individualisirende Thätigkeit der Phantasie, die er in zweiter Linie eintreten läßt, nachdem der Intellect das Object der künstlerischen Darstellung nach seiner universellen Idee mit specieller Beziehung auf die richtigen Maßverhältnisse desselben in's Auge gefaßt hat. Wie der Dichter oder Künstler dazu kam, gerade dieses Object der Darstellung und kein anderes zu wählen, bleibt bei Conti unerklärt, welcher den Künstler durch seine Imagination zum künstlerischen Thun getrieben werden läßt; bekannt sind nur die Gesetze, nach welchen die menschliche Imagination thätig und deren oberstes allgemeines Gesetz jenes der harmonischen Zusammenfügung des Ähnlichen und Verschiedenen ist. Dieses Gesetz ist kein anderes, als jenes der dialektischen Thätigkeit im Allgemeinen, welches in jeder der drei Arti des Wahren, Schönen und Guten auf seine Weise zur Anwendung kommt.

In Kraft des alles intellective Thun durchwaltenden Gesetzes der dialektischen Thätigkeit ist das künstlerische Bilden der Regel der Wahrheit unterthan.[1] Die Ordnung der Vollkommenheit oder Schön-

---

[1] O. c. I, pp. 179 sgg.

heit substanziirt sich in der Ordnung der Wahrheit und muß in derselben ihre inneren und äußeren Kriterien haben. Das oberste Kriterium in der Ordnung des Wahren ist Gott als Princip und Ziel derselben: demnach läßt sich auch die Ordnung des Vollkommenen oder der Schönheit nicht von der Beziehung auf Gott losgelöst denken, wie sie in der That nirgends davon losgelöst erscheint, weil wo diese Beziehung bei Seite gesetzt wird, das Kunstschöne selber aufhört, dessen Vollkommenheit übrigens auch von der richtigen Auffassung der Ordnung des Schönen zu ihrem göttlichen Principe abhängig ist. Pantheismus, Dualismus, einseitiger Idealismus oder Realismus, Skepticismus, Positivismus und Mysticismus erweisen ihre Falschheit auch in den durch sie veranlaßten disharmonischen Entstellungen des menschlichen Kunstschönen. Aus dem indisch-orientalischen Pantheismus stammt jener magische Supranaturalismus der mittelalterlichen christlichen Ritterdichtung, welcher auch in Tasso's Jerusalem eingedrungen ist; er spukt in den Versen Bruno's und Campanella's nach. Der Skepticismus lähmt den freien begeisterten Aufschwung zum Höchsten und die damit verbundene freudige Zuversicht; die von skeptischem Geiste durchdrungene Poesie und Kunstthätigkeit kann sonach nicht belebende, sondern nur erkaltende und niederdrückende Wirkungen ausüben; der einem Foscolo, Leopardi, Byron zu Gebote stehende Zauber der schönen Form vermag diese Wirkung nicht aufzuhalten. Den einseitigen Idealisten und Realisten geht der Maßstab für das wahrhaft Schöne ab;[1] der Positivismus muß die auf Religion und rationale Reflexion gegründete Kunstübung der Geschichte und Archäologie als Inventarstück zuweisen.

Mit der richtigen Auffassung des Göttlichen ist auch jene der Natur und des Menschen gegeben, daher insgemein nur die von christlich-religiösem Geiste durchdrungene Kunst auf dem Grunde der Wahrheit steht und selber wahr ist. Das universale Weltgedicht des Christenthums ist Dante's Divina Commedia, welches die gesammte kosmische Wirklichkeit künstlerisch umspannt und nach deren Verhältniß

---

[1] Gli idealisti, come il tralignante Giulio Romano ed il Marini, orpellando di quel vezzo ch'essi credono ideale anche i soggetti sensuali, ciò reputano ideal bellezza d'arte; o i realisti, per contrario, prestando alla realtà forme di concetti capricciosi, come i romanzi del Sue e di Vittore Hugo, ciò credono real bellezza anch'essi: e abbiamo Idealisti sensuali da una parte, Realisti metafisicanti dall'altra. O. c. I, p. 278.

zu ihrem göttlichen Principe beleuchtet. In Dante's Gedicht ist gleichsam die gesammte kosmische Wirklichkeit für die Poesie und Kunst erobert worden; es ist das christliche Weltgedicht par excellence, zu welchem sich alle übrigen christlichen Dichtungen nur als integrirende Theile oder nähere Ausführungen verhalten. In ihm stellt sich jener ungeheure Schritt dar, welchen das Christenthum als Weltreligion und höhere religiös-sittliche Geistgemeinschaft der christlichen Nationen über die vorchristlichen Völkerexistenzen und Völkerreligionen hinausgethan; es hat der Poesie neue Reiche und Wirklichkeiten, jene einer zukünftigen vollendeten Welt und Ordnung erobert und die Idee einer auf die sittliche Ordnung der Dinge gegründeten allgemeinen Weltharmonie erschlossen.

Conti unterscheidet Haupt- und Hilfskriterien des Schönen; zu letzteren rechnet er das angeborne Gefallen am Schönen oder den angebornen Schönheitssinn, die Auctorität der Kunsttraditionen und in Bezug auf den mythischen und symbolischen Kunstapparat auch die religiösen Traditionen. Mythen und Symbole sind als Andeutungen eines unendlichen Idealen die unentbehrlichen Anregungsmittel des erfinderischen künstlerischen Triebes; die richtigen, dem geistig tiefen Theismus conformen Mythen und Symbole sind in der religiösen christlichen Kunst gegeben und lassen sich durch keine anderen neu zu erfindenden ersetzen. Sie sind auf's engste mit dem geschichtlichen Zeitdasein des civilisirten Menschen, mit der Gesammtgeschichte der Religion und Menschheit verwachsen; das zeitliche Weltdasein selber und die zeitliche Menschheitsgeschichte sind eine reale Symbolik und Mythologie in Beziehung auf die in ihnen beiden sich enthüllenden göttlichen Ideen.

Die Haupt- und Hilfskriterien des Schönen gehen parallel mit jenen des Wahren, als welche Conti die mit dem christlichen Theismus unmittelbar und mittelbar gegebene Wahrheitsevidenz, die angeborne Liebe zur Wahrheit und den Sensus communis der Gesammtmenschheit in Bezug auf das, was als wahr zu gelten habe, bezeichnet.

Der Parallelismus zwischen der Arte del Bello und Arte del Vero beschränkt sich nicht auf die Gemeinsamkeit oder Ähnlichkeit der beiderseitigen Kriterien, sondern tritt in der Gleichartigkeit der Behandlungsweise des philosophischen Erkenntnißinhaltes beider allwärts zu Tage. Conti bezeichnet als Object der Arte del Bello die ideirte, imaginirte und sinnlich ausgedrückte Ordnung der Vollkommenheit — als Object der Arte del Vero den Ordine d'Entità ripensato, ragionato ed espresso. Hier entsprechen einander die beiderseitigen Thätigkeiten des Ideare und Ripensare, des Imaginirens und Ratiocinirens, des sprachlich logischen und des sinnlich veranschaulichenden Ausdruckes des Objectes. Das Ideare und Ripensare (Reflectiren) haben beide die dialektische Scheidung und Vermittelung des Ähnlichen und Diversen zum Inhalte, nur mit dem Unterschiede, daß in der Reflexionsthätigkeit des Intellectes der Wahrheitsgedanke des Objectes, in der ideativen Thätigkeit die harmonischen Verhältnisse desselben das specifische Ziel der Thätigkeit sind. Der Unterschied des Zieles bedingt weiter auch die Verschiedenheit der die ideative und reflexive Intellectionsthätigkeit vermittelnden und weiterführenden Thätigkeiten des Imaginirens und Ratiocinirens, sowie des specifischen Modus, welchem gemäß die beiderseitigen Thätigkeiten sich zum ordnungsgemäßen regelrechten Ausdrucke bringen, der in der Arte del Vero Methode, in der Arte del Bello Stil heißt. Wie die im Grundwesen Eine logische Methode sich nach der Verschiedenheit der Wissensfächer diversificirt und demnach Theologie, Philosophie, Rechtslehre, Geschichte, Linguistik, Mathematik und Physik ihre besonderen eigenen Methoden haben, so diversificirt sich der bestimmten gemeingiltigen Gesetzen unterworfene Stil der Kunstdarstellung[1] nach Verschiedenheit des sinnlichen Darstellungsmediums der einzelnen Künste.

Die schönen Künste scheiden sich primär in Künste des Tones und der Prospective.[2] Die Töne können Redelaute oder Musiklaute sein; daher die Unterscheidung zwischen den redenden und musikalischen Künsten. Die prospectivischen Künste können Künste des Raumes oder der Figur sein, beide ferner nachgeahmte oder natürliche Räume und Figuren zum Gegenstande haben.[3] Natürliche Räume und Figuren

---

[1] L'ordine espresso ó lo stile ha questa legge universale: significare con unità e proprietà di segni e con vivezza d'affetto, evidenza, formosità o verosimiglianza di pensiero; perchè tutto ciò ó l'armonia de' segui con sè medesimi, con la loro significazione, col sentimento e con l'idea (che nell'arte dev'esser viva), con la fantasia, con la Natura o col Vero, che porge l'esemplare alla verosimiglianza. Cenno ecc. (siehe Bd. III, S. 338, Anm. 4), p. 555.

[2] Bello nel Vero II, pp. 249 sgg.

[3] Per l'arti di spazio, differisce l'arte di amenità naturali dall'architettura. I giardini, come Boboli del Palazzo Pitti, o gli altri del Vaticano;

sind Gegenstand der secundären Künste: Gartenkunst, Mimik und Tanz, während als Künste im eigentlichen Sinne nur Poesie, Musik und die Zeichnungskünste zu gelten haben. Die Poesie ist die innerlichste aller Künste, indem das Wort das unmittelbare Zeichen des Gedankens und des Bewußtseins ist; Malerei und Sculptur stellen zunächst das Körperliche dar und eignen sich dazu, den sichtbaren äußeren Ausdruck des menschlichen Denkens und Empfindens zu veranschaulichen; die Architektur repräsentirt im Besonderen die socialen Verhältnisse des Menschen, jene des religiösen, bürgerlichen und häuslichen Lebens. Wie das Wort ist auch der musikalische Ton unmittelbarer und universeller Ausdruck der menschlichen Innerlichkeit, und zwar von Seite des unbestimmten Gefühles, welches jeden lebendigen Affect und die Bewunderung des Schönen begleitet.

Bevor das Schöne unmittelbarer Zweck der besonderen Künste wurde, welche gegenwärtig die schönen Künste heißen, wurde es nur accidentell und unvollkommen in gewissen anderen Übungen des menschlichen Kunstgeschickes von lehrhaft praktischer Tendenz angestrebt; die älteste Poesie war poetische Geschichte, die Zeichnungskünste vertraten in der Darstellung von Symbolen und allegorischen Figuren die Stelle des geschriebenen Wortes; die Musik war vorwiegend nur Begleitung oder Modulation des bei feierlichen Anlässen gesprochenen Wortes. Die schönen Künste gelangten auch dann, nachdem sie um ihrer selbst willen gepflegt zu werden begannen, nur allmälig zu selbstständiger Entfaltung und gesonderter Existenz. Die Poesie war anfänglich stets mit Declamation, Mimik, Tanz oder Gesang verbunden; erst später begann sie als schriftlich verzeichnete Composition um ihrer selbst willen zu gefallen. Sculptur und Malerei waren

---

i parchi, come i bellissimi d'Inghilterra e di Monza o di Caserta, e le Cascine di Pisa; i boschi di delizia, come le Cascine di Firenze, o l'altro di Versailles; i pubblici passeggi dilettosi, come press'a Firenze il veramente ammirabile de' Colli, o il Pincio a Roma .... L'architettura invece non prende da natura se non i materiali grezzi, e stampa in loro assolutamente l'ordine del pensiero .... Ciò per la prospettiva del spazio; e avviene lo stesso per la figura. E qui vedete differenza tra pittura e scultura da un lato, mimica e danza dall'altro. Segni di figura umana o d'altro corpo ci porge con lineamenti lo scultore od il pittore; ma l'artista che immagina danze o mimiche, bisogna che adoperi vive persone. Avvi dunque arti di figura imitata, e arti di figura naturale. O. c. II, pp. 253 sgg.

anfangs völlig mit der Architektur verwachsen; unbemalte Sculpturen fingen erst dann zu gefallen an, nachdem die Sculptur sich so weit entwickelt hatte, daß sie des Farbenreizes entbehren konnte. Die Poesie nimmt unbestritten den höchsten Rang unter den schönen Künsten ein, indem ihr im Worte das geistigste und universellste Darstellungsmittel des künstlerischen Gedankens zu Gebote steht; aber die vollkommene Beherrschung desselben ist eine seltene Eigenschaft und geht überdieß dem gesprochenen Worte die geheimnißvoll fesselnde Macht des musikalischen Tones ab. Nach und neben der Poesie ist die Architektur die geistigste der Künste, welche specifisch auf den Ausdruck des Erhabenen angelegt ist und in der Darstellung geometrischer Maßverhältnisse einen vorherrschend gedankenhaften Charakter an sich trägt; nebstbei ist ihr aber etwas Starres und Gebundenes eigen, wodurch sie hinter der Malerei und Sculptur zurücksteht. Welcher von beiden letzteren Künsten im Verhältniß derselben zu einander der Vorrang gebühre, läßt sich nicht unbedingt entscheiden; gewiß ist die Darstellungsweise der Sculptur ausdrucksvoller und geistiger als jene der Malerei, zugleich aber auch in weit engere Gränzen gewiesen.

Die Poesie steht als höchste der schönen Künste zu den übrigen schönen Künsten in einem ähnlichen Verhältnisse, wie die Philosophie zu den übrigen Wissenschaften und hat deshalb auch mit der Philosophie selber eine gewisse Ähnlichkeit, indem sie, wie die Philosophie die speculative Repräsentation des menschlichen Bewußtseins, die imaginative Repräsentation desselben ist. Die figurativen Künste und die Musik gehen parallel mit der Physik und Mathematik, welche das äußere Wirkliche als solches zum Objecte haben, während Philosophie und Poesie den durch die objective Wirklichkeit angeregten inneren Seelenmenschen nach den subjectiven Affectionen seines Denkens und Empfindens und den hiedurch causirten Beziehungen zur gegebenen Wirklichkeit zum Ausdrucke bringen. Der Vollkommenheitsgrad der dichterischen Kunst bestimmt sich nach dem Lebendigkeitsgrade der Selbstverbildlichung des Dichters in seinem Werke,[1] und nach dem Adel der darin sich aus-

---

[1] Tanto più alta diremo la poesia, quanto più rende viva immagine dell' uomo interiore. Immagine, perchè non si tratta di speculazioni dottrinali, ma d'incarnare immaginativamente la notizia o l'idea di quel che siamo noi, e del nostro sentire, del nostro pensare, del nostro amare, rappresentando ciò con verosimiglianze individuate o viventi, o quasi persone che vivano

drückenden seelischen Stimmungen. Ihre sittliche Aufgabe ist, den Menschen aus dieser unvollkommenen Welt in das Reich der ewigen Harmonien zu erheben und dadurch mit den Zuständen des zeitlich empirischen Menschendaseins zu versöhnen. Was die Religion durch die von ihr genährte Hoffnung auf ein besseres Jenseits, die Philosophie durch Vernunftgründe zu erzielen trachtet, sucht die Poesie durch den Vorhalt der idealen Harmonien, deren wesentliche Existenzbedingungen Gerechtigkeit und Liebe sind, zu erwirken. Zu aller Zeit hat die bessere, ihres Namens würdige Poesie das doppelte Ziel angestrebt, Bewunderung edler, hoher Gesinnung und Menschentugend zu erwecken und auf Beseitigung der Schäden der sittlichen Daseinsordnung hinzuwirken. Als solche Schäden erscheinen in den beiden homerischen Epopäen die Verletzung der ehelichen Treue und der Mißbrauch der Gastfreundschaft; die homerischen Helden handeln in beiden Gedichten als Rächer dieser beiden Frevel. Auch die mittelalterlichen Rittergedichte stellen den Heroismus in den Dienst des Kampfes gegen das Unrecht. Die antike Tragik und mittelalterliche geistliche Dramatik verfolgen ähnliche Ziele, nur daß sie dieselben noch inniger mit der religiösen Idee verknüpfen. Die französische Dramatik in ihrer besseren Zeit und vor allem der Äschylos der Engländer sind unter dem gleichen Gesichtspunkte in's Auge zu fassen.

Die Poesie gelangte der Zeit nach unter den Künsten zuerst zur Entwickelung, wie auch auf wissenschaftlichem Gebiete die Entwickelung der Philosophie jener der Mathematik und Physik vorauseilte. Unter den Formen der poetischen Darstellung war wieder die expositive Form, d. h. jene, in welcher der Dichter seine persönlichen Gefühle und Stimmungen ausdrückt, diejenige, welche zuerst zur Entwickelung gelangte (Lyrik, Melik, Elegie, Satyre); dann folgte die erzählende Dichtungsform (heroische, romantische, visionäre, heroisch-komische Dichtung u. s. w.), schließlich die dialogisirte oder dramatische Dichtungsform. Wie nach der Philosophie zunächst die Mathematik zur Entwickelung gelangte, so nach der Poesie zunächst die Architektur, und zwar vor Allem die religiöse Architektur, entsprechend der ältesten poetischen Grundstimmung, der in der Hymnik sich austönenden religiösen Stimmung. Allüberall geht in der Entwickelung der schönen

---

in fantasia; come si fa ne' drammi, ne' racconti e nella poesia lirica. O. c. II, p. 291.

Künste die idealere Strebung voraus, somit die Entwickelung der Sculptur jener der Malerei. Zuletzt kam die Entwickelung der Musik an die Reihe, die, obschon an sich eine älteste Kunst und als Gesang oder Lied mit der Poesie innigst verbunden, doch eine selbstständige Ausbildung als Kunst der Töne eben so spät, wie im Bereiche der wissenschaftlichen Entwickelung die Physik, erlangte.¹

Ein Schüler Conti's, Giuseppe Rossi² vertritt in einer kleinen Schrift über den ächten Realismus³ die Grundanschauungen seines Lehrers unter specieller Beziehung auf den mit dem Wesen der Kunst nicht verträglichen falschen Realismus, dessen neuerliche Ausschreitungen in der Wissenschaft, Literatur und Kunst der Sicilianer Antonio Velardita⁴ zum Gegenstande einer speciellen Beleuchtung machte.⁵ Der skeptisch sensistische Verismus streitet mit der Natur des Verum, welches als eine Entität sui generis ein von den menschlichen Sinnen unabhängiges Sein hat. Dieses Sein existirt als metaphysische Realität, harmonische Proportionalität und moralisches Gesetz, welche zusammen eine unlösliche Dreieinheit constituiren. Der falsche Verismus auf dem Gebiete der wissenschaftlichen Erkenntniß ist durch den naturalistischen Positivismus repräsentirt, unter dessen italienischen Vertretern

---

¹ Come la Fisica, da' fatti psicologici e dalle ricerche metafisicali assolutamente astratta, dovè in ultimo apparire, così necessitando, per astrarre la musica da tutto quello ch' essa non è, un' osservazione accurata de' suoni, e però una osservazione independente dall' essere nostro (benchè poi ne' suoni venissero ricercate l' attinenze col sentimento indefinito), questa Fisica dell' arte, più fisica del dipingere stesso, che ritrae la figura umana, dovè seguitare lo svolgimento dell' altre arti particolari. Or tralasciando la musica degli antichi, pochissimo conosciuta e che pur sembra il più aver servito d' accompagnamento, noterò: che i Fiamminghi con forme musicali matematiche o irrigidite precedevano il Peri e la Scuola Fiorentina e il venerando Palestrina, onde poi fiorì la Scuola Napoletana del secolo passato; e indi ancora l' Haydn, il Mozart, il Rossini, perfezionarono sempre più la melodia e l'armonia com' arte speciale, libera, independente. Certo, l' età di questi progressi è molto posteriore alla Divina Commedia e all' Orlando Furioso, alle insigni cattedrali, alle statue di Donatello, e alle pitture del Francia e del Correggio. O. c. II, p. 442.

² Vgl. Bd. III, S. 339.

³ Del realismo vero nella scienza, nell' arte e nella vita. Memoria premiata dalla R. Accademia dei Lincei. Rom, 1881.

⁴ Vgl. über Velardita: Gubernatis p. 1263.

⁵ Il Verismo in filosofia, letteratura e politica. Piazza Amerina, 1883.

Belardita im Besonderen Trezza, Ardigò, Luigi Stefanoni, den eifrigen Übersetzer ausländischer materialistischer Schriften hervorhebt. Auf dem Gebiete der schönen Literatur ist der Verismus vertreten durch den in Italien vielgelesenen Emil Zola, durch Cesare Tronconi, G. Verga, Gabriele d'Annunzio; in der Poesie durch Giosue Carducci, den Dichter des Hymnus an den Satan, durch Stecchetti (Olindo Guerrini), Rapisardi, den Dichter des Lucifer, den Dramendichter Cossa, der schon durch die Wahl seiner Stoffe (Nero, Messalina, Cleopatra) seinen verderbten Geschmack zu erkennen gibt.

Gius. Rossi stellt den von ihm vertretenen realistischen Standpunkt der Ästhetik ausdrücklich dem idealistischen gegenüber, nicht als ob damit die Idealität des Schönen in Abrede gestellt werden sollte, sondern sofern es sich um Ablehnung der im Principe verfehlten idealistischen Erklärungen des Schönen handle. Der philosophische Idealismus sei wesentlich subjectivistischer Natur und hebe damit die objective Wahrheit des Schönen auf; das Wahre wie das Schöne seien ihm nur Hervorbringungen des subjectiven Menschengeistes, und in Folge dessen werde von einer schöpferischen Hervorbringung des Kunstschönen gesprochen, während dasselbe doch sein unvergängliches Urbild in der richtig aufgefaßten und verstandenen Natur habe. F. Cartolano[1] ist mit dieser Beschränkung der künstlerischen Thätigkeit auf die Wiedergabe des Wirklichen nicht einverstanden; nicht als ob der Gedanke der Naturnachahmung an sich unwahr wäre, sondern weil das exclusive Festhalten an demselben es zu keinem Verständniß der wahrhaft genialen Kunstthätigkeit kommen läßt. Allerdings gibt Conti, wie wir oben sahen, dem Begriffe der „Natur" eine so weite Fassung, daß auch das Ideale und Übernatürliche sich darunter fassen läßt, aber doch nur insoweit, als es ein Wirkliches ist; dieß ist es, wodurch Cartolano sich beengt fühlt, der nicht bloß das Wirkliche sondern auch das Seinsmögliche, oder gemeinhin das Wahre als solches als Gegenstand der künstlerischen Repräsentation angesehen wissen will. Die Darstellung des Wahren als solchen greift über den Gedanken einer bloßen Nachahmung der Natur oder des Wirklichen hinaus; auch in der künstlerischen Nachbildung des Wirklichen muß die Idee desselben das das künstlerische Schaffensthätigkeit primär Bestimmende sein. Wie kommt aber der Mensch zur Erfassung der

---

[1] La filosofia dell'arte. Turin, 1875.

Ideen der wirklichen Dinge? Nach ontologistischer Doctrin wäre mit der Apprehension der sinnlichen Formen des Objectes immer auch eine intellective Intuition der göttlichen Idee desselben verbunden; dieß würde letztlich darauf hinführen, daß dem menschlichen Geiste die Ideen aller Dinge angeboren seien. Cartolano findet dieß zu weitgehend; er hält mit Rosmini dafür, daß der menschlichen Seele einzig das intellectuelle Licht angeboren sei. Dieses reicht indeß aus, den menschlichen Geist die in der empirischen Wirklichkeit fehlenden Perfectionen der Dinge erkennen zu machen.[1] Nach Gioberti würde bloß der, der angebornen Idee zu conformirende sinnliche Vorstellungsinhalt der idealen Conception auf dem Wege der Erfahrung gewonnen. Tommaseo macht nicht die angeborne Idee, sondern ein unmittelbares Gefühl, welches durch die sinnliche Apprehension des Dinges erweckt wird, zum Mittler der vom menschlichen Geiste gebildeten idealen Schönheitsconception. Das sinnliche Object erweckt, je nachdem es schön oder häßlich ist, eine angenehme oder unangenehme Empfindung, welcher ein seelisches Gefallen oder Mißfallen entspricht. Cartolano nennt dieses Gefallen die ästhetische Erregung, welche sich in dem Grade steigert, als die Phantasievorstellung sich mit anderen Ideen und Bildern verknüpft und dadurch den Geist in Bewegung setzt und bei reichem Andringen solcher Vorstellungen und Ideen gleichsam außer sich versetzt, so daß er in einer völlig imaginären Welt lebt. Soll aber dieses Leben nicht eine bloße Träumerei bleiben, so muß der dem Wahren als solchem zugewendete Intellect regelnd, bildend und gestaltend eingreifen, um aus den Imaginationen Concepte zu erzeugen, welche der Idee des Wahren und Guten conform sind. In der Neuheit und Originalität dieser Concepte bewährt sich die Schöpferkraft des menschlichen Genius, in dessen Walten Intellect, Phantasie und Gefühl zusammenwirken. Sofern die ästhetische Regung im sinnlichen Empfinden ihre ersten Anfänge hat, muß das ideale Schöne

---

[1] Il lume del nostro intelletto è una partecipazione dell' intelligenza increata: quindi qual meraviglia se questo seme divino accoppiandosi alle sensazioni può manifestarci la natura e perfezione delle cose, e procurarci delle idee, che non erano nate con noi? Si, il lume intettuale illuminando le forme fantastiche del bello trova in esse espressa la perfezione per quell' analogia, e quei rapporti, che uniscono l' elemento fantastico alla parte intelligibile. Cosi dal concorso della fantasia e dell' intelletto risulta l' apprensione del bello. O. c., p. 198.

oder kunstschöne Elemente in sich fassen, welche aus der sinnlichen Wirklichkeit stammen; aber die Art der Zusammenfügung aller Elemente und der in derselben sich aussprechende individuelle Geistestypus des Künstlers sind auf Rechnung des kunstschöpferischen Genius zu setzen; so wie weiter Gioberti vollkommen im Rechte ist, wenn er das menschliche Kunstschöne so hoch über das Naturschöne stellt, als das Ideale über dem Realen steht. Allerdings bezieht sich, wie Gioberti weiter hervorhebt, dieser Vorrang des Kunstschönen nur auf die verschönernde Wiedergabe des Einzelnen und Besonderen, während die erhabene Größe der Natur in ihrer Gesammterscheinung, in der Gewaltigkeit und Furchtbarkeit ihrer elementaren Emotionen und Processe das menschliche Kunstschaffen unermeßlich hoch überragt.

Die von Cartolano gegebene Definition des Schönen als einer Zusammensetzung aus einem vollkommenen Intelligibile und ausdrucksvollen Sensibile stimmt im Wesentlichen überein mit Gioberti's Definition des Schönen als einer durch die ästhetische Imagination bewirkten individuellen Einigung eines intelligiblen Typus mit einem sinnlichen Vorstellungselemente. Der Dalmatiner Antonio Petrich[1] unterzog Gioberti's Definition einer umständlichen Prüfung, deren Ergebniß darauf hinausläuft, daß Gioberti einen rein subjectivistischen Begriff des Schönen aufstelle, welchem zufolge das Schöne als solches bloß in der seelischen Anschauung des Menschen existire, so zwar, daß für Gott zwar die Idee des Schönen, nicht aber das Schöne selbst existire; daß ferner die Phantasieanschauung, welche vermittelnd zwischen die Idee und empirische Wirklichkeit des Dinges trete, als überflüssig entfalle, wenn der durch den sinnlichen Eindruck sollicitirte Intellect unmittelbar die sinnliche Erscheinung des Dinges aus der Idee desselben versteht. Gioberti's Definition sei eine mißglückte Besserung der Kant'schen Definition. Kant suchte das Wesen des Schönen in der Harmonie zwischen Intellect und Imagination; Gioberti war mit dieser Auffassung einverstanden, glaubte aber der Kant'schen Harmonie zwischen Intellect und Imagination eine schärfere und exactere Fassung geben zu sollen, indem er sie als hypostatische Union des Sensiblen mit dem Intelligiblen in der ästhetischen Imagination bezeichnete. Diese angebliche hypostatische Union trägt aber nicht nur

---

[1] La definizione del Bello data da V. Gioberti esaminata in sè o nei suoi fondamenti. Zara, 1875.

nichts zur Verdeutlichung des Wesens des Schönen bei, sondern schließt auch einen Widersinn in sich, indem etwas, was nicht schon an sich schön ist, es auch nicht durch die Zusammenfügung mit etwas anderem von ihm völlig Unterschiedenen werden kann.¹ Auch Tommaseo's Auffassung leidet nach Petrich an einem falschen Subjectivismus. Tommaseo erkläre den Schönheitseindruck aus der durch das Gefühl bewirkten Einigung mehrerer Vera in Einem Concepte; er verwechselt hiebei die subjectiven Bedingungen der Perception des Schönen mit dem Schönen als solchem.²

Die Ästhetik Kant's, auf deren Einflüsse Petrich den von ihm der Gioberti'schen Theorie des Schönen zur Last gelegten Subjectivismus zurückführen zu müssen glaubt, wurde einer umständlichen und sorgfältigen Prüfung von C. Cantoni unterzogen,³ auf welche wir hier umsomehr noch einmal zurückkommen zu sollen glauben, als sie voraussichtlich in Italien zu neuen Untersuchungen des ästhetischen Problems Anregung geben dürfte. Wir haben bereits an einem früheren Orte erwähnt, daß Cantoni das Auseinanderfallen der Kant'schen Kritik der Urtheilskraft in zwei mit einander innerlich nicht vermittelte Theile: Ästhetik und Naturteleologie, bemängelt. Wir halten uns hier an Cantoni's Kritik des ersteren Theiles.⁴ Kant will die Ästhetik auf den Begriff der formalen Zweckmäßigkeit stützen. Er erkannte ganz wol, daß er nicht bei der formalen Zweckmäßigkeit der Natur im Allgemeinen stehen bleiben dürfe, weil der specifische Unterschied des Schönen vom Guten und Nützlichen von individuellen Determinationen dessen, was schön sein soll, abhängt und das Schöne unmittelbar durch sich selber ohne Rücksicht auf die Nützlichkeit und innere Güte des schönen Objectes gefällt. So oft uns, auch ohne alle

---

¹ Bello è un oggetto sensibile che o corrisponda all' intelligibile, o ipostaticamente sia con esso unito. Ma con poco più violenza e con un giudizio di egual forma si potrebbe accostare l'idea del cane che latra a quella della costellazione che splende e porta il nome di codest' animale, e in somma le cose più disparate del mondo, ed abbracciarle in una sola definizione, che però vera definizione non sarebbe. O. c., p. 196.

² Der objective Begriff des Schönen ist nach Petrich jener eines concerto armonico di qualunque fatta nature, organizzate fra loro con tali proporzioni d'ordine e di intensità, che una o più perfezioni vi ricevano conveniente risalto, e lo dieno vicendevolmente alla perfezione del tutto. O. c., p. 115

³ Vgl. Bd. IV, SS. 82 ff.

⁴ Vgl. Cantoni: Emanuele Kant III, pp. 162—257.

nähere Erkenntniß eines bestimmten Objectes, eine Vorstellung desselben gegenwärtig ist, welche zugleich unseren Verstand und unsere Einbildungskraft befriediget und beide mit einander in Übereinstimmung setzt, ist eine ästhetische Vorstellung in uns vorhanden, welche ein Gefallen in uns erweckt; um dieses Gefallens willen gilt uns das betreffende Object als schön und das Vermögen, mittelst dessen wir etwas als schön erfassen, heißt Geschmack. Der Geschmack hat in der Idee der formalen Zweckmäßigkeit ein apriorisches Richtmaß, das jedoch nach Cantoni's Dafürhalten mit Kant's Äußerungen über den von jeder Verstandesreflexion unabhängigen Schönheitseindruck nicht vereinbar ist und augenscheinlich dem Bemühen Kant's um eine Vermittelung beider Theile seiner Kritik der Urtheilskraft, sowie um Conformation dieses Werkes mit dem Apriorismus der beiden anderen Kritiken seine Entstehung verdankt.

Kant scheidet den Lehrinhalt seiner Kritik der Urtheilskraft gleich jenem seiner beiden anderen Kritiken in die zwei Abtheilungen Analytik und Dialektik. In der Analytik wird das Schöne unter die vier Kategorien der Qualität, Quantität, Modalität und Relation subsumirt, um die specifischen Eigenschaften des Schönen und des Geschmacksurtheiles zu ermitteln. Die Qualitätskategorie betreffend wird die Interesselosigkeit des Gefallens am Schönen im Unterschiede vom interessirten Gefallen am sinnlich Angenehmen und am Guten betont; das Interesse gilt der Existenz des sinnlich Angenehmen, während das Schöne unabhängig davon, ob ihm Objecte entsprechen oder nicht, gefällt. Aus der Interesselosigkeit des Gefallens am Schönen folgert Kant die vom subjectiven Interesse unabhängige Gemeingiltigkeit desselben als die der Quantitätskategorie entsprechende Eigenschaft des Schönen. Aus der Gemeingiltigkeit der ästhetischen Urtheile darf indeß keineswegs auf irgend welche intellective Kriterien derselben geschlossen werden; die Übereinstimmung aller Zeiten und Völker in einem und demselben Gefühle bei Vorstellung bestimmter Objecte beweist nur das Vorhandensein eines allen Menschen gemeinsamen Grundgefühles im Urtheile über die Formen der Objecte. Diese Übereinstimmung macht, daß bestimmte Erzeugnisse des Geschmackes in ihrer Art als Muster gelten, wodurch der Bewunderer derselben sich aufgefordert fühlt, nach einem obersten Muster, nach einem Prototyp alles Schönen zu fragen. Dieses Ideal läßt sich indeß zufolge seiner Unbestimmtheit nicht in Begriffen ausdrücken, sondern nur in concreter und particularisirender Schilderung verdeutlichen, daher es nicht als Vernunftideal, sondern nur als Ideal der Einbildungskraft zu verstehen ist. Allerdings kann das Schöne der formalen Zweckmäßigkeit nicht entbehren, dieselbe wird jedoch ohne Vorstellung eines Zweckes wahrgenommen; und dieß ist die der dritten Hauptkategorie, der Relationskategorie entsprechende Eigenschaft des Schönen, welche als Correlat der auf die erste Kategorie bezüglichen Eigenschaft zu fassen ist. Ähnlicher Weise ist die der Modalitätskategorie entsprechende Eigenschaft eigentlich nur die Wiedergabe der zweiten Eigenschaft unter einer anderen Form, indem nämlich die mit der Gemeingiltigkeit des Geschmacksurtheiles verbundene unabweisliche subjective Nothwendigkeit als Modalitätscharakter desselben betont wird.

Cantoni bemängelt den Subjectivismus der Kant'schen Auffassung des Schönen und erklärt denselben aus Kant's Bestreben, den Begriff des Schönen von jenem des Wahren, Guten, Nützlichen auf das schärfste abzutrennen und von jedem realen und objectiven Zwecke unabhängig zu machen. Kant könne sich deßungeachtet nicht verhehlen, daß viele schöne Objecte bestimmten Zwecken dienen oder bestimmte Objecte darstellen. Er unterscheidet deßhalb zwischen freier und gebundener oder gemischter Schönheit, in deren letzterer zur Schönheit die Zweckmäßigkeit des schönen Objectes hinzutrete. Dadurch werde allerdings unsere Befriedigung am schönen Objecte gesteigert, ohne daß jedoch beide von einander verschiedene Arten von Schönheit durch ihre Verbindung etwas gewännen; es sei vielmehr Gefahr vorhanden, daß in der Verbindung beider die eine der anderen geopfert werde. Der einzige Vortheil, welchen die Kunstlehre aus dieser Verbindung ziehe, sei dieser, daß, während die freie Schönheit als solche keiner Regel unterworfen sei, die gemischte Schönheit durch die Berücksichtigung der Zwecke des Objectes bestimmten festen Regeln unterstellt werde. Diese Regeln seien jedoch nicht ästhetische Regeln, sondern bezögen sich auf den Einklang des Schönen mit dem Guten in Unterordnung des ersteren unter das letztere. Auch den falschen Purismus der Kant'schen Auffassung des Schönen glaubt Cantoni nicht ungerügt lassen zu sollen. Kant will das Schöne, wie vom Guten und Nützlichen, so auch vom Angenehmen gründlich abtrennen; das Schönheitsgefühl soll von allem sinnlich Erregenden strenge abgeschieden sein und das Schöne unabhängig von aller Zugkraft und Erregungskraft lediglich in der formalen Zweckmäßigkeit bestehen. Kant folgert hieraus, daß die Schönheit eines Gemäldes lediglich in der richtigen Zeichnung ohne Rücksicht auf den Farbenreiz, die Schönheit der Musik in der Composition ohne Rücksicht auf die Annehmlichkeit der Töne bestehe; je mehr die Materie der Empfindung zurücktrete, desto reiner und kenntlicher trete die Form der Vorstellung hervor, auf welche allein es im Kunstwerke ankomme. Kant's ästhetischer Purismus hängt auf's engste mit seinem ästhetischen Formalismus und Subjectivismus zusammen; und im Zusammensein dieser drei Elemente liegt der Grund, daß Kant einen geistigen Realinhalt des Schönen nur durch Verbindung des Schönen mit der Sittlichkeitsidee zu gewinnen vermag.

Das Mittel, diese Verbindung herzustellen, ist ihm der Begriff des Erhabenen. Das Erhabene fällt unter dieselben vier kategorischen Gesichtspunkte wie das Schöne, unterscheidet sich aber von demselben dadurch, daß es nicht bloß in begränzten Formen, sondern auch im Formlosen sich darbietet, sofern in diesem das Unendliche sich vernehmbar macht; in Folge dessen eignet es sich zur concreten Darstellung nicht bloß von Verstandesbegriffen, wie das Schöne, sondern auch von Vernunftideen. Das Gefallen hat nicht wie beim Schönen die Qualität, sondern die Quantität zum Objecte und ist nicht positiver und directer, sondern negativer indirecter Art; es ist nicht so sehr ein Ergötzen als vielmehr ein Hochhalten und Bewundern; es ist nicht wie das Schöne der Phantasie und dem Verstande harmonisch proportionirt, sondern übersteigt beide Vermögen. In Folge dessen hat es nicht nur gleich dem Schönen nichts Objectives an sich, sondern bietet auch gar keine Anregung zu irgend einer teleologischen oder artistischen Vorstellung, wie dieß bei der den Kriterien der formalen Zweckmäßigkeit unterstellten Vorstellung des Schönen statthaben kann. Die im Erhabenen sich darbietende Zweckmäßigkeit ist nicht nur gleich jener des Schönen subjectiver Natur, sondern steht außer aller Beziehung zur objectiven Wirklichkeit. Andererseits erweckt aber das erhabene Object in uns nicht bloß ein Gefühl, wie das Schöne, sondern auch eine Gemüthsbewegung, die entweder auf die Erkenntnißkraft oder auf die Willenskraft wirkt, je nachdem die Phantasie in einer mathematischen oder dynamischen Stimmung sich findet. Das mathematisch Erhabene ist das über allen Vergleich erhabene Große oder absolut Große. Kant unterscheidet zwischen logischer und ästhetischer Größenschätzung; ersterer steht kein absolutes Grundmaß zu Gebote, daher mittelst derselben zu keinem bestimmten Begriffe von einer gegebenen Größe zu gelangen und deßhalb alle Größenschätzung der Naturobjecte zuletzt ästhetisch ist. Die ästhetische Größenschätzung hat ihr Grundmaß in der imaginativen Anschauung, die ihrer Natur nach begränzt ist und demzufolge dem Unermeßlichen und Unendlichen gegenüber sich vor eine incommensurable Größe hingestellt sieht. Hier macht nun die menschliche Vernunft ihre Rechte geltend, die auf das Absolute als allumfassende Totalität gerichtet ist, ohne eine Anschauung derselben zu beanspruchen; so wird das die Imagination Transcendirende zu etwas dem vernunftbegabten Menschen Immanenten. Ist nun die Vernunft das dem Erhabenen Adäquate, so ist das Erhabene nicht in dem sinnlichen Objecte, dessen unmeßbare Größe die Idee des Erhabenen weckt, sondern in der Vernunft als Vermögen der Ideen. Kant setzt das Gefühl des Erhabenen in die engste Verbindung mit der Sittlichkeit, und läßt insgemein nur jene Objecte als erhaben gelten, welche unmittelbar das Sittliche als solches betreffen. Das Sittliche ist die Region des Übersinnlichen, des Noumenon als Objectes der Vernunft; die Einbildungskraft hat in ihrer Unzureichendheit das Absolute und Unendliche zu fassen, das negative Verdienst, die Vernunft zur Erfassung desselben zu sollicitiren und wird in der Erkenntniß ihrer Gränzen höheren Zwecken dienstbar, in deren Verwirklichung sich, indem sie der Vernunft sich unterstellt, ihr eigenes Vermögen erweitert. Das Gefallen am Erhabenen ist ein gemischtes Gefühl, in welchem das die Einbildungskraft demüthigende Innewerden ihrer Unzulänglichkeit mit erhebender Achtung vor der unser sinnliches Fassungsvermögen weitaus überragenden Idee als Gesetz und Norm des sittlichen Handelns verbunden ist; diese erhebende Achtung wird zum Hochgefühle des inneren Seelenmenschen im Bewußtsein seiner die sinnliche Erscheinungswelt absolut überragenden Stellung als moralischen Wesens. Das mit dem Gefühle des Erhabenen verbundene ästhetische Gefallen unterscheidet sich von jenem am Schönen dadurch, daß während bei diesem das Object des Gefallens eine harmonische Übereinstimmung von Verstand und Einbildungskraft hervorruft, im Erhabenen die Incongruenz des Objectes mit der Einbildungskraft als solcher das Innewerden der Unterordnung des Sinnlichen unter die Vernunft und den vollständigen Triumph letzterer über das erstere veranlaßt. Das mit diesem Innewerden verbundene Hochgefühl ist ein Gefallen höchster Art und edelsten Ranges; der Gegenstand dieses Gefallens ist unmittelbar **die Vernunft selber** in ihrer

Hinwendung auf die das gesammte freithätige Thun des Menschen beherrschenden sittlichen Zwecke, in deren denkender Apprehension die Vernunft sich selber findet und erkennt. Auch das dynamisch Erhabene wird von Kant mit der sittlichen Idee in Verbindung gebracht; das sittliche Gesetz steht in engster Beziehung zur Idee Gottes als moralischen Gesetzgebers, dessen Macht sich uns in der sichtbaren Natur als seinem Werke offenbart. Die sichtbare Natur ist als solche nirgends erhaben, sondern erscheint uns in ihren elementaren Gewalten bloß als furchtbar; das Gefühl unserer physischen Machtlosigkeit gegenüber derselben vergesellschaftet sich mit dem Bewußtsein unserer erhabenen sittlichen Bestimmung, in welchem wir uns über die Natur unermeßlich erhaben und von ihren Gewalten unabhängig fühlen, weil wir die sittliche Ordnung unter den Schutz des göttlichen Garanten derselben gestellt wissen, welchen wir auch zugleich als Verleiher der uns eignenden sittlichen Anlage erkennen. Wie das Gesetz, muß uns auch der göttliche Urheber desselben und in Folge dessen das göttliche Sein als solches erhaben erscheinen.

Cantoni will den philosophischen Werth der Erörterungen Kant's über das Schöne und Erhabene nicht verkennen; er anerkennt den Fortschritt, welchen die Ästhetik bei Kant dadurch, daß er das Schöne als eine qualitas sui generis erhärtete, über Wolff und A. G. Baumgarten hinaus erzielt; er anerkennt ferner die Verdienstlichkeit des Bemühens Kant's, den engen Zusammenhang des Schönen und Erhabenen mit dem Guten zu erweisen. Dieser Erweis stehe an philosophischem Werthe dem Schlußresultate der Kritik der reinen Vernunft gleich, durch welches der Inhalt der Kritik der praktischen Vernunft angebahnt werde. Kant zeigt, daß das Gute ohne Beeinträchtigung seines moralischen Werthes zugleich schön und erhaben sein könne, während es durch die Verbindung mit dem Angenehmen die moralische Reinheit einbüße. Nur sei die Verbindung des Guten mit dem Erhabenen noch enger als jene mit dem Angenehmen, indem das Schöne als Gegenstand eines von jedem sinnlichen Interesse unabhängigen Gefallens das Gute zwar in keiner Weise beeinträchtiget, aber nicht ausreicht, die demselben entgegenwirkenden sinnlichen Antriebe unwirksam zu machen, während das Erhabene diesen entschiedenst entgegenwirkt und dem Guten zum Siege über die Sinnlichkeit verhilft. Damit bewährt es vollgiltig seine subjective Zweckmäßigkeit. Der Cultus des Schönen ist gemeinhin dazu dienlich, uns zum uninteressirten sittlichen Handeln zu disponiren. Kant geräth aber hiebei nach Cantoni's Urtheil dadurch mit sich selber in Conflict, daß er sowol den Enthusiasmus als auch die Apathie als erhabene sittliche Stimmungen ansieht, während doch die vollkommene Uninteressirtheit nur auf Seite der in Kant's Sinne aufgefaßten Apathie vorhanden ist. Die Vernunft kann, sofern sie das Wollen und Vollbringen des Guten rein um seiner selbst willen fordert, den affectvollen Enthusiasmus nicht billigen; und doch soll er eine sittlich erhabene Stimmung sein. Ihm gelten ferner alle sogenannten wackeren Affecte als erhaben; daher ihm die Tugend des Kriegers höher steht als jene des Beamten, die des tugendstrengen Misanthropen höher als jene des heiteren Philanthropen. Er verlangt, daß in jeder pflichtgemäßen Handlung die vollkommene Unabhängigkeit von sinnlichen Interessen und Neigungen zu Tage trete, während es doch der sittlichen Handlungen genug gibt, in welchen es sich um eine mit Kampf und Anstrengung zu behauptende Unabhängigkeit von sinnlichen Interessen gar nicht handelt, also gar kein Anlaß zur Behauptung der von Kant geforderten Erhabenheit der sittlichen Gesinnung vorhanden ist.

Wir sind mit dieser Kritik Cantoni's vollkommen einverstanden, sowie auch damit, daß das Erhabene nicht einseitig nur im subjectiven Gefühle des Menschen existire und den dieses Gefühl erregenden sichtbaren Objecten die Erhabenheit fehle. Erhabenheit kommt denselben insoweit zu, als in ihnen die Größe des Schöpfers sich kundgibt und verbildlichet; demzufolge ist hier die Berichtigung des Kant'schen Subjectivismus auf dem Standpunkte des speculativ erfaßten Creationsgedankens zu erbringen. Sie ist übrigens bereits durch Gioberti erbracht worden, der überdieß auch zeigte, daß der philosophisch erfaßte Creationsgedanke auch den mit dem Begriffe des Poetischen innigst verwandten Begriff des Wunderbaren wahr mache, daher wol, nach dieser Seite betrachtet, der Subjectivismus der Kant'schen Ästhetik durch Gioberti ganz gewiß speculativ überwunden und in eine wahrhaft objective Anschauung vom Schönen umgesetzt ist. Dieß ist in der oben erwähnten Kritik des Gioberti'schen Schönheitsbegriffes von Petrich völlig übersehen worden. Man hätte an Gioberti eher zu beanstanden, daß er zufolge seines ontologischen Objectivismus die relative Berechtigung des Kant'schen Subjectivismus als Durchgangspunkt zur speculativen Erfassung der Idee des Schönen nicht zu würdigen gewußt habe. Allerdings ist die specifische Idee des Schönen bei Kant noch tief latent; die Natur des Schönen als einer Entität sui generis richtig erkennend, bleibt er, statt nach der Idee des Schönen zu forschen, beim Suchen nach dem richtigen Begriffe des Schönen stehen, welchen er in der wohlgefälligen Zusammenstimmung der Phantasieanschauung mit dem Verstandsbegriffe von einem bestimmten Objecte realisirt findet. Kant läßt außer Acht, daß die freigestaltende Phantasie in ihrem Unterschiede von der nach natürlichen Gesetzen thätigen Einbildungskraft eben nur die ideale durchgeistete und genial inspirirte Einbildungskraft ist, welche, um nicht ungezügelt auszuschweifen, des regelnden Maßes der Verstandesthätigkeit bedarf. Das Schöne ist sonach eine dem regelnden Maße des Verstandes unterstellte Phantasieanschauung, die als solche wirklich nur in dem phantasievollen Menschen existirt, somit subjectiver Natur ist, woraus jedoch keineswegs folgt, daß sie reine Erfindung sei, weil sie, wenn das in ihr vorgestellte Wirkliche der Phantasiethätigkeit keine reellen Anhaltspunkte böte, selber gar nicht möglich wäre. Zugleich folgt aber hieraus auch die entschiedene Superiorität des Kunstschönen über das Naturschöne, welches der Entstoffung durch die idealisirende Anschauung des sinnigen Menschen bedarf, um den in demselben verwirklichten Ausdruck der Idee deutlicher und vollkommener kennbar zu machen und somit der reinen Idee des Wirklichen oder der idealen Existenz des Wirklichen näher zu rücken. Diese ist in der mit Gottes Sein zusammenfallenden göttlichen Idealwelt gegeben, welcher eine derselben conformirte geschöpfliche Wirklichkeit entsprechen muß, deren zeitlich-irdische Anticipation eben die menschliche Kunstbildnerei ist. Die Conformation mit der gottgedachten idealen Wirklichkeit sichert dem Kunstschönen die von Kant nicht erfaßte objective Wahrheit und löst es auch von der einseitigen Bezogenheit auf das Sittliche ab, auf welche bei Kant die Existenzberechtigung des Schönen beschränkt erscheint, während diese doch auf die objective Wahrheit und Wirklichkeit der übersittlichen Vollendungswelt gestützt ist, weil nur unter dieser Voraussetzung das Schöne eine vom Wahren und Guten als solchem specifisch unterschiedene Entität sui generis sein kann. Das Schöne muß gleich dem Wahren und Guten als etwas an sich und um seiner selbst willen Seiendes erfaßt werden; bei Kant existirt es nur in der Subjectivität des guten Geschmackes und gleichsam nur als Materiale der Urtheile desselben.

Cantoni[1] hebt diese Seite der Kant'schen Lehre vom Schönen richtig hervor; Kant habe ihr ein intellectives Fundament zuwenden wollen, mittelst dessen er die Gemeingiltigkeit und subjective Nothwendigkeit des ästhetischen Gefühles sicherzustellen bemüht gewesen. Cantoni will seinerseits dieses Gefühl zur Grundlage der ästhetischen Urtheile machen und die Erzeugung desselben nicht ausschließlich von der Conformität der gefallenden Objecte mit Phantasie und Intellect abhängig wissen. Das Schöne wirke vielmehr auf den gesammten inneren Seelenmenschen; und wie es an sich selber mannigfaltig sei, so rufe es auch in der Seele eine unerschöpfliche Fülle von Ideen und Bildern, Affecten und Aspirationen hervor, unter deren Andrang sich der Mensch in eine ideale Sphäre, in eine übersinnliche Welt versetzt und in seinem gesammten Sein sich umgewandelt und erneuert fühlt. Statt der von Kant gewollten apriorisch uniformen Art des Schönen müssen mannigfachste in der Erfahrung gegebene Arten des Schönen anerkannt werden, dessen Bedingungen nach Verschiedenheit der Objecte variiren und deßhalb in den natürlichen Objecten anders geartet sind als in den Hervorbringungen der menschlichen Kunstthätigkeit und wieder anders in den Handlungen und Charakteren der Menschen, anders geartet in den Objecten der äußeren Sinne als in jenen der menschlichen Intelligenz oder in den Ideen und Erkenntnissen der Wissenschaft. Mit dieser Erweiterung des Umfanges des Schönen entfällt der von Kant gemachte Unterschied zwischen reinem und gemischtem Schönen, deren letzterem Kant sogar ein größeres Gewicht beilegt, als dem reinen Schönen. Er sieht sich zu der Behauptung gedrängt, daß der Mensch das einzig mögliche Ideal des Schönen, daß die in ihren Vorstellungen wesentlich von gedankenhaften Conceptionen abhängige Poesie die höchste der Künste sei, während er andererseits die Musik, welche er als reinste und freieste der Künste von seinem Standpunkte aus oben ansetzen sollte, zu einer bloßen Vergnügenssache herabdrückt, also nicht einmal als schöne Kunst gelten läßt. Es liegt offen da, daß der Mangel an psychologischer Analyse Kant's kritischen Untersuchungen über die Natur des Schönen zum Nachtheile gereichte; er unterließ es, in das volle und concrete Leben des Geistes einzugehen und die mannigfachen Erregungsursachen des seelischen Empfindungslebens in Betracht zu ziehen. Die von Kant

---

[1] O. c. III, pp. 328 sgg.

betonte Beziehung des Erhabenen auf die Sittlichkeitsidee anerkennt Cantoni vollkommen; nur will er die sittliche Wirkung des Erhabenen nicht als eine unmittelbare Wirkung, sondern als einen mittelbaren und indirecten Erfolg desselben angesehen wissen.

Wir werden Cantoni's Lehre vom ästhetischen Grundgefühle wol nicht unrichtig deuten, wenn wir dasselbe nach seiner doppelten Beziehung auf das Schöne und Erhabene einerseits als Apprehension der gegebenen harmonischen Verhältnisse der phänomenalen Wirklichkeit, andererseits als Apprehension einer die phänomenale Welt überragenden und dieselbe tragenden idealen Wirklichkeit verstehen. Nach unserem Dafürhalten muß, um Kant's ästhetischen Subjectivismus vollkommen zu überwinden, in denselben vollkommen eingegangen und derselbe dadurch über sich selbst hinausgeführt werden, daß das ästhetische Gefühl, bei welchem Cantoni als etwas Erstem und grundhaft Gegebenen stehen bleibt, in eine lebendige Apprehension der in der schönen Wirklichkeit sich offenbarenden Ideen sich umsetzt, wozu Kant selber die Wege gebahnt hat. Kant lehrte, daß unter allen Weltwesen einzig der Mensch eines Schönheitsideales fähig sei; er wies auf die Menschengestalt als Normalidee des sinnlich erscheinenden Schönen hin und hielt dafür, daß das höchste Schöne in dem am sittlich veredelten Menschen sinnlich anschaubaren Ausdrucke der menschlichen Rationalität sich darstelle. Er nahm diesen Ausdruck als jenen der im rationalen Menschen als herrschende Macht sich bekundenden sittlichen Idee; in Wahrheit wird aber durch den sittlich geklärten sichtbaren Ausdruck des Menschenwesens das Reich der übersittlichen Vollendung dargestellt, wie es die Griechen in ihren idealen Göttergestalten ahnungstief zum Ausdruck brachten und von dieser angestrebten vollendeten Idealität unterscheidet sich die freibewegliche, ungebundene Schönheit Kant's als die von der Idealform des Menschenwesens relativ unabhängige Schönheitsform der außermenschlichen sinnlichen Wirklichkeit, die aber freilich andererseits, was Kant nicht erfaßte, in ihren elementaren Anfängen und Gewalten als sinnliche Repräsentation der im Rahmen der Zeit und des Raumes wirksamen göttlichen Schöpfermächte auf die alles geschöpfliche Schöne überragende Macht und Glorie des göttlichen Seins zurückweist. Nur bedarf hier auch noch Kant's Ansicht von der freien ungebundenen Schönheit, die er in Übereinstimmung von Phantasie und Verstand erkennen zu sollen glaubt, einer Berichtigung; die Imagination wird in den Stand eines wahrhaft freien

Waltens durch ihre ideelle Durchgeistung erhoben, in deren Folge sie befähigt ist, unerschöpflich viele Seiten der idealen Bezüge der in der sinnlich-natürlichen Wirklichkeit sich explicirenden gottgedachten Idee aufzugreifen und mit Hilfe der regelnden Verstandesthätigkeit in die mannigfachsten Verbindungen mit einander zu bringen; demzufolge ist der Bereich der freien Phantasiethätigkeit nicht ein außer und unter der Region der Idealvernunft stehendes Gebiet, wie umgekehrt die Idealvernunft nicht als phantasielose Rationalität des sogenannten reinen Vernunftdenkens zu fassen ist, was sich mit dem concreten Begriffe des Menschenwesens als Ineinsbildung von geistigem und sinnlichem Sein nicht verträgt. Wir ersehen hieraus, daß der abstracte Vernunftrationalismus Kant's das Hinderniß ist, seinen vielseitigen tiefen und geistreichen Blicken in das Wesen des Schönen die gehörige Ausgestaltung zu geben und sie harmonisch mit einander zu vermitteln. Der von Kant aufgestellte Begriff des künstlerischen Genies hat seiner Zeit schon durch Schiller's und Goethe's poetisches Schaffen und Wirken seine thatsächliche Widerlegung und Berichtigung erfahren; im übrigen bemerkt Cantoni ganz richtig, daß der hierauf bezügliche Abschnitt in Kant's Kritik der Urtheilskraft, nämlich die „Dialektik der ästhetischen Urtheilskraft", eine völlig unfertige, skizzenhafte Partie des Werkes sei, wenn sie auch mancherlei geistreicher und anregender Bemerkungen durchaus nicht entbehrt.

Wir erkennen in Kant den Überleiter von der ontologischen zur ideologischen Ästhetik. In Italien steht die speculative Ästhetik vor der Hand noch ganz auf ontologistischem Grunde, wie aus einem letztlich erschienenen Buche von Luigi Leone[1] zu ersehen ist. Das Wahre, Schöne und Gute sind im Sein sachlich identisch; ihre Unterschiede bestehen bloß im begränzten Fassungsvermögen des Menschen, der die universale Wesenheit geistig nicht simultan zu umspannen vermag und deßhalb Princip, Erscheinung und Wirkungsziel auseinanderhalten muß, um auf dem Wege der Theilung zur Erkenntniß dessen, was der Begriff der Essenz in sich schließt, zu gelangen. Die Substanz ist die lebendige Wirklichkeit des Wahren, welche in ihrer Lebendigkeit ein bestimmtes Thätigkeitsziel, das Gute, anstrebt, und im Schönen sich ihre äußere Selbstdarstellung schafft. Wir haben es hier mit einem

---

[1] Dell' arte in relazione col bello, collo spirito, coll. società tratatto metafisico estetico. Neapel, 1880.

speculativem Realismus zu thun, welcher das Schöne in seiner objectiven Existenz als die in die sichtbare Erscheinung tretende active Selbstauswirkung des Seienden als des Wahren und Guten auffaßt;[1] die in der objectiven Existenz sich darbietenden zwei Momente der als reales Sein sich setzenden Idee und der activen Selbstdarstellung derselben in der vollkommensten Gestaltung des Seienden sind zugleich auch die Regel für das Kunstschöne, bei dessen Actuirung es sich zuerst um Erfassung der Idee des Objectes, sodann um deren active Darstellung in der künstlerischen Versichtbarung der Idee handelt.

Leone erhärtet die Richtigkeit der von ihm gegebenen Definition des Schönen durch ihre Übereinstimmung mit den Definitionen desselben von Seite der bedeutendsten philosophischen Forscher des Alterthums und der Neuzeit. Allerdings sind ihre Angaben über das Wesen des Schönen, für sich einzeln genommen, nicht erschöpfend; sie bringen indeß wesentliche Momente des vollständigen Begriffes des Schönen zur Geltung. Pythagoras suchte das Wesen des Schönen in der Harmonie, d. i. in der vollkommenen Zusammenstimmung der Theile eines Ganzen. Sokrates[2] hob die wesentliche Beziehung des Schönen zum Guten hervor; Plato sucht das Schöne in der Seelentugend, in der geordneten Rede, in der sittlichen Lebensführung. Die Platoniker folgerten aus den Lehren ihres Meisters, daß das Schöne im Wahren und das höchste Wahre der Inbegriff alles Gefallens sei. Augustinus griff wieder auf Pythagoras zurück und definirte das Schöne als Einheit in der Mannigfaltigkeit; Thomas Aquinas folgte ihm und bezeichnete das Schöne als Übereinstimmung der Theile eines Ganzen unter sich und mit der Idee des Ganzen. Diese Auffassungen wiederkehren bei Castiglione († 1528) Cortigiano,[3] Gelli († 1563[4]) und Castelvetro († 1571[5]), sind aber nicht systematisch verarbeitet, daher bei den neueren Philosophen weitere Anfrage zu halten ist. Hegel erhob das Schöne zu einer speciellen Idee und bezeichnete es als das Ideale in der von seinem besonderen Grundinhalt und seinen verschiedenen Erscheinungsweisen noch nicht abgelösten Einheit seiner

---

[1] Leone definirt das Schöne als: Figura dell' essere nell' atto che dalla quiete passa all' azione. O. c., p. 76.

[2] Vgl. Xenophon. Mem. III, 8.

[3] Vgl. über denselben Tiraboschi Stor. Lett. VII, p. 539.

[4] Vgl. Tiraboschi VII, p. 1500.

[5] Vgl. Tiraboschi VII, pp. 1115 sgg.; 1405; 1495.

# WIENER JAHRBUCH FÜR PHILOSOPHIE

BAND I / 1968

HERAUSGEGEBEN IN ZUSAMMENARBEIT MIT
LEO GABRIEL / FRIEDRICH KAINZ
VIKTOR KRAFT / ULRICH SCHÖNDOFFER

VON

ERICH HEINTEL

338 Seiten, kartoniert, öS. 168.—, DM 26.—, sfr. 29.—, US$ 6.80

Das *Wiener Jahrbuch für Philosophie* übernimmt die Aufgaben und Zielsetzungen der eingestellten „Zeitschrift für Philosophie, Psychologie und Pädagogik" allein auf dem Gebiete der Philosophie. Es dient der Veröffentlichung von Arbeiten aus dem Gesamtgebiet der Philosophie in ihren systematischen und historischen Disziplinen aber auch der philosophischen Grundlagenforschung aller anderen Wissenschaften. Das „Wiener Jahrbuch" beschränkt sich hierbei keineswegs auf Veröffentlichungen der Philosophen und Wissenschaftler in Wien. Es soll vielmehr alle philosophischen Richtungen zur Geltung kommen lassen, die in Österreich nach dem Kriege bestehende Traditionen fortsetzten oder neue Denkwege beschritten.

Schließlich spiegelt das Jahrbuch auch die mannigfaltigen wissenschaftlichen Beziehungen wider, die von Wiener Instituten und Gesellschaften zu ausländischen Philosophen und philosophisch interessierten Wissenschaftlern bestehen. Eine besondere Berücksichtigung finden dabei Arbeiten aus den umliegenden ost- und südosteuropäischen Staaten, deren Autoren mit der Philosophie in Wien verbunden sind.

Im Besprechungswesen wird neben den üblichen Einzelbesprechungen auch versucht, über Denker der Gegenwart in kritischen Würdigungen ihres Gesamtwerkes zu berichten und Sammelreferate zu einer einheitlichen Thematik aufzunehmen.

Kurzbesprechungen und Anzeigen über die einschlägige Literatur, deren Besprechungen künftighin beabsichtigt ist, schließen den Besprechungsteil des Jahrbuches ab.

Die Herausgeber hoffen, mit dem *Wiener Jahrbuch für Philosophie* das philosophische Gespräch der Gegenwart zu bereichern und den Kontakten zwischen verschiedenen Denkrichtungen und ihren Vertretern zu dienen.

Das Jahrbuch 1968 bringt Beiträge von *Karl-Otto Apel*, Kiel, *Michael Benedikt*, Wien, *Fernando Inciarte*, Freiburg i. Br., *Georg Krainer*, Wien, *Jürgen Leopoldsberger*, Salzburg, *Rudolf Schottlaender*, Berlin-Ost, *Milan Sobotka*, Prag, *Helmut Steiner*, Wien, *Josef Zumr*, Prag.

**WILHELM BRAUMÜLLER**
Universitätsbuchhandlung Ges. m. b. H.
**WIEN–STUTTGART**

*Bestellzettel*

Ich (Wir) bestelle(n) hiermit

. . . . Exemplar(e)

## WIENER JAHRBUCH FÜR PHILOSOPHIE Band I/1968

338 Seiten, kartoniert, öS. 168.—, DM 26.—, sfr. 29.—, US$ 6.80

(Wilhelm Braumüller — Universitäts-Verlagsbuchhandlung Ges.m.b.H., A-1092 Wien)

Betrag folgt per Postanweisung — per Scheck — über Postscheckkonto — durch Nachnahme

(Nichtgewünschtes bitte streichen!)

Name: _____

Genaue Adresse: _____

Datum: _____

● **Bestellzettel zurück an:** WILHELM BRAUMÜL[LER]
UNIVERSITÄTS-VERLAGSBUCHHAN[DLUNG]
GESELLSCHAFT M. B. H.
1092 · WIEN, SERVITENGA[SSE]

~~Buchverkaufsstelle in der Universität~~
~~oder an eine Buchhandlung~~

Grundbestimmungen. Wenn er weiter hinzufügt, daß die Idee im Kunstwerke sich sinnlich objectivirt und veranschaulichet, so ließe sich daraus nach Leone's Dafürhalten wol sein eigener Begriff vom Schönen ableiten, vorausgesetzt, daß der Idee die im Actus sich veräußernde Qualität der Substanz substituirt wird. Auch Gioberti's und Fornari's Definitionen sind in ihrer Art vollkommen berechtigt. Daneben dürfen die Mängel aller dieser Auffassungen des Schönen nicht übersehen werden. Pythagoras hält sich lediglich an die Außenseite des Schönen; Sokrates weiß die eigentliche distinctive Qualität des Schönen nicht zu gewinnen. Plato erkennt wol, daß das Schöne nicht eine besondere Substanz, sondern Modus der Substanz sei; er erfaßt die grundwesentlichen Beziehungen des Schönen zum Wahren und Guten, und erkennt den Ausdruck des Schönen richtig in der Form; trotz Allem wußte er jedoch die specifische Idee desselben nicht anzugeben. Augustinus und Thomas halten sich bloß an das quantitative Moment und wissen die einigende geistige Seele der äußeren Erscheinung des Schönen nicht zu gewinnen. Hegel kann von seinem Standpunkte aus nicht erklären, wie die Idee dazu kommt, sich sinnlich materiell zu concretisiren. Bei Gioberti, der doch Alles aus dem Sein ableiten will, begreift man nicht, wie er dazu kommt, das Schöne durch die subjectiv mentale Imagination geschaffen werden zu lassen; er reißt ferner das Schöne in zwei unterschiedliche Elemente, in ein intellectives und Vorstellungselement auseinander, während es doch ein untheilbar Eines ist. Fornari fühlt selber, daß es ungenügend sei, das Schöne einfach als Erscheinung zu definiren und fügt deßhalb bei, daß nur die lichte, klare, harmonische Erscheinung gemeint sei, er gibt aber nicht an, wessen Erscheinung damit gemeint sei.

Leone setzt seine Ableitung des Schönen aus der Thätigkeit der eine Idee ausdrückenden Substanz der flachen sensualistischen Erklärungsweise entgegen, welche, vom lebendigen Sein als Wirkungsursache des Schönen absehend, letzteres nur als flüchtigen vergänglichen Schein erachtet und dem Vergnügen und Nutzen dienen läßt. Nach Verschiedenheit der Arten des substanziell Seienden, das im Schönen seine Erscheinung wirkt, unterscheidet man ein göttliches, geistiges oder menschliches, natürliches oder kosmisches Schönes. Das göttliche Schöne übersteigt die menschliche Fassungskraft und wird nur in ekstatischer Vision geschaut;[1] die Information durch das göttliche Licht ist jedoch

---

[1] Leone belegt dies aus Dante Parad. XXXIII, vv. 55 sgg.; 82 sgg.

die absolute Bedingung der Erfassung alles geschöpflichen Schönen. In diesem Lichte trachtete Leonardo da Vinci die reinen vollendeten Typen des Kunstschönen zu erfassen. Die vom göttlichen Lichte durchstrahlte menschliche Phantasie ist als Auge des Geistes das Behikel zur Erfassung des in den göttlichen Werken wirklich gewordenen Schönen. Das höchste Erzeugniß der Phantasie ist die Sprache, in welcher die vom Menschen apprehendirten Bilder der Dinge ihre geistigste Gestalt gewinnen. Dieses innere geistige Bilden individualisirt sich nach Verschiedenheit der Individualisirung des Menschenwesens durch Abstammung, Wohnort, Klima u. s. w. Die allgemeinen Formen, auf welche die individuellen Gestaltungen der sichtbaren Dinge zurückzubeziehen sind, sind in den mathematischen Figuren gegeben; und diese constituiren das universalistische Element, in welchem die Phantasie das in der sinnlichen Erscheinung gebotene Schöne auf das ewige Urschöne zurückbezieht. In dieser Zurückbeziehung und dem damit verbundenen geistigen Aufschwunge bricht begeisterte Liebe zum ewig Schönen durch, welche insgemein die wesentliche Form der geistigen Lebensentfaltung ist und als Schönheit des Geistes die Vorbedingung des Kunstschönen constituirt. Zum Schönsein des Geistes gehören Sprache, Figur, Affect, Liebe, welche einfache Elemente sind, während das Kunstschöne ein Schönes zusammengesetzter Art ist, indem es die Schönheit der gottgesetzten Dinge in die individuell gestaltende Phantasie aufnimmt. Object des phantasievollen Gestaltens können sowol die Objecte der Natur als auch die inneren seelischen Bewegungen sein; im ersteren Falle wiedergibt die Phantasie nachahmend die natürliche Schönheit, im letzteren Falle die geistige Schönheit.

Leone bezieht sich wiederholt auf Vico zurück und sucht in der Erkenntnißlehre desselben die speculative Unterlage seiner Kunstlehre zu gewinnen. Die Auffassung der Phantasie als Auge des Geistes oder Ingeniums gehört Vico an; ebenso die Auffassung der Form als äußerer Erscheinung und lebendiger Repräsentation des generischen universellen Wesens als schöpferisch verwirklichter Idee eines Dinges. Von älteren auf Vico sich stützenden Ästhetikern[1] unterscheidet sich Leone durch sein Hinausgehen über den empiristisch-historischen Standpunkt derselben, wobei er sich auf die speculative Idee vom Menschen stützt. Der Mensch ist eine lebendige Kraft; die specifisch menschliche

---

[1] Vgl. meine Abhandlung: Ideal. Theorien d. Schönen u. s. w. SS. 3 f.

Lebendigkeit hat ihr Princip in der Energie des Selbstwollens, welches anfänglich in's Sinnenleben versenkt, der Erringung durch sinnliche Eindrücke bedürftig ist. Die menschliche Sensibilität unterscheidet sich von der thierischen durch ihre Universalität und Innerlichkeit; sie geht nicht in den Eindrücken passiv auf, sondern percipirt und retinirt Form, Figur und Bild der wahrgenommenen Dinge, wodurch ein geistiges Verhältniß des inneren Menschen zur sinnlichen Außenwelt angebahnt wird. Der Mensch gewinnt auf diesem Wege die ersten Elemente des Kunstschönen oder menschlich Schönen. Er steht aber nicht bloß zur Außenwelt, sondern auch zu sich selber und zur höchsten ersten Ursache in Beziehung. Auf sich selber sich zurückbeugend, apprehendirt er die durch die Einwirkung der Außenwelt in ihm hervorgerufenen Bewegungen, die specifisch menschlichen Affecte, Gefühle und Stimmungen, welche in ihrer Weise Form, Figur und Bild des inneren Seelenmenschen in einem unerschöpflichen Reichthum mannigfachster Modificationen darstellen. Die auf diesem Wege gewonnenen neuen Elemente des Schönen bedürfen einer höchsten Klärung und Durchgeistung durch Erhebung zum Göttlichen, zum Reiche der ewigen Ideen, in deren Erfassung sich das menschliche Schöne vollendet. Das geistige Vermögen aber, in welchem sich alle Elemente des Schönen einigen und durchdringen, ist die im Dienste des menschlichen Ingeniums wirksame Phantasie, welche nach ihrer allgemeinen Bedeutung die von der göttlichen Providenz dem Menschen verliehene Macht der Selbstförderung constituirt und in dieser ihrer Bedeutung der menschlichen Sensibilität als dem Vehikel der Selbsterhaltung oder des Selbstschutzes ergänzend zur Seite tritt. Das Wort Phantasie ist nur eine der mehreren Benennungen, welche in den Völkersprachen dem Vermögen der geistigen Selbstförderung nach Verschiedenheit seiner Functionen geschöpft worden sind; was die Griechen *Φαντασία* nannten, hieß bei den alten Italienern Memoria oder auch Reminiscentia, den heutigen Italienern ist der Ausdruck Immaginativa geläufig.[1]

---

[1] Le preallegate voci in uno contengono la dichiarazione, che lo spirito, mercè la facoltà fantastica tiene presente la luce, che ha appreso, ritrae le immagini dagli obbjetti, le conserva, le modifica a sua norma e all' accorrenza ne fa tesoro. Tutti questi attributi appaiono in vita, allorquando la spontanea e facile solerzia dello spirito è in rapporto col mondo, con sè, con Dio. E perocchè lo spirito con questa facoltà, che è luce, specchio in che si riflettono i raggi appresi; immagine, che in sè rinchiude

Die Ausgestaltung des menschlichen Schönen im künstlerischen Thun geht nach Gesetzen vor sich, welche jenen der Ausgestaltung der Wahrheitserkenntniß und des sittlich Guten conform sind; Intellect, Wille und Phantasie sind denselben Entwickelungs- und Wirkungsgesetzen unterstellt. Der erste Act des künstlerischen Thuns ist die durch eine innere Erregung veranlaßte geistige Erhebung zur Anschauung der künstlerisch zu verwirklichenden Objecte. Die Phantasie verhält sich hiebei anfänglich passiv in Reception des göttlichen Lichtes, beginnt aber, von demselben erfüllt, in den Stand der Activität überzutreten. Der Geist will die erfaßte Idee des Objectes in eine anschaubare Wirklichkeit umsetzen und beginnt sie mit jenen Formen zu umkleiden, welche ihm der Natur des Objectes am besten zu entsprechen scheinen. Mittelst dieser Subjectivirung der intuitiv erfaßten Idee sucht die Phantasie dieselbe in bildlicher Form festzuhalten; die Medien der Verbildlichung sind Wort, Figur, Ton als symbolische Repräsentationen der Idee. Dieß ist die innerliche Empfängniß des Schönen im Geiste, das nunmehr weiter durch das Kunstgeschick des Menschen eine nach außen vernehmbare Gestalt erlangen soll. Damit soll ein phantasievolles künstlerisches Bild des Objectes in's Dasein gerufen werden, durch dessen Idee sich der Künstler begeistern ließ und der mit der idealen Anschauung beginnende Proceß des künstlerischen Thuns zum Abschlusse gelangen.

Die historische Entwickelung der Kunst geht parallel mit der historischen Entwickelung des menschlichen Geistes. Die ersten Erfindungen des menschlichen Kunsttriebes waren so roh wie ihre Erfinder; sie dienten den dringendsten Bedürfnissen der physischen Lebenserhaltung ohne irgend welches ideelles Motiv. Gleichwol waren sie Erzeugnisse des menschlichen Geistes, der in seiner weiteren Entwickelung auch höheren Strebungen und Bedürfnissen durch seine Schaffens- und Erfindungsthätigkeit Ausdruck gab. Die auf dem Wege der sprachvergleichenden Forschung ermittelte Etymologie des Wortes Ars[1] lehrt, daß anfangs alle äußere Arbeits- und Strebethätigkeit, gleichviel, ob sie materiellen Bedürfnissen oder geistigen Bestrebungen dienstbar war, mit demselben Namen belegt wurde. Sobald man aber die Kund-

---

le figure degli obbjetti, non apprende il principio o il fine di suo presupposto, ma luce, la figura, la immagine, che ha, cosi essa è la facoltà competente ad apprendere il vero. O. c., p. 121.

[1] Vgl. bezüglich dessen Curtius: Grundzüge der griech. Etymologie (5. Aufl.) SS. 339 f.

gebungen und Erzeugnisse eines höher entwickelten Geisteslebens von der den physischen Lebensbedürfnissen dienenden Menschenarbeit zu unterscheiden anfing, beschränkte sich die Benennung Kunst auf jene Thätigkeiten und Hervorbringungen, in welchen der Stoff einem ideellen Interesse und Bedürfnisse dienstbar gemacht wurde. Musik, Gesang und sinnvolle Rede vertrugen nicht, mit demjenigen, was man früher Kunst genannt hatte, in eine Classe geworfen zu werden; dasselbe gilt von der ideell veredelten Bauthätigkeit und der an dieselbe sich anschließenden Sculptur und Malerei. In allen diesen Thätigkeiten war jedoch das ideelle Moment anfangs noch verhüllt und herrschte das Bestreben der Nachahmung der Natur, der Wiedergabe des Gesehenen und Gehörten vor. Erst als die wirklichen Künste bereits in ihren ersten Anfängen vorhanden waren, erwachte auch der Trieb und das Bedürfniß, ihre Erzeugnisse der Idee des Schönen gemäß gestaltet zu sehen; die Verschönerungen der rohen Kunsterzeugnisse waren durch Inspirationen des am Wahren und Guten orientirten menschlichen Genius eingegeben und zielten mit mehr oder weniger Bewußtheit auf Conformation der Kunsterzeugnisse mit den Ideen des Wahren und Guten ab. Der menschliche Geist bethätigte die in der Erkenntniß des Wahren und Guten errungene höhere Freiheit auch im Kunstschaffen, der gesteigerte Schwung des nationalen Lebens reflectirte sich in allen Zweigen der künstlerischen Thätigkeit. So war es im Zeitalter des Perikles bei den Griechen, so bei den Italienern im Zeitalter des Raffael und Michelangelo der Fall. Letztlich kam es zur Erfindung philosophischer Kunsttheorien, unter welchen Leone speciell jene Hegel's und Gioberti's hervorhebt. Er ist indeß, abgesehen von anderen schon oben erwähnten Bedenken gegen dieselben, mit den von beiden Philosophen gegebenen Eintheilungen und Gliederungen der Kunstthätigkeit aus dem Grunde nicht einverstanden, weil sie der historisch-genetischen Entwickelung der Kunstthätigkeit zu wenig Rechnung tragen. Hier gibt sich wieder Leone's specielle Beziehung zu Vico zu erkennen.

Diese tritt weiter auch in der Art und Weise hervor, in welcher Leone die Entstehung und Entwickelung der menschlichen Sprache und Schrift mit der Entwickelung der Künste in Verbindung zu bringen bemüht ist. Die Künste nehmen von den Perceptionen des Ohres und Auges ihren Ausgang. Der gehörte Ton ist das Materiale der menschlichen Sprache und bildete dadurch zur Sprache, daß in ihm die zum

Ohre dringenden Vibrationen der Körper festgehalten und durch die menschlichen Lippen nachgeahmt wurden; die ersten Nachahmungen waren die Vocallaute als Empfindungslaute und Ansätze einsilbiger Worte, welche zunächst Pronominal- und Adverbialbedeutung hatten. Die weitere Entwickelung des menschlichen Sprachvermögens besteht in der significativen Nachbildung thierischer Lebensemotionen und der Geräusche körperlicher Objecte. Die mit den Vocallauten gegebene Hebung und Senkung des Tones enthielt die ersten Ansätze der Musik als Ausdruck der inneren seelischen Bewegungen. Das Bemühen, die flüchtigen Laute festzuhalten und concret zu determiniren, führte zur Erfindung des Alphabetes, in dessen Buchstabenfiguren Bewegungen der Lippen, einzelne zum Sprechen in nächster Beziehung stehende Körpertheile oder auch äußere, die Buchstabenlaute sinnbildende Objecte und Erscheinungen bildlich festgehalten sind. Damit waren zugleich auch die ersten Anfänge der figurativen Künste gegeben. Nicht Alles ließ sich durch die primitive Lautsprache ausdrücken; daher die Erfindung der ideographischen Zeichen als anschaubarer Verbildlichungen des durch Laute und Worte nicht Ausdrückbaren, sowie die stumme Geberdensprache als älteste Form des Mythus ($\mu\tilde{\upsilon}\theta o\varsigma$ = mutus).[1]

Die Sprache ist die unmittelbare Gestaltung des menschlichen Geistes, in welcher sich sein innerstes Wesen, seine Verbindung mit dem Universum und seine Beziehung zum Absoluten ausdrückt. Manche legten ihr deßhalb einen göttlichen Ursprung bei und sahen in ihr den Spiegel der Wesenstypen der Dinge. Dieß wird von Leone selbstverständlich nicht adoptirt; wol aber gilt ihm das Wort als die erstgeborne Tochter der Kunst und ihre Entwickelung ist ihm mit jener des menschlichen Geistes identisch. In ihrem ersten Anfange phantasievoll, sanghaft und poetisch, wird sie in ihrem zweiten Entwickelungsstadium symbolisch, metaphorisch und beziehungsweise andeutend, in ihrem dritten Stadium reflexiv, dialektisch, intellectiv. In der ersten Epoche der Sprachenentwickelung sind demnach die Anfänge der Poesie zu suchen, deren Inhalt der Natur der Sache gemäß religiöser Art war. Gleich Vico läßt auch Leone die ältesten Waldbewohner in den äußeren Naturerscheinungen: Donner und Blitz, Wolken, Stürmen u. s. w. göttliche Mächte erkennen, unter deren Obhut sie alle ihre Lebensangelegenheiten gestellt

---

[1] Vgl. hiezu Vico (ed. Milan, 1835 ff.) Opp. IV, p. 184.

sahen; die Lebhaftigkeit ihres unmittelbaren poetischen Denkens und Empfindens machte sich in körperlichen Bewegungen, in rhythmischen Tänzen kund, mit welchen sie ihre religiösen Hymnen begleiteten. Ein anderes Object poetischer Glorification war die Erinnerung an die unter die Leitung der Götter gestellten Wanderungen der Stämme, woraus sich die Epik entwickelte. Die Prosa verdankt ihr Entstehen dem Zurücktreten der Vorherrschaft der Phantasie und der damit verbundenen körperlichen Erregbarkeit; das erste Erzeugniß der Prosasprache war die geschichtliche Erzählung, die in ihren ersten Anfängen selber noch poetisch gestaltet war und der dichtenden Phantasie weiten Spielraum gestattete. Inhalt der ältesten geschichtlichen Erzählungen waren die Thaten einzelner Helden und insgemein die Volkslegende; die wirkliche Geschichte konnte erst, als Complexe von Thatsachen in ihren Zusammenhängen und inneren Verknüpfungen überschaut wurden, zum Gegenstande der Darstellung werden und konnte nur auf Grund der Sammlung zerstreuter Überlieferungen über Einzelnes, local und zeitlich Begränztes zu Stande kommen. Die lehrhafte Darstellung war in ihrer ältesten Form dialogisch inquisitiv gehalten; die monologische Abhandlung konnte erst mit allmälig errungener, streng wissenschaftlicher Gewißheit sich Bahn brechen. Neben der aus der Poesie herausgewachsenen Prosa dauerte die Pflege der Poesie selber fort, deren immerwährend bleibende Aufgabe die phantasievolle Selbsterhebung in das Reich des Schönen bleibt. Die weitere Ausbildung der Poesie hatte ihre kunstgemäße Ausgestaltung in Sprache und Rhythmus zum Gegenstande; die christliche Religiösität wies ihr die erhabensten Ziele und Objecte und reinigte sie von den der vorchristlichen antiken Poesie anhaftenden Trübungen und Verirrungen der idealen Auffassung der Dinge.

Die Musik hat ihre eigene Sprache als Ausdruck der inneren seelischen Bewegungen, welchen die Modulation und der Wechsel der Töne in der Hebung und Senkung derselben entspricht. Sie läßt sich in ihrer kunstgemäßen Ausbildung auffassen als regelndes Maß, welches der Sensus intimus allen Bewegungen der Seele auferlegt. Sie hat zu ihrer Voraussetzung den universalen Lebenston, in welchem alles Seiende und Lebendige sich austönt; dieser universale Ton ist die allgemeine Form der in mannigfachem Tempo sich entwickelnden seelischen Lebensbewegung, welche man in gewissem Sinne als Mutter aller künstlerischen Thätigkeit bezeichnen kann. Die Musik entspricht am unmittelbarsten der Definition des Schönen als der Gestalt des aus dem Stande der Ruhe in jenen der Thätigkeit übergehenden Seins. Man hat in der Musik Harmonie und Melodie zu unterscheiden; die Melodie ist Ausdruck der Bewegungen des individuellen Lebens, die Harmonie Ausdruck des Gemeinmenschlichen in der individuellen Lebenserregung. Zufolge dieses ihres doppelseitigen Wesens eignet sich die Musik zum künstlerischen Ausdrucke alles dessen, was Gegenstand menschlichen Interesses sein kann; Freude und Leid des Einzelnen, die heiligen Angelegenheiten des Vaterlandes, das begeisterte Eintreten in den Kampf für Freiheit und Recht, die tiefstgreifenden religiösen Erhebungen und Erschütterungen finden ihren sprechenden und zum Herzen gehenden Ausdruck in den musikalischen Tönen. Die Wirkungsmacht der Musik wird erhöht durch die mannigfaltigen Toninstrumente, welche der menschlichen Stimme, der Führerin des Gesanges unterstützend und ergänzend zur Seite treten. Den Adel höchster Vollendung erlangte die Musik durch das Christenthum, welches seinerseits wieder die Wirkung auf Geist und Gemüth der Menschen und Völker zum nicht geringen Theile der Macht der Musik verdankt. Leone feiert die italienischen Meister der Musik: Palestrina, Pergolese, Zingarelli, Verdi, Rossini, Donizetti als Diejenigen, welche dem religiös-kirchlichen Sinne und dem nationalen Empfinden ihrer Landsleute den classischen musikalischen Ausdruck geschaffen haben.

Nebst der Sprache und Musik gehört auch die Architektur zu den Hauptkünsten, aus welchen sich die übrigen Künste entwickelten. Das architektonische Werk ist versichtbarende Gestaltung eines concreten bestimmten Gedankens und Begriffes, welche durch Maß und Proportion einen künstlerischen Charakter erlangt. Sie durchläuft in ihrer geschichtlichen Entwickelung drei Stadien, welche durch die orientalische, etruskisch-griechisch-römische und christliche Architektur repräsentirt sind. Im ersten Stadium waltet der allgemeine Gedanke über die individualisirende Darstellung vor; mit dem zweiten Stadium beginnt die individualisirende Durchbildung; im dritten Stadium wird das architektonische Werk zur Idee des Unendlichen in Beziehung gesetzt. Das Verhältniß der Architektur zur Kunst der Rede spricht sich im ersten Entwickelungsstadium durch die ideographische Bedeutung des Bauwerkes aus; zur Musik tritt sie in's Verhältniß zufolge der Wechselbeziehung zwischen Raum und Zeit, deren ersterer durch die architektonische Kunst gestaltet wird, während die Musik wesentlich Zeitmessung ist.

Die Erwähnung des von Giorgio Vasari, dem Dädalus von Arezzo, erbauten Palazzo degli Uffizi gibt Leone Anlaß von der Architektur auf die Sculptur und Malerei überzugehen. Die Entwickelung der Sculptur lehnt sich an die Architektur an, an welcher sie zuerst als Blätterschmuck, dann als Nachahmung von Thierformen, letztlich in der Herausbildung menschlicher Gestalten hervortrat; die ideale Durchgeistung letzterer machte die Sculptur zur Kunst im eigentlichen Sinne, als welche sie im Alterthum bei den Etruskern und Römern, vorzugsweise aber bei den Griechen zur Erscheinung kam. Der höchste Preis gebührt auch hier wieder der Darstellung der Heroen des christlichen Gedankens durch die italienischen Künstler, deren sonstige Schöpfungen Leone im kurzen Überblicke bis auf die jüngst geschaffene monumentale Verherrlichung des Durchstiches des Mont Cenis herab verfolgt. Die Malerei hat vor vor der Sculptur einen höheren Grad von Freiheit in der Darstellung des sichtbar Gegebenen voraus und vermag alles Sichtbare in den Bereich ihrer Darstellung zu ziehen; ihr ist es weiter beschieden, das innerste Wesen der künstlerisch dargestellten Objecte zu versichtbaren. Durch das Christenthum ist sie angeleitet worden, ihrer höchsten Aufgabe, der Darstellung des inneren seelischen Wesens in der äußeren Erscheinung des Menschen den höchsten Grad der Vollendung zuzuwenden. Dieß ist nach den ungenügenden Leistungen der byzantinischen Kunst zuerst den Italienern gelungen, zu deren nationaler Kunst der anfangs von den Byzantinern abhängige Cimabue den Übergang bildet. Sein Schüler Giotto ist der Begründer der specifisch italienischen Malerei, deren Wunder Leone in den Schöpfungen eines Orgagna, Masaccio, Fra Giovanni da Fiesole, Leonardo da Vinci, Raffael, Michelangelo, Correggio und Tiziani Leone in begeistertem Preise vorführt.

Die eigentliche Seele aller Kunst ist die Poesie, deren drei grundwesentliche Formen Epik, Lyrik und Drama sind. Die ächte Gestalt der Epik stellt sich bei Homer und Ariost dar, welche beide lebendige Gemälde ihrer Zeit geben und darum durch eine Unmittelbarkeit der Anschauung erfreuen, welche den übrigen Epikern mehr oder weniger abgeht. Dante steht über Ariost, wird aber richtiger den Dramatikern beigezählt; gleichwol wird der moderne Epiker sich vorzugsweise an ihm zu bilden haben. Sein Einfluß bewährte sich am Dichter der Sposi promessi, in welchen die Idee der modernen humanitären Epopöe ausgeprägt ist. Aus der objectiven geschichtlichen Wirklichkeit, die in der Epopöe sich darlegt, werden wir durch die Lyrik in das Leben der subjectiven Innerlichkeit versetzt, deren mannigfache Richtungen durch die Verschiedenheit der Gemüthsaffecte bedingt sind, die in ihr sich zum Ausdrucke bringen. Wir haben eine Lyrik des frohen Lebensgenusses (Anakreon, Catull, theilweise Horaz), des Schmerzes (Properz, Leopardi), des Liebesgefühles (Sappho, Petrarca), der Begeisterung für das Heroenthum (Pindar, theilweise Horaz), der religiösen Hoffnungsstimmung (David'sche Psalmen). Eine wesentliche Schönheitsbedingung der lyrischen Poesie ist das Durchklärtsein der subjectiven Gefühlserregung vom Gemeinmenschlichen; der Egoismus der Auflehnung gegen das gemeingiltige menschlich veredelte Empfinden ist widerlich und abstoßend. Wie und unter welchen Umständen die Lyrik zur Epik werden könne, ist an Manzoni's Ode auf den 5. Mai zu ersehen. Das Eigenthümliche der dramatischen Poesie im Gegensatze zur Epik, die mehr oder weniger sich stets in einer Phantasiewelt bewegt, ist die Entschleierung der realen Lebenswirklichkeit durch Aufzeigung der dieselbe durchwaltenden sittlichen Idee der Vergeltung. Die antike Tragödie war von der Idee des Fatums beherrscht, erst in der Dramatik des christlichen Weltalters ist die Idee der sittlichen Freiheit, ohne welche die Idee der Vergeltung keine innere Wahrheit hat, zum entsprechenden Ausdrucke gekommen. Der mustergiltige poetische Ausdruck der das christliche Drama beseelenden Ideen ist Dante's Commedia divina. Die sittlichen Lebenszustände Italiens im Zeitalter der Renaissance begünstigten die Pflege des Lustspieles, während die Bemühungen um die tragische Poesie keinen entsprechenden Boden im damaligen Leben fanden. Erst in Alfieri erhielt Italien einen bedeutenden Tragiker, während in Goldoni das Lustspiel wieder auflebte und nebenher das einst von Apostolo Zeno gepflegte Melodrama in Metastasio einen vorzüglichen Vertreter fand. Leone schließt nach einem flüchtigen Blicke auf die italienische Satyrik seit Salvator Rosa und auf die ausländische Dramatik, unter deren Vertretern er Shakespeare als den ersten aller modernen Dramatiker anerkennt, sein Werk mit dem Ausdrucke der Hoffnung, daß die Italiener, das älteste der heutigen europäischen Culturvölker, von welchem Wissenschaften und Künste über den europäischen Occident sich verbreiteten, auch in Zukunft, nachdem sie nunmehr ein freies selbstständiges Volk geworden, die in den vergangenen Jahrhunderten eingenommene Höhe auf dem Gebiete des künstlerischen Schaffens behaupten würden.

## II.

# Psychologie und Pädagogik.

Rosmini verfolgte in seinen durchwegs auf die geistig-sittliche Regeneration des italienischen Volksgeistes gerichteten schriftstellerischen Bestrebungen von Anfang her durchaus praktische Zwecke; es handelte sich für ihn um Wiederbelebung des christlichen Geistes im allgemeinen Bildungsleben der Nation. Eine seiner frühesten schriftstellerischen Arbeiten war eine Schrift über christliche Erziehung:[1] der einer späteren Ausgabe dieses Buches vorausgeschickte Vorbericht des Herausgebers Fr. Paoli[2] enthält eine umständliche Schilderung der Thätigkeit, welche Rosmini speciell dem Elementarunterrichte und der in christlichem Sinne zu leitenden Volksschule zuwendete. Sein Interesse beschränkte sich indeß keineswegs auf diese Seite der christlichen Pädagogik; er faßte letztere vielmehr in universellstem Sinne auf und deutete die Umrisse einer vollständig ausgeführten Wissenschaft der Pädagogik in dem kurzen Abrisse seines Gesammtsystems an,[3] welchen er auf Cantù's Anregung abgefaßt hatte.[4] Er wies der vollständig durchgeführten Wissenschaft der Pädagogik die Aufgabe zu, die erziehlichen Einflüsse der Familie, des staatsbürgerlichen Lebens und der Kirche zu beleuchten und neben den Einwirkungen der gesitteten Gesellschaft auf das Einzelindividuum auch von der Selbsterziehung des gereiften Menschen und von der Erziehung der Menschheit durch Gott zu handeln. Er verwies die Erziehungslehre in den Bereich der deontologischen Wissenschaften und setzte sie in ein engstes Verhältniß zur Moral; er betonte

---

[1] Vgl. Bd. I, S. 27.
[2] Della eduzione cristiana di A. Rosmini. Preceduto da una dissertazione sui meriti pedagogici del medesimo di Fr. Paoli. Mailand, 1856.
[3] Vgl. Bd. I, S. 250.
[4] Sistema filosofico di A. Rosmini §§ 244 sgg.

im Zusammenhange damit die Sittlichkeit als den absoluten Zweck der Erziehungsthätigkeit, mit welchem er die Functionen der intellectuellen und physischen Erziehung in vollkommene Übereinstimmung gesetzt sehen wollte.

Er kam nicht dazu, eine seiner Anschauung von der Wissenschaft der Pädagogik entsprechende Darstellung zu liefern. In den von Paolo Perez aus den größeren Werken Rosmini's gezogenen Pensieri e dottrine[1] sind seine Äußerungen über intellectuelle und moralische Erziehung, über die Functionen der Familie, der bürgerlichen Gesellschaft und der Kirche im Werke der Erziehung zusammengestellt. Ferner wurde von Fr. Paoli aus Rosmini's Nachlaß eine unvollendet gebliebene Schrift über Methodik veröffentlicht,[2] welche den ersten Band in der Reihe der Schriften Rosmini's sulla Pedagogia e Metodologia bildet, während dem zweiten Bande nach dem Plane der Herausgeber einige theilweise von Rosmini selber schon veröffentlichte kleinere Schriften, darunter sein oben erwähntes pädagogisches Erstlingswerk und sein Saggio sull' unità dell' educazione,[3] ferner seine Abhandlung sulla libertà d' insegnamento[4] zugewiesen wurden.

Rosmini's Schrift über die Methodik sollte in fünf Büchern die gesammte Lehre von der intellectuellen und moralischen Erziehung des Einzelmenschen umfassen und nicht bloß von der Erziehung der Unmündigen, sondern auch von der Selbsterziehung des mündig gewordenen Menschen handeln. Das Werk blieb unvollendet; die in die Jahre 1839 und 1840 fallende Ausarbeitung der zwei ersten Bücher behandelt bloß den das früheste Kindesalter umfassenden Theil der Erziehungsarbeit von der Geburt angefangen bis zum ersten Aufwachen des sittlichen Bewußtseins in der Unterscheidung zwischen Gut

---

[1] Intra, 1873.

[2] Del principio supremo della metodica e di alcune sue applicazioni in servigio dell' umana educazione. Opera postuma (Turin, 1857).

[3] Zuerst abgedruckt in Rosmini's Opuscoli filosofici (Mailand, 1827), Vol. I, pp. 234 sgg.

[4] Mit dieser Schrift steht eine ausführliche Denkschrift in innerem Zusammenhange, welche Rosmini a. 1846 an die oberste Unterrichtsbehörde in Turin richtete, um den Mitgliedern seines Istituto della Carità die unbeanstandete Ausübung der Lehrthätigkeit in den Volksschulen zu sichern. Näheres hierüber bei Paoli, Memorie I, pp. 340 sg.

und Bose. Rosmini scheidet diese früheste Periode des menschlichen Lebens in vier Abschnitte, deren erster die ersten sechs Wochen des Kindesalters, der zweite den darauf folgenden Lebensabschnitt bis zum Aussprechen des ersten Wortes, der dritte die daran sich schließende Zeit bis etwa zum Eintritt des vierten Lebensjahres, die vierte die Entwickelung von da an bis zum siebenten Lebensjahre umfaßt. In den ersten Abschnitt fällt die allgemeine, noch völlig unbestimmte Intellection des Seins, ohne welche der Neugeborne gar nicht Mensch sein könnte; sie ist eben mit der menschlichen Vernunftanlage identisch. Das Kind verbringt diese Epoche mit der Übung der animalischen Kraft in der Einigung der Sensationen des Tast- und Gesichtssinnes. Der Eintritt des zweiten Lebensabschnittes kündiget sich durch Lächeln und Weinen des Kindes an; die actuellen Intellectionen beschränken sich auf Perceptionen der subsistenten Dinge, welchen affective instinctive Wollungen entsprechen. Diese Perceptionen sind synthetische Intellectionen erster Gattung, welche mit dem Eintritte des dritten Lebensabschnittes einer im verborgenen Grunde der Seele sich vollziehenden Analyse unterworfen werden, wodurch eine Abstraction der das Kind interessirenden Qualitäten des subsistenten Dinges von seiner Subsistenz eingeleitet wird; dieß sind die ersten bildlichen Vorstellungen des Kindes, welchen gleichfalls wieder affective Volitionen entsprechen. Das Mittel der Fixirung dieser ersten Abstractionen ist das Wort. In dem weiter folgenden vierten Lebensabschnitte schreitet das kindliche Denken mittelst der Urtheilsthätigkeit zu einer Synthesis zweiter Gattung vor, in welcher die Elemente der vorausgegangenen Analyse verknüpft werden und die Existenz der Qualitäten an einem bestimmten Objecte affirmirt wird; dieß ist eine Intellection dritter Gattung, welcher eine appretiative Volition des beurtheilten Objectes entspricht. Daran reihen sich Intellectionen vierter Ordnung, bestehend in einem Vergleiche zweier Objecte mittelst einer Analyse zweiter Gattung oder elementarer Zerlegung, woraus die Gründe einer Bevorzugung des einen Objectes vor dem anderen sich ergeben. Damit werden nun die Anfänge der moralischen Beurtheilung angebahnt und machen sich nebenher die ersten Kundgebungen des Selbstbewußtseins bemerkbar, welches durch Intellectionen einer fünften Ordnung zur habituellen Thatsache wird. Diese Intellectionen beziehen sich auf Determinationen von Relationen zwischen zwei Dingen, welche Eine Sache constituiren und als Eine Sache begriffen werden; unter diesen

Intellectionen ist die Perception des Ich und seiner beharrenden Identität mit sich selber im Wechsel seiner Actionen die bedeutsamste. Damit ist das Kind an der Schwelle jener Altersstufe angelangt, mit welcher der freie Gebrauch der Vernunft beginnt.

Soweit reichen die in der hinterlassenen Arbeit Rosmini's enthaltenen Ausführungen; Paoli hat aber nebstdem auch noch eine kurze Skizzirung der unausgeführt gebliebenen Theile des Werkes von Rosmini's Hand aufgefunden, welche über alle folgenden irdischen Lebensperioden des Menschen vom Beginne des freien Vernunftgebrauches angefangen bis zum Abschlusse seines Erdendaseins sich verbreitet. Rosmini unterscheidet abermals vier Hauptabschnitte, deren jeder wieder in Unterabschnitte zerfällt. Er läßt den ersten Hauptabschnitt bis zum 12. oder 14. Lebensjahre reichen, den zweiten bis ungefähr zum 20. Lebensjahre; darauf folgt die Epoche der vollkommenen Entfaltung der geistigen und sittlichen Lebensthätigkeit in der Vollkraft des Lebens; der letzte Hauptabschnitt umfaßt jene Lebenszeit, in welcher der Mensch aus dem thätigen Wirken sich in die geistige Beschaulichkeit zurückzieht, und einerseits durch seinen erfahrenen Rath nützlich zu werden bestrebt ist, während er andererseits den höchsten Vertiefungsgrad seines innerlichen Selbstlebens anstrebt.

Rosmini hatte sich in der Ausarbeitung seines Werkes auf denjenigen Theil desselben beschränkt, welcher für ihn zunächst praktische Wichtigkeit hatte. Ihm war eben dazumal die Leitung der Volksschule zu Stresa von der gutsherrlichen Patronin derselben A. M. Bolongaro angeboten worden,[1] welche nebenher auch die von ihr gegründete Mädchenschule zu Stresa den Suore della Carità, d. i. der weiblichen Abtheilung der von Rosmini gegründeten Istituto della Carità anvertraute. Früher hatte Rosmini bereits ein Kinderasyl zu Domodossola in's Dasein gerufen und seit 1840 wurde er von mehreren Seiten um Entsendung von geistlichen Lehrern für Elementarschulen angegangen. Dieß veranlaßte ihn, die Ausbildung der Genossen des Istituto della Carità für den Unterricht in den Elementarschulen und für die Aufgaben der Kindererziehung in's Auge zu fassen und nebstbei auch selber die auf psychologische Principien basirte Leitung der Jugenderziehung zum Gegenstande seines wissenschaftlichen Nachdenkens

---

[1] Vgl. Paoli in seiner Einleitung zu Rosmini's Schrift della educazione (siehe Oben S. 205, Anm. 2), pp. 47 sgg.

zu machen. Er zog bei Abfassung der beiden ersten Bücher seiner Metodica die vertrauenswerthesten pädagogischen Schriften damaliger Zeit in italienischer und französischer Sprache zu Rathe. Er citirt besonders häufig das Werk de l'education progressive der Genfer Schriftstellerin Albertine Necker de Saussure,[1] nebstbei auch die Lettres de famille sur l'education der Madame Guizot; unter den einheimischen Schriftstellern werden Ferrante Aporti, ein Schüler des Wiener Pädagogikers und nachmaligen Erzbischofes V. E. Milde,[2] Giuf. Taverna,[3] Vitale Rosi,[4] Raffaele Lambruschini[5] hervorgehoben. Der Grundgedanke des Werkes ist, daß der Stufengang des Unterrichtes dem psychologisch aufgewiesenen Entwickelungsgange der geistigen Anlage des Kindes angepaßt sein müsse. Die auf Rosmini's Anschauung vom menschlichen Intellecte gestützte ideologische Grundlegung war ohne Zweifel als Correctur der empiristisch-sensistischen Auffassung der Unterrichtsmethodik Soave's[6] gemeint. Die von dem Turiner Professor Tarditi angefertigte Abschrift des ersten Buches wurde von Domenico Berti, der sie im Nachlasse Tarditi's fand, für eine Arbeit desselben gehalten und unter Tarditi's Namen seiner eigenen Schrift über die Methode des Elementarunterrichtes[7] als Anhang beigeschlossen. Der wahre Verfasser wurde erst nach Herausgabe des posthumen Werkes Rosmini's erkannt.

In den sardinischen Staaten herrschte seit dem Regierungsantritte des Königs Karl Albert ein lebhafter Eifer für die Hebung des Unterrichtswesens; Aporta wurde von Cremona nach Turin berufen, um daselbst Vorlesungen über Pädagogik zu halten. Unter seinen Zuhörern befand sich der aus Carmagnola gebürtige Giann' Antonio Rayneri (1810—1867), der dazumal am Lyceum seiner Vaterstadt Philosophie lehrte, und von der Turiner Regierung ausersehen worden war, sich

---

[1] Vgl. über dieselbe Giov. C. Milanese, Storia della Pedagogia (Treviso, 1885), pp. 318 sg.

[2] Manuale di educazione ed ammaestramento per le scuole infantili Cremona, 1833. — Vgl. über Aporti Milanese p. 375.

[3] Prime letture pe' fanciulli. Zum ersten Male erschienen Parma, 1808 und seither in einer Reihe neuer Auflagen verbreitet. Vgl. Milanese, p. 404.

[4] Manuale di scuola preparatoria. Fuligno, 1832.

[5] Guida dell' educatore. Vgl. über diese periodische Schrift und andere pädagogische Arbeiten Lambruschini's, Milanese, p. 377.

[6] Vgl. über Soave Milanese, p. 372.

[7] Turin, 1849.

durch Anhörung der Vorträge Aporti's auf die Weiterführung der Mission Aporti's vorzubereiten. Es wird ihm nachgerühmt, daß er vorher schon alle bedeutenderen pädagogischen Schriften von jenen Quintilian's angefangen bis auf jene des Schweizers P. J. G. Girard, eines Zeitgenossen und Freundes Pestalozzi's, durchstudirt hatte.[1] Seit 1846 begann er selber Vorträge über Methodik zu halten, zuerst in Saluzzo, sodann in Gemeinschaft mit Vicenzo Troya in Genua; im Herbste des J. 1848 wurde er zu gleichem Zwecke nach Turin berufen, und nahm auch an den Arbeiten des obersten Unterrichtsrathes Theil, zu dessen wirklichem Mitgliede er später ernannt wurde. Ein von Gioberti 1849 in's Leben gerufener Verein zur Förderung von Unterricht und Erziehung, welchem Buoncompagni, Cadorna, Berti, Bertini, Troya u. A. angehörten, hatte in Rayneri einen seiner thätigsten Genossen. Im J. 1850 erschien die erste seiner pädagogischen Schriften,[2] deren erster grundlegender Theil eine unverkennbare Gedankenverwandtschaft mit den von Rosmini entwickelten Ideen über das successive Fortschreiten der Geistesentwickelung des Kindes erkennen läßt. Mehrere Jahre später begann er, von anderen kleineren mittlerweile erschienenen Arbeiten abgesehen,[3] die Veröffentlichung seines Hauptwerkes, der fünf Bücher über Pädagogik,[4] deren letzte Partien nicht mehr von Rayneri selbst, sondern von seinem Nachfolger im Lehramte, Giuj. Allievo, herrühren.

Die fünf Bücher des Werkes Rayneri's handeln: 1. Von der Erziehung im Allgemeinen, 2. von der intellectuellen, 3. ästhetischen, 4. moralischen und 5. physischen Erziehung. Die Erziehung im Allgemeinen wird nach Gioberti[5] definirt als diejenige Fertigkeit und

---

[1] Vgl. den der zweiten Auflage der Pedagogica Rayneri's (Turin, 1877) vorausgeschickten Lebensabriß von Giov. Lanza: Della vita e degli scritti di G. A. Rayneri.

[2] Primi principii di Metodica. Turin, 1850. — Vgl. über diese Schrift den obenerwähnten Lebensabriß Rayneri's pp. XXI sg.; ferner Milanese pp. 394 sgg.

[3] Unter diesen mögen speciell Rayneri's Lezioni di nomenclatura geometrica (Turin, 2 Thle.; 1852, 1858) hervorgehoben werden.

[4] Della pedagogica Libri cinque (Turin, 1859). An der Veranstaltung der zweiten Auflage (1877) waren nebst Allievo Vincenzo Garelli, Giovanni Losco, Giov. Lanza und Giacomo Morca betheiliget.

[5] Siehe Gioberti Introduz. allo stud. della filos. Lib. I, c. 2. — Bezüglich der daselbst entwickelten Ideen Gioberti's über Wesen und Aufgabe der Erziehung vgl. Milanese pp. 384 sgg.

Kunst, durch deren Anwendung den menschlichen Seelenkräften in methodisch geregelter Weckung und Übung derselben die ihren gott gedachten Zielen entsprechenden Habitualitäten zu Theil werden. Diese Definition bedarf einer näheren Begränzung, soweit es sich um die von Menschen geübte Erziehungsthätigkeit handelt;[1] die exacte Definition der Erziehungsthätigkeit hat die Unterlage der wissenschaftlichen Ausführung der Erziehungslehre zu constituiren. Denn aus ihr hat sich zu ergeben, daß es sich um ein methodisch geregeltes Wechselverhältniß zwischen Erzieher und Zögling handelt, in welchem einerseits die Auctorität des Erziehers gewahrt bleiben soll, andererseits die Selbstthätigkeit des Zöglings als wesentlicher Factor einzutreten hat und die gottgewollten Ziele der Wechselwirkung zwischen Erzieher und Zögling stets im Auge behalten werden müssen.

Die Erziehungslehre hat eine reiche Literatur aufzuweisen, welche sich bezüglich der Behandlungsweise ihres Objectes nach Rayneri in zwei Hauptclassen scheidet, je nachdem es sich bloß um Entwickelung von Ideen über Wesen und Ziele der Erziehung, oder um eine streng systematische Darstellung der Erziehungslehre handelt. Zu den pädagogischen Schriftstellern ersterer Art sind Aristoteles, Locke, J. J. Rousseau, Basedow, J. P. Richter, Lambruschini, Caterina Ferrucci,[2] Madame Guizot und Madame Remusat zu zählen; als Vertreter der systematischen Auffassung und Behandlung der Erziehungslehre führt Rayneri aus dem Alterthum Plato, aus neuerer Zeit die Deutschen V. E. Milde, F. H. Ch. Schwarz, Niemeyer, Benecke, die Franzosen Dupanloup, Ganthey, Balme-Frezol, Albertine Necker, die Italiener Filangieri und Bufalini an. In der Bestimmung der Stellung der Erziehungslehre im Kreise der philosophischen Disciplinen schließt sich Rayneri ganz an Rosmini[3] an, wie er weiter auch in der psychologischen Unterbauung der Erziehungslehre im Ganzen und Großen an Rosmini's Theorie der Seelenkräfte sich

---

[1] L' educazione è l' arte, colla quale un uomo autorevole induce un altro a trasformare per mezzo di atti successivi le sue potenze in abiti ordinati al suo fine. Pedagogica, Lib. I, c. 1.

[2] Della educazione morale della donna italiana. Turin, 1847. Vgl. über diese Schrift und ihre Verfasserin Gioberti, Apologia al Gesuita moderno p. 277; und Milanese, p. 406 sg.

[3] Vgl. Bd. I, S. 428.

hält.[1] Er rühmt an Rosmini, den ersten Grund zur Classification der Intellectionen mit Beziehung auf die Hauptobjecte der Erkenntniß gelegt und die stufenweise Entwickelung des Erkenntnißlebens in continuirlichem Fortschreiten vom Bekannten zum Unbekannten in mustergiltiger Weise beleuchtet zu haben.

Rayneri unterscheidet in der Entwickelung des intellectuellen Lebens zwei Perioden, deren erstere dem Verstehen des Wortes vorausgeht, letztere dasselbe begleitet und zur Voraussetzung ihrer weiteren Entwickelung hat. Der intellectuelle Hauptact der ersten Periode ist die Perception, jener der nachfolgenden zweiten Epoche die Reflexion. Die ersten Perceptionen des Kindes sind verworren; jene des Gesichtssinnes bedürfen zu ihrer Verdeutlichung und Berichtigung der nachfolgenden Acte des Tastens und der Bewegung, um die Gegenstände richtig zu erkennen; damit wird die Befähigung zum Gebrauche des Wortes vorbereitet, mit welchem das Kind die Gegenstände benennen hört. Die mit dem Worte verbundene Determinirtheit der Perception bietet den Stützpunkt für die nachfolgenden Acte der Reflexion, mittelst welcher das Kind durch einen instinctiven Antrieb die Erkenntniß des Objectes weiter zu bilden bestrebt ist. Die reflexive Thätigkeit entwickelt sich in einer fortschreitenden Reihe von Acten, welche der stufenweisen Entwickelung der intellectiven Erkenntniß entspricht, daher man Reflexionsacte erster, zweiter, dritter Ordnung u. s. w. zu unterscheiden hat; jede derselben läßt sich in einen analytischen und synthetischen Act scheiden und so ergibt sich eine fortschreitende Reihenfolge von Acten, welche der Aufeinanderfolge von ungeraden und geraden Zahlen in der von Einheit ausgehenden fortschreitenden Zahlenreihe entspricht. Man hat ferner zwischen vulgärer und scientifischer Reflexion zu unterscheiden, deren erstere an das reale Object, letztere an den abstracten Begriff desselben sich hält, ohne daß jedoch aus ersterer die abstractive Thätigkeit sich ausschließen ließe, da bereits das Kind in dem den Begriff eines Objectes ausdrückenden Worte über den Bereich der empirischen Wirklichkeit hinausgreift. Das Kind empfängt das Wort von den Personen, welche es sprechen hört und nimmt den damit sich verbindenden Begriff zuerst auf Auctorität der Sprechenden an; dann aber verdeutlichet es sich denselben und bildet

---

[1] Über das Verhältniß zwischen Rayneri und Rosmini vgl. L. M. Billia, Saggio intorno la legge suprema dell' educazione. Cuneo, 1883.

ihn weiter theils durch imaginative, theils durch ratiocinative Thätigkeit, wodurch es allmälig dahin kommt, einerseits die Ideal=
typen der Dinge, andererseits die Gründe derselben, zuerst die nächsten, dann die entfernteren zu erfassen, bis es endlich zum Gedanken einer letzten Ursache gelangt. Wie unvollkommen immerhin diese intellectiven Functionen im Kinde sein mögen, darüber besteht kein Zweifel, daß sie wirklich statthaben; sie sind mit der Erlernung des Katechismus verbunden, welcher den kindlichen Verstand zu Gedanken hinführt, deren rationale Vergewisserung die Kräfte des in die sinnliche Wirk=
lichkeit versenkten vorchristlich=heidnischen Denkens überstieg.

Rayneri unterscheidet in der auf die Apprehension der Sprache folgenden Entwickelungsepoche des intellectiven Lebens drei besondere Perioden: jene der Gedächtnißübung, der imaginativen und der ratio=
nalen Thätigkeit; in der ersteren handelt es sich um Stoffaufnahme durch Perception und durch gläubige Hinnahme des Gehörten, in der zweiten und dritten um Verarbeitung des recipirten Stoffes durch die imaginative und ratiocinative Thätigkeit. Natürlich sind diese drei Perioden in der natürlichen Wirklichkeit nicht so streng auseinander=
geschieden, daß nicht in jeder derselben neben der vorwaltenden Haupt=
thätigkeit auch die beiden anderen mitthätig wären; ferner faßt jede der drei Perioden eine unbestimmbare Vielheit von Entwickelungs=
stufen in sich. Die Epoche der vorwaltenden imaginativen Thätigkeit ist als jene der populären Reflexion, die ihr folgende Epoche der vorwiegenden rationalen Thätigkeit als Epoche der scientifischen Reflexion zu bezeichnen. Die Reflexionsthätigkeit vermittelt sich im Elemente der Sprache als determinirte Fassung des Gedankens. Wie das Denken wesentlich Urtheilen ist, so das Sprechen wesentlich Satzbildung; das fortschreitend sich entwickelnde Vermögen der Sätzebildung geht mit der fortschreitenden Denkentwickelung parallel. Von den ersten im=
pliciten, elliptischen Sätzen schreitet die Sprechfähigkeit zu isolirten expliciten Sätzen fort; diese werden anfänglich nur äußerlich aneinander=
gereiht, dann innerlich durch ein logisches Band verknüpft; aus diesen Verknüpfungen entwickeln sich Discurse, zuerst über concrete, dann über abstracte Gegenstände und endlich bei vollkommener Beherrschung der Sache und Sprache freie Redeergüsse.

Die Gesetze der Erziehungsthätigkeit bestimmen sich gemäß den physischen, moralischen und intellectuellen Entwickelungsbedingungen der seelischen Strebekraft; daher die Scheidung der Erziehungslehre in die drei Abtheilungen von der physischen, moralischen und intellectuellen Erziehung. Letzterer widmet Rayneri die ausführlichste Behandlung; am kürzesten und gleichsam nur anhangsweise handelt er von der physischen Erziehung. In Bezug auf die intellectuelle Erziehung handelt es sich abermals um ein Dreifaches: um die Erziehung des Gedächtnisses, um die sachgemäße Ausbildung und Disciplinirung der Einbildungskraft, um die zweckmäßige Leitung der Entwickelung des rationalen Vermögens. Die Erörterung letzterer wird von Rayneri in den Vordergrund gestellt und ist maßgebend für die Behandlung der beiden anderen Seiten der intellectiven Erziehung. Die Rücksicht auf das gegebene Maß der Tragfähigkeit der kindlichen Geisteskraft gebietet vor Allem die Vermeidung der Extreme des Zuviel und des Zuwenig; der Unterricht soll nicht zur Spielerei mit dem Kinde herabsinken, andererseits soll eine widernatürliche Anspannung der geistigen Kräfte des jugendlichen Zöglings vermieden werden. Obschon Überladung mit überflüssigem und distrahirendem Vielerlei zu vermeiden ist, liegt es doch in der Natur der Sache, daß der Elementarunterricht alles für den Menschen als Christen und Mitglied der gesitteten Menschengemeinschaft Nothwendige in sich fasse; der Unterricht der Mittelschulen hat zufolge seines Zweckes, in den Bereich der allgemeinen Bildung einzuführen, die Mannigfaltigkeit der Lehrzweige zur wesentlichen Lebensbedingung; erst der höhere Facultätsunterricht involvirt als Vorbereitung für einen besonderen gesellschaftlichen Beruf die specielle Widmung für ein besonderes Fachstudium, welches aber durch Weiterbildung in den der allgemeinen Bildung angehörigen Wissensfächern belebt und fruchtbar gemacht werden soll. Der Unterricht soll soviel als thunlich zugleich theoretisch und praktisch sein; den ihrer Natur nach vorzugsweise theoretischen Unterrichtsfächern soll aus psychischen und hygienischen Gründen die Übung in bestimmten praktischen Fertigkeiten zur Seite gehen. Ob der Unterricht autoritativ oder rational sein soll, hängt in erster Linie von der Beschaffenheit der Unterrichtsfächer ab; es gibt Dinge, die einfach gelernt sein wollen, andere, die nicht gelernt werden können, ohne daß sie in ihrer rationalen Begründung erkannt werden. Letztere kann entweder eine denkstrenge Begründung oder eine nicht auf wissenschaftliche Exactheit Anspruch erhebende Erläuterung sein; diese kann nach Umständen ausreichen und schließt mancherlei geistige Anregungen in sich, welche nicht aus wissenschaftlichem Pedantismus preisgegeben werden

sollen. Umgekehrt sollen allenthalben, wo dieß durch die Natur der
Sache gefordert oder das geistige Verständniß dafür vorhanden ist,
die wissenschaftlich strenge, exacte Beweisführung zu ihrem Rechte
kommen. Die Unterrichtsmethode anlangend gilt im Allgemeinen
die Regel, daß der Zögling vom Bekannten auf das Unbekannte hin-
geleitet, vom Leichteren zum Schwereren emporgeführt werde. Das
Aufsteigen vom Leichteren zum Schwereren bedeutet für Raymeri das
Aufsteigen vom Besonderen zum Allgemeinen, vom Specifischen zum
Generischen; in diesem Punkte glaubt er eine scheinbar abweichende
Ansicht Rosmini's durch genauere Unterscheidung dessen, was unterschieden werden muß, richtig stellen zu sollen.[1]

Die intellectuelle Erziehung faßt als besondere Aufgaben in sich
die Ausbildung der äußeren Perception und Beobachtung, der inneren
Perception und psychologischen Reflexion, die Bekanntmachung mit
den Überlieferungen der gesittigten Gesellschaft, die Überwachung und
Leitung der Lectüre des Zöglings, die Anleitung zur schriftlichen
Gedankendarstellung, das Sprachenstudium. Ohne letzteres ist der
Unterricht in den Schulen gar nicht denkbar, da eine gebildete schrift-
liche Gedankendarstellung, zu welcher der in den Mittelschulen em-
pfangene Unterricht befähigen soll, von der Bekanntschaft mit der
Grammatik abhängt, die sich nur im Studium fremder Sprachen
erlernt. Mit Recht und aus vielen Gründen wird die Erlernung der
lateinischen Sprache und Grammatik als fundamentales Bildungsmittel bevorzugt, obwol die Beschränkung des sprachlichen Unterrichtes
auf das Latein ein grober Fehler wäre und namentlich mit den
heutigen Culturverhältnissen und Bedürfnissen der gebildeten Gesellschaft schlechthin unvereinbar ist. Das Hauptziel der intellectuellen
Erziehung ist die Anleitung zum richtigen Denken; ein Unterricht ohne
Denkübung ist ein zweckwidriger irrationaler Unterricht. Der praktischen
Anhaltung zum richtigen und geordneten Denken hat zur rechten Zeit

---

[1] L' analisi riflessiva dee procedere la sintesi riflessiva anch' essa, e
nella sintesi riflessiva, comme per esempio nella classificatione e nei razio-
cinii, il principio del Rosmini, che si dee partire del generale per discendere
al particolare, è incontrastabile; ma non è meno vero che nell' analisi
riflessiva il punto di partenza soni i particolari somministrati dalla esperienza
e dalla fede, sui quali, come sulla sintesi primitiva, l' analisi si travaglia
ricavando gradatamente le idee generali, che la riflessione vien poscia
insiem componendo. O. c., p. 189.

eine förmliche Unterweisung in der Logik nachzufolgen, die aber nicht bloß theoretische oder reine, sondern auch angewandte Logik sein soll. Ein vorzügliches Schulungsmittel des Denkens ist der mathematische Unterricht, dessen unmittelbare praktische Verwerthung sich indeß auf das Gebiet der Naturwissenschaften beschränkt, während die richtige und besonnene Auffassung der im Gebiete der moralischen Ordnung sich aufschließenden Verhältnisse von einem geübten Tacte abhängig ist, der an den Erfahrungen des Lebens sich entwickelt, aber nicht durch diese allein bestimmt werden darf, sondern an den durch Erziehung und Unterricht einzuprägenden streng moralischen Grundsätzen sich zu orientiren hat.

Die rationale Ausbildung der Einbildungskraft wird von Rayneri die ästhetische Erziehung genannt, deren Wichtigkeit er eindringlich hervorhebt; ohne Sinn und Begeisterung für das Ideal, dessen lebendige Vergegenwärtigung mittelst der Einbildungskraft sich aus= wirkt, gäbe es kein Bemühen um Herbeiführung einer besseren Zukunft und bliebe die den Menschen von den bloßen Sinnenwesen unter= scheidende Perfectibilität ein todtes Wort. Eben darum handelt es sich aber um die richtige Leitung der Ausbildung der Imagination, um Bewahrung derselben vor jenen Ausschreitungen, welche unausbleiblich dann eintreten, wenn die Cultur der Imagination nicht in ein har= monisches Verhältniß zur intellectuellen und moralischen Erziehung gesetzt wird. Rayneri definirt die Einbildungskraft als das Vermögen der Erfindung und Darstellung des Schönen. Die imaginative Thätig= keit schließt ein dreifaches Element in sich: ein sinnliches, ein ideales und ein aus beiden gemischtes. Diese drei Elemente finden sich auch im Gedächtnisse vor, jedoch mit dem Unterschiede, daß sie in diesem auf das in der Vergangenheit gegebene Reale sich beziehen, während sie in der imaginativen Thätigkeit als Elemente der mental anti= cipirten Verwirklichung des idealen Seinsollenden erscheinen. Das imaginativ anticipirte Seinsollende ist die zum vollkommenen Aus= drucke gelangte Ordnung, Proportion, Convenienz und Harmonie im Seienden, oder das Schöne als Glanz des Wahren, das im Seienden zur Wirklichkeit werden soll, die Vergegenwärtigung einer besseren und vollkommeneren Welt, als jene in der Gegenwart thatsächlich gegebene ist. Die überraschende Vergegenwärtigung derselben erweckt ein in seiner Art einziges Gefühl, jenes der Bewunderung, in welchem der Mensch über die engen Gränzen der Gegenwart hinausgehoben und in eine höhere Welt entrückt wird. Der Schönheitseindruck ist mit einem Gefallen verbunden; dieses beruht offenbar auf der Convenienz des Objectes mit der subjectiven Apprehensionskraft, die im gegebenen Falle, wo es sich um eine Apprehension des geistig-sinnlichen Gesammtmenschen handelt, unter Einem als Vermögen der sinnlichen und geistigen Apprehension zu verstehen ist. Demzufolge läßt sich das Schöne definiren als die dem Geiste und Sinne des Menschen harmonisch proportionirte Ordnung der Dinge. Diese Ordnung ist wesentlich eine wunderbare Ordnung, weil eben das Wunderbare die Schönheitsempfindung wirkt. Die Schönheitsempfindung beruht nach ihrer sinnlichen Seite auf wohlgefälligen Empfindungen des Gesichtssinnes und Gehörssinnes; daher die dem Unterschiede von Raum und Zeit coordinirte Unterscheidung des sichtbaren und hörbaren Schönen. Nach ihrer geistigen Seite beruht die Schönheitsempfindung auf der durch das schöne Object vermittelten Perception der Idealtypen. Dem menschlichen Künstler obliegt die doppelte Aufgabe der Auffindung und der versinnlichenden Darstellung der Idealtypen. Das Auffinden ist durch eine Reihe von Acten bedingt, deren erster darin besteht, daß die Dinge in ihrem wirklichen Sein in's Auge gefaßt werden; sodann sind durch Analyse die wesentlichen Qualitäten von den zufälligen abzuscheiden, ferner auf dem Wege der Vergleichung die dem künstlerisch darzustellenden Objecte am besten convenirenden Qualitäten und Relationen zu ermitteln unter Ausschluß aller anderen nicht convenienten Qualitäten und Relationen; die auf diesem Wege zu Stande kommende Ermittelung des Idealtypus eines Objectes heißt die ästhetische Synthese. Ist dieselbe vollzogen, so treten die Functionen der zweiten Aufgabe ein, die darin bestehen, mit den am besten geeigneten Darstellungsmitteln, Worten, Tönen, Linien, Farben u. s. w., den gefundenen Idealtypus sinnlich zu veranschaulichen. Der Künstler ist Nachahmer der Schöpferthätigkeit Gottes; sein Beruf ist, die Betrachter des Kunstwerkes zur Anschauung der ewigen Ideen zu erheben. Demzufolge ist die Pflege der Kunstthätigkeit eine Mitarbeit an der Erziehung der zeitlichen Erdenmenschheit. Jeder Erzieher soll in gewissem Sinne Künstler sein; seine Aufgabe ist, dahin zu wirken, daß seine Zöglinge vollkommene Menschen werden, daß in ihnen der Idealtypus des Menschenthums zum Ausdrucke komme.

Man nennt das kunstsinnige Vermögen des Menschen das ästhetische Vermögen, welches complexer Natur ist und neben der Phantasie als reproductivem und erfinderischem Vermögen auch das Vermögen der kritischen Auswahl oder den guten Geschmack und endlich den begeisterten Affect als Constituenten in sich faßt. Aufgabe der Pädagogik ist, der Entwickelung des ästhetischen Vermögens in den drei Lebensstadien der Kindheit, des Jünglingsalters und der reiferen Lebensjahre nachzugehen, um die Wirkungen und Erfolge einer richtigen Leitung oder des Gegentheiles derselben im sittlichen Charakter und Verhalten des mündig gewordenen Menschen zu erkennen. Raymeri empfiehlt der Beachtung der Fachgenossen die reichen Erfahrungen und sinnigen Beobachtungen der verdienten pädagogischen Schriftstellerin Madame Necker am Phantasieleben der Kinder und knüpft daran seine eigenen Bemerkungen über die weitere Entwickelung desselben in den nachfolgenden Lebensstadien, sowie über die Gefahren und Irrwege, welchen die einer besonnenen und verständigen Leitung entbehrende Einbildungskraft der Jugend ausgesetzt ist; er hebt namentlich hervor, wie der Skepticismus des späteren Lebensalters als natürliche Frucht aus den Enttäuschungen des ungezügelten Phantasielebens der Jugendzeit erwächst und geht dann auf die allgemeinen und besonderen Mittel der ästhetischen Erziehung über, bei welchen es sich durchwegs darum handelt, daß mit der Weckung des Sinnes für das Schöne stets auch die Hinweisung auf das Wahre und Gute als die Bedingung der Erhaltung eines gesunden, unverderbten Sinnes verbunden werden müsse. Als besondere Mittel der ästhetischen Erziehung werden die poetische Lectüre, der Unterricht in Gesang und Musik, sowie im Zeichnen umständlich besprochen und nach ihrem erziehlichen Werthe beleuchtet.

In allen Zweigen der Erziehungsthätigkeit, in der intellectuellen und ästhetischen, wie auch in der moralischen Erziehung sind Unterricht, Beispiel und Auctorität die wesentlichen Modi der erziehlichen Einwirkung, jedoch so, daß in der intellectuellen Erziehung der Unterricht, in der ästhetischen Erziehung das Beispiel, in der moralischen Erziehung das autoritative Moment vorwiegt. Die Auctorität hat nicht nur die von dem unreifen Zögling noch nicht erfaßten rationalen Gründe des moralischen Gebotes zu suppliren, sondern auch dem Willen des Zöglings in vorhinein eine bestimmte, dem Guten zugewendete Richtung zu ertheilen. Die Selbstigkeit und Stärke des mündigen sittlichen Willens ist wesentlich von den vorausgegangenen erziehlichen Determinationen desselben abhängig. Neben der directen Beeinflussung des Willens durch Gebot und Weisung ist die mittelbare Überwachung und Leitung desselben durch Fernehaltung aller störenden und beirrenden Einflüsse auf das Gemüth des Zöglings nicht zu übersehen. Ungeordnete Affecte erzeugen ungeordnete Willensdispositionen; die Steigerung der Reizbarkeit des Gemüthes, oder umgekehrt die Abstumpfung derselben durch zweckwidrige Einflüsse und verkehrte Behandlung sind beklagenswerthe Hindernisse normaler Willensdispositionen. Ein wesentlichstes Förderungsmittel derselben sind die lebendigen Beispiele sittlichen Wohlverhaltens, welche unter Einem auf Sinn, Gemüth, Phantasie, Verstand und Willen des Zöglings wirken. Dem lebendigen, in anschauliche Nähe gerückten Beispiele hat das durch die geschichtliche Überlieferung zum Gemeingute der gesitteten Gesellschaft gewordene Beispiel zur Seite zu treten, welches unter Einem Lehre und Auctorität ist. Die Bedeutung desselben wirksamst hervorzuheben, gehört zu den wesentlichsten Aufgaben der moralischen Erziehung und bildet einen integrirenden Bestandtheil der förmlichen moralischen Lehrunterweisung, die einen dem Entwickelungsgange des jugendlichen Alters angepaßten Stufengang einzuhalten hat (symbolische, aphoristische, scientifische Lehrunterweisung). Die Auctorität des Erziehers ist als Stellvertretung der göttlichen Wahrheit, Gerechtigkeit und Providenz ihrer Natur nach eine religiös geheiligte Auctorität; dieses Charakters seiner Auctorität muß sich der Erzieher immerfort bewußt bleiben und es muß seine Sorge sein, daß derselbe auch dem Zögling gleichsam unwillkürlich fort und fort vernehmbar sei. Die Ehrfurcht des Zöglings vor der Auctorität des Erziehers ist eines der wesentlichsten und wirksamsten Erziehungsmittel und ermöglicht das richtige Verhältniß zwischen Erzieher und Zögling, welches seiner Natur nach ein dem jugendlichen Alter angemessenes persönliches Verhältniß ist, im Unterschiede von jenem Verhältniß, in welchem der mündig gewordene und der pädagogischen Zucht entwachsene Mensch zum unpersönlichen Rechtsgesetze steht.

Wir beschränken uns auf diese allgemein gehaltene Übersicht der Erziehungslehre Rayneri's, welche von Milanese als das Beste bezeichnet wird, was die neuzeitliche italienische Literatur auf dem Gebiete der Pädagogik aufzuweisen hat. Nicht methodisch und systematisch wie der an Rosmini sich anlehnende Rayneri, sondern in der zwanglosen Form freier Digressionen trat vor Beiden ein älterer Freund Rosmini's, Tommaseo, als pädagogischer Schriftsteller auf, welcher die in christlichem Sinne aufgefaßte Erziehungslehre nach den mannigfaltigsten und verschiedensten Seiten hin in einer Reihe von Schriften[1] erörterte, die sich in ihrer Aufeinanderfolge über einen Zeitraum von vier Decennien ausdehnen und damit das von ihrem Verfasser lebenslang an der pädagogischen Frage genommene Interesse bekunden. Von der augustinischen Idee einer dem gefallenen Menschen angebornen Verderbtheit des Menschen ausgehend,[2] setzt er die Aufgabe der in christlichem Sinne geleiteten Erziehung darein, den Menschen nach jeder Seite seines Wesens der Herrschaft des Bösen zu entreißen, ihn leiblich und geistig gesund und tüchtig zu machen, der Sinnlichkeit und Trägheit zu entreißen, seinem Denken, seiner Phantasie und seinem Wollen die Richtung auf das Übersinnliche, Ewige und Göttliche zu ertheilen. Er verfolgte mit lebhafter Aufmerksamkeit die Bewegungen auf dem Gebiete des Unterrichtswesens und der Pädagogik in dem politisch unificirten Italien und erklärte sich entschieden gegen die Trennung des Unterrichtes von der Erziehung. Von ihm stammt das Wort: La scuola, se non è tempio, è tana.[3]

Zu den Klagen über eine unnatürliche Auseinanderreißung der ihrer Natur nach innigst mit einander verwachsenen Angelegenheiten des Unterrichtes und der Erziehung gab zunächst die mit der beginnenden Verstaatlichung des Unterrichtes verbundene Einschränkung der Unterrichtsfreiheit der geistlichen Körperschaften, worüber bereits Rosmini[4] Beschwerde führte, weiter aber das Aufkommen einer in positivistischem Sinne aufgefaßten Behandlung des öffentlichen Lehr-

---

[1] Della educazione (Lugano, 1834). — Giunte agli scritti sulla educazione (Venedig, 1838). — Bellezza educatrice (Venedig, 1839). — Delle scuole infantili (Venedig, 1840; eine andere Schrift unter demselben Titel Venedig, 1841). — Vita del Calasanzio (Venedig, 1842). — Nuovi scritti sulla educazione (Venedig, 1844). — Della educazione. Desiderii (Florenz, 1846). — Della educazione. Desiderii e pensieri (Turin, 1857). — Nuovi scritti sull' educazioni (Turin, 1861). — Della educazione. Pensieri (Mailand, 1864). — La donna (Mailand, 1868.) — Degli studii elementari e superiori delle Università e dei Collegi. Accenni (Florenz, 1873).
[2] Vgl. Milanese p. 380.
[3] Pensieri sull' educazione, p. 59.
[4] Siehe oben S. 206, Anm. 4.

und Unterrichtswesens Anlaß.¹ Die erheblichsten Vertreter dieser neuen pädagogischen Richtung sind Andrea Angiulli, Professor der Anthropologie und Pädagogik in Neapel,² Francesco Veniali,³ S. F. de Dominicis, Professor an der Universität Pavia,⁴ Paolo Vecchia,⁵ Em. Latino de Natali, Professor der Pädagogik an der Universität Palermo,⁶ Pietro Siciliani,⁷ welcher im Laufe der jüngstverflossenen Jahre eine ganze Reihe von Schriften pädagogischen Inhaltes veröffentlichte. Siciliani bestreitet, wie bereits an einer früheren Stelle bemerkt wurde,⁸ den Darwinismus und sucht ein Mittleres zwischen dem spiritualistischen Theologismus und materialistischen Biologismus. Keiner dieser beiden einander schroff gegenüberstehenden extremen Standpunkte eigne sich zur Unterlage einer rationalen wissenschaftlichen Pädagogik. Der theologische Dogmatismus sieht im Menschen einen gefallenen Engel, stützt sich somit auf eine rein mythische Vorstellung, deren Unwahrheit bei dem heutigen Entwickelungsstande der Naturwissenschaften unmittelbar einleuchtet. Das dogmatische Lehrgebäude des Theologismus schließt die mit einander nicht vereinbaren Lehren von göttlicher Güte und von der Herrschaft des Übels in allen Formen, von Providenz und Freiheit, von göttlicher Gnade und autonomer menschlicher Personhaftigkeit in sich. Die Erziehungsmittel des theologischen Dogmatismus gehören dem Bereiche einer supranaturalen Ordnung an; von einer natürlichen Methode der

---

[1] Vgl. Milanese, pp. 410 sgg.

[2] Über Angiulli vgl. Gubernatis, p. 40. Siehe auch Bd. IV, S. 4.

[3] Vgl. Milanese p. 411. Beniali's pädagogische Schriften bilden den zweiten und dritten Band der in Turin seit a. 1882 erschienenen Biblioteca pedagogico-didactica internazionale. Der erste Band derselben enthält Siciliani's weiter unten zu nennende Rivoluzione ecc.

[4] Vgl. Milanese, p. 411. Siehe auch Bd. IV, SS. u. 6.

[5] Milanese, pp. 411. sg.

[6] Gubernatis, p. 616; Milanese, pp. 412 sg.

[7] Dahin gehören drei Serien Discori pedagogici, welche Siciliani auf den pädagogischen Congressen in Florenz, Venedig und Genua (1880, 1882, 1883) gehalten hatte. Die beiden ersten Serien sind in Siciliani's Rivoluzione e pedagogia moderna (Turin, 1882) aufgenommen. — Storia critica delle teorie pedagogiche in attinenza con le scienze politiche e sociali (Bologna, 1882). — Della educazione popolare nella Sociologia italiana (Mailand, 1883). — La scienza nella educazione secondo i principii della sociologia moderna (Bologna, 1884; 3. Aufl.).

[8] Vgl. Bd. IV, SS. 16 ff.

Erziehung kann da keine Rede sein. Der theokratische Charakter der kirchlichen Pädagogik läßt keine natürliche spontane Entwickelung und Entfaltung der Menschenkräfte aufkommen; er drückt despotisch auf das psychische, intellectuelle und moralische Sein des Menschen. Die dem Theologismus geistverwandte und dienstbare spiritualistische Philosophie stützt sich auf einen falschen anthropologischen Dualismus; die mit demselben zusammenhängende Lehre von der Libertas aequilibrii hebt die Möglichkeit der Erfolge eines methodischen pädagogischen Vorgehens principiell auf. Im mechanistisch-materialistischen Biologismus erscheint die Erziehungsthätigkeit zwar nicht als unmöglich, ist aber doch nur als eine rein mechanische Arbeit denkbar. Wie die Theologen, sprechen auch die modernen materialistischen Biologen von einer angebornen erblichen Beschaffenheit (innatismo creditario); da fragt es sich, ob sich dem Subjecte der Erziehung Habitualitäten anbilden lassen, die seiner ererbten angebornen Beschaffenheit widerstreiten? Die Vertreter des erblichen Innatismus sprechen von einer zähen Beständigkeit der ererbten Habitus, zu deren allmäliger Umbildung von ihnen große, die Lebensdauer eines Individuums weit überschreitende Zeiträume postulirt werden; sie vindiciren jene zähe Beständigkeit insbesondere den ererbten abnormen und krankhaften Beschaffenheiten. Unter solchen Voraussetzungen ergeben sich die allertrübsten Aussichten für die Erfolge erziehlicher Thätigkeit; dem pädagogischen Optimismus und Dogmatismus der Theologen und Metaphysiker substituirt sich da nothwendig der pädagogische Skepticismus und Pessimismus. Und gesetzt, die von den Vertretern des materialistischen Biologismus zu Hilfe gerufenen äußeren Einflüsse und Einwirkungen wären wirklich ausreichend, eine ererbte krankhafte Beschaffenheit zu heilen, so wäre das Product ihrer Erziehung doch nur ein Automat, ein dressirtes Individuum. Von einer Entfaltung der freien Persönlichkeit wollen die materialistisch gesinnten radicalen Umstürzler eben so wenig wissen, als die Verter des starren Theokratismus.

Obschon Siciliani den spiritualistischen Theologismus und biologischen Materialismus als einseitige Gegensätze bezeichnet, beurtheilt er doch letzteren günstiger als ersteren, indem er in ihm die extreme Forcirung eines an sich wahren Gedankens sieht, während er den Theologismus unbedingt verwirft. Er will dem absoluten Evolutionismus den kritischen Evolutionismus substituirt sehen, welcher die Realität des im absoluten Phänomenalismus geläugneten Ansichseienden, das in der Erscheinung nicht aufgeht, anerkennt, ohne es, wie im theologischen und metaphysischen Spiritualismus der Fall ist, als etwas wirklich Erkanntes hinzustellen, da es nur als die denknothwendig postulirte verborgene und deßhalb unserer Anschauung entzogene Hinterlage des Erscheinenden angenommen wird. Siciliani bezeichnet seinen Standpunkt als jenen eines phänomenischen Realismus; das Wesentliche dieses Standpunktes besteht darin, daß die Erfahrung als die eigentliche Lehrerin des denkenden Menschen angesehen, das Kant'sche Noumenon aber als die denknothwendige Voraussetzung des Erscheinenden anerkannt wird. Damit ist der Standpunkt des ausschließlich an der äußeren Erfahrung sich orientirenden materialistischen Biologismus überschritten und corrigirt, und das menschliche Denken in seinem von der äußeren Erfahrung unabhängigen Rechte anerkannt. Auf Grund dieses Denkstandpunktes, welchen Siciliani als jenen der wissenschaftlichen Philosophie bezeichnet, ist eine nicht in Physiologie aufgehende Psychologie, auf Grund dieser eine wissenschaftliche Moral und Erziehungslehre möglich. Auf Grund des kritisch-inductiven Verfahrens der wissenschaftlichen Philosophie steht fest, daß zwischen Thier und Mensch ein unermeßlicher Abstand besteht, der Mensch sonach nicht bloß eine Transformation des Thieres sein könne. Allerdings ist auch der Mensch ein animalisches Wesen, aber zugleich ein rationales und sprachfähiges Wesen, was das Thier nicht ist. Der Mensch ist ferner ein willensfähiges Wesen, obschon sein Wollen an sich ein gebundenes unfreies Wollen ist und nur im rationalen Denken zum Freisein gelangt. Daraus folgt, daß eine Erziehungslehre, welche einen seiner Natur nach freien Willen voraussetzt, sich auf eine falsche Annahme stützt; zum Freisein kann dem Menschen eben nur die Erziehung verhelfen. Die Aufgabe derselben besteht darin, dem Menschen zum autonomen Gebrauche der Vernunft zu verhelfen; damit vollzieht sich die Umbildung des Menschen aus dem Stande der ererbten reinen Natürlichkeit in jenen der rationalisirten Natürlichkeit als einer zweiten höheren, durch die Erziehung geschaffenen Menschennatur.

Das unmittelbare theoretische Fundament der erziehlichen Thätigkeit liegt im Begriffe der persönlichen Würde des Menschen — ein Gedanke, der von Confucius geahnt, in der stoischen Philosophie sehr entschieden ausgeprägt ist und im Urchristenthum nachdrucksvoll betont wurde; in der ersten französischen Revolution wurde er nicht ohne stürmische Übertreibungen wieder aufgenommen, von Maine de Biran incorrect formulirt, von Kant mit speculativer Tiefe erfaßt, und endlich in der scientifischen Philosophie auf seinen richtigen Ausdruck gebracht. Der Mensch ist aber nicht vom Anfange her fertige Persönlichkeit; er stellt lebenslang eine Mischung von Persönlichem und Unpersönlichem, Bewußtem und Unbewußtem, Individuellem und Collectivem in den verschiedensten Proportionen dar. Die Aufgabe der Erziehung muß auf die Hervorbildung des Persönlichen und Bewußten aus dem Unpersönlichen und Unbewußten gerichtet sein; sie ist wesentlich eine teleologische Aufgabe, welche in einer Stufenfolge von Thätigkeiten zu verwirklichen ist. Das Erste ist natürlich die physische Erziehung, welche nach den Gesetzen der Hygienik und Physiologie vorzugehen hat. Die Pädagogen, welche ohne Kenntniß der physiologischen Gesetze der menschlichen Natur lediglich nach den Grundsätzen einer subjectivistischen Psychologie vorgehen wollen, nehmen sich in der heutigen Welt als Stümper im Erziehungsfache aus. Ohne Physiologie gibt es kein Verständniß der Entwickelung der psychischen Functionen in deren teleologischer Beziehung auf die sociale und moralische Existenz des Menschen; daher die subjectivistischen Psychologen selbst in jener Region, in welcher sie vorzugsweise zu Hause zu sein glauben, das Werk der Erziehung zu leiten nicht befähiget sind. Die psychischen Functionen des Menschenwesens entfalten sich epigenetisch nach dem doppelten Gesetze der Association und der Arbeitstheilung; dieses Gesetz durchwaltet die psychische Entwickelung im Ganzen und jede einzelne Sphäre derselben im Besonderen; und insgesammt sind ihre Vorgänge nur Wiederholungen der physiologischen Vorgänge des organischen Lebens auf einer höheren Entwickelungsstufe. Nur der tüchtige Physiolog wird demnach auch ein guter Psycholog sein und als solcher namentlich den von den subjectivistischen Psychologen festgehaltenen Dualismus zwischen der Denk- und Willenthätigkeit als einen naturwidrigen Irrthum erkennen. Die das organische Leben beherrschenden Gesetze der Transformation, Action und Reaction gelten auch für das psychische Leben; nur daß in diesem auch noch Anderes zu Tage tritt, was in der niederen Lebenssphäre fehlt. Dieß wird von den sogenannten Associationisten übersehen, welchen über den mannigfaltigen Formen der psychischen Association die ursprüngliche synthetische Einheit des Subjectes entgeht, daher ihnen die Gefahr naheliegt, einem vulgären Empirismus anheimzufallen. Auch fehlt beim Hinwegsehen vom Gesetze der synthetischen Einheit der rationale

Erklärungsgrund des Vermögens der Attention, an welches die pädagogische Thätigkeit anzuknüpfen hat. Die Attention repräsentirt die höchst gesteigerte Entwickelung des Willensvermögens; in ihr stellt sich die höchste Concentration der Seelenkräfte des Zöglings dar, ohne welche Lehre und Unterweisung zum größeren Theile wirkungslos bleibt. Die Attention involvirt eine Vorstellung und Emotion, und zugleich ein Bestreben, die Emotion zu verwirklichen; sie schließt daher Urtheil und Wahl in sich; durch die determinirende Vermittelung der Attention verwandelt sich die Vorstellung in eine Kraft und Ursache. Daraus erhellt, daß die psychologische Thätigkeit weder, wie die spiritualistischen Metaphysiker annehmen, eine der erziehlichen Thätigkeit widerstrebende Kraft, noch wie die materialistischen Positivisten dafürhalten, ein rein passives Bestimmtwerden sei. Neben dem vom Erzieher zu beachtenden Gesetze der Association ist weiter noch jenes der Gewöhnung als ein wesentlichstes Behifel der erziehlichen Thätigkeit hervorzuheben. Auch dieses Gesetz ist im leiblichen organischen Leben des Menschen begründet und bezieht sich auf alle psychischen Functionen; der Erzieher hat es besonders auf das Attentionsververmögen anzuwenden. Durch die Habitualität der Attention ist die Leichtigkeit, Schnelligkeit und Präcision aller Willensemotionen bedingt; die Habitualität der reflectirten Attention führt zur Entwickelung des geistigen Denklebens.

Die moderne wissenschaftliche Pädagogik setzt sich im Unterschiede von der alten überlebten Pädagogik zur Aufgabe, die Selbstentwickelung des Menschen von Innen heraus zu veranlassen. Sie will den Menschen nicht machen, sondern aus sich selbst werden lassen; die alte überlebte Erziehungsweise ist eine rein mechanistische Arbeit gewesen, an deren Stelle die auf organischen Anschauungen beruhende Erziehungskunst zu treten hat. Die moderne Erziehung hat den modernen Gesellschaftszuständen und Anschauungen zu entsprechen; wie die moderne Gesellschaft wesentlich ein rational organisirter Verein freier Individuen ist, so soll auch die Erziehung darauf abzielen, den freien Menschen hervorzubringen. In der entwickelten Gesellschaft freier Menschen und Bürger ist jeder sich selber König und Priester; die freie Gesellschaft wird der Lehrer und Erzieher niemals entbehren können, dieselben können aber nur als Functionäre der freien Gesellschaft ihrer Aufgabe gerecht werden, die lediglich darin besteht, der selbstwirkenden Natur nachzuhelfen und ihre Functionen zu ergänzen.

Man hat zu bedauern, daß sehr ehrenwerthe Männer, sogenannte liberale Katholiken, über die von ihnen geahnte Aufgabe der echten Erziehungsweisheit sich nicht klar zu werden vermochten. Tommaseo adoptirte und vertrat mit dem lebhaftesten Eifer das Princip, daß man die menschliche Natur aus sich selbst wirken lassen müsse; dabei hielt er aber auf das strengste an der augustinischen Lehre von der verderbten Menschennatur, von der Erbschuld und von der Nothwendigkeit der Gnade fest — lauter Lehren, welche der Spontaneität der Menschennatur entschiedenst widersprechen. Ähnliches ist von Lambruschini, Rosmini, Gino Capponi,[1] Rayneri zu sagen; nicht minder über Pestalozzi und Fröbel. Dabei gesteht Siciliani zu, daß die moralische Erziehung die schwerste aller erziehlichen Aufgaben sei und in ihren Erfolgen so langsam vorschreite, daß sehr ehrenwerthe Männer an der Möglichkeit eines moralischen Fortschreitens der Menschheit ernstlich zweifelten. Er weiß kein anderes Mittel, als den Menschen an die moralische Autobidaxis zu verweisen, die mit dem erwachenden Vernunftleben beginne und unter den vielseitigen Einwirkungen des humanisirten Menschendaseins endlich doch greifbare Erfolge zu Tage fördern werde. Unter diesen Umständen fällt das Hauptgewicht der erziehlichen Thätigkeit auf die intellectuelle Erziehung, welche Siciliani unbeschadet der Anerkennung des allen Befähigten zustehenden Rechtes zu lehren unter die Oberaufsicht des Staates gestellt und soweit es sich um den höheren Unterricht handelt, unmittelbar durch den Staat selbst ausgeübt sehen will. Das Gewährenlassen von Unterrichtsinstituten, welche mit der neuzeitlichen Culturidee sich nicht vertragen, erscheint ihm als eine widersinnige Anforderung an den Staat, der damit seine Culturmission preisgeben und seine Bedeutung als Abschluß und wesentliche Form der rechtlichen und sittlichen Einheit der Societät verläugnen würde.[2]

Die Absorption des gesammten Unterrichtswesens durch den Staat und die einseitige Betonung der intellectuellen Erziehung unter Beiseitelassung der Rücksicht auf die moralische Erziehung wird von

---

[1] Vgl. über Capponi Milanese, p. 378 sg.

[2] Über die neuesten, neben und nach Siciliani's letzter Schrift noch erschienenen pädagogischen Schriften positivistischer Richtung von Gelmini (Storia generale dell' educazione, 1885), Latino (il lavoro manuale e il problema educativo (1884; 3. ed.), Bernardini (L' educazione è una forza, 1885) vgl. Morselli's Rivista di filosofia scientifica Vol. V, pp. 51 sgg.

Allievo¹ nachdrücklich bekämpft. Die menschliche Einzelpersönlichkeit hat eine über die Idee des Staatsganzen hinausgreifende Bedeutung und ist durch ein geheimnißvolles Band unmittelbar mit Gott verknüpft. Alle menschliche Gemeinschaft besteht in Kraft des geheimnißvollen Bandes der Einzelpersonen mit Gott; alle Menschengemeinschaft besteht in Gott und die erste unmittelbare Societät, welche unter Einem religiöse und natürliche Gemeinschaft ist, ist die Familie, der perenne Hort der socialen Autonomie. Das Ich und die Familie sind die höchsten perennen Incarnationen der Menschheit, die Familie die Stätte, aus welcher sich fort und fort das wahre edle Menschenthum stets neu herausgebären soll. Herz, Sinn und Gemüth des Menschen werden in der Familie gebildet; ohne diese Bildung ist der ächte, wahre Mensch nicht vorhanden. Die erziehungsbedürftige Jugend dem Einflusse der Familie entziehen, um sie in den vom Staate geleiteten Schulen und Instituten nach den heute maßgebenden Principien und Maximen pädagogischer Staatsweisheit unterrichten zu lassen, ist ein Mißgriff, der in seinen Folgen sich schwer rächen dürfte, wofern nicht auf Abhilfe gedacht wird. Man verlangt die Erziehung durch den Staat im Namen der nationalen Prosperität und des nationalen Aufschwunges; man glaubt diese Ziele der verstaatlichten Nationalerziehung durch Beibringung eines höchsten Maßes aller möglichen Kenntnisse verwirklichen zu können. Man merkt und fühlt nicht, wie dieser Encyklopädismus, diese Überbürdung der Jugend mit einer erdrückenden Masse von Lehrstoff drückend und lähmend auf der Jugend lastet, den freien geistigen Aufschwung und die selbstständige Denkentwickelung hemmt und es zu keiner unbefangenen Auffassung der Wirklichkeit und des Lebens kommen läßt. Die den Bedürfnissen und Anforderungen des wirklichen Lebens entfremdete Alleswisserei ist nicht danach angethan, gesunden Sinn zu wecken und charaktervolle

---

¹ La riforma della educazione moderna mediante la riforma dello stato (Turin, 1879). — Andere pädagogische Schriften Allievo's sind: La pedagogia e lo spirito del tempo (Turin, 1878). — Del realismo in pedagogia (Turin, 1878). — Elementi di pedagogia proposti agli insegnanti delle scuole normali e magistrali (Turin, 1881). — L' educazione e la scienza (Turin, 1882). — Della pedagogia in Italia dal 1846—1866. — L' educazione e la nazionalità. — Della vecchia e della nuova antropologia di fronte alla società. — Delle dottrine pedagogiche di Pestalozza, A. Necker de Saussure, F. Naville e G. Girard.

Menschen heranzuziehen; sie läßt den Jüngling nicht zur innerlichen Selbstvertiefung kommen und die Omnipotenz der Staatspädagogik raubt ihm die Freiheit der selbstständigen persönlichen Entwickelung. Die besten Männer der Nation, ein D'Azeglio, ein Giovanni Siottopintor[1] haben die Bildung von Charakteren als die von der heutigen Staatspädagogik bei Seite gesetzte Aufgabe der nationalen Jugenderziehung mit Nachdruck betont. Allievo ertheilt den italienischen Familienvätern das Lob, daß sie, obschon sie von der seit alter Zeit eingewurzelten Vorliebe für die Institutserziehung der unmündigen Jugend sich nicht loszumachen vermögen, doch wenigstens den christlichen Religionsunterricht in derselben aufrecht erhalten wissen wollen und deßhalb Privatinstitute entschieden bevorzugen. Sie nöthigen hiedurch auch die vom Staate erhaltenen Institute, der religiösen Erziehung Rechnung zu tragen. Aber die absolute Gewalt, welche den Leitern dieser Institute über ihre Zöglinge zusteht, entfremdet letztere der Familie; an die Stelle des dem jugendlichen Sinne so wolthuenden Einflusses eines liebevollen und von religiösem Hauche durchdrungenen Familiengeistes tritt eine staatsbürgerliche und militärische Dressur, deren Unbehaglichkeiten noch in späteren Lebensjahren unfreundliche Erinnerungen zurücklassen. Luciano Scarabelli rieth geradezu, diese Institute aufzuheben; Domenico Berti erklärt die vom Staate als ausschließliches Recht beanspruchte Jugenderziehung als einen Widersinn. Allievo hält dafür, daß das italienische Volk die Freiheit der Familienerziehung vom Staate zurückzufordern habe. Die Aufhebung der öffentlichen Erziehungsinstitute, welche nur an größeren Orten sich finden, würde zur Folge haben, daß viele kleinere Communen daran denken würden, Schulinstitute für den Secundärunterricht in's Dasein zu rufen, welche von den Söhnen der Familien ohne Zerreißung des Verbandes mit der Familie frequentirt werden könnten. Aber auch der Secundärunterricht selber bedarf nach Allievo wesentlicher Änderungen. In ihm überwiegt die Rücksicht auf den Materialinhalt des Wissens zum Schaden der formalen Bildung, der naturwissenschaftliche und realistische Erkenntnißstoff auf Kosten des Unterrichtes in den Fächern der classischen Bildung; die schroffe Auseinanderscheidung der humanistischen und technischen Schule, in deren eine der Zögling der Elementarschule eintreten muß, wenn er weiteren Unterricht empfangen soll, muß beseitiget und

---

[1] Vgl über Siottopintor Gubernatis p. 948.

die Wahl eines bestimmten speciellen Unterrichtszweiges einer reiferen Altersstufe vorbehalten werden, die Secundärschule insgemein in ein genaueres Übereinstimmungsverhältniß mit der Primärschule einerseits und der Universität andererseits als organisches Mittelglied zwischen beiden gesetzt werden. Ähnliche Desiderien werden von Allievo's Heimathsgenossen Romualdo Bobba[1] in dessen Schrift über den Secundärunterricht[2] ausgesprochen. Bobba berührt speciell auch die Frage über das Maß des der Secundärschule zuzuweisenden philosophischen Unterrichtes, über welche Frage eine eingehende Erörterung in einer Abhandlung Baldarnini's,[3] eines Schülers A. Conti's,[4] sich findet, unter Mittheilung der officiellen Berathungen hierüber von Seite der durch die oberste Unterrichtsbehörde hiezu aufgeforderten Lehrkörper und unter Bezugnahme auf die Lehrordnungen der übrigen europäischen Culturstaaten.[5]

Allievo[6] stützt seine pädagogischen Principien und Lehren auf eine anthropologische Grundanschauung, welche auf dem Grunde der allgemeinen Weltlehre steht und aus dem richtig zu fassenden Verhältnisse des Menschen zur Wirklichkeit außer ihm eruirt wird. Es sind dreierlei Auffassungen dieses Verhältnisses möglich; man kann entweder den Menschen mit der Wirklichkeit außer ihm vermengen, oder ihn von derselben völlig trennen, oder eine Einheit des Menschen mit der Wirklichkeit außer ihm ohne Vereinerleiung mit derselben annehmen. Die erste dieser drei Auffassungsweisen diversificirt sich wieder nach Verschiedenheit der in ihr ausgeprägten ontologischen Grundansichten; daher die drei Standpunkte des Anthropokosmismus, Anthropotheismus und ontologischen Humanismus.[7] Diesen drei

---

[1] Über R. Bobba siehe Gubernatis, p. 165.

[2] Dell' educazione ne' suoi principii e rapporti colla istruzione secondaria classica. Cuneo, 1876.

[3] L' insegnamento della filosofia nei licei del regno. Enthalten in Baldarnini's Scritti filosofici e pedagogici (Florenz, 1885), pp. 159—207.

[4] Über Baldarnini vgl. die biographischen Notizen bei Gubernatis p. 1019.

[5] Die ausführlichsten Relationen über fremdländische Unterrichtsverhältnisse von der Elementarschule angefangen bis zum Universitätsunterricht hinauf finden sich in Villari's Scritti pedagogici. Turin, 1868.

[6] Saggi filosofici (Turin, 1866), pp. 200—266.

[7] Se l' uomo si identifica col mondo, si ha l' antropocosmismo; se lo si immedisima con Dio, ne sorge l' antropoteismo; se lo si accomuna con Dio e col mondo ad un tempo, vo' dire con tutta la realtà, ne emerge l' umanismo ontologico, il quale pronuncia che l' uomo è tutto O. c., p. 227.

Modificationen der ersten Auffassungsweise treten drei andere entgegengesetzter Art in der zweiten Auffassungsweise gegenüber, in welcher die Isolirung des Menschen von der Wirklichkeit außer ihm entweder in eine absolute Negation Gottes und der Welt, oder in einen unversöhnten Gegensatz zu beiden oder in eine tyrannische Vorherrschaft des menschlichen Ich über das subsistente Nicht-Ich ausläuft. Ist die zweite Auffassungsweise eben so unwahr als die erste, so bleibt die dritte als die einzig wahre übrig, welcher gemäß der Mensch einerseits hoch über der äußeren Wirklichkeit, andererseits unendlich tief unter Gott steht, nichtsdestoweniger aber mit Gott und Welt innigst verbunden ist. Aus der doppelseitigen wesentlichen Beziehung des Menschen auf Welt und Gott, auf das Vielfältige und absolut Eine, von deren jedem er etwas an sich hat, resultirt der Wesensbegriff des Menschen als einer zur Einheit contemperirten Multiplicität. Der Mensch ist, wie in der pythagoräischen Weisheit als gemeingiltige Wahrheit festgestellt wurde, eine Zahl, eine Harmonie des Conträren und Diversen, eine zur Einheit convergirende Vielheit; das Vielfältige, Conträre, Diverse tritt in den Potenzen des Empfindens, Erkennens und Wollens und deren unzähligen Acten mannigfachst zu Tage. Die ursprüngliche Einheit der Multiplicität wurde durch den Sündenfall zerrissen; durch die Heilsgnade des Christenthums soll die harmonische Einheit des Menschenwesens in höherem Sinne restituirt werden. Diese in höherem Sinne zu erwirkende Restitution involvirt mit Beziehung auf die Kräfte des menschlichen Erkennens, Könnens und Wollens das Mysterium, das Wunder und die Gnade als die supranaturalen Ergänzungen des durch die Sünde destituirten zeitlichen Weltdaseins des Menschen. Die Aufgabe der Erziehung besteht in der harmonischen Entwickelung des dreifachen Lebens, des intellectiven, operativen und moralischen Lebens, dessen Integrität und Vollendung davon abhängig ist, daß es in allen seinen Bethätigungen vom göttlichen Lebenselemente des Christenthums durchdrungen und zur harmonischen Einheit mit sich selber vermittelt wird. Wissenschaft, Kunst und Tugend, die drei Ziele der geistig-sittlichen Strebethätigkeit des seine vollkommene Selbstausbildung anstrebenden Menschen sind die allgemeinen erziehlichen Potenzen des menschlichen Gesammtlebens; von ihrem harmonischen Zusammenhange hängt die Prosperität der menschlichen Gesellschaft ab, während in der Disharmonie derselben die in das menschliche

Gemeinleben projicirte Zerrissenheit der gefallenen Menschennatur sich darstellt. Hier ist Anlaß geboten, den erziehlichen Einfluß des Christenthums nach seiner socialen Seite zu würdigen; die menschliche Gesellschaft verdankt die Güter der ächten und gesunden Erkenntniß, der wahrhaft edlen Bildung und Sittigung einzig und ausschließlich den socialen Segnungen des Christenthums.[1]

Valdarnini ist mit den Intentionen der Vertreter einer christlich-rationalen Pädagogik vollkommen einverstanden und hebt anerkennend die Leistungen eines Gino Capponi, Rayneri und Lambruschini auf dem Gebiete desselben hervor. Capponi's Äußerung, daß man zur wirklichen Pädagogik erst dann kommen werde, wenn das viele unnütze Reden über Erziehung ein Ende genommen haben werde, veranlaßt ihn, auf ein goldenes Büchlein hinzuweisen, in welchem das viele und unnütze Reden auf das glücklichste vermieden, dafür aber die für immer geltenden Grundsätze einer rationalen Pädagogik in mustergiltiger Weise entwickelt seien. Valdarnini meint damit die seiner Zeit von Rinck herausgegebenen Vorlesungen Kant's über die Erziehungslehre, mit welcher Valdarnini seine Landsleute durch eine von ihm angefertigte Übersetzung[2] speciell bekannt zu machen sich bemühte. Er gesteht gerne zu, daß Kant seinen Gegenstand nicht erschöpft habe und daß dem Büchlein die streng wissenschaftliche Form der Hauptwerke Kant's fehle; soweit es sich aber um die Angabe der Grundprincipien und generellen Maximen der Erziehungslehre und Erziehungskunst handle, stehe Kant's Arbeit bis heute noch unübertroffen da und auf Rechnung derselben sei der Aufschwung zu setzen, welchen seither die pädagogische Wissenschaft und Literatur in Deutschland, dem classischen Lande der Pädagogie, genommen. Valdarnini schickte seiner Übersetzung des Büchleins eine Einleitung voraus,[3] in welcher er eine kurze Übersicht der Hauptlehren desselben gibt. Unter den Erdenwesen — lehrt Kant — ist einzig der Mensch erziehungsfähig und muß durch die Erziehung zum Menschen gemacht werden. Die Anlage zur

---

[1] Allievo's Anschauungen schließt sich Antonio Parato an, welcher in seiner Schrift: La scuola nazionale (Turin 1885) die Lehre des Evangeliums als die Grundlage der Erziehungslehre bezeichnet. Paroto hat in die erwähnte Schrift eine Reihe von Aufsätzen und Abhandlungen aufgenommen, welche er seit Jahren in der von ihm redigirten Guida pedagogico veröffentlicht hatte.

[2] Scritti filos. e pedagog. pp. 224—311.

[3] O. c., pp. 208 sgg.

Humanität liegt in der Menschennatur, hat sich aber nur allmälig entwickelt; eine Generation muß die andere erziehen und erst im Laufe vieler Generationen nähert sich die Menschheit mehr und mehr den Zielen der wahren und ächten Humanität. Eine der Idee ihres Objectes entsprechende Erziehungslehre ist heute noch nicht möglich; die Erziehungskunst und Regierungskunst sind die zwei schwierigsten unter allen menschlichen Künsten und Empfindungen. Man hat die Kinder nicht für die gegenwärtige, sondern für die zukünftige Generation zu erziehen; die Erziehungsnormen sollen auf die Idee der Menschheit und ihrer wahren, höchsten Bestimmung gestützt sein. Der Erziehungsplan soll so viel als möglich kosmopolitisch, die Unterrichts- und Erziehungsmethode nicht mechanisch, sondern auf rationale Principien gestützt sein. Der Auctorität hat sich der Erzieher zu bedienen, um dem Zögling zur Freiheit zu verhelfen — ein Gedanke, der von Lambruschini und Rayneri aufgegriffen wurde, um ihn für die italienische Pädagogik fruchtbar zu machen. Der Mensch ist das einzige irdische Lebewesen, welches arbeiten muß; geistige und körperliche Arbeit fallen unter den gleichen Begriff des menschlichen Sollens. Die Erziehung soll nicht einseitig bestimmte einzelne Kräfte des Zöglings unter Außerachtlassung der übrigen in's Auge fassen, sondern auf die Entwickelung aller Kräfte desselben abzielen; physische und geistige Erziehung lassen sich daher von einander nicht trennen. Die Einwirkungen der geistigen Erziehung sollen stetig und intensiv sein, aber dem natürlichen Entwickelungsgange der Kräfte nirgends vorgreifen wollen. Der Unterricht soll nicht bloß das Wissen, sondern auch das Können des Zöglings bezwecken; mit Anschauung und Gedächtnißübung soll deßhalb Übung des Verstandes und der Urtheilskraft verbunden sein. Die Entwickelung des Vernunftdenkens ist vornehmlich durch Anwendung der sokratischen Methode zu fördern. Übungsschulen nach dem Muster des Basedow'schen Philanthropinum in Dessau sollen den sogenannten Normalschulen vorausgehen. Die vollendete Kunst bedeutet auch im Fache der Didaktik und Autodidaktik die Rückkehr zur Natur. Die moralische Erziehung hat vor Allem auf Charakterbildung abzuzwecken; um den Menschen dahin zu führen, daß er stets die Herrschaft über sich selbst behaupte, ist ihm das Abstine und Sustine anzubilden. Die dem Kinde beizubringenden religiösen Vorstellungen und Begriffe sollen in die engste Verbindung mit der Pflichtenlehre gebracht werden, so daß die göttlichen Gebote als natürliche Forderungen des Gewissens erscheinen. Man soll die Jugend zur religiösen Toleranz erziehen, weil es unbeschadet der Vielheit der positiven Religionen doch nur Eine Religion gibt. Ebenso soll in der Jugend der sociale Sinn geweckt werden, und zwar so, daß nicht bloß die schon von Natur aus vorhandene Anhänglichkeit an die Familie, an die Freunde und an das Vaterland, sondern das uninteressirte Wohlwollen für die Gesammtmenschheit in den jugendlichen Gemüthern entwickelt und ausgebildet wird. Die Jugend soll daran gewöhnt werden, die Dinge unabhängig von fremder Meinung nach ihrem richtigen Werthe zu schätzen, auf Vergnügungen und Ergötzlichkeiten keinen besonderen Werth zu legen und den Gefahren kaltblütig entgegenzusehen. Von einer guten Erziehung hängt das Wohl der menschlichen Gesellschaft ab.

Der Inhalt der Pädagogik Kant's ergänzt sich durch jenen zweier anderer Schriften Kant's, seiner Ideen über die Universalgeschichte und seiner Schrift über den ewigen Frieden der Menschheit, in welcher die in seiner Pädagogik angedeuteten humanitären und kosmopolitischen Anschauungen weiter entwickelt werden. Baldarnini hebt nebstdem auch den Zusammenhang der Pädagogik Kant's mit seiner Moral hervor, nimmt aber von dem bei Kant obwaltenden unvermittelten Gegensatze zwischen der Kritik der reinen und praktischen Vernunft Anlaß,[1] die in speculativer Beziehung sich fühlbar machenden Mängel der Kant'schen Philosophie hervorzuheben, deren Nachwirkung auch in den praktischen Theilen derselben merkbar sei. Kant's apodiktischer Purismus auf moralischem Gebiete habe seinen einseitigen Gegensatz in Spencer's moralischem Relativismus gefunden; und wenn schon zuzugeben sei, daß Kant auf dem Gebiete der Moral einen ungleich erhabeneren Standpunkt einnehme als Spencer, so ergebe sich doch aus der Vergleichung Beider das unabweisliche Resultat, daß eine befriedigende, harmonische Lösung aller praktischen Fragen und Interessen der Menschheit nur auf dem Boden der theistischen Weltansicht zu erzielen sei, welche demnach auch der wissenschaftlichen Darstellung der Erziehungslehre zu Grunde gelegt werden müsse.[2]

---

[1] Sulla teorica della umana conoscenza e della morale in relazione colle dottrine di E. Kant. Scritti filos. ecc. pp. 3—59.

[2] Eine bibliographische Übersicht der neuesten pädagogischen Literatur Italiens findet sich in Caporali's Nuova scienza I, pp. 371 sg. — Über Siciliani und Vincenzo de Castro ebendas. III, pp. 95 sg.

# III.

# Ethik und Juridik, Staats- und Gesellschaftslehre.

Es wurde an früheren Stellen unserer Arbeit der Geist der Ethik Rosmini's charakterisirt[1] und die Gliederung derselben verzeichnet.[2] Wir beleuchteten Rosmini's eigenartiges Verhältniß zu Kant, dessen ethisches System er als das vollkommenste aller subjectivistischen Systeme bezeichnet, während er sich selber um eine streng objectivistische Unterlage des ethischen Bewußtseins bemüht, welche sich ihm in der objectiven Wahrheit und Realität der universalen Seinsidee darbietet. Diese ist in ihrer doppelten Beziehung auf den menschlichen Intellect und menschlichen Willen das höchste und universalste Medium, in welchem sich alle theoretischen und praktischen Denkurtheile vermitteln, zu welchen der Mensch in der rationalen Apprehension der Objecte und Verhältnisse der gegebenen empirischen Wirklichkeit veranlaßt wird; die oberste Regel der sittlichen Verpflichtung lautet: „Anerkenne das Sein," oder was damit identisch ist: „Folge dem Lichte der Vernunft," welches Licht dem menschlichen Geiste eben in der ihm präsenten Seinsidee gegeben ist. Die im universalen Seinsgedanken enthaltenen besonderen Arten und Grade des Seienden und die damit gegebenen Werthunterschiede des Seienden lernt der Mensch auf dem Wege der Erfahrung im theoretischen Denken kennen; die oberste Forderung des sittlichen Denkens ist die praktische Anerkennung der Ordnung des Seienden oder das der theoretisch erkannten Ordnung entsprechende menschliche Verhalten und Handeln. In der Ordnung des Seienden steht obenan Gott als der absolut Seiende, durch welchen alles Andere ist; somit gebührt die durch die praktische Anerkennung involvirte Werthschätzung und Liebe vor Allem Gott in der

---

[1] Vgl. Bd. I, SS. 192 ff.
[2] Bd. I, SS. 427 ff.

Form der unbedingten Verehrung und Hingebung an ihn und an sein Gebot, welches dem Menschen theils in's Herz geschrieben, theils auf dem Wege einer positiven Offenbarung kund geworden ist. Das dem Menschen in's Herz geschriebene Gesetz ist in Rosmini's Sinne als natürliche und mit dem Wesen des Menschen gegebene Apprehension des obersten sittlichen Gesetzes und aller im Lichte der praktischen Vernunfteinsicht erkennbaren sittlichen Forderungen, die aus der Subsumtion der in der Erfahrung gegebenen Verhältnisse des Menschen unter jenes oberste Gesetz sich ergeben, zu verstehen. Daß diese Interpretation des Paulinischen Spruches von dem den Menschen in's Herz geschriebenen Gesetze nicht den ganzen und vollen Sinn desselben erschöpfe, haben wir schon früher angedeutet.[1] Wir konnten Rosmini's ethische Grundauffassung nicht von den Gebrechen eines formalistischen Objectivismus freisprechen, welchen wir daraus erklärten, daß er die speculative Anthropologie nur nach ihrem dienstlichen Verhältnisse zur Moral in's Auge faßte und zum speculativen Begriffe des menschlichen Selbstwesens als concretisirten geschöpflichen Gegenbildes des absoluten göttlichen Seins nicht vordrang. In Ermangelung eines vollgenügenden speculativen Wesensbegriffes vom Menschen konnte auch seine philosophische Ableitung der angebornen Rechtsbefugnisse nur eine einseitig teleologische sein; er faßt das Recht als eine unter den Schutz des sittlichen Gesetzes gestellte Befugniß zu handeln, welche an dem Befugten von jedem Anderen respectirt werden muß. Allerdings ist das Recht eine aus der Idee des Menschen als sittlichen Selbstzweckes resultirende Befugniß des Menschen; die Idee des sittlichen Selbstzweckes ist aber weiter wieder aus der Idee der menschlichen Selbstigkeit als solcher zu erklären und hat dieselbe zu ihrer speculativen Grundvoraussetzung. Das menschliche Selbst als solches ist unter Einem Subject des Rechtes und der Sittlichkeit; es gehört zum specifischen Wesen des Menschen als geistig-sinnlicher Persönlichkeit, ein rechtsfähiges und moralisch verpflichtetes Subject zu sein — im Unterschiede von den reinen Geistern, die als übersittliche und jedem physischen Zwange entrückte Wesen weder des Rechtsschutzes bedürftig, noch einem moralischen Entwickelungsprocesse unterworfen sind. Aus dieser Erklärung der angebornen Rechtsfähigkeit und sittlichen Gebundenheit des Menschen erhellt zugleich auch, daß das Zurück-

---

[1] Vgl. Bd. 1, SS. 201 ff.

greifen auf die speculative Idee der menschlichen Selbstigkeit keine ungehörige Verabsolutirung des Menschenwesens involvirt, vielmehr die geschöpfliche Begränztheit und Gebundenheit desselben in's volle Licht stellt und die Möglichkeit einer anthropologischen Deduction des Lehrinhaltes der philosophischen Ethik und der Rechtsphilosophie anbahnt. Damit tritt der von Rosmini bekämpfte Subjectivismus der rationalen Verständigung über den ethischen Charakter des Menschenwesens in sein philosophisches Wahrheitsrecht ein; eine speculative Ethik und Rechtsphilosophie ist überhaupt nur auf Grund der speculativen Erfassung der Persönlichkeitsidee möglich.

Da der Mensch unter Einem Individual- und Gattungswesen ist, so überträgt sich die Idee der Selbstigkeit vom individuellen Menschsein auch auf das Gebiet der collectiven Menschenexistenz, soweit dieselbe Reflex des individuellen Menschseins ist. Der organisirte sociale Reflex der menschlichen Einzelpersönlichkeit in der Totalität aller Beziehungen und Angelegenheiten des selbstigen Menschseins ist der Staat, der sonach ein in sich geschlossenes Gebilde von selbstiger Bedeutung ist und nach dieser seiner Bedeutung verstanden werden muß, wenn es überhaupt eine philosophische Idee vom Staate geben soll. Rosmini kam in Folge seines Absehens von der Idee der menschlichen Selbstigkeit nicht dazu, den Staat nach dieser seiner Bedeutung zu würdigen;[1] ihm schien durch die Idee des Staates als einer in sich geschlossenen Totalität aller Angelegenheiten der menschlichen Gemeinsamkeit die autonome Stellung und sociale Mission der Kirche gefährdet zu sein. Er reflectirte eben nicht auf die Doppelseitigkeit des menschlichen Wesens in dessen Beziehung zu sich und zum Göttlichen und beachtete demnach auch nicht, daß die absolute Relativität des auf Gott bezogenen Menschenwesens das dialektische Correlat der relativen Absolutheit des auf sich selber bezogenen Menschenwesens sei. Der Staat als die in sich selber abgeschlossene organische Totalität aller zeitlich-irdischen Menschenangelegenheiten ist nur innerhalb eines begränzten Gebietes möglich, daher es naturnothwendig eine Mehrheit von Staaten gibt, welche sich demgemäß ihrer Idee nach der Einen allumfassenden kirchlichen Weltgemeinschaft einordnen. Es liegt im natürlichen Entwickelungsverlaufe der Dinge, daß die in ihrer geschichtlichen Entstehung als unmittelbares instru-

---

[1] Vgl. Bd. I, SS. 244—249.

mentales Agens der göttlichen Weltleitung in das zeitliche Völker- und Staatenleben eingreifende Kirche, nachdem sie bis zu einem bestimmten Grade das gesammte Menschheitsleben durchdrungen und alle Angelegenheiten desselben dem christlichen Gedanken gemäß geordnet und gemodelt hat, sich wieder bis auf einen gewissen Grad auf ihr eigenstes Wirkungsgebiet zurückzieht, und die in ein relatives Mündigkeitsstadium eingerückte staatlich-bürgerliche Gesellschaft ihre zeitlich-irdischen Angelegenheiten mit autonomer Selbstständigkeit ordnen läßt. Bleibt die Regelung der unmittelbaren Beziehungen des Zeitlichen und Menschlichen zum Ewigen und Göttlichen immerfort ausschließlich der Kirche vorbehalten, so wird andererseits die Regelung der mittelbaren Beziehungen des Zeitlichen und Menschlichen zum Ewigen und Göttlichen in dem Grade, als das selbstige menschliche Denken mündig wird, selbsteigene Angelegenheit der menschlichen Gesellschaft, und bildet sich vielseitigst und nach den verschiedensten Beziehungen mehr und mehr in sich selber durch. Ob nicht diese Arbeit innerer Selbstdurchbildung bei einem Punkte anlangt, wo naturgemäß abermals ein von der Gesellschaft selber postulirtes unmittelbares Eingreifen der Kirche in den Gang der weltlichen Dinge statthat, wird die Zukunft lehren; es scheint in der Natur der Dinge zu liegen, daß in den wechselreichen Beziehungen zwischen Geistlichem und Weltlichem solche Momente periodisch wiederkehren. Bei der Unlösbarkeit jener Beziehungen muß die rückhaltlose Anerkennung der Autonomie des staatlichen Lebens in seinem selbsteigenen Bereiche nicht als Schädigung der Kirche aufgefaßt werden; die Autonomie des Staates kann ihrer Natur nach nur eine relative sein, und die zeitweiligen Überspannungen derselben finden ihr perpetuirliches Correctiv in den inalterablen natürlichen Nothwendigkeiten des menschlichen Zeitdaseins.

Als organische Totalität aller gemeinsamen Interessen der Gesellschaft, soweit diese auf sich selber steht, ist die staatliche Gemeinschaft die menschliche Gesellschaft par excellence, und kann darum nicht, wie bei Rosmini der Fall ist, als eine neben mehreren anderen Gesellschaften bestehende Gemeinschaft angesehen werden. In Folge des Hinwegsehens vom specifischen Wesen der staatlichen Gemeinschaft kommt Rosmini auch nicht dazu, die organischen Wechselbeziehungen zwischen Staat und Kirche zu erfassen. Er definirt die Kirche als die durch die gemeinsame Participation am unendlichen Gute begründete Menschengemeinschaft und bezeichnet alle anderen Arten menschlicher Gemeinschaft als Gemeinsamkeiten im Besitze und Genusse endlicher Dinge. Diese Auffassungsweise paßt weder auf den Staat noch auf die Familie, welche beide ihrer Idee nach mit der Idee der Kirche organisch verwachsen sind. Die erste Menschenfamilie war als erste uranfängliche Rechts- und Religionsgemeinschaft auch schon Staat und Kirche im Kleinen; die mit der Entfaltung des Gattungscharakters des Menschen verbundene Vervielfältigung der Familie führte zur gesonderten Repräsentation der in der ersten Familie dargestellten dreifachen Bestimmtheit der menschlichen Gesellschaft als einer den drei Ideen der Liebe, Gerechtigkeit und Heiligkeit unterstellten Gemeinsamkeit. In Folge des Auseinandertretens dieser drei Arten ideeller Bestimmtheit ist die Familie specifisch Repräsentation der Gemeinschaft in wechselseitiger Liebe, der Staat zur specifischen Repräsentation der Rechtsgemeinschaft, die Kirche zur Repräsentation einer heiligen Gemeinschaft geworden. Zufolge der Untrennbarkeit jener drei Ideen aber besteht auch nach dem Auseinandertreten der drei ihnen entsprechenden Hauptformen menschlicher Gemeinsamkeit eine unlösliche organische Wechselbeziehung zwischen letzteren, welche sich, das Verhältniß zwischen Staat und Kirche betreffend, in dem gemeinsamen Antheile beider an der Leitung und Regelung der Culturarbeit des menschlichen Geschlechtes zum Ausdrucke bringt. Die abstracten Kategorien des Endlichen und Unendlichen erweisen sich sonach als unzureichend, die Gebiete beider Arten von Gemeinschaft von einander abzugränzen; der Beziehung auf das Ewige und Göttliche kann sich auch die staatlich-bürgerliche Rechtsgemeinsamkeit nicht entschlagen, ohne entweder einer völligen Gleichgiltigkeit in Bezug auf die höchsten ideellen Interessen der Menschheit anheimzufallen, oder geradezu in einen feindlichen Gegensatz zu der in ihr Gebiet naturgemäß eingreifenden Kirche gedrängt zu werden. Rosmini konnte sich die in der Idee des collectiven Menschen begründeten und darum vom Anfange her bestehenden, wenn auch erst allmälig entwickelten organischen Wechselbeziehungen zwischen Staat und Kirche nur darum verhehlen, weil er den Staat bloß nach jener Form, welche er der rationalen menschlichen Thätigkeit verdankt, in's Auge faßte; er sieht deßhalb in ihm ein erst später entstandenes Kunstgebilde des menschlichen Verstandes, dessen Intentionen er überdieß auf die Regelung der zeitlich-irdischen Rechtsangelegenheiten der staatlich-bürgerlichen Gemeinsamkeit beschränkt.

Zu den Eigenthümlichkeiten der Rosmini'schen Gesellschaftslehre gehört die Unterscheidung zwischen natürlicher und übernatürlicher theokratischer Gemeinschaft. Seine Lehre von der natürlichen theokratischen Gemeinschaft ist eine Consequenz seines Philosophumenon von der dem menschlichen Geiste unmittelbar präsenten universalen Seinsidee, welche, sofern sie allen Menschen präsent ist, zugleich auch das in der menschlichen Natur als solcher begründete gemeinsame Theilhaben Aller an der in den menschlichen Geist hineinleuchtenden Wahrheit begründet. Diese natürliche Gemeinschaft Aller in Gott ist aber nur der erste Ansatz und die Vorstufe der übernatürlichen theokratischen Gemeinschaft, in welcher nicht die Idee, sondern unmittelbar Gott selber das Medium der Einigung ist. Diese Art von Einigung war bereits im menschlichen Urzustande vor dem Sündenfalle gegeben, daher die theokratische Gemeinschaft, wie die höchste aller menschlichen Gemeinsamkeiten, so auch die erste und älteste derselben ist, die übrigens ihre vollendete zeitlich-irdische Ausgestaltung in der christlichen Kirche erlangt hat. Uns gilt Rosmini's natürliche theokratische Gemeinschaft als die abstract gefaßte universale Menschheitsidee, die in ihrer Selbstverwirklichung sich naturnothwendig in einer mannigfaltigen und verschiedenen Mehrheit von geschlossenen nationalen und staatlichen Verbänden concretisirt, weil der universale Weltstaat, auf welchen Rosmini's theokratische Gemeinschaft hindeutet, nur in der Form der übernatürlichen theokratischen Gemeinschaft zur geschichtlichen Wirklichkeit zu gelangen vermag. Damit wollen wir unsere kritischen Bemerkungen über die in Rosmini's Construction der menschlichen Gesellschaft zu Tage tretenden Consequenzen der ontologistisch-abstracten Fundirung seiner Ethik schließen, wobei wir nur noch hervorzuheben haben, daß dieser von mißgünstigen Gegnern des Rationalismus gezogene Versuch einer philosophischen Begründung der ethischen Ordnung ausschließlich auf die Verherrlichung der Kirche als der höchsten, wahrsten und vollkommensten Gemeinschaftsform abzielte. Wir haben weiter auch rühmend anzuerkennen, daß Rosmini's Auffassung und Construction der menschlichen Societät sich als eine vollkommen consequente Weiterbildung seiner Anschauung vom Menschen im Allgemeinen darstellt, und nur wegen der ausschließlichen Beschränkung auf den Standpunkt der religiös-moralischen Betrachtungsweise nicht als eine philosophisch befriedigende gelten kann.

Die Verbindung der Ethik mit der Jurisdik und Gesellschaftslehre wiederkehrt auch in den Rosmini's Studien auf ethischem Gebiete nachfolgenden Darstellungen der philosophischen Moral, unter welchen wir speciell jene Conti's, Labanca's und Galasso's hervorheben wollen. Conti[1] faßt die Ethik gleich der Logik und Ästhetik als Kunstlehre;[2] das generelle Schema der Stoffgliederung ist in allen drei Kunstlehren dasselbe. In der allgemeinen Auffassung des ethischen Denkhabitus berührt er sich mit Rosmini, indem er die sittliche Gesinnung als freithätige Conformation des Willens mit der im Lichte der Wahrheit erkannten Ordnung der Dinge faßt. Er nennt die normale Willensdisposition Liebe, deren absolutes Object Gott ist, daher Gott mit unbegränzter Liebe geliebt werden muß, während alles Andere außer Gott nach dem Grade seiner Amabilität zu lieben ist, soweit es überhaupt Gegenstand einer rationalen Liebe sein kann. Die Liebe bedeutet den der Dignität des Objectes entsprechenden Willensaffect und Willensact, in welchem das seelische Leben culminirt, indem es dem Guten als solchem oder dem Vollkommenen zugewendet ist, welches seinem Range nach über den specifischen Objecten des Intellectes und der Imagination, dem Wahren und dem Schönen steht, und die Vollendung beider ausdrückt. Erkenntniß, Bewunderung und Liebe verhalten sich zu einander, wie Keim, Blüthe und Frucht, und entsprechen den Entwickelungsstufen des inneren seelischen Lebens, welches von der Erkenntniß zur Bewunderung, von dieser zur tugendhaften Liebe fortschreitet. Die Erkenntniß bezieht sich auf die Ordnung des Seienden als solche, die Bewunderung auf die in derselben sich enthüllende Vollkommenheit als Object der Beschauung und des Genusses, die Liebe ist werkthätige Anstrebung des Vollkommenen zu dem Ende, um es zur bleibenden Form des selbsteigenen seelischen Seins zu machen und dieses hiemit mit der gottgedachten Ordnung der Dinge in Einklang zu setzen.

Die sittliche Habitualität als praktisches Kunstgeschick wird von Conti definirt als die mit der Zweckbeziehung auf das Gute unternommene imitative und erfinderische Beobachtung der Natur. Beobachten, Nachahmen, Erfinden sind die constitutiven Elemente aller menschlichen Kunstthätigkeit, somit auch jener, die auf die moralische Actuirung des

---

[1] Il buono nel vero o morale e diritto naturale. 2 Voll. (Florenz, 1873; 2. Aufl. 1884).

[2] Vgl. Bd. III, SS. 416 ff.

Guten gerichtet ist. Das specifische Beobachtungsobject derselben ist die der Idee des Guten gemäß zu gestaltende Menschennatur in ihren Affecten und Willensdispositionen, welche mit der gottgewollten Ordnung der Dinge in Einklang gesetzt werden sollen. Die gottgesetzte Ordnung der Dinge kann aber nicht verstanden werden, wenn wir nicht das Wesen der menschlichen Seele verstehen und die Rangstellung derselben in der Ordnung der Dinge unter ihr und über ihr richtig würdigen. Somit gehört zu der im moralischen Interesse anzustellenden Beobachtung der Menschennatur auch die Wahrnehmung und richtige Bestimmung der aus dem Wesen der menschlichen Seele sich ergebenden Beziehungen derselben zur sinnlichen Wirklichkeit unter ihr und zu Gott über ihr; damit ergibt sich dann weiter auch die Erkenntniß des richtigen Verhältnisses des Einzelmenschen zu allen übrigen Menschen, welche mit ihm gleiche Natur und Bestimmung haben. Object der tugendhaften rationalen Liebe können nur intellective Wesen sein; somit lassen sich nur zu diesen, d. i. zu Gott und den moralischen Mitwesen Beziehungen eingehen, die in tugendhafter Liebe begründet sind. Dieß liegt in der Natur der Liebe, welche Gegenliebe begehrt; der Liebe und Gegenliebe sind nur rationale Wesen fähig. Die moralische Ordnung verwirklichet sich sonach in der Liebesgemeinschaft aller rationaler Geschöpfe mit Gott und untereinander. An die Beobachtungsthätigkeit hat sich die imitative Thätigkeit anzuschließen, deren Object die in den gottgesetzten Beschaffenheiten und Verhältnissen der Dinge begründeten Gesetze der moralischen Ordnung sind. Sofern diese Gesetze die von Gott gezogenen Grundlinien der moralischen Kunstthätigkeit des Menschen enthalten, erweist der dieselben sich zur Richtschnur seines Verhaltens nehmende Mensch sich als Nachahmer des göttlichen Kunstbildners. Er hat diese Nachahmungsthätigkeit zu vollenden und zu ergänzen durch die erfinderische Thätigkeit, welche sich in der dem menschlichen Geschicke anheimgegebenen Ordnung der allgemeinen sittlichen Normen auf die unübersehbare Mannigfaltigkeit der factisch gegebenen besonderen Verhältnisse des menschlichen Daseins und Lebens zu bethätigen hat. Der Mensch soll verstehen, etwas Tüchtiges und Ganzes aus sich zu machen: dieß gelingt ihm, wenn er mit richtigem sittlichem Tacte sein Handeln mit Beziehung auf die thatsächlich gegebenen Verhältnisse zu bestimmen weiß.

Die gottgesetzte reale Ordnung der Dinge erlangt durch die in ihr ausgedrückten und dem menschlichen Denken erkennbaren Absichten einen unsterblichen Charakter für unser sittliches Thun und Handeln; sie wird zur Regel und Richtschnur desselben. Conti nennt diese Regel das natürliche Gesetz des freithätigen menschlichen Handelns und Verhaltens; dieses Gesetz schließt einerseits den Begriff einer moralischen Exigenz, und sofern in dieser das Rechte oder Seinsollende gefordert wird, weiter auch den Begriff des Rechtes oder zu Recht Bestehenden in sich (Jus, Jubere), beides mit Bezug auf den freien Willen, der das Gesetz seines Verhaltens in freier Liebe anzuerkennen, ihm seine Achtung zu zollen hat. Conti folgert aus dem Gesagten, daß Recht und Pflicht allüberall sich wechselseitig involviren, und polemisirt aus diesem Grunde gegen die einseitige Abtrennung der Juridik von der Moral, welche, wie z. B. bei Rosmini aus dem an sich ganz richtigen Bestreben hervorgehen kann, zu verhüten, daß aus Erweisungen der Charität und des Wohlwollens Rechtsschuldigkeiten gemacht werden; solchen Übertreibungen läßt sich indeß durch genauere Gränzbestimmungen zwischen Pflicht und Recht begegnen, ohne daß deßhalb die unlösliche Verbindung und Wechselseitigkeit zwischen Recht und Pflicht gelöst wird. Alle Moralisten sind darin einverstanden, daß jedem Rechte als einer Forderung der Achtung oder praktischen Anerkennung eine Verpflichtung zur Anerkennung als Correlat gegenüberstehe; obschon es Einige gibt, welche nicht zugeben wollen, daß jeder Pflicht ein Recht entspreche, und zur Erhärtung dessen auf die Pflichten des Menschen gegen sich selbst hinweisen. Diese Pflichten sind jedoch sämmtlich zurückzuführen auf die allgemeine Pflicht, die Menschenwürde an sich zu achten; die moralische Exigenz dieser Achtung ist aber doch sicher ein Recht. Bezüglich der Pflichten gegen den Nebenmenschen bemühten sich bedeutende Männer aus Pufendorf's und Grotius' Schule einen principiellen Unterschied der juridischen und ethischen Pflichten dadurch zu erhärten, daß sie alle juridischen Verbindlichkeiten auf ein negatives Verbot, alle moralischen Pflichten auf ein positives Gebot zurückführten. Die Unrichtigkeit dieses Vorgehens erhellt daraus, daß bestimmte juridische Verbindlichkeiten, z. B. die Pflicht des Vaters, für die Ernährung seines Kindes zu sorgen, ganz bestimmt ein positives Gebot ist;[1] wollte man dasselbe

---

[1] Eine ähnliche Bemerkung findet sich in Boncompagni's Introduzione alla scienza del diritto (Lugano, 1848), pp. 398 sg., deren polemische Digressionen gegen das liberalistisch abstracte Naturrecht Conti vor Augen gehabt haben mag.

auf das Verbot des Nichtschädigens zurückführen, so müßte das Gleiche in Bezug auf alle übrigen positiven Gebote gestattet sein. Der Unterschied zwischen moralischen und juridischen Verpflichtungen besteht nur darin, daß ersteren die exacte Determination der letzteren abgeht, woraus aber nicht folgt, daß ersteren kein Recht als Correlat entspreche. Obschon z. B. der Arme kein Recht auf dieses oder jenes bestimmte Almosen hat, kann man ihm doch das Recht, um ein Almosen zu bitten, im Allgemeinen nicht absprechen. Auch die Befugniß der Anwendung von Zwang zur Erfüllung der juridischen Pflichten begründet keinen durchgreifenden Unterschied zwischen moralischen und juridischen Verpflichtungen, weil nicht immer die legale Materie der juridischen Pflichten sich genau feststellen läßt.[1] Der Unterschied zwischen den rein moralischen und den juridischen Pflichten ist einzig von der Materie beider Arten von Verpflichtungen abhängig; die Materie der ersteren Art von Pflichten ist einzig der sittliche Wille als solcher, der als rein innerliche Disposition nur durch sich selber bestimmt ist, während die äußeren Acte, welche die Materie der juridischen Verpflichtungen constituiren, durch das Zusammensein mit den übrigen Menschen determinirt sind. In Folge dessen scheidet sich die Arte del Buono in die beiden Arti de' doveri und de' diritti, zu welchen Conti als Drittes die Arte delle sanzioni in ihrer doppelten Beziehung auf die rein moralischen und auf die juridisch determinirten Acte hinzutreten läßt.

Die Diversification der Arte del buono nach Verschiedenheit der Materien geht parallel mit der nach gleichem Gesichtspunkte vorgenommenen Diversification und Gliederung der Arte del vero und der Arte del bello. Die Arte del vero diversificirt sich nach der durch ihre verschiedenen Materien bedingten Verschiedenheit ihrer Methoden, die Arte del bello nach Verschiedenheit der imaginativen Formen, die Arte del buono nach der durch die Verschiedenheit ihrer Materien bedingten Diversität der moralischen Acte. Die drei diversen Methoden der Arte del vero sind die ratiocinative, experimentale und inductive Methode mit Beziehung auf die drei unterschiedenen

---

[1] Talchè si conclude sola universale la definizione del diritto com' esigenza del rispetto all' ordine de' fini; e sola universale poi la definizione del dovere o necessità del rispetto; e concludiamo, che l' esigenza e la necessità morale si coordinano inseparabilmente fra loro, nè può stare diritto senza dovere o nè dovere senza diritto. O. c. I, p. 90.

Materien: rein ideale Objecte, Facta der inneren Erfahrung, Facta der äußeren Erfahrung. In der Arte del bello sind die drei, den Unterschied von Poesie, Zeichnungskunst und Musik bedingenden Materien das Wort, die äußeren sichtbaren Dinge und die Töne. Der rein innerliche moralische Kunsthabitus des sittlichen Willens geht als erste Specification der Arte del buono parallel mit der Methode der inneren Beobachtung und mit der Poesie; man kann die Arte de' doveri als Arte meritoria bezeichnen. Die Arte giuridica oder der Habitus der nach ihrer äußeren Materie zweckentsprechenden und gerechten Handlungen läßt sich parallelisiren mit der Methode der äußeren Beobachtung und mit den angewandten mathematischen Fertigkeiten, sowie mit den Zeichnungskünsten. Der Habitus der sittlichen Sanctionen, welche dem Gebiete des inneren und äußeren, seelischen und sinnlichen Lebensgefühles angehören, läßt sich mit der persuasiven Methode der Arte del vero und mit der musikalischen Kunst parallelisiren.[1] Conti schließt an die Definitionen der drei besonderen moralischen Arti, der Arte meritoria,[2] Arte giuridica[3] und Arte retributiva oder soddisfattoria[4] eine Erörterung ihres Verhältnisses zu einander; die Arte meritoria ist unmittelbar auf das sittliche Strebeziel des Menschen gerichtet, in der Arte giuridica handelt es sich um Conformation der äußeren Mittel des sittlichen Wirkens mit dem sittlichen Ziele des Menschen, in der Arte retributiva um Conformation der menschlichen Lebensempfindung mit der moralischen Ordnung. Die Arte meritoria behauptet den Vorrang vor den beiden anderen Arti, deren eine, die Arte giuridica, unmittelbar von der Arte meritoria abhängig ist, während die Arte retributiva von den beiden vorausgehenden zugleich abhängig ist. Zufolge der organischen

---

[1] Die musikalische Kunst läßt sich sogar mit allen drei besonderen Arti del buono vergleichen: Tutta l' arte morale può paragonarsi al musico eccellente: perchè l' arte de' doveri compone l' uomo interiore, come per l' armonia de' suoni si cerca d' armonizzare gli animi; e l' arte giuridica va contemperando le azioni esterne de' cittadini, come si temprano al giusto le corde o le canne degli strumenti; e l' arte delle sanzioni appaga con l' ordine il sentimento umano, come dall' armonia nasce il diletto. O. c. II, p. 161.

[2] L' arte meritoria si può definire: Abito di conformare la volontà con l' ordine de' fini. O. c. II, p. 159.

[3] L' arte giuridica è abito di coordinare socievolmente i mezzi esterior co' fini dell' uomo. Ivi.

[4] L' arte sodisfattoria è abito d' appagamento nell' ordine de' fini umani. Ivi

Ineinanderverschlingung der drei besonderen Arti muß in der Darlegung jeder einzelnen aus ihnen von Pflicht, Recht und Sanction die Rede sein, und das Verhältniß des Menschen zu sich und zur Gesellschaft zur Sprache kommen. Die gesellschaftlichen Beziehungen können jedoch in der Arte meritoria nur insoweit erörtert werden, als sie nicht durch die bürgerliche Gesellschaftsordnung determinirt sind; die Besprechung dieser Determinationen gehört der Arte giuridica an, welcher es auch obliegt, die Gränzen festzustellen, welche von der juridischen Determination nicht überschritten werden dürfen, damit die unveräußerlichen Rechte der Einzelpersönlichkeit, der Familie, der religiösen Freiheit u. s. w. aufrecht erhalten bleiben. Der logischen Aufeinanderfolge der drei Arti entspricht auch die Aufeinanderfolge in der sittlichen Entwickelung des Einzellebens und des Gesellschaftslebens. In der sittlichen Entwickelung des Einzelmenschen handelt es sich zuerst um Beibringung der sittlichen Pflichten; mit dem Eintritte in's Mündigkeitsalter erwacht das persönliche Selbstgefühl und der Anspruch auf Geltung; das Gefühl der inneren Befriedigung über die Früchte und Erfolge des sittlichen Strebens und Wirkens ist dem vorgeschrittenen Alter vorbehalten. Im politischen Vereinsleben tritt geschichtlich als erste Staatsform das patriarchalische Familienregiment auf; erst allmälig und durch mannigfache Zwischenstufen geht der patriarchalische Familienstaat in den Rechtsstaat über. Am spätesten vervollkommnete sich im bürgerlichen Rechts- und Staatsleben die Arte delle sanzioni; die Strafgerechtigkeit streifte ihre unnöthigen grausamen Härten erst in der Neuzeit ab, eben so ist die rationale Pflege der Volkswirthschaft, die Beschränkung der Kriege u. s. w. eine Frucht der humanisirten Denkart der Neuzeit.

Aus dem Gesagten erhellt, daß die in Conti's Sinne aufgefaßte Arte del bene nebst der Moral im engeren Sinne das gesammte Rechts- und Gesellschaftsleben umfaßt; sie culminirt in der Idee der auf die allgemeine Herrschaft des sittlichen Gewissens gegründeten menschlichen Civilisation als des Hortes aller Lebensgüter der Menschheit und als der wesentlichen Form und Bedingung der Actuirung aller jener Harmonien, von welchen die ideell geforderte Vollkommenheit der menschlichen Lebenszustände abhängig ist, der Harmonie zwischen Idee und Wirklichkeit, Geist und Leib, zwischen dem Einzelmenschen und der menschlichen Gesellschaft, zwischen Natur und Gott.[1] Wir

---
[1] O. c. II, p. 156.

haben bereits an einer früheren Stelle den von Conti eingenommenen allgemeinen Denkstandpunkt als jenen eines christlichen Positivismus bezeichnet;¹ dieser Standpunkt bewahrheitet sich auch in seiner Behandlung der Ethik, die bei ihm von vornherein auf den in christlich gläubigem Sinne verstandenen Theismus als denknothwendige traditionelle Unterlage einer wirklichen und vollkommen ausgebildeten sittlichen Lebensordnung gestellt ist. Derselbe hat seine gemeinmenschliche Beglaubigung im sittlichen Gefühle jedes Einzelnen und im sittlichen Gemeinsinne, so wie in den die sittliche Lebensordnung gefährdenden oder völlig aufhebenden Consequenzen jeder anderen vom christlichen Theismus abweichenden Denkanschauung. Die Pantheisten anerkennen Gott nicht als überweltlichen Schöpfer der Dinge, daher ihnen das moralische Gesetz nicht als ein von den physischen Weltgesetzen unterschiedenes Gesetz gelten kann; sie läugnen die Wahlfreiheit des menschlichen Willens, welche das Correlat des absoluten moralischen Imperativs ist, und haben demnach auch kein Verständniß für die Idee der Sanction des moralischen Gesetzes; sie lassen insgemein die moralische Ordnung in der physischen aufgehen. Der durch die Irrungen des Pantheismus hervorgerufene falsche Dualismus participirt an den Mißlichkeiten desselben, wie bereits am antiken vorchristlichen Dualismus eines Plato und Aristoteles, sowie der Stoiker, sich zeigte. Die Schöpfungsidee ist diesen Systemen fremd und damit auch die sittliche Idee verdunkelt; die emanationistische Auffassung des menschlichen Seelenwesens ist dem Pantheismus verwandt und schließt die in der pantheistischen Auffassung des Seelenwesens zu Tage tretenden Widersprüche und Consequenzen in sich. Die schroffe Abtrennung des Geistes vom Körper war mit dem Verzichte auf eine vollkommene sittliche Beherrschung der Sinnlichkeit durch den geistigen Willen verbunden, dessen sittliche Freiheit ohnedieß durch das dualistische System in Frage gestellt war. Bei einer unrichtigen Anschauung vom Menschenwesen konnte es selbstverständlich zu keiner richtigen Auffassung der socialen Beziehungen kommen; es finden sich in dieser Hinsicht die gröbsten und anstößigsten Irrthümer bei den dualistischen Philosophen des Alterthums vor. Aus den Lehren derselben schöpften die arabischen Philosophen, deren antitheistische Irrthümer von den mittelalterlichen Scholastikern bekämpft wurden. In der neueren Philosophie wieder-

---

¹ Vgl. Bd. III, SS. 364 ff.

kehrte der Dualismus unter den beiden Formen des Cartesianismus und des Deismus. Auch im Cartesianismus zeigte sich die Versetztheit des Dualismus mit pantheisirenden Elementen; Gott ist zwar nicht Alles, aber er wirkt Alles. Cartesius annullirte die selbsteigene Wirksamkeit der Causae secundae, und wurde damit zum Vater des Quietismus und Jansenismus. Der moderne Deismus ist aller positiven Religion feindlich gesinnt, und beeinträchtiget auch die natürliche Religion durch seine Anstreitung der providentiellen Thätigkeit Gottes; er neigt stark zum Naturalismus hin, und erweist sich in der durch Tagesblätter und periodische Schriften ihm verschafften Verbreitung als ein gemeinschädliches corrosives Element. Des Weiteren bespricht Conti auch noch die einander feindlich gegenüber stehenden Anschauungen des Idealismus und Sensismus in deren Verhältniß zu den philosophischen Grundvoraussetzungen einer sittlichen Weltanschauung, und kommt schließlich noch auf die Positivisten, eklektischen Doctrinäre, Utopisten (Mazzini) und Theokraten (Bonald, de Maistre, Ventura) zu sprechen, welche Letztere wegen ihrer, die Autonomie der rechtsbürgerlichen Gemeinsamkeit gefährdenden Vermengung von Geistlichem und Weltlichem scharf getadelt werden.

Wir erwähnten schon an einem früheren Orte, daß Conti in seinen Bemühungen um die Gewinnung einer christlich philosophischen Weltansicht von Gioberti ausging; man kann Conti's Betonung der Creationsidee als absoluter Vorbedingung der wissenschaftlichen Begründung einer ethischen Weltauffassung als Nachwirkung der aus Gioberti's Lehre geschöpften philosophischen Anregungen ansehen. Der Unterschied zwischen Gioberti und Conti ist dieser, daß Ersterer den ethischen Proceß mit der allgemeinen Weltteleologie identificirt, was ihm durch seinen speculativen Supranaturalismus ermöglichet wird, während Conti die Philosophie auf das Gebiet des natürlichen Vernunfterkennens beschränkt, und die Ergänzung der auf dem Wege des philosophischen Denkens zu erlangenden Aufschlüsse der Theologie als positiver Wissenschaft zuweist. Demzufolge entkleidet er auch die Ethik der kosmosophischen Elemente, mit welchen sie bei Gioberti versetzt ist, und gibt ihr statt dessen eine ausgesprochenere Beziehung auf die Probleme der Gesellschaftslehre, deren Gebiet er, soweit dieselbe rationale Lehre ist, ganz und vollkommen der Ethik einverleibt. Diese Behandlungsweise ist insgemein der Behandlung der Ethik in der neuzeitlichen italienischen Philosophie eigen. Sie entspricht dem von

Rosmini aufgestellten Begriffe der moralischen Deontologie;¹ sie charakterisirt insgemein, wie Labanca in seiner Ethik² hervorhebt, den Geist des italienischen Philosophirens im Unterschiede von jenem der Deutschen, bei welchen zuerst die Abtrennung der rationalen Juridik von der Moral in's Werk gesetzt wurde,³ während Vico, der Repräsentant des italienischen Geistes, Tugend und Gerechtigkeit in der Idee und Kraft des Wahren geeiniget sein läßt.

Labanca bedauert, daß Rosmini den Inhalt der Ethik ausschließlich auf die Nomologie beschränke; auch Gioberti spreche in seinem Buche del Buono trotz des umfassenden Titels desselben doch eigentlich nur vom Verhältnisse des Gesetzes zum freien Willen. Das moralisch Gute, von welchem in der Gesetzeslehre gehandelt wird, ist doch nur eine Species des Guten im Allgemeinen, dessen Natur zuerst erkannt sein muß, wenn es um eine wissenschaftlich begründete Erkenntniß des moralisch Guten sich handelt. Das Gute an sich ist die primitive Determination jedes besonderen Guten, somit auch des moralisch Guten, welches scientifisch als eine nachfolgende Weiterbestimmung der ursprünglichen Determination des an sich Guten zu fassen ist. Die doppelte Beziehung auf die ursprüngliche Determination des Guten als solchen und auf die nachfolgenden speciellen Bestimmtheiten des moralisch Guten ist sowol im metaphysischen als auch im angewandten Theile der Filosofia morale festzuhalten. Die auf das Gute als solches Bezug nehmende Erörterung heißt die Agathologie; die unter die drei Gesichtspunkte der Gesittetheit (onestà), Gerechtigkeit und Liebe (carità) fallenden Erörterungen über die specifische Natur des sittlich Guten führen die Bezeichnungen Ethilogie, Dikäologie und Philanthropologie; im angewandten Theile der Moralphilosophie entsprechen ihnen die aus der Naturgemeinschaft des menschlichen Geschlechtes herausgebildeten Sittlichkeitskreise der kirchlichen, staatlichen und Familiengemeinschaft, zu welcher letzterer sich schließlich die allgemeine Völkergemeinschaft ausgestalten, und damit den natürlichen Menschheitsverband zum Nachbilde der universalen Gemeinschaft aller kosmischen Kräfte machen soll. Wir verstehen nunmehr den eigentlichen Sinn der Bemerkung Labanca's über Rosmini's

---

[1] Vgl. Bd. I, S. 428.
[2] Della filosofia morale. Florenz, 1867.
[3] O. c., pp. 27, 29.

und Gioberti's Beschränkung der moralphilosophischen Untersuchung auf das Gebiet der ethischen Nomologie; um seine Meinung vollkommen zu fassen, haben wir uns an das zu erinnern, was an einem früheren Orte[1] über seine allgemeine Weltlehre beigebracht wurde. Bezüglich des Verhältnisses der Moralphilosophie zu seiner allgemeinen Weltlehre kommt Alles auf seine Agathologie als Mittelglied zwischen Ontologie und Ethik an. Die Grundidee seiner Ontologie, das Ente essente ed efficiente[2] ist ihm zugleich auch das Agathologicum primum als die absolute Einheit des Bonum intelligibile und Bonum sensibile; von dem Sinne dieser primären Bestimmtheit des Guten als solchen hängt nun auch schon die Auffassung der gesammten sittlichen Ordnung ab, welche, wie wir bereits an einem früheren Orte hervorhoben,[3] bei Labanca primär die Gesammtordnung des Universums, und nur in abgeleiteter Weise die durch das sittliche Gesetz bestimmte Ordnung des zeitlich-irdischen Menschendaseins bedeutet. Diese letztere entzieht sich bei Labanca zufolge dessen, daß sie als Ergebniß eines noch bei weitem nicht abgeschlossenen historischen Processes gefaßt werden muß, einem vollkommen determinirten Verständnisse, weil die Idee derselben nicht auf sich selber steht, sondern in die Idee der für uns nicht überschaubaren Ordnung des kosmischen Daseins verschlungen ist. Der specifische Charakter des sittlichen Sollens als einer Bindung des wahlfreien Wollens durch ein in der Stimme des Gewissens sich vernehmbar machendes Gesetz involvirt eine auf sich selber ruhende Gewißheit des sittlichen Bewußtseins, deren Anerkennung beeinträchtigt wird, wenn Labanca die sittliche Idee primär in der Form einer alle Weltkräfte ohne Unterschied prädeterminirenden instinctiven Macht wirken läßt. Allerdings wird durch das Machtwirken der dem kosmischen Dasein immanenten göttlichen Idee die sittliche Ordnung vorbereitet; aber die sittliche Ordnung ist nicht einfach nur continuirende Weiterbildung und concrete Gestaltung der allgemeinen Weltordnung im Bereiche des menschlichen Weltdaseins, sondern zugleich auch, und zwar noch weit mehr, eine zweite neue Ordnung, deren Reich sich auf Grund der allgemeinen kosmischen Ordnung entfaltet. Darauf muß um so mehr bestanden werden, als die allgemeine kosmische Ordnung

---

[1] Bd. IV, SS. 139 ff.
[2] Vgl. Bd. IV, S. 137.
[3] Vgl. Bd. IV, S. 162.

doch vorherrschend als Ordnung des sichtbaren Weltdaseins verstanden, und auch von Labanca in diesem Sinne genommen wird, wenn er von einem instinctiven Wirken des sittlichen Gesetzes in diesem allgemeinen Ordnungsbereiche spricht. Labanca wendet gegen die wissenschaftliche Stützung der Ethik auf das durch das sittliche Gewissen bezeugte und verkündete Wirkungsgesetz des freien Willens ein, daß der Ausspruch des Gewissens ein Primum factum, nicht aber ein Principium primum sei. Daraus folgt indeß nur so viel, daß eine psychologische Analyse des Factum primum nothwendig sei, um den in der Sprache des Gewissens enthaltenen idealen Wahrheitsgehalt zu ermitteln, der denn schließlich, soweit es sich um ein philosophisches Verständniß der Sittlichkeitsidee handelt, aus der Idee des Menschen als geistig-sinnlichen Selbstwesens verstanden werden muß. Einzig auf diesem Wege läßt sich dem philosophischen Relativismus entgehen, welcher sich aus Labanca's allgemeiner Weltlehre auch auf das Gebiet der Ethik übertrug, und es zu keiner in sich abgeschlossenen Auffassung der sittlichen Ordnung kommen ließ. Liegt das Endergebniß der sittlichen Entwickelung der Menschheit außer dem Gesichtskreise derselben, so kann es nur durch die active Immanenz Gottes im Weltdasein und Menschheitsdasein herbeigeführt werden; diese Immanenz muß Labanca postuliren, um seinem ethischen Systeme trotz des Relativismus desselben einen sicheren speculativen Halt zu geben.

Aus dem Gesagten erklärt sich, weshalb Labanca entschiedenst den Psychologismus perhorrescirt, nicht bloß den sensistischen, als dessen neuzeitliche italienische Vertreter auf ethischem Gebiete er Romagnosi und Gioja hervorhebt, sondern auch den intellectualistischen Psychologismus, welcher ihm durch Galluppi und Taparelli vertreten ist. Aber auch mit den katholischen Ontologisten ist Labanca trotzdem, daß sie die Ethik auf den Seinsgedanken stützen, nicht einverstanden. Rosmini's Essenza possibile erkläre die Möglichkeit einer moralischen Verpflichtung, nicht aber den Impuls zur moralischen Thätigkeit; Gioberti, der die reale Efficienz der göttlichen Schöpferthätigkeit zum obersten Erklärungsprincipe der sittlichen Ordnung macht, lasse unerklärt, wie aus jener Efficienz, die doch an sich nur ein Factum ist, die Nothwendigkeit einer auf ein unendliches Ziel sich beziehenden moralischen Verbindlichkeit resultiren soll. Gioberti spricht von einem im Schöpferacte sich aussprechenden göttlichen Willen, welcher der inneren geistigen Anschauung sich vernehmbar mache; Manzoni, Venturi, Audisio recurriren auf den göttlichen Offenbarungswillen, wobei Manzoni speciell auf die christliche Offenbarung, Ventura auf die Uroffenbarung reflectirt, Audisio aber dem menschlichen Geiste durch eine unmittelbare innere Offenbarung jene Principien, welche dem Menschen als Norm seines Handelns zu dienen haben, habituell zu eigen geworden sein läßt. Labanca bemängelt an diesen drei Männern, daß sie die katholische Moral mit der natürlichen Moral, welche sich zu ersterer als sachliches Prius verhalte, verwechseln; sie trifft in noch höherem Grade als einen Rosmini und Gioberti der Vorwurf, daß sie das Gebiet der Ethik auf die Nomologie beschränken.

Zu denjenigen, welche als Bearbeiter der philosophischen Ethik sich entschieden auf den christlichen Glaubensstandpunkt stellen, gehört auch Galasso,[1] der die historisirende Untersuchung der ethischen Probleme für etwas von der wissenschaftlichen Construction der Ethik völlig Verschiedenes ansieht. Die Ethik ist wesentlich eine praktische Wissenschaft, und hat sich von vornherein auf den Standpunkt des sittlichen Bewußtseins als gemeinmenschliche Thatsache zu stellen, deren Analyse zum wissenschaftlichen Verständniß des Sittlichkeitsgedankens zu verhelfen hat. Galasso betont mit Nachdruck die Apodiktik des moralischen Bewußtseins und erklärt das Sittlichkeitsbewußtsein der Societät, aus welchem Einige jenes des Einzelmenschen erklären wollen, für ein Product des in jedem einzelnen Menschen sich vernehmbar machenden Imperativs. Eben so verwahrt er sich gegen die Ableitung des menschlichen Sittlichkeitsgedankens aus bestimmten im Menschen selber gelegenen Ursachen nicht sittlicher Natur, aus dem Lusttriebe, aus der Vergesellschaftung desselben mit der Reflexion auf die angenehmen oder unangenehmen Folgen bestimmter freithätiger Handlungen, aus dem Interesse am menschlichen Gemeinwohle u. s. w. Der Egoismus und Utilitarismus sind schlechthin unzureichend, die Thatsache des Gewissens zu erklären. Kant geht zu weit, wenn er auch die sogenannten moralischen Gefühle als egoistisch verwirft und ihnen keinen sittlichen Werth zugestehen will; richtig ist nur so viel, daß sie keine objective Norm des sittlichen Verhaltens abgeben können, somit das Sittlichkeitsbewußtsein nicht auf sie gestützt sein kann.

---

[1] Saggio di filosofia morale (Neapel, 1885). Parte I: Del bene. Die beiden folgenden in Aussicht gestellten Theile sollen handeln: De' doveri; delle virtù. — Vgl. über Galasso Bd. IV, SS. 103 ff.

Sokrates identificirte die sittliche Güte mit der Vernunfteinsicht, worin ihm in neuerer Zeit Spinoza und Leibniz zur Seite traten. Die psychologische Erfahrung lehrt indessen, daß das richtige Wissen als solches keine moralische Nöthigung in sich schließt; es ist ferner nicht die Ursache alles Guten, dessen der Mensch fähig ist, sondern vielmehr ein Theil desselben, und zwar gerade derjenige Theil, welcher nicht unter die Kategorie des Sittlichen fällt. Sokrates, Leibniz und Spinoza verwechseln die Bedingung des Guten, die Erkenntniß, mit dem Guten; eines ähnlichen Versehens macht sich Kant schuldig, wenn er die Vernunft (als praktische Vernunft) mit dem Guten identificirt. Es darf nicht verkannt werden, daß die Vertreter dieser Identification der wahren Natur des Sittlichen ungleich näher gekommen sind, als die Hedonisten und Utilitarier. Die Vernunft ist, sofern sie die Güter nach ihrem wahren Werthe zu schätzen weiß, die Richtschnur des sittlichen Willens und die Bedingung der Erlangung der vom sittlichen Willen anzustrebenden Güter. In diesem Sinne kann die Vernunft selber gleich den übrigen Gütern des sittlichen Willens als ein an sich Gutes bezeichnet werden und dieß umsomehr, da das rationale sittliche Bewußtsein auf die durch die Vernunft ermöglichte Selbstkenntniß des Menschen, d. i. auf die Erkenntniß der für die Zwecke der Sittlichkeit geordneten und organisirten Menschennatur gestützt ist. Hier tritt jedoch abermals als ein Gebrechen der Kant'schen Ethik die unnatürliche Trennung der sittlich organisirten Menschennatur von den Zielen, auf deren Erlangung sie angelegt ist, zu Tage. Kant abstrahirt von der denknothwendigen objectiven Finalität der Menschennatur und bleibt in seinem Subjectivismus in dem unvermittelten Dualismus zwischen Geist und Sinnlichkeit des diesseitigen Menschen befangen; die Scheu vor irgend welchen ungerechtfertigten Zugeständnissen an den Hedonismus nöthiget ihn, ausschließlich die Güte des sittlichen Willens oder die Tugend unter Verzicht auf eine absolute Beglückung als Strebeziel des sittlichen Wollens gelten zu lassen, während er doch andererseits den rational geforderten Zusammenhang zwischen Tugend und Glückseligkeit nicht in Abrede stellen kann und auch nicht in Abrede stellen will. Um jenen Zusammenhang herzustellen, postulirt er das Dasein Gottes und die Unsterblichkeit der Menschenseele; man könnte aber fragen, ob vom Kant'schen Standpunkte aus nicht die Unsterblichkeit allein ohne göttliche Intervention genügen würde, den der irdischen Tugend gebührenden Glückseligkeitsstand zu erreichen, da mit dem Austritte aus der irdischen Diesseitigkeit auch die Ursachen des Mißverhältnisses zwischen der sittlichen Würdigkeit und dem äußeren Lebenslose des Menschen hinwegfallen und der ungehemmt und unbeirrt sich selbst entfaltende reine Tugendwille unmittelbar durch sich selbst beglücken können muß? Kant hat nachdrucksvoll zwei Grundwahrheiten der Ethik betont, das Enthaltensein des absoluten Imperativs im sittlichen Sollen und die Verknüpfung der Sittlichkeit mit dem höchsten Gute; er vermochte aber keine dieser beiden Wahrheiten in's richtige Licht zu stellen. Er setzte den Imperativ an die Stelle des rationalen Willens und unterschied diesen vom Gemeinwillen der Menschen; er legte dergestalt dem Menschen einen doppelten Willen bei, einen höheren und einen niederen, ohne ersichtlich machen zu können, wie der höhere des niederen Herr zu werden vermögen sollte. Der angebliche höhere Wille des Menschen muß eben als göttlicher Wille erkannt werden, von welchem der selbsteigene Wille des Menschen geheimnißvoll berührt wird; aus dieser Berührung erklärt sich die Thatsache des absoluten sittlichen Imperativs, welcher die Existenz Gottes zu seiner denknothwendigen Voraussetzung hat, daher das Dasein Gottes nicht erst als Postulat der praktischen Vernunft denknothwendig wird, sondern vielmehr umgekehrt aus dem Dasein Gottes das Vorhandensein des sittlichen Imperativs sammt allen an sein Vorhandensein sich knüpfenden Folgerungen sich erklärt.

Die Existenz Gottes als Grundbedingung einer moralischen Verpflichtung und Ordnung vorausgesetzt, muß letztere als gottgesetzte Zweckordnung aufgefaßt werden, welcher der freithätige menschliche Wille sich zu conformiren hat, und in Kraft dieser Conformation hat der Mensch seine gottgedachte Bestimmung zu verwirklichen. Dasjenige, durch dessen Erlangung er dieselbe vollkommen verwirklichet, nennt man das höchste Gut des Menschen. Der sittliche Wille ist wol eine wesentliche Grundbedingung der Erlangung desselben, aber doch nur eine subjective Bedingung, die für sich allein nicht ausreichen würde, wenn nicht die gottgegründete Welteinrichtung darauf angelegt wäre, die Erlangung des höchsten Gutes zu ermöglichen, und die göttliche Weltleitung nicht auf die Verwirklichung der in der teleologischen Weltordnung gegründeten Möglichkeit der Erlangung abzielte. Auf diese theistische Hinterlage der rationalen Ethik muß um so mehr recurrirt werden, als sonst trotz des Fußens auf der Absolutheit des moralischen Imperativs sich nicht würde zeigen lassen können, daß die

Vollendung des Menschen, die das höchste Gut und absolute Ziel des Menschen ist, in Wirklichkeit erreichbar sei. Die Unvollkommenheit, Begränztheit und Beschränktheit des Könnens des Einzelmenschen, die relative Seltenheit bevorzugter und den niederhaltenden Hemmnissen des zeitlichen Erdendaseins entrückter Menschen ist ganz danach angethan, Jenen, welche die theistische Weltauffassung ignoriren, die ethischen Lehren der Hedonisten und Utilitarier plausibel erscheinen zu lassen. Daher die Erscheinung, daß die der christlichen Gläubigkeit entfremdete Philosophie den reinen ethischen Standpunkt nur unzureichend vertritt oder geradezu preisgibt. So gestaltet sich die Kritik der Lehren und Anschauungen der philosophischen Ethiker zu einer indirecten Apologie der auf dem Boden der christlichen Gläubigkeit stehenden Moralphilosophie als der wahren und einzig möglichen rationalen Ethik. — Dieser Gedanke wird von Fontana[1] mit specieller Beziehung auf die moderne philosophische Ethik, wie sie von Kant, Fichte, Schelling, Hegel, Schopenhauer, den englischen und französischen Positivisten aufgefaßt und behandelt wird, durchgeführt; gleich Galasso findet Fontana den Grund der Verirrungen der modernen philosophischen Ethik in dem falschen Subjectivismus, zu welchem die Philosophie des Renaissancezeitalters den ersten Anlaß gegeben und Cartesius förmlich den Grund gelegt hat.

Die bei den Italienern durchwegs in die engste Verbindung zur Ethik gesetzte philosophische Rechtslehre zweigte sich zufolge der in ihren Bereich fallenden Untersuchungen über Staat, Gesellschaft und sociale Güterlehre von der Ethik mehr und mehr als eine selbstständige Disciplin ab, in deren verschiedenen auf einander folgenden Benennungen als Naturrecht, Vernunftrecht, Rechtsphilosophie, philosophische Socialtheorie sich die fortschreitende Entwickelung derselben reflectirt. Die italienische Philosophie hat eine reiche Literatur dieser Disciplin aufzuweisen, welche durch die Namen eines Baroli,[2] D'Acquisto,[3]

---

[1] Genesi della filosofia morale contemporanea (Mailand, 1885). — Bezüglich des Biographischen über Fontana vgl. Gubernatis, p. 453.

[2] Diritto naturale privato e positivo. Cremona, 1837.

[3] Corso di diritto naturale (Palermo, 1837). Über D'Acquisto's Arbeiten auf dem Gebiete der Moralphilosophie und des Naturrechtes, welche er officiell zu lehren hatte, vgl. Di Giovanni, Storia della Filosofia in Sicilia (siehe Bd. II, S. 235, Anm. 4), II, pp. 217, 259—276.

Rosmini,[1] Taparelli,[2] Tolomei,[3] Poli,[4] de Giorgi,[5] Audisio,[6] Mamiani,[7] Melillo,[8] Vincenzo Pagano,[9] Toscano,[10] Pessina,[11] Pepere,[12] Montagnini,[13] Mattirolo,[14] Prisco,[15] Lilla,[16] Diodato Lioy[17] als Repräsentanten heimischer philosophischer Richtungen vertreten ist.

---

[1] Filosofia del diritto. Mailand, 1841; 2 Voll. Neue Ausgabe Intra, 1865.

[2] Saggio teoretico di diritto naturale appoggiato sul fatto. Neapel, 1844; 5 Voll. — Daraus ein Auszug: Corso elementare di diritto naturale (1845), der auch in's Deutsche übersetzt erschien: Regensburg 1845.

[3] Corso elementare di diritto naturale e razionale (Padua, 1849). Über dieses und andere gleichzeitig erschienene rechtsphilosophische italienische Werke wird ausführlich referirt in der von Mittermaier, R. Mohl und Warnkönig herausgegebenen „Kritischen Zeitschrift für Rechtswissenschaft und Gesetzgebung des Auslandes", Bd. XXV (Heidelberg, 1853), SS. 62 ff.; 229 ff.; 333 ff.

[4] Della riforma della giurisprudenza come scienza del diritto (Mailand, 1841). — Vgl. über dieses Werk: Kritische Zeitschrift u. s. w. S. 69, Anm. 11.

[5] Saggio sul diritto filosofico (Mailand, 1852). — Über De Giorgi's Verhältniß zu Romagnosi vgl. Bd. I, S. 67; Kritische Zeitschrift, S. 70.

[6] Juris naturae et gentium privati et publici fundamenta (Rom, 1882). — Vgl. über Guglielmo Audisio: Gubernatis p. 68; Fr. Paoli, Memorie II, pp. 232, 438.

[7] I fondamenti della filosofia del diritto. Die unter diesem Titel zu Livorno 1875 erschienene Sammlung von Briefen und Abhandlungen enthält Studien Mamiani's aus den Jahren 1841, 1843 u. 1850.

[8] Diritto naturale (Neapel, 1858). — Über den aus Galluppi's Schule hervorgegangenen Melillo vgl. Bd. III, S. 344; Gubernatis, p. 707.

[9] Nuovi elementi di diritto naturale (Neapel, 1846). — Vgl. über V. Pagano: Gubernatis, p. 786; Pompa, l' Italia filos. contemp. I, pp. 73 sgg.

[10] Filosofia del diritto (Neapel, 1860). Vgl. Bd. II, S. 229.

[11] Filosofia e diritto (Neapel, 1868). Vgl. über Pessina: Gubernatis, p. 808.

[12] Enciclopedia organica del diritto (Neapel, 1870). — Vgl. über Pepere Bd. II, S. 229; Gubernatis, p. 801.

[13] Sopra la filosofia del diritto publico interno. Turin 1870—75; 3 Voll.

[14] Filosofia del diritto (Turin, 1871). — Vgl. über Mattirolo: Gubernatis, p. 703.

[15] Filosofia del diritto. Neapel, 1875.

[16] Filosofia del diritto. Neapel, 1880. — Vgl. über Vincenzo Lilla, Gubernatis, p. 635.

[17] Della filosofia del diritto. Neapel, 1875; 2. Aufl. 1884 (in's Deutsche übersetzt von Matteo di Martino: Berlin, 1885). Vgl. über D. Lioy: Gubernatis, pp. 638 sgg.

Antonio Cavagnari[1] erörterte die Nothwendigkeit einer Umgestaltung der italienischen Rechtsphilosophie nach modernen Begriffen und Anschauungen. Luigi Miraglia,[2] ein Schüler Spaventa's, und Giuseppe Carle,[3] ein Anhänger Lotze's, gingen von den heimischen Traditionen ab, um sich an die deutsche Philosophie anzuschließen, während F. Puglia,[4] Bovio,[5] Traina,[6] Saredo,[7] Schiattarella,[8] G. Abate Longo[9] mehr oder weniger in der Richtung des modernen Positivismus und Evolutionismus sich bewegen.

Bei Rosmini zweigt sich die Rechtsphilosophie von der Ethik insofern als eine besondere philosophische Disciplin ab, als sie die Lehre von dem aus der Idee des Menschenwesens abgeleiteten rationalen Rechte ist. Ihre Aufgabe besteht darin, die allgemeine Lehre von der Ableitung der Rechte auf alle möglichen irdischen Daseinsverhältnisse des Menschen anzuwenden. Princip und Modus der Ableitung der angebornen und der erworbenen Rechte wurde an einem früheren Orte[1] besprochen; hier handelt es sich darum, mit der Gliederung und dem Inhalte der vom abgeleiteten Rechte handelnden Disciplin, welche Rosmini Rechtsphilosophie nennt, bekannt zu machen, und das Verhältniß derselben zur Idee einer speculativen Rechtstheorie in's

---

[1] Odierno indirizzo della filosofia del diritto (Padua, 1870).

[2] I principi fondamentali de' diversi sistemi di filosofia di diritto (Neapel, 1873). — Vgl. über Miraglia: Gubernatis, p. 721; Pompa II, p. 74.

[3] La vita del diritto ne' suoi rapporti con la vita sociale (Turin, 1882). — Vgl. über Carle: Gubernatis, p. 1132.

[4] L' evoluzione storica e scientifica del diritto e della procedura penale. Messina, 1882.

[5] La filosofia del diritto (Neapel, 1885). — Corso della scienza del diritto (Neapel, 1885; 2. Aufl.) — Saggio critico del diritto penale e del nuovo fondamento etico (Neapel, 1883; 3. Aufl.). Mit dem Inhalte der letzteren Schrift berühren sich: E. Ferri, i nuovi orizzonti del diritto e della procedura penale (Bologna, 1884); Colajanni, Socialismo e sociologia criminale (Catania, 1884); Turati, il delitto e la questione sociale (Mailand, 1883).

[6] Dati positivi nella evoluzione del diritto. Turin, 1882.

[7] Trattato delle leggi (Rom, 1873). — Vgl. über Saredo: Gubernatis, p. 1248.

[8] La filosofia positiva e gli ultimi economisti inglesi (Mailand, 1876). — I presupposti del diritto scientifico e questioni affini di filosofia contemporanea (Palermo, 1885).

[9] La filosofia del diritto nel suo indirizzo odierno. Catania, 1885.

[1] Siehe Bd. I, SS. 432 ff.

Auge zu fassen. Rosmini scheidet sein Werk in zwei Haupttheile: Individualrecht und Socialrecht. Das Individualrecht handelt von den connaturalen und erworbenen Rechten, von der Übertragung der Rechte auf Andere, von den durch Rechtsschädigungen erwachsenen Berechtigungen des Beschädigten und Verpflichtungen des Beschädigers. Das Socialrecht zerfällt in einen generellen und speciellen Theil; im generellen Theile wird vom Gesellschaftsrechte im Allgemeinen gehandelt, im speciellen Theile von den besonderen Gestaltungen des Socialrechtes in der theokratischen Gemeinschaft, in der Familie und in der bürgerlichen Rechtsgemeinschaft. Diese letztere wird ausführlich nach ihrem Wesen, ihrer Entstehung und deren Ursachen, nach ihren Gestaltungsformen, normalen und rechtswidrigen Einrichtungen und mit Beziehung auf die Functionen ihrer Organe beleuchtet, und schließlich anhangsweise von den Bedingungen und Mitteln der Actuirung der möglichst besten Constituirung der bürgerlichen Rechtsgemeinschaft gesprochen. Diese Schlußpartie des Werkes bildet den Übergang aus der Rechtsphilosophie in die Wissenschaft der Politik.[1]

Die rationale Rechtslehre steht auf dem Grunde der Moral und der Religion; die Basirung auf der Moral ergibt sich aus der oben angeführten Definition des Rechtes,[2] die religiöse Unterlage von Recht und Moral aus der denknothwendigen Bezogenheit des Vernunftdenkens und Vernunfterkennens auf das absolut Seiende als absolute Seinsursache und höchstes Strebeziel des irdisch menschlichen Zeitdaseins. Dieser Objectivismus des Vernunftdenkens ist Ursache, daß sich Rosmini entschieden gegen die Bezeichnung der rationalen Rechtslehre als „Naturrecht" erklärt. Dem sogenannten Naturrechte liege die Intention zu Grunde, die menschlichen Rechte aus den natürlichen Bedürfnissen und Neigungen des Menschen abzuleiten; es weise dieß auf einen von den objectiven Normen des Vernunftdenkens emancipirten Endämonismus hin. Das Recht als solches ist seiner wesentlichen Form nach rational, was allerdings nicht hindert, daß unmittelbare Exigenzen des natürlichen Bedürfens und Begehrens den Inhalt von Rechtsansprüchen constituiren, während andere Ansprüche rechtlicher Natur auf freigewolltem Übereinkommen beruhen. Daher die Unterscheidung zwischen natürlichem und conventionellem Rechte, welche der

---

[1] Vgl. hiezu Bd. I, S. 441.
[2] Siehe oben S. 236.

Sache nach größtentheils, aber nicht schlechthin mit der Unterscheidung zwischen Individualrecht und Socialrecht sich deckt; denn das Individualrecht schließt gewisse Arten von Vertragsrechten in sich, die zufolge ihrer conventionellen Natur nicht mehr unter das sogenannte natürliche Recht fallen, ohne daß sie deßhalb dem Socialrechte angehören würden. Dahin gehören alle jene Verträge, welche lediglich die Objecte des Rechtes betreffen und nur eine Modification bereits bestehender Rechte zum Gegenstande haben, während im Socialrechte die Personen oder Subjecte des Rechtes zu Trägern von neuen, vordem nicht bestandenen rechtlichen Verpflichtungen und Befugnissen werden. Das Conventionalrecht hat sonach einen weiteren Umfang als das Socialrecht, und constatirt sonach den weitgreifenden Einfluß des menschlichen Willens auf die Bildung und Gestaltung von Rechten und Rechtsverhältnissen. Durch die Anerkennung des weitgehenden Einflusses des freien menschlichen Willens auf die Bildung von Rechtsgemeinschaften soll nicht die objective ethische Nothwendigkeit jener principalen Gesellschaftsformen beeinträchtiget werden, ohne welche die gottgewollte vollkommene Organisation der Menschheit gar nicht gedacht werden kann; der menschliche Wille handelt nur als Organ des absoluten göttlichen Willens, daher er unmitelbar oder mittelbar den Absichten der göttlichen Weltleitung dienstbar ist. Der wesentliche Antheil des Willens am Zustandekommen und Bestehen der principalen Gesellschaftsformen kann nicht in Abrede gestellt werden, weil ohne denselben überhaupt eine Societät gar nicht denkbar ist; diese ist nur da vorhanden, wo mehrere menschliche Willen denselben Zweck gemeinsam anstreben, um diese Gemeinsamkeit wissen und dieselbe wollen und in dem gemeinsam gewollten und angestrebten Zwecke solidarisch miteinander verbunden sein wollen. Dieser Begriff der Societät findet seine Anwendung gleichmäßig auf die theokratische Gemeinschaft, auf die Familiengemeinschaft und auf die bürgerliche Rechtsgemeinsamkeit.

Es lassen sich sonach, wofern man vom Begriffe der Person als Rechtssubject ausgeht, drei concentrisch aneinander gelegte Kreise von Rechten unterscheiden: natürliches Recht, conventionelles Recht, Gesellschaftsrecht. Das sogenannte natürliche Recht oder Naturrecht geht in logischer Ordnung den beiden anderen Arten von Rechten voraus, und besteht vor aller Verbindung des Menschen mit anderen Menschen zu bestimmten Zwecken; es betrifft einzig das Verhältniß der menschlichen Person zu den Dingen, die ihr naturrechtlich eignen, und in deren Besitz und Gebrauch sie deßhalb von keiner anderen menschlichen Person beeinträchtiget zu werden fordern darf. Das Vorhandensein anderer Personen, von welchen eine derartige Beeinträchtigung ausgehen könnte, ist in Bezug auf das Vorhandensein des natürlichen Rechtes etwas Zufälliges. Es gibt nun Ein persönliches Verhältniß, welchem sich der Mensch absolut nicht entziehen kann, und welches unmittelbar mit seiner geschöpflichen Existenz selber gegeben ist, nämlich das Verhältniß zu Gott dem absolut Seienden, welches aber von Seite des Menschen kein Rechtsverhältniß, sondern jenes der absoluten Dienstbarkeit ist, und zwar so, daß dadurch jede andere Dienstbarkeit des Menschen ausgeschlossen ist; der Mensch soll eben nur Gott, aber keiner Creatur dienen. Darum geht die in der Natur des Menschen begründete theokratische Gemeinschaft der Sache nach jeder anderen Art von Gemeinschaft voraus; und da auch diese nicht ohne Willensübereinkommen der Menschen sich actuirt, so schließt der ihr sachlich vorausgehende rein naturrechtliche Stand des Menschen keine wesentliche Bezogenheit des Menschen auf das Zusammensein und Zusammenleben mit anderen Menschen in sich. Es ist daher unrichtig, wenn Kant das Recht definirt als Befugniß zu allen jenen Handlungen, welche, zur gemeingiltigen Maxime erhoben, das Zusammensein mit anderen Menschen nicht störend beeinträchtigen.[1] Eine an sich unerlaubte Handlung ist durch das Naturrecht auch dann verpönt, wenn sie als gemeinübliche Handlungsweise das Zusammensein der Menschen nicht unmöglich machen würde; während eine gegentheilige Wirkung der betreffenden Handlungsweise wol als Kriterium oder Erkenntnißgrund, nicht aber als Seinsgrund ihrer Unerlaubtheit und Unrechtmäßigkeit gelten kann. Richtig ist nur so viel, daß rechtliche Verbindlichkeiten nur Pflichten des Menschen gegen Andere sein können, weil der Mensch gegen sich selber nur moralische Verpflichtungen haben kann. Mit Recht hat Thomasius alle rechtlichen Verbindlichkeiten des Menschen gegen andere Menschen auf den negativen Satz zurückgeführt, daß man dasjenige, was man sich selber von Anderen nicht zugefügt sehen will, auch Anderen nicht zufügen dürfe. Richtig ist ferner, daß die

---

[1] Rosmini bedauert (Filos. d. dir. I, p. 146, n. 1), daß die Kant'sche Definition des Rechtes auch in Italien Anklang gefunden habe und z. B. von Baroli adoptirt worden sei; zur Entschuldigung diene, daß sie in der Gegenwart fast als gemeingiltig gelte und in der Mehrzahl der Handbücher des Naturrechtes reproducirt werde.

rechtlichen Verpflichtungen bloß äußere Handlungen betreffen; nur ist nebenbei nicht zu übersehen, daß durch alle bloß innerlich begangenen sittlich verbotenen Handlungen Gottes absolutes Recht verletzt wird, daß ferner die Schuldigkeiten gegen andere Menschen nicht außer Beziehung zu den absoluten Schuldigkeiten des Menschen gegen Gott stehen, durch welche letztere im Collisionsfalle die Schuldigkeiten gegen die Menschen aufgehoben werden. Die unvermittelte Auseinanderhaltung beider Arten von Schuldigkeiten führte zu jenen irreligiösen Ausschreitungen der modernen Gesetzgebung und Politik, von welchen Rosmini wünscht, sie möchten nicht auch auf nachfolgende Generationen sich vererben.

Das Gesagte reicht aus, den Geist des rechtsphilosophischen Werkes Rosmini's kenntlich zu machen, und die oben gegebene allgemeine Charakteristik desselben zu bestätigen. Rosmini ist Meister in der reflexiven Analyse philosophischer Materien; darauf beruhen auch die Vorzüge seines Werkes über die Rechtsphilosophie. Der abstract rationale und abstract ideale Charakter seines Philosophirens läßt es indeß nicht zu einem speculativen Denkverfahren im eigentlichen Sinne des Wortes kommen. Rosmini kennt keine anderen Synthesen als jene des reflexiven Denkens, die auf einen unbewältigten Gegensatz zwischen Form und Stoff der Erkenntniß hindeuten. Dieß zeigt sich in seiner Behandlung des Socialrechtes, welches er in einen generellen Theil und in eine Speciallehre von den besonderen Hauptarten des Gesellschaftsrechtes auseinanderfallen läßt. In der generellen Theorie des Gesellschaftsrechtes unterscheidet er zwischen der reinen Form und den gemischten Formen der Societät mit der Bemerkung, daß selten eine Genossenschaft vorkomme, in welcher dem eigentlich socialen Elemente nicht heterogene Elemente beigemischt seien. Ein solches heterogenes Element ist das Herrenrecht (diritto signorile), ferner die Übertragung der Leitung der Societät an Personen, die nicht Mitglieder der Societät sind. Die reine Societät ist die von solchen heterogenen Beimengungen freie Societät, deren Norm ausschließlich das Communalrecht (diritto comunale) ist; diese wäre sonach die bürgerliche Gesellschaft im eigentlichen Sinne des Wortes.[1] Rosmini abstrahirt in der generellen

---

[1] Rosmini hat in diesen Ausführungen augenscheinlich Gesellschaftszustände im Auge, wie sie in der mittelalterlichen Geschichte der Städte und Herrengebiete Italiens sich entwickelten. Auf dem Grunde solcher geschichtlicher Betrachtungen

Theorie des Gesellschaftsrechtes von den concreten Hauptformen der menschlichen Gemeinsamkeit (Familie, Staat, Kirche); es handelt sich ihm nur um die menschliche Societät als solche, und um die der widerrechtlichen Willkür entrückte rationale Ordnung derselben. Die von Rosmini entwickelten Determinationen derselben werden für gewöhnlich im sogenannten Privatrechte erörtert; Rosmini verwirft die Unterscheidung zwischen Privatrecht und öffentlichem Rechte als unwissenschaftlich, da alle Rechte die Individuen zu Subjecten haben, während der Gesellschaftskörper als solcher nicht Rechtssubject sein könne. Während ferner nach gewöhnlicher Annahme die sogenannten privatrechtlichen Beziehungen als die unter den Schutz und unter die Beaufsichtigung der öffentlichen Gewalten gestellten Bemühungen der Einzelnen untereinander behandelt werden, läßt Rosmini vielmehr die concrete Societät aus der vollkommenen rationalen Durchbildung jener Beziehungen hervorgehen, wobei er freilich zugeben muß, daß einzig die bürgerliche Rechtsordnung im eigentlichen Sinne als Werk der menschlichen Kunstbildung gelten könne, während Ehe und Familie unmittelbar auf die Ordnung der Natur gestellt sind, die theokratische Gemeinschaft aber, wenn auch nicht der Wirklichkeit, doch dem Rechte nach, der Selbstthätigkeit des menschlichen Willens absolut vorausgeht. Rosmini's gesellschaftliches Ideal ist der freie Vernunftstaat in Verbindung mit der absoluten Gottesherrschaft auf Erden, die bürgerliche Rechtsgleichheit und der höchstmögliche Grad politischer Freiheit aller Staatsbürger im innigen Zusammenschlusse der bürgerlichen Rechtsordnung mit der gesetzlichen Ordnung der kirchlichen Gemeinschaft.

Da Labanca seinen Ausgang von Rosmini nahm, so kann es nicht überraschen, daß seine Filosofia morale trotz des in derselben eingenommenen Denkstandpunktes, der von jenem Rosmini's entschieden abweicht, unverkennbare Spuren seines Studiums der Filosofia del diritto Rosmini's aufweist. Er steht im Banne Rosmini'scher Ideen in seinen Erörterungen über das Verhältniß zwischen Moral und Recht, in der Ableitung der angebornen Rechtsbefugnisse, in der Betonung des religiösen Verhältnisses als eines naturrechtlich be-

---

steht ein in der „Kritischen Zeitschrift für Gesetzgebung" (siehe oben S. 256, Anm. 3) Bd. XXV, SS. 218 ff. als verdienstvoller Beitrag zur Gesellschaftslehre gerühmtes Werk von Giuliano Ricci: Del municipio, considerato come unità elementare della Città e della Nazione italiana. Livorno, 1847.

gründeten Pflichtverhältnisses; was er über die den conventionellen Gemeinschaften: Kirche, Familie, Staat vorausgehende Naturgemeinschaft des menschlichen Geschlechtes beibringt, erinnert an die natürliche theokratische Gemeinschaft Rosmini's. Mit Rosmini's Supranaturalismus und Theologismus hat er allerdings gebrochen und substituirt demselben seinen theokosmischen Speculativismus, in welchem jedoch der von Labanca vertretene humanitäre Universalismus gleichfalls noch an Rosmini anklingt. Die Abweichung von Rosmini beginnt bei Labanca's Behauptung, daß Rechte und Pflichten des Menschen nur unter Voraussetzung der Thatsache der natürlichen Menschengemeinschaft denkbar seien. Damit wird das Verhältniß des Einzelmenschen zu allen anderen Menschen ein Simultanverhältniß mit jenem des Menschen zu Gott und letzteres jener eigenartigen Priorität beraubt, auf welche der Supranaturalismus Rosmini's gestützt ist. Demzufolge geht Rosmini's theokratische Gemeinschaft bei Labanca im universalen Menschheitsverbande auf, dessen Verhältnisse nach dem Codex der evangelischen Moral zu regeln sind, unter Preisgebung der die supranaturalen Beziehungen des Menschen definirenden Lehrformel der Kirche; dem dogmatischen Nomismus der Kirche wird die speculative Gnosis der autonomen Vernunft substituirt.

Alfonso Lilla[1] weist Rosmini in der Geschichte der neueren italienischen Philosophie den Platz unmittelbar nach Vico an und ist der Überzeugung, daß Rosmini als Rechtsphilosoph in der italienischen Literatur dieses Jahrhunderts unerreicht dastehe. Rosmini's Ableitung und Analyse des Rechtsbegriffes gilt ihm als Muster einer philosophischen Begriffszergliederung. Rosmini eruirt fünf wesentliche Momente im Begriffe des Rechtes: Activität des Subjectes als Vorbedingung der Empfindungsfähigkeit des vom Objecte afficirten Subjectes; persönliche Activität, weil das Recht als ein wesentlich geistiges und moralisches Können einen Act der Intelligenz und des Willens voraussetzt; ein der Handlung immanentes Gutes, weil keine launenhafte Willkür zum Rechte werden kann; sittliche Erlaubtheit der Handlung; Verpflichtung aller anderen intelligenten Wesen, die Ausübung der Rechtsbefugniß unbeeinträchtigt zu lassen. Deßungeachtet kann Lilla nicht umhin, es als ein bedeutendes Versehen zu rügen, daß Rosmini, den inneren Unterschied von Recht und Moral außer

---

[1] Siehe oben S. 256, Anm. 16.

Acht lassend, den Grund der Unverletzlichkeit des Rechtes im Moral=
gesetze suchte. Das Moralgesetz zielt auf die sittliche Vervollkommnung
des Menschen ab, die Unverletzlichkeit des Rechtes aber gründet in
der Idee des Gerechten. Rosmini's muthmaßliches Vorhaben, will=
kürlichen positiven Satzungen den Anspruch auf Rechtsgiltigkeit zu
entreißen, hätte sich erreichen lassen, ohne das Recht unter den Schutz
des moralischen Gesetzes zu stellen; es genügte, die rationale Ge=
rechtigkeit zum Richtmaß des positiven Rechtsgesetzes zu machen.
Allerdings ist die Gerechtigkeit im moralischen Gesetze (Legge del
bene) insofern enthalten, als sie aus der Anwendung desselben auf
die rechtlichen Verhältnisse resultirt; aber die Rechtsordnung ist eine
von der moralischen verschiedene Ordnung und insofern ist es jedenfalls
ungenau, wenn Rosmini das Recht, statt aus dem die Rechte ein=
schränkenden moralischen Gesetze, aus der Pflicht ableitet. Die Legge
del bene schließt virtuell die moralische und die juridische Ordnung
in sich; so weit sie dem Menschen die auf die moralische Vervoll=
kommnung abzielenden Pflichten einschärft, nimmt sie den Charakter
des moralischen Gesetzes an, den Charakter des juridischen Gesetzes
aber, so weit sie die Unverletzlichkeit der Rechte urgirt. Auch Rosmini's
Auffassung und Behandlungsart des Individualrechtes wird von Villa
beanstandet; er verkennt nicht die derselben zu Grunde liegende Absicht,
die mit dem Begriffe der menschlichen Persönlichkeit gegebenen funda=
mentalen Rechte aus der Natur des Menschen ohne Rücksicht auf die
gegebenen äußeren Verhältnisse zu deduciren; wenn nun aber der
Mensch wesentlich und seiner Natur nach Socialwesen ist, weil er
nicht bloß individuelle Person, sondern zugleich Gattungswesen ist, so
können auch die fundamentalen Rechte des Einzelmenschen nicht ohne
Beziehung auf seine Eigenschaft als Socialwesen entwickelt werden.
Das Hinwegsehen von dieser Beziehung rächt sich in der nothgedrungen
einseitigen und relativen Auseinandersetzung der Fundamentalrechte
des Einzelmenschen; das Coordinationsverhältniß derselben zum
Gesellschaftszwecke wird von Rosmini außer Acht gelassen, er behandelt
sie als absolute Rechte, während sie doch wesentlich bedingte Rechte
sind. Villa will auch nicht unerwähnt lassen, daß einzelne an sich voll=
kommen richtige Assertionen Rosmini's zufolge ihrer eigenartigen philo=
sophischen Begründung fraglich gemacht werden. Rosmini definirt die an=
gebornen Rechte des Menschen ganz richtig als jene, die unmittelbar
mit Wesen und Natur des Menschen gegeben sind; wenn er aber die

Intuition der Seinsidee als etwas unmittelbar mit der actuellen Existenz des Menschen Gegebenes ansieht, wodurch die Intellectivität des Menschen begründet werde und wenn er weiter eben von der Intellectivität die Rechtsfähigkeit des Menschen ableitet, so werden Jene, welche die von Rosmini behauptete Apriorität der Seinsidee nicht zugeben, die darauf gestützte Erweisung der angebornen Menschenrechte nicht für stichhaltig erachten.

Lilla zieht auch das Verhältniß der Giobertianer zu der Frage über das Verhältniß zwischen Recht und Sittlichkeit in Erwägung, was ihm um so näher lag, da eben in Neapel, wo Lilla lehrt, die Gioberti'sche Tradition auf dem Gebiete der Rechtsphilosophie nicht ausgestorben war; die oben erwähnten Rechtslehrer V. Pagano, Toscano, Pepere gehören der Gioberti'schen Schule an. Die Formel der Giobertianer lautet, daß Moral und Recht objectiv in der substantiellen Einheit des Guten und Gerechten identisch seien, aber in subjectiver Beziehung auseinandertreten, weil Wille und Freiheit, trotz ihrer innigsten Aufeinanderbeziehung, doch von einander verschieden sind. Lilla erkennt in dieser Ansicht eine abgeschwächte Reproduction der von Plato behaupteten absoluten Identität von Recht und Moral. Diese entsprach insgemein dem Geiste des vorchristlichen Alterthums, in welchem das Individuum in der Beziehung zum Gemeinwesen aufging, daher es erst in der christlichen Zeit zu einer distincten Auseinanderhaltung von Recht und Moral kam. Der Unterschied beider ist nicht bloß subjectiver Natur, sondern im inneren Wesen beider begründet. Beide stehen einander gegenüber wie Freiheit und Gebundenheit; das Recht besteht in der moralischen Befugniß, Alles zu thun, was nicht durch die sociale Gerechtigkeit verboten ist, die Moral verpflichtet zur Leistung dessen, was dem Guten conform ist. Das Recht bezieht sich auf ein relatives, den menschlichen Bedürfnissen entsprechendes Gut und auf dasjenige, was dem Menschen nützlich ist; die Moral bezieht sich auf das objective Gute, in dessen Leistung und Verwirklichung das handelnde Subject von der Rücksicht auf den eigenen Nutzen und Vortheil abzusehen hat. Dem Rechtsanspruche steht eine Zwangsbefugniß zur Seite, während die sittliche Gesinnung sich nicht erzwingen läßt. Die ethische Pflicht bezieht sich bloß auf das moralische Gesetz, während der Rechtsanspruch eine nothwendige Beziehung auf eine ihm entsprechende Pflichtleistung von Seite anderer Personen hat, wodurch er seinen juridischen Charakter erlangt.

Eine präcise Formulirung des Unterschiedes zwischen Recht und Moral findet sich zuerst bei Thomas Aquinas, welcher die Gerechtigkeit einerseits zur Unterlage aller Tugend macht, andererseits aber als ihr specifisches Wesen im Unterschiede von anderen Tugenden darin sieht, daß sie die zwischen Personen bestehenden Verhältnisse regelt. Ihre Materie ist die äußere Leistung, durch welche Anderen das werden soll, was ihnen gebührt. J. F. Stahl behauptet in seiner Geschichte der Rechtsphilosophie, Thomas Aq. hätte den Unterschied von Recht und Moral in Bezug auf das positive Gesetz außer Augen gelassen; dieß Versehen fällt jedoch Thomas keineswegs zur Last, indem er ausdrücklich bemerkt, daß das positive Gesetz nicht alle Handlungen, welche das Sittengesetz als unerlaubt hinstellt, sondern nur eine bestimmte Kategorie von Handlungen verpöne, deren Unterlassung im Interesse des Bestandes der Gesellschaft verpönt werden muß, oder wenigstens rationell zu einem Rechtsgebote gemacht werden kann. — Dem Genie eines Leibniz blieb es vorbehalten, den Unterschied zwischen Naturrecht und positiver Moral klar auszusprechen: Jus naturale est, quod ex sola ratione naturali sciri potest absque revelatione. Thomasius in Halle hat das Problem der Wechselbeziehung zwischen Recht und Moral wissenschaftlich gelöst; vom angebornen Seligkeitstriebe des Menschen ausgehend lehrt er, das der innere Friede des Menschen durch Erfüllung der moralischen Pflichten, der äußere Friede, d. i. der Friede mit Anderen durch die Erfüllung der Rechtspflichten erworben werde.

Recht und Moral sind von einander innerlich verschieden und doch untrennlich miteinander verbunden. Die Zerreißung des Bandes zwischen beiden, die Annahme einer völligen Unabhängigkeit des Rechtes von der Moral ist ein Irrthum, der nach Villa's Dafürhalten durch Samuel Coccejus angebahnt und durch Kant weiter fortgesponnen worden ist. Kant sieht den Unterschied zwischen Recht und Moral darin, daß das Moralgesetz auf die Innensphäre des geistigen Ich sich beschränkt und auf die Intentionen des Handelns sich bezieht, während das Rechtsgesetz die Übereinstimmung der Handlung mit dem Gesetze verlangt und dadurch dem Rechte den Zwangscharakter verleiht. Nun ist es allerdings richtig, daß die Intention als solche etwas rein Innerliches ist; soweit sie aber Princip der Handlung ist, wird sie nach Außen offenbar; und die in der schlimmen Handlung sich kundgebende böswillige Absicht fällt auch unter das Rechtsgesetz, wie die juristische

Lehre vom Dolus zeigt. Daraus erhellt aber auch schon, daß sich das Recht von seinem ethischen Fundamente nicht abtrennen läßt. Eben so unrichtig ist andererseits die Behauptung, daß der Zwang ein wesentliches Element des Rechtes sei; er findet nur bedingnißweise Anwendung, sofern nämlich die rechtlich gebotene Leistung nicht gutwillig erfolgt. Die Unverletzlichkeit des Rechtes beruht nicht auf der Erzwingbarkeit der durch dasselbe geforderten Leistungen, sondern auf der Gerechtigkeit derselben. Der unzertrennliche Zusammenhang von Recht und Moral ist von Plato bis auf Vico, und von diesem angefangen bis zu den rechtsphilosophischen Arbeiten eines Trendelenburg und Bluntschli herab stets festgehalten worden; den in die neuere Zeit fallenden Versuchen einer Trennung beider Gebiete traten immer Männer gegenüber, welche vom Geiste der großen Philosophen des Alterthums durchdrungen die harmonische Einheit von Recht und Moral vertraten.

Lilla definirt die Rechtsphilosophie als die Wissenschaft der höchsten Principien des Rechtes und ihrer Anwendung auf die rechtlichen und bürgerlichen Ordnungen zur Eruirung der rationalen Unterlage derselben. Aus dieser Definition läßt sich bereits erkennen, daß Lilla bemüht ist, den ideologischen Deutschlandpunkt mit jenem der Erfahrung zu verschmelzen, daher er gleichmäßig an Plato und an Aristoteles anknüpft, an Ersteren in Bezug auf die unabhängig von allem Erfahrungserkennen feststehende Wahrheit der Idee des Gerechten, an Letzteren behufs der Erprobung derselben auf dem Wege des Erfahrungswissens. Plato idealisirte die Gerechtigkeit allzusehr, indem er von der subjectiven Befriedigung, welche ihre Übung dem Gerechten verschafft, völlig abstrahirte, als ob Gerechtes und Nützliches widerstreitende Gegensätze wären. Mit Recht erinnerte Aristoteles dagegen, daß zwar ein Übel dem anderen widerstreiten könne, nicht aber ein Gut dem anderen, wenn schon das eine von beiden wegen seiner höheren Vorzüglichkeit den Vorrang vor dem anderen behaupten könne. Die Ethica Nicomachea, in welcher diese Bemerkung des Aristoteles vorkommt, gilt Lilla als das preiswürdigste moralphilosophische Werk, als die Ethik schlechthin, da in ihr die menschliche Natur unverstümmelt mit allen ihren Bedürfnissen in's Auge gefaßt wird und die berechtigten eudämonistischen Triebe anerkannt, andererseits aber auch nach ihrem Verhältniß zu den objectiven Gütern gewürdiget werden, und die Rangordnung dieser Güter richtig bestimmt wird, so daß in der Reihe derselben die Tugend zu oberst zu stehen kommt. Allerdings steht die aristotelische Erkenntnißlehre nicht auf gleicher Höhe mit der aristotelischen Anthropologie, daher sie auch nicht als das absolut giltige Richtmaß der platonischen Ideologie angesehen werden kann. Wenn nämlich auch Plato's Lehre von den angebornen Ideen nicht zugegeben werden kann, so läßt sich doch eine angeborne Hinneigung des Menschen zum Gerechten, zum Schönen, zur Ordnung nicht in Abrede stellen. Aristoteles gibt, diese angeborne Hinneigung ignorirend, eine allzusehr subjectivistische Definition der Gerechtigkeit, die er vorherrschend als Willenshabitus in's Auge faßt, während er ihre objective Bedeutung als ausgleichende ideelle Norm der menschlichen Verhältnisse ungebührlich in den Hintergrund treten läßt. Noch subjectivistischer als die aristotelische Definition klingt jene in den Institutionen Justinian's, an welche Thomas Aquinas anknüpfte, ohne jedoch dieselbe zu verbessern, indem er mit Aristoteles die Gerechtigkeit eben nur als subjectiven Willenshabitus in's Auge faßte. Vico faßt sachgemäß die Gerechtigkeit nach ihrem objectiven substantiellen Wesen als göttliche Wirkungsursache aller rechtlichen Ordnung in's Auge, betont aber diese göttliche Wirkungsursache auf Kosten der menschlichen Vernunft, die doch die unmittelbare Norm der menschlichen Handlungen ist, während Grotius und Leibniz, in eine Einseitigkeit entgegengesetzter Art verfallend, die Wahrheit der Gerechtigkeitsidee als etwas vom Dasein Gottes Unabhängiges ansehen. Man hat mit Plato, Cicero, Vico am göttlichen Ursprunge des Rechtes festzuhalten, jedoch so, daß nicht, wie in der theologischen Rechtsschule der Fall ist, die göttliche Auctorität auf Kosten der menschlichen Vernunft betont, und Moral und Evangelium der Politik dienstbar gemacht werden.

Lilla orientirt uns über den von ihm in der Rechtsphilosophie eingenommenen Standpunkt durch seine Kritik der verschiedenen Doctrinen, Schulen und Richtungen, die in der Entwickelung der rationalen Rechtslehre hervorgetreten; sein Denkstandpunkt ist übrigens schon durch seine Definition der Rechtsphilosophie kenntlich gemacht, aus welcher hervorleuchtet, daß er in der menschlichen Rechtsbildung ein dreifaches Element, das ideologische, empirisch-rationale und historische, berücksichtigt sehen will. Aus der harmonischen Vermittelung dieser drei Elemente geht ihm das concrete, volle Verständniß des Rechtes hervor; als hervorragendste Repräsentanten des rationalen Rechtsgedankens in dessen successiver geschichtlicher Entwickelung und nach den verschiedenen Seiten derselben gelten ihm Plato, Aristoteles, Thomas Aquinas, Grotius, Vico, Leibniz, Kant, Hegel, Rosmini, Trendelenburg, Ahrens, Bluntschli. Er hebt den Einfluß hervor, welchen die rationale Entwickelung des Rechtsgedankens auf die Codifikation des Privatrechtes, auf die Gestaltung des öffentlichen Rechtes in den inneren staatlichen Verhältnissen und in den internationalen Beziehungen der Völker und Staaten ausgeübt hat, verlangt aber andererseits, daß in den Bemühungen um die rationale Erfassung der Rechtsidee die geschichtliche Entwickelung und Gestaltung des Rechtes zur Orientirung genommen werde. Die sogenannte historische Schule repräsentirt allerdings einen einseitigen Standpunkt, auf welchem die übergeschichtliche spirituelle und moralische Entität des Rechtes übersehen wird; andererseits gibt aber die Geschichte die eindringlichsten Lehren über die Folgen der abstract rationalistischen Behandlung der Probleme der rationalen Rechtslehre. Bluntschli hat mit Recht auf die Ereignisse der ersten französischen Revolution, so wie andererseits auf die Folgen des monarchischen Doctrinarismus und auf die vom abstracten, d. i. excessiv betonten Rationalismus drohenden Gefahren und Stürme hingewiesen.

Die Nothwendigkeit einer geschichtlichen Vertiefung der philosophischen Rechtslehre wurde vor Lilla bereits von Cavagnari[1] eindringlich betont und als die wesentliche Bedingung einer fruchtbaren Weiterentwickelung derselben urgirt. Cavagnari bezeichnet Natur, Geschichte und Vernunft als die drei einander integrirenden Elemente der philosophischen Rechtslehre,[2] die übrigens schon in der bisherigen Geschichte der Rechtsphilosophie aufzuweisen sind. Das rationale oder ideale Element derselben beginnt mit Plato, das natürliche mit Aristoteles, das geschichtliche Element hat seine anfangsweise keimartige Repräsentation in den durch Augustinus und Thomas in die Philosophie hineingetragenen christlichen Ideen von Sündenfall und Erlösung, von der providentiellen Leitung der Menschheitsgeschichte. Aber bis heute hat sich die Rechtsphilosophie noch nicht zu einer in sich selbst vollkommen durchgebildeten abgeschlossenen Wissenschaft entwickelt. Die

---

[1] Siehe oben S. 257, Anm. 1.
[2] Er definirt die Philosophie des Rechtes als: La scienza, che pone i fondamenti ideali del diritto e che rintraccia le leggi che governano la vita giuridica dell' umanità.

ersten Ansätze zu einer innerlichen Durchbildung derselben finden sich bei Alberico Gentile und noch mehr bei Hugo Grotius. Grotius knüpft an die von Aristoteles inaugurirte Richtung an, und legte der natürlichen Rechtslehre den menschlichen Socialinstict zu Grunde. Andere in derselben Richtung sich bewegende Socialtheoretiker betonten andere Instincte der menschlichen Natur, Hobbes jenen des Egoismus, Bentham den Nützlichkeitsinstinct, Smith den Instinct des unmittelbaren Gefühles. So wurde die von Aristoteles in genereller Allgemeinheit synthetisch zusammengefaßte Natur im Processe historischer Entwickelung analytisch zergliedert. Die von Plato initiirte Richtung wurde von Pusendorf, Wolff, Price wiederaufgenommen, Kant und Fichte steigerten das rationale Princip zum höchsten Grade der Ausbildung. Letztlich trat in Deutschland die von Savigny geführte historische Schule hervor, zu deren Vorläufern Vico zu zählen ist. Die Einigung aller drei Richtungen wurde nicht ohne Erfolg von Schelling und Hegel in's Werk gesetzt, das von diesen beiden großen Denkern begonnen wurde aber nicht weiter fortgeführt, weil man das historische Element der Rechtsphilosophie nicht nach seiner wahren Bedeutung zu würdigen verstand. Krause, Ahrens, Belime, welche demselben noch die meiste Beachtung schenkten, blieben bei dem Gedanken einer äußeren Entwickelung stehen, ohne in die derselben zu Grunde liegende innere Entwickelung und die damit verbundene Wandelung des Rechtsgedankens einzudringen. Demzufolge konnte es auch zu keiner inneren Verschmelzung der genannten drei constitutiven Elemente der Rechtsidee kommen. Hugo Grotius ist Gründer des Naturrechtes, Kant Schöpfer des Vernunftrechtes; der Begründer der von den modernen Weltverhältnissen begehrten Rechtsphilosophie ist noch nicht gekommen. In neuzeitlichen Italien ist die Rechtsphilosophie bisher größtentheils im Stile des Kant'schen Vernunftrechtes behandelt worden, jedoch ohne den Geist und die Originalität Kant's; man entlehnte aus Kant die rationalen Regeln der Behandlung des juridischen Lehrstoffes, die juridischen Begriffe und Unterscheidungen wurden aus dem römischen Rechte geschöpft. Die Leistungen der einzelnen Autoren sind von unterschiedlichem Werthe; allen ohne Unterschied haftet aber das Gebrechen an, einen absolut fertigen Zustand der menschlichen Rechtsordnung wissenschaftlich ermitteln zu wollen, während die fortschreitende Entwickelung der Völker und Zeiten doch fortwährend neue Verhältnisse schafft, welche in die Formen eines für immer fertigen Systems sich nicht mehr einfügen. Demzufolge kann auch eine wirkliche Rechtsphilosophie, sofern sie dem historischen Elemente gebührend Rechnung trägt, nur eine für eine bestimmte Zeitepoche befriedigende wissenschaftliche Darstellung der Rechtsordnung geben; sie hört auf, wissenschaftlich zu befriedigen, wenn in der Construction des Systems die nöthige Weite des Blickes fehlt, welche zukünftige Entwickelungen offen läßt. Cavagnari läßt diese Entwickelungen durch das mehr und mehr sich entfaltende Princip der freien Persönlichkeit causirt werden; die das absolute Auctoritätsprincip stützenden politischen und religiösen Ordnungen, die absolute Monarchie und der Katholicismus sind, so nothwendig und nützlich sie immerhin für einen bestimmten Zeitabschnitt der geschichtlichen Menschheitsentwickelung waren, doch bereits jetzt unrettbar der Vergangenheit anheimgefallen. Die Wandelungen der Verhältnisse des öffentlichen Lebens wirken selbst auf die Auffassung und Behandlung der Probleme des vermeintlich unwandelbaren natürlichen Privatrechtes zurück; die sogenannten angebornen Rechte verwandeln sich in Virtualitäten oder Potenzen, deren Actuirungen die sogenannten erworbenen Rechte sind. Ein angebornes Recht auf Besitz würde folgerichtig zum Communismus führen; die Vertreter der angebornen Rechte halten jedoch als juridisches Axiom den Satz fest: Prior tempore potior jure. Die aus dem römischen Rechte in das natürliche Privatrecht hinübergenommene Lehre von den Verträgen unterliegt im Lichte einer richtigen philosophisch-historischen Einsicht einer durchgreifenden wissenschaftlichen Umgestaltung. Die angeblichen Rechte der Eltern und Vormünder über Kinder und Minderjährige beruhen auf einer unrichtigen Identification von juridischen und moralischen Ansprüchen; die Kinder und Minderjährigen sind durch die moralische Pflicht der Dankbarkeit, nicht aber zwangsrechtlich den Eltern und Curatoren gegenüber gebunden.

Cavagnari sieht in der Idee der persönlichen Freiheit das lebendige Princip der modernen Rechtsentwickelung und hält an übergeschichtlichen idealen Normen fest, welchen die Ausübung der persönlichen Freiheit unterworfen ist. Dadurch unterscheidet sich seine rechtsphilosophische Auffassung von jener der Positivisten und Evolutionisten, welche die ethische Freiheit in der Naturnothwendigkeit untergehen lassen und die in der geschichtlichen Entwickelung der Menschheit hervorgetretenen Gestaltungen und Wandlungen der Rechtszustände als Ergebnisse eines reinen Naturprocesses ansehen.¹ Schiatarella² leitet das Recht aus der dem Menschen mit der gesammten Thierwelt gemeinsamen Moral ab; er unterscheidet die ältesten Entwickelungsperioden des Rechtes nach der Aufeinanderfolge der prähistorischen Perioden der Menschheit angefangen von der ersten Entstehung der Racen durch Verschmelzung der Horden bis herab zur Gründung fester gemeinsamer Siedelungen, in welchen zuerst Gesetze entstanden.³ Die Gesetze bedeuten in ihrer ersten Entstehung die Unterwerfung der Grundtriebe der Einzelnen unter eine dem persönlichen Vortheile und Interesse Aller sich empfehlende gemeinsame Norm des Verhaltens im Zusammenleben; auf diese Art ist der Mensch historisch Subjectum juris geworden. Die Entwickelung der gesammten vorchristlichen Civilisation hat sich größtentheils aus einem aller Orten statthabenden Kampfe um's Recht herausgesetzt, welcher nach Verschiedenheit der ererbten Stammestypen und äußeren klimatischen und örtlichen Verhältnissen sich verschiedenartig gestaltete. Bovio, dessen Determinismus mehr metaphysischer Natur ist,⁴ läßt sich nicht auf materialistisch biologische Erklärungen der Entstehung des Rechtes ein, sondern gibt statt dessen eine an die Entstehung der occidentalischen Cultur in der antiken griechisch-römischen Welt anknüpfende Geschichte des Rechtes in Italien, auf deren Inhalt wir weiter zurückkommen werden.

Diodato Lioy⁵ stellt der materialistisch-sensistischen Begründung und Ableitung des Rechtsgedankens die spiritualistisch-idealistische

---

[1] Vgl. hierüber Caporali's Nuova Scienza II, pp. 7—32; ebendas. speciell die Charakteristik des Determinismus Bovio's (pp. 18 sgg.) und Schiatarella's (pp. 22 sgg.).

[2] Presupposti ecc. (siehe oben S. 257, Anm. 8). Vgl. Caporali O. c. II, pp. 8 sgg. Morselli's Rivista IV, pp. 467 sgg.

[3] Ein Werk verwandten Inhaltes ist: Zocco-Rosa, I principi d'una preistoria del diritto. Mailand, 1885.

[4] In seiner Filosofia del diritto (siehe oben S. 257, Anm. 5) sucht Bovio zu erweisen, daß der Naturalismus, je weiter er sich wissenschaftlich durchbildet, desto mehr in die Formen des mathematischen Erkennens sich fassen müsse gemäß dem Spruche des Pythagoras: τὸν ὅλον οὐρανὸν ἁρμονίαν εἶναι τῶν ἀριθμῶν. Er zollt der Geschichtsarithmetik Ferrari's hohe Anerkennung und sieht in der naturalistischen Begründung derselben die ihm als Aufgabe zugefallene Fortführung der philosophischen Gedankenarbeit Ferrari's. — Über Bovio's Filosofia del diritto vgl. Morselli's Rivista IV, pp. 593 sgg.

[5] Siehe oben S. 256, Anm. 17.

gegenüber, in deren Darlegung er sich auf Gioberti und Vico stützt — auf Gioberti, so weit es sich um die dem rationalen Rechtsgedanken vorauszusetzende Metaphysik handelt, auf Vico als Repräsentanten der richtigen Vermittelung der idealen Rechtsanschauung mit der geschichtlich gegebenen Realität der Rechtszustände.[1] Er fand die Vermittelung darin, daß er das sittliche Bewußtsein der Menschheit zur Wirkungsursache des historisch sich entwickelnden Rechtes machte, während er das subjective Nützlichkeitsinteresse nur als occasionelle Ursache der Entstehung rechtlich geordneter Lebenszustände gelten ließ. Er vervollkommnete durch die Unterscheidung zwischen eigentlicher Wirkungsursache und occasioneller Entstehungsursache des Rechtes die naturrechtliche Theorie des Grotius, der wol im Allgemeinen das Vernunfturtheil des zur Geselligkeit bestimmten Menschen zum historischen Entstehungsgrunde des Rechtes machte, aber doch das Vernunfturtheil vorwiegend durch die Rücksicht auf Nutzen und Schaden bestimmt werden ließ. Die Frage, ob das Recht in Nützlichkeitsrücksichten oder in der Idee des Guten seine Wurzel habe, wurde bereits in der antiken christlichen Philosophie aufgeworfen und von den griechischen Sophisten zu Gunsten der Lust und des Nutzens entschieden. Plato und Aristoteles faßten die Gerechtigkeit als Tugend, Ersterer als wesentliches Element aller Tugend, Letzterer als die specifische Tugend des socialen Menschen. Thomas Aquinas erläuterte das Wesen der Gerechtigkeit fast mit denselben Worten wie Aristoteles; unter den Scholastikern läßt sich einzig Johann von Salisbury zu den Utilitariern zählen. Gegen Ende des Mittelalters strebte aber der menschliche Geist mit Ungeduld nach Ablösung des Rechtes von der Moral und Theologie; die formelle Ablösung schlug in völlige Trennung um, wofür Ludwig XI. und Ferdinand von Arragonien die entsprechenden Thatsachen schufen, während Machiavelli die Theorie dieser Thatsachen lieferte. Auch Hobbes läugnete die Idee der Gerechtigkeit und sah in ihr nicht eine gesollte Eigenschaft des Menschen, sondern lediglich eine durch das Interesse der Selbsterhaltung dictirte Pflicht des Staatsbürgers. Locke anerkennt ein der Entstehung der

---

[1] Ein Werk von denkverwandter Richtung, in welchem eine Verschmelzung der Anschauungen Vico's mit jenen Gioberti's versucht wird, ist jenes des Abate Carlo Cucca: Del dritto secondo la mente del Vico nelle sue attinenze con la scienza prima ed ultima. Vol. I^mo (Neapel, 1879).

bürgerlichen Gemeinwesen vorausgehendes natürliches Gesetz und Recht; Rousseau läßt im Unterschiede von Locke durch den Gesellschaftsvertrag das Recht nicht beclarirt, sondern geschaffen werden. Bentham glaubt aus Lust und Unlust die gesammte moralische und sociale Ordnung ableiten zu können; Italien hatte seinen Bentham in Romagnosi, dessen Lehre sich in Kürze als eine Theorie der für das menschliche Interesse zusammenwirkenden Kräfte bezeichnen läßt; das Streben des Einzelmenschen und der Gesellschaft sei auf Selbsterhaltung unter der Herrschaft der Natur und der Vernunft gerichtet. Die heutigen Positivisten wußten nichts Besseres zu thun, als daß sie den Einfluß der Vernunft zu Gunsten der Natur herabsetzten. Daß Rousseau's Lehre nicht ohne Einfluß auf die deutsche Philosophie blieb, wird von Hegel bezeugt, welcher Rousseau's Identificirung des freien Menschenwillens mit dem Wesen des Menschen als Übergang zur Lehre Kant's und als Unterlage derselben bezeichnet. Kant stellt als höchste Rechtsregel die Forderung auf, äußerlich so zu handeln, daß die Freiheit des Handelnden mit jener aller Übrigen zusammenbestehen kann. Das Recht ist mithin die Form des Willens, und besteht in der Zusammenstimmung der neben und mit einander Lebenden, ohne Rücksicht auf die Zwecke und Motive der Handlungen. Allerdings corrigirt sich diese Auffassung des Rechtes durch die in Kant's Metaphysik der Sitten aufgestellte Regel, daß bei allem Handeln die Menschheit in der Person des Handelnden und aller anderen Personen als Zweck geachtet werde. Damit wird aber der früher aufgestellte Begriff des Rechtes geändert und das Recht erscheint sodann, statt als Bedingung oder Summe der Bedingungen des Zusammenseins, vielmehr als ein Vermögen des Menschen als moralischen Wesens, geht sonach den Bedingungen des menschlichen Zusammenlebens voraus und fällt objectiv mit dem Guten als Norm und Form des sittlichen Menschheitsdaseins zusammen. An Krause und Ahrens anerkennt Lioy rühmend, daß sie den inneren Zusammenhang zwischen Recht und Moral erkannten, bedauert jedoch, daß sie unter dem Banne der Einflüsse des deutschen speculativen Pantheismus das selbstige Sein der menschlichen Individualität nicht zu erfassen vermochten. Am meisten befriediget ihn Trendelenburg's „Naturrecht auf dem Grunde der Ethik", in welchem ein christlich rectificirter Platonismus festgehalten ist und Anschauungen entwickelt werden, welche mit jenen Gioberti's sich nahe berühren. Der Kant'sche Mißgriff, das

Wesen des Rechtes in die Erzwingbarkeit seiner Forderungen zu setzen, wird von Trendelenburg glücklich vermieden und die Anwendung des Zwanges auf die Fälle absoluter Nothwendigkeit beschränkt.

Lioy's Werk zerfällt in zwei Haupttheile; im ersten wird vom Objecte, im zweiten vom Subjecte des Rechtes gehandelt. Als Objecte des Rechtes werden Religion, Wissenschaft, Kunst, Industrie, Handel, Moralität, Civil- und Strafgerichtsbarkeit vorgeführt und besprochen. Subjecte des Rechtes sind Individuum, Familie, Gemeinde, Provinz, Staat, dessen innere Organisation und auswärtige Beziehungen den Hauptinhalt des zweiten Theiles bilden. Die ausführlichste Besprechung wird unter den Objecten des Rechtes der Religion zu Theil. Das Element der Religion ist die Region des Glaubens, der in einen natürlichen und übernatürlichen Glauben zerfällt, je nachdem er im Verstande oder in der Vernunft als dem Sinne für das Übernatürliche wurzelt. Die Erschaffung der Dinge aus Nichts als metaphysische Wahrheit und die dem Gebiete der Moral angehörige Lehre von der Gnade gehören unter die Dinge, welche dem Verstande nicht erfaßbar mit dem Glauben der Vernunft umfaßt werden müssen. Die Religion kann niemals in der Philosophie aufgehen; ihr Vorstellen bezieht sich auf die dunkle Seite der Idee, deren helle Seite von der Philosophie umfaßt wird. Dem Menschen ist es wesentlich und natürlich, Religion zu haben. Die Mannigfaltigkeit und Verschiedenheit der Religionen ist nicht mit Diderot daraus zu erklären, daß alle Offenbarungsreligionen Abirrungen von der Naturreligion wären, sondern aus den Alterationen der Einen, ursprünglich von Gott geoffenbarten Religion. Nur die am Schöpfungsdogma festhaltenden Religionen können wahre Religionen sein, während die pantheistischen Religionen der vorchristlichen heidnischen Culturvölker ganz gewiß irrig waren. Der Monotheismus der Hebräer läßt sich nicht auf natürlichem Wege aus einer angeblichen besonderen Anlage des semitischen Stammes erklären, sondern hat die providentielle Erwählung des Hebräervolkes zu seiner erklärenden Voraussetzung, und war die geschichtliche Vorstufe der christlichen Weltreligion, welche sich als Kirche in's Völkerleben einführte. Auf dem Gebiete der rationalen Rechtslehre kommt vornehmlich das Verhältniß der Kirche zur bürgerlichen Gesellschaft und zum Staate in Betracht, welches nach den heutigen Verhältnissen in der Formel von der freien Kirche im freien Staate seinen angemessenen Ausdruck findet. Sie gibt auch die maßgebende Orientirung für den Staat bezüglich seiner Stellung zu dem Verhältniß zwischen Religion und Wissenschaft in der heutigen Welt. Er hat die Unabhängigkeit der wissenschaftlichen Forschung zu schützen, zugleich aber zu verhüten, daß in den von ihm unterhaltenen und beaufsichtigten Schulen die wechselseitige Unabhängigkeit von Wissenschaft und Religion in ein feindseliges Verhalten der ersteren zur Religion umschlage. Der Staat kann der Mitwirkung der Religion und Kirche für seine civilisatorischen Zwecke nicht entbehren; er kann den religiösen Unterricht nicht aus den Schulen bannen; es obliegt ihm vielmehr denselben in den Primär- und Secundärschulen als eine gesetzliche Institution aufrecht zu halten. Die bedeutungsvollen Wandlungen, welche sich in der heutigen Gesellschaft auf dem Gebiete des Industrialismus vollziehen, müßten, wofern die Religion ihren Einfluß auf die Massen verlöre, zu den erschütterndsten und ruinösesten Katastrophen führen. Die Hausindustrie ist gegenwärtig durch die in großem Stile betriebene Manufacturarbeit zurückgedrängt und fast völlig lahmgelegt; wer weiß, ob nicht die religiösen Genossenschaften der Vergangenheit in industrieller Form wiedererstehen? Die Krippen und Kinderasyle müssen die Abwesenheit der Mutter am häuslichen Herde ersetzen; wodurch sollten diese Institute beseelt werden, wenn nicht durch die Religion? Die von der Kirche in den ersten christlichen Jahrhunderten geübte Armensorge hat unter veränderten Verhältnissen ihre einstmalige Bedeutung verloren, und ist im Wandel der Zeiten zum großen Theile an den Staat und die bürgerliche Rechtsgesellschaft übergegangen; die frommen kirchlichen Stiftungen sind als zu Recht bestehend anzuerkennen, ihre Verwaltung wird jedoch der staatlichen Controle kaum entzogen werden können. Die Beseitigung der materiellen Nöthen der menschlichen Gesellschaft erwartet Lioy von den Fortschritten der Technik und Mechanik, welche es mit der Zeit möglich machen werden, der Menschenkraft die Naturkraft als Arbeitskraft zu substituiren und damit die Sclaverei der Arbeit zu beseitigen: die von derselben Befreiten werden in Folge des besseren Unterrichtes, an dessen Wohlthaten theilzunehmen sie durch ihre Emancipation vom Joche geistloser Arbeit die nöthige Zeit gewinnen werden, ihre Arbeitsthätigkeit productiver zu machen im Stande sein, eine bessere Erziehung wird sie zur Häuslichkeit und Sparsamkeit anleiten. An die Stelle der Hospitäler und anderer frommer Anstalten werden die Versicherungsanstalten treten, welche die dem Wesen der freien bürgerlichen Rechtsgesellschaft angemessenen Schutzmittel gegen die materiellen Nöthen des Lebens sind.

Die menschliche Persönlichkeit trägt wesentlich die Bestimmung zum rechtlich geordneten Zusammensein mit Anderen in sich. Der juristische Begriff der menschlichen Person ist nach positivem Rechte der eines Homo statu civili praeditus. Die Grundeigenschaften der menschlichen Persönlichkeit sind Gleichheit, Freiheit und Sociabilität; die beiden ersteren dieser drei Eigenschaften entwickeln sich in dem Grade, als die dritte mehr und mehr ausgebildet wird. In den ursprünglich nebeneinander bestehenden Familien waren nur die Oberhäupter derselben frei und gleich; in der Gemeinde erstrecken sich Freiheit und Gleichheit auf alle Glieder jeder einzelnen Familie; und im Staate nehmen nach Verlauf von Jahrhunderten alle Individuen an den Gütern der Freiheit und Gleichheit Theil. Die Zeit ist nicht mehr ferne, in welcher alle Glieder der Menschheit in allen menschlichen Vereinigungen gleiche Rechte genießen werden. Die drei Grundeigenschaften der menschlichen Persönlichkeit sind die Sicherungsmittel der einzelnen Glieder der staatlichen Rechtsgemeinschaft gegenüber der ungebührlichen Ausdehnung und willkürlichen Handhabung der Staatsgewalt; die ihnen entsprechenden staatsbürgerlichen Institutionen haben jedem Einzelnen den Vollgenuß der bürgerlichen Rechte zu sichern. Die natürliche Gleichheit der Menschen involvirt die Gleichheit Aller vor dem Gesetze, die Zugänglichkeit zu allen Zweigen des öffentlichen Dienstes für alle zur Übernahme desselben Befähigten, gerechte und billige Vertheilung der Lasten; die in natürlichen Ursachen begründeten unaufheblichen Ungleichheiten gehören zu Gottes Ordnung und haben eine moralische Bedeutung, deren Verkennen die folgenschwersten Irrungen nach sich ziehen würde. Die Freiheit der Person heischt bestimmte gesetzliche Garantien, welche sich reduciren lassen auf die Nichtzulassung einer willkürlichen Handhabung der Justiz, auf Unverletzlichkeit der Wohnung und des Eigenthums, Schutz des Briefgeheimnisses, freie Ausübung der Religion. Selbstverständlich handelt es sich um die richtige Bemessung aller dieser Garantien, um dieselben mit der Rücksicht auf die unveräußerlichen Rechte des Staates, auf die sittliche Wohlordnung, auf die öffentliche Sicherheit in Einklang zu bringen. Die politische Bethätigung der dritten Grundeigenschaft der menschlichen Persönlichkeit hat ihre rechtlich geordnete Garantie im Vereinsgesetze zu finden. Die directen Garantien zur Sicherung der politischen

Bethätigung der Hauptattribute der menschlichen Persönlichkeit müssen ihren Halt in einer guten Organisation des Staates gewinnen, in deren Entwickelung sich Lioy, wie auch sonst durchwegs in seinem Werke, auf den Boden der vergleichenden geschichtlichen Betrachtung stellt, die politischen Institutionen der alten und der modernen Culturvölker übersichtlich darstellt, und schließlich bei den dem heutigen Entwickelungsstande des staatsbürgerlichen Gemeinlebens entsprechenden Normen und Einrichtungen desselben unter specieller Beziehung auf den italienischen Staat und dessen Verfassung anlangt.

Die drei Grundeigenschaften der einzelnen Persönlichkeit sind auch die Attribute der einzelnen Staaten in deren Verhältnisse zu allen übrigen Staaten, nur mit dem Unterschiede, daß die Freiheit der Staaten weit ausgedehnter ist als jene der Individuen, weil erstere sich, so zu sagen, einander gegenüber im Naturstande befinden und nur Gott als Oberen anerkennen; darum ist auch die Vergesellschaftung bei ihnen weniger ausgedehnt und beruht nur auf Gewohnheiten, auf mehr oder weniger allgemein angenommenen Grundsätzen oder auf Verträgen. Daher der wesentliche Unterschied zwischen innerem und äußerem Staatsrecht; im ersteren ist der Zwang durch die bewaffnete Gewalt und die Gerichtshöfe ein unmittelbarer, im letzteren ein mittelbarer, der durch Repressalien und Krieg in's Werk gesetzt wird. Das Völkerrecht als förmliche Doctrin ist verhältnißmäßig späten Ursprunges. Das vorchristliche Alterthum hat keine einzige auf diese Doctrin bezügliche Schrift vorzuweisen; die christlichen Schriftsteller des Mittelalters sprechen nur gelegentlich und vorübergehend von internationalen Beziehungen; die Kanonisten und Casuisten des 16. Jahrhunderts, besonders Spanier (Vittoria, d'Ayala, Suarez) fingen zuerst an, Fälle des internationalen Rechtes in den Bereich ihrer legistischen Erörterungen zu ziehen. Alberico Gentili hat durch seine Schriften de jure belli und de legationibus einem Grotius vorgearbeitet; von da an datirt sich die Entstehung einer Literatur des Völkerrechtes, in welcher sich die auf dem Gebiete des Naturrechtes hervorgetretenen principiellen Anschauungsgegensätze reflectirten. Lioy verfährt in der Darlegung des Inhaltes des äußeren Staatsrechtes vorherrschend geschichtlich; nur in Bezug auf eine ihn als Italiener besonders nahe angehende Frage spricht er eine sehr entschiedene selbsteigene Ansicht aus, welche auch jene der weitaus größeren Mehrzahl seiner übrigen Landsleute sein dürfte. Er betont nämlich den Unterschied zwischen Nationalstaaten und Staaten, die aus verschiedenen Nationalitäten zusammengesetzt sind; ersteren vindicirt er ein natürliches Recht immerwährenden selbstigen Bestandes und eine natürliche Unauflöslichkeit,[1] während ihm Staatskörper mit disparaten nationalen Elementen als ihrer Natur nach auflösliche Gebilde erscheinen. Wir geben dieß bis auf einen bestimmten Grad zu, glauben aber, daß ein Staat, dem die innere geistige und politische Verschmelzung verschiedener nationaler Elemente gelingt, ein staatliches Gebilde höchsten Ranges sei, in welchem der anfängliche Mangel an natürlichen Einheitsbedingungen durch die mehr und mehr sich entwickelnde Macht ethischer und geistiger Potenzen mehr als ausreichend ersetzt wird. Über dem nationalen Königthum steht das über die politische Einheit der nationalen Existenz hinausgreifende Kaiserthum als die oberste aller weltlichen Herrscherwürden, als der oberste weltliche Hort und Schirm der Gerechtigkeit.

Lioy spricht am Schlusse seines Werkes die Hoffnung aus, daß es dereinst zu einer allgemeinen Staatenconföderation als internationalem schiedsrichterlichen Gerichtshofe kommen könnte, und früher schon zu einem internationalen Gesetzbuche, welches den europäischen und amerikanischen Regierungen von der öffentlichen Meinung auferlegt werden könnte. Nicht ganz außer Beziehung zu einem Gesetzescodex internationaler Beziehungen steht die auf dem Wege vergleichender Gesetzeskunde zu gewinnende Wissenschaft vom idealen Musterstaate, mit deren Idee sich ein anderer Anhänger Vico's, der sicilische Graf Emerico Amari[2] trug, und deren wissenschaftliche Ausführung den Abschluß seiner philosophisch-juridischen schriftstellerischen Thätigkeit hätte bilden sollen. Er kam indeß nur zur Veröffentlichung des ersten kritisch-einleitenden Theiles seines wissenschaftlichen Unternehmens,[3] welches schließlich darauf abzielte, zu zeigen, wie im Mittel

---

[1] Lioy bezieht sich bezüglich dieses Gegenstandes auf zwei andere von ihm veröffentlichte Schriften zurück: Del principio di nazionalità guardato dal lato della storia e del diritto pubblico (Neapel, 1864; 2. Aufl.) — Diritto internazionale. Prelezioni (Neapel, 1873).

[2] Vgl. über E. Amari († 1870): Fr. Maggiore-Perni, Saggio di Emerico Amari e delle sue opere. Palermo, 1871.

[3] Critica di una scienza delle legislazioni comparate. Genua, 1857. — Vgl. über dieses Buch unsere Abhandlung: „Emerico Amari in seinem Verhältniß zu G. B. Vico" (Wien, 1880).

auch) nach dem evangelischen Gesetze insoweit vollberechtigt, als es sich um Verhütung ungerechter Schädigungen oder um geziemende Genugthuung für dieselben handelt. Im Begriffe der Strafgerechtigkeit liegt es, daß dem Übelthäter ein Leiden als Vergeltung des bösen Thuns zugefügt wird. Das Jus defensionis und satisfactionis kann ohne Zufügung eines Strafleidens ausgeübt werden, in dessen Verhängung wesentlich das Jus vindictae geübt wird. Die Codification des Jus vindictae als Strafrecht kann dem Gesagten zufolge nur ein legislatorisches Erzeugniß der zur bürgerlichen Rechtsgemeinsamkeit vereinigten Gesellschaft sein; als Naturrecht existirt das Strafrecht nicht. Als ein dem bösen Thun proportionirtes Leiden hat die vom Gesetze verhängte Strafe wesentlich den Charakter einer Büßung; nach ihrer socialen Bedeutung hat sie den Charakter einer Exempelstatuirung, wodurch einerseits dem Gerechtigkeitsgefühle der Societät eine Genugthung verschafft, Übelgesinnten aber und zu verbrecherischen Handlungen Hinneigenden eine eindringliche Warnung ertheilt werden soll. Unter den Strafen sind jene vorzuziehen, durch welche die menschliche Natur am wenigsten entehrt und das menschliche Gefühl am wenigsten beleidiget wird. Demzufolge hat, soweit als nur immer thunlich, die mildere und schonendere Strafe den Vorzug vor der härteren und entehrenderen. Folgerichtig gibt es aber eine der Größe der Schuld und des bösen Willens entsprechende Steigerung der Strafe; selbst die Todesstrafe ist nicht auszuschließen, obwol sie möglichst selten verhängt werden soll. Rosmini hofft, daß der Fortschritt der christlichen Civilisation sie in nicht allzuferner Zeit ganz überflüssig machen werde; er geht sonach nicht so weit als E. Amari, welcher förmlich für die Abschaffung der Todesstrafe plaidirte und als Strafrechtslehrer an der Universität Palermo alljährlich diesem Gegenstande eine besondere Vorlesung widmete.[1] Zu den Gegnern der Todesstrafe gehörte auch Pasquale Stanislao Mancini,[2] auf dessen Antrag dieselbe 1848 in der Republik San Marino abgeschafft wurde. Er stellt[3] die Todesstrafe in Eine Kategorie mit anderen Strafen,

---

[1] Über verschiedene, in demselben Jahrzehent (1840—1850) erschienene Schriften italienischer Rechtslehrer gegen die Todesstrafe siehe die öfter citirte „Kritische Zeitschrift" u. s. w. Bd. XXV, SS. 360 f.

[2] Vgl. über Mancini: Gubernatis, p. 677.

[3] Vgl. Mancini's Lettere due al chiarissimo T. Mamiani della Rovere. Aufgenommen in Mamiani's oben (S. 256, Anm. 7) citirte Fondamenti della

welche, wie die Sklaverei, Infamie, auf die moralische oder physische Vernichtung der menschlichen Persönlichkeit abzielen, während der Zweck alles Rechtes doch die menschliche Persönlichkeit ist. Der Mensch ist nicht um des Rechtes willen, sondern das Recht um des Menschen willen da; in der genannten Kategorie von Strafen wird das Verhältniß von Zweck und Mittel verkehrt, das Mittel, nämlich die Strafe, zum Zwecke, der Zweck, nämlich der Mensch, zum Mittel der Strafgerechtigkeit gemacht. Mamiani besteht Mancini gegenüber auf der ethischen Wahrheit und Nothwendigkeit des Jus talionis, daher er, so sehr er auch neben dem vindicativen Zwecke den Besserungszweck der Strafgerechtigkeit betont, und selbstverständlich barbarische Härten derselben entschieden mißbilliget, in der Vollziehung der Todesstrafe kein moralisches Unrecht erblicken kann.[1]

Die Controverse zwischen Mamiani und Mancini bezog sich zwar zunächst auf die Philosophie des Strafrechtes, führte aber durch ihren philosophischen Inhalt zur Erörterung der allgemeinen rechtsphilosophischen Grundanschauungen. Mancini ist mit Mamiani vollkommen darin einverstanden, daß zwischen Recht und Moral ein unlöslicher Zusammenhang bestehe, und die Moral ein wesentliches Element des Rechtes constituire; darüber dürfe jedoch nicht der Unterschied zwischen beiden übersehen werden. Mamiani läßt denselben nicht gelten, weil Recht und Moral denselben gemeinsamen Zweck, den möglichst großen Grad des Theilhabens am absoluten Gute, anstreben. Wäre der Mensch reines Geistwesen, so wäre allerdings Gott für ihn der einzige Gegenstand des Begehrens; zufolge dessen aber, daß er zugleich Sinnenwesen ist, gibt es für ihn zweierlei Arten von Gütern, moralische und sinnliche Güter, und im Zusammenhange damit treten für den Menschen Pflicht und Befriedigung (piacere), Gerechtigkeit

---

ilosofia del diritto pp. 63—180. Diese beiden Briefe sind Entgegnungen auf zwei vorausgegangene Briefe Mamiani's (O. c., pp. 1—82), welcher auf jene Entgegnungen eine Reihe neuer Briefe an Mancini folgen ließ (O. c., pp. 181—332).

[1] Della pena equa e proporzionata sono quattro, importanto, i caratteri: la espiazione, la necessità, la esemplarità e l'emendazione; e possono chi ben li stima, i tre ultimi venir compresi sotto la rubrica esatta e più generale di preservazione. Fondamenti ecc. p. 288. — Auf die Frage, ob die Todesstrafe abgeschafft oder beibehalten werden solle, kam Mamiani noch in seinem letzten Lebensjahre unter Bezugnahme auf seine einstmalige Controverse mit Mancini zurück. Vgl. Filosofia delle souole italiane Vol. XXXI, pp. 63 sgg.

und Begehren nach selbsteigener Beglückung auseinander. Das moralische Gut des Menschen ist die Conformität mit der höchsten moralischen Ordnung, oder das Gerechte an sich; zum sinnlichen Guten gehört Alles, was der Erhaltung und dem Wohlsein des Menschen dienlich ist. Mancini nimmt hievon Anlaß, die von den Anhängern Bentham's behauptete vollkommene Identität von Recht und Nutzen entschiedenst zurückzuweisen, und gelangt so zu einer Mittelstellung zwischen den modernen Anhängern Bentham's und zwischen Mamiani, der selbst die relative Coincidenz des Gerechten und Nützlichen in Abrede stellen zu wollen scheine. Die starren Anhänger der absoluten Gerechtigkeit werden auf dem Gebiete des Strafrechtes zur rücksichtslosen Betonung des Jus talionis hingedrängt, während doch der humane Sinn der Gegenwart gemeinhin fordert, daß die Strafen auf Besserung und Erziehung des Delinquenten abzielen. Mancini gesteht übrigens zu, daß die Erreichung dieses Zweckes der Strafe ungewiß sei, und die Strafe eine von dem günstigen Erfolge derselben unabhängige Berechtigung habe. Das Recht zu strafen ergibt sich unmittelbar aus der Idee der moralischen Gerechtigkeit ohne Rücksicht auf den durch die Strafe zu erzielenden Nutzen und zu verhütenden Schaden; der Zweck der Strafe aber beschränkt sich nicht auf die durch die Idee der Gerechtigkeit geforderte Sühnung der beleidigten Gerechtigkeit, sondern bezieht sich auf den Nutzen der Societät, die ein wesentliches Interesse daran hat, daß die Ausübung der Strafgerechtigkeit gedeihliche Folgen nach sich ziehe. Es ist Mancini wesentlich um Harmonisirung des moralischen und staatsbürgerlichen Elementes der Strafgerechtigkeit zu thun; er will die hierauf bezüglichen Bemühungen eines Pelegrino Rossi [1] und Giovanni Carmignani [2] weiter führen und von den ihnen anhaftenden Mängeln und Einseitigkeiten befreien. Rossi fehlte darin, daß er das staatsbürgerliche Element bloß als Schranke der Action des moralischen Principes in Anwendung brachte, während umgekehrt Carmignani das Strafrecht ausschließlich auf das politische Element basirte, und das moralische Element bloß als Schranke des politischen

---

[1] Traité de droit penal Brüssel, 1835. Vgl. über dieses Werk Mancini's Bemerkungen in den oben citirten Fondamenti pp. 82, 170, 174 sgg.

[2] Über Carmignani's Arbeiten auf dem Gebiete des Strafrechtes sind namentlich der 5. und 6. Theil seiner in Lucca (1851, 1852) erschienenen Scritti inediti zu vergleichen. Mancini's kritisches Urtheil über Carmignani: Fondamenti pp. 176 sg.

in Erwägung zog.¹ Mamiani bemerkt hiezu in seiner Beantwortung der Einwendungen Mancini's gegen seinen juridischen Moralismus, er könne wol begreifen, wie auf der exclusiven Basis des Utilismus oder des Moralismus ein einheitliches rechtsphilosophisches System sich aufführen lasse; unfaßbar bleibe ihm aber, wie zwei Elemente, das moralische und das sociale, ohne entschiedene Unterordnung des einen unter das andere, die geeignete Unterlage für ein einheitliches System sollten darbieten können.² Die von Mancini versuchte Abtrennung des politisch-socialen Elementes vom moralischen erscheint Mamiani als ein Bemühen, der Rechtsphilosophie die speculative Unterlage zu entziehen, die keine andere als die ontologische sein könne. Mancini's Ansicht, daß aus der Idee der menschlichen Persönlichkeit sich der Inhalt der Rechtsphilosophie entwickeln lasse, sei der deutschen Philosophie entlehnt. In Deutschland sei man gewohnt, die menschliche Persönlichkeit als ein Prius im Verhältniß zum Staate aufzufassen, während bei den lateinischen Völkern die entgegengesetzte Anschauungsweise vorwiege. Soweit beiderseits die menschliche Persönlichkeit als unverletzlich gelte, könne in Bezug auf den Inhalt der philosophischen Rechtsauffassung keine principielle Differenz zu Tage treten. Die Frage sei nur diese, ob es angehe, die menschliche Persönlichkeit aus ihrem Zusammenhange mit der moralischen Ordnung des Universums zu reißen; diese Frage habe nichts mit dem Unterschiede zwischen dem philosophischen Geiste der deutschen und lateinischen Race gemein, sondern betreffe unmittelbar die Philosophie als solche, und falle mit der anderen Frage zusammen, ob es überhaupt eine speculative Erkenntniß des Rechtes gebe oder nicht. Der Kant'sche Dualismus von Vernunft und Sinnlichkeit, welchen Mancini adoptirt, ziehe einen subjectivistischen Idealismus nach sich, der den Zugang zur Erfassung der objectiven Wahrheit des Ethos und der darauf gebauten Ordnung des socialen Menschendaseins verwehrt. Mancini beanstandet Mamiani's Definition des Gesetzes als eines Comando universale autorevole

---

¹ Die Mängel treten in den Consequenzen des einseitigen Vorgehens zu Tage: L'uno fa cessare il diritto di punire dove non havvi offesa e danno alla società umana: l'altro dove la punizione non soddisfa interamente ai voti della morale. O. c., p. 175.

² La giustizia umana pertanto non intende di soddisfare alla moralità insieme ed all'utile, ma praticando l'utilità pubblica soddisfa alla legge morale: questa dunque è fine, l'altra è mezzo e materia. O. c., p. 205.

e obbligatorio als eine der inneren Rationalität des Gesetzes abträgliche Auffassung desselben; Mamiani begreift seinerseits nicht, wie das Gesetz als solches, so weit es Ausdruck der gottgewollten Ordnung der Dinge ist, anders sollte definirt werden können. Die Basirung des menschlichen Rechtes auf ein göttliches Recht führt nicht, wie Mancini besorgt, zum Theokratismus, sondern weist einzig auf den absoluten Halt aller Ordnung hin, der denn doch nur in der Herrschaft der absoluten Vernunft gefunden werden kann. Leibniz, auf welchen Mancini sich beruft, erklärt ausdrücklich Gott als den Urheber alles natürlichen Rechtes, und rechtfertiget die göttliche Auctorität dieses Rechtes damit, daß es nicht bloß im göttlichen Willen, sondern auch im göttlichen Verstande, nicht bloß in der Macht, sondern auch in der Weisheit Gottes gegründet sei. Auch einem Gioberti gegenüber glaubt Mamiani auf Leibnizens Auctorität sich berufen zu sollen. Gioberti äußert nämlich die Ansicht, daß in Ansehung der Unzureichendheit der menschlichen Einsicht zu einer vollkommen sicheren und richtigen Beurtheilung menschlicher Verfehlungen das Strafrecht nur in der socialen Nothwendigkeit seinen absolut zureichenden Rechtfertigungsgrund haben könne. Leibniz hingegen that schon gegen Ende des 17. Jahrhunderts den bedeutsamen Ausspruch, es möchte die Zeit vorüber sein, mit Grotius und seiner Schule die Erhaltung der menschlichen Gesellschaft zum obersten Principe des natürlichen Rechtes zu machen.[1]

Die von Mamiani und Mancini gemeinsam bekämpften Utilitarier ihres Zeitalters bilden den Übergang zu den später folgenden Positivisten und Evolutionisten, welche, wie oben bemerklich gemacht wurde, bereits auch die Philosophie des Strafrechtes in den Bereich ihrer Untersuchungen gezogen haben.[2] Für dieselben handelt es sich zunächst darum, die Ursachen der verbrecherischen Handlungen zu ermitteln. Diese scheiden sich ihnen in drei Hauptclassen: kosmische oder natürliche, individuelle, sociale Ursachen. Als natürliche oder kosmische Factoren kommen Raçe und Klima in Betracht; individuelle Factoren sind Geschlecht, Alter, körperliche Constitution, Erziehung, Berufsart;

---

[1] Mamiani faßt am Schlusse seiner Verhandlungen mit Mancini den Gesammtinhalt seiner rechtsphilosophischen Theorie in 18 Thesen zusammen: O. c., pp. 323—332.

[2] Siehe die oben S. 257, Anm. 5 verzeichnete Literatur. — Vgl. auch Morselli's Rivista IV, pp. 85—108.

sociale Ursachen der Verbrechen sind unzweckmäßige gesellschaftliche Einrichtungen, Mißverhältnisse in der Vertheilung des Eigenthums, Antagonismus der Gesellschaftsclassen, Vernachlässigung der Erziehung und Bildung der unteren Classen. Bei gemeinsamer Anerkennung aller dieser Ursachen treten doch wieder Meinungsgegensätze in der größeren und gewichtigeren Betonung der einen oder der anderen Hauptclasse von Ursachen verbrecherischer Handlungen hervor. Turati legt das Hauptgewicht auf die dritte Hauptclasse und sucht das Heil in einer radicalen Umgestaltung der socialen Verhältnisse; E. Ferri legt das Hauptgewicht auf die individuellen Ursachen und glaubt, daß man den Einflüssen der socialen Ursachen durch Präventivmaßregeln erfolgreich begegnen könne. Der starke Procentsatz der individuellen Ursachen beweist nach Ferri, daß eine radicale Umgestaltung der socialen Verhältnisse die von Turati gehoffte Minderung der Verbrechen nicht herbeiführen würde; gesetzt es würden sich die Angriffe auf das Eigenthum vermindern, so würden andererseits die Attentate auf die Personen sich mehren; die Criminalstatistik weist allenthalben nach, daß mit der steigenden Wohlhabenheit die Verbrechen ersterer Art seltener, jene letzterer Art häufiger werden, was sich aus physiologischen Gesetzen hinlänglich erkläre. A. Zorli hält dafür, daß die Verwirklichung der socialistischen Utopien selbst die Verfehlungen gegen das Eigenthumsrecht nicht mindern würde, weil das Collectiveigenthum der communistischen Gesellschaftsverfassung denselben Begehrlichkeiten, wie das Privateigenthum der heutigen Gesellschaft ausgesetzt sein würde.

Wenn die Hauptursache der Verbrechen in den Individuen als solchen liegt, so fragt es sich, wie den individuellen verbrecherischen Inclinationen begegnet werden könne. E. Ferri setzt als stricter naturalistischer Determinist wenig Hoffnung auf verbesserte moralische Erziehung, und legt eben so wenig Werth auf die Repression der verbrecherischen Triebe durch die Strafen; ihm kommt Alles auf präventive Maßnahmen (sostitutivi penali) an. Garofali [1] hingegen sieht in der Repression oder Strafe das einzige wirksame Mittel zur Besserung der gegebenen Zustände; durch die Strafrepressionen müssen eingerottete Schäden ausgemerzt werden, daher auch die Todesstrafe vollkommen berechtigt, je nach Umständen nothwendig ist.

---

[1] Saggio di criminologia (1885). Vgl. Morselli's Rivista IV, p. 91 sg.

Der unter den italienischen Positivisten mehr und mehr hervortretende Gegensatz zu den socialistischen Tendenzen mag einerseits in der Natur des Systems begründet sein, zeugt aber andererseits auch von dem Bestreben, nicht in allzu schroffen Widerspruch mit den Anschauungen des weitaus größeren Theiles der Gebildeten der Nation zu gerathen. E. Ferri, Zorli, Sergi protestiren ausdrücklich dagegen, daß der Socialismus die legitime Consequenz des Positivismus und Evolutionismus sei; Zorli bezeichnet denselben als Idealismus, und will denselben vom ächten Positivismus darin unterschieden sehen, daß letzterer aus seinen Suppositionen Schlüsse auf die nächste Zukunft der Gesellschaft zieht, während der idealistische Evolutionismus in die entferntere Zukunft ausgreift, zu deren Ermittelung die dem besonnenen Positivismus zu Gebote stehenden Erkenntnißdaten eben nicht ausreichen. Garofali erklärt es geradezu für einen Widersinn, das sogenannte Proletariat als eine sociale Abnormität zu bezeichnen; es liege nichts Regelwidriges darin, daß es eine Gesellschaftsclasse gebe, deren Glieder zur Erhaltung ihres Daseins auf den Arbeitslohn angewiesen seien; die mit dieser ökonomischen Lage verbundenen Krisen und Gefahren seien in ihrer Art auch in der Classe der Besitzenden vorhanden, deren Einkommen gleichfalls unter gewissen Umständen gefährdet sein könne. Zorli zeiht allerdings Garofali's Auffassung des Proletarierwesens eines zu weit gehenden Optimismus, welcher von den dem Staate und der Gesellschaft obliegenden Pflichten zur Erleichterung und Verbesserung des Loses der Armen unbekümmert hinwegsehe, weil er einseitig nur sein criminalistisches Thema im Auge habe.

Das sociale Problem wurde bereits von den älteren Vertretern der neuzeitlichen italienischen Philosophie ernstlich in's Auge gefaßt Wir heben hier speciell die Arbeiten Minghetti's und Mamiani's hervor, deren Ersterer in seinem national-ökonomischen Werke [1] als wissenschaftlicher Theoretiker den Volkswohlstand im Allgemeinen in's Auge faßte, während nach ihm Mamiani speciell die mittlerweile stets dringlicher in den Vordergrund tretenden Fragen über Capitalismus und Pauperismus zum Gegenstande seiner Erörterungen machte. [2]

---

[1] Della economia publica e delle sue attinenze colla morale e col diritto libri cinque. Bologna, 1859 (spätere Auflagen Florenz 1868 und 1881).
[2] Delle questioni sociali e particularmente dei proletarj e del capitale libri tre. Rom, 1882.

Minghetti schließt sich in der philosophischen Auffassung seines Gegenstandes an Rosmini an,[1] während er, das rein Sachliche betreffend, an die fachwissenschaftliche Tradition seines Gegenstandes kritisch anknüpft. Er vindicirt den Italienern das Verdienst, zuerst nationalökonomische Fragen zum Gegenstande methodischer Erörterungen gemacht zu haben; als den eigentlichen Schöpfer der Wissenschaft der Nationalökonomie bezeichnet er aber den Schotten Adam Smith, an welchem er nebstbei auch rühmend hervorhebt, den Zusammenhang der nationalökonomischen Probleme mit Religion, Moral und Recht im Auge behalten zu haben. Was nach Smith im Fache der nationalökonomischen Wissenschaft geleistet wurde, sieht Minghetti bis auf seine Zeit herab durch die Arbeiten der Italiener Gioja, Romagnosi, Pellegrino Rossi,[2] des Spaniers Florez Estrada, der Engländer Ricardo und Malthus, des Russen Storch, der Franzosen Tracy, J. B. Say, Bastiat, des Schweizers Sismondi repräsentirt. Ohne das durch seine Vorgänger Geleistete unterschätzen zu wollen, kann Minghetti nicht umhin auszusprechen, daß bisher kein exacter und vollkommen richtiger Begriff der national ökonomischen Wissenschaft aufgestellt und keine sichere Abgränzung derselben gegenüber anderen Wissensgebieten, mit welchen sie sich berührt, erzielt worden sei. Rossi[3] beklagt lebhaft diesen Mißstand; es gelingt ihm aber nicht vollkommen, Abhilfe zu verschaffen. Er hebt richtig hervor, daß die methodische Bearbeitung der Nationalökonomie die dreifache Aufgabe in sich schließe, dieselbe als theoretische Wissenschaft sowie als praktische Kunst darzustellen und ihr Verhältniß zur Moral und zu anderen Wissenschaften zu bestimmen. Es gelingt ihm aber nicht, den theoretischen und praktischen Theil richtig auseinanderzuscheiden. Er sagt, der allgemeine Theil, welchen er als die reine Wissenschaft der Nationalökonomie bezeichnet, habe die gemeinmenschlichen Bedingungen des Volkswohlstandes, der besondere oder praktische Theil die nationalen Modificationen der gemeinmenschlichen Bedingungen zu erörtern. Rossi übersieht eine ganze Classe von Bedingungen, welche, obschon mit den besonderen

---

[1] Über die speciellen Berührungspunkte zwischen Minghetti und Rosmini in Bezug auf die Begriffe von Recht und Eigenthum vgl. Paoli: Memorie II, pp. 541 sg.

[2] Gelegentlich erwähnt Minghetti auch die nationalökonomischen Werke von Bianchini und Marescotti.

[3] Cours d'Economie politique. Paris, 1840 ff.

zeitlich örtlichen Verhältnissen von Race, Klima, Überlieferung gegeben, zufolge ihrer Beständigkeit und Generalität dem allgemeinen rein wissenschaftlichen Theile eingegliedert werden müssen. Demzufolge können auch der scientifische und praktische Theil nicht so scharf auseinandergehalten werden, wie Rossi will, der den Menschen im ersten Theile gleichsam nur in abstracto betrachten will, als ob das concrete Wesen des Menschen eine derartige Auffassung vertrüge. Ein anderes Gebrechen der Theorie Rossi's ist, daß er die in Moral und Recht enthaltenen Regulative und Directiven der nationalökonomischen Doctrin völlig außer den Bereich der Doctrin stellt, und es den Staatsmännern anheimgibt, dieselben bei der praktischen Verwerthung der Doctrin in Anwendung zu bringen; die Nationalökonomie habe einzig die Bedingungen der Schaffung und Mehrung des nationalen Wohlstandes zu entwickeln. Rossi selber kann indeß nicht umhin, die durch höhere ethische Rücksichten gebotenen Einschränkungen der auf die immanenten Ziele der national-ökonomischen Doctrin gerichteten Bestrebungen zu betonen; statt aber diese Einschränkungen als von außen herantretende Restrictionen zu fassen, hätte er sie vielmehr als Consequenzen aus den Fundamentalprincipien der Doctrin heraustreten lassen sollen.

Minghetti richtet sein Hauptaugenmerk auf die Einordnung des Lehrinhaltes der Nationalökonomie in die Moral und Rechtslehre als zwei übergeordnete Disciplinen; in der grundsätzlichen Verfolgung dieser Aufgabe, die ihm durch die innere Einheit alles menschlichen Wissens gefordert erscheint, sieht er das Verdienst seiner wissenschaftlichen Arbeit. Der innere Zusammenhang der Nationalökonomie mit Recht und Moral sei wol von jeher erkannt und beachtet, aber doch nur gelegentlich und so zu sagen nebenher zur Sprache gekommen, soweit es nämlich die Untermengung der nationalökonomischen Probleme mit jenen der Politik und Staatsverwaltung mit sich brachte. Nachdem aber die Nationalökonomie in ihrer Constituirung als selbstständige Disciplin die Erörterung der nicht ihrem Bereiche angehörigen Probleme ausschied, entschlugen sich die Bearbeiter derselben mehrfach jenen einschränkenden Rücksichten, durch welche ihre Vorgänger sich gebunden erachtet hatten und wollten die Lehre von der Erhaltung und Mehrung des Nationalreichthums ausschließlich aus den immanenten natürlichen Principien derselben entwickeln; die Consequenzen dieses Standpunktes machten klar, daß die nationalökonomische Doctrin als rein natura-

listisches System nicht bestehen könne, sondern eines ethischen Funda=
mentes bedürfe. Das von Bentham aufgestellte Princip des allgemeinen
Nutzens bliebe selbst dann fraglich, wenn wirklich der Nutzen oder die
gehoffte Befriedigung die absolute Maxime des menschlichen Handelns
wäre; denn es ist nicht erweisbar, daß dasjenige, was der Gesammt=
heit als solcher zum Nutzen gereicht, auch allen einzelnen Gliedern
derselben Vortheile bringe. Zudem läßt sich das Princip des allge=
meinen Nutzens nicht exact fassen. Soll damit der Nutzen der gegen=
wärtigen Gesellschaft mit Ausschluß der Rücksicht auf das Wohl und
die Bedürfnisse der zukünftigen Geschlechter gemeint sein, oder soll
man auch diese mit in Rechnung ziehen und wie weit? Die Unsicher=
heit, Unbestimmtheit und Unzureichendheit der Maxime vom allgemeinen
Nutzen beweist durch sich selbst, daß sie nicht oberster Grundsatz der
auf die Förderung des Volkswohlstandes gerichteten Bemühungen
sein könne; die sichere Grundnorm derselben kann nur in den un=
wandelbaren Geboten der Ethik gelegen sein. Man reccurirte zur
Widerlegung falscher nationalökonomischer Theorien mehrfach auf die
Rechtsidee, durch welche die egoistische Niederhaltung oder Ausbeutung
Anderer verpönt ist; namentlich glaubte man die neuzeitlichen socia=
listischen Theorien durch Betonung der Rechte der individuellen Frei=
thätigkeit entwurzeln zu sollen. Minghetti anerkennt diese Bemühungen,
ist aber der Meinung, daß sie der Sache nicht völlig auf den Grund
gehen, weil die Rechtsidee selber wieder ihren ideellen Halt in der
moralischen Idee hat und nur in der Macht derselben der menschliche
Egoismus überwunden werden kann, der häufig genug im Rechte
seine Stütze sucht und dasselbe auf gemeinschädliche Weise ausbeutet.
Die freie Concurrenz und Association, das Creditwesen u. s. w. er=
weisen sich dann als förderliche und hilfreiche Institutionen, wenn
die entsprechenden Tugenden der bürgerlichen Moral vorhanden sind,
auf welche man um so mehr in den Zeiten gefährlicher Krisen,
unerwarteter Unglücksfälle und unabwendbarer zeitweiliger Rückgänge
des Nationalwohlstandes zu bauen haben wird.

Die Nationalökonomie hat zu ihrem Objecte den Nationalreich=
thum, welcher durch Werthe constituirt wird. Die richtige Schätzung
derselben bestimmt sich nach dem Verhältniß derselben zu den mensch=
lichen Bedürfnissen und stuft sich nach den Arten und Graden der
Bedürfnisse ab. Es gibt edle und minder edle, absolute und relative,
reelle und eingebildete Bedürfnisse; nach der Beschaffenheit der Be=

dürfnisse bestimmt sich in vernünftiger Schätzung der Werth der ihnen entsprechenden Objecte. In einer moralisch gesunden Gesellschaft wird die Nachfrage nach reellen Werthobjecten vorwiegen und die ihnen entsprechenden Industrien fördern; auf derartige Industrien läßt sich eine dauernde Blüthe des Wohlstandes gründen, während eine den imaginären Bedürfnissen dienende Industrie von vorne herein auf einem unsicheren Boden steht und den schlimmsten Wechselfällen und Enttäuschungen ausgesetzt ist.

Neben der Erzeugung der Güter und Werthe durch Menschenarbeit handelt es sich um die richtige Vertheilung derselben. Der Pauperismus unserer Tage läßt sich nicht in Abrede stellen, obwol seine Zustände mehrfach übertrieben werden und andererseits die von den modernen Nationalökonomen als Heilmittel empfohlene freie Concurrenz oder Emancipation der Arbeit zu seiner Beseitigung nicht ausreicht, im Gegentheile bei Ermangelung gewisser moralischer und politischer Bedingungen das Übel, statt zu heben, sogar mehren kann. Als ein allgemein giltiger Grundsatz hat zu gelten, daß der Reinertrag der nationalen Arbeit in entsprechender Weise zwischen dem Arbeiter, Capitalisten und Grundbesitzer oder Besitzer irgend einer anderen actuirten Naturkraft sich zu vertheilen habe. Die Ausgleichung der Interessen dieser drei Classen von Participanten am Reinertrage der nationalen Arbeit ist möglich, weil kein sachlicher Widerstreit dieser Interessen besteht; es ist durchaus nicht wahr, daß hohe Arbeitsgewinne nur um den Preis ungebührlicher Herabdrückung der Arbeitslöhne zu erzielen seien, und umgekehrt, gute Arbeitslöhne den Gewinn des Unternehmens schädigen müssen. Bastiat zeigte, daß mit dem Fortschritte der Civilisation die Quote des Capitalisten allerdings im Verhältniß zu jener des Arbeiters sich mindert, absolut aber oder an sich genommen sich mehrt, während jene des Arbeiters relativ und absolut sich mehrt. Minghetti erkennt diese Theorie als richtig an, selbstverständlich unter der Voraussetzung, daß auf der einen Seite die Grundsätze der socialen Gerechtigkeit im Auge behalten, auf der anderen Seite die sittlichen Tugenden des Fleißes und der Sparsamkeit gepflegt werden.

Nach und neben der Production und richtigen Vertheilung der Güter und Werthe kommt als drittes Hauptobject der nationalökonomischen Doctrin der Güteraustausch und das damit zusammenhängende Bank- und Creditwesen in Betracht. Minghetti macht auch hier wieder seine ethische Grundforderung geltend, erklärt sich jedoch eben so entschieden gegen die moralische Verurtheilung der aus der Entwickelung des commerciellen Lebens herausgewachsenen Institutionen, die nun einmal unentbehrlich, und richtig benützt von unermeßlichem Segen sind, weil sie allen civilisatorischen Bestrebungen wirksam unter die Arme greifen. Daß daneben auch Institutionen nothwendig sind, welche den momentanen Nöthen und Verlegenheiten der kleinen Leute helfend entgegenkommen, ist selbstverständlich, die Zweckdienlichkeit von Pfandleihanstalten indeß fraglich.

Der von Minghetti auf nationalökonomischem Gebiete eingenommene Standpunkt ist der eines ethischen Conservatismus, von welchem aus er die socialistischen Theorien bekämpft, sofern in diesen das nationalökonomische Problem als ein Problem mechanistisch-naturalistischer Art gefaßt wird, welches im Fortgang der Zeit rein und absolut sich lösen lassen müsse. Minghetti betont dagegen, daß es in der menschlichen Gesellschaftsordnung immerfort Gebrechen geben werde und geben müsse, weil und insolange es Leidenschaften und sittliche Gebrechen der Menschen gibt. Richtig ist, daß die Besserung der materiellen Lage der niederen Classen in Verbindung mit der Hebung der geistigen Bildung derselben eine unerläßliche Bedingung der gesellschaftlichen Prosperität sei, und die Versäumung dieser Sorge eine schwere Versündigung wäre, die in näherer oder entfernterer Zukunft sich schwer rächen müßte. Nach dieser Seite hin glaubt Minghetti die in Rosmini's Politica[1] enthaltenen Erörterungen über die Grundbedingungen des Bestandes und der Wohlfahrt der Staaten und bürgerlichen Gemeinwesen erweitern und ergänzen zu sollen. Rosmini hatte als Ethiker und Religionsphilosoph das nationalökonomische Problem nur ganz allgemein zu berühren Anlaß gefunden; in seiner Filosofia del diritto spricht er im Sinne der Alten von der Ökonomik als Lehre von der Familienhaushaltung, die Economia pubblica fand in dem von ihm entworfenen Schema der deontologischen Wissenschaften keine besondere Stelle.

Minghetti sieht im Staate den Hort der individuellen freien Schaffensthätigkeit, und bekämpft die socialistischen Theorien als Versuche, die heute bestehende freie Staatsordnung in Zwangsanstalten umzubilden. Er glaubt zwar, daß der Staat sich nicht ausschließlich

---

[1] Bd. I, S. 64, Anm. 4.

auf die Schützung der freien Concurrenzthätigkeit der Einzelnen beschränken könne, sondern nach Umständen auch helfend in das nationale Arbeitsleben einzugreifen habe, aber nur in vorübergehender Weise, so weit es sich um Beseitigung von Hindernissen handelt, welche der freien Arbeits- und Erwerbsthätigkeit der Einzelnen hemmend entgegenwirken und durch die denselben zu Gebote stehenden Mittel freier Association u. s. w. nicht überwunden werden können. Mamiani[1] hält die von Schulze-Delitzsch organisirten Hilfsgenossenschaften, die in ihrer sporadischen Vereinzelung nur einem geringen Bruchtheile der Bedürfenden zu Gute kommen, für schlechthin unzureichend; nicht anders urtheilt er über ein bloß vorübergehendes Eingreifen des Staates. Er glaubt vielmehr, daß der Staat durch bleibende gesetzliche Einrichtungen und administrative Reformen auf Beseitigung des Pauperismus hinwirken, und so weit es in seinem Vermögen stehe, die unfreie Hörigkeit der von den Capitalsmächten abhängigen Arbeiterbevölkerung zu beseitigen habe. Es entspreche dieß der der Staatsleitung obliegenden väterlichen Fürsorge für den ihrem Schutze unterstellten dürftigen Theil der Staatsangehörigen, und eben so der Auffassung des Staatswesens bei den lateinischen Völkern, die im Gegensatze zur teutonischen Race seit Jahrhunderten fast alle Angelegenheiten in die Hände der Staatsleitung zu legen gewohnt sind.

Mamiani unterscheidet sich von den Socialisten dadurch, daß er dem Staate der väterlichen Fürsorge eine übergeordnete Stellung über die bürgerliche Gesellschaft einräumt, während die Socialisten den Staat nur als eine ihren Wünschen und Forderungen gemäß gestaltete Lebensform der Gesellschaft für berechtigt erachten. In dem Unterschiede dieser beiderseitigen Auffassung reflectirt sich der Gegensatz zwischen Theismus und Naturalismus, was mit prägnantester Schärfe in Bovio's Rechtsphilosophie[2] ausgesprochen wird. Ihm ist der Staat die durch die naturnothwendige Entwickelung der menschlichen Dinge herbeizuführende Ausgleichung der berechtigten Interessen aller Einzelnen, und die damit verbundene Ausgleichung der Interessen des Einzelnen mit jenen der Gesammtheit. So lange und so

---

[1] Siehe oben S. 283, Anm. 2. Vgl. dazu Mamiani's Abhandlung: Necessità, modo e misura dell' intervento governativo nelle questioni sociali (Filos. d. scuole ital. Vol. XXVIII, pp. 65 gg.). Ferner: Il Mamiani e la questione economico-sociale in Valbarnini's Scritti filos. ecc. pp. 133—156.

[2] Siehe oben S. 257, Anm. 5.

weit diese Ausgleichung noch nicht in's geschichtliche Dasein getreten ist, ist auch der Staat in seiner wahren Bedeutung noch nicht vorhanden. Der wahre ächte Staat ist jener der Republik, in welchen sich der heutige Staat der constitutionellen Monarchie aufzulösen hat. Die communistisch-socialistischen Theorien sind unhaltbar, und haben nur als Reaction gegen die ungesunden Zustände der gegenwärtigen Gesellschaft eine relative Berechtigung. Sie sind der einseitige Gegensatz zum plutokratischen Individualismus, zur Bankokratie, welche den Staat, die Gesellschaft, die Familie, den Menschen absorbirt. Der Communismus würde, wenn er zur geschichtlichen Realität würde, dasselbe in entgegengesetzter Weise durch Hinopferung des Einzelnen, der Familie, des Staates an die abstracte Allgemeinheit in's Werk setzen. Bovio hält somit an der individuellen Freiheit und Eigenheit als unaufgeblichem Ersten fest, und verlangt die richtige Äquilibrirung derselben mit jener aller Anderen in der den berechtigten Interessen Aller entsprechenden Form der politischen Gemeinsamkeit. Diese richtige Äquilibrirung resultirt aus der Lösung des ökonomischen Problems; mit dieser ergibt sich von selbst die in der Republik gegebene Lösung des politischen Problems, welches demnach mit dem ökonomischen auf's Engste verwachsen ist. Die neulateinischen Raçen sind nach Bovio's Dafürhalten von der Lösung beider miteinander vereinigten Probleme nicht mehr weit entfernt.

Das ökonomische Problem hat die Ausgleichung des in der heutigen Gesellschaft bestehenden Mißverhältnisses zwischen Besitzenden und Nichtbesitzenden zum Gegenstande. Das Mißverhältniß besteht darin, daß Besitz ohne Arbeit und Arbeit ohne Besitz einander gegenüberstehen; es handelt sich sonach darum, dem Arbeiter den verdienten Besitz zu sichern, und den ohne Arbeit erworbenen Besitz aufhören zu machen, d. i. das Familienerbrecht aufzuheben. Der Besitz soll Frucht der Arbeit, und der Arbeit proportionirt sein; ein Theil des durch Arbeit Erworbenen soll schon zu Lebzeiten des Erwerbenden an die Gesammtheit abgegeben werden, und nach dem Tode des Erwerbenden soll der Gesammtheit die ganze Hinterlassenschaft desselben anheimfallen. Dieß wäre sonach die vollkommene Entwickelung jenes Staatssocialismus, welcher den Staat zum Mittler der richtigen Besitztheilung macht. Alle Machtbefugnisse des Staates müßten sonach dieser Aufgabe des Staates dienstbar gemacht werden, und er sich hiedurch aus einer abstract juridischen Potenz in eine concrete ethische Potenz verwandeln.

Die Möglichkeit dessen ist nach Bovio darin begründet, daß der Weltentwickelung eine rationale Nothwendigkeit immanent ist, nach deren Gesetzen der Moment der geschichtlichen Verwirklichung der Humanitätsidee nicht ausbleiben kann. Hätte Malthus recht, so würde allerdings eine unerbittliche Naturnothwendigkeit die Aussicht auf die rationale Ausgleichung der Ansprüche und Rechte des einzelnen Menschen mit jenen aller anderen als Illusion und Chimäre erscheinen lassen. Malthus hebt die Disproportion zwischen der successiven Mehrung der Subsistenzgüter und der successiven Vervielfältigung des Menschengeschlechtes hervor; erstere schreite in arithmetischer, letztere in geometrischer Progression fort; demzufolge müssen periodisch Zeiten wiederkehren, in welchen die Summe der vorhandenen Subsistenzmittel zur Ernährung der Gesammtzahl der Menschen nicht mehr ausreicht und ein Theil derselben durch Noth und Elend aufgerieben wird, bis daß ein richtiges Verhältniß zwischen den vorhandenen Gütern und deren Consumenten wiederhergestellt ist. Demzufolge lasse sich von keinem natürlichen Rechte der Subsistenz sprechen; die Natur verneine förmlich ein derartiges Recht. Malthus' System wäre in seiner strengen Folgerichtigkeit unwiderleglich, wenn seine Grundannahme wahr wäre, daß die Ursachen des Hungerelendes in der natürlichen Ordnung der Dinge, in der Disproportion zwischen der Vervielfältigung des Menschengeschlechtes und seiner Subsistenzmittel zu suchen seien. Die Ursache des Hungerelendes liegt jedoch nicht in der Natur, aus deren Schoße der Mensch hervorgegangen, sondern im Menschen selber, d. i. in den falschen Vorstellungen, die, auf das ursprüngliche Verhältniß zwischen Starken und Schwachen gestützt und aus demselben heraus sich entwickelnd, den Schwachen das Leiden und Entbehren als Religion und Götterwille, den Starken ihren usurpirten Besitz als natürliches Recht erscheinen ließen. Die geschichtliche Entwickelung der Menschheit ist darauf angelegt, in allerdings langsamen Schritten das mit den Anfängen des Menschheitsdaseins gegebene Mißverhältniß zwischen Starken und Schwachen, Privilegirten und Rechtlosen, Herren und Knechten in der Macht des successiv mehr und mehr durchgreifenden Denkens zu überwinden. Die anfängliche Langsamkeit und nachfolgende allmälige Beschleunigung des Durchgreifens der reinen Rationalität und der Besiegung des Waltens der ursprünglichen Vis bruta durch die Herrschaft des vernunftnothwendigen Denkens steht unter der Herrschaft mathematisch exacter Gesetze, welche unter Einem die Bewegungen der sichtbaren Materie, den Gang der menschlichen Denkentwickelung und Verlauf der Geschichtsentwickelung bestimmen. Aus den durch die Bewegungen der sichtbaren Materie bedingten Gestaltungen der Weltdinge setzt sich das Menschendasein heraus; der menschliche Organismus wird zum Substrat und Träger einer aus dem Empfindungsleben sich heraussetzenden fortschreitenden Denkentwickelung, die ihrerseits wieder bestimmend auf die Entwickelung und Gestaltung der menschlichen Societät einwirkt.

Bovio sieht die prähistorischen Anknüpfungspunkte der Rechts- und Gesellschaftsentwickelung im alten Orient gegeben,[1] woselbst in der Societät nur Einer frei ist und alle Anderen Knechte sind. Der Geist der absoluten Unterwürfigkeit läßt da noch keinen Gedanken an's Recht aufkommen, es ist nur Religion vorhanden, die zwar nicht völlige Gedankenlosigkeit ist, aber das Denken auf der untersten Stufe seiner Gebundenheit darstellt. Statt des activen Denkens herrscht das Fatum, dessen Incarnation in China der Kaiser, in Indien die Kasten sind. Ein Leben ohne Freiheit und ohne Verlangen nach Freiheit ist eigentlich kein Leben; es trägt auch das Gefühl seines Unwerthes in sich, daher die Häufigkeit des Selbstmordes im Orient. Das wahre wirkliche Leben bethätiget seine Activität im Kampfe; die ersten Ansätze zur Energie des geschichtlichen Lebens zeigen sich in Persien, dessen dualistische Religion bereits den Kampf als wesentliche Lebensbedingung anerkennt. Die geographische Lage Persiens zwischen China und Indien, dem kalten Norden und dem erschlaffenden heißen Süden begünstigte das Aufkommen der in Nord- und Südasien niedergehaltenen Lebensregungen, welche in der asiatischen Mythik sich symbolisch objectiviren. In Ägypten beginnt die Mythik sich von der absoluten Herrschaft der religiösen Vorstellung zu emancipiren und intonirt in der Gestalt der Sphinx, welche das ungelöst gebliebene Räthsel symbolisirt, den Übergang zu dem in Griechenland aufwachenden menschlichen Selbstdenken. Dieses tritt in doppelter Form als individuelles und universalisirendes Denken auf; Sokrates hielt beide Formen prüfend aneinander, bewältigte die Sophistik, unterzog die kosmogonische und theogonische, zum Theile auch die ethische Überlieferung dem Richtmaße des Selbstgedankens und begründete die rationale Ethik. Die Tugend mit dem Wissen innigst verknüpfend, ermöglichte er auch der erste die Auffassung

---

[1] Sommario della storia del dritto in Italia dall' origine di Roma ai nostri tempi. Neapel, 1884.

des menschlichen Thuns und Handelns unter dem Gesichtspunkte des Rechtes; denn das Rechtsbewußtsein ist nur dort vorhanden, wo der Mensch zum Denken erwacht ist und hängt auf's Engste mit dem Selbstgedanken des Menschen zusammen. Die Griechen vermochten indeß in ihrem politischen Leben den Dualismus zwischen Tradition und kritischer Vernunft nicht zu überwinden; das poetische Element ihres phantasiereichen Denklebens gestattete nicht die völlige Losreißung vom mythischen Untergrunde ihres activen geschichtlich-politischen Lebens, welches vielmehr naturnothwendig an dem Punkte erlischt, wo das griechische Denken bei der Idee des über das specifische Hellenenthum hinausgreifenden universell Menschlichen anlangt. Im juridischen Theater der lateinischen Welt transformirt sich der Inhalt des Lebenskampfes und tritt, das Halbgötterthum der griechischen Denkwelt abstreifend, auf den Boden der rein menschlichen Wirklichkeit über. Das römische Religionswesen hatte von Haus aus eine durchaus staatlich-politische Bedeutung und wurde so, statt als Hinderniß auf die Rechtsentwickelung zu drücken, zur Signatur derselben, deren Geschichte in zwei Perioden verläuft. In der ersten Periode rangen die Plebejer mit den Patriciern um die billige Vertheilung von Besitz und Ämtern; dieser Kampf erzeugte das den Griechen unbekannte Tribunat. In der zweiten Periode rang das Individuum mit der Staatsordnung um eine dem Gebote der Billigkeit entsprechende Emancipation des Individuums; dieser Kampf erzeugte den Spartacus, der zwar unterlag, aber seinen Rächer in Christus fand. Während die auf religiösem Grunde beginnende griechische Welt schließlich bei der Irreligiösität Epikur's anlangte, endete die von Epikur's Lehre durchtränkte römische Welt mit Anerkennung und Verehrung des christlichen Mysteriums. Der charakteristische Unterschied der römischen Rechtsdoctrin von der griechischen besteht darin, daß sie dem Jus strictum letzterer das Jus aequitatis substituirte, nicht als fertiges Recht, sondern als eine durch den Prätor zu Gunsten des gemeinen Nutzens fortwährend vorzunehmende Ergänzung und Verbesserung des Jus strictum. Diese prätorische Function ist der höchste, alle anderen Glorien der antiken Roma überwiegende Ruhmestitel derselben; sie leitet als Vorbote der wissenschaftlichen Gestaltung des Jus aequitatis den Übergang vom Bürger zum selbstberechtigten Individuum ein. In der Geschichte der altrömischen Welt vollzieht sich der Übergang vom griechischen Bürgerthum zum germanischen Individualismus; in der Zusammenfassung der Gegensätze beider besteht die Universalität des lateinischen Imperiums, dessen Existenzberechtigung aufhörte, nachdem Christus die Emancipation des Individuums verkündet hatte.

Bovio schildert den weiteren Verlauf der Rechtsentwickelung mit specieller Beziehung auf das in den Mittelpunkt derselben gestellte Italien. Die Rechtswissenschaft in Jurisprudenz und Politik als die beiden Haupttheile derselben scheidend, hebt er hervor, daß im altrömischen Staate nur der Jurisprudenz eine wissenschaftliche Pflege zu Theil wurde, während die Politik oder Staatsweisheit ungeschrieben blieb, weil die Staatsleiter ihre praktische Pflege sich vorbehielten. Umgekehrt warfen sich später die in eine Menge von kleinen Staaten getheilten Italiener angesichts der imposanten Erscheinung des Bildungsprocesses großer europäischer Staaten auf die Pflege der Staatswissenschaften unter vernachlässigender Gleichgiltigkeit gegen die in der Jurisprudenz giltigen ethischen Normen; List und Gewalt erschienen den politischen Schriftstellern Italiens als die kaum zu entbehrenden Mittel der Schaffung politischer Macht. Das neuzeitliche Italien suchte beide Zweige und Richtungen der Rechtswissenschaft in einer höheren Synthese miteinander zu verschmelzen auf Grund der mittlerweile erfolgten gesammteuropäischen Entwickelung des Civismus und Individualismus, zu welcher die italienische Renaissance den Grund gelegt hatte; denn durch diese waren ja die drei großen europäischen Revolutionen, die deutsche, englische und französische, vorbereitet worden. Aus dem Gesagten ergeben sich drei Hauptperioden der Entwickelung des Rechtsgedankens auf italienischem Boden, deren erste die Periode der Juristen (Giureconsulti), die zweite jene der Politiker, die dritte die Periode der Giureconsulti-Politici ist. Die civilrechtliche Entwickelung des alten Roms ist charakterisirt durch die nacheinander hervortretenden Erscheinungen des Tribuns, Prätors und Jurisconsultus oder Juristen; die Blüthezeit der Juristik fällt in die ersten Jahrhunderte der Kaiserzeit; auf sie folgen die byzantinischen Compilatoren und die Scholiasten in Berytus. Der Einfluß des Christenthums auf Recht und Politik Altroms blieb äußerlich; der christliche Geist schuf sich seine selbsteigene Rechts- und Gesellschaftssphäre in der Kirche, deren Gesetzbuch das Corpus juris canonici wurde. Der politische Gedanke der christlichen Societät war weit mehr in Thomas' Schrift de regimine principum als in Dante's Monarchia verkörpert. Thomas bekundet sich als den Aristoteles der Kirche auch darin, daß seine Schrift zwischen der Kirche und dem Laienstande zu vermitteln sucht, wie Aristoteles zwischen den hellenischen Republiken und der macedonischen Weltmonarchie. Dante verherrlichte im Namen der von ihm erstrebten Wiedergeburt Italiens das Kaiserthum, welches aber dazumal schon im Niedergange begriffen war, gleichwie bei Erscheinen der Schrift de regimine principum das Papstthum bereits den Zenith seiner Machtentwickelung hinter sich hatte; da nebstdem auch die italienische Städtefreiheit niederging, so war Italien im späteren Mittelalter um Alles gekommen, was sein Leben groß machen konnte, und traten jene Zustände ein, welche einen Machiavelli möglich machten. Machiavelli, mit welchem die Schule der Politiker beginnt, identificirt die Tugend mit Kraft und Stärke, und erklärt die sich selbst genügende Tugend für einen leeren Traum; das Wirken der Tugend ist auf das öffentliche Wohl gerichtet, ihr Werth erprobt sich in der Wahl der zweckdienlichen Mittel. Durch die Tendenz des Wirkens auf das öffentliche Wohl wird das Recht constituirt, die Wahl der angemessenen Mittel macht das Wesen der Politik aus; Politik und Recht zusammen machen den Inhalt der Ethik aus. Man kann Machiavelli nicht zum Vorwurfe machen, daß er das Wohl der Einzelnen dem Staatswohl rücksichtslos geopfert hätte; für ihn handelte es sich vielmehr darum, daß durch Anwendung zweckdienlicher Gewaltmittel jener Staat verwirklichet werde, unter dessen Schutz das Privatwohl sicher geborgen wäre. Jener Staat fehlte dazumal in Italien; darum war ihm Derjenige willkommen, der, wie immer sonst gesinnt und beschaffen, die nöthige Kraft und Energie besäße, den fehlenden Staat zu schaffen. Machiavelli ordnete Alles dem Staatszwecke unter, auch die Religion; eine Religion, welche den Staat nicht zu schaffen vermag, galt ihm als untauglich, Savonarola als ein ohnmächtiger Schwärmer. Die Schwäche des politischen Ideales Machiavelli's liegt in seiner Abstraction von der ethischen Substanz des Staatslebens; er will den Staat lediglich um seiner selbst willen, während derselbe doch nur die wesentliche Form des bürgerlichen Gemeinlebens ist. Der dem politischen Ideale Machiavelli's anhaftende Mangel machte es möglich, daß sein politisches Concept von zwei Männern nach ihm, Guicciardini und Botteri, auf den Kopf gestellt werden konnte; Beide hielten das von Machiavelli Gewollte für unausführbar, Ersterer in Bezug auf das Princip,

Letzterer in Bezug auf die Methode. Guicciardini substituirte der Staatspolitik Machiavelli's die fürstliche Individualpolitik, Botteri der revolutionären politischen Methode Machiavelli's die reactionäre Campanella seinerseits jagte in völliger Abstraction von den Bedingungen des geschichtlichen Zeitdaseins einem unerreichbaren humanistischen Ideale nach, und schuf die Utopie des Sonnenstaates. Machiavelli's System läßt sich auf die Formel reduciren: „Alles für den Staat durch den Staat;" dieselbe ist in jene andere umzubilden: „Alles für den Staat durch die bürgerliche Staatsgemeinschaft." Diese Umbildung wurde durch die Giureconsulti-Politici angebahnt, deren von Gravina vorbereitete Epoche Vico und Giannone inaugurirten. Es handelte sich um die synthetische Vermittelung des juristischen und politischen Standpunktes, des Certum und des Verum; Vico suchte vom Verum zum Certum, Giannone umgekehrt vom Certum zum Verum zu gelangen. An Vico schloß sich Mario Pagano an, während Filangieri sich mehr an Giannone hielt. Die erste französische Revolution, die reifste geschichtliche Frucht der italienischen Renaissance, ermöglichte das Zustandekommen der neuen Gesetzbücher, welche im Europa des 19. Jahrhunderts entstanden. Der Inhalt des Code Napoléon war für Italien nicht etwas völlig Neues, sondern enthielt in vielen Stücken die gesetzlichen Formulirungen dessen, was in den Werken Giannone's, Filangieri's und Pagano's, so wie in den von den italienischen Fürsten des 17. Jahrhunderts angestrebten Reformen anticipirt worden war.

Von der Geschichte des Rechtes, welche Bovio zum Gegenstande seiner Forschung machte, ist die Geschichte des rationalen reflectirten Rechtsbegriffes zu unterscheiden, welcher der Theorie und Schule angehört, und die philosophische Verständigung über Wesen und Idee des Rechtes zu seinem Inhalte hat. Die ausführlichste Arbeit in der neuzeitlichen italienischen Literatur über die Geschichte der Rechtsphilosophie ist jene Carmagnani's,[1] welcher durch eine Reihe von Jahren an der Universität Pisa lehrte, und das am Abschlusse seiner Lehrwirksamkeit abgefaßte Werk seinem Freunde Gino Capponi widmete.[2] Er scheidet es in zwei Hauptabtheilungen, Filosofia antica

---

[1] Storia della origine e de'progressi della filosofia del dritto. Lucca 1851; 4 Voll. (in den Bänden I—IV der Scritti inediti Carmignani's enthalten).

[2] Die dem ersten Bande vorausgeschickte Widmungsrede ist vom Juni 1845 datirt.

und Filosofia moderna betitelt. In der ersten Hauptabtheilung handelt es sich um die Darlegung der geschichtlichen Genesis und Entwickelung des Rechtsgedankens in der antiken vorchristlichen Welt bis zur Entstehung der Rechtswissenschaft bei den Römern und deren Christianisirung durch das kirchliche Recht. Die zweite Hauptabtheilung knüpft an die in der mittelalterlichen kirchlichen Literatur hervortretenden Anfänge speculativer Rechtstheorien an, und verfolgt die daran sich schließenden weiteren Entwickelungsstadien des philosophischen Rechtsgedankens bis in das Zeitalter der Kant'schen Philosophie herab. Carmignani schließt sich in seiner geschichtlichen Erklärung der Genesis rechtlich geordneter Zustände der menschlichen Gesellschaft an Vico an, sofern dieser die menschliche Civilisation aus der successiven Überwindung ursprünglicher Rohheit und Barbarei hervorgehen läßt. Wenn derlei Zustände auch nicht das absolut Erste im zeitlich irdischen Menschheitsdasein sind, so bieten sie doch dem rationalen Denken die natürlichen Anknüpfungspunkte zur Verdeutlichung der successiven Übergänge aus dem Stande der rohen Natürlichkeit in jenen der gesitteten Gesellschaft dar. Es existiren thatsächlich noch heute Horden von Wilden, Barbarenstämme, Fischer- und Jägervölker; die Seßhaftigkeit beginnt mit den ackerbautreibenden Völkern, zu welchen die Hirtenvölker den Übergang bilden. Unter den Wilden schließt die Isolirtheit der Individuen schlechterdings rechtliche Beziehungen der Personen zu einander aus; die Anfänge solcher Beziehungen entwickeln sich aus der wechselseitigen Anerkennung des Eigenthumsrechtes, dessen geschichtliche Entwickelung mit jener der Civilisation und Vernunftentwickelung auf's Engste verwachsen ist. Die rationale Nöthigung, das Eigenthumsrecht wechselseitig zu achten, macht sich in vollkommener Weise erst unter den seßhaften Völkern geltend, welche an den Fleiß der Arbeit angewiesen sind; das gesetzlich geregelte seßhafte Zusammenleben sänftiget und mildert die Sitten und weckt die Wahrnehmung für die moralische Seite aller anderen natürlichen menschlichen Beziehungen, unter welchen jene der Ehe und Familie die nächsten und unmittelbarsten sind. Allerdings werden im Stande roher Natürlichkeit auch diese unter den Gesichtspunkt des Eigenthumsrechtes gestellt und nur langsam und allmälig greift die Idee der moralischen Gegenseitigkeit in diesen Verhältnissen durch, welche eben erst dem entwickelten rationalen Denken als eine der Rechtsidee unterstellte Gegenseitigkeit einleuchtet. Man hat daher auf ihre förmliche rechtliche Anerkennung erst am

Abschlusse der Entwickelung des Geschichtslebens der antiken Welt zu suchen; die Geschichte der alten Völker hat insgemein mehr von Verlusten als von Errungenschaften des angebornen Menschheitsrechtes zu erzählen, die Idee des Rechtes gleicht in ihr einem von der Finsterniß verschluckten Lichtstrahl aus der Höhe. Die Kunst der Gesetzgebung, die schwierigste aller Künste, konnte im Alterthum nur unvollkommen erkannt sein; sie stand überdieß im Dienste der Gewalt, die sich selbst behaupten wollte oder die der Ordnung widerstrebenden Leidenschaften der rohen Menge niederzuringen hatte. Dieser Charakter haftet allen staatlichen Ordnungen der vorchristlichen antiken Welt, auch noch jener des römischen Reiches an und erklärt die Nothwendigkeit des endlichen Unterganges desselben, weil dasjenige, was durch Gewaltanwendung zusammengehalten werden muß, die Bedingungen eines dauernden Bestandes nicht in sich trägt. Der Eintritt des Christenthums in die Welt war nothwendig, wenn die sociale Ordnung auf sichere und andauernde Grundlagen gestellt werden sollte; es handelte sich um Rectification des moralischen Sinnes und um Erhebung zur wahrhaften Vernunfterkenntniß als die beiden Bedingungen einer reinen, rationalen Rechtsauffassung; und diese beiden Güter verdankt die Welt der christlichen Religion. Nebenbei darf aber nicht verkannt werden, daß das Christenthum in der menschlichen Societät eben nur dasjenige zur Reife brachte, was in der Natur der menschlichen Societät als solcher liegt; die Geschichte der vorchristlichen Staatenbildungen lehrt, daß hinter dem Gewaltprincipe, welches in der Gründung und Organisation der vorchristlichen Gesellschaftsordnungen in Anwendung kam, ein der menschlichen Gesellschaft als solcher immanentes natürliches Rechtsprincip wirksam war, welches in dem Maße sich mehr und mehr entfaltete, als es die göttlich präordinirten Bedingungen der vorchristlichen Societätsentwickelung nahelegten. Carmignani verlegt in die vorchristliche Weltperiode der Menschheit die Kindheit und das erste Jugendalter der Entwickelungen politischer Ordnungen. In der Kindheit derselben prävaliren die Interessen der zu einem politischen Körper sich einigenden Familien, in der Jugendzeit kommen die Interessen der politischen Vereinigung als solcher zur Geltung. Dieß hatte in unvollkommener Weise im Orient, in vollkommener Weise im Occident auf griechischem und lateinischem Boden statt, wo schon die natürlichen Bodenverhältnisse den Übergang vom Hirtenleben zum Ackerbau nothwendig machten und von letzterem naturgemäß zur gewerblichen und commerciellen Thätigkeit führten, damit waren Lebensbedingungen gegeben, welche den im Orient heimischen Despotismus der häuslichen und politischen Gesellschaft mehr und mehr zurückdrängten und die durch den christlichen Geist und Gedanken geforderte Form und Auffassung der gesellschaftlichen Rechtsverhältnisse vorbereiten halfen. So ergibt sich naturgemäß der Übergang von dem im ersten Haupttheile des Werkes geschichtlich entwickelten Dritto dell' Umanità zur Filosofia del Dritto, von welcher in neun Büchern im zweiten Haupttheile des Werkes (Voll. II—IV) gehandelt wird. Die Natur der Sache brachte es mit sich, daß im christlichen Mittelalter zuerst Theologen und Juristen als Literatoren auftraten, daher bei ihnen die ersten Ansätze der modernen rationalen Rechtslehre zu suchen sind. Die Verdienste der mittelalterlichen Glossatoren des römischen Rechtes sind von Grotius nach Verdienst gewürdiget worden; es läßt sich jedoch nicht verkennen, daß sie an literarischer Bildung weit hinter den altrömischen Juristen zurückstanden. Was sie vor diesen voraus hatten, verdankten sie ihrer christlichen Erziehung; philosophische Einblicke in das Wesen des Rechtes darf man bei ihnen nicht suchen. Ihre aristotelische Schulung nützte ihnen wenig, da sie auf Fragen der Politik nicht eingingen und sich lediglich auf die Interpretation des Textes der römischen Rechts- und Gesetzesbücher beschränkten. Blicke rechtsphilosophischer Einsicht finden sich zuerst bei den Glossatoren des canonischen Rechtes, welche von einem Jus morale sprechen und den Begriff des Jus naturale von den Elementen und Zuthaten ablösten, mit welchen er bei den Glossatoren des römischen Rechtes versetzt war. Eine methodische Begründung und Erörterung der Fragen und Probleme der rationalen Rechtslehre findet sich zuerst in der speculativen Scholastik, deren größter Vertreter der heilige Thomas Aquinas ist. Er wies die in der Moral und natürlichen Theologie gegebenen Hinterlagen der rationalen Rechtslehre auf, führte alles Recht auf eine in Gott existente Justitia aeterna zurück und bahnte durch seine Unterscheidung der objectiven Gerechtigkeit einer Handlung von der subjectiven Intention derselben die principielle Auseinanderscheidung von Recht und Moral an. Seine ausgezeichnete Analyse des Antheiles der verschiedenen einzelnen Seelenkräfte am Zustandekommen der menschlichen Handlungen veranlaßte einige namhafte Strafrechtslehrer des 19. Jahrhunderts, ihr Bedauern darüber zu äußern, daß sie bei Entwickelung ihrer strafrechtlichen Theorien nicht die Moralpsychologie des berühmten mittelalterlichen Theologen zu Rathe gezogen hätten. Die beiden Werke desselben de regimine principum und de erudione principum enthalten einsichtsvolle Blicke in das Wesen der rechtsbürgerlichen Gemeinschaft. Er substituirt der Gewalt die Vernunft als Erhalterin der socialen Ordnung, und erörtert maßvoll das Recht des Widerstandes gegen eine ungerechte Herrschaft. Neben Thomas nimmt sich Ägydius Romanus ärmlich aus; allerdings ist er der gelehrteste aller Rechts- und Socialtheoretiker der mittelalterlichen Scholastik, steht aber an Geist und Tiefe weit hinter Thomas zurück. Seine Arbeiten sind Compilationen aus Aristoteles und Justinian, Mengungen stoischer und peripatetischer Principien ohne irgend welche originelle selbsteigene Gedanken. Genial ist hingegen Dante's Buch de Monarchia, welches C. Balbo unbegreiflicher Weise als befremdliche Denkverirrung eines großen Geistes bezeichnete. Dante war durch das Studium der Werke des Aristoteles und Thomas Aquinas zur Construction seiner politischen Theorien veranlaßt worden; ihn befriedigte weder der Empirismus des einen noch der Rationalismus des anderen von beiden und so kam es, daß er in der von ihm versuchten Construction durch Einigung und innere Vermittelung des speculativen und empirischen Elementes das eigentliche Wesen des politischen Organismus zu erfassen trachtete. Unter der Monarchie versteht er die alle besonderen politischen Gemeinschaften in einer höchsten Einheit zusammenfassende Kaisermacht, deren Intervention in Italien er wünschte, auf daß den sein Vaterland zerfleischenden Kämpfen zwischen Guelphen und Ghibellinen ein Ende gemacht würde. Man mißversteht Dante, wenn man sein Buch als ghibellinische Parteischrift ansieht; er setzte sich in demselben eine rein speculative Aufgabe, er wollte die von ihm adoptirte pythagoräische Idee der Monas auf dem Gebiete der Gesellschaftslehre zur durchgreifenden Anwendung bringen. Es läßt sich nicht läugnen, daß Dante's Lehre von der Universalmonarchie sich vielfach wie eine Abstraction von den gegebenen thatsächlichen Verhältnissen ausnimmt; man darf sie indeß nicht in Eine Classe werfen mit Plato's Staatslehre oder mit dem Utopismus des Thomas Morus. Seine Theorie hat einen realen geschichtlichen Boden, und verfolgt einen rationalen Zweck. Er erkennt im christlichen Kaiserthum die Fortsetzung der Einherrschaft des Augustus, und postulirt diese als Hort der Freiheit und des Friedens der einzelnen Staaten; der

Monarch soll nicht Despot und Gewaltherrscher, sondern der höchste Beamte der Staatenrepublik sein. In eine etwas einseitige Stellung geräth er dadurch, daß er, von Thomas' Vermittelung zwischen geistlicher und weltlicher Oberherrschaft, Papstthum und Kaiserthum hinwegsehend, einzig nur die Decretalisten im Auge hat, welche er mit den Mitteln classischer Erudition niederringen will, um die historische und sachliche Priorität der Kaiserherrschaft vor der Papstherrschaft auf römischem Gebiete zu erweisen; eine förmliche Verwerfung der weltlichen Herrschaft des Papstes kann man ihm nicht nachweisen. Seine Ideen über rationales Recht, über Freiheit, Gerechtigkeit und Gesetz als Ausdruck des Geistes und Willens der Societät, sind von wunderbarer Klarheit und Originalität; die darauf bezüglichen Ausführungen in Dante's Werk haben eine wesentliche Stelle in der Geschichte der Rechtsphilosophie. Im Gegensatze zu den modernen Theorien faßt er das Recht als Prius gegenüber der Freiheit, und unterscheidet umsichtig zwischen Liberum arbitrium und juridischer Freiheit. Er griff einem Bodinus vor und berichtigte zugleich Montesquieu, wenn er legislative und executive Gewalt als die zwei einzigen Organe der Lebensbewegung der politischen Körper bezeichnete; in welches Verhältniß die richterliche Gewalt zu derselben zu setzen sei, ließ er freilich im Ungewissen. Für den hohen Werth der politischen Theorie Dante's mag es zeugen, daß Leibniz sie unter dem Namen Cesarinus Fürstner am Ende des 17. Jahrhunderts wieder erneuerte. Nach Dante hebt Carmignani unter den theologisch inspirirten Repräsentanten der Rechtsweisheit des mittelalterlichen Italiens noch Bartolo da Saffoferrato, einen witzigen Juristen und Anhänger der Theorien des Ägydius Romanus, und den Florentiner Dominicaner Savonarola hervor, welcher als politischer Schriftsteller von Seite Carmignani's keine günstige Beurtheilung erfährt. Auf die Italiener folgen die Spanier Dominicus Soto und Franz Suarez, ferner die Protestanten Hemming, Winckler, Oldendorp und Selden als Vertreter des theologischen Standpunktes auf naturrechtlichem Gebiete. Carmignani macht die Unterschiede des protestantischen Theologismus vom katholischen bemerklich; eine der beiderseitigen Differenzen war darin begründet, daß die protestantischen Naturrechtslehrer, zum Theile durch die von den materialistischen Philosophen entworfenen düsteren Schilderungen der ursprünglichen Menschheitszustände beeinflußt, einen ursprünglichen natürlichen Unschuldszustand der Menschheit zur geschichtlichen Unterlage ihrer naturrechtlichen Untersuchungen machten, und in der Gerechtigkeit des Anfanges die ursprüngliche Einheit von Recht und Moral gefunden zu haben glaubten, während die katholischen Vertreter des juridischen Theologismus den Unterschied von Recht und Moral auf den Gegensatz von Natur und Gnade zurückführten.

Die classisch gebildeten juridisch-politischen Schriftsteller Vives, Buchanan, Bodinus bilden das Mittelglied zwischen der scholastischen und antischolastischen Richtung auf dem Gebiete der rationalen Rechtslehre. Carmignani theilt die der antischolastischen Philosophie angehörigen Systeme der philosophischen Rechtslehre in empiristische und rationale ein. Die empiristischen Systeme scheiden sich in Systeme des historischen Empirismus, des Empirismus der Gewalt, des Nutzens und des individuellen Willens. Repräsentanten des historischen Empirismus sind Machiavelli, Boccalini, Montesquieu, Vico, Bonnot de Mably, F. J. di Chastellux, Priestley; Repräsentanten des Empirismus der Gewalt Hobbes, Spinoza, Jvo von Paris,[1] Strube de Piermont; Repräsentanten des empiristischen Utilismus Mandeville, Bentham; der Empirismus des Liberum arbitrium des Einzelwillens ist repräsentirt durch Althusius, Algernoon Sidney, Marchamont Needham, Locke, J. J. Rousseau. Carmignani macht aufmerksam, daß der Ausdruck Empirismus in der Rechtsphilosophie nicht dasselbe bedeute, wie in der Philosophia rationalis. In letzterer

---

[1] Nel 1658 venne in luce un' opera col titulo: Jus naturale rebus creatis a Deo constitutum. Ella era l' opera d' un santo. Recherà meraviglia il vedere qui riuniti insieme in una medesima categoria Hobbes, Spinoza, vale a dire due impudente atei, ed un uomo per santa vita canonizzato. Ma questa riunione mostra, come un principio vero male applicato conduce all' errore quanto un falso principio .... Questo sistema, confondendo le leggi della natura materiale delle cose colle leggi regolatrici dell' essere intelligente, coincide con i sistemi dell' Hobbes e dello Spinoza. O. c. II, p. 265 sg. — Unter Jvo von Paris scheint Jvo von Chartres († 1116) gemeint zu sein, auf welches es passen würde, als ein Vorläufer des Gratianus bezeichnet zu werden; der von Carmignani citirte Hymnus auf Jvo als Patron der Juristen deutet auf Jvo Helori († 1303) hin, auf welchen jedoch gleichfalls nicht die Bezeichnung Jvo von Paris paßt. Der wirkliche Jvo von Paris ist ein dem 17. Jahrhunderte angehöriger Capuciner († 1678), Verfasser einer natürlichen Theologie und einem astrologischen Fatalismus ergeben, dessen Verbindung mit der natürlichen Theologie allerdings Carmignani's Kritik des citirten Buches erklärlich machen möchte.

bezeichnet er die ausschließliche Ableitung aller menschlichen Erkenntnisse aus der sinnlichen Empfindung; die Rechtsphilosophie bedient sich des Ausdruckes Empirismus zur Bezeichnung jener Systeme, welche die sociale Ordnung ausschließlich durch ein von der Vernunft unterschiedenes Kraftprincip, sei es die Action der menschlichen Instincte oder der menschlichen Leidenschaften, geschaffen werden lassen. Die auf dieses Princip sich stützenden Erklärungen der socialen Ordnung leiden sämmtlich an dem Gebrechen, daß sie die menschliche Natur ausschließlich von Seite der Empfindungen, welche dieselbe adeln oder erniedrigen und mit Beziehung auf die daraus resultirenden edlen oder gemeinen, wolthätigen oder schlimmen, turbulenten oder despotischen Acte in's Auge fassen. Die Systeme, welche den Furchtzwang zum socialen Bindemittel machen, erdrücken alles Geistige im Menschen, verkehren Religion und Moral in ihr Gegentheil. Die utilistischen Systeme müssen nicht gerade materialistisch sein, predigen aber den egoistischen Cultus der persönlichen Interessen. Die auf den Empirismus des individuellen Willens gebauten Systeme treten nicht ihrer Natur nach Religion und Moral unter die Füße, leiden aber an weit größeren Incohärenzen und Widersprüchen als jene Systeme, welche den Kraftzwang zum Principe der Gesellschaftsordnung machen; der Übergang aus einer ursprünglichen glücklichen Freiheit des Naturstandes in den Zustand gesellschaftlicher Gebundenheit bleibt ein unerklärliches Räthsel. Das Hauptgebrechen aller empiristischen Systeme aber ist das Hinwegsehen von der rationalen Natur des Menschen und den in denselben begründeten Motiven und Impulsen der menschlichen Vergesellschaftung. Wie die Impulse der Vergesellschaftung der Thiere in ihren natürlichen Trieben liegen, so müssen die Impulse der menschlichen Vergesellschaftung im specifischen Wesen der rationalen Menschennatur gelegen sein; sie außerhalb derselben suchen, heißt die vernünftige Natur des Menschen ignoriren. Carmignani's Hochhaltung der rechtsphilosophischen Anschauungen Vico's legt von selbst nahe, daß er ihn nur beziehungsweise unter die empiristischen Vertreter der philosophischen Rechtslehre einreiht; er unterläßt nicht, auf den Unterschied zwischen dem historischen Empirismus Vico's und Montesquieu's und auf das unterschiedliche Verhalten beider zu Grotius aufmerksam zu machen, welcher von Montesquieu kaum genannt wird, während ihm Vico hohes Lob zollt. Vico gehört eben wesentlich den Vertretern der rationalen Schule an.

Carmignani scheidet die Systeme der rationalen Richtung in gemischte, kritische und rein rationale Systeme. Unter gemischten Systemen sind jene zu verstehen, in welchen die rationale Auffassung des Rechtes mit Moral, römischem Rechte, kirchlichen und profanen Auctoritäten versetzt ist. Man kann sie als empirisch rationale Systeme bezeichnen, deren Wesen darin besteht, daß sie die recta ratio in Beurtheilung der nach den Normen des Rechtes zu ordnenden Verhältnisse aus der Erfahrung, aus den Ansichten angesehener Juristen, aus den Lehren der Geschichte, der Moral und der mit Moral und Gerechtigkeit vereinbaren politischen Klugheit zu gewinnen trachteten. Dieser Standpunkt wird zuerst durch den in der Doctrin des römischen Rechtes geschulten Alberigo Gentili repräsentirt, welcher in einem von Kriegsstürmen erfüllten Zeitalter nach den rationalen Normen forschte, welchen gemäß die wechselseitigen Verhältnisse der Staaten und Völker zu ordnen wären. Die rein empiristischen Systeme beschränkten sich auf Ableitung und Auseinandersetzung der inneren Verhältnisse politischer Gemeinwesen und weder in Hobbes', noch in Locke's politischen Theorien boten sich Anhaltspunkte für die Eruirung rationaler Normen der Regelung internationaler Beziehungen. Demzufolge war der Übergang vom Standpunkte der rein empirischen Systeme zu den rationalen Systemen eine Forderung wissenschaftlicher Nothwendigkeit, welche zuerst erkannt zu haben Gentili's Verdienst ist. Grotius, als dessen Vorläufer Gentili bezeichnet zu werden pflegt, suchte vom empirischen Rationalismus desselben zum reinen Rationalismus vorzudringen und erweiterte die bei Gentili auf das Kriegsrecht sich beschränkende Untersuchung zu einer das Gesammtgebiet der rationalen Rechtslehre umfassenden Doctrin. Vor Grotius konnte man sich kein Recht denken, welches nicht seinen Ursprung und seine Sanction von einem außer und über der Vernunft vorhandenen Gesetze hätte; die Vernunft galt bloß als das nothwendige Erkenntnißmittel des Gesetzes, das Gesetz selber aber wurde entweder als die der Natur aller Dinge immanente Regel der Bewegung, oder als ein den specifischen Instincten des Menschen immanentes Gesetz, oder als vorausgesetzter oder geoffenbarter Wille Gottes, oder als eine in der Übereinstimmung aller Menschen gegründete Norm oder als Ausfluß einer menschlichen Willensauctorität aufgefaßt. Erst Grotius erfaßte den Gedanken eines Rechtes, welches dem Menschen nicht von Außen auferlegt aus dem Gesetze der Vernunft hervorgehe und bahnte so den Weg zur Erkenntniß eines absolut Wahren als principieller Norm der rationalen Leitung des freithätigen menschlichen Handelns. Es handelte sich für ihn um Ermittelung einer rationalen Norm, die auch ein Atheist anzuerkennen durch ein richtiges Denken genöthiget werden könne. Er will damit nicht in Abrede stellen, daß der rationale Gedanke des Rechtes seinen Ursprung in der göttlichen Intelligenz habe, sondern besteht nur darauf, daß derselbe mit der von Gott geschaffenen Menschenvernunft gegeben sei, somit nicht von etwas außer ihr abgeleitet werden könne. Wenn er nebenbei behauptete, daß die Moral sich von der Religion nicht abtrennen lasse, während er andererseits den Vernunftgedanken des Rechtes als einen selber von Atheisten nothwendig anzuerkennenden urgirte, so zeigte er damit, daß ihm der innere Unterschied von Recht und Moral bereits klar geworden war. Es läßt sich übrigens nicht verkennen, daß Grotius in der Entwickelung seiner Doctrin zwischen den Orientirungsprincipien der moralischen und rechtlichen Anschauungsweise häufig unsicher schwankte; er konnte eben seine Schulung in der an praktische Principien sich haltenden römischen Jurisprudenz nicht verläugnen. Grotius war es ferner, welcher den Unterschied von Recht und Politik klar erkannte, obschon er, vom Boden der Rechtsphilosophie auf jenen der Politik übergehend, dem Einflusse des Hobbes nachgibt und zu einer irrationalen Erklärung des Souveränetätsrechtes abirrt. Er trübt überhaupt den von ihm angestrebten Standpunkt der reinen Rationalität dadurch, daß er sich zu tief in den historischen Empirismus einläßt. Er steht indeß hoch über Pufendorf, welcher, zwischen Grotius und Hobbes gestellt, weit mehr von letzterem sich anziehen ließ, so daß man Pufendorf's Doctrin mit voller Wahrheit als eine von den Cruditäten ihres ersten Erfinders gereinigte Erneuerung der Hobbes'schen Doctrin bezeichnen kann. Er verwirft die von Grotius behauptete Existenz eines von einer fremden Autorität unabhängigen Rechtes, welches der göttlichen Sanction entbehren würde und nur durch seine Nützlichkeit sich empfehlen könnte. Das von Grotius unterschiedene Innerliche und Aeußere am Rechte identificirend behauptet er, daß das Recht ohne sociale Jurisdiction gar keine rational faßbare Seite böte. Er wollte die Jurisprudenz, die doch nur ein System praktischer Regeln ist, zu einer speculativen Wissenschaft erheben, und schrieb ein großes Werk mit dem Titel Jurisprudentia universalis. Er knüpft in demselben an die Vorschriften und Regeln der praktischen Moral an, und kommt in der That in einem großen Theile des Werkes nicht aus der Moral heraus, bis er da, wo er von den angebornen Rechten des Menschen sprechen will, plötzlich auf die Moral völlig vergißt, und nur mehr vom Rechte spricht, während er früher nur von Pflichten des Menschen sprach. Das lange vorläufige Weilen auf dem Gebiete rein moralischer Erörterungen ist ihm ermöglicht durch seine Fiction eines vorgesellschaftlichen reinen Naturstandes des Menschen, welchen er in seinem Natur- und Völkerrecht durch ein natürliches Gesetz geregelt sein läßt; durch dieses Gesetz läßt er den Menschen die Vereinigung zum gesellschaftlichen Leben geboten werden, wobei er die instinctiven Antriebe der Menschennatur mit den Geboten der Vernunft verwechselt. Diese Verwechselung war möglich, weil er sich das Gesetz überhaupt nur als eine auf den Willen wirkende Macht denken kann; nur substituirt er der von ihm außer Acht gelassenen Macht der instinctiven Antriebe den göttlichen Willen, welchen er als denknothwendige Voraussetzung des Bestehens von Recht und Pflicht postulirt. Es ist Gottes Wille, daß die Menschen friedlich zusammenleben, da sonst die Zwecke des Menschendaseins nicht verwirklichet werden könnten. Die Begriffe von Gesetz, Pflicht, Recht sind bei Pufendorf in ein unentwirrbares Dunkel versenkt; er sinkt auf den Standpunkt der Scholastiker zurück, wenn er alles Recht in einem gebietenden und verpflichtenden Gesetze begründet sein läßt. Es kommt bei ihm zu keiner klaren Unterscheidung zwischen dem Rechte des Individuums, dem allgemeinen Menschheitsrechte und dem zur Regelung der bürgerlichen Societät nothwendigen Rechte; ebensowenig vermag er das für jede bürgerliche Gesellschaft nothwendige constante Recht und das Souveränetätsrecht klar auseinander zu scheiden. Er läßt die Societät durch den Consens der Glieder derselben zu Stande kommen; da er aber von ursprünglichen Rechten der Menschheit nichts weiß, so sieht dieser Consens einer Hinopferung der Freiheit des Einzelnen an die Leiter der Societät ähnlich.

Grotius und Pufendorf wurden von Theologen und Romanisten angegriffen; beide fanden aber auch zahlreiche Anhänger und wurden Gründer von Schulen. Als Commentatoren des Grotius sind Böcler, Ziegler, Hennings, H. Coccejus und S. Coccejus, Johann Scheffer, Ph. R. Vitriarius zu nennen; Leibniz, Wolff, Vattel bewegen sich in den Bahnen der von Grotius angestrebten Rationalität. Anhänger Pufendorf's waren Barbeyrac, Burlamaqui, F. B. de Felice.

Die kritische Richtung wird durch Chr. Thomasius inaugurirt, der durch seine Unterscheidung zwischen Erkenntnissen aus reiner Vernunft und anderen Erkenntnissen, in welche sich der Einfluß des dem Willen inhärenten sensitiven Principes mische, theilweise sogar schon die Transcendentalphilosophie anticipirt. Er verwirft die stoische Philosophie, denkt geringschätzig von den Scholastikern und Casuisten, und verweist auf das gereifte gesunde Urtheil als Norm der menschlichen Handlungen; damit hängt aber freilich zugleich auch der Verzicht auf eine streng wissenschaftliche Unterlage seiner naturrechtlichen Erörterungen zusammen. Seine Unterlage ist die praktische Anthropologie; er geht von einer pragmatischen Zergliederung der menschlichen Triebe, Neigungen und Leidenschaften aus, welche nicht als die geeignete Einführung in den eigentlichen Gegenstand seiner Arbeit, in die Lehre von Natur- und Völkerrecht erscheint. Zur eigentlichen Sache gelangt er, wo er über die Natur der menschlichen Verpflichtungen zu sprechen beginnt. Er unterscheidet äußere und innere Ursachen derselben; äußere Ursache ist das Gebot eines Höheren, innere Ursachen sind die Apprehension eines Übels oder einer Gefahr, welchen begegnet werden muß. Das Recht, dessen Ausdruck das Gesetz ist, fällt unter den doppelten Gesichtspunkt einer Norm und einer Befugniß, der erkannten Norm gemäß zu handeln. Die Norm ist Object der intellectuellen Erkenntniß, Träger der Befugniß ist der Wille. Carmignani rühmt die Präcision dieser allgemeinen Bestimmungen, und hält dafür, daß Thomasius, wenn er sich umständlicher über das Recht als Befugniß zu handeln ausgebreitet hätte, die Theorie des rationalen, d. i. allen Menschen gemeinsamen Rechtes erschöpft haben würde. Er weiß Recht und Moral scharf von einander zu scheiden. Die Verpflichtung muß dem Rechte correlativ sein; wie das Recht in einer äußeren Handlung sich versichtbart, so muß auch die ihr entsprechende Verbindlichkeit einen äußeren Charakter haben, sofern sie nämlich in der Furcht vor dem Machtgebote eines Befehlenden gegründet ist, somit ein Verhältniß des Menschen zum Menschen voraussetzt, während die innere oder moralische Verbindlichkeit ein solches Verhältniß nicht voraussetzt. Daraus erhellt zugleich, daß der Umfang der moralischen Verpflichtungen größer ist, als jener der menschlichen Rechte, und die Verpflichtung als solche von den Regeln des Honestum ihren Ausgang nimmt. Das Honestum, Decorum und Justum sind die drei Hauptformen des freithätigen menschlichen Handelns; die Erkenntniß der

Regeln des Honestum und Decorum gehört dem praktischen Intellecte, die Erkenntniß der Regeln des Justum dem theoretischen Intellecte an. Damit soll auf's Neue der Unterschied von Recht und Moral beleuchtet werden, indem die moralische Verpflichtung vom praktischen Intellecte aus den Folgen der unmoralischen Handlung erkannt wird, während der theoretische Intellect, der die äußere oder rechtliche Verpflichtung aus sich selbst erkannt, der Erfahrung nicht bedarf. Er reducirt alle rechtlichen Verpflichtungen auf das allgemeine Gebot: Was du nicht willst, daß dir geschehe, das thue auch einem Anderen nicht. Er übersah, daß dieß eigentlich ein moralisches Gebot ist, welches von den römischen Juristen in die Formel Neminem laedere umgesetzt wurde, und keineswegs eine oberste Regel des nicht interessirten, einzig das Gerechte als solches im Auge habenden Handelns ausdrückt. Es gelang ihm somit nicht, den von ihm erkannten inneren Unterschied von Recht und Moral vollkommen aufzudecken, und die differenten Grundregeln des moralischen und rechtlichen Handelns zu eruiren. Den Unterschied zwischen natürlichem und positivem Rechte sieht er darin, daß ersteres eine Änderung nicht verträgt oder nicht zuläßt, wofern nicht eine unzweifelhafte thatsächliche Nothwendigkeit dazu drängt, wie bei der Strafe, welche das natürliche Recht als solches nicht zuläßt. Ein Völkerrecht im eigentlichen Sinne vermag Thomasius nicht zuzugeben, weil kein Oberer vorhanden ist, welcher die dem betreffenden Rechte entsprechenden Verpflichtungen festzustellen befugt wäre. Carmignani beschließt seine kritische Beleuchtung der Naturrechtslehre des Thomasius mit Anerkennung der Originalität desselben, welcher aber von kühner Neuerungssucht und Überschätzung des selbsteigenen Könnens nicht freigesprochen werden könne. Jedenfalls sei er über seine Schüler E. Gerhard und Gundling zu stellen, wie denn überhaupt bei den Deutschen in der Zeit zwischen Thomasius und Kant kein weiterer Fortschritt in der philosophischen Rechtslehre wahrzunehmen ist; Heineccius bemühte sich vielmehr, dieselbe auf jenen Standpunkt zurückzudrängen, in welchem Grotius sie vorgefunden hatte.

Während in Holland und Deutschland von Grotius bis auf Thomasius eine große Zahl von Schriftstellern auf dem Gebiete des Natur- und Völkerrechtes hervortrat, haben innerhalb jenes Zeitraumes Frankreich, Spanien, Italien nicht einen einzigen vorzuweisen. Carmignani hält es für ein Vorurtheil, diesen Umstand zu Gunsten der Reformation des 16. Jahrhunderts zu deuten; der Grund ist vielmehr, soweit es sich um die rechtswissenschaftliche Literatur der Deutschen handelt, in der damaligen politischen Constitution des deutschen Reiches zu suchen, deren eigenartige Beschaffenheit die Pflege einer Völkerrechtstheorie, wie Grotius sie angebahnt hatte, zum Ausgleiche der mannigfachen und widerstreitenden Interessen der einzelnen Bestandtheile und Machtfactoren jenes politischen Körpers höchst wünschenswerth erscheinen ließ. In Frankreich und Spanien, welche rein monarchisch regiert wurden, war kein Bedürfniß zur wissenschaftlichen Pflege solcher Theorien vorhanden; Italien hatte im Gefühle seiner politischen Schwäche und Passivität kein lebendiges Interesse an derlei Untersuchungen, etwa die literarischen Fehden des damaligen Europa zwischen Monarchomachen und Antimonarchomachen ausgenommen, welche auch in dem von vielen unabhängigen Herren regierten Territorien Italiens ihren Wiederhall fanden. Sonst aber war die Pflege der Rechts- und Staatslehre durchaus praktischer Art; auf dem Gebiete des Civilrechtes hielt man sich an die Traditionen der römischen Jurisprudenz, auf dem Gebiete der Staats- und Gesellschaftslehre interessirte man sich für Fragen der Volkswirthschaftslehre, die Streitigkeiten zwischen Neapel und dem päpstlichen Stuhle riefen eine Reihe von Discussionen über das Verhältniß zwischen Staat und Kirche hervor. Die philosophische Rechtslehre ist um diese Zeit in Italien einzig durch Giov. Maria Lampredi (1732—1793) repräsentirt, welchen Carmignani als seinen unvergeßlichen Lehrer ehrt. Lampredi lehrte an der Universität in Pisa zuerst kanonisches Recht und wurde sodann auf die Lehrkanzel des Dritto pubblico berufen. Er hat über die Philosophie und Staatseinrichtungen der alten Etrusker geschrieben, und gegen Samuel Coccejus das Fortbestehen der Gebote des Rechtes und der Humanität in den gegenseitigen Verhältnissen der miteinander in Krieg gerathenen Völker und Staaten vertheidigt.[1] Sein 1766 erschienenes Jus publicum universale[2] fand in England beifällige Aufnahme, während es in Deutschland zu Carmignani's

---

[1] De licentia adversus hostem. Florenz, 1761. Daran schloß sich später noch: Del commercio de' popoli neutrali in tempo di guerra. Florenz, 1788.

[2] Juris publici universalis sive Juris naturae et gentium theoremata. Livorno, 1776; 3 Voll. — Über dieses Werk finden sich kritische Bemerkungen in Rosmini's Filos. d. dir. 1, p. 22; II, pp. 434, 445.

Bedauern kaum beachtet worden zu sein scheint. Lampredi war kein origineller Denker; aber er benützte das Beste aus der gesammten dazumal vorliegenden Literatur der nationalen Rechtslehre. Carmignani bemängelt an ihm, daß er das Naturrecht von der Moral nicht rein als selbstständige Disciplin abzulösen wußte, die Principien der Privatvernunft und der socialen Vernunft nicht klar auseinanderhielt, in seinem allgemeinen Anschlusse an Wolff die dem Menschen als Socialwesen zukommenden rechtlichen Befugnisse zu Rechten des menschlichen Individuums als solchen macht, die maßvoll zwischen strengem Rechte und Rücksichten des Gemeinwohles vermittelnden römischen Juristen nicht zu würdigen verstand. Da er den eigentlichen Grund der Sociabilität des Menschen nicht erfaßte, so findet er die Causa proxima der menschlichen Consociation in der Furcht vor Gewaltthätigkeiten, womit er der Hobbes'schen Lehre vom Ursprunge der staatlichen Gemeinschaft sich nähert.

Als Rechtssysteme des reinen Rationalismus werden von Carmignani jene Vico's und Kant's bezeichnet. Vico war der erste, welcher in Italien von einer Philosophie des Rechtes sprach; er wurde durch seine Anschauung von der Entwickelung des Rechtsgedankens darauf hingeführt, der rationalen Rechtslehre den Namen Rechtsphilosophie zu schöpfen; er eruirte nämlich als die aufeinanderfolgenden Entwickelungsstufen des Rechtes das natürliche Recht der Völker, jenes der Rechtsgelehrten oder Juristen und endlich jenes der philosophischen Erkenntniß. Man findet bei Vico keine Aufzählung der aus der Vernunft ausfließenden Menschheitsrechte, wol aber die rationale Structur derselben in der Aufweisung der constitutiven Elemente des von der Vernunft ausfließenden Rechtes, durch welche die Rectitudo actionum bedingt ist. Ferner ist bei ihm der innerliche Unterschied zwischen Moral und Recht auf einen klaren präcisen Ausdruck gebracht, wenn er als das Wesen des Rechtes die vernunftgemäße Ausgleichung der Interessen aller Einzelnen bezeichnet. Er bannt damit aus dem Bereiche der Theorie der Menschheitsrechte die Ausdrücke „Sollen", „Verbindlichkeit", „Pflicht", welche dem Bereiche der Moral angehören, und Bindungen des menschlichen Willens bezeichnen, welche das Recht als die Ratio der activen Kräfte des Menschen nicht anerkennen kann. Die rational gebotenen Gründe und Mittel der Beschwichtigung leidenschaftlicher Begehrungen und egoistischer Bestrebungen, welche durch die vorerwähnten Termini angedeutet werden, gehören nach Vico der Moral und Tugendlehre an. Vico leitet die rechtsbürgerliche Association nicht aus einem Consense der Einzelnen, sondern aus der Gemeinsamkeit der Natur und der Interessen der Menschen ab, aus dem gemeinsamen Wunsche Aller, an der Vervollkommnung des Menschheitsdaseins sich zu bethätigen. Vico war der erste, welcher die Concurrenz zweier Instincte des Menschen, des Social- und Industrialinstinctes in der Schaffung und Ausbildung der rechtsbürgerlichen Associationen hervorhob. Das Wohl derselben heischt neben den Functionen der Justitia aequatrix auch das Walten einer Justitia rectrix, jedoch so, daß letztere ganz und gar auf erstere abzielt, und bei Mißachtung derselben sich selber aufhebt. Die bürgerliche Freiheit läßt Vico von der Güte der Gesetze abhängen; sie kann demnach auch in einer absoluten Monarchie vorhanden und in einer demokratischen Gesellschaftsverfassung nicht vorhanden sein. Vico's Rechtstheorie hat den doppelten Charakter eines rationalen und eines empirischen Systems; diese Doppelseitigkeit entspricht der von ihm festgehaltenen Unterscheidung zwischen nothwendigen oder ewigen und contingenten Wahrheiten. Er adoptirt demgemäß die Unterscheidung des Grotius zwischen Jus necessarium und Jus voluntarium; ersteres ist das Jus naturale, letzteres das dem Interesse und der Wohlfahrt eines bestimmten bürgerlichen Gemeinwesens angepaßte Recht.

Carmignani läßt seine Darstellung der geschichtlichen Entwickelung der Rechtsphilosophie in Vico gipfeln, der beim reinen ächten Rationalismus anlangte; Kant's Transcendentalismus leitete die Rechtsphilosophie in das Gebiet der nebelhaften Schöpfungen hinüber, wozu bei Kant überdieß Rückfälle in ältere, durch den reinen ächten Rationalismus überwundene Irrthümer kamen. Kant wollte den Regeln der reinen Vernunft in Moral und Recht einen gemeinsamen Ursprung anweisen, und betrachtete die moralische und juridische Action unter dem gemeinsamen Charakter der inneren Moralität, welche beiden eignen müsse, auf daß sie leitbare Handlungen seien. Wäre dieser Gesichtspunkt maßgebend, so müßten alle freien und bewußten Thätigkeitsäußerungen der Menschen, z. B. jene des Architekten oder Handwerkers, unter Regeln subsumirt werden, welche mit jenen der Moral und des Rechtes gemeinsamen Ursprunges wären. Die Moralität einer freithätigen Handlung fällt unter den Gesichtspunkt des Erlaubten oder Unerlaubten; die Unerlaubtheit kann aus Geboten der Religion, der Moral oder des Rechtes resultiren, deren Unterschied auf eine Verschiedenheit der Regeln des Rechtes und der Moral zurückweist. Kant hält die drei von Ulpian als moralische Regulative des rechtlichen Handelns aufgestellten Sätze: Honeste vivere, Alterum non laedere, Suum cuique tribuere, für Regeln des Rechtes. Er sucht den Unterschied zwischen moralischem Gesetze und Rechtsgesetz darin, daß ersteres das Sollen zu einem Handlungsmotive macht, während im Rechtsgesetze ein vom Sollen verschiedenes Motiv zugelassen wird, nur daß die dem Rechtsgesetze unterstellte Handlung dem Zwange unterliegt, nicht aber die moralische Handlung. Das heißt aber einfach nur sagen, daß das juridische Gesetz eine Sanction hat, das moralische Gesetz derselben entbehrt; demzufolge ist das moralische Gesetz eine bloße Ansicht, weiter nichts. Es ist nicht richtig, daß moralische Handlungen keinem Zwange unterliegen; in der häuslichen Erziehung läßt sich dieser Zwang nicht missen, und auch die bürgerlichen Gesetze verpönen bestimmte unsittliche Handlungsweisen, trotzdem daß durch diese niemand rechtlich geschädiget wird. Somit besteht ein Zwang für moralische und rechtliche Handlungen, jedoch nicht von gleicher Natur, nicht von gleichem Ursprung und gleichem Titel. Der sittliche Zwang ist gegen die natürlichen Neigungen des Menschen gerichtet, der Rechtszwang hingegen Schützer und Begünstiger derselben; der sittliche Zwang ist etwas von der Pflichtregel Unterschiedenes, der Rechtszwang dem Rechte immanent; der sittliche Zwang tritt ein, wenn die Pflicht verletzt wurde, der Rechtszwang wartet nicht auf die Rechtsverletzung, sondern will ihr zuvorkommen. Kant setzt das Wesen des Rechtes in die Freiheit, soweit diese in einer äußeren Handlung sich bethätiget; da nun die in derselben bethätigte Freiheit nach Kant mit jener aller übrigen vereinbar sein soll, so müßte man sich im Gebrauche der Freiheit alle übrigen dabei in's Interesse Gezogenen vergegenwärtigen können. Kant vermengte in seiner Definition des Rechtes das Recht, welches zur Freiheit des Handelns ermächtiget, mit der ihr Maß im Rechte habenden Freiheit; die Freiheit ist der Arm des Rechtes in der Ausübung desselben, nicht aber das Recht selbst. Kant's Eintheilung des Rechtes in Privatrecht und öffentliches Recht ist unwissenschaftlich; Wolff hatte den Ausdruck Privatrecht vermieden, und mit Recht, da der mit demselben gemeinhin verbundene Begriff nicht alle Seiten des Individualrechtes umfaßt. Auch geht es nicht an, dem öffentlichen Rechte das Völkerrecht einzuverleiben, wenn das öffentliche Recht die Regierungsform eines bestimmten Staates bezeichnen soll. Indem Kant bei den verschiedenen Regierungsformen stehen bleibt, ohne auf das Wesen des in der unwandelbaren Beschaffenheit der Menschennatur gegründeten Staates einzugehen, täuscht er die Erwartungen, die man in Hinblick auf die Intentionen seines Philosophirens gerade nach dieser Seite hin zu hegen berechtigt war. Von der ewigen Idee des reinen Vernunftstaates scheint er nichts wissen zu wollen; aber auch im Privatrechte kommt es zufolge der Ignorirung der ideellen Präcedenz des Rechtes vor seiner Ausübung zu höchst incongruenten und unphilosophischen Auffassungen. Dieß gilt zunächst schon von seiner Theorie des Eigenthumsrechtes, die ganz im Einklange mit seiner mehrerwähnten Definition des Rechtes steht, nicht minder von der Theorie des Jus personale, welches ihm statt des Rechtes in Ansehung einer anderen Person ein Recht über eine andere Person ist, als ob diese eine Sache wäre, gegen welche Auffassungsweise er sich freilich verwahrt. Seine Lehre vom Jus domesticum ist vom Hobbes'schen Geiste angehaucht. Es reproducirt in derselben als Repräsentant der Hochblüthe des Aufklärungszeitalters die weit hinter demselben zurückliegende Theorie einer Societas herilis. Der Entstehung der bürgerlichen Gesellschaft läßt er einen Naturstand vorausgehen, welchen er zwar nicht in der Weise eines Hobbes, auch nicht in jener Locke's oder Pusendorf's, sondern ganz eigenartig als einen provisorischen Rechtszustand auffaßt, welcher im bürgerlichen Gemeinwesen seine definitive abschließende Gestaltung erlangen soll. Dieser provisorische Rechtszustand ist ein Zwitterding zwischen dem Rechtszustand und seinem Gegentheile. Seine Theorie des Jus puplicum ist auf die Idee der Volkssouveränetät gestützt, alles öffentliche Recht fließt aus dem Volkswillen aus, und wird sohin zu einem rein empirischen Rechte, womit seine Theorie der praktischen Vernunft auf dem Gebiete der Rechtslehre völlig umgestoßen wird.

Aus der Literatur der auf Kant fußenden Bearbeitungen der rationalen Rechtslehre hebt Carmignani schließlich noch das ihm durch eine italienische Übersetzung bekannt gewordene natürliche Privatrecht des Wiener Professors Zeiller hervor, dem er zugesteht, daß er als praktischer Jurist einen besonnenen Gebrauch von Kant's Lehre mache. Als Kantianer gebe sich Zeiller sofort am Anfange seines Buches zu erkennen. Er spricht von angebornen Rechten des Menschen, welche er auf ein einziges Urrecht, auf jenes der Persönlichkeit zurückführt. Diese besteh' ihm in der Würde eines vernunftbegabten und mit dem

Rechte einer innerhalb der Schranken des Gesetzes sich haltenden Frei=
thätigkeit begabten Wesens. Er betrachtet sonach die Freiheit mit Kant
als ein Recht, er läßt die Rechte dem Menschen in Folge seiner Ver=
nunft eigen sein, statt die Vernunft als Erkenntnißmittel der Rechte
anzusehen; er verbessert indeß Kant darin, daß er die Freiheit des
Einzelnen nicht durch die Compatibilität mit der Freiheit aller
Anderen, sondern durch die Compatibilität mit dem Status socialis
begränzt sein läßt. Er bezeichnet das mit dem Persönlichsein gegebene
Urrecht als ein förmliches, d. i. aus den Formen der Vernunft
ausfließendes Recht, was an sich richtig ist, aber von Zeiller
nicht näher begründet wird. Es genügte nicht zu sagen, der Mensch
sei im Unterschiede vom unvernünftigen Thiere ein rechtsfähiges
Individuum; denn bis auf einen gewissen Grad participiren auch die
Thiere am menschlichen Denkvermögen und überdies sind in der dem
Menschen exclusiv eignenden Vernunftthätigkeit Grade derselben zu
unterscheiden und nur der höchste derselben, welcher den Menschen zur
Erfassung der unwandelbaren ewigen Wahrheiten befähiget, reicht zur
Erklärung der Rechtsfähigkeit des Menschen aus, während Kant diese
aus der praktischen Vernunft ableiten will. Zeiller entwickelt die Speci=
ficationen des mit der menschlichen Persönlichkeit gegebenen Urrechtes
im Verhältniß der Einzelpersönlichkeit zu sich selbst, zu anderen Menschen
und zu den Dingen außer dem Menschen. Bei Erwähnung der an=
gebornen Rechte des Menschen im Verhältniß zu sich selber wiederholt
Carmignani seine oftmalige Klage über Vermengung des rechtsphilo=
sophischen Standpunktes mit jenem der Moral. Zeiller's Lehre von
den angebornen Rechten auf die Dinge leidet nach seines Kritikers
Dafürhalten an auffallenden Unklarheiten, die besonders in seiner
Lehre vom Eigenthumsrechte hervortreten. Um den Uebergang von den
angebornen Rechten zum Rechte eines erworbenen Besitzes ersichtlich
zu machen, muß er zu gewissen Mittelideen Zuflucht nehmen, welche
das Bindeglied zwischen den angebornen und zufällig erworbenen
Rechten abzugeben haben. Die Dinge außer dem Menschen sind an
sich eigentlich Res nullius, sie können aber Res non nullius werden
durch die allen Menschen zukommende Befugniß sich derselben zu
bemächtigen; und so hängt das Eigenthumsrecht subjectiv vom Urrechte
auf Aneignung einer Sache, objectiv von dem Umstande ab, daß eine
Sache noch Niemand gehört. Auf diesem Wege kommt er mit Kant und
den römischen Juristen dazu, die Besitzergreifung als Modus origi-

narius der Eigenthumserwerbung zu erklären. Wie aber, wenn Zwei oder Mehrere zugleich von derselben Res nullius Besitz ergreifen wollen, welcher aus ihnen ist der natürlich hiezu Berechtigte? Die in der Lehre von den Verträgen liegenden Schwierigkeiten sind von Kant einfach ignorirt, von seinen Anhängern nicht genügend gelöst worden. Diese Schwierigkeiten treten, die Verbindlichkeit der Verträge betreffend, besonders am Schenkungsvertrag hervor. Zeiller macht die Verbindlichkeit desselben von der Annahme desjenigen ab, welchem eine Schenkung angeboten wird. Wie aber, wenn der Geschenkgeber die angenommene Schenkung nicht vollziehen will? Darf der Geschenknehmer die Vollziehung durch Gewaltmittel erzwingen? Zeiller hält dies für erlaubt unter Berufung auf den Rechtssatz: Volenti non fit injuria. Ist aber die Anwendung von Gewaltmitteln keine Injuria?[1] Zeiller übersieht hier, wie auch weiter in seiner naturrechtlichen Beleuchtung der Erbfolge die denknothwendige Intervention von Seite der Rechtsgemeinschaft, welche der berechtigten Einzelpersönlichkeit die Erlangung ihres Rechtes garantirt. Vom Privatrecht zum Gesellschaftsrecht übergehend bemerkt Zeiller, daß nur zwei Gesellschaften, jene der Familie und des Staates, in's Naturrecht gehören und die Staatsgesellschaft speciell unter das öffentliche Recht zu subsumiren sei. Diese Aufstellungen sind durchaus unrichtig; die Familie fällt nicht unter den Begriff der Societät, weil die von ihr umschlossenen Verhältnisse nicht auf einem arbiträren Consense beruhen; ferner darf der Staat nicht mit der bürgerlichen Gesellschaft identificirt werden, weil er nur der Schutzwall derselben ist. Man kann den Staat als Form der politischen Gemeinschaft, nicht aber diese selbst aus einem Übereinkommen ableiten; es liegt nur zu nahe, in letzterem Falle die bürgerliche Freiheit dem staatlichen oder monarchischen Absolutismus zu opfern.

Carmignani will dem Kantianismus gegenüber den echten vollen Vernunftrationalismus auf dem Gebiete der Rechtsphilosophie vertreten,

---

[1] La forza che co' metodi della ragione pura la osservanza de' patti acquista, altro non è che quella del vero assoluto. Perchè questa forza, la quale agisce sull' intelletto, operi sulla volontà, il dritto ha bisogno del soccorso della religione, della morale, e della coazione che le leggi politiche creano. Il dritto della ragione autorizza l' uso della forza, o morale, o fisica, a sostegno della intellettuale, la quale competendo alla persona che ha interesse all' osservanza del patto, non può essere nello stato di società al privato permessa. O. c. IV, p. 93.

wohin er namentlich dies rechnet, daß das Recht in seiner, von der Moral es unterscheidenden rationalen Selbstigkeit erkannt werde. Mancini[1] bemerkte, daß durch Carmignani's Ansicht, welcher gemäß die Moral aus dem Rechte ausgeschieden werden und bloß die äußere Umgrenzung desselben bilden soll, das Recht dazu verurtheilt wäre, stets unmoralisch zu bleiben; die Moral gebiete ein nichtinteressirtes Wirken des Guten, durch das Recht soll dem interessirten Begehren der menschlichen Natur Genüge verschafft werden; die Moral verlange innerliche Vervollkommnung, um welche das Recht sich nicht kümmere; die Moral verabscheue die Anwendung von Gewalt, das Recht bediene sich derselben zur Erwirkung seiner selbst; die Moral gebiete alles mögliche Gute zu thun, ohne allen Anspruch auf subjective Befriedigung, und umgekehrt mißt das Recht Befriedigung demjenigen zu, der bloß um der beanspruchten Befriedigung willen dem Rechte gemäß handelt. Das rein negative Verhältniß der Moral zum Rechte und die völlige Ausschließung der Moral aus dem positiven Fundamente des Rechtes führe zu den folgenschwersten Irrthümern. Mancini nimmt hier speciell auf die Consequenzen der Rechtsphilosophie Carmignani's auf strafrechtlichem Gebiete Bezug. Je mehr der absolute Charakter des moralischen Momentes betont wird, desto mehr trete ihm gegenüber der contingente und variable Charakter des politischen hervor; bei Carmignani ist sonach das durch die Moral eingeschränkte Strafrecht auf einen durchaus wandelbaren und relativen Grund gestellt. Er protestirt allerdings gegen das Utilitätprincip als Maß der politischen Verhältnisse, aber das von ihm urgirte Nothwendigkeitsprincip ist nicht minder vag und unbestimmt, weil es gleichfalls relativ ist, somit nur in uneigentlichem Sinne Nothwendigkeitsprincip sein kann; demzufolge muß nach einem höheren, der Ethik angehörigen Principe geforscht werden, aus welchem sich bestimmt und unzweideutig ergibt, weßhalb und wann eine Strafverhängung nothwendig sei. Wir anerkennen die relative Richtigkeit der kritischen Bemerkungen Mancini's, der übrigens, wie wir oben sahen, mit Carmignani in der Verwerfung des Jus talionis als Unterlage der Strafgerechtigkeit einverstanden ist. Wir unsererseits erkennen in Carmignani's scharfer Kritik der Kant'schen Rechtslehre bezüglich dieses Punktes eines der Kriterien, welchen der von ihm angestrebte Objectivismus der philosophischen Rechtsauffassung zu unter-

---

[1] Siehe oben S. 284.

ziehen ist. Carmignani's Objectivismus geht im Humanismus auf, entbehrt sonach der wahrhaften metaphysischen Objectivität trotz Carmignani's Dringen auf Erhebung des Gedankens zum unwandelbar und ewig Wahren; die abstract metaphysische Allgemeinheit ist eben nicht die wahrhafte Allgemeinheit, daher der grundsätzliche Rationalismus nicht die höchstentwickelte Form des philosophischen Denkens sein kann, sondern vielmehr eine Abirrung desselben ist, welche nur durch Umsetzung der abstracten Universalität in die concreten Bestimmtheiten der wahrhaften Allgemeinheiten überwunden werden kann.

Carmignani fügt seiner Geschichte der Rechtsphilosophie schließlich noch die Darstellung solcher Gesellschaftssysteme an, welche auf eine andere Basis als jene des Rechtes gestellt sind oder sich zur Aufgabe setzen, das Werk der Natur in der Structur der politischen Körper tiefer zu ergründen. Aus den Systemen der ersteren Art hebt er speciell die idealen Gesellschaftsconstructionen des Thomas Morus und Campanella, sowie die politischen Theorien eines James Harrington, David Hume und die Projecte eines ewigen Friedens hervor; zu den Systemen der letzteren Art rechnet er jene der politischen Ökonomie und des Strafrechtes, unter dessen Vertretern er speciell seine Landsleute Beccaria, Renazzi, Filangieri und Romagnosi, letztere drei Vertheidiger der von Carmignani verworfenen Todesstrafe, bespricht. Beccaria, welcher für die Abschaffung der Todesstrafe plaidirt, wird von Carmignani gegen Kant, der Beccaria einer falschen Sentimentalität zeiht, in Schutz genommen; Carmignani gesteht indeß zu, daß Beccaria's philosophisches Raisonnement nicht concludent sei und aus der von Beccaria adoptirten Theorie eines ursprünglichen Gesellschaftsvertrages eigentlich die Unzulässigkeit jeder Art von Strafe resultiren würde, da keiner der Paciscenten an die durch den Vertrag zu Stande gekommene öffentliche Gewalt Rechte übertragen konnte, die er selber nicht besaß. Denn kein Mensch hat das Recht, andere Menschen sinnlichen Peinen zu unterwerfen, an ihrer Ehre zu schmälern u.s.w.; also kann er auch nicht ein derartiges Recht an den Staat abtreten. Übrigens behauptete Beccaria nicht die Unrechtmäßigkeit, sondern bloß die Entbehrlichkeit der Todesstrafe; seine Beweisführung für die Rechtmäßigkeit der Todesstrafe wird aber gleichfalls von Carmignani als verfehlt verworfen; die von Beccaria angenommene Analogie zwischen dem die Todesstrafe verhängenden Richter und dem die Gränze des Landes gegen den Landesfeind mit tödtlichen Waffen vertheidigenden

Soldaten trifft nicht zu. Für ebenso verfehlt erklärt Carmignani die Beweisführung Filangieri's, welcher das Recht des Staates, die Todesstrafe zu verhängen, auf dem Wege der Vertragstheorie als Übertragung des Rechtes jedes Einzelnen, den ungerechten Angreifer zu tödten, an den Staat gekommen sein läßt. Denn das Recht der Nothwehr im vorstaatlichen Zustande bezieht sich doch nur auf den Moment der Gefahr und ist präventiver Natur, während die durch den Staat verhängte Todesstrafe eine repressive Maßnahme ist. Wenn Filangieri in derselben eine Genugthuung sieht, welche dem Abscheu der durch das Verbrechen empörten Societät zu Theil werden soll, so läßt er unbeachtet, daß der Haß und Abscheu gegen das Verbrechen nicht so weit gehen darf, das Mitleid mit dem durch seine Einkerkerung unschädlich gemachten Verbrecher nicht aufkommen zu lassen; sollten die Gefühle des Abscheues und Schauders der Gesellschaft vor Bluttthaten das allein Maßgebende sein, so wäre der Scharfrichter eine staatlich unmögliche Person, und wäre demnach der Vollzieher der Strafsentenz nicht vorhanden. Filangieri, der eine Wissenschaft der Gesetzgebung schrieb, unterscheidet sich von Beccaria dadurch, daß er nicht nur gleich diesem die Verhängung der Todesstrafe als eine in der Competenz der Staatsgewalt liegende Maßnahme vertheidigt, sondern überdieß vom rechtsphilosophischen Standpunkte für die Beibehaltung derselben eintritt, während von eben demselben Standpunkte aus Beccaria ihre Abschaffung bevorwortet. Filangieri erhob sich allerdings als philosophischer Denker über den auf Locke's Empirismus fußenden Beccaria, indem er Locke's erkenntnißtheoretische Anschauungen mit jenen der Schule Vico's zu vermitteln sucht. Er war für Vico's speculativen Universalismus begeistert und wollte denselben noch mehr erweitern, indem er dem von demselben umfaßten Erkenntnißbereiche neben der Rechtsphilosophie auch die Wissenschaft der Gesetzgebung eingliedern wollte. Er schuf sich aber damit Schwierigkeiten, die nicht zu bewältigen waren; das ihm mit Kant gemeinsame Ringen nach einem einzigen untheilbaren Principe aller menschlichen Erkenntnisse machte ihn nicht nur an den der Acturirung des Kant'schen Transcendentalismus entgegenstehenden Hindernissen scheitern, sondern bereitete ihm durch sein Vorhaben, auch die von Kant kluger Weise bei Seite gelassene Wissenschaft der Gesetzgebung in die transscendentale Einheit alles menschlichen Wissens hineinzuziehen, noch andere Schwierigkeiten, mit welchen sich abzuringen, Kant nicht nöthig hatte.

Bei Romagnosi verwandelt sich die Befugniß des Staates, die Todesstrafe zu verhängen, aus einem Rechte der Repression, als welches Filangieri sie faßt, in ein Recht der Prävention; die gesetzliche Androhung der Todesstrafe soll von jenen Verbrechen abschrecken, auf welche sie gesetzt ist. Andererseits läßt er, da er die Todesstrafe lediglich vom Standpunkte der präventiven Gerechtigkeit auffaßt, Filangieri's Behauptung nicht gelten, daß es im Stande des vor- und außerstaatlichen Seins (stato d'insocietà) erlaubt sei, den bereits vollzogenen Mord durch Tödtung des Mörders zu ahnden; das Recht des Staates, an einem Mörder die Todesstrafe zu vollziehen, ist nicht, wie Filangieri dafürhält, ein durch den Gesellschaftsvertrag an den Staat gekommenes Recht der Einzelnen, sondern inhärirt der staatlichen Societät als solcher. Romagnosi leitet gemeinhin das Strafrecht aus dem Selbsterhaltungs- und Selbstvertheidigungstriebe der menschlichen Natur her,[1] aus welchem er auch die Gesellung der ursprünglich isolirt lebenden Menschen erklärt. Die Strafe streift im Übergange aus der Insocialità in den Stand der Gesellschaft ihren ursprünglichen Charakter als Emotion des zur Selbstwehr gereizten animalischen Lebenstriebes nur relativ ab, sofern sie vom berechnenden Verstande geregelt wird, der das Maß der Strafe bestimmt und durch die Regelung der Strafgerechtigkeit die Störungen der socialen Ordnung zu verhüten oder auszugleichen bestrebt ist. Diese Art von Rationalisirung der natürlichen Strafjustiz entspricht dem mechanistischen Charakter der philosophischen Gesammtanschauung Romagnosi's; seine Erklärung der geschichtlichen Genesis des rationalen Strafrechtes ist unzureichend, weil sie die mit dem Übergange in geordnete Gesellschaftszustände verbundene Vertiefung und Vergeistigung der Strafgerechtigkeit im religiösen und moralischen Elemente völlig ignorirt. Diese Ignorirung hat ihren Grund nicht etwa im Mangel an Sinn und Interesse für das Wesen und die Bedeutung jener beiden Elemente, sondern in einer Hinneigung zum abstract metaphysischen Denken, welches Romagnosi als das eigentliche Element der Wahrheitserkenntniß gilt. In Folge dessen sieht er in seiner Erklärung der Entstehung der Societät von den die concrete Gestaltung des Gesellschaftskörpers bedingenden Ursachen völlig hinweg und betrachtet die Gesellschaft als ein Aggregat von ähnlichen oder gleichen, nicht organisch in einander

---

[1] Romagnosi's Genesi del diritto (1791) war seine erste literarische Arbeit.

verschmelzenden Bestandtheilen, welche eben die menschlichen Individuen sind. Er glaubt in dieser augenscheinlich monadistischen Auffassung der Componenten der menschlichen Societät die factische Unterlage der rationalen Rechtsgleichheit gefunden zu haben, oder nimmt vielmehr die Gleichheit als ein mit der Natur selber schon gegebenes Factum, während sie doch wesentlich in der Vernunft begründet ist und durch das durchgreifende Walten der Vernunft in den geschichtlich sich entwickelnden Zuständen der menschlichen Gesellschaft zur realen Wirklichkeit werden soll.

Carmignani führte seine Geschichte der Rechtsphilosophie bis zum Beginne des 19. Jahrhunderts herab; Beleuchtungen der mannigfachen Gestaltungen der philosophischen Rechtslehre im 19. Jahrhunderte finden sich in den oben angeführten italienischen Werken über Rechtsphilosophie aus den letzten Decennien; eine kurze Übersicht der rechtsphilosophischen Literatur Italiens in der ersten Hälfte dieses Jahrhunderts bietet Cavagnari,[1] welcher seiner allgemeinen Schilderung der Vorgänge und Wandlungen auf dem Gebiete der philosophischen Rechtslehre des 19. Jahrhunderts kritische Notizen über die italienischen Bearbeiter derselben (Tamburini, Baroli, Romagnosi, Rosmini, Taparelli, Carlo Cattaneo, Mamiani, Albini, Buoncompagni, Foramiti, Tolomei, Villiva) eingeschaltet hat.[2] Über die durch den naturalistischen Positivismus veranlaßte neueste Wendung auf dem Gebiete der italienischen Rechtsphilosophie wurde oben berichtet.[3]

In Carle's Vita del diritto[4] liegt ein eigenartiger Versuch der Verbindung und Verschmelzung der Geschichte der humanitären Rechtsentwickelung mit der Entwickelungsgeschichte der Rechts- und Staatswissenschaften vor. Das Werk zerfällt in zwei Hauptabtheilungen,

---

[1] Odierno indirizzo ecc. (siehe oben S. 257), pp. 178 sgg.

[2] Über Carmignani bemerkt Cavagnini: Un ingegno potente il Carmignani che ha qualche rassomiglianza col potentissimo ingegno di Romagnosi, scrisse pur esso intorno alla scienza del diritto naturale senza novità di principii, ma con vigore di concetti. O. c. p. 180.

[3] Vgl. als Ergänzung hiezu A. Espinas, la philosophie experimentale en Italie (Paris, 1880), pp. 144—187, woselbst die auf die philosophische Societätslehre bezüglichen Anschauungen eines Herzen, Arbigò, E. Ferri, Lombroso, Anginlli, de Dominicis, Miraglia, Cusamano, Cossa, Lampertico, Schiatarella mehr oder weniger ausführlich besprochen werden.

[4] La vita del diritto nei suoi rapporti colla vita sociale. Studio comparativo di filosofia giuridica. Turin, 1880.

in deren erster die psychologische Genesis und historische Entwickelung der Rechtsidee aufgewiesen wird, während die zweite die Rechtsidee in den juridischen und socialen Theorien der Neuzeit zum Gegenstande hat. Carle steht unverkennbar auf dem Grunde der geschichtsphilosophischen Conception Vico's, welche er indeß im Lichte der ethnographischen, sprachwissenschaftlichen und historisch-kritischen Forschung dieses Jahrhunderts zu rectificiren, zu erweitern und dem Stande der heutigen wissenschaftlichen Bildung gemäß zu gestalten bemüht ist. Der von Vico behaupteten Gleichförmigkeit in der politischen Lebensentwickelung der Völker stellt er die Idee der Varietät der Entwickelungen entgegen, in welchen er simultan und successiv verschiedene Seiten des an sich Einen Menschenwesens zum expliciten Ausdrucke gelangen läßt. Den von Vico aufgestellten Grundgegensatz zwischen Verum und Factum adoptirt er in der Weise, daß er denselben in der neuzeitlichen Philosophie durch Hegel und Spencer repräsentirt sieht, und somit die Verschmelzung der von den genannten beiden Philosophen eingenommenen Denkstandpunkte als die philosophische Aufgabe der nächsten Zukunft ansieht. In den primitiven Rechtsinstitutionen der Menschheit erkennt er ein Ergebniß der dem Menschen durch seine reellen sinnlichen Lebensbedürfnisse aufgenöthigten Vorkehrungen, welchen indeß schon vom Anfange her das Gepräge der idealen Aspirationen der Menschennatur aufgedrückt sei. So schließt das Recht vom Anfange her einerseits ein sensibles und materielles, andererseits ein spirituelles und ideelles Element in sich, und erscheinen die ihm entsprechenden Institutionen nach der einen Seite als ein Werk natürlicher Nothwendigkeit, nach der anderen Seite als göttliche Satzung; Gott und Natur fließen im Denken des urzeitlichen Menschen ungeschieden ineinander. Dem urzeitlichen Menschen war die Natur eine Offenbarung der Gottheit und diese der Lebensgeist der Natur; auch der Mensch selbst wird in der Person des Familienvaters zum Repräsentanten der Gottheit und zu einer Art göttlichen Wesens, und damit zu einem Horte der auf göttliche Auctorität gestützten Lebensordnung. Aber nicht nur der Mensch, sondern alle Kräfte der Natur verwandeln sich ihm in göttliche Mächte; jedes Naturphänomen wird ihm zu einer Manifestation der Gottheit. Wie Gott und Natur im menschlichen Denken ungeschieden ineinander fließen, so im Wollen der physische Instinct und die sittliche Aspiration; mit dem Gefühle der Berechtigung verknüpft sich unmittelbar Gewaltanwendung zur

Erreichung des Gewollten, und die im Namen des Rechtes geübte Gewalt ist ihm ein durch den Willen der von ihm angerufenen Gottheit autorisirtes Handeln. Dieses von einem unentwickelten Vernunftinstincte geleitete Handeln, welches im Dienste der instinctiv appercipirten Rechtsidee steht, führt, soweit es im Götterwillen seine Sanction sucht, zu einer Feststellung seiner Berechtigung durch religiös sanctionirte Riten und Satzungen, in welchen sich die Ausdrücke des primitiven rohen Rechtsbewußtseins reflectiren und fixiren; die einem besonderen Stande zugefallene Deutung und Erklärung derselben ist die primitive Gestalt der Rechtskunde. Die meditativen Rechtskundigen oder Priester scheiden sich als besonderer Stand von den Männern der That ab, welche im Dienste des gesetzlich fixirten Götterwillens als Leiter und Führer der Übrigen thätig sind; die Dienenden und Gehorchenden ordnen sich unter der Herrschaft des religiös geheiligten Rechtszwanges zum Betriebe der besonderen, die Erhaltung eines geordneten Gesellschaftszustandes bedingenden Beschäftigungen. In dieser primitiven Gesellschaftsordnung ist der lebensfähige Ansatz aller weiteren Entwickelungen der menschlichen Rechtsgemeinschaft zu erkennen. Dieser Ansatz war auf verschiedenen Erdgebieten mehrfältig vorhanden; der lebensfähigste und entwickelungsfähigste war unstreitig jener, aus welchem nach dem Zeugniß der Geschichte die heutige europäische Civilisation erwachsen ist. Die Wiege derselben ist die centralasiatische Hochebene Pamir, von welcher zuerst die Hamiten, dann die Semiten ausgezogen sind, letztlich die arischen Völker, deren Abkömmlinge zum größeren Theile die Völker des heutigen Europa sind. Die ursprüngliche Gesellschaftsverfassung der Arier war die aus Familienverbänden herausgewachsene patriarchalische, ihrer Lebensweise und Beschäftigung nach waren sie theils Hirten, theils Ackerbauer; sie zerfielen in eine Mehrzahl von Stämmen, welche, durch das Band gemeinsamer Religionsanschauungen, ökonomischer und rechtlicher Einrichtungen miteinander verbunden, den Uransatz der arischen Völkerfamilie constituirten.

Carle verfolgt nun zunächst die Entwickelung der Gesellschaftszustände der Arier in Indien und Iran, und geht sodann auf die in Europa eingewanderten arischen Stämme und Völker, auf die Griechen, Römer und Germanen über. Auf die Celten und Slaven will er nicht näher eingehen, weil sie auf die Weiterentwickelung der Rechtszustände der arischen Völkerfamilie keinen wesentlichen Einfluß nahmen, und überdieß die Celten unter römischer Herrschaft ihr eigenthümliches Wesen rasch einbüßten. Griechen, Römer und Germanen weisen in den ursprünglichen Gestaltungen ihres Lebens auf europäischem Boden noch deutlich ihren Zusammenhang mit ihren asiatischen Stammesgenossen vor; die Prävalenz des religiösen Elementes und die Vorliebe für Dorfgemeinschaften deuten auf denselben hin. Die Versetzung auf fremden Boden und in ein anderes Klima, sowie die Nothwendigkeit, zu der auf europäischem Boden vorgefundenen Bevölkerung sich in's Verhältniß zu setzen, führten bald zu einer wesentlichen Änderung des aus Asien mitgebrachten Lebenstypus; das religiöse Element trat hinter die Entwickelung des gemeinbürgerlichen, politischen und militärischen Wesens zurück, der Arbeiterstand sank zum Loose tiefster gesellschaftlicher Niedrigkeit herab. An die Stelle des patriarchalischen Regimentes trat die städtische bürgerliche Verfassung; damit hieng die Scheidung zwischen Res publica und Res privata, der politischen Oberhoheit von der väterlichen Gewalt, des öffentlichen Rechtes vom Privatrechte zusammen. Während im Orient die Gemeinsamkeit des Blutes und der Abstammung den eigentlichen Kitt der gesellschaftlichen Vereinigung bildete, wurde im Occident die Gemeinsamkeit des Territoriums und Theilhabens an den gemeinsamen Aufgaben und Pflichten des bürgerlichen Gemeinwesens zum lebendigen Bande der unter gleichen Einrichtungen und Gesetzen lebenden Gesellschaft. Die Lostrennung vom gemeinsamen Ursitze führte auch zur Entwickelung der individuellen Anlagen der drei Hauptfamilien der europäischen Arier; bei den Griechen war es die Denkanlage, bei den Römern der feste und beharrliche Wille, deren Entwickelung die weitere geschichtliche Entwickelung beider Völker charakterisirt; bei den Germanen wog die Entwickelung der physischen Vollkraft und Stärke vor. Die individuelle Entwickelung reflectirte sich auch in den religiösen Anschauungen und socialen Institutionen. Die Griechen liebten es, der Gottheit das bevorzugende Attribut der Allwissenheit zuzutheilen, während den Römern das providentielle Walten derselben sich in den Vordergrund stellte; der Hauptgott der Germanen war vorherrschend kriegerischer Natur. Die Griechen waren im unruhigen Suchen nach dem Idealstaate begriffen, während die Römer, ohne ideale Aspirationen in Bezug auf die Gestaltung des Familienlebens und des Staatswesens auszuschließen, doch vor Allem den realen Nothwendigkeiten Rechnung trugen; dem Germanen war die Behauptung der persönlichen Unabhängigkeit das Höchste. Die Griechen faßten den Staat mit Vorliebe als ethische Gemeinschaft und Erziehungsanstalt auf, die Römer als Rechtsgemeinschaft, die Deutschen als militärischen Organismus. Obwol ferner bei allen drei Völkerfamilien die drei Elemente des alten Municipallebens: Königthum, Senat und Volk mehr oder weniger distinct hervorgebildet waren, hielten doch die Römer mit Vorliebe am aristokratischen Elemente des Senates fest, während bei den Griechen die ursprünglich monarchische Regierungsform schließlich in Demokratie überging, und die Germanen von einer ursprünglich demokratischen Gemeinschaft zum Königthum gelangten. Die Griechen forschten nach den Vernunftgründen des Rechtes und waren die ersten Rechtsphilosophen; die Römer faßten das Recht vorherrschend unter dem Gesichtspunkt des Gesetzes, dem der individuelle Wille sich zu fügen hat, und gingen von ihren alten Gewohnheiten und Überlieferungen aus, welche sie den neu eintretenden factischen Exigenzen anpaßten; an der Beständigkeit der einmal festgestellten rechtlichen Ordnung festhaltend drangen sie auf dem Wege geschichtlicher Fortentwickelung schließlich zu den inneren Vernunftgründen der Gesetze vor. So waren sie die ersten Rechtshistoriker, und in der Ausbreitung ihrer Rechtsordnung über ihren gesammten Herrschaftsbereich die ersten Gesetzgeber der Welt. Die Germanen faßten das Recht als Befugniß der Person, der Familie, des Stammes auf, und bewahrten in ihrem Rechte die Züge der überquellenden Leidenschaftlichkeit des primitiven Menschen; so hinterließen sie der Welt ein Bild der thatsächlichen ursprünglichen Beschaffenheit des Rechtes.

Die Idee des Gerechten war in den ältesten Zeiten der Griechen unmittelbar mit der Idee der Gottheit verknüpft. Bei Homer erscheint die Themis als Dienerin des Zeus; die vom König ausgehenden Rechtssprüche heißen: Θέμιστες; die Ausdrücke Μοῖρα, Ἀνάγκη Νέμεσις, Ἀδράστεια drücken das Bewußtsein der unverletzlichen Heiligkeit der sittlichen Ordnung aus; das Gesetz (νόμος) wurde als Geschenk der Götter angesehen und als Palladium des Gemeinwesens (πόλις) verehrt. In den ältesten griechischen Philosophenschulen reflectirte der Begriff der Δίκη den Geist der einzelnen Schulen; dem aus der jonischen Schule hervorgegangenen Heraklit erschien sie als Naturnothwendigkeit, den Eleaten als metaphysische Nothwendigkeit, die Pythagoräer erkannten in ihr die Harmonie als Grundbedingung der Ordnung des Universums. Die Sophisten, welche gegenüber der Naturphilosophie den Menschen zum Maße aller Dinge machen wollten, bereiteten das Auftreten des Sokrates vor, welcher dem Gutdünken des empirischen Individualmenschen der Sophisten den aus seinem inneren Wesen verstandenen Menschen substituirte, und aus diesem die sittliche und rechtliche Ordnung des Menschendaseins aufzuhellen bemüht war. Ihm war die Tugend mit Vernunft und Weisheit identisch, die ihm im Verhältniß des Menschen zur Gottheit als Frömmigkeit ($\varepsilon\upsilon\sigma\varepsilon\beta\varepsilon\iota\alpha$), im Verhältniß zu anderen Menschen als Gerechtigkeit, im Verhältniß des Menschen zu sich selber als Stärke und als Maßhaltung erschien. Die Gerechtigkeit definirt er als Kenntniß und Beobachtung der Gesetze, welche sich ihm in geschriebene und ungeschriebene scheiden; die geschriebenen Gesetze gelten für ein bestimmtes Gemeinwesen, die ungeschriebenen sind aller Orten verbindlich, daher es unmöglich ist, der Ahndung ihrer Verletzungen sich durch die Flucht zu entziehen. Das Recht ist bei Sokrates noch nicht von der Ethik, das Justum noch nicht vom Honestum und Utile geschieden; dem Staate obliegt nicht bloß die Verwaltung der Justiz, er ist auch Erziehungsanstalt. Die Kunst der Staatslenkung gilt ihm als ächte Wissenschaft, daher es ihm thöricht erschien, die Wahl der Lenker der Gemeinwesen, statt von der persönlichen Tüchtigkeit, vom Zufalle des Loosens abhängig zu machen. In das Erbe der sokratischen Weisheit theilten sich Plato und Aristoteles derart, daß ersterer das innere Wesen des Gerechten, letzterer die sociale Seite desselben speciell zu beleuchten und zu entwickeln unternahm. Beide hielten gleich Sokrates an der ungeschiedenen Einheit der Tugend und des Gerechten fest. Dem Plato galt die Gerechtigkeit des Individuums und des Staatswesens als diejenige Tugend, welche beiderseits die harmonische Einheit der integrirenden Theile und Kräfte des Ganzen aufrecht hält. Aristoteles sieht das der Gerechtigkeit mit allen anderen Tugenden gemeinsame Wesen in der Behauptung der richtigen Mitte; im Unterschiede von den übrigen Tugenden ist ihm die Gerechtigkeit die Tugend des richtigen Verhaltens der Menschen zu einander, welcher er eine einläßliche Erörterung widmet. Er unterscheidet zwischen commutativer und distributiver, legaler und natürlicher Gerechtigkeit, zwischen particulärem und generellem, geschriebenem und ungeschriebenem Rechte, zwischen politischem Recht, Herrenrecht, Vaterrecht und Hausrecht; er erörtert ferner den Unterschied zwischen Recht und Billigkeit, welche letztere er als Ermäßigung der Strenge des geschriebenen Rechtes fordert. In Bezug auf das Wesen des Staates sind Plato und Aristoteles darin einig, daß sie ihn als ein organisches Ganzes ansehen, und ihm eine dreifache Aufgabe, eine ethische, juridische und wirthschaftliche, zuweisen, daß sie ihn als Werk, nicht der menschlichen Übereinkunft, sondern der Natur ansehen, und das allgemeine Interesse desselben den Interessen der Einzelnen überordnen. Diese Gemeinsamkeit der Auffassungsweise ist im hellenischen Begriffe vom Staate begründet, der aber von beiden Philosophen grundverschieden ausgestaltet wird. Bei Plato wiegt der Einheitsgedanke vor; ihm ist der Staat lediglich der Mensch im Großen oder der collective Mensch, welchen er möglichst dem individuellen Menschen zu conformiren bestrebt ist; die Dreitheilung des Staatskörpers, die Ansicht, daß die Philosophen die gebornen Herrscher seien, die Aufhebung der Familie und des Eigenthums sind in dieser seiner Grundanschauung vom Wesen des Staates begründet. Aristoteles hingegen sieht im Staatsganzen eine Zusammenfügung aus diversen Elementen, eine Gemeinschaft von Freien und Gleichen, deren natürliche Rechte gewahrt bleiben müssen, mit Ausnahme der Sklaven und niedersten Handwerker, welche er aus der Zahl der freien Bürger ausschließt. Er verlegt den Schwerpunkt des bürgerlichen Gemeinwesens in die Mittelclassen, welche das Gleichgewicht im Staatswesen gegen die möglichen Störungen von den obersten und untersten Kreisen der Societät aufrecht erhalten müssen. Er hält sich in Ermittelung der zweckdienlichen Einrichtung des Staates an die Ergebnisse der Beobachtung und Erfahrung, und bekämpft den platonischen Idealstaat, stimmt indeß mit Plato schließlich darin überein, daß die Tugenden des Einzelindividuums auch jene des gesunden und wohlgeordneten Staatswesens sein müssen, und der Staat seine Bürger für ihren politischen Beruf zu erziehen habe. Mit dem Verhältniß zwischen Plato und Aristoteles hat jenes zwischen Zeno und Epikur eine gewisse Ähnlichkeit, indem die Stoa vom Gedanken des Allgemeinen ausgeht, in welchem sie alles Besondere befaßt sein läßt, während Epikur vom Vielen und Besonderen ausgeht, aus welchem er das Ganze zusammengesetzt sein läßt. Das Alles in sich fassende Allgemeine der Stoiker ist die Weltseele, das Viele und Besondere der Epikuräer sind die Atome. Die stoische und epikuräische Schule entstanden zu einer Zeit, welche die politische Lebensblüthe der griechischen Gemeinwesen als etwas Vergangenes hinter sich hatte; daher waren die Forschungen dieser Schulen nicht mehr auf Gewinnung der Idee des besten nationalen Staates gerichtet, sondern zogen sich auf das Gebiet des rein Menschlichen zurück, womit allerdings trotz des Herabsinkens von der Höhe der platonisch-aristotelischen Speculation relativ auch eine gewisse Erweiterung des Gesichtskreises verbunden war, namentlich bei den Stoikern, welche sich zur Idee des Weltstaates erhoben, und in ihren späteren Vertretern die Sklaverei als rechtswidrig verwarfen. Dem politischen Ideale des Plato und Aristoteles wurde in beiden Schulen das Ideal des Weisen substituirt, dessen geistiges Geschick und Können darin besteht, daß er sich mit den thatsächlich gegebenen Verhältnissen in der besten Weise zurechtsetzt; die Epikuräer empfahlen die auf Wahrung der ungestörten Seelenruhe bedachte Klugheit, die Stoiker drangen auf die unter allen Umständen unerschütterlich sich behauptende Tugend. Den Epikuräern galt das Nützliche, den Stoikern das Gerechte als die Norm des menschlichen Handelns. Die Epikuräer stellten im Interesse ihres Nützlichkeitsprincipes die Rechtsregel auf: Neminem laedere, um Provocationen zur Schädigung der selbsteigenen Interessen von Seite Anderer zu verhüten; sie betrachteten in Folge dessen alle Regeln des gegenseitigen Verhaltens des Menschen als Werk der Übereinkunft im persönlichen Interesse aller Einzelnen. Den Stoikern hingegen war das Gerechte etwas vor aller menschlichen Übereinkunft und unabhängig vom menschlichen Wollen oder Nichtwollen Geltendes, in dessen Anerkennung sich alle Menschen und Völker zusammenzufinden haben, um der das menschliche Leben durchwirkenden allgemeinen göttlichen Vernunft zum vollkommenen Ausdrucke zu verhelfen.

Die Doctrinen der Stoiker und Epikuräer trugen viel zur Entwickelung der Rechtswissenschaft bei, nicht unter den philosophirenden Griechen, sondern bei den Römern, welchen mit dem gesetzgeberischen Weltberufe auch jener, die Rechtswissenschaft zu pflegen und zu entwickeln, zugefallen war. Die römische Rechtskunde hatte sich aus der den Prätoren anheimgegebenen Interpretation des Zwölftafelgesetzes entwickelt, welches als ursprüngliches Jus strictum und Jus ipsum sich allmälig zum Jus civile fortbildete, und von da unter Anpassung an die in den Verband des römischen Weltreiches aufgenommenen Völker zum Jus gentium sich erweiterte. Über die Zeit, in welcher die Bekanntschaft mit der griechischen Philosophie zum ersten Male auf die römische Rechtsdoctrin Einfluß zu nehmen begann, läßt sich nichts

Gewisses feststellen; dieser Einfluß wird erst da greifbar, wo die Römer mit stoischer und epikuräischer Philosophie sich bekannt machten, deren praktische Tendenzen ihnen entschieden weit mehr zusagten als die idealen Speculationen der vorausgegangenen Epoche der griechischen Philosophie. Das Gebäude der römischen Jurisprudenz hatte allerdings, rebus ipsis dictantibus et necessitate exigente, ausschließlich aus dem römischen Rechtsdenken sich entwickelt; bei der Abfassung einer rationalen philosophischen Einleitung in das System der römischen Rechtskunde aber sahen sich die römischen Gesetzeskundigen an die griechische Philosophie angewiesen. Sie mußten sich namentlich von dem stoischen Gedanken der alle Weltdinge leitenden göttlichen Universalvernunft angezogen fühlen, als deren Ausdruck ihnen die Gesetzesweisheit des römischen Weltreiches erschien. Die drei rationalen Grundregeln der römischen Jurisprudenz: Honeste vivere, Neminem laedere, Cuique suum tribuere, waren aus der griechischen Philosophie geschöpft, die erste aus der stoischen Lehre, die zweite aus der epikuräischen, die dritte aus der pythagoräischen Lehre. Dem Einflusse der griechischen Philosophie ist es zuzuschreiben, daß Ulpian und andere Juristen dem Jus civile und Jus gentium das Jus naturale als drittes Recht zur Seite treten ließen. Gajus u. A. verflochten das Jus naturale auf's Engste mit dem Jus gentium, oder ließen letzteres, wie der Jurist Paulus, völlig im Jus naturale aufgehen.

Bei den Germanen findet sich ein sehr stark entwickeltes Gefühl der persönlichen Individualität vor; der Begriff der collectiven Persönlichkeit ist anfangs noch sehr wenig entwickelt, völlig unentwickelt sind die Begriffe des Gerechten und Sittlichen; der Begriff des Nützlichen äußert sich als Zügel der gemeinschädlichen Auswüchse der Privatrache. Die persönliche Individualität, welche sich als undisciplinirte Kraft vordrängt, wird durch den Einfluß der römischen Gesetzgebung civilisirt, durch jenen der christlichen Idee ethisirt. Das germanische Wesen tritt beim Zusammenbruche der alten Welt als eine neue physische und moralische Energie in Action, um die alternde Gesellschaft mit neuer Lebenskraft zu durchgeisten und die Anfänge von geistig-sittlichen und politischen Lebenszuständen zu gründen, deren entwickeltere Ausgestaltung dem neuzeitlichen europäischen Völkerleben angehört. Die Lebens- und Rechtszustände des Mittelalters sind als Übergang aus dem classischen Alterthum in das neuzeitliche Rechts- und Bildungsleben zu verstehen. Im Übrigen darf nicht übersehen werden, daß die drei Völker: Germanen, Römer, Griechen, wie sie ihrem Ursprunge nach stammverwandt aus einer gemeinsamen Wurzel hervorwuchsen, so auch die Eine Idee des Rechtes nach drei verschiedenen einander ergänzenden Seiten zur Anschauung bringen, und daß sich in der geschichtlichen Aufeinanderfolge ihrer Entwickelungen eine Logik der Geschichte offenbart, welche zugleich auch die Geschichtslogik der Rechts- und Staatsidee darstellt. Griechen, Römer und Germanen repräsentiren die drei menschlichen Grundvermögen des Nosse, Velle, Posse. Den Griechen ist das Recht wesentlich Gegenstand der philosophischen Erkenntniß, den Römern Object des gesetzgeberischen Willens, den Germanen der Schutz der individuellen Freiheit. Die Griechen erhoben sich zur Idee des natürlichen Rechtes, die Germanen kannten anfangs nur ein positives Recht, das römische Jus gentium bildet den vermittelnden Übergang aus dem positiven Rechte in das natürliche Recht. In der universalisirenden Auffassung der Griechen kommt der Staat zu einer Geltung, durch welche das Recht der Individualität niedergehalten wird, während umgekehrt der Germane gegen die Bindung seines persönlichen Willens durch den universalen Staatswillen sich sträubt; bei den Römern ist die Ausgleichung dieser beiden entgegengesetzten Tendenzen vom Anfange her durch den Begriff der Familie als Complex der einem herrschenden väterlichen Willen unterworfenen Personen gegeben, welcher sich auch, wie schon der Name Patria andeutet, auf die Auffassung des Staatswesens übertrug. Von den drei in die Philosophie des römischen Rechtes aufgenommenen Grundregeln entspricht das Neminem laedere specifisch der germanischen Rechtsauffassung, das Honeste vivere der griechischen, das Suum cuique tribuere der römischen.

Die tausendjährige Epoche des Mittelalters, welche den Übergang aus dem classischen Alterthum in die Neuzeit vermittelt, bedeutet bei Carle den Anfang eines neuen geschichtlichen Lebens, welcher mit dem ersten Anfange des geschichtlichen Lebens der vorchristlichen Zeit die Ungeschiedenheit der religiös-moralischen und rechtlich-socialen Grundbegriffe und wesentlichen Institutionen gemein hat. Es wiederholt sich hier die Ineinandermengung von Gott, Mensch und Natur, Religion, Wissenschaft und Recht, Kraft, Übereinkommen und Religion, Individuum, Familie und Staat, Vertheidigungsrecht, Eigenthumsrecht und Freiheitsrecht, religiösem, politischem und kriegerischem Wesen. Die ideellen Einigungspunkte der europäischen Gesellschaft während dieser Umgangszeit sind Kaiserthum und Papstthum. Die mittelalterliche Lebensepoche Europas zerfällt in die drei Zeitabschnitte der Völkerwanderungen, der Feudalherrschaft und der Municipalentwickelung. In dem ersten dieser drei Zeitabschnitte wiegt das Individualitätsprincip vor, im zweiten gelangt das patriarchalisch-familienhafte Wesen zum specifischen Ausdrucke, im dritten erwacht der Geist des öffentlichen Lebens und die Staatsidee; im ersten handelt es sich lediglich um Sicherstellung der socialen Ordnung, im zweiten um die Regelung des Grundbesitzes, im dritten um die Garantien der bürgerlichen und municipalen Freiheiten.[1] Von den beiden leitenden Mächten der Zeit sucht die eine, die Kirche, ihren geistigen Rückhalt in der griechischen Philosophie, die andere, das Kaiserthum, im römischen Rechte. Die scientifische Entwickelung der scholastischen Theologie und des römischen Rechtes gehen parallel nebeneinander einher. Die in beiden Wissenschaften verkörperten Grundanschauungen haben ihre specifischen Repräsentanten in Thomas Aquinas und Dante Alighieri, deren ersterer den Gipfelpunkt und Abschluß der vorausgegangenen ideellen Strebungen des Mittelalters darstellt, während letzterer trotz seines innigen geistigen Zusammenhanges mit Thomas die Keime der Ideen, die im Renaissancezeitalter zur Entfaltung gelangen sollten, in sich trägt. Die Emancipationsbestrebungen der Renaissance leiden an Unklarheit und Ideenverworrenheit; zuerst gelangte die Pflege der Naturwissenschaften auf dem Wege der Beobachtung, des Experiments und Calculs zu klaren und bestimmten Auffassungen; die Pfleger der juridischen und socialen Wissenschaften suchen auf dem Wege vergleichender Rechts- und Gesetzeskunde zu rationalen Anschauungen zu gelangen, haben aber nicht den Muth, ausgesprochene Rationalisten zu sein, sondern orientiren sich an den Auctoritäten der religiösen und gelehrten Über-

---

[1] Wie die Auffassung der mittelalterlichen Lebensentwickelung als Wiederholung der ihr entsprechenden Epoche der vorchristlichen Weltzeit eine Reproduction der geschichtsphilosophischen Anschauung Vico's ist, so sind auch die Triaden: Tutela, Dominium, Libertas — Neminem laedere, Suum cuique tribuere, Honeste vivere, sowie die Ableitung des gesammten juridisch-politischen und politisch-geschichtlichen Triadismus aus dem psychologischen Ternar: Nosse, Velle, Posse aus Vico entlehnt. Vgl. meine Schrift: „Vico als gelehrter Forscher", SS. 124 ff. und Vico Opp. III, pp. 19 sqq u. 194 sqq. Carle geht nur insofern von Vico ab, als er Vico's Zurückführung des psychologischen Ternars Nosse, Velle, Posse auf dessen urhaftes Sein in Gott, und damit auch die christliche Fundirung der Rechts- und Gesellschaftslehre Vico's bei Seite läßt.

lieferung. Zuletzt sucht der menschliche Geist in der cartesischen Doctrin auf dem Gebiete der metaphysischen Disciplinen sich auf sich selber zu stellen.

Die Ordnung in der Aufeinanderfolge der Emancipation der drei Hauptclassen des menschlichen Wissensstrebens von der mittelalterlichen Lehrüberlieferung reflectirt sich in der Aufeinanderfolge des Einflusses, welchen drei Männer auf die wissenschaftliche Gestaltung des Jus naturale genommen haben: Hobbes, Grotius, Kant. Hobbes kam von mathematisch-physikalischen Studien, Grotius vom Studium der praktischen Jurisprudenz und der Doctrinen der alten Philosophen und Rechtsgelehrten, Kant von metaphysischen Studien zur Behandlung der Probleme des Jus naturale heran. Hobbes knüpfte an Ulpian's Definition des Naturrechtes als des von der Natur allen sinnlichen Lebewesen gelehrten Rechtes an; er berührt sich in seiner Erklärung des Ursprunges des Rechtes mit Epikur, der es aus dem Nutzens-vertrage ableitete, ließ jedoch, hierin vom Geiste Epikurs abgehend, in jenem Nutzensvertrage alle persönliche Freiheit untergehen. Hobbes ist als der Begründer der positiven Methode in der Behandlung des Naturrechtes anzusehen, da er einerseits auf Beobachtung und Erfahrung, andererseits auf eine unerbittlich strenge Logik sich stützt. Hugo Grotius, der Begründer der geschichtlich vergleichenden Methode auf rechtswissenschaftlichem Gebiete, knüpft an die von Gajus gegebene Definition des Naturrechtes an: Jus naturale est, quod ratio naturalis inter omnes homines constituit et quod apud omnes gentes peraeque custoditur. Kant's Metaphysik des Naturrechtes begründet diese Wissenschaft aus einem Gebote der allgemeinen praktischen Vernunft, welches bereits der römische Jurist Paulus anticipirt hatte, wenn er das Jus naturale definirt als dasjenige, quod semper bonum et aequum est. Hobbes, Grotius, Kant knüpfen jeder an eine bestimmte Seite der menschlichen Natur an, Hobbes an den Selbsterhaltungstrieb, Grotius an den Geselligkeitstrieb, Kant an den Vernunfttrieb der Menschennatur. Sie bringen ferner in ihren natur-rechtlichen Doctrinen je einen der drei rationalen Fundamentalsätze der römischen Jurisprudenz zum Ausdrucke: Hobbes das Neminem laedere, Grotius das Suum cuique tribuere, Kant das Honeste vivere.

Jede der von diesen drei Männern angegebenen Grundrichtungen der rechtsphilosophischen Forschung systemisirte sich in einer besonderen Schule; daher man drei Hauptschulen rechtsphilosophischer Forschung zu unterscheiden hat, die positive, historische und ideale Schule. Die ideale Rechtsauffassung hatte in uralterster Zeit die Form einer poetischen Imagination, welche sich bei den Griechen rationalisirte, aber noch nicht jene abstract metaphysische Gestaltung annahm, die ihr in der Neuzeit in Folge der Vernachlässigung der Beobachtung der Thatsachen zu Theil wurde. Die Einseitigkeit der neuzeitlichen transcendenten Rechtsphilosophie mußte eine Reaction hervorrufen, die ihr zunächst in der historischen Schule, weiter dann in der positiven Schule als Compensationsmittel gegenübertrat. Die neuzeitliche historische Schule entwickelte sich vornehmlich am Studium der römischen Jurisprudenz, deren System ja selbst aus einem historischen Entwickelungsgange von wunderbarer Continuität in consequentem Fortschreiten herausgewachsen war. Bereits ein Bodinus, Machiavelli, Vico, Montesquieu waren mit Vorliebe der römischen Rechtsentwickelung nachgegangen, diesen Männern hatten die gelehrten Philologen und Sammler vorgearbeitet, indem sie ihnen das Materiale für ihre Generalisationen der Ergebnisse der vergleichenden Rechtsgeschichte unterbreiteten. Zum Bewußtsein ihrer selbst wurde die historische Schule durch die Ausschreitungen der ersten französischen Revolution gebracht, und nahm nunmehr der dogmatischen oder rationalen Schule gegenüber entschieden Stellung. In England war es Burke, in Deutschland F. C. Savigny, welche den Kampf gegen sie aufnahmen. Die rationale Schule konnte sich des tiefgreifenden Einflusses der historischen Schule nicht erwehren, und gab ihre abstract metaphysischen Tendenzen auf, während umgekehrt auch die Vertreter der historischen Schule den Anregungen von entgegengesetzter Seite her sich nicht entzogen. Die Existenzberechtigung der positiven Schule beruht darauf, daß die wissenschaftliche Forschung nicht bei der Existenz des Rechtes als eines historischen Factums stehen bleiben, sondern auch die inneren Nothwendigkeitsgründe dieses Factums verstehen will. Soweit nun diese in der menschlichen Natur zu suchen sind, handelt es sich um das Studium der Menschennatur und der gesetzmäßigen Vorgänge ihrer Entwickelung, deren Ermittelung zufolge des Umstandes, daß der Mensch nicht bloß Geistwesen, sondern wesentlich auch Naturwesen ist, auf naturwissenschaftlicher Grundlage sich zu vermitteln hat. Carle will die Mängel des einseitigen Vorwaltens der rein naturwissenschaftlichen Betrachtungsweise nicht verkennen, er vindicirt jedoch der positiven Rechtsschule das Verdienst, die Aufmerksamkeit in der Beobachtung der natürlichen Ursachen historischer Vorgänge geschärft, und gegen die Methoden eines voreiligen Generalisirens und rationalen Construirens ein heilsames Gegengewicht geschaffen zu haben.

Indem Carle der neuesten Entwickelung der genannten drei Schulen auf deutschem Boden nachgeht, bespricht er zuerst die Hegel'sche Philosophie als Culminationspunkt des Vernunftidealismus, die Philosophie des Willens in den Systemen Schelling's, Schopenhauer's und Hartmann's, und die Philosophie des Stoffes und der Kraft in der von Moleschott, Häckel und Büchner ihr gegebenen Gestaltung; er geht sodann auf die Resultate über, welche aus einer vergleichenden Zusammenhaltung der Bestrebungen dieser drei Schulen sich ergeben, und auf den Gewinn, welcher aus denselben für die Erkenntniß der menschlichen Lebewelt und Societät und für die Rechtswissenschaft sich absetze. Das Leben der Menschen muß aus dem Leben des Universums verstanden werden; in den allgemeinen Gesetzen der Lebensentwickelung des Universums sind auch jene der Menschheit enthalten. Das Grundgesetz des Menschheitslebens ist die allseitige Entfaltung der Menschennatur; diese fällt aber unter einen dreifachen besonderen Gesichtspunkt, unter jenen der fortschreitenden Evolution des Menschen als Naturwesens, der fortschreitenden Civilisation des Menschen als Socialwesens, der fortschreitenden Vergeistigung des Menschheitsdaseins mit Rücksicht auf das ideale und moralische Dasein des Menschen. Die fortschreitende Evolution ist durch bestimmte Beschaffenheiten des Klimas, des Bodens und von der Raçenbeschaffenheit bedingt; von der Gunst oder Ungunst dieser Bedingungen hängt das Vorwärtsschreiten bestimmter Stämme und Völker, das Zurückbleiben oder völlige Absterben anderer Stämme ab. Auf Grund der fortschreitenden physischen Evolution vollzieht sich durch das Mittel der immer weitere Kreise umfassenden und stets inniger sich gestaltenden Association die fortschreitende Civilisation. Die associirten Menschenkräfte nehmen den Kampf gegen die ihr Dasein gefährdende äußere Natur auf, gestalten dieselbe nach ihren Bedürfnissen um, regen sich gegenseitig durch Austausch ihrer civilisatorischen Errungenschaften an, schaffen die zum gesicherten Gesellschaftsstande erforderlichen und denselben fördernden Einrichtungen und Ueberlieferungen. Auf Grund dieser entwickelt sich der geistige und sittliche Fortschritt der Menschheit. In der ersten geschichtlichen Lebensepoche der Menschheit, welche dem Orient angehört, überwog die Evolution, in der classisch-antiken Welt machte die Civilisation mächtige Fortschritte; die Signatur der modernen Menschheit, die weit irritabler, nervöser, schwerer zufrieden zu stellen ist, als die Menschengenerationen der vorausgegangenen Menschheitsepochen, ist das Anstreben des Unendlichen der significante Zug. In der Menschheit herrscht weder die physische Nothwendigkeit der äußeren Naturwelt, noch die vom Geiste begehrte unumschränkte Freiheit, sondern ein die Mitte zwischen beiden haltender unwiderstehlicher Zug, aus dessen Macht das relative Wahrheitsrecht der Anschauungen einer jeden einzelnen der genannten drei Schulen sich erklärt. Jede hat ihren besonderen Beitrag zur Wissenschaft des Rechtes zu liefern; die positive Schule klärt die Facta und Ursprünge auf, die historische Schule eruirt durch ihre vergleichende Methode die constanten Gesetze der Entwickelung, die idealistische Schule deckt die höchsten geistigen Principien auf, welche dem Entwickelungsstreben als Leitsterne dienen.

Das Recht als Object der Erkenntniß fällt der Wissenschaft anheim; das Recht als Gesetz ist Schöpfung des Willens, der in der Schaffung desselben von einem dreifachen Motive ausgehen kann, von einem moralischen Motive, vom Bemühen um gerechte Zutheilung an Alle, von Nützlichkeitserwägungen. Mit Rücksicht hierauf hat man drei Rechtsschulen zu unterscheiden: die moralistische, juridische und utilitarische Schule. Der Führer der neuzeitlichen moralistischen Schule ist Kant; in Italien ist dieselbe vertreten durch Mamiani, während sein Gegner Mancini sich als Anhänger der Juristenschule zu erkennen gab. Diese letztere, die in Italien, dem classischen Lande des römischen Rechtes, von Altersher vertreten war, hatte vor Mamiani ihre ausgezeichneten Repräsentanten in Vico, Stellini, Romagnosi. Der hervorragendste neuzeitliche Vertreter der utilitarischen Schule ist Bentham, welchem sich Austin, Stuart Mill, Bain und Spencer anreihen. Utilismus ist nicht identisch mit Egoismus; vielmehr zeigt die beim Altruismus Spencer's anlangende Entwickelung der utilitarischen Schule, daß dieselbe zur juridischen und moralischen Schule sich in harmonischen Contact zu setzen weiß; die Engländer, unter welchen die Utilitarierschule ihre hervorragendsten Repräsentanten zählt, gelten vor allen übrigen Völkern als eine philanthropisch gestimmte Nation. Schon im Alterthum zeichneten sich die specifischen Vertreter des Utilitarismus, ein Epikur und Pomponius Atticus, durch ihre Empfänglichkeit für die Gefühle der Freundschaft aus; dasselbe gilt für die neuere Zeit von Helvetius. Die Legislation kann vom Utilitätsprincipe schon darum nicht absehen, weil die evidente Nützlichkeit eines Gesetzes einen wirksamsten Antrieb zur Beobachtung desselben in sich schließt. Die Idee des Gerechten hat als Ausgleicherin der verschiedenen theilweise antagonistischen particulären Interessen einzutreten und das Staatsbewußtsein des Bürgers zu wecken; der Bürgersinn selber aber ist bereits moralische Gesinnung, welcher das Gerechte, auch abgesehen von seiner Beziehung zum gemeinen Besten, als nothwendig und wahr, und deshalb als moralische Bindung des Willens gilt. Das Gerechte tritt, sofern es ein immutables und ein contingentes Element in sich schließt, vermittelnd zwischen das sittlich Nothwendige und Nützliche; das contingente, variable Element ist das ökonomische Interesse, auf dessen thunlichster Berücksichtigung in der Gesetzgebung die utilitarische Schule mit Recht besteht, und damit geradezu einer ethischen Forderung entspricht.[1] Da aber dieser Forderung nur schrittweise und annäherungsweise entsprochen werden kann, so läßt sich das Utilitätsprincip nicht verabsolutiren; es behauptet vielmehr der rein ethische Gesichtspunkt für immer den absoluten Vorrang, wie denn in der That die Heroen des uninteressirten sittlichen Willens, die Martyrer und Heiligen eine nothwendige sociale Erscheinung sind, durch welche die unvermeidlichen Mängel der Gesellschaftsordnung ergänzt und gedeckt werden.

Das Recht fällt, entsprechend dem Nosse, Velle und Posse des Menschen, unter den dreifachen Gesichtspunkt der Idee, des Gesetzes und der individuellen Berechtigung. Die ersten Ansätze des Individualismus finden sich im Alterthum bei Epikur, in neuerer Zeit bei Hobbes, und sind bei den Engländern von Bentham bis auf Spencer herab weiter entwickelt worden. Nach einer anderen Seite brachten die Vertreter der von Hobbes verworfenen Theorie des Gesellschaftsvertrages: Grotius, Locke, Rousseau, das Princip des Individualismus zur Geltung. Das der historisch unwahren Vertragstheorie zu Grunde liegende Wahre ist, daß thatsächlich die freie Zustimmung Aller ein

---

[1] Carle citirt einen Ausspruch Leibnizens (Nov. method. disc. decendaeque jurisprod. § 74): Hunc ego verum juris philosophum, hunc justitiae sacerdotem, et quod ex eo pendet, publici atque divini juris consultum dixero, qui auctoritate et eloquentia munitus, consiliis suis non aequitatem magis quam utilitatem, inseparabiles recte aestimanti, socius circumponat.

wesentlicher Factor in der Weiterentwickelung der durch die Macht natürlicher Nothwendigkeit geschaffenen gesellschaftlichen Institutionen ist, wie dieß bereits von den römischen Rechtsgelehrten hervorgehoben worden ist. Die Vertragstheorie, welche vielfache Ausbildungen und Gestaltungen zuläßt, tritt gewissermaßen vermittelnd zwischen die extremen Gegensätze des Individualismus und Socialismus; sie läßt sich fassen als die auf Vernunft gegründete Zustimmung zu der durch die Macht der Natur gefügten Menschenvereinigung und als Hinweis auf das diese Vereinigung rational gestaltende Element der geistigen Vernunfteinsicht. Diese höhere Macht des Geistigen tritt offenbar als dritte Factor der gesellschaftlichen Ordnung zu den beiden anderen der Naturnothwendigkeit und des individuellen selbstigen Wollens hinzu. Übrigens haben sich die drei an sich höchst diversen Theorien des Individualismus, Gesellschaftsvertrages und Socialismus in ihren weiteren Entwickelungen einander so sehr genähert, daß jede derselben auch eine relative Anerkennung der berechtigten Elemente der beiden anderen in sich schließt. Spencer faßte den Staat als einen nach Analogie des individuellen Menschenorganismus gestalteten Organismus des collectiven Menschen; der Socialismus, der ursprünglich dem Individuum jede Eigenberechtigung absprach, tritt in neuester Zeit für die Rechte und Interessen der bisher am meisten vernachläßigten und hintangesetzten Gesellschaftsschichten ein; die Vertragstheorie hat in ihrer weiteren Ausbildung sich die Vermittelung zwischen den Rechten des Individuums und der öffentlichen Gewalten zur Aufgabe gesetzt.

Idealismus, Positivismus und historische Rechtsauffassung sind die drei Hauptansichten vom Rechte, deren jede ihre unabweislichen wissenschaftlichen Consequenzen hat. Aus dem Idealismus wuchs der Moralismus und Socialismus, aus dem Positivismus der Utilitarismus und Individualismus heraus; aus der historischen Rechtsauffassung ging die Schule der Juristen und der Vertreter des Gesellschaftsvertrages hervor. Die ersten Wurzeln des neuzeitlichen Idealismus und Positivismus sind bei den Griechen, jene der historischen Rechtsauffassung bei den Römern zu suchen. Der neuzeitliche Idealismus hatte seine specifische Heimath in Deutschland; das Bemühen, der Volkswirthschaft eine ethische Basis zu geben, die Auffassung des Staates als ethischen Organismus und als Personification des Volksgeistes, der Kosmopolitismus sind wesentlich deutscher Art, während die positivistische wissenschaftliche Tradition das englische Geistesleben beherrscht, und Italien die zwischen beiden entgegengesetzten Richtungen vermittelnde geschichtlich vergleichende Forschungsmethode repräsentirt.

Das neuzeitliche Völkerleben bietet zufolge seiner vielen ethnologischen Mischungen und seiner complicirter entwickelteren Verhältnisse ein Bild von weit größerer Mannigfaltigkeit, als die in drei Hauptkreise geschiedene vorchristliche Culturwelt; andererseits bestehen zufolge des vielseitigen Wechselverkehres und der durch die Weltreligion des Christenthums bewirkten größeren Homogeneität der allgemeinen Denkanschauung keine so weitgehenden Gegensätze zwischen den einzelnen Nationen, wie jene zwischen den drei großen Culturkreisen der vorchristlichen Welt waren. Auf die Charakteristik der einzelnen europäischen Culturnationen eingehend, hebt Carle den der Beobachtung und Empirie zugewendeten Sinn der Engländer hervor, die auf socialpolitischem Gebiete besonders der nationalökonomischen Frage ihr Interesse zugewendet haben. Der eigenthümliche Geist des englischen Volkes prägt sich auch in seinem Verfassungsleben und in seiner Gesetzgebung aus. Die englische Verfassung ist nicht aus einem systematisirenden Denken entsprungen, sondern hat sich schrittweise aus den politischen Kämpfen und Ausgleichen zwischen Königthum, Adel und den Communen herausentwickelt; sie gleicht jenen alten Kathedralen, die erst im Laufe mehrerer Jahrhunderte völlig ausgebaut, in den besonderen Bestandtheilen ihres Baues die Arbeit verschiedener Zeiten erkennen lassen. Ähnlich verhält es sich mit dem römischen Privatrechte, dessen Entwickelung eine gewisse Ähnlichkeit mit jener des römischen Rechtes aufweist. Die Discussion der volkswirthschaftlichen Fragen hat in England ein eminent politisches Interesse, welches mit der weltmächtigen Stellung der Engländer als Handelsvolk auf's Engste verwachsen ist, daher die größten parlamentarischen Redner Englands ihr Capital an Geist und Talent vornehmlich für die Discussion jener Fragen verwerthen. Der Gegensatz und Kampf zwischen Arbeit und Capital greift gegenwärtig tief in das socialpolitische Leben der Engländer ein und beschäftigt auch die Socialtheoretiker, von welchen die einen, wie Thornton und Cairns, auf die Erörterung der ökonomischen Frage sich beschränken, während andere, wie Bagehot, Tylor, Spencer, sie auf Grund einer bestimmten Socialtheorie zu lösen versuchen. Die den Engländern stammverwandten Deutschen haben sich mit ihren Vettern in die Grundeigenthümlichkeiten des germanischen Stammes derart getheilt, daß sie denselben das Gebiet der nach außen gewendeten praktischen Schaffensthätigkeit überließen und sich die Zurückziehung auf das individualistische geistige Selbstleben vorbehielten; ihnen war um die Freiheit des Gedankens auf religiösem Gebiete und um die kühnste geistige Selbstentfaltung im Bereiche des philosophischen Denkens zu thun. Sie kamen erst spät dazu, um die Erlangung ihrer politischen Freiheit sich zu bemühen und ihre politische Einigung in's Werk zu setzen. Die deutsche Nation als entwickelter politischer Körper und selbstiges Ganzes ist sozusagen durch die deutsche Wissenschaft geschaffen worden. Auch die volkswirthschaftliche Frage ist von ihnen von ganz anderer Seite angefaßt worden als von Seite der praktischen Engländer; die Deutschen behandelten sie von vorneherein als einen integrirenden Theil der Lehre vom Staate und suchten sie aus den mit der Staatsidee gegebenen allgemeinen Gesichtspunkten wissenschaftlich zu lösen. Dieß hatte nun freilich zur Folge, daß man Theorien nachhing, in welchen es auf eine völlige Umgestaltung des gesammten staatlichen Organismus abgesehen war. Nicht Verbesserungen und Ausgleichungen auf Grund des Bestehenden, sondern radicale Umkehrung desselben von Innen heraus wurde das Losungswort der extremsten deutschen Socialisten. Während die Engländer die Sociologie als neue Wissenschaft in's Dasein riefen, haben die Deutschen die Völkerpsychologie geschaffen; die Engländer sind die Physiologen, die Deutschen die Psychologen der menschlichen Societät.

In der Charakteristik der Völker der lateinischen Race beschränkt sich Carle auf die Franzosen und Italiener. Die Franzosen sind durch ihre psychische Anlage, durch ihre Sprache und geographische Lage dazu bestimmt, ein Mittel- und Bindeglied zwischen Nationen von exclusiverem Wesen abzugeben; sie sind geborne Kosmopoliten mit weltmännisch gewandtem Wesen, ohne indeß darüber den Vortheil der eigenen Nation zu vergessen, deren Ruhm und Größe ihnen über Alles geht. Sie sind Idealisten in der Theorie, Positivisten auf dem Boden der Wirklichkeit; sie lieben es, idealistische Theoreme in ihre extremsten Consequenzen zu verfolgen und schaffen dadurch revolutionäre Explosionen, während andererseits ihr praktischer Sinn sie mehr als irgend ein anderes Volk in Ordnung und Disciplin sich fügen macht. Ihr geistig bewegliches Wesen gestattet ihnen nicht, bei einer bestimmten ideellen Anregung dauernd zu verweilen; sie gehen vom Einen auf's Andere über und haben den Trieb, über alle geistigen

Weltvorgänge sich rasch zu orientiren; sie neigen zum Eklekticismus hin und suchen allen geistigen Bestrebungen eine politisch-praktische Seite abzugewinnen. Die erste französische Revolution hatte in ihren Tendenzen und Wirkungen einen kosmopolitisch-humanitären Charakter und zog eine Umgestaltung der gesammten europäischen Welt nach sich, ohne daß jedoch die Franzosen selber zu einer festen und dauernden Gestaltung ihres Staatslebens gelangt wären; sie schwanken vielmehr noch immer zwischen den Extremen eines radicalen Republikanismus und militärischer Dictatur. Es glückte ihnen, unter günstigen Umständen einen Civilcodex zu schaffen, der in glücklicher Vermittelung zwischen Vergangenheit und Gegenwart den Bedürfnissen der Nation vollkommen entspricht; minder systematisch und wissenschaftlich als die deutschen Codificationen, hat er weit mehr inneren Zusammenhang als die englische Gesetzgebung. Dieser Codex wurde die Unterlage einer Doppelreihe von Bestrebungen auf dem Gebiete der Rechtswissenschaft; nach der einen Seite hin entwickelte sich eine idealistische Rechtsphilosophie von unbestimmter und unsicherer Haltung, die zeitweilig Alles mit den Schlagwörtern Freiheit, Gleichheit, Brüderlichkeit abmachen zu wollen schien, nach der anderen Seite eine den praktischen Bedürfnissen angepaßte, nüchtern trockene Rechtsgelehrsamkeit ohne geistigen Schwung und ohne die Ideenkeime einer wissenschaftlichen Weiterbildung. Das Auseinandergehen in extreme Gegensätze zeigt sich auch in der Behandlung der sogenannten socialen Frage: auf der einen Seite der mystische und ideale St. Simonismus, auf der anderen Seite der optimistische Individualismus Bastiat's; den speculativen Tendenzen steht aber andererseits der um Theorien sich nicht kümmernde industrielle Geist des französischen Volkes gegenüber, welches für die Herstellung geschmackvoller und eleganter Industrieartikel auf das Glücklichste veranlagt ist und sich hiedurch trotz aller politischen Calamitäten kaum versiegende Quellen des nationalen Wohlstandes geschaffen hat.

Der italienische Volkscharakter ist nicht mehr jener der alten Römer; die Entwickelung des geistigen und politischen Lebens der Italiener läßt dieselben vielmehr den alten Griechen ähnlich erscheinen, mit welchen sie speciell dieß gemein haben, daß sie mit Vorliebe die Wissenschaften und die Künste des Friedens pflegen. Indeß ist die specifische Geistesart der lateinischen Race an ihnen nicht zu verkennen, ja noch mehr durchgebildet als bei den Franzosen. Die der lateinischen Race eigenthümliche Vermittelung der durch die Engländer und Deutschen repräsentirten Gegensätze ist bei den Italienern zu einem höheren und vollkommeneren Grade gediehen als bei den Franzosen, welche mit einer gewissen Unruhe zwischen diesen Gegensätzen oscilliren. Man hat zuzugeben, daß die Italiener in diese Gegensätze nicht so scharf eindringen wie die Franzosen, aber sie wissen dieselben harmonischer auszugleichen. Selbst ihre Sprache scheint hierauf angelegt zu sein; sie hat nicht über jenen Reichthum an Ausdrücken für die Bezeichnungen des Universellen einerseits, des minutiösen Details der particulären Einzelheiten andererseits wie die französische Sprache zu verfügen; aber sie verfügt über desto mehr Mittel des Ausdruckes für jene Denkfunctionen, welche die Jneinsbildung des Universellen und Particulären, Speculativen und Praktischen betreffen. Sie ist, wie wir unsererseits beifügen möchten, wesentlich plastisch künstlerischer Art, entsprechend dem angebornen Denkhabitus der italienischen Nation, obschon dieser vielleicht in der weiteren Fortbildung der nationalen Sprache und Literatur sich noch entschiedener auszuprägen haben wird. Carle entbehrt des Begriffes der lebendigen, die Dinge innerlich fassenden und äußerlich umgreifenden Form und bleibt bei der dialektischen Aufeinanderbeziehung der im Elemente der lebendigen Form zu vermittelnden Gegensätze stehen. Er spricht demzufolge mit Gioberti vom italienischen Dialekticismus, in dessen Kraft sich Verum und Factum im continuirlichen Uebergehen des einen in das andere miteinander convertiren. Sein eigener rechts- und geschichtsphilosophischer Denkversuch steht auf dem Grunde dieses Dialekticismus, der es ihm ermöglicht, die relative Harmonie und wechselseitige Integration der von ihm unterschiedenen drei Grundrichtungen auf dem Gebiete der Rechts-, Staats- und Gesellschaftslehre nachzuweisen. Es läßt sich indeß nicht verkennen, daß Carle bei dieser seiner Grundanschauung über einen gewissen Relativismus nicht hinauskommt; er bringt auf eine Vermeidung der Extreme, gelangt aber nicht zu jener innerlichen geistigen Concentration, die erforderlich wäre, das Wahre in seinem absoluten Wesen zu erfassen und damit das Falsche und Irrthümliche radical auszuscheiden. Wir verkennen nicht die bei der thatsächlichen Unvollkommenheit alles zeitlichen menschlichen Wissenstrebens unabweisliche Nothwendigkeit eines vermittelnden Vorgehens und anerkennen die rücksichtsvolle Bescheidenheit Carle's in Beurtheilung des Verhältnisses der wissenschaftlichen Leistungen seiner Nation zu jenen der übrigen europäischen Culturnationen; auch halten wir den Gedanken einer wechselseitigen Ergänzung für vollkommen wahr und richtig. Wie sehr wir aber auch den exclusiven Absolutismus der Einseitigkeit verabscheuen, so glauben wir deßungeachtet auf jenem einem Absolutismus bestehen zu müssen, dessen geistige Festhaltung die absolute Bedingung einer vollkommen wechselseitigen Verständigung entgegengesetzter Geistesrichtungen unter Ausschluß der denselben anhaftenden Gefahren des Abirrens zum Unwahren und Falschen ist; und dieß ist das unentwegte Festhalten am theistischen Gedanken, dessen Beiseitelassung das philosophische Denkstreben einem ruhelosen Wechsel und Umschlagen von einem Extrem in's andere preisgibt, weil der absolute geistige Stützpunkt der Wahrheitserkenntniß fehlt. Obschon wir ferner Carle's Charakteristik des italienischen Geistes vollkommen zutreffend finden und der auf Grund derselben vorgenommenen Beleuchtung und Auseinandersetzung der geistigen Bedeutung eines Dante und Vico unsere volle Theilnahme zollen, so glauben wir doch, daß in der geistigen Anlage des italienischen Volkes mehr enthalten liegt, als in der neuzeitlichen Philosophie der Italiener bisher zu Tage getreten ist. Das einseitige Anknüpfen derselben an den Platonismus zog jene Schwankungen nach sich, in welche wir den Entwickelungsgang der neuzeitlichen Philosophie bis in die jüngste Gegenwart herab hineingezogen sehen und welche wohl nur durch eine tiefere Besinnung des italienischen Geistes auf sich selbst zu überwinden sein werden. Der Gegensatz von Verum und Factum, an welchem sich thatsächlich der Verlauf der neuzeitlichen italienischen Denkbestrebungen seit Rosmini abwickelt, enthält nicht die Gegensatzglieder der ersten primitiven Denksynthese, sondern ist ein abgeleiteter Gegensatz; darin, daß er als erster primitiver Gegensatz genommen wurde, mag der Grund liegen, daß die vollkommene Einordnung der Wirklichkeit in die Idee nicht gefunden wurde und bereits in der Auffassung des göttlichen Seins das Überwiegen der negativen Unendlichkeit über den positiven Seinsinhalt des göttlichen Wesens es zu keiner wahrhaft concreten Auffassung des Gottesgedankens kommen ließ. Der Gottesbegriff reflectirt sich im Weltbegriffe; daher auch die Mängel im philosophischen Weltbegriffe der einzelnen Vertreter der neuzeitlichen italienischen Philosophie. Wenn nun die primitive Synthese, welche die Harmonisirung aller Denkgegensätze potentiell in sich schließt, eine dem plastisch-intuitiven Genius des italienischen Volkes congeniale Anschauungsform ist, so darf man wohl als möglich erachten, daß sich in einem künftigen Entwickelungsstadium der italienischen Philosophie die vollkommene Harmonisirung der im Denkleben der verschiedenen europäischen Culturnationen auseinandergetretenen Gegensätze vollziehen werde; und damit würde das Stammland des neuzeitlichen europäischen Culturlebens seinem Zukunftsberufe gerecht werden, welcher nach der allgemeinen Lage der Verhältnisse wohl weit weniger auf politischem Gebiete, als auf jenem des wissenschaftlichen und künstlerischen Schaffens zu suchen sein dürfte.

# IV.

# Philosophie der Geschichte.

Die philosophisch vertiefte Entwickelungsgeschichte der Rechtsidee fällt mehr oder weniger mit der Geschichte der Philosophie zusammen, als deren Begründer Vico von seinen italienischen Landsleuten mit Recht gefeiert wird. Es war daher natürlich, daß in der italienischen Philosophie dieses Jahrhunderts, sofern es sich um Gewinnung einer philosophisch vertieften Idee der Menschheitsgeschichte handelte, auf Vico zurückgegriffen wurde. Dieß hatte in mannigfacher und verschiedener Weise von Seite Gioberti's, Mamiani's und Ferrari's statt; letzterer war nebstdem bemüht, Vico's Verhältniß zu seinen italienischen Vormännern zu beleuchten und insgemein zu zeigen, wie die Geschichte der Philosophie auf italienischem Boden aus den an die Traditionen der antiken vorchristlichen Philosophie anknüpfenden philosophischen Studien über Recht, Staat und Politik herausgewachsen seien. Sofern man dahin kam, die auf dem Boden einer heimischen Ideentradition stehenden philosophischen Bemühungen als etwas durch die neuzeitliche Entwickelung des europäischen Bildungslebens Überholtes anzusehen, war es natürlich, daß man auch für die geschichtsphilosophischen Constructionen nach anderen Anhaltspunkten suchte; und da trat vor Allem Hegel's Geschichtsphilosophie in den Vordergrund, welcher besonders in Süditalien großes Interesse zugewendet wurde. Der Eintrag, welcher dem Ansehen der Hegel'schen Philosophie durch das allmälige Anwachsen der positivistisch-naturalistischen Strömung gethan wurde, führte zu Vermittelungsversuchen zwischen beiden differenten Denkrichtungen,[1] deren letzten wir oben in der relativ an Ferrari anknüpfenden Geschichtsphilosophie Bovio's kennen gelernt haben. Daneben fehlte es indeß auch nicht an Bemühungen um

---

[1] Vgl. Bd. III, SS. 289 f.; 329 ff.

geschichtsphilosophische Constructionen auf christlich-kirchlichem Standpunkte, auf deren einzelne wir im weiteren Verlaufe zu sprechen kommen werden.

Der eigentliche Beginner der nationalen italienischen Philosophie dieses Jahrhunderts, Antonio Rosmini, behauptet als specifischer Vertreter des Universale ante rem in seiner Speculation einen durchaus übergeschichtlichen Standpunkt, der ihn davon abhält, auf die vom Gedanken der Immanenz der Idee im Weltdasein durchdrungenen Anschauungen Vico's einzugehen. Sein übergeschichtlicher Standpunkt identificirt sich in seinem Denken mit jenem des kirchlichen Bewußtseins, welches seine Hinterlage in der Theologie des kirchlichen Offenbarungsglaubens hat, und das Ziel der menschheitlichen Entwickelung in der durch das göttliche Machtwalten herbeizuführenden vollkommenen Einordnung des Menschheitsdaseins in die theokratische Gemeinschaft des Menschengeschlechtes erkennt. Der übergeschichtliche Standpunkt Rosmini's ist eine natürliche Consequenz seiner Lehre vom Essere ideale als der unbestimmten, allbestimmbaren Seinsmöglichkeit, deren determinative Actuationen durch das göttliche Machtwalten erwirkt werden müssen. Das Essere ideale steht als Mittleres zwischen dem absoluten göttlichen Sein und dem Essere reale der geschöpflichen Realitäten als actuirter Determinationen der indeterminirten Seinsmöglichkeit, welche, so weit in ihnen die gottwollte Beschaffenheit des Weltdaseins noch nicht zum vollkommenen Ausdrucke gelangt ist, durch weitere göttliche Willensactionen zur Actuirung der gottgewollten vollendeten Ordnung der Dinge determinirt werden müssen. Das der göttlichen Weltconception entsprechende Weltdasein ist im Voraus auf die vollkommene Actuirung der gottgewollten vollendeten Gestaltung desselben angelegt; die dem göttlichen Weltplane entsprechende Gestaltung der Ordnung des zeitlichen Menschendaseins ist von der Mitwirkung der menschlichen Freithätigkeit mit dem göttlichen Machtwillen abhängig, jedoch so, daß das von Gott vorausgesehene menschliche Handeln im Voraus dem göttlichen Weltplane eingeordnet ist und wie immer beschaffen, einzig den Absichten der göttlichen Weltleitung dienen kann. Diese sind in ihren tiefsten, letzten Gründen in das heilige Dunkel einer unergründlichen Verborgenheit gehüllt; die Gedanken der ewigen göttlichen Weisheit sind nur dieser selbst vollkommen und absolut offenbar, wir Menschen können bloß die denknothwendigen generellen Modos des Machtwaltens der göttlichen Weisheit erfassen, in welchem sich uns aber eine Fülle von geist- und herzerhebenden intellectiven Apprehensionen der Größe und Erhabenheit des göttlichen Seins erschließt. Die Erkenntniß der absoluten Bedingtheit und Bestimmtheit des Wirkens der geschöpflichen Potenzen durch den absoluten Machtwillen der ewigen Weisheit macht das philosophische Forschen nach den Ursachen und Gründen alles Geschehens in Zeit und Welt zu einem Werke der Religion und Andacht, zu einer innerlichen geistigen Vereinigung mit Gott, welcher dereinst bei den wahrhaft mit Gott Vereinigten die reale vollkommene Gemeinschaft im Schauen von Angesicht zu Angesicht nachfolgen soll. Die zeitliche Menschheitsgeschichte setzt sich aus Actionen der freithätigen menschlichen Willen auf Grund der gottgesetzten zeitlich-irdischen Daseinswirklichkeit unter Obmacht des verborgenen göttlichen Machtwaltens zusammen; wir erkennen die ontologischen Grundbestimmtheiten und deontologischen Bestimmtheiten des zeitlichen Entwickelungsganges der Menschheit, und in dieser Erkenntniß ist alles Dasjenige enthalten, was man eine Philosophie der Menschheitsgeschichte nennen mag.[1]

Die dieser Anschauungsweise zu Grunde liegende Vermittelung der menschlichen Selbstthätigkeit mit dem göttlichen Machtwalten wurde sowol von Gioberti[2] als auch von Ferrari[3] bestritten; Beide sahen darin eine unphilosophische Abtrennung des Willens von demjenigen, wodurch das menschliche Wollen durchwirkt oder bestimmt gedacht werden müsse, sei es die übernatürliche göttliche Causalität, wie Gioberti wollte, oder die allwirkende Macht der Natur, wie Ferrari annahm, in beiden Fällen ein Hinderniß des Zustandekommens einer wahrhaft geschichtsphilosophischen Denkconception. Geschichtsphilosophie im eigentlichen Sinne des Wortes war wol auch Gioberti's Speculation nicht, deren geschichtsphilosophischen Positivismus man weit eher als eine Verkürzung der gesammten übrigen Philosophie zu Gunsten der Geschichtsphilosophie bezeichnen kann. Dasselbe gilt in ungleich höherem Grade von Ferrari, der nicht nur alle Philosophie in der Geschichtsphilosophie aufgehen läßt, sondern überdieß dieser

---

[1] Eine Rosmini's Anschauung denkverwandte Auffassung der Geschichtsphilosophie hat Minghetti in seinem Dialogo della filosofia della storia dargelegt. Vgl. Minghetti's Opuscoli letterari ed economici (Florenz, 1872), pp. 121—169.

[2] Bd. I, S. 164.

[3] Bd. III, S. 82.

selbst alle Bedingungen einer den Verlauf der Geschichte frei überschauenden Geistansicht abgräbt. Mamiani[1] gewinnt wol, auf die objective Wahrheit der allgemeinen Seinsidee gestützt, einen aus den ontologischen Grundverhältnissen des Weltdaseins abgeleiteten Einblick in die allgemeinen Gesetze der menschheitlichen Entwickelung, welche er indeß nicht distinct genug aus der universalen kosmischen Entwickelung herauszuheben und über dieselbe hinaufzuheben weiß, daher ihm auch die durch Erfassung der specifischen Idee des Menschenwesens bedingten Einblicke in die definitiven Ziele und Abschlüsse der Weltentwickelung und Menschheitsentwickelung entgehen.

Die in Hegel'scher Weise aufgefaßte Geschichtsphilosophie ist durch die von R. Mariano herausgegebenen geschichtsphilosophischen Vorlesungen Vera's[2] repräsentirt, welche sich mit Wesen und Aufgabe der Geschichtsphilosophie beschäftigen und darum als Einleitung in die Wissenschaft der Geschichtsphilosophie angesehen sein wollen. Als Aufgabe derselben wird die Darlegung der in der geschichtlichen Menschheitsentwickelung sich explicirenden Gesetze des menschlichen Geistes bezeichnet. Um den Geist in seiner geschichtlichen Manifestation verstehen zu können, muß man ihn früher schon in seinem Wesen und Ansichsein verstanden haben; Hegel hat ihn als die aus ihrer Selbstveränderung zu sich gekommene Idee erfaßt und damit die Möglichkeit einer das innere Wesen der geschichtlichen Entwickelung erfassenden Geschichtsanschauung geschaffen. Die Geschichtsphilosophie wird demnach mit Recht eine neue Wissenschaft (scienza nuova) genannt. Ihre Ansätze waren allerdings schon in der alten Philosophie vorhanden; Plato's Idealstaat kann als erster Versuch einer Darstellung der von der Idee durchgeisteten geschichtlichen Daseinswirklichkeit betrachtet werden. Er blieb jedoch bei der Idee der staatlichen und nationalen Existenz stehen, ohne sich zur Idee des gesammtmenschlichen Seins zu erheben. Er betrachtete ferner, wie auch andere ihm nachfolgende Constructoren des Idealstaates: ein Augustinus, Thomas Morus, Campanella, das Absolute in abstracter Weise als ein außerweltliches Sein, während doch die Geschichte ohne die ihr immanente absolute Vernunft keine rationale Einheit hätte, somit auch eine Philosophie der Geschichte nicht möglich wäre. Die Geschichte ist wesentlich System und als

---

[1] Vgl. Bd. II, SS. 310 ff
[2] Siehe Bd. III S. 295.

solches ein organisch gegliedertes Ganzes, in dessen successiver Evolution das Absolute auf Grund des von ihm durchwirkten Naturdaseins die dem Geistdasein der Idee entsprechenden Daseinsformen in fortschreitender Folge hervorstellt. Die Entwickelung geht in der Form eines durch Gegensätze bedingten dialektischen Processes vor sich. Daraus erklärt sich die Nothwendigkeit nationaler Verschiedenheiten, deren rein empirische Erklärung aus äußeren Natureinflüssen die Ungenüge der geschichtsphilosophischen Doctrinen eines Montesquieu und Herder an's Licht stellt; auch die Racenverschiedenheit schließt als bloße Vorbedingung der Existenz nationaler Unterschiede nicht den ideellen Erklärungsgrund der geschichtlichen Nothwendigkeit nationaler Verschiedenheiten in sich, der vielmehr darin zu suchen ist, daß die Geschichte nicht System sein könnte, wenn sie nicht eine bestimmte Mannigfaltigkeit nationaler Existenzen in sich schlösse, durch deren präordinirte dialektische Aufeinanderbeziehungen der geschichtliche Entwickelungsproceß bedingt ist. Ganz richtig macht daher Bossuet die Providenz zu einem Principe der geschichtlichen Entwickelung, erkennt aber nicht, daß sie die der Geschichte immanente Idee sei.

Wie alle Völker zusammen in ihrem Nebeneinandersein und in ihrer Aufeinanderfolge eine dialektisch gefügte Einheit constituiren, so zunächst selber auch jede einzelne Nation als ein von einer gemeinsamen Idee durchherrschtes Ganzes. Die Idee hat ihr Dasein im Nationalgeiste, der seinem Wesen nach eine complexe Idee sein muß, indem er einerseits die Natur als integrirendes Element in sich faßt, andererseits aber auch die verschiedenen Sphären des Geistesdaseins im individuellen Dasein, Familienleben, bürgerlichem Rechtsleben, Kunst, Religion eigenartig umschließt. Der specifische Repräsentant des Nationalgeistes ist der Staat. Jede Nation muß eine specielle Idee repräsentiren, durch welche sich ihr Dasein und Leben von jenem anderer Nationen unterscheidet; dieß nicht erkannt zu haben, ist ein Hauptgebrechen der Geschichtsphilosophie Vico's. Die Geschichte weist vor Allem den Unterschied zwischen historischen und geschichtslosen Nationen auf; erstere haben den Beruf, in das Leben der letzteren einzugreifen und üben damit ein besonderes Recht, welches ihnen im Namen der Idee zukommt. Die historischen Völker sind ja sämmtlich Incarnationen der sich im successiven Fortschreiten entwickelnden allgemeinen Menschheitsidee. In der ideellen Berechtigung, welche die besondere historische Volksexistenz in sich trägt, ist das Recht der Unterjochung tiefer stehender Völker, revolutionären Beseitigung der hemmenden Schranken der fortschreitenden Entwickelung, und der von schöpferischen Entwürfen getragenen Eigenmacht im Wirken großer Regenten und Staatsmänner, in welchen der Nationalgeist sich selbstbewußt erfaßt, enthalten.

Über dem Nationalgeiste steht der Menschheitsgeist als eine höhere, universellere Wirkungssphäre und Wirkungsweise der im Menschheitsdasein sich incarnirenden Idee. Er hat eine vom Sein der einzelnen besonderen Nationen unabhängige Realität und ist das lebendige Einigungsprincip derselben. Den allgemeinen Menschheitsgeist für eine bloße Denkabstraction zu halten, welche eine lediglich subjective moralische Bedeutung hätte, ist Flachheit des Denkens; er ist nicht bloß eben so real wie der Geist jeder einzelnen Nation, sondern noch weit realer, weil er eine höhere Entwickelungsstufe der Idee repäsentirt; er fällt mit der absoluten Vernunft und Nothwendigkeit zusammen. In seiner Realität ist die objective Wahrheit des Völkerrechtes begründet; eine Nation, in deren Denken dieser Geist durchgreift, hat Rechte und Pflichten, welche andere Nationen nicht haben; die Erfüllung der mit der Ausübung jener Rechte verbundenen Pflichten hat die fortschrittliche Bewegung des menschheitlichen Geschichtslebens zu fördern.

Als Endziel der fortschrittlichen Bewegung des menschheitlichen Geschichtslebens kann man nicht Glückseligkeit und Sittlichkeit, auch nicht die Wiedererlangung des Menschheitsparadieses bezeichnen, letzteres schon darum nicht, weil der Begriff eines prähistorischen Paradieses ungeschichtlich und unwahr ist. Die Glückseligkeit als sinnlich irdisches Lebensglück kann nicht Endziel der geschichtlichen Bewegung sein, weil der behagliche Genuß irdischen Lebensglückes und die Arbeiten und Mühen der fortschreitenden Civilisation im verkehrten Verhältniß zu einander stehen. Moralität läßt sich nicht als absolutes Ziel der geschichtlichen Entwickelung hinstellen, weil die sociale Moralität und Tugend etwas von der Moralität des Individuums und der Familie Verschiedenes ist, und überdieß dasjenige, was man Immoralität nennt, den Zwecken des Fortschrittes dient, indem die menschlichen Leidenschaften die Hebel der fortschrittlichen Bewegung sind. Die Moralität ist allerdings ein integrirendes Element der Geschichte und des Fortschrittes; man kann auch zugeben, daß die Errungenschaften des Fortschrittes zur Mehrung des Wohlseins der Völker beitragen. Da aber Moralität und Glückseligsein eben nur Resultate und Wir lungen des geschichtlichen Processes sind, so hat man nach dem Principe dieser Resultate und Wirkungen zu fragen, welches als Höheres über denselben steht und demzufolge allein das absolute Ziel der geschichtlichen Bewegung sein kann. Das Ziel derselben kann nur die in der geschichtlichen Bewegung sich selbst verwirklichende Idee sein. Diese ist, an sich selber der Bewegung entrückt, der lebendige Motor derselben, und gelangt zum bewußten Dasein im menschlichen Wissen, welches die verschiedenen Theile des gesellschaftlichen Organismus durchdringend als vorwärts bewegende Macht sich bethätiget. Zufolge der Unendlichkeit des Inhaltes der Idee muß der geschichtliche Fortschritt ein unbegränzter sein; der unendliche Progreß der Geschichtsentwickelung ist ein Proceß continuirlicher Neuverjüngung des Menschheitslebens, in welchem die periodisch wiederkehrenden Momente des Alterns und Ablebens die Ausgeburt einer neuen Entwickelungsphase aus dem Veralteten und Ausgelebten ankündigen.

Die Geschichte ist ewig wie die Welt, die Menschheitsgeschichte die Continuation der Geschichte des Universums, welche an einem bestimmten Entwickelungsmomente angelangt den Menschen aus sich herausgesetzt hat. Der Mensch ist Product der sich entwickelnden Idee; er ist nicht etwas Geschaffenes, sondern etwas Gewordenes, und als geschichtlich existenter noch immerfort in einem interminablen Werdeproceß begriffen. Die Menschheitsgeschichte im eigentlichen Sinne des Wortes beginnt mit der Bildung der Societät, die eine über dem Individuum und der Familie stehende Daseinsform des Menschenwesens ist. Die Annahme eines sogenannten ursprünglichen Naturstandes, in welchem der Mensch außer aller gesellschaftlichen Vereinigung gelebt hätte, ist allerdings eine geschichtswidrige Annahme; denn wenn auch nicht vom Anfange her actuell existent, war die national=staatliche Existenz doch vom Anfange her im Werden begriffen; diese Zeiten des vorbereitenden Werdens hat man als die prähistorische Epoche der Menschheit zu bezeichnen. In diese Epoche fällt die Mythusbildung; auch die Wanderungen der Völker gehören ihr an. Im Mythus wird der Inhalt der logischen Idee mittelst der Imagination als Vorstufe der ratiocinativen Thätigkeit apprehendirt; in das mythische Zeitalter im Leben der Völker fällt die Entstehung der Religionen und Künste, in welchen sich die jugendlichen Völker in der ihrem geistigen Entwickelungsstande angemessenen Weise zu idealen Apprehensionen erheben. Diese werden zur Unterlage geordneter gesellschaftlicher Zustände, durch sie werden die Nationen geschaffen. Die organische Form des nationalen Lebens ist der Staat, welcher als Hort der persönlichen Freiheit dem Zwecke der geschichtlichen Entwickelung, den Menschen aus unfreien Lebenszuständen in den Stand der Freiheit zu erheben, entspricht, dieser seiner Aufgabe aber nur durch ein autoritatives Walten genügen kann. Hegel erklärt die constitutionelle Monarchie für die vollkommenste aller Staatsformen. Sie hat wol den Vorzug, daß sie die Elemente aller rationalen Staatsformen in sich zu vereinigen sucht; damit entspricht sie aber nur einem bestimmten Entwickelungsstande des politisch-nationalen Lebens oder einer bestimmten Art des nationalen Seins, welches eben nur in dieser Form die ihr angemessene Lebensform erkennt. Jede rationale Staatsform ist berechtigt, und die beste ist jederzeit jene, welche dem Geiste eines nationalen Gemeinwesens am meisten angemessen ist.

Indem Vera schließlich noch die Hegel'schen Kategorien der Unmittelbarkeit und Mittelbarkeit auf das geschichtliche Völkerleben anwendet, bezeichnet er das prähistorische Sein der Völker als jenes der unentfalteten und darum unbestimmten Unmittelbarkeit, während die concreten Besonderheiten der historischen Völkerexistenzen die allseitig sich verwirklichende Mittelbarkeit darstellen. Das Sein der geschichtslosen Völker ist gleichsam ein ewiges Sein in träger Ruhe, während die in den Fluß des Geschichtslebens hineingezogenen Völker in ihrem Streben, Kämpfen und Ringen allmälig ihre Kräfte aufbrauchen, und anderen neuen Völkerexistenzen Platz zu machen die Bestimmung haben. Je reicher die Geschichte, desto größer die Zahl der ringenden Völkerexistenzen, desto rascher der Verlauf und Wechsel der Dinge, so daß der Begriff des beständigen Werdens im reichentfalteten Geschichtsleben seine höchste und vollkommenste Bewahrheitung erlangt.

N. Marselli,[1] der gleichfalls seiner Zeit an Hegel sich angeschlossen, aber später gleich Villari, de Meis u. A. eine Vermittelung des apriorisch transcendentalen Idealismus der Hegel'schen Lehre mit dem exacten Erfahrungswissen angestrebt hatte, hält Vera's Einleitung in die Geschichtsphilosophie für eine bedeutende Leistung,[2] welche zwar von idealistischer Einseitigkeit nicht frei sei, aber mit dem

---

[1] Vgl. Bd. III, SS. 233, 240; ferner Espinas, philos experim. etc. (siehe oben S. 325, Anm. 3), p. 80 sg.

[2] Vgl. Marselli: La scienza della storia (Turin, 1873), pp. 252 sgg.

wissenschaftlichen Naturalismus in der Anerkennung einer ewigen Materie als denknothwendigen Substrates der Welt- und Geschichts- entwickelung sich begegne, somit auf jener Basis stehe, auf welcher die Vermittelung zwischen dem philosophischen Idealismus und wissen- schaftlichen Naturalismus anzubahnen ist. Marselli unterscheidet zwischen Wissenschaft der Geschichte und wissenschaftlicher Geschichte; erstere hat an die Stelle einer rein aprioristisch construirenden Geschichts- philosophie zu treten, letztere den Anforderungen einer über bloßes Registriren und chronologisches Aneinanderreihen der Thatsachen hinaus- reichenden Aufgabe der geschichtlichen Berichterstattung zu entsprechen. Die Wissenschaft der Geschichte kann sich nur auf dem Grunde der Erfahrung aufbauen; Vico, Herder, ja selbst Hegel sahen sich darauf angewiesen, der allgemeinen Gesetze der geschichtlichen Entwickelung am Studium der geschichtlichen Thatsachen sich zu vergewissern. Von diesen Gesetzen darf aber andererseits auch die wissenschaftlich ver- fahrende Geschichtsdarstellung nicht abstrahiren. Zwischen Wissenschaft der Geschichte und wissenschaftlicher Geschichtserzählung besteht somit ein relativer Unterschied, der sich bei gleichem Sachinhalte beider darauf reducirt, daß in ersterer das generelle und rationale, in letzterer das factische und individuelle Element vorwiegt. Auf Grund dieser all- gemeinen Anschauung vom Wesen und von den Aufgaben einer Wissen- schaft der Geschichte unterwirft Marselli alle bisherigen Versuche auf dem Gebiete derselben einer kritischen Beleuchtung, beginnend von den Vorläufern der Wissenschaft der Geschichte (Plato, Aristoteles, Polybius, Augustinus, Machiavelli, Paruta, Montesquieu, Voltaire), von diesen auf die Theologen der Geschichte (Bossuet, Fr. Schlegel) und Meta- physiker der Geschichte übergehend, unter welchen er zuerst die dem vorigen Jahrhundert angehörigen (Vico, Mario Pagano, Herder), dann als specifische Vertreter der Fortschrittsidee die unserem Jahr- hundert angehörigen Geschichtsphilosophen Hegel, Vera, Cousin, Miche- let, Laurent vorführt. Den Geschichtsmetaphysikern läßt er die Physiker der Geschichte folgen, als welche von ihm Comte, Buchez, Quetelet, und unter den Italienern Romagnosi, Gabelli,[1] Villari[2] besprochen werden. Die moderne Geschichtschreibung konnte sich der allgemeinen Wandlung des philosophischen Zeitbewußtseins nicht entziehen; die

---

[1] Über Gabelli im Allgemeinen vgl. Espinas, pp. 72 sgg.
[2] Über Villari siehe auch Espinas, pp. 77 sgg.

Philosophie der Geschichte verwandelte sich in Deutschland bei Männern wie Gervinus, Mommsen, Ranke, Gregorovius in philosophische Geschichte; die französischen Historiker Mignet, Thiers, Guizot ließen sich, obschon sie mit philosophischem Geiste schrieben, auf die philosophischen Probleme der Geschichtswissenschaft nicht ein, und ließen sehr bestimmt merken, daß die Philosophie der Thatsachen aus den Thatsachen selber gewonnen werden müsse. Buckle stützte sich in seiner Culturgeschichte Englands geradezu auf die positivistische Doctrin; er verwirft das philosophische Dogma der menschlichen Willensfreiheit eben so entschieden als das theologische Prädestinationsdogma, und läßt das menschliche Handeln durch rein natürliche Ursachen determinirt werden, welche unter gleichen Umständen und Bedingungen stets dieselben Wirkungen hervorbringen. Daher die von der Statistik aufgewiesene Gesetzmäßigkeit der von inneren und äußeren Ursachen bestimmten menschlichen Handlungen. Die äußeren Ursachen sind die Einflüsse der äußeren Natur auf den Menschen, die inneren geistigen Ursachen liegen im menschlichen Denken. Im alten und auch noch im heutigen Occident wiegen die Einflüsse ersterer Art vor, im europäischen Occident die Einflüsse letzterer Art. Die moralischen und religiösen Doctrinen sind naturnothwendige Producte des Denkens, und sind demnach nicht so sehr bestimmende und leitende Mächte der Societät als vielmehr Exponenten und Werthmesser der geistigen Entwickelungszustände der Menschheit.

Unter relativem Anschlusse an Buckle versuchte sich Marselli in einer selbsteigenen Ausführung der Geschichtswissenschaft, von deren beabsichtigten drei Abtheilungen zwei vorliegen.[1] Er bemängelt an Buckle das Stehenbleiben bei den äußeren Naturbedingungen des menschlichen Erdendaseins als Erklärungsgründen der Gestaltungen des geschichtlichen Lebens der Menschheit; neben den geographischen Bedingungen des menschlichen Culturlebens seien auch die ethnologischen Bedingungen und Factoren und die durch die Wechselbeziehungen zwischen Mensch und Natur, sowie zwischen Völkern verschiedener Art

---

[1] Die erste Abtheilung wird durch die beiden 1879 erschienenen Schriften Marselli's: La natura e l' incivilimento — Le origini dell' umanità constituirt; als zweite Abtheilung folgte: Le grandi razze dell' umanità (Turin, 1885; 2. Aufl.). Als dritte Abtheilung ist in Aussicht gestellt: La civiltà e lo sue leggi istoriche.

und Race hervorgerufenen Actionen und Motionen als entscheidende Grundursachen der Gestaltungen des menschlichen Civilisationsprocesses in's Auge zu fassen. Die Ursprünge des Menschendaseins auf Erden betreffend, will Marselli sich nicht bestimmt für eine der beiden einander gegenüberstehenden Ansichten, der monogenistischen oder polygenistischen, entscheiden, hält aber entschieden daran fest, daß der Mensch aus der Thierwelt hervorgegangen sei; selbstverständlich rückt er auch die Entstehungszeit des Menschen möglichst weit in die Vergangenheit zurück und sieht in der Zeitlänge des bisherigen Bestandes der Menschengattung eine Art Bürgschaft für die Länge der dem Menschen vorbehaltenen irdischen Zukunftszeiten mit ihren reichen, unser Ahnungsvermögen übersteigenden Lebensentfaltungen. Er datirt die Entstehung der Menschengattung in die Tertiärperiode zurück und verlegt den Übergang des Menschen aus vorhistorischem Zustande der Wildheit in jenen der Civilisation und des geschichtlichen Daseins in den Beginn des Bronzezeitalters (c. a. 4000 a. Chr.). In der darauf folgenden Periode der Eisenzeit machte die Organisation der Societät mit Hilfe der zur civilisatorischen Macht gewordenen Religion unverkennbare Fortschritte; die hieratische Herrschaft wirkte aber weit mehr auf Erziehung zum Gehorsam, als auf Erzielung milder Sitten hin; die dieser Periode angehörige religiöse Sanctionirung der Menschenopfer beweist die barbarische Härte und Grausamkeit des hieratischen Regimentes. Die Religion hatte insgemein ihren Ursprung in der Anerkennung einer dem Menschen überlegenen geheimnißvollen Macht; der ursprüngliche, geistig noch völlig unentwickelte Mensch mußte die rohesten Vorstellungen von den ihm überlegenen Mächten haben; die historischen Religionen bildeten sich durch Systemisirung und relative Rationalisirung der überlieferten rohen Vorstellungen. Der denselben einwohnende Aberglaube und Wahnglaube ließ sich durch Rationalisirung und Systemisirung nicht überwinden und wird aus dem Gebiete des religiösen Glaubens niemals schwinden; der Glaube ist Negation des Wissens, die Wissenschaft somit Aufhebung des religiösen Glaubens. Die vollkommene Humanisirung der Menschheit heischt die vollständige Ersetzung des Priesterstandes durch die Männer des Staates und der Wissenschaft, die Ersetzung der Religion durch die Herrschaft des sittlichen Gewissens. Diese Bemerkung zeugt von einer tiefen Verstimmung des Gemüthes, welche in Verbindung mit der weiteren Bemerkung, daß das Grundwesen des ursprünglichen Menschen Egoismus war und dieser Egoismus den eigentlichen Antrieb zum Übergange aus dem Stande der Isolirung in jenen der Societät enthielt, in völligen Pessimismus umschlägt. Wann soll je die Zeit kommen, in welcher das sittliche Gewissen die ausschließliche Herrschaft im zeitlichen Menschheitsdasein behaupten soll? Auch Marselli wagt sie nicht in sichere Aussicht zu stellen; er hält jedoch dafür, daß in den civilisirten Lebenszuständen der Altruismus über die angebornen egoistischen Triebe der sinnlichen Menschennatur die Herrschaft werde behaupten können. Dieß bezieht sich jedoch nur auf die inneren Verhältnisse der europäischen Gesellschaft, welche den höchsten bisher errungenen Grad der menschlichen Civilisation repräsentirt. Die Verbreitung dieser Civilisation in anderen Welttheilen und unter anderen Menschenraçen wird kaum anders als durch Unterjochung oder völlige Aufreibung der letzteren zu Stande kommen können. So ist also die Propaganda der europäischen Civilisation in anderen Erdgebieten an die Mittel der Härte und Gewaltsamkeit gewiesen; nebstbei ist der sichere und unzweifelhafte Zukunftserfolg derselben von Bedingungen abhängig, welche in den heutigen Zuständen der von vielfältigen inneren Schäden angefressenen europäischen Gesellschaft nicht gegeben sind. Das Heil der Zukunft beruht darauf, daß die Cultur der arischen Völker Europas allgemeine Weltcultur wird; einzelne Mächte des arischen Europa haben jedoch eine reiche Saat des Hasses gegen sich unter den turanischen Völkern Asiens und nicht bloß unter diesen allein ausgestreut; es wäre nicht undenkbar, daß dereinst die am meisten von turanischen Elementen durchsetzte europäische Weltmacht sich zum Führer der Reaction des empörten Asiens gegen das arische Westeuropa machen könnte. Wäre dieses durch politische Entzweiung und durch die moralische Corruption seiner Gesellschaft innerlich geschwächt und gelähmt, so wäre zweifelhaft, ob es dem Anstürmen der Völker des Ostens einen siegreichen Widerstand entgegenzustellen vermöchte. Die innere moralische Gesundung Europas ist von einer richtig geleiteten geistigen und politischen Erziehung abhängig; der demokratische Freiheitssinn, der allein der berufene Träger der Ideen einer fortschreitenden Civilisation ist, muß zur allgemein herrschenden Gesinnung werden und sich nebstbei mit dem Geiste ächter gesunder Bildung durchdringen, durch deren Verallgemeinerung das schlaffe, hohle Wesen ausgelebter Überlieferungen, an welchen noch immer ein großer Theil der europäischen Gesellschaft hängt, endgiltig abgethan werden soll.

Damit die europäische Gesellschaft geistig gesunde und moralisch erstarke, muß der Geist der streng naturwissenschaftlichen Forschung das gesammte Unterrichtswesen durchdringen; die Methoden derselben müssen durch ihre Anwendung auf die innere Politik der Staaten praktisch und gemeinnützig gemacht werden, die gesammte staatliche Verwaltungspraxis, die Regelung der volkswirthschaftlichen Angelegenheiten, die parlamentarische Vertretung der Gesellschaftsinteressen den Principien derselben gemäß geregelt, das Werk der Nationalerziehung auf die Grundlagen der philosophisch durchgeisteten naturalistischen Doctrin gestellt werden.

Indem Marselli die Geschichtsphilosophie in Geschichtswissenschaft umgewandelt sehen will, verneint er ein über den Sachinhalt der Geschichte hinausgreifendes speculatives Verständniß ihres Zusammenhanges; er weiß nur von Gesetzen der geschichtlichen Entwickelung, verzichtet auf eine Erkenntniß der in der geschichtlichen Entwickelung sich verwirklichenden Ideen, deren Berücksichtigung er als einen über den streng wissenschaftlichen Charakter der geschichtlichen Erkenntniß hinausgreifenden Ultrahistorismus bezeichnet. So stellt sich also in den jüngsten Ausläufern der neuzeitlichen italienischen philosophischen Denkbewegung dem exclusiv übergeschichtlichen Standpunkte der Rosminischen Ideologie ein exclusiv innergeschichtlicher Standpunkt gegenüber, der jeden Ausblick auf die überzeitlichen Ziele der jenseitigen Menschheitsvollendung abschneidet. Ein solcher Ausblick ist in der That nur auf dem Grunde des christlichen Glaubensbewußtseins möglich, dessen geschichtsphilosophischer Denkinhalt in der Idee Christi als des göttlichen Tenenten des zeitlich-irdischen Menschheitsdaseins und als der demselben immanenten göttlichen Heilsmacht sich verdeutlichet. Ist das menschliche irdische Zeitdasein nicht bereits in seinem geschichtlichen Verlaufe durch die ihm immanente göttliche Heilsmacht über sich selbst in die Region himmlischer Überzeitlichkeit emporgehoben, so kann auch der Endausgang des geschichtlichen Verlaufes nicht bei einem überzeitlichen Vollendungsziele anlangen. Ist aber das Wesen des Menschen seiner Idee nach auf die Erreichung eines solchen Zieles angelegt, so muß auch die zeitliche Menschheitsgeschichte ihrer Idee nach auf das Anlangen bei demselben abzwecken, und es muß ihr jene göttliche Triebmacht immanent sein, in deren Walten ihr Verlauf ihrem gottgedachten Ziele entgegengeführt wird. Christus wäre sonach die reale Macht und Efficienz der gottgedachten Menschheitsidee, und muß nach dieser seiner Bedeutung als eine über die Gesammtheit des menschlichen Geschlechtes hinausgehobene, aber zur Gesammtheit und allen einzelnen Gliedern desselben in engster denknothwendiger Beziehung stehende Persönlichkeit universalistischer Art gedacht werden. Er muß als Persönlichkeit gedacht werden, weil ein geistiges Wirkungsprincip überhaupt nicht ohne persönliche Träger gedacht werden kann, und die Bethätigung einer höchsten Geistesmacht eine intensivste geistige Sammlung in sich selbst voraussetzt; er muß als eine Persönlichkeit gedacht werden, weil er nicht als die das freithätige menschliche Wollen und Thun aufhebende Immanenz einer unpersönlichen Vernunft im geschichtlich sich entwickelnden menschlichen Zeitdasein gedacht werden kann. Als gottmenschliche Persönlichkeit ist Christus allerdings eine übergeschichtliche Persönlichkeit, und deßhalb auch nicht in jener pragmatisch geschichtlichen Weise faßbar, in welcher innerhalb der zeitlichen Menschheitsgeschichte stehende menschliche Einzelpersönlichkeiten Gegenstand geschichtlicher Darstellung und Schilderung werden. Die in den neutestamentlichen Schriften enthaltenen Angaben über das zeitliche geschichtliche Wirken Christi reichen nicht aus, und haben auch nicht die Bestimmung, die Daten eines pragmatisch auszuführenden Gemäldes der geschichtlichen Persönlichkeit Christi darzubieten; die geschichtliche Bedeutung der Persönlichkeit Christi kann dem geschichtlichen Denken nur aus den welthistorischen Wirkungen derselben klar werden, und von diesen ist auf Beschaffenheit und Charakter der Persönlichkeit, von welcher sie ausgegangen, zurückzuschließen. Da diese Wirkungen noch bei weitem nicht erschöpft sind, und alle noch weiter folgenden Evolutionen des von Christi Persönlichkeit im menschlichen Geschichtsleben hinterlassenen Eindruckes auch nicht von ferne sich absehen lassen, so wird, soweit es sich um eine in sich abgeschlossene und determinirte Auffassung der Persönlichkeit Christi handelt, auf die ideologische Bedeutung derselben recurrirt werden müssen; und diese summirt sich in dem auch vom Standpunkte der empirischen Geschichtsbetrachtung vollkommen wahren Spruche, daß Christus das Mysterium der Geschichte sei. Als Mysterium der Geschichte ist Christus der innerste Mittelpunkt derselben und seine zeitlich-irdische Erscheinung der Mittelpunkt der Zeiten, der gottgesetzte Endabschluß der vorchristlichen Geschichtsentwickelung und der triebkräftige Anfangspunkt aller nachfolgenden Geschichtsentwickelungen, deren Ziel kein anderes sein kann, als die vollkommene geschichtliche Explication der durch seine zeitlich-irdische Erscheinung caufirten Wirkungen und die durch diese Explication angebahnte und vermittelte Hinüberführung des Menschheitsdaseins aus seinen zeitlichen wandelbaren Verhältnissen in die unwandelbare Ordnung der in Gott vollendeten Zeit und Welt.

Zu diesen Äußerungen über Wesen und Bedeutung der in ihrer absoluten übergeschichtlichen Bedeutung zugleich eminent historischen Persönlichkeit Christi wurden wir durch das uns vorliegende Buch Labanca's über die Geschichte des Urchristenthums[1] veranlaßt, welches schließlich darauf abzielt, in der Person Jesu den mustergiltigen Repräsentanten der menschlichen Sittlichkeit zu erweisen und nebenbei ersichtlich zu machen, daß zwischen dem geschichtlichen Jesus von Nazareth und dem homousischen nicänischen Symbol eine unausfüllbare Kluft gähne. Der Grundgedanke dieses literarischen Unternehmens ist für uns Deutsche nicht neu, scheint uns aber für Italien die Mahnung in sich zu schließen, den Schriftwerken der urchristlichen und altchristlichen Zeit eine möglichst eingehende wissenschaftliche Forscherthätigkeit zuzuwenden, um über die Ergebnisse der in Deutschland und anderwärts betriebenen kritisch-historischen Studien über die Anfänge des Christenthums zu einem sicheren Urtheile zu gelangen. Allerdings ist, wie die zeitlich-irdische Erscheinung Christi, so auch die urchristliche Zeit selbst in ein mysteriöses Dunkel gehüllt, zu dessen pragmatisch geschichtlicher Aufhellung die gegebenen historischen Daten und Schriftwerke nicht ausreichen, und nicht ausreichen können, weil es sich um ein hinter der Hülle der äußeren Weltereignisse sich vollziehendes Durchgreifen einer unmittelbar göttlichen Wirksamkeit sich handelt, die in der Form des Wunders sich offenbarend durch kein mündliches oder schriftliches Menschenwort und Menschenzeugniß adäquat sich veranschaulichen, sondern nur in der innerlichen Erhebung begeisterter Gläubigkeit sich apprehendiren läßt. Dieser allein erschließt sich das pneumatische Verständniß des Lehr- und Erzählungsinhaltes der neutestamentlichen Offenbarungsurkunden; und weil auch dieses pneumatische Verständniß für alle Zeit nur ein relatives bleibt, welches überdieß als subjectives Verständniß den Gefahren einseitiger und irrthümlicher Auslegung und Deutung preisgegeben ist, erscheint die kirchlich dogmatische Fixirung des lehrhaften Inhaltes der neutestamentlichen Offenbarungsurkunden und die kirchliche Normirung der dem ideo-

---

[1] Il cristianismo primitivo. Turin, 1886.

logischen Verständniß der Schrift zugewendeten wissenschaftlichen Bestrebungen als eine objective Nothwendigkeit, welcher sich der Einzelne im Interesse der unerläßlichen kirchlichen Ordnung zu fügen hat. Daß hiedurch die geistige Freiheit des innerlich wahrhaft Freien nicht eingebüßt werde, daß vielmehr die äußere Normirung und Eingränzung der theologischen Bibeldeutung die geistige Selbstconcentrirung der gläubig tiefen Auslegung fördere, wird sich kaum bestreiten lassen; der harmonische, ja geradezu wunderbare Zusammenklang der indifferenten Lehrtypen sich ausprägenden apostolischen Lehrweisheit der neutestamentlichen Schriften stärkt und erhöht die Zuversicht auf das Zustandekommen einer Philosophie der Bibel als einer reifsten Frucht geistig tiefer Schriftforschung, mit welcher wol auch die Unterlage zur Wiederaufnahme einer aus den Tiefen des christlichen Gedankens herausgesetzten Geschichtsphilosophie gegeben sein möchte. Es ist hier nicht der Ort, auf den Inhalt des Buches Labanca's näher einzugehen; wir möchten nur unter Bezugnahme auf eine oben angeführte Äußerung Labanca's auf den Umstand aufmerksam machen, wie sehr die den neutestamentlichen Schriftwerken unmittelbar nachfolgende älteste patristische Literatur gegen die originale Tiefe und geistige Universalität derselben abfällt, woraus sich hinlänglich erklärt, weßhalb es des nicänischen Symbols bedurfte, um dem ein paar Jahrhunderte andauernden Subjectivismus und Relativismus der Verständigungen über den Inhalt des überlieferten kirchlichen Lehrgedankens ein Ende zu machen, und die Grundidee der kirchlichen Theologie dogmatisch zu fixiren. Dazu konnte es füglicher Weise erst dann kommen, als die Kirche durch ihre förmliche Anerkennung von Seite des Staates eine vollkommene Publicität ihres Lebens erlangt hatte und zu ökumenischen Synoden zusammentreten konnte. Andererseits war, das Durchdrungensein der christlichen Glaubensgemeinde von der Idee der ethischen Musterbildlichkeit Christi vorausgesetzt, der Vollzug der nicänischen Formulirung eine unausbleiblich eintretende Thatsache; denn der musterbildliche Mensch steht nicht bloß über allen anderen seines Geschlechtes, sondern muß, um seiner Bedeutung actuell zu entsprechen, das lebendige Vermögen der sittlichen Belebung und Erneuerung des gesammten Geschlechtes in sich tragen, somit eine übermenschliche göttliche Persönlichkeit sein. Mit der dogmatischen Fixirung der biblischchristlichen Christologie und Gotteslehre war zugleich die Scheidung zwischen theologischer und philosophischer Erkenntnißweise eingeleitet, welche in consequent fortschreitender Durchführung dahin führen mußte, daß Theologie und Philosophie sich als zwei selbstständige in sich geschlossene Erkenntnißgebiete mit selbsteigenen Erkenntniß- und Orientirungsprincipien durchbildeten, um jene organisch vermittelte Wechselbeziehung zwischen Philosophie und Theologie anzubahnen und vorzubereiten, welche an die Stelle der ursprünglichen, in unreifen Gnosticismus frühzeitig entartenden unvermittelten Fusion von religiösem und philosophischem Denken zu treten hatte. Jede organische Vermittelung beruht auf klarer Scheidung und Auseinanderhaltung des zu Vermittelnden; die beiden Thätigkeiten des Scheidens und Wiederverbindens gehen im geschichtlichen Progresse des geistigen Erkenntnißlebens nebeneinander her, involviren einander, und sollicitiren sich fortwährend zu weiterer Entwickelung, so daß das Werk der Scheidung und Vermittelung eigentlich niemals zum Abschlusse kommt, aber auch in keiner Periode der geistigen Entwickelung des christlichen Gedankens fehlen kann, sondern in jeder derselben in der den jeweiligen geistigen Bedürfnissen und Bildungsverhältnissen eines bestimmten Zeitalters angemessenen Art und Form sich darstellt. Eine in's concrete geschichtliche Detail eingehende Darlegung des im christlichen Weltalter dialektisch sich abwickelnden Processes der Wechselbeziehungen zwischen Philosophie und Theologie ist bis jetzt noch nicht geschrieben, dürfte aber, wenn einmal lichtvoll dargestellt, über manches bisher im Unklaren liegende Klarheit verschaffen, und damit auch zur Beseitigung von Verstimmungen, die eben in ungeklärten Verhältnissen ihren Grund haben, beizutragen geeignet sein.

Unter den gegenwärtigen philosophischen Literatoren Italiens sind Conti und Fontana als diejenigen hervorzuheben, welche sich für eine im christlichen Sinne gedachte Philosophie der Geschichte interessiren. Conti's christlicher Positivismus ließ es allerdings nicht zur Gewinnung der specifischen Idee einer Geschichtsphilosophie kommen; wie letztere bei Rosmini in der Deontologie aufgeht, so identificirt sich auch bei Conti die geschichtsphilosophische Idee mit der Idee der fortschreitenden moralischen Vervollkommnung des Menschengeschlechtes, die ihm auf die Durchbildung des Selbstbewußtseins der menschlichen Persönlichkeit oder der inneren moralischen Freiheit gestützt ist.[1] Sofern ihm die bisherige moralische Weltentwicklung in der auf die Idee der persön-

---

[1] Vgl. Conti, l'armonia delle cose II, pp. 243 sgg.

lichen Freiheit gestützten modernen Civilisation gipfelt, bildet sein geschichtsphilosophisches Concept die christliche Kehrseite des naturalistisch-positivistischen geschichtsphilosophischen Conceptes Marselli's. Er unterscheidet fünf Hauptepochen der bisherigen Entwickelungsgeschichte der Menschheit, die er auf Grund der geschichtlichen Thatsachen im Lichte des christlichen Theismus betrachtet sehen will: die orientalische, griechische, römische Epoche, den Eintritt des christlichen Weltalters, die Epoche des neuzeitlichen Geschichtslebens. Der Charakter des altorientalischen Lebens ist der Theokratismus, welcher sich unter den zwei einander entgegengesetzten Lebensformen des hebräischen Monotheismus und heidnischen Pantheismus darstellt. Die Consequenzen des pantheistischen Theokratismus sind der Fatalismus und der Kastenunterschied, während die Gesellschaftsverfassung der Hebräer von keinem Kastenunterschiede weiß, und die Festhaltung an der sittlichen Imputabilität der guten und bösen Handlungen den Fatalismus principiell ausschließt. Allen theokratischen Gesellschaftsformen ist es gemeinsam, das gesammte Thun und Handeln der Einzelnen dem religiösen Ritual zu unterwerfen; das Gefühl der mündigen selbstigen Individualität brach erst in der griechischen Welt durch, aber ohne jene innerliche Selbstvertiefung, die nothwendig gewesen wäre, einen reinen Fortschritt ohne Beimischung relativer Rückschritte zu erzielen. Dieß zeigte sich in der freistaatlichen Ungebundenheit des politischen Lebens der Griechen, im Anthropomorphismus ihrer religiösen Denkart, in ihrer mehr anmuthigen als geistig tiefen Kunst, in der entschiedenen Hinneigung ihres von den orientalischen Traditionen emancipirten philosophischen Denkens zum Naturalismus. Bei den Römern vertieft sich das Bewußtsein der Freiheit und Persönlichkeit, welches bei ihnen zum Gesetze, und nicht bloß zur Natur, wie bei den Griechen, sich in's Verhältniß setzte, obwohl das Gefühl der Gebundenheit durch ein äußeres Gesetz einen relativen Rückschritt bedeutete. Die vorchristlich-antike Welt kam insgemein nicht dazu, das menschliche Liberum arbitrium als die natürliche Grundbedingung aller menschlichen Vervollkommnung zu erfassen, und die Herrschaft des Menschen über sich selbst als die wahre Würde desselben zu erkennen. Das Christenthum erhob den Menschen über die bloß äußerlichen Bindungen zur wahren geistigen Freiheit in Gott, kraft deren auch der Gehorsam gegen das äußere Gesetz zu einem Werke der Freiheit wurde; es hob den Dienst äußerer Satzungen auf, der bloß einen Werth als vorbereitende Disciplin hatte, und verpflichtete den Menschen einzig, der Wahrheit selber zu folgen, in dieser aber die Freiheit zu suchen, weil im entgegengesetzten Falle nur unsittliche Ungebundenheit oder unfreie Gebundenheit vorhanden wäre. Auf Grund dieser selbstbewußten sittlichen Freiheit hat sich das moderne Civilisationsleben entwickelt, welches allerdings durch die civilisatorischen Güter und Errungenschaften der vorchristlichen Welt in Sprache, Wissenschaft, Kunst und Recht vorbereitet wurde, jedoch so, daß diese überlieferten Güter eben nur durch Vermittelung des Christenthums fruchtbar gemacht wurden. Nebenbei läßt sich nicht verkennen, daß die Entwickelung der auf die christliche Freiheitsidee gegründeten modernen Civilisation sehr wesentlich durch die Christianisirung der an die Stelle der alten Culturvölker gerückten neuen Völker gefördert wurde; Conti findet es jedoch unpassend und geschichtswidrig, die heutige Civilisation geradewegs als jene der germanischen Raçe zu bezeichnen oder die germanische Raçe als den vorzugsweisen Träger derselben anzusehen. Abgesehen davon, daß die zum Christenthum bekehrten Barbarenvölker nicht ausschließlich der germanischen Raçe angehörten, darf auch der Antheil nicht übersehen werden, welchen die Völker der lateinischen Raçe an der Entwickelung des modernen Culturlebens hatten, wohin, um nur einzelnes Wichtiges zu nennen, die Zurückdämmung der Hochfluth der saracenischen Invasionen, die Entdeckung Amerika's und des Seeweges nach Indien, die Förderung der exacten Wissenschaften durch wichtigste und glänzendste Entdeckungen gehören. Auch ist der Feudalismus und die Ungleichheit vor dem Gesetze nicht auf germanischem, sondern auf lateinischem Boden zuerst überwunden worden. Und so scheint es denn insgemein billig, die moderne Civilisation nicht einsitig den Verdiensten dieser oder jener Völkerraçe, sondern gemeinhin dem Wirken des christlichen Geistes zuzuschreiben. Diese berichtigende Bemerkung gilt der Hegel'schen Geschichtsphilosophie, welcher Conti sonst einen hohen Werth zuerkennt, wie er denn im Besonderen den von Hegel hervorgehobenen Fortschritt der weltgeschichtlichen Entwickelung durch das Christenthum als einen der Vorzüge der Hegel'schen Geschichtsphilosophie vor jener Vico's anerkennt; er rühmt es ferner, daß Hegel seinem Pantheismus zum Trotze das Wesen der geschichtlichen Menschheitsentwickelung in die successiv vorschreitende Entwickelung des menschlichen Freiheits- und Persönlichkeitsbewußtseins setzte. Conti hebt hervor, daß die Idee einer Geschichtsphilosophie durch das Denken des christlichen Geistes geschaffen worden sei, der zuerst der von Hegel betonten Grundidee der Geschichtsphilosophie zur Ausgeburt verholfen hat; sie ist darum specifisch eine Wissenschaft des christlichen Denkens, und Hegel's Verdienste um sie kommen insoweit in Betracht, als er zur wissenschaftlichen Durchbildung der vor ihm schon vorhanden gewesenen und auf christlichem Boden entstandenen Wissenschaft beigetragen hat. Conti unterscheidet drei aneinander folgende Entwickelungsstadien der Geschichtsphilosophie, deren Triplicität der Dreiheit der in der menschheitlichen Entwickelung in Betracht kommenden Factoren entspricht. Diese drei Factoren sind das providentielle göttliche Walten, die menschliche Naturveranlagung, das menschliche Freiheitsstreben. Das providentielle Walten Gottes in der Geschichte ist von den Vertretern der theologischen Schule (Augustinus, Dante, Bossuet) specifisch beleuchtet worden. Vico, der Gründer der philosophischen Behandlung der Geschichtsphilosophie, hat auf die in der uniformen Beständigkeit der menschlichen Natur gegründeten Gesetze der menschlichen Entwickelung hingewiesen. Die seiner Auffassungsweise anhaftenden Mängel und Einseitigkeiten sind durch die geschichtsphilosophische Construction Hegel's überwunden worden, welcher mit den durch die moderne Wissenschaft dargebotenen Hilfsmitteln das von Vico übersehene Mannigfaltige, Differente und Vielförmige in der welthistorischen Entwickelung der Menschheit zur gebührenden Geltung gebracht, und sofern er seinem wissenschaftlichen Concepte die Fortschrittsidee zu Grunde legte, das eigentliche Wesen und die innere Seele des geschichtlichen Lebens aufgedeckt hat. Rein wissenschaftlich genommen ist die philosophische Betrachtung der Menschheitsgeschichte wirklich erst mit Hegel bei der specifischen Idee der Geschichtsphilosophie angelangt. Wir unsererseits sind von der Überzeugung durchdrungen, daß die Geschichtsphilosophie einen vom Inhalte aller anderen philosophischen Disciplinen specifisch unterschiedenen Inhalt nur in der Idee Christi als des ideellen Mittelpunktes der zeitlich-irdischen Menschheitsentwickelung haben kann. Conti weist die christologische Idee einfach dem supranaturalen Lehrinhalte der kirchlichen Theologie zu und beschränkt die Philosophie auf das Gebiet der sogenannten natürlichen Erkenntniß, d. i. auf das auf Grund der äußeren und inneren Erfahrung sich entwickelnde rationale Vernunftdenken mit Ausschluß jener ideellen Apprehensionen, in welchen der supranaturale Lehrinhalt der theologischen Erkenntniß mit jenem der sogenannten natürlichen Vernunfterkenntniß zu jener Art von Erkenntniß coalescirt, welche als speculatives Erkennen den eigentlichen Denkinhalt der Philosophie in deren Unterschiede von der positiven Religions- und Erfahrungserkenntniß, Gottesgelehrtheit und Weltkunde constituirt. Darum tritt bei Conti die Geschichtsphilosophie im Organismus der philosophischen Disciplinen nicht als ein besonderes constitutives Glied derselben hervor. Wenn die Philosophie im Gegensatze zur Theologie als der auf Offenbarung beruhenden Gottes- und Welterkenntniß die aus dem menschlichen Selbstgedanken geschöpfte und auf denselben gestützte Erkenntniß der Weltdinge ist, so wird die Geschichtsphilosophie als Exposition der teleologischen Bewegung des menschlichen Weltdaseins den letzten Abschluß der anthropologisch basirten philosophischen Welterkenntniß, somit das synthetische Schlußglied des Gesammtsystems der Philosophie bilden und eine sublimirte Recapitulation des Gesammtinhaltes derselben constituiren.

Der synthetische Charakter der Geschichtsphilosophie wird auch von Giacinto Fontana[1] hervorgehoben; er sieht in ihr den Zusammenschluß der Erkenntniß des Factischen mit der idealen Erkenntniß und will sie darum als eine Erkenntniß besonderer Art von der rein philosophischen oder idealen Erkenntniß unterschieden sehen. Uns scheint damit nicht das specifische Wesen der Geschichtsphilosophie erfaßt zu sein; denn der von Fontana gemeinte synthetische Charakter ist jener der philosophischen Erkenntniß überhaupt, die als speculative Erkenntniß allüberall auf Vermittelung von Idee und Wirklichkeit ausgeht, so daß die einzelnen Disciplinen der Gesammtphilosophie eben nur durch die besonderen Arten des von ihnen in's Auge gefaßten, ideell zu durchdringenden Wirklichen sich von einander abscheiden. Das besondere Wirkliche, mit welchem es die Geschichtsphilosophie im Unterschiede von den anderen Zweigen der philosophischen Erkenntniß zu thun hat, ist die Wirklichkeit des historischen Daseins. Insoferne Fontana die Geschichtsphilosophie zum Bindegliede zwischen reiner Philosophie und empirischer Geschichtskunde macht, gewinnt es den Anschein, als ob die Geschichtsphilosophie nicht im eigentlichen und vollen Sinne Philosophie, sondern ein Mittleres zwischen Philosophie und Erfahrungs-

---

[1] Fontana hat der Geschichtsphilosophie eine Reihe von Arbeiten gewidmet: La filosofia della storia nei pensatori italiani (Vico, Romagnosi, Balbo, Campanella). Imola, 1873. — Idea per una filosofia della storia. Florenz, 1873. — L' epopea e la storia della filosofia. Mantua, 1878. — Sulla dottrina dello incivilimento libri tre. Turin, 1879.

kenntniß wäre. Da er nicht zur vollen Erkenntniß des wahrhaft philosophischen Charakters der Geschichtsphilosophie vorbringt, so vermag er auch den specifischen Inhalt und Charakter der geschichtsphilosophischen Erkenntniß nicht mit voller Prägnanz und Bestimmtheit anzugeben, der kurz und präcis gefaßt kein anderer sein kann als die Erkenntniß der im geschichtlichen Zeitverlaufe sich realisirenden Menschheitsidee. Statt die geschichtsphilosophische Erkenntniß in dieser Idee sich condensiren zu lassen, spricht Fontana insgemein nur von Ideen, welche im menschlichen Geiste gelegen, in der Menschheitsgeschichte sich successiv verwirklichen; demnach hätte die Geschichtsphilosophie nicht so sehr die Entwicklung des Menschen als solchen, sondern vielmehr jene des Menschheitsgeistes zum Inhalte, welche als nachbildliche Explication der im göttlichen Logos urbildlich enthaltenen Ideen zu fassen ist. Als letztes höchstes Ziel der Geschichtsentwickelung erscheint da eine durch die fortschreitende Vergeistigung der zeitlich-irdischen menschlichen Daseinsordnung zu erwirkende Conformation derselben mit der intelligiblen Welt, ein Gedanke, der nicht unwahr ist, aber das ideale Vollendungsziel der Menschheit doch nur in abstracter Weise angibt. Um dasselbe in concreter Weise zu erfassen, muß auf den philosophischen Denkinhalt der Idee des incarnirten Logos eingegangen werden, in dessen gottmenschlichen Sein der Rückschluß von Zeit und Welt in's Ewige und Göttliche urbildlich dargestellt und effectiv angebahnt ist.

Fontana bezeichnet den von ihm auf geschichtsphilosophischem Gebiete eingenommenen Standpunkt als jenen des Platonismus, welcher auf das Gebiet der Geschichtsphilosophie übertragen so viel bedeutet, als das Hineinleuchten eines höchsten Gedankenideales in's geschichtliche Völkerleben und als ein werkthätiges Anstreben der Verwirklichung desselben durch die Culturthätigkeit der Völker, welchen durch den geistigen Einfluß des Christenthums der früher nicht gekannte Gesichtskreis eines humanitären Universalismus erschlossen worden ist. Leben, Bewegung, Wechsel kommt in die Geschichte durch die mannigfaltige und verschiedene Auffassung des an sich Einen und sich selbst gleichen Ideals im Geiste der verschiedenen Völker und durch die ihrer Freithätigkeit anheimgegebene Art der Ausgestaltung desselben. Die der Dualität von Intellect und Wille entsprechenden beiden Thätigkeiten im Völkerleben, die contemplative und active Function des Volksgeistes sind die Motoren der geschichtlichen Bewegung; von der richtigen Contemperation beider hängt der geordnete Lauf der geschichtlichen Bewegung ab, während aus dem unrichtigen Verhältniß beider zu einander die Störungen und ruinösen Katastrophen des geschichtlichen Entwickelungsverlaufes resultiren. Der Anfang der geschichtlichen Bewegung muß in der idealen geistigen Intuition gesucht werden; das Object der Intuition ist das absolute Ideal, das außer und über dem Geiste ist, daher die auf den pantheistisch-subjectivistischen Immanenzgedanken gestützte Geschichtsphilosophie im Principe verfehlt ist; nicht minder verfehlt ist die ihr scheinbar entgegengesetzte sensistische Construction der Menschheitsgeschichte, mit welcher sie dieß gemein hat, daß sie den menschlichen Geist aus dem sinnlichen Stoffe sich herausringen läßt und die weltgeschichtliche Aufgabe desselben in das continuirliche Ringen mit dem Stoffe setzt, dessen relative Bewältigung die Bedingung des glückseligen Menschendaseins sein soll. Das Ziel des menschlichen Strebens liegt ungleich höher; das Nichterfassen derselben in subjectivistischen und sensistischen Philosophemen hat seinen Grund darin, daß die aus einem ursprünglichen Vollkommenheitsstande herausgesunkene Menschennatur das Bewußtsein um jenes höchste Ziel nur als eine verdunkelte Erinnerung in sich trägt; daraus erklären sich auch die Abirrungen des menschlichen Willensbegehrens von demselben. Der menschliche Geist ist darauf angewiesen, das unmittelbar nun dunkel erfaßte Ziel sich reflexio zu verdeutlichen; die Reflexion kann aber durch die Abhängigkeit von sinnlichen Eindrücken und Begehrungen irregeleitet werden, und ist dann auch dem sittlichen Willen keine sichere Leiterin seiner Entschließungen. Eine fortschrittliche Bewegung der Menschheitsentwickelung hatte von jeher statt; sie war jedoch in der vorchristlichen Weltzeit in eine pantheistisch naturalistische Trübung hineingezogen, über deren particularisirte Strömungen und Tendenzen sie erst durch den geistigen Universalismus des Christenthums hinausgehoben worden ist. Durch den regenerativen Einfluß des Christenthums ist die reine geistige Intuition der höchsten Menschheitsziele und im Zusammenhange damit das reine Streben nach demselben möglich geworden. Fontana's geschichtsphilosophische Grundanschauung bietet viele Berührungspunkte mit jener Conti's, und unterscheidet sich von letzterer nur dadurch, daß sie ganz und vollkommen auf dem Grunde des Giobertianismus steht. Von diesem Standpunkte aus nimmt er auch gegen den in Rosmini's geschichtsphilosophischen Anschauungen zu Tage tretenden

Subjectivismus Stellung;[1] Rosmini bringe es zu keinem klaren Begriffe des substanziellen Wesens der menschlichen Societät, weil er sich nicht zu dem Gedanken zu erheben vermag, daß dasselbe im objectiven Ideale der politisch geeinigten Gesellschaft zu suchen sei.[2]

Unter seinen Vorgängern in der Bearbeitung der Geschichtsphilosophie berücksichtiget Fontana speciell Bossuet, Vico, Herder, Hegel, Vera, Ferrari, Ulysse Barot. Bei Vico bemängelt er das Untergehen der individuellen Subjectivität in der substanziellen Einheit des Volksganzen, dessen Entwickelung allein in's Auge gefaßt werde, so daß die Entfaltung des individuellen Geistes, an welche doch alle höheren Lebensentwickelungen der Nationen geknüpft sind, nur nebenher zur Sprache kommen kann. Der von Vico beleuchtete Entwickelungsproceß des Volksganzen beschränkt sich auf den Kampf um den Besitz der Freiheit, also auf eine Frage der Macht, wobei ein stetes Hin- und Herfluthen des Machtbesitzes zwischen den constitutiven Factoren des Volksganzen statt hat, und die Entwickelung in einem ewigen Zirkel sich bewegt. Bossuet stellt das providentielle Walten in der Geschichtsentwickelung so ausschließlich in den Vordergrund, daß der Antheil der menschlichen geistigen Selbstthätigkeit an derselben ganz übersehen wird; im Zusammenhange damit läßt er das Geschichtsleben der außer dem Bereiche der unmittelbaren Offenbarungsthätigkeit Gottes stehenden Völker ganz außer Acht. Von Bossuet ließ sich C. Balbo inspiriren, der im Geschichtsleben der vorchristlichen Menschheit kein geistiges Fortschreiten, sondern nur zunehmende Verschlimmerung sieht, und damit den Eintritt des Christenthums als rettendes Ereigniß motivirt. Herder faßt in Folge seiner Abhängigkeit von Montesquieu

---

[1] Fontana bezieht sich hier auf Rosmini's Sommaria cagione, per la quale stanno o rovinano le umane società. Vgl. Bd. I, S. 64, Anm. 4; und SS. 436 ff.

[2] La sostanza di ogni stato deve trovarsi nell' obbjettivo ideale, nella giustizia, nel perfezionamento dell' uomo, nel lavoro dell' intelletto e dell' arbitrio, nel possesso dell' intelligibilità delle cose e della libertà degli spiriti, ultima meta per la desiderata unità del progresso umanitario. La sostanza dello stato è riposta nell' intelligibile, l' accidente nel sensibile; e siccome quello non è opera dello spirito, ed è solo studio della riflessione, così l' Idea è il fondamento di ogni società, mentre il sensibile, essendo opera dell' anima e della materiale natura, sarà l' accidente, per cui nella prevalenza di questo all' Idea sta la rovina degli stati, il regresso umano. Idea ecc. (siehe oben S. 371, Anm. 1). p. 74.

lediglich die in den äußeren natürlichen Daseinsbedingungen enthaltenen Beeinflussungen der Gestaltungen des Völkerlebens in's Auge; es gelingt ihm nicht, ein durchgreifendes geistiges Universalprincip der geschichtlichen Bewegung des Menschheitslebens zu entdecken, für die übernatürliche Seite des Christenthums hat er kein Verständniß. Letzteres gilt auch von Hegel, der wol den Geist zum Actor der geschichtlichen Bewegung macht, aber denselben lediglich durch subjectivistische Impulse bestimmt werden läßt, weil es für ihn keine andere Objectivität als jene der äußeren Naturwirklichkeit gibt, mit welcher der Geist zu ringen hat um sie zu überwinden. Ferrari knüpft sein geschichtsphilosophisches Concept an die Idee Giannone's vom Triregno an, d. i. von der Aufeinanderfolge des antiken Materialismus, christlichen Spiritualismus und Hineinbildung des ersteren in letzteren in der päpstlichen Religion und Herrschaft. Diese bizarre Auslegung der Idee Giannone's läuft auf eine völlige Decapitirung des Idealismus als subjectiver Illusion, auf Atheismus und Leugnung des Wesensunterschiedes des Geistes von der Materie hinaus. Barot[1] läßt die weltgeschichtliche Entwickelung der Menschheit im beständigen Wechsel zwischen Krieg und Frieden bestehen, und sieht im Rechte einen imaginären Indifferenzpunkt der continuirlich oscillirenden geschichtlichen Bewegung; Anbetung der Macht sei die politische Religion aller Völker. Dieß heißt die Ansicht vom Geschichtsdasein der Menschheit auf den Standpunkt des Hobbes zurückdrängen.

Die Geschichte verläuft in der Doppelthätigkeit des contemplativen und activen Principes. Durch das contemplative Princip wird die Entfaltung des Religionslebens und der wissenschaftlichen Thätigkeit dirigirt; auf das active Princip sind Kunst, Gewerbsfleiß, mechanische Technik und Handel zurückzuführen. Die Religion als civilisatorisches Princip stand von jeher in einem engsten Zusammenhange mit der Organisation des bürgerlichen Gemeinwesens; beide sind zur inneren Einheit verknüpft in der höchsten Idee, welche Object der seelischen Intuition ist; diese Einheit erkannt und nachdrucksvoll betont zu haben, ist eines der unsterblichen Verdienste Vico's; Filangieri hat mit tiefdringendem Blicke die Ersprießlichkeit und Nothwendigkeit des Einklanges der legislativen Thätigkeit mit den die Gemüther der Menschen beherrschenden religiösen Überzeugungen betont. Allerdings kommt es

---

[1] Lettres sur la philosophie de l'histoire. Paris, 1864.

hiebei vor Allem auf die objective Wahrheit und geistige Höhe der religiösen Überzeugung an; daraus folgt jedoch, daß die vollkommenste Harmonie zwischen Religion und Gesetzgebung auf dem Boden des christlichen Religionsgedankens möglich ist. Der christliche Religionsgedanke ist aber nicht nur eine Macht der Erhaltung, er schließt als Mittel der Erhebung zur sittlichen Freiheit, als Lehre von der charitativen Brüderlichkeit alle ethischen Bedingungen der fortschrittlichen Bewegung des Menschheitslebens in sich. Hegel und Vera haben dieß bei Weitem nicht genügend gewürdiget; andererseits ist allerdings richtig, daß die Kirche, welche in den Zeiten nach der Völkerwanderung die gesammte bürgerliche Rechtsordnung der von ihr christianisirten Barbarenvölker durchdrang und unmittelbar beherrschte, nicht auch den durch den Einfluß des christlichen Geistes allmälig mündig gewordenen Staat in derselben unmittelbaren Weise beherrschen konnte. Die Streitigkeiten zwischen Kirche und Staatsgewalt, die Disharmonien zwischen dem contemplativen und activen Principe der civilisatorischen Bewegung sind als eine geschichtliche Calamität zu beklagen, auf deren Beseitigung die Bestrebungen der Gegenwart und Zukunft gerichtet sein müssen.

Fontana wehrt, auf seine christlichen Überzeugungen gestützt, alle Anwandelungen des Pessimismus von sich ab, und glaubt an ein beständiges Fortschreiten der Menschheit auf Erden, obschon deren letzte Ziele nicht innerhalb der irdischen Zeit liegen; da aber die überzeitlichen Ziele außerhalb des Gesichtskreises unseres zeitlich-irdischen Denkens liegen, so hat sich die Geschichtsphilosophie als Wissenschaft auf die Erwägung der Erreichbarkeit der diesseitigen Daseinsziele der Menschheit zu beschränken. So weit das Sein und Leben der Erde in die universellen kosmischen Relationen verschlungen und von denselben abhängig ist, lassen sich bei der Ungewißheit der aus dieser Abhängigkeit resultirenden Zukunft des Erdkörpers keine zuversichtlichen Schlüsse auf den Endausgang der zeitlich-irdischen Menschheitsgeschichte ziehen; so viel ist aber gewiß, daß, so lange das Menschengeschlecht auf Erden existiren wird, eine continuirlich fortschreitende Annäherung an den innerhalb der irdischen Zeit und Welt erreichbaren Glückseligkeitsstand stattfinden wird. Nur ist dieser nicht in den behaglichen Genüssen eines mühelosen Daseins zu suchen; auch sind die chimärischen Hoffnungen einer absoluten Ausgleichung der mit dem zeitlichen Erdendasein innerhalb der menschlichen Gesellschaft gegebenen Gegensätze aufzugeben. Ist doch auch das irdische Lebensglück der Menschen nicht von der Erfüllung solcher Hoffnungen und Wünsche abhängig; es genügt, wenn die gesellschaftlichen Zustände der Menschheit in Folge der continuirlich fortschreitenden Civilisation sich so weit vervollkommnen, daß jeder Einzelne, der mit redlichem Willen eine sittliche Lebensaufgabe anstrebt, in der Erfüllung derselben den auf Erden erreichbaren Grad innerer Befriedigung finden kann. Diese ist zuhöchst nicht von der Gunst äußerer Verhältnisse, sondern vom sittlichen Werthe des Menschen abhängig, und wird daher, soweit dieser vorhanden ist, unter allen Umständen mehr oder weniger erreichbar sein. Das Auseinanderfallenlassen der letzten diesseitigen und jenseitigen Menschheitsziele und die Unsicherheit über die von kosmischen Katastrophen möglicher Weise abhängigen Endausgänge des zeitlichen Erdendaseins der Menschheit haben ihren Grund in den philosophischen Grundanschauungen Fontana's; das idealistische und das empiristische Element derselben durchdringen sich gegenseitig nicht bis zu dem zur Erzeugung einer wahrhaft speculativen Anschauungsweise nothwendigem Grade. Er hat dieß mit Vico gemein, mit dessen Scienza nuova er sich in der letzten seiner oben angeführten geschichtsphilosophischen Schriften umständlich auseinandersetzt.

Auch am Schlusse seines Werkes über das Verhältniß der Epopöe zur Geschichtsphilosophie gedenkt Fontana Vico's in auszeichnender Weise, und empfiehlt der italienischen Jugend mit Wärme das Studium der Werke dieses Mannes, dessen geschichtsphilosophische Anschauungen allerdings in einem denkverwandtschaftlichen Verhältnisse zu Fontana's Auffassung der Bedeutung der Epopöe stehen. Man kann letztere als eine Wiedergabe der Ideen ansehen, von welchen das Verfahren Vico's in seinen geschichtsphilosophischen Constructionen bestimmt wurde. An der Entwickelungsgeschichte der Epik läßt sich nach Fontana der geistige Entwickelungsproceß der Menschheit von seinen ersten Anfängen bis in die letzte Zeit herab studiren. Die Epopöe entwickelte sich in der Jugendzeit der Völker aus der erzählenden Poesie, und erlangte ihre ersten classischen Ausdrücke da, wo die Phantasie der Sänger im begeisterten Preise großer kühner Thaten von der Idee des Wunderbaren und Unendlichen, das ihnen in den verherrlichten Großthaten sich zu offenbaren schien, fortgerissen wurde; sie nahm eine kunstgemäße Form an, nachdem die Idee des Absoluten einen bestimmten Grad reflexiver Durchbildung im Geistesleben der Völker

erlangt hatte, und blieb auch später noch), da der überhandnehmende
Realismus die idealen Anschauungen zurückdrängte, als Nachhall der
edleren und höheren Stimmungen vergangener Zeiten im Völkerleben
wirksam, schlug aber als Kundgebung des nicht mehr von der allgemeinen geistigen Volksstimmung getragenen subjectiven Individual-
gefühles in Lyrik um, die in der von positivistisch naturalistischen Anschauungen beherrschten Gegenwart augenscheinlich an die Stelle der
Epik getreten, und zum Ausdrucke der Emotionen des modernen Frei-
heitsgefühles und der modernen geistigen Emancipationsbestrebungen
geworden ist. Daß es hiebei nicht sein Verbleiben haben könne, ist
klar; aber nur in Folge eines erneuerten Durchgreifens der theistischen
Idee in den geistigen Bestrebungen der modernen Zeit und Welt wird
die Poesie in der Form der Epopöe wiederkehren können, die dann
allerdings in den politischen und socialen Lebensvorgängen der modernen Zeit und Welt einen dankbaren Gestaltungsstoff vorfinden
wird, sobald nämlich derselbe von der theistischen Idee des Absoluten
durchgeistet, und die an die Stelle derselben getretene unklare Vorstellung eines unbestimmten Unendlichen überwunden worden sein wird.

# V

# Geschichte der Philosophie.

Die erste Anregung zur Pflege der Geschichte der Philosophie im heutigen Italien ging seiner Zeit von B. Poli aus, welcher zu Tennemann's in's Italienische übersetztem Handbuch der Geschichte der Philosophie [1] einen Ergänzungsband lieferte, betreffend die alt=orientalische, englisch=schottisch=irische, französische und italienische Philosophie. Letzterer ist der weitaus größere Theil des Ergänzungsbandes gewidmet; auch werden nicht bloß, wie bei der französischen und englischen Philosophie, die letzten Jahrhunderte berücksichtigt, sondern alle Epochen ihrer Entwickelung von den ersten Anfängen der italienischen Philosophie bis in die ersten Decennien dieses Jahrhunderts herab behandelt. Die verhältnißmäßig ausführlichste Darstellung wird der italienischen Philosophie der letzten drei Jahrhunderte zu Theil, die nahezu den dritten Theil des umfangreichen Bandes ausfüllt; dieser Theil der Arbeit behauptet auch noch heute durch seine reich=haltigen bibliographischen Angaben seinen Werth als Orientirungs=mittel über die Literatur der italienischen Philosophie in dem betreffenden Zeitraum, besonders für einen außeritalienischen Leser. Der Entwickelungsverlauf der neuzeitlichen italienischen Philosophie von Romagnosi bis auf die Gegenwart hat seinen Darsteller in L. Ferri gefunden, der auch die Geschichte der italienischen Philosophie der Renaissanceepoche durch mehrere Beiträge bereichert hat.[2] Die Philosophie der Renaissance ist überhaupt in neuester Zeit mit Vorliebe durchforscht worden; wir haben an früheren Orten die hieher gehörigen

---

[1] Manuale della storia della filosofia di G. Tennemann tradotto da Fr. Longhena, con note e supplementi dei Proff. G. D. Romagnosi e B. Poli. 3 Voll. Der dritte Band (Mailand, 1836) enthält die von Poli gelieferten Ergänzungen.

[2] Vgl. B. II, SS. 387 f.

Arbeiten eines Fiorentino [1] und Labanca [2] namhaft gemacht, welcher letztere durch seine Schrift über Marsilius von Padua [3] auch in die der Renaissance unmittelbar vorausgehende Epoche zurückgegriffen hat. Wir ergänzen unsere vorausgegangenen Angaben über die auf die Philosophie des 16. Jahrhunderts bezüglichen Arbeiten durch die nachträgliche Erwähnung der Schriften über Bruno von Fiorentino,[4] Falco,[5] L. Scheffer[6] und R. Mariano,[7] über Galilei von Ciavarini,[8] Conti,[9] G. Rossi,[10] Favaro,[11] über Campanella von D. Berti[12] und L. Amabile.[13] Romualdo Bobba [14] machte sich die Aufhellung der philosophischen Zustände Italiens im Zeitalter der Herrschaft der Cartesischen Philosophie zur Aufgabe, und bereicherte die Kenntniß der italienischen Philosophie des 18. Jahrhunderts durch genauere Mittheilungen über G. B. Capasso, Fortunat von Brescia, Odoardo Corsini, Muratori, Giac. Faggiolati und Giac. Stellini; nebenbei ließ er auch eine instructive Arbeit über A. Genovesi erscheinen.[15] Die der Einleitung Ferrari's zu seiner Ausgabe der Werke Vico's nachfolgende Literatur über Vico ist in den vorausgehenden Theilen

---

[1] Vgl. Bd. III, S. 239, Anm. 2—4. Zu den daselbst erwähnten Schriften ist als Opus posthumum hinzugekommen: Il risorgimento filosofico del Quattrocento. Neapel, 1885.

[2] Vgl. Bd. I, S. 328, Anm. 4.

[3] Marsilio da Padova, riformatore politico e religioso del sec. XIV. Padua, 1882. Vgl. Mamiani's Anzeige dieses Buches in der Filos. d. scuole ital. Vol. XXVI, pp. 114 sgg.

[4] Il panteismo di G. Bruno. Neapel, 1861.

[5] Giordano Bruno (vita e dottrine). Turin, 1863.

[6] G. Bruno o la divina commedia in Roma. Turin, 1869.

[7] G. Bruno, la vita e l' uomo. Turin, 1881.

[8] Della filosofia del Galilei. Florenz, 1869.

[9] Prose scelte a mostrare il metodo del Galilei, la dottrina ecc. Florenz, 1872.

[10] Del metodo Galileiano. Bologna, 1877.

[11] Galileo Galilei e lo studio di Padova. Florenz, 1883; 2 Voll.

[12] Lettere inedite di Tommaso Campanella e Catalogo dei suoi scritti. Rom, 1878.

[13] Fra T. Campanella, la sua congiura, i suoi processi e la sua pazzia. Narrazione con molti documenti .... e 67 poesie di Fra Tommaso finora ignorati. Neapel, 1882; 2 Voll.

[14] Saggio intorno ad alcuni filosofi italiani meno noti e dopo la pretesa riforma Cartesiana. Benevent, 1868.

[15] La vita e le opere di A. Genovesi. Benevent, 1867.

unserer Arbeit ausführlich besprochen worden; auch des Freundes Vico's Tommaso Rossi und seiner Würdigung durch Giordano-Zocchi und Galasso¹ wurde gedacht; wir tragen hier noch eine Schrift Tulelli's über Capasso und Rossi nach.² Eine Bereicherung der Geschichte der italienischen Philosophie in allen Epochen derselben von den ältesten Zeiten angefangen bis auf die Gegenwart herab ist in V. di Giovanni's Geschichte der sicilischen Philosophie gegeben,³ wozu noch andere, gleichfalls schon erwähnte Beiträge zur Geschichte der Philosophie auf dem italienischen Festlande kommen.⁴

Darstellungen der Geschichte der Gesammtphilosophie oder einzelner Hauptpartien derselben hat die philosophische Literatur des neuzeitlichen Italiens mehrere aufzuweisen; sie wurden durch die für alle italienischen Universitäten bestehende Vorschrift, neben den Vorlesungen über die Philosophie auch solche über die Geschichte der Philosophie zu halten, hervorgerufen. Schon der äußere Anlaß der Entstehung dieser Art von Schriften macht erklärlich, daß wir in ihnen nicht quellenmäßig gearbeitete gelehrte Arbeiten, wie wir Deutsche sie in den umfangreichen Werken eines H. Ritter, E. Erdmann und Zeller besitzen, zu erwarten haben; sie verfolgen vielmehr einen didaktisch-propädeutischen Zweck. Wir haben einige derselben in den vorausgegangenen Theilen dieser Arbeit kennen gelernt; die bekanntesten unter den Darstellungen der Geschichte der Gesammtphilosophie sind jene Conti's⁵ und Fiorentini's.⁶ Über dieselben greift Bobba in seiner Geschichte der Philosophie⁷ insofern hinaus, als er dieselbe umfänglicher und ohne Rücksicht auf Unterrichtszwecke behandelt;

---

¹ Vgl. Bd. IV, S. 110.

² Discorsi due alla vita ed alle opere filosofiche di G. B. Capasso e di T. Rossi. Neapel, 1857. — Über Tulelli im Allgemeinen vgl. Gubernatis p. 1008.

³ Vgl. Bd. II, S. 235, Anm. 4.

⁴ Vgl. Bd. II, S. 235, Anm. 3.

⁵ Vgl. Bd. III, SS. 338, Anm. 2; 340 ff.; 354 ff.

⁶ Manuale di studio della filosofia ad uso dei licei. Neapel, 1879—81; 3 Voll.

⁷ Storia della filosofia rispetto alla conoscenza di Dio da Talete fino ai giorni nostri. Lecce, 1873—74; 4 Voll. — Dazu kam später: Saggio sulla Filosofia greco-romana considerata nelle sue fonti e nel suo svolgimento sino a Cicerone inclusivamente ed Anthologia philosophica ex Marco Tullio Cicerone. Rom, 1881.

indeß ist auch bei ihm die kritisch gelehrte Forschung einem lehrhaften Zwecke untergeordnet, allerdings dem höchsten aller lehrhaften Zwecke, nämlich dem Vorhaben, das in der Entwickelungsgeschichte des philosophischen Gedankens wiederscheinende Zeugniß der Philosophia perennis für Denjenigen, von welchem alle Weisheit urhaft ausfließt, zu ermitteln und zu prüfen. Bobba hält mit Gioberti an einer unmittelbaren geistigen Intuition des göttlichen Seins fest, welche in der nachfolgenden reflexiven Thätigkeit sich verdeutliche; in dieser nachfolgenden Reflexion werde dem denkenden Geiste klar, daß das in der Beziehung des Endlichen auf das unendliche göttliche Sein gegebene Dependenzverhältniß im Creationsgedanken seinen exacten Ausdruck finde. Bobba geht sonach von Gioberti insofern ab, als nach ihm der göttliche Creationsact nicht intuitiv erfaßt wird, sondern in der auf die Intuition folgenden Reflexion sich als denknothwendiges Factum einstellt. Ehe es eine reflexive philosophische Erkenntniß des göttlichen Seins gab, war schon die im religiösen Glauben gegebene Erkenntniß desselben vorhanden, die, auf Auctoritätszeugniß gestützt, ihren natürlichen Anhaltspunkt in der intuitiven Geistesthätigkeit hatte. Der Geschichte der Philosophie obliegt zu zeigen, in wie weit die intuitive Erkenntniß in der Reflexion des philosophischen Denkens zu ihrem Rechte kam, und wie sich insgemein der geschichtliche Entwickelungsverlauf des philosophischen Denkens mit Rücksicht auf die Gotteserkenntniß als Grundproblem der philosophischen Forschung gestaltete. Bobba scheidet den bisherigen Entwickelungsverlauf der philosophischen Discussion jenes Grundproblems in vier Perioden: 1. von den Anfängen der griechischen Philosophie bis zum Eintritt der christlichen Weltzeit; 2. vom Beginne der christlichen Weltzeit bis zum Verfalle der mittelalterlichen Scholastik; 3. von Dante bis zu Kant's Auftreten; 4. von Kant bis auf die Gegenwart. Bobba bezeichnet diese vier Zeiträume kurzweg als jene der antiken, mittelalterlichen, modernen, zeitgenössischen Theosophie.

Die Darstellung der ersten Periode oder der antiken Theosophie beschäftiget sich mit der historisch-kritischen Ermittelung der Auffassung der höchsten Causalität in der jonischen, pythagoräischen, eleatischen Schule, weiterhin bei Sokrates, Plato und Aristoteles, bei den Epikuräern, Akademikern und Skeptikern, bei Cicero, Lucretius, Seneca, Epiktet, Marc Aurel und Plutarch. Das Endergebniß der historisch-kritischen Untersuchungen über diesen Zeitraum der Geschichte der Philosophie lautet, daß mit Ausnahme der Anhänger des Pyrrhonismus alle Schulen des Alterthums anerkannten, es existire etwas objectiv, und sei daher etwas von jeher gewesen; man schloß weiter, dasjenige, was von jeher gewesen, müsse entweder die Welt oder die Ursache der Welt sein; streng genommen entschieden sich nur der Pythagoräer Ocellus und Aristoteles für die erstere Alternative. Man kann sonach sagen, daß die Philosophen des Alterthums gemeinhin eine höchste Welturjache anerkennen; diese Thatsache läßt sich nach Bobba nur entweder aus der Nachwirkung einer unzeitlichen Tradition oder aus der Connaturalität des Gottesgedankens mit dem Wesen des menschlichen Geistes, oder aus beiden Ursachen zugleich erklären, welches letztere offenbar das Richtige ist. Plato gab dem Vorhandensein einer allgemeinen Übereinstimmung der Menschen in Anerkennung der Existenz göttlicher Wesen, Aristoteles der Existenz einer Tradition aus ältesten Zeiten über diesen Lehrpunkt Zeugniß; Epikur erklärte die allgemeine Übereinstimmung bezüglich desselben aus einer im menschlichen Geiste vorhandenen Pränotion; den Stoikern galt die Übereinstimmung der Völker als ein Hauptbeweis für die philosophische Wahrheit der Existenz einer göttlichen Welturjache, und Cicero tritt ihnen hierin unbedingt bei. Die philosophische Beweisführung für die Realität einer höchsten Welturjache stützte sich auf die in der Aufeinanderfolge der Phänomene des Weltdaseins statthabende Ordnung und Gesetzmäßigkeit sowie auf die Harmonie im Zusammensein der das Weltdasein constituirenden Theile des Weltganzen. Dies führte bei tiefer gehenden Denkern, wie Pythagoras und Plato, zum Gedanken von rationalen Urbildern der Weltdinge. Über die Eigenschaften, welche der höchsten Welturjache als solcher beizulegen seien, bestand allgemeine Übereinstimmung; selbst Sextus Empiricus war davon überzeugt, daß ihr Macht, Weisheit, Güte, Gerechtigkeit, Unvergänglichkeit, Seligkeit u. s. w. beigelegt werden müsse. So weit es sich aber um das Verhältniß der höchsten Welturjache zur Welt handelte, gingen allerdings die Meinungen sehr auseinander. Das Vorhandensein des physischen und moralischen Übels schien nur unter Voraussetzung zweier ewiger Weltprincipien erklärbar; man ließ das göttliche Wirken durch den vorhandenen Weltstoff determinirt werden, oder verlegte unmittelbar in die Natur der göttlichen Welturjache eine determinirende Nothwendigkeit. Wie unvollkommen aber immerhin die durch philo-sophische Reflexion vermittelten Wesensbestimmungen der göttlichen

Welturſache ſein mochten, ſo ſteht doch unentwegt feſt, daß es eine philoſophiſche Atheiſtenſecte im Alterthum nicht gab, und die Annahme einer ſolchen auf einer ungebührlichen Verallgemeinerung der irreligiöſen Denkart Einzelner beruht. Deſſen machte ſich ſeiner Zeit Bayle, in unſerem Jahrhundert aber Ventura ſchuldig, deſſen unkritiſche Behauptungen durch die Äußerungen der alten philoſophiſch gebildeten Apologeten des Chriſtenglaubens, eines Juſtinus Martyr, Athenagoras, Clemens Alexandrinus widerlegt werden.

Die Epoche der mittelalterlichen Theoſophie läßt Bobba, nach Vorausſchickung einer kritiſchen Beleuchtung der in die chriſtliche Zeit fallenden Lehrſyſteme der heidniſchen Platoniker mit den ſpeculativen altchriſtlichen Apologeten und Alexandrinern beginnen, von welchen er auf Auguſtinus übergeht, die weitere Entwickelung der chriſtlichen Speculation in der griechiſchen Kirche (Nemeſius, Syneſius, Pſeudodionys, Maximus, Johann von Damask, Philoponus) und im lateiniſchen Abendlande (Boethius, Scotus Erigena u. ſ. w.) verfolgt. Sofort kommen Anſelm von Canterbury, die Victoriner zuſammt Johannes Bonaventura, Thomas Aquinas an die Reihe, ferner Heinrich von Gent, Duns Scotus, Durand von St. Pourçain, Occam, Bradwardina; nebenhergehend werden auch Petrus Aureolus und Holkoth erwähnt. Es handelte ſich in den Lehrentwickelungen der Theoſophie dieſer geſammten Epoche um zwei Hauptfragen, nämlich um den Urſprung des Gottesgedankens und um den Inhalt deſſelben. Die Frage nach dem Urſprunge des Gottesgedankens wurde in dreierlei Weiſe beantwortet; die Einen erklärten den Gottesgedanken für eine dem menſchlichen Geiſte connaturale Idee (Auguſtinus, Anſelmus, Bonaventura), Andere, und zwar die weitaus größere Mehrzahl der Scholaſtiker mit Thomas Aq. an der Spitze, für eine erworbene Erkenntniß, obſchon nicht ohne differente Modificationen der gemeinſamen Anſicht; Occam mit einigen Anderen hält den Gottesgedanken für eine der menſchlichen Vernunft aus ſich ſelber gar nicht erreichbare Idee. Die Beantwortung der zweiten Frage ſchließt zwei Probleme in ſich, die demonſtrative Erweiſung des Daſeins Gottes, die Eigenſchaftsbeſtimmungen des göttlichen Weſens. Die demonſtrative Erweiſung konnte eine aprioriſche (demonstratio propter quid) oder apoſterioriſche (demonstratio quia) ſein; Auguſtinus und Anſelmus ſtanden für die erſtere Art der Beweisführung ein, die Mehrzahl der Scholaſtiker verwarf ſie, nur Aureolus wagte einen ſchüchternen Vermittelungsversuch durch sein Theorem von dem Syllogismus imperceptibilis,[1] kraft dessen Gottes Dasein unabhängig von den aus der Erfahrung geschöpften Beweisen feststehe. Eine apriorische Beweisführung im absoluten Sinne ist allerdings auf christlichem Standpunkte nicht zulässig und auch nicht versucht worden; die principiellen Gegner des ontologischen Argumentes aber übersahen, daß die unbedingte Verwerfung desselben zufolge der denknothwendigen erkenntnißtheoretischen Voraussetzungen der Verwerfung auch die Giltigkeit der aposteriorischen Beweisführung in Frage stelle. Nur unter der Voraussetzung, daß die menschliche Seele als Tabula rasa angesehen werde, läßt sich der ontologische Gottesbeweis als völlig falsch und paralogistisch erklären; Augustinus, Anselmus, die Victoriner und Bonaventura mochten von einer derartigen Voraussetzung nichts wissen. Die Erörterungen der Eigenschaften Gottes betreffen die Vermittelung derselben mit der Einheit der göttlichen Essenz und die Bethätigungen derselben in Verhältniß zum außergöttlichen Sein. Augustinus, Anselmus, Bonaventura, Thomas Aq. hielten dafür, daß die Eigenschaften Gottes vom Wesen Gottes nicht an sich, sondern nur für unser Denken unterschieden seien; Duns Scotus vertrat die entgegengesetzte Ansicht und gab hiedurch Anstoß zu jenen haarspaltenden Distinctionen und den damit zusammenhängenden Fictionen von allerlei unwirklichen Entitäten, welche mehr als alles Andere die Scholastik in Verruf brachten. Das durch die göttlichen Eigenschaften vermittelt gedachte Verhältniß Gottes zur Welt schuf eine Menge controverser Fragen in Bezug auf das göttliche Schöpfungsmotiv, auf den zeitlichen oder vorzeitlichen Weltanfang, auf die göttliche Concurrenz zu den freien Willensacten des Menschen, auf das Verhältniß des Moralgesetzes zum absoluten göttlichen Willen u. s. w. Das scholastische Denken gelangte in der Vielheit dieser Untersuchungen zu keiner rechten Sammlung in sich selber; es ließ sich allzusehr vom Syllogismus und von den das syllogistische Denkverfahren regelnden axiomatischen Principien beherrschen, und reflectirte nicht auf die eigentlichen Constitutioprincipien der Wissenschaft, die aus der inneren und äußeren Erfahrung geschöpft werden müssen. Diese wären allerdings auch aus dem von den Scholastikern so eifrig gepflegten Studium des Aristoteles zu

---

[1] Vgl. hierüber meine „Scholastik des späteren Mittelalters", Bd. II, S. 202.

gewinnen gewesen, wenn dieses Studium in der richtigen Weise betrieben worden wäre. Damit soll dem reichen Capitele an Scharfsinn, welches die Scholastiker hiebei aufboten, und den thatsächlichen Errungenschaften ihrer commentatorischen Arbeit die gebührende Anerkennung nicht vorenthalten werden; und mehr als alle anderen verdient Thomas Aq. gelobt zu werden, der durch Scharfsinn, Maß und Rundung sich vor den übrigen hervorthat, so daß er noch heute mit großem Nutzen studirt werden kann.

Am ausführlichsten ist die dritte Periode der philosophischen Entwickelung des Gottesgedankens, das Entwickelungsstadium der modernen Theosophie behandelt, welches Bobba in drei besondere Epochen zerfallen läßt: Vorbereitung, Begründung, restaurative Erneuerung des modernen theosophischen Gedankens. Der vorbereitenden Epoche gehören an: Dante, Petrarca, Marsilius Ficinus, die Pythagoriker, Illuministen und Kabbalisten des Renaissancezeitalters (Nicolaus Cusanus, Joh. Picus von Mirandola, Reuchlin u. s. w.), die Peripatetiker und Atheisten desselben Zeitraumes (Paduaner Schule, Cardanus, Vanini) zusammt der nebenhergehenden Reaction gegen den Peripatetismus durch die Platoniker, Giordano Bruno, Campanella. Galilei leitet eine neue Richtung der philosophischen Forschung ein, deren wirkliche Begründer von zwei entgegengesetzten Standpunkten aus Baco von Verulam und Cartesius sind; der Gegensatz zwischen beiden Denkern findet seinen Ausdruck darin, daß Baco die äußere und sinnliche Welt über die innere intellectuelle Welt, Beobachtung und Erfahrung über Meditation und Reflexion überwiegen läßt, während bei Cartesius das Umgekehrte statthat. Obschon dieser Gegensatz bei den Anhängern und Nachfolgern beider Philosophen nicht mit voller Strenge festgehalten wird, so bleibt doch bei Baco's Nachfolgern der principielle Empirismus, bei jenen des Cartesius die Unterschätzung der sinnlichen Erfahrung und die Hinneigung zu einem philosophischen Apriorismus das Charakteristische. In England macht sich als Reaction gegen den Empirismus und Materialismus, theilweise auch gegen den Cartesianismus ein wiedererneuerter Platonismus geltend (Gale, S. Parker, Cudworth, More); den materialistischen Atheisten traten R. Boyle, Newton und Clarke entgegen. In Frankreich wuchs aus dem Cartesianismus der Psychologismus hervor, dessen excessive Auswüchse sich in Pascal und Malebranche darstellen; Pascal exaggerirte den methodischen Zweifel des Cartesius, Malebranche den Dogmatismus desselben, wodurch er in eine bedenkliche Nähe zu Spinoza gerieth. Gemäßigte Vertreter des Psychologismus sind Bossuet, Fenelon, Valerian, Magni,¹ Juvenal von Annania.² Die beiden divergirenden Richtungen und Strömungen der neueren europäischen Philosophie werden durch Leibnizens außerordentlichen Geist miteinander vermittelt, daher er als Beginner einer neuen Entwickelungsphase der modernen Theosophie beim Eintritte derselben in ihre dritte Epoche zu feiern ist. Leibnizens Scharfblick erkannte die Mängel der beiden exclusiven Methoden des Empirismus und Apriorismus, und stellte ihren Einseitigkeiten das erkenntnißtheoretische Princip gegenüber: Nihil est in intellectu quod non fuerit prius in sensibus excepto ipso intellectu. Er ging sodann auf eine Kritik der falschen Substanzbegriffe ein, welche einerseits von den Empiristen, andererseits von den Psychologisten aufgestellt worden waren, und zeigte, daß weder der rein nominale Begriff der Empiristen, noch der passivistische Substanzbegriff der Psychologisten genügen könne, letzterer nicht, weil der Substanz nicht blos ein Vermögen des Thätigseins, sondern auch im Streben nach Thätigkeit eigne; die Substanz sei wesentlich active Kraft. Leider wurde dieser verbesserte Begriff der Substanz besser von den Gegnern als von den Anhängern Leibnizens beachtet; er wurde in Deutschland durch den Formalismus der Wolff'schen Philosophie niedergehalten, in Italien blieb die von Vico versuchte Anknüpfung an Leibniz unverstanden. In Frankreich und England kümmerte man sich gemeinhin gar nicht um die durch Leibniz inaugurirte Reform der Philosophie. Da überdieß der Cartesianismus durch die der Cartesischen Physik und Kosmologie nachgewiesene Mängel in Mißcredit kam, so behauptete in England und Frankreich ausschließlich der Empirismus das Feld, durch dessen skeptische und materialistische Consequenzen endlich Kant's Auftreten vorbereitet wurde. Bobba widmet der Gotteslehre Leibnizens eine ausführliche Darlegung, und geht insbesondere auf Leibnizens Bemühen, dem von Cartesius wieder aufgenommenen Anselm'schen Beweise für Gottes Existenz zu seiner vollen Beweiskraft zu verhelfen, mit Vorliebe ein; er würdiget weiter

---

¹ Über V. Magni vgl. meine Geschichte der kathol. Theologie Deutschlands S. 78.

² Über Juvenalis von Annania (Ann) vgl. Rosmini's Saggio sull'idee § 1034. — Über den an Juvenal sich anschließenden P. Hulderich von Gablingen siehe: Bobba O. c. III, p. 329.

auch die von Genovesi in dessen lateinischen Schriften, ferner von Gerdil und Boscovich unternommenen Versuche einer aprioriorischen Erhärtung des Daseins Gottes, so wie er ferner noch den von Engländern, Holländern, Franzosen und Deutschen des 17. und 18. Jahrhunderts gelieferten aposteriorischen Widerlegungen des Atheismus seine Aufmerksamkeit zuwendet. Er beklagt schließlich, daß die Wahrnehmung des in Leibnizens System der prästabilirten Harmonie unläugbar enthaltenen Fatalismus dazu beitrug, die Geister von der speculativen Behandlung der philosophischen Gotteslehre abzudrängen, und die Erörterung derselben einem popularphilosophischen Eklekticismus zu überlassen, welcher den skeptischen Anstreitungen des Theismus augenscheinlich nicht gewachsen war.

Die von Bobba als Epoche der zeitgenössischen Theosophie bezeichnete vierte Periode der Geschichte der Philosophie umfaßt die neueuropäische Philosophie seit Kant in Deutschland und Frankreich mit specieller Beziehung auf den philosophischen Gottesgedanken, woran sich weiter noch die Darstellung der neueren italienischen Theosophie von Miceli bis in die Mitte dieses Jahrhunderts herab anschließt. Die Entwickelung der deutschen Philosophie von Kant bis Hegel wird als Epoche des Idealismus und Pantheismus bezeichnet; der strenge Gegensatz zu dieser Denkrichtung ist durch F. H. Jacobi, J. P. Richter, Herbart repräsentirt; eine mittlere Stellung zwischen beiden Richtungen behaupten Schleiermacher, Solger, Baader, Krause. Cousin wird als Haupt der eklektischen Schule in Frankreich besprochen, unter Anlehnung an Gioberti's Kritik der Cousin'schen Philosophie; die sensistische, theologische, positive und rationalistische Schule wird bloß vorübergehend erwähnt, weil sie in Bezug auf die philosophische Gotteslehre nichts vorbrachten, was nicht früher schon die Empiristen, Psychologisten, Kriticisten und Pantheisten gesagt hätten. Eine eingehendere Besprechung wird einzig der von Gratry versuchten Anwendung des Infinitesimalcalculs auf die Gotteslehre gewidmet; Bobba lehnt dieses Verfahren ab, welches auch Leibnizens Auctorität nicht für sich habe. Neben Gratry's Buch über die Gotteserkenntniß werden noch Hamilton's Fragmente über die Erkenntniß des Absoluten erwähnt mit dem Bedauern, daß bei dem von Hamilton angeregten skeptisch-kritischen Maßstabe zusammt dem Schelling'schen Pantheismus auch der speculative Theismus als ein die Gränzen des menschlichen Vernunfterkennens überschreitendes Denkstreben verworfen werde. Am ausführlichsten verweilt Bobba bei der italienischen Theosophie der letzten hundert Jahre, als deren Vertreter er Miceli, Pini, Rosmini, Gioberti, Bertini, Mamiani vorführt. Miceli erkannte die Unzureichendheit der Widerlegungen des Skepticismus vom Standpunkte des Dogmatismus, und glaubte in der richtigen Verwerthung des Contradictionsprincipes das Mittel zur siegreichen Bewältigung alles Skepticismus gefunden zu haben. Er irrte aber hiebei augenscheinlich auf pantheisirende Anschauungen ab und wußte der Zusammenstellung seines Denksystems mit jenem Spinoza's nur durch die Bemerkung zu begegnen, daß, während die alleinzige Substanz Spinoza's zusammengesetzt und ausgedehnt sei, das von ihm vertheidigte Eine Sein absolut einfach sei.[1] Sein System war idealistischer Pantheismus, in welchem das Leibniz'sche Contradictionsprincip, die Eine Substanz Spinoza's, die altorientalische Emanationslehre, die alte Eleatenlehre von dem alle Vielheit ausschließenden unwandelbaren Sein, Malebranche's intelligible Welt und der cartesische Occasionalismus ineinander gemengt waren. Wie unhaltbar aber auch immerhin sein System war, so muß doch zugestanden werden, daß er im Rechte war, wenn er darauf bestand, daß das Princip der Philosophie unter Einem ontologisches und gnoseologisches Princip sein müsse. Dieser Gedanke wurde nach Miceli von Ermenegildo Pini wieder aufgenommen,[2] dessen Protologie sich die Eruirung und analytische Darlegung der Notio prima zur Aufgabe macht. Diese Notio prima ist selbstverständlich jene des an sich Einen und absolut Ersten als Principes aller Erkenntniß, Potenz und Existenz, auf dessen Erfassung der Actus primus der menschlichen Intelligenz gerichtet ist, um darnach alle weitere Vernunftentwickelung zu regeln und das menschliche Erkennen continuirlich innerhalb der Gränzen des Wahren zu erhalten. Der menschliche Gedanke fixirt sich im Worte; die Worte, in welchen das Wahre grundhaft erkannt wird, können nicht arbiträrer menschlicher Übereinkunft ihr Dasein verdanken, die Ursprache der Menschheit

---

[1] Ähnlicher Weise hatte vor Miceli T. Rossi den materialistischen Charakter des Spinozi'schen Systems urgirt, um sein eigenes Denksystem gegen eine Zusammenstellung desselben mit jenem Spinoza's zu schützen. Vgl. unsere Abhandlung über Tommaso Rossi (Wien, 1866), SS. 57 ff.

[2] Vgl. hiezu Bobba's Saggio intorno alla Protologia di E. Pini Turin, 1870. — Über Pini siehe auch Bd. I, SS. 197 ff

kann keine menschliche Erfindung gewesen sein. Das vom menschlichen Geiste gedachte Erste weist als Princip der Intelligenz und als Origination der Intellection auf etwas vor aller Demonstration Gewisses zurück, dessen Denkinhalt von mysteriöser Tiefe ist, daher auch der Anfang des menschlichen Denkens und Sprechens mysteriöser Natur ist. Die vom höchsten Einen umschlossene und dasselbe constituirende Vielheit ist Object der wahrhaften geistigen Synthese und Analyse. Die notionale Wissenschaft oder Wissenschaft des Einen ist der einzige erste Grund aller Erkenntniß, da Wissen nichts Anderes als Erkennen eines der Vernunft offenbaren Principes ist. Dieses Princip oder Gott beweist sich durch sich selbst unserem Geiste; darin daß Gott und nicht unser Geist der Beweisende ist, beruht der mysteriöse Charakter des erkannten Principes. Es beweist sich in unserem Geiste, aber es zeigt sich demselben nicht; denn das Sich=zeigen ist, soweit es ein Act des absolut Ersten ist, eine Function der Existenz, die wir weder begreifen noch durch Worte ausdrücken können, da es sich um eine Function von Personen handelt, welche nur durch ein Verbum personale, d. i. durch ein Wort, welches Person ist, ausgedrückt werden kann. Der Sinn des Gesagten ist, daß Gott nur sich selber absolut offenbar, und das ewige Wort in Gott der absolute Mittler dieser Selbstoffenbarung sei. Die göttliche Selbstoffenbarung geht aus einem absoluten Lebenstriebe hervor, aus einem absoluten Grundgefühle, dem Gefallen an der eigenen Existenz, welches Liebe heißt und im Processe der Selbstvermittelung des persönlichen göttlichen Seins gleichfalls seinen absoluten persönlichen Ausdruck erhalten muß. Daher die göttliche Personsdreiheit: Vater, Sohn und Liebe. In diesem göttlichen Urternar ist die absolute Grundvoraussetzung des durch seine absolute Beziehung zu Gott bedingten menschlichen Seins, Erkennens und Strebens gegeben. Der Mensch ist seiner Essenz nach aus der Potenz des absoluten Principes und inexistirt dieser Potenz, bevor er zur selbsteigenen geschöpflichen Existenz gelangt; dieser seiner Existenz nach ist er durch den freien Machtwillen des absoluten Principes; seiner Natur nach, welche Essenz und Existenz umfaßt, ist er darauf angewiesen, sein durch Gottes Kraft und Willen in die Zeit gesetztes Sein durch seine selbsteigene zeitlich verlaufende Thätigkeit als Erkennender und Wollender in Gott zu vollenden. So gewinnt Pini in der Analyse seiner Notio prima neben dem Ontologicum primum und Gnoseologicum primum auch das Ethicologicum primum in allseitiger Erprobung des denknothwendigen Satzes: Unum in Uno est Unum.

Bobba legt der Protologia Pini's hohen Werth und große Bedeutung bei; sie war das erste Anzeichen jener tieferen philosophischen Richtung, welche sich in Italien gegenüber dem zur Herrschaft gelangten Empirismus Bahn brach, und in Rosmini's und Gioberti's Bestrebungen weiter fortsetzte. Mit Rosmini's negativer Gotteserkenntniß ist nun wol Bobba schlechterdings nicht einverstanden, und hält überdieß dafür, daß Rosmini nur im Widerspruche mit sich selber die Möglichkeit einer positiven Gotteserkenntniß läugnen könne. Oder sollte seine Lehre von einer Existenz Gottes unter den drei Seinsformen (reales, ideales, moralisches Sein) keinen positiven Denkinhalt haben? Rosmini stützt die reine Negativität der menschlichen Gotteserkenntniß auf die Behauptung, daß wir weder eine Anschauung noch eine Perception des göttlichen Seins haben, und dasselbe lediglich aus seinen Beziehungen zum Universum erkennen. Sofern aber diese Beziehungen nicht rein äußerlich sein können, schließen sie doch eine wenigstens implicite Erkenntniß des göttlichen Wesens in sich, weil sonst jene Beziehungen nicht Gegenstand einer rationalen Erkenntniß sein könnten. Ohne eine mindestens theilweise Erkenntniß der beiden Termini einer Relation entzieht sich die Relation jeder rationalen Fassung. Jene theilweise positive Gotteserkenntniß aber, auf welche die rationale Erfassung der Beziehungen zwischen Gott und Welt gestützt ist, wird doch wol nur auf einer primitiven geistigen Intuition beruhen können. Es wurde bereits oben bemerkt, unter welchen Restrictionen Bobba Gioberti's Lehre von der intuitiven Gotteserkenntniß adoptirt. Er bestreitet zwar die unmittelbare Evidenz der Gioberti'schen Formel: L'ente crea le esistenze; er besteht aber darauf, daß in ihr wirklich eine primitive Synthese des menschlichen Geistes ausgedrückt sei. Er will mit dem intuitiven Ontologismus das von F. H. Jakobi vertretene unmittelbare Erkennen verbunden wissen, um durch eine unmittelbare Gefühlsaussage den Mangel der Evidenz der ontologischen Intuition zu ergänzen. Er betont die Nothwendigkeit der Verbindung des unmittelbaren natürlichen Denkens mit dem speculativen Erkennen als das unerläßliche Mittel einer siegreichen Bekämpfung des Skepticismus, welcher die Möglichkeit einer geistigen Erfassung der objectiven Wirklichkeit in Abrede stellt; er sieht in der Nichtbeachtung der Nothwendigkeit jener Verbindung die von Ausonio

Franchi ausgespürte schwache Seite der Filosofia della vita Bertini's. Franchi bestritt vom Standpunkte seines criticistischen Subjectivismus auch Mamiani's Doctrin; Bobba tritt den Angriffen Franchi's auf Mamiani entgegen, bemängelt indeß auch den ideologischen Objectivismus Mamiani's als ungenügend. Mamiani hatte die in Gioberti's ontologischer Grundformel ausgedrückte primitive Synthese als eine philosophische Fiction verworfen; Bobba findet den Grund der Opposition Mamiani's gegen die Gioberti'sche Formel darin, daß er die Berührung zwischen dem göttlichen und menschlichen Geiste zu einer rein äußerlichen macht, was sich mit dem Begriffe der göttlichen Activität nicht vertrage, und insgemein mit einer ungenügenden Auffassung des Causalverhältnisses zwischen Gott und Creatur zusammenhänge.

Wie Bobba die Gesammtgeschichte der Philosophie mit specieller Rücksicht auf die in derselben sich vorweisende philosophische Entwickelung des Gottesbegriffes kritisch überschaute, so machten zwei andere philosophische Forscher: Rosmini und Ragnisco ein anderes universalistisches Problem, die Kategorienlehre, zum leitenden Gesichtspunkte einer Überschau der geschichtlichen Entwickelung der Philosophie. Rosmini arbeitete sein hierauf bezügliches Werk[1] in den Jahren 1846 und 1847 aus; es wurde aber erst kürzlich als Opus posthumum aus seinem Nachlasse veröffentlicht. Es zerfällt in zwei Theile, in deren ersterem die Geschichte der Kategorienlehre kritisch beleuchtet wird, während im zweiten Theile die Resultate der kritischen Beleuchtung zur Eruirung des richtigen dialektischen Denkvorgehens unter kritischer Bezugnahme auf die nachkantische deutsche Speculation verwerthet werden. In der Geschichte der Kategorienlehre wird auf die Gestaltung dieser Lehre in der pythagoräischen Schule, bei Plato und Plotinus, so wie bei Aristoteles eingegangen, sodann die Entwickelung derselben bei Kant, Fichte, Schelling und Hegel vorgeführt. Rosmini's Beurtheilung der Gestaltungen der Kategorienlehre in der antiken Philosophie und bei Kant ist uns in der Hauptsache schon aus anderen Schriften Rosmini's bekannt, und an früheren Orten[2] zur Sprache gebracht worden; auch Rosmini's selbsteigene Lehre von den Kategorien

---

[1] Saggio storico-critico sulle Categorie e la Dialettica. Turin, 1883; 2 Voll.
[2] Vgl. Bd. I, SS. 95—100; 131 ff.; 318 f.; 371.   Ferner unsere Abhandlung: Kant in Italien, SS. 31—37.

und deren Verhältniß zu den drei Seinsformen ist an seinem Orte¹ auseinandergesetzt worden. Rosmini's historisch-kritische Arbeit über die Kategorienlehre steht, wie er selbst im Beginne derselben bemerkt, in einem speciellen Verhältniß zu seiner Ontologie, d. i. zu den in den ersten zwei Theilen seiner Theosophie auseinandergesetzten metaphysischen Grundlehren seines Systems, und wird auch von den Herausgebern des posthumen Werkes als historisch-kritische Einleitung in die Theosophie bezeichnet und empfohlen.

Die Kategorienlehre verdankt ihr Dasein dem Bemühen, das in der Erfahrung gegebene Mannigfaltige und Diverse auf irreducible Genera oder Classen des Seienden zurückzuführen. Der Begriff des irreduciblen Genus ist der einer comprehensiven virtuellen obersten Einheit; es ist sehr erklärlich, daß die ältesten Denker bei ihrem Bemühen um Eruirung höchster comprehensiver Genera zunächst an den Begriff der Einheit sich hielten. Die reine Einheit an sich konnte sich ihnen unter einem doppelten Gesichtspunkte darstellen: als abstracter Einheitsgedanke und als Gedanke eines Unum, d. i. eines Subjectes, welchem das Einssein eigen ist. Den ältesten Pythagoräern begegnete es, daß sie das Unum und die Unität miteinander confundirten, und demzufolge die Dinge als Zahlen nahmen. Sie vermengten ferner das durch ein ideales Subject getragene Unum mit dem in einem realen Subjecte sich darstellenden Unum, und auch in dem durch ein reales Subject getragenen Unum ließen sie sich wieder eine Vermengung des im reinen Raume subjectirenden Unum oder der geometrischen Figur mit dem körperlich-materiellen Unum zu Schulden kommen. In allen diesen Dingen hatte Plato Ordnung zu schaffen und die nöthigen Unterscheidungen vorzunehmen. Er schob zwischen die unsinnlichen Species und die sinnlichen Körperdinge als Mittleres die mathematischen Figuren ein, die ihm von den sinnlichen Körpern verschieden galten zufolge ihrer Perpetuität und Immobilität, von den Species aber darin unterschieden erschienen, daß viele der mathematischen Figuren einander ähnlich sind, während jede Species ein Unicum ist. Plato unterschied ferner zwischen abstracten und subjectirenden Zahlen; die letzteren zerfielen ihm in drei scharf von einander geschiedene Genera, sofern das Subject entweder ein ideales, oder der reine Raum oder eine reale Körperlichkeit sein kann. Zu-

---

¹ Vgl. Bd. I, SS. 383 ff.

folge dieser Unterscheidungen gebot er über eine siegreiche Dialektik, mittelst welcher er die Gegner in Verwirrung brachte, wovon im platonischen Parmenides eine wundervolle Probe vorliegt. Der letzterwähnte Dialog liefert allerdings auch Belege, daß Plato mitunter den Unterschied von Unum und Unitas (μονάς und τὸ ἕν) vernachläſſigte und das Unum in der Unitas aufgehen ließ, sofern er gelegentlich den dialektiſchen Geſichtspunkt über den ontologiſchen vorwalten ließ. Daraus erklärt ſich weiter, daß die den Pythagoräern zur Laſt fallende Vermengung der Forſchung nach den Claſſen der Dinge mit jener nach den Elementen oder Conſtituenten der Dinge auch bei Plato nicht völlig überwunden iſt. Von den vier Principien der Pythagoräer (Monas, Dyas, Trias, Urſache) haben nur die beiden letzteren eine kategoriſche Bedeutung, während die beiden erſteren als Elemente der Dinge zu faſſen ſind. Plato zählt zehn conſtitutive Elemente des determinirten Seins zuſammt ihren Gegenſätzen auf und bezeichnet ſie zugleich auch als Genera, während dieſe Genera als Praedicabilia summa oder Kategorien ſich augenſcheinlich nur auf fünf reduciren: Seiendes, Bewegung, Ruhe, Identität und Alterität, welche in der That auch von Plotinus und anderen Platonikern als die fünf Kategorien Plato's angeſehen worden ſind. Der Grund, daß Plato die Zahl der Genera größer anſetzen zu wollen ſchien, iſt unverkennbar ein ſprachlich-dialektiſcher; er nahm das Particip ὄν bald in ſubſtantiviſchem, bald in abſtractem Sinne, welcher letztere die Vervielfältigung der Genera begünſtigte. Plotinus will die fünf höchſten Genera Plato's zugleich auch als elementare Principien des Seienden angeſehen wiſſen, d. i. des Geiſtes, deſſen Conſtitutivprincipien jene fünf Genera ſind, gleichwie die unter denſelben befaßten beſonderen Species Conſtitutivprincipien der dem Geiſte ſubordinirten und an demſelben participirenden Seele ſind. Dem Seienden und deſſen kategoriſchen Principien ordnet er das Bonum oder Unum über, während er ihm das Malum ſubordinirt. In dieſer Begränzung des Seienden nach Oben und Unten beſteht das Weſen des Neuplatonismus, deſſen Hauptfehler darin beſteht, daß er unter Vernachläſſigung der von Plato ſo ſehr gepflegten Dialektik ſich kopfüber in die Ontologie und Theoſophie ſtürzte und beide mit der Dialektik confundirte. Plato unterſchied zwiſchen dem dialektiſchen und ontologiſchen Unum; das erſtere theilte ſich ihm abermals, je nachdem es als Form der idealen oder der realen Materie gedacht wird; in der Analyſe des idealen dialektischen Unum langt er bei den Species plenae als letzten Einheiten an, in der Analyse des realen dialektischen Unum bei den realen Individuen. Die in dieser Gestalt gewinnende Materie ist etwas Indefinibles, während die ideale Materie etwas definibles ist; die ideale Materie ist Quelle des Lichtes, die reale Materie Quelle der Finsterniß. In Folge dieser seiner dialektischen Bestimmtheiten mußte das Unum in ontologischer Beziehung eine categorematische Bedeutung haben, welche ihm später von Plotinus abgesprochen wurde; Ens und Unum sind bei Plato die zwei Prädicate (κατηγορήματα) des Totum, welches wesentlich als Eines im Vielen zu fassen ist. Freilich verbleibt in den durch die Beziehung auf diesen Grundgegensatz bestimmten dialektischen Functionen die sensible Materie als ein dunkler undefinirbarer Rest, welcher bei Plotinus in Folge seiner Verwerfung des Begriffes des Unum als wesentlicher Form der idealen Materie aus dem platonischen Begriffe des Dunklen in jenen des Schlimmen und Bösen sich umsetzte. So traten bei Plotinus die Consequenzen der einseitigen Beschränkung des platonischen Philosophirens auf den Bereich der Intelligibilien zu Tage.

Aristoteles, der diesen Mangel ganz richtig fühlte, verfiel in eine entgegengesetzte Einseitigkeit. Er wollte sich jenen älteren Philosophen anschließen, welche das Ideale vom Realen noch nicht abgetrennt hatten, vermochte aber in Folge dessen der den Ideen oder Species an sich zukommenden Bedeutung nicht gerecht zu werden; da er andererseits die Dialektik seines Lehrers Plato doch nicht bei Seite setzen, sondern vielmehr streng wissenschaftlich gestalten wollte, kam er dahin, die Philosophie mit Gedankendingen (Entia rationis) anzufüllen, in deren Bereich auch die von ihm aufgestellten Kategorien gehören. Die zehn aristotelischen Kategorien sind nicht Classificationen des Seienden, sondern haben die generellsten Seinsmodos der Dinge zu bedeuten. Sie wollen ferner als Prädicate verstanden sein, welche dem Seienden an sich und nicht durch Vermittelung eines Anderen zukommen. Als Prädicate können sie von ihrem Subjecte getrennt gedacht werden, sind aber doch nur kraft ihrer Beziehung auf ihr Subject etwas Sciendes und sind Abstractionen von demselben. Damit stimmt nicht, daß ihnen ein Ansichsein (essere per sè) zukommen soll, was so viel heißt, daß sie ihr Sein nicht vom Acte der Prädication erlangen, sondern vor demselben als etwas vom Geiste unmittelbar Angeschautes vorhanden sind. Die aristotelischen Kategorien sind in Wahrheit Ideen und stellen, so weit sie einfach und unvermischbar sein sollen, eine (freilich unvollständige) Classification des idealen Seins dar. Daß sie Aristoteles nicht als dies erkennt, hat seinen Grund in dem Vorurtheile, daß das Allgemeine nur im Singulären existiren könne; damit werden aber sowohl die Kategorien als auch die Species der Dinge zu bloßen Gedankendingen herabgesetzt, in deren Begriffe es liegt, daß sie, um für das Denken reale Bedeutung zu haben, in etwas von ihnen Verschiedenem suppositiren müssen, obschon andererseits Aristoteles selber wieder die Nothwendigkeit eines derartigen Suppositirens aufhebt, wenn er den Universalien ein von der Materie unabhängiges Sein im denkenden Geiste zugesteht. Mit dieser schwankenden Haltung des Aristoteles hängt die Doppelsinnigkeit seines Begriffes vom Genus zusammen, welches er bald als erstes Subject, d. i. als indifferentes Substrat aller Formationen (Materie), bald als Subject der Differenzen (Kategorie) definirt. Als irreducibles Genus ist im Grunde auch die Species als solche in ihrem Gegensatze zur Materie zu verstehen, daher Aristoteles statt zehn Kategorien eigentlich zwölf aufzählen sollte. Er bleibt bei der Zehnzahl stehen, weil er die Kategorien nur als Bestimmtheiten der idealen Materie faßt; nur läßt er diese ganz in ihren Bestimmtheiten aufgehen, statt sie als ein den Kategorien übergeordnetes höheres und umfassenderes Genus zu erkennen, als welches das Essere ideale zu verstehen ist. Er verweist die beiden anderen Genera, auf welche sein Begriff der Kategorie nicht paßt, unter die Principien des Seienden, welchen er als drittes noch die Privation ($\sigma\tau\acute{\varepsilon}\rho\eta\sigma\iota\varsigma$) beifügt. Aus der Verbindung der Materie mit der Species läßt er die reale Substanz hervorgehen, die er als etwas Individuirtes von der Substanz als oberster der zehn Kategorien unterscheiden muß. Die Substanzkategorie umfaßt die Genera und Species des substantiellen Seins mit Ausschluß der realen Substanz. Die Kategorien bieten also nicht eine erschöpfende Theilung des Seienden, sondern einfach nur eine Classification der Universalien. In keiner der zehn Kategorien erscheint das Seiende, wie es an sich ist, sondern immer nur als ein in die subjective Denkthätigkeit Verschlungenes. So bedeutet der kategorische Substanzbegriff das Seiende in dessen Verhältniß zu den ihm anhaftenden Accidenzen; dieser Verhältnißbegriff ist ein Gedankending, in welchem das Sein von seinen Accidenzen abgetrennt erscheint. In der Wirklichkeit kommt diese Trennung nirgends vor; das Seiende als vollendetes Sein erscheint im Bereiche der Wirklichkeit allenthalben im unzertrennlichen Zusammensein von Substanz und Accidenzen. Substanz und Accidenz sind die denknothwendigen constitutiven Elemente des endlichen Seienden. Daraus erhellt weiter, daß das accidenzlose absolute Sein aus dem Bereiche der aristotelischen Kategorien ausgeschlossen ist; es fehlen unter denselben ferner die Kategorien der Subsistenz, Person und des Essere morale. In der Kategorie des örtlichen Seins ist bloß auf die begränzte Räumlichkeit, nicht aber auf den Raum als solchen Bezug genommen, welchen Aristoteles vielleicht unter die Quantitäts= kategorie subsumiren wollte. Die beiden Kategorien des Ortes und der Lage haben keine universalistische Bedeutung, sondern beziehen sich lediglich auf das ausgedehnte materielle Sein. Die Relationskategorie ist ausschließlich Gedankending; die realen Relationen kommen in den Kategorien des Habens, Thuns und Leidens zum Ausdrucke, neben welchen die Kategorie des Empfangens nicht hätte übersehen werden sollen. Die Kategorie der Lage hat einen zwieschlächtigen Charakter, indem die Position als solche eigentlich in die Relationskategorie gehört, und nur die real concreten Positionen (stehen, sitzen u. s. w.) als denominative Bezeichnungen außer die Relationskategorie fallen. Man ersieht hieraus zugleich, daß im aristotelischen Kategorienwesen das sprachliche Element im Vordergrunde steht; es handelt sich darum, das mental zu Unterscheidende und aufeinander zu Beziehende mit den in richtig gesprochener Sprache enthaltenen Unterscheidungen und Auseinanderbeziehungen in Einklang zu setzen.

Von Aristoteles auf Kant übergehend bemerkt Rosmini, daß Kant's Theilung des Seienden gleich jener des Aristoteles dialektisch und nicht ontologisch sei, daß aber, während Aristoteles seine Entia rationis für Entia in se nahm, umgekehrt Kant zufolge seines grund= sätzlichen Subjectivismus die Entia in se als Entia rationis ange= sehen und behandelt habe. Er leitet den Subjectivismus Kant's von dem Vorurtheile ab, daß einzig die subjective Sinnesempfindung eine Erkenntniß realer Objecte vermittele; in Folge dessen gab er allen Thätigkeiten des menschlichen Geistes eine derartige Deutung und Er= klärung, daß jede Erlangung eines objectiven Denkinhaltes durch sie als eine Unmöglichkeit erscheinen mußte; das factisch sich vorweisende Vorhandensein einer geistigen Anschauung von objectivem Denkinhalte suchte er als Denkillusion zu erweisen, indem sich ihm die höchste und allgemeinste Idee, die er selbst als Fundament aller determinirten

Concepte postulirt, in ein subjectives Denkideal umwandelt, dessen Realität die theoretische Vernunft nicht erweisen könne. Daß die Bestimmtheiten eines Ideals diesem exclusiv eignen, und daher nicht als ideelle Bestimmtheiten anderer Dinge genommen werden können, ist ihm entgangen. Er bewegt sich, von den Bestimmtheiten der universalen Idee sprechend, stets in der Voraussetzung, daß es sich um reale Objecte als particularisirte Determinationen eines universellen Substrates handle, so daß, die objective Wahrheit jener Bestimmtheiten angenommen, nothwendig der Pantheismus als die einzig mögliche Gestalt einer objectiv wahren Erkenntniß der Dinge zu gelten hätte. Die Determinationen der universalen Idee sind an sich bloße Possibilitäten, deren Realität nur auf Grund der sinnlichen Erfahrung und durch die an dieselbe sich anschließenden ratiocinativen Thätigkeiten erwiesen werden kann. Kant selber gesteht zu, daß der universale Begriff einer Realität im Allgemeinen nicht rein a priori specialisirenden Determinationen unterzogen werden könne. Daraus folgt aber unabweislich, daß diese Determinationen auf Grund der sinnlichen Erfahrung wahrzunehmen seien. Daß damit nicht das Wesen der aus dem Seinsgedanken rational zu verstehenden Dinge erfaßt werde, gibt Rosmini zu; es handle sich eben nur um ideale Verificirung ihrer Existenz. Kant's Subjectivismus wurzele in der Confundirung der intellectiven Erkenntniß der Existenz der Dinge mit der Wesenserkenntniß derselben.

Rosmini geht über Kant insoweit hinaus, als er auf der objectiven Wahrheit der durch die Sinneswahrnehmungen vermittelten geistigen Erfahrungserkenntniß besteht, und nebenbei auch die geistige Faßbarkeit von Dingen behauptet, deren Gedanke von den Formen der sinnlichen Anschauung völlig unabhängig gefaßt wird. Kant bezeichnet Raum und Zeit als unerläßliche sinnliche Vorstellungsformen unseres gesammten Denkinhaltes; dieß ist unrichtig, da wir Dinge denken können (z. B. Idee, Geist), die zu unserer Vorstellung von Zeit und Raum keinerlei nothwendige Beziehung haben. Darnach bestimmt sich das Urtheil über seine Construction der Verstandeskategorien, welche auf die Voraussetzung gebaut ist, daß die in dieselben zu fassenden Objecte dem Schema von Zeit und Raum eingefügt sein müssen. Er bezeichnet seine zwölf Verstandeskategorien als Urtheilformen, und versteht unter Urtheilen ein Erkennen mittelst Begriffen. Damit confundirt er zwei voneinander grundverschiedene

Arten des menschlichen Erkennens: jenes, welches in idealen Concepten besteht, und dasjenige, welches in Aussagesätzen sich ermittelt. Kant stellt zwölf Urtheilsformen auf; es gibt aber nur Eine wesentliche Form alles Urtheilens, das Affirmiren, welches Kant zu einer besonderen Urtheilsform machen will, indem er neben der Qualitätskategorie der Urtheile auch noch Quantität, Relation und Modalität als kategorische Formen aufstellt; er übersieht, daß Quantität, Relation und Modalität nicht eine wesentliche Form des Urtheiles, sondern vielmehr die Objecte der Urtheilsthätigkeit betreffen. Unter die zwölf besonderen kategorischen Urtheilsformen Kant's fallen sowol einfache als auch zusammengesetzte Urtheile; er hätte die Unterscheidung dieser beiden Arten von Urtheilen als Grundtheilung vorausgehen lassen und dann zur Angabe der Unterarten beider Hauptclassen fortschreiten sollen. Kant unterläßt es, die vier Hauptclassen der Verstandeskategorien zu deduciren, sie sind ihm einfach etwas Gefundenes; sie bedeuten ihm verschiedene Modi, das Viele und Mannigfaltige der Erfahrung im subjectiven begrifflichen Denken zu verknüpfen. Sie entbehren sonach einer ontologischen Bedeutung, und haben keinerlei Bezug auf die Theilung des Seins und seiner Zuständlichkeiten. Es ist übrigens falsch, den Verstandesconcept als Einigung des Vielen und Mannigfaltigen zu bezeichnen; das Viele und Mannigfaltige liegt außerhalb des Conceptes, es liegt in den Beziehungen desselben zur Mannigfaltigkeit der Objecte, welche in ihm unter einen identischen Gesichtspunkt gebracht werden. Kant überträgt seine unrichtige Auffassung des Verstandesbegriffes auch auf die transcendentalen Vernunftideen, indem er die Functionen der Vernunftthätigkeit nur als einen höheren Grad der Zusammenfassung des in der sinnlichen Erfahrung gegebenen Vielen und Mannigfaltigen in einer subjectiven Gedankeneinheit durch das Mittel der syllogistischen Denkthätigkeit ansieht.

Wir hatten in unserer Darstellung der Logik Rosmini's Gelegenheit zu bemerken,[1] in welcher Weise Rosmini die objective Wahrheit der im Seinsgedanken sich vermittelnden Urtheils- und Schlußthätigkeit des reflexiven menschlichen Denkens erhärtet; die Objectivität der menschlichen Erkenntniß ist ihm schließlich auf die Objectivität der vom menschlichen Geiste angeschauten Seinsidee gestützt. Die Immo-

---

[1] Vgl. Bd. I, SS. 306 ff.

bilität und Impassibilität derselben bietet ihm auch den Rückhalt in seiner Polemik gegen Hegel's Auffassung des Weltentwickelungsprocesses als dialektischen Werdeprocesses und Selbstverwirklichungsprocesses der an sich völlig unbestimmten Seinsidee. Er macht die Willkürlichkeiten und Fehlsprünge des Denkens bemerklich, durch welche Hegel das Sein in den Fluß des Werdens zieht. Hegel nennt das ursprünglich unbestimmte Sein das unmittelbare Sein. Die concrete Fassung des Seins läßt er sofort in eine abstracte umschlagen, wenn er das unmittelbare Sein als gleichbedeutend nimmt mit der Unmittelbarkeit und Unbestimmtheit des Seins; er merkt nicht, daß er da zwei rein negative Qualitäten des Seins mit dem Sein an sich indentificirt, und somit vom Begriffe des Seins als solchen völlig abgeht. Er subsumirt die ursprüngliche Indetermination und die nachfolgenden Determinationen des Seins unter das gemeinsame Genus der Varietäten des Seins, und läßt somit auch die Indetermination als Determination erscheinen. Er identificirt Unmittelbarkeit und Unbestimmtheit, und macht die Unmittelbarkeit zum Logicum primum; er läßt den logischen Unterschied beider Begriffe außer Acht, und übersieht ferner, daß ein abstracter Begriff sich nicht zum Logicum primum eignet. Aber auch der concrete Begriff des Unmittelbaren ist ein bloßer Relationsbegriff, der ein Subject voraussetzt; und nur dieses Subject kann ein Logicum primum abgeben. Er will statt des Scienden eine Qualität des Seienden zum Logicum primum machen. Eine Qualität kann mehreren Subjecten gemeinsam sein; und da er überdieß Unmittelbarkeit und Unbestimmtheit identificirt, welche letztere ein bloß mentales Sein haben, ja sogar das Nichts zum Subjecte haben kann, während das der Determination entbehrende Sein sowohl das Essere ideale als auch das absolute Sein oder Gott bedeuten kann, so ergibt sich hieraus, daß er aus seinem Logicum primum alles Mögliche werden, und alle möglichen logischen Contradictionen in seinem bestimmungslosen Sein sich neutralisiren lassen kann.

Ragnisco, der ein paar Jahrzehnte später als Rosmini eine Geschichte der Kategorienlehre abfaßte,[1] bekennt sich zur Lehre Hegels, und faßte somit auch den Gegenstand seiner Darstellung anders auf als Rosmini, dem er übrigens große Anerkennung zollt. Er weist

---

[1] Storia critica delle categorie dai primordj della filosofia greca sino al Hegel. Florenz, 1871; 2 Voll.

Rosmini eine hervorragende Stelle in der Entwickelungsgeschichte der Kategorienlehre zu; wenn Rosmini sich auch nicht zur Erfassung der Identität von Denken und Sein emporgeschwungen habe, so sei er doch von der Würde des Denkens durchdrungen gewesen; er mache dasselbe zum Schöpfer alles Seienden: Gottes, der Welt und seiner selbst. Rosmini erhebt sich zur Idee des Seins, erklärt dieselbe als indeterminirt und erkennt in ihr die wesentliche Form des Geistes; das heißt mit anderen Worten, daß für ihn die aus der Determination des Denkens entspringende Differenz zwischen Subject und Object nicht mehr bestehe. Wenn er die Seinsidee dem Geiste angeboren und mit demselben identisch sein läßt, so bekundet er hiemit, daß er auf Cartesius und Kant gestützt, bis zu dem Punkte gelangt ist, wo das Denken als universales Gesetz des Seienden erscheint. Obschon gegen Kant polemisirend, steht er doch unter Kant'schen Einflüssen; dieß gilt auch von zwei anderen italienischen Denkern, von Galluppi und Gioberti. Es fehlte diesen drei Männern nur an dem rechten Muthe, mit Fichte zum Selbstgedanken als Grundwurzel der Kategorien vorzudringen. Sie fassen die Kategorien unter einem vorherrschend subjectiven Gesichtspunkte in's Auge; Galluppi ermittelt den Ursprung der Ideen durch Analyse der Bewußtseinsthatsachen, Rosmini erklärt denselben mittelst der Seinsidee, Gioberti aus der ontologischen Reflexion. Alle drei haben eine Scheu davor, die Objectivität in's Denken als solches zu verlegen; Galluppi stützt sich auf die Objectivität der Sensation, Rosmini auf jene der Perception, Gioberti auf die Intuition. Am weitesten steht Galluppi zurück, welcher unsicher zwischen Locke und Kant tastet; der vorgeschrittenste unter den drei italienischen Halbkantianern ist Rosmini, der zwischen Hegel und Locke schwankt, indem er nahezu mit Hegel sich identificirend wieder in den Sensismus zurücksinkt. Gioberti bleibt, obschon an vielen Stellen seiner Schriften die Autonomie des Geistes betonend, doch im Ganzen bei einem vulgären Ontologismus stehen. Bei Gioberti ist die Creationsidee das Princip der Dialektik; da er aber Gott im Schaffen nicht aus sich herausgehen läßt, und überdieß das Geschaffene als etwas vom freien göttlichen Willen Abhängiges ansieht, so wohnt seiner dialektischen Grundformel, in welcher der Zusammenhang zwischen Seiendem und Existentem durch die Creationsidee vermittelt wird, keine philosophische Denknothwendigkeit ein, der Gegensatz zwischen Seiendem und Existentem bleibt in ihr unausgeglichen. Die drei von Gioberti unterschiedenen

Kategorien: nothwendige, mögliche, existente Realität, decken sich nicht mit den von ihm aufgestellten metaphysischen Beschaffenheiten der Constituenten seiner ontologischen Grundformel. Wird die existente Realität, wie Gioberti selber ausdrücklich erklärt, als die contingente Realität genommen, so muß das Mögliche in dem zwischen dem Nothwendigen und Contingenten, zwischen dem Seienden und Existenten Vermittelnden, in Zeit und Raum gesucht werden; aber die reine Zeit und der reine Raum sind als Substrat der discreten Zeit und des discreten Raumes etwas Nothwendiges und drücken sonach auch ein nothwendiges Verhältniß des Seienden zum Existenten aus. Will Gioberti seinen Begriff der reinen Zeit und des reinen Raumes nicht preisgeben, so muß er die Nothwendigkeit der Schöpfung zugeben und die Idee eines vom göttlichen Wollen abhängigen Schaffens, auf welche seine Kategorie der möglichen Realität gestützt ist, preisgeben.

Rosmini beleuchtete nur die Hauptpartien der Geschichte der Kategorienlehre; Ragnisco gibt eine möglichst vollständige Darstellung derselben unter strengem Festhalten an der geschichtlichen Continuität der philosophischen Denkentwickelung. Er theilt sein Werk in drei Bücher, in deren erstem der Gegenstand seiner Untersuchung in der productiven Epoche der griechischen Philosophie von deren ersten Anfängen bis zu den Stoikern herab verfolgt wird; das zweite Buch behandelt jene Epoche der Philosophie, in welcher die platonische und aristotelische Lehre zum Gegenstande der Auslegung in den letzten heidnisch-griechischen Schulen der römisch-griechischen Kaiserzeit und in christlich-mittelalterlichen Schulen bis in das Renaissancezeitalter herab gemacht wurde; das dritte Buch gibt die Entwickelungsgeschichte der Kategorienlehre in der mit Cartesius beginnenden neueren Philosophie bis auf die Gegenwart herab.

Ragnisco sucht die ersten Ansätze der in der altgriechischen Philosophie sich entwickelnden Kategorienlehre bereits in der Religion der Griechen, welche eine bedeutsame Antithese zum Monismus der orientalischen Religionen constituirt. Der griechische Polytheismus bietet eine viel lebendigere Auffassung des Göttlichen und seiner Energien als der religiöse Monismus der Orientalen; er läßt mit der Thätigkeit des Göttlichen die Gegensätze der göttlichen Energien hervortreten, welche das Denken zur reflexiven Vermittelung des Vielen und Mannigfaltigen anregen. Die im griechischen Religionsdenken enthaltene Dialektik ging in die griechische Philosophie über, welche in ihren ersten Anfängen physikalische Lehre war; daher die älteste Dialektik physikalischen Inhaltes ist. Das dialektische Vorgehen involvirt die Subsumtion des Erkenntnißstoffes unter gewisse kategorische Bestimmtheiten; die ältesten Kategorien waren jene des physikalischen Weltgedankens. In der jonischen Schule treten die Gegensätze dynamistischer und mechanistischer Weltbetrachtung hervor; die Kategorien der ersteren sind Entfaltungen eines dem Weltstoffe immanenten Principes, die Kategorien der letzteren Entfaltungen eines der Natur äußerlichen Principes. Die mechanistischen Naturphilosophen bilden den Übergang zu den Eleaten, welche die von den jonischen Naturphilosophen aufgestellte Kategorie des Werdens verwarfen, und ihr jene des unterschiedlosen Seins substituirten. Dieß war nach der einen Seite ein Fehler, nach der anderen ein Fortschritt; ein Fortschritt, sofern sie die Idee des von den Joniern verneinten intelligiblen Seins erfaßten, eine Einseitigkeit, sofern sie die dialektische Bedeutung der von der Idee des Seienden umfaßten Gegensätze nicht zu würdigen wußten. Empedokles führte die Eleatenlehre weiter, indem er die innerhalb der Einheit bestehende und das Leben derselben bedingende Dualität zur Geltung brachte, ohne indeß die von seinem Lehrer Parmenides verworfene Kategorie des Werdens gelten zu lassen. In das eigentliche Wesen der Dialektik des Naturdaseins drangen die Pythagoräer ein, welche den Schlüssel zu derselben in der Zahlenlehre suchten; man kann in der That die Mathematik die Dialektik der Natur nennen. Die geraden und ungeraden Zahlen stellen die gegensätzlichen Elemente des Naturdaseins, die Einheit stellt die harmonische Ausgleichung der Natur dar. Die von ihnen aufgewiesenen Gegensatzpaare sind indeß keine wahrhaften Gegensätze, indem in ihren gegensätzlichen Dyaden das zweite schwächere Gegensatzglied dem ersten positiven Gegensatzgliede nicht ebenbürtig ist. Zufolge ihrer Beeinflussung durch die mechanistische jonische Schule vermochten sie der Idee des Werdens ebensowenig gerecht zu werden als jene Schule; mit den jonischen Naturphilosophen und mit den Eleaten haben sie das Unvermögen gemein, einen Terminus ausfindig zu machen, welcher sich zum Erklärungsgrunde der zwischen den Kategorien bestehenden Gegensätze eignete. Die kategorischen Gegensätze sind für die ausschließlich innerhalb des Naturgedankens stehen bleibende Philosophie einfach etwas Gegebenes, welches aus nichts Höherem über der Natur begründet und abgeleitet wurde; die gegen die vorsokratische Philosophie sich wendende sophistische Skepsis erfüllte eine geschichtliche Sendung, indem sie das Auftreten des Sokrates veranlaßte und den von ihm eingenommenen Denkstandpunkt vorbereiten half. Sokrates versetzte die Dialektik aus der naturphilosophischen Speculation auf den Standpunkt des universalisirenden Denkens, Plato gab ihr den höchsten Grad der Ausbildung innerhalb des Gesichtskreises der antiken Philosophie. Die platonische Dialektik ist nicht als eine bloß logische, sondern als reale Dialektik gemeint. Die Seele der dialektischen Bewegung ist bei Plato die Idee, sofern ihm in einer bestimmten Idee das Gegentheil derselben sich vorweist; da nun die Idee Plato's etwas Objectives und Reales ist, so muß auch die dialektische Bewegung eine objective reale Bedeutung haben. Die von Rosmini versuchte Unterscheidung zwischen einer realen und formalen Dialektik Platons hält nicht Stich; Plato's Vernunft ist nicht das Mittel, die Realität der Dinge zu erreichen, er erklärt im Philebus und Theätet, die wahre Wissenschaft sei in der Vernunft, welche sich selbst Grund ist, d. i. in der Idee. Das Informationsprincip der platonischen Dialektik und Wissenschaft ist die zuerst von Sokrates in die Dialektik eingeführte Relationskategorie. Wenn die Idee die Essenz der Dinge ist und aus nur Einer Idee sich keine Wissenschaft begründen läßt, so folgt von selber, daß die Idee universal und relativ sein müsse. Eine Relation kann zwischen zwei Ideen nur insoweit bestehen, als dieselben identisch und verschieden sind; wären sie bloß identisch, so gäbe es nur Eine Idee, wären sie ausschließlich verschieden, so wären sie zwei Ideen außer aller Beziehung zu einander. Plato ist der Schöpfer der Wissenschaft, indem er in der Idee die Essenz derselben erkannte; die Essenz der dialektischen Exposition der Wissenschaft ist ihm die Relation. Als die erste Function der Wissenschaft bezeichnete er die Definition oder Dasjenige, wodurch die Kategorie möglich gemacht wird; Kategorie ist das mittelst der Relation sich selbst bestimmende Wissen. Die Idee wurde von ihm der pythagoräischen Zahl, das Generische dem Individuellen substituirt, an die Stelle des quantitativen Erkennens trat bei ihm das qualitative Erkennen. Die platonische Lehre der dialektischen Kategorien ist vornehmlich aus seinen beiden Dialogen: Sophist und Parmenides, zu schöpfen. Im ersteren der beiden Dialoge behandelt er den dialektischen Gegensatz zwischen Sein und Nichtsein mit Rücksicht auf das von den Sophisten, Eleaten und Megarikern geläugnete Nichtsein. Plato knüpft zur

Erweisung der Realität des Gegensatzes zwischen Sein und Nichtsein an den Gegensatz zwischen Ruhe und Bewegung an, welcher dem Gegensatze zwischen den Eleaten und jonischen Naturphilosophen entspricht, indem erstere die Realität der Bewegung, letztere die Realität des Ruhens läugneten. Der Gegensatz von Bewegung und Ruhe schien Plato der Begründung aus einem Gegensatze höherer und allgemeinerer Art, aus jenem zwischen Sein und Nichtsein bedürftig; sind die beiden Kategorien des naturphilosophischen Denkens wahr, so müssen auch die beiden Kategorien des ideellen Denkens, auf welche sie zurückzuführen sind, wahr sein. Im Parmenides beschäftigt sich Plato mit den beiden Kategorien des Einen und Vielen als näheren Bestimmungen des Seins und Nichtseins. Von den dialektischen Ergebnissen des Sophisten wird im Timäus Gebrauch gemacht, indem daselbst die Materie als das Nichtsein und dialektischer Gegensatz des Seienden erscheint. Ragnisco vertheidigt Vera's ideale Deutung der Materie im platonischen Timäus gegen Fiorentino, und läßt sich weiter gegen verschiedene deutsche Gelehrte, welchen er auch seinen Landsmann Giacomo Lignana[1] anreiht, auf eine Vertheidigung der Ächtheit des Sophistes und Parmenides ein.

Was in der platonischen Dialektik die Ideen sind, das bedeuten in den Werken des Aristoteles die Kategorien. Schon aus diesem Grunde können die aristotelischen Kategorien keine bloß nominale Bedeutung haben, obschon es richtig ist, daß in grammatischer Beziehung die Summa genera rerum wie Nomen, Verbum und Adverbium sich von einander unterscheiden und einander ergänzen. Aristoteles ist der Erste, welcher den Ausdruck Kategorie auf die generellsten Prädicate der Dinge anwendete; ob er definitiv die Zehnzahl der Kategorien festgestellt habe, ist zum mindesten zweifelhaft. In der unter die aristotelischen Schriften aufgenommenen Schrift de Categoriis, in welcher gesagt wird, daß es zehn Kategorien gebe, wird die Substanzkategorie als die erste aller kategorischen Bestimmtheiten des Seins hingestellt. Dieß widerspricht der in den ächten Schriften des Aristoteles vorgetragenen Lehre, daß Actus und Potenz die ersten kategorischen Bestimmtheiten seien, und zwar so, daß Actus als die Determination des Seins, Potenz als jene des Nichtseins zu gelten hat. Als die erste Substanz bezeichnet er die Form, welche allen zehn Kategorien,

---

[1] Über Giac. Lignana siehe Gubernatis p. 1197.

auch jener der Substanz vorausgeht; die dem Actus contradistinguirte Potenz supponirt die Materie und die derselben anhaftende Privation. Materie, Form und Privation sind die drei Principien, aus welchen sich das τί ἐστι der Dinge ergibt; erst von da kommt es zu den zehn Kategorien. Für die nicht blos logische, sondern reale Bedeutung aller aristotelischen Kategorien spricht der Umstand, daß ihnen, wie sich aus einer guten Anzahl aristotelischer Ansprüche erweisen läßt, die Kategorie der Bewegung immanent ist. Theophrast, ein unmittelbarer Schüler des Aristoteles, bestimmt die verschiedenen Arten der Bewegung nach den verschiedenen Kategorien, welchen sie immanent ist. Aristoteles hält mit Plato und Sokrates daran fest, daß der Ursprung einer Sache aus zwei gegensätzlichen Kategorien erklärt werden müsse. Er sinkt aber unter Plato herab, sofern ihm das Band, durch welches die beiden Gegensätze vermittelt sein sollen, entgleitet. In dem platonischen Gegensatze zwischen Sein und Nichtsein ist dieses Band vorhanden; Materie und Form des Aristoteles entbehren desselben, weil die Form unabhängig von der Materie besteht, indem der von Aristoteles zuerst gesetzte Actus sich nicht auf den nicht existirenden Actus beziehen kann und nicht beziehen soll, damit der Widerspruch nicht zum logischen Rechte komme. Demzufolge constituirt der Actus keinen Gegensatz zur Materie und steht letztere außer Relation zum ersteren. Daraus ergibt sich aber, daß jener Widerspruch, welchem Aristoteles aus dem Wege gehen wollte, in seiner Weltlehre thatsächlich besteht. Die Materie des Aristoteles ist etwas vom Nichtsein Plato's Unterschiedenes; sie ist nicht das in einer logischen Relation zum Sein stehende Nichtsein, sondern etwas Zufälliges. Ferner sind ihre Determinationen nur jene des Sensiblen, und demzufolge die aristotelischen Kategorien nur particuläre Determinationen des Seins, die blos das Individuum betreffen, ohne eine generische Bestimmtheit anzugeben. Das Intelligible liegt völlig außer dem Bereiche der aristotelischen Kategorien; die aristotelischen Scholastiker, welche Gott allen Kategorien entrückt sein ließen, haben die Lehre ihres Meisters ganz richtig gedeutet.

Obschon Aristoteles durch einen tiefen Gedankengriff die von Plato nicht geahnte Mittelidee, durch welche Sein und Nichtsein miteinander verknüpft sind, erfaßt hatte, nämlich die Bewegung, die in der That das Determinationsprincip der Kategorie ist, so unterließ er doch die Verwerthung dieses seines Geistesblickes und erkannte demzufolge nicht das Princip, durch welches Natur und Übernatur dialektisch miteinander verknüpft sind.

Die Kategorienlehre der Stoiker ist eine Reduction der aristotelischen, unter nebenhergehender Erweiterung des Fassungsinhaltes derselben. Die Stoiker lassen blos vier Kategorien zu: Substanz, Qualität, determinirte Modification, relative Modification. Die Substanz bedeutet ihnen aber nicht, wie dem Aristoteles, die erste Determination der Materie, sondern einfach die indeterminirte Materie, die Qualität, die Differenzen oder Species der Dinge; die determinirte Modification ($\pi \tilde{\omega}\varsigma\ \check{\epsilon}\chi o\nu$) faßt Alles in sich, was die neun Accidenzkategorien des Aristoteles umschließen; die relative Modification ($\pi \rho \acute{o}\varsigma\ \tau \iota\ \pi \tilde{\omega}\varsigma\ \check{\epsilon}\chi o\nu$) betrifft die Relation eines bestimmten Dinges zu irgend einem anderen. Soweit die stoische Logik auf der aristotelischen steht, muß auch die stoische Kategorienlehre eine reale Bedeutung haben, die aber ganz in der Physik aufgeht. Die stoische Logik unterscheidet sich von der aristotelischen dadurch, daß in ihr das grammatische Element über das sachliche vorwiegt, während in der aristotelischen Logik das Gegentheil stattthat. Die Umkehrung des Verhältnisses bei den Stoikern hat ihren Grund in der empiristisch-sensistischen Denkrichtung derselben; für sie ist das Intelligible nicht blos eine Abstraction vom Wirklichen, sondern noch viel weniger, ein Wortausdruck als Bezeichnung der außer dem Denken existirenden Dinge. Das philosophische Interesse an der Sprache bezieht sich darauf, daß über die Dinge richtig gesprochen werde; daher die hohe Werthschätzung der Grammatik und der enge Zusammenhang derselben mit der Ausbildung der formalen Logik bei den Stoikern. Nicht blos Rhetorik und Dialektik, sondern selbst die Wissenschaft ist ihnen wesentlich Kunst des richtigen Sprechens.

Die Ergebnisse der antiken Philosophie für die Kategorienlehre liegen in der platonischen, aristotelischen und stoischen Auffassungsweise derselben vor; diese dreifache Auffassungsweise ging als mannigfach fusionirte Überlieferung auf die nachfolgende Epoche der antiken Philosophie über. Der überhandnehmende Skepticismus und Eklekticismus in den Zeiten des allmäligen Absterbens der antiken Philosophie reflectirte sich auch in der Behandlung der Kategorienlehre. Plotinus griff in seinem Bemühen, die antike griechische Philosophie zu regeneriren, auf die mystisch-orientalische Emanationslehre zurück, auf deren Grund er die platonische und aristotelische Lehre miteinander zu verschmelzen suchte. Da aber der mystische Emanatianismus durch sich selbst einen dialektischen Proceß völlig ausschließt, so konnte die Kategorienlehre durch Plotinus keine Förderung erfahren. Er unterscheidet zwischen intelligiblen und sinnlichen Kategorien; seine fünf intelligiblen Kategorien sind die fünf Gesetze des platonischen Sophistes, die Kategorien des Naturdaseins jene des Aristoteles. In den intelligiblen Kategorien läßt er Identität und Diversität statthaben, in den Naturkategorien fällt der Gegensatz hinweg. Demzufolge fallen beide Classen von Kategorien unvermittelt auseinander, wie auch die intelligible und sensible Welt in Plotin's System durch kein Band dialektischer Nothwendigkeit miteinander verknüpft sind. Die sinnlichen Individuen sind ihm Formen, die Formen Rationes seminales, letztere aber Ideen der Intelligenz, welche in reale Intelligenz sich umsetzend zu Individuen werden. Dieß ist eine philosophische Einkleidung der Lehre vom Abfalle der Ideen von sich selbst; auf diesem Wege läßt er die Idee auch zum Subject des Üblen und Bösen werden. Die auf der Idee des Gegensatzes beruhende dialektische Nothwendigkeit ist bei Plotinus auch nicht einmal im Reiche der reinen Intelligibilien vorhanden, weil die in diesem Bereiche von ihm zugelassene Identität und Diversität nicht auf den dialektischen Gegensatz vom Unendlichen und Endlichen gestützt ist. Dieser ist durch den neuplatonischen Emanatianismus ausgeschlossen, welcher die simultane Contrarietät im Sein zu einem der logischen Nothwendigkeit entbehrenden Nacheinander abschwächt, was sich in seiner Weise auch auf das triadische System des Proklus anwenden läßt. Die den heidnischen Neuplatonikern gleichzeitigen Commentatoren des Aristoteles stellen in der Behandlung der Kategorienlehre den Neuplatonikern gegenüber einen Rückschritt dar, da sie augenscheinlich der philosophischen Bedeutung der Kategorienlehre weit weniger gerecht zu werden wußten. In der Philosophie der Kirchenväter, welchen das göttliche Sein über aller Kategorie stand und welche eine blos analogische Gotteserkenntniß zuließen, mußte die Kategorienlehre ihre philosophische Bedeutung selbstverständlich einbüßen. Galt ihnen ja die Philosophie überhaupt nicht um ihrer selbst willen, sondern als theologisches Denkinstrument; und wenn eine wissenschaftliche Erkenntniß des allen Kategorien entrückten Objectes der Theologie nicht möglich war, so konnte umsoweniger die der Theologie dienstbare Philosophie auf den Rang einer Wissenschaft Anspruch haben. Ragnisco stellt die mittelalterlichen Scholastiker in wissenschaftlicher Beziehung unbedingt über die altchristlichen Kirchenväter, weil sie wieder mit der Erörterung philosophischer Probleme Ernst zu machen begannen. Er citirt den Ausspruch Bruno's, daß Aristoteles der Pariser Universität mehr verdanke als diese dem Aristoteles. Der große Fortschritt, der in Bezug auf die Kategorienlehre in der Scholastik sich vollzog, bestand darin, daß die aristotelische Lehre von der Substanz mit der Universalienlehre in die engste Verbindung gesetzt und damit die Untersuchung über den metaphysischen Ursprung der Substanzkategorie und der übrigen an sie sich anreihenden aristotelischen Kategorien in Fluß gebracht wurde. Diese Untersuchung betraf eine völlig neue, der antiken Philosophie fremd gebliebene Frage; die griechische Philosophie hatte die Existenz der Ideen und der Natur als Thatsache hingenommen, die Scholastik versuchte diese Thatsache philosophisch zu erklären. Sie faßt allerdings in der ideologischen Erklärung der Kategorien nicht alle Ideen, sondern nur jene des Genus und der Species in's Auge, mit Beseitelassung anderer gleichfalls metaphysischer und universaler Ideen, als da sind: Ursache und Wirkung, Zweck und Mittel u. s. w. Aber das Bemühen, die allgemeinen Ideen, in welchen die Philosophie ihren Denkinhalt zu vertiefen bestrebt ist, als logische Fassungsformen der Dinge von objectiver Wahrheit zu erweisen, enthielt die ersten Keime der gesammten Denkrichtung der neuzeitlichen Philosophie. Die Frage nach dem Philosophicum primum wurde von den beiden berühmtesten Schulhäuptern der mittelalterlichen Scholastik: Thomas Aq. und Duns Scotus schon ganz auf das psychologische Gebiet hinübergespielt; Anselm vertraut in seinem ontologischen Gottesbeweise zuversichtlich auf die Autonomie des Denkens.

Ragnisco anerkennt in der Philosophie der Renaissanceepoche nur in sehr relativer Weise einen Fortschritt über mittelalterliche Scholastik hinaus. Die Wiederhersteller des Platonismus und Neuplatonismus boten nichts Neues und verkannten den Werth der scholastischen Speculation. Die directen Gegner des Scholasticismus und seiner Subtilitäten wollten die Logik durch Abgehen von Aristoteles verbessern; sie gingen auf Plato, Cicero und Quintilian zurück und erkannten augenscheinlich nicht, daß derjenige antike Philosoph, welcher das Meiste für die Wissenschaft der Logik geleistet hat, eben nur Aristoteles sei. Der in Padua ausgebrochene Kampf gegen die Averroisten daselbst hing mit der Resuscitation und Entgegensetzung des griechischen Aristoteles gegen den arabischen zusammen; man fand den Unterschied des ächten Aristoteles vom arabischen im strengen Naturalismus des ersteren. Die Anhänger desselben substituirten dem supranaturalen Theismus der orthodoxen Scholastik einen naturalistischen Theismus, und bildeten das Zwischenglied zwischen den scholastischen Aristotelikern und der auf Grund der beobachtenden und experimentirenden Naturkunde sich begründenden neuen philosophischen Denkrichtung eines Baco von Verulam. Campanella spricht bereits das Princip der neuzeitlichen philosophischen Forschung aus, wenn er die Thätigkeit des Ich als die Bedingung der Erfahrung erklärt und seine Primalitäten aus der Analyse des Bewußtseins gewonnen werden läßt. Er eruirte die Primalitäten oder primitiven Qualitäten alles Seienden aus der psychologisch bezeugten Thatsache, daß wir sind, erkennen und wollen. Er leitet daraus die allgemeinen nothwendigen Eigenschaften alles Seienden ab, welches seine Existenz fühlbar und vernehmbar machen können muß, weil ein Existentes ohne dem nicht existiren und bestehen könnte. Zu jeglicher Existenz gehört das Existiren, Erkanntsein und die Liebe zur eigenen Existenz. Demnach gibt es drei primitive Qualitäten: Macht, Weisheit, Liebe; diesen stehen gegenüber Impotenz, Ignoranz und Odium metaphysicale. Campanella wendet seine drei Primalitäten zuerst auf die Gotteslehre, dann auf die Weltlehre an, in welche letztere er auch die negativen Gegensätze zu den Primalitäten eintreten läßt, um daraus den Zufall, des Schicksal und die Harmonie des Universums zu erklären. Er nennt die drei Primalitäten transcendente Qualitäten, welchen als subtranscendente Begriffe Hoc, Illud, Aliquid, Res angereiht werden. Daran schließen sich weiter die zehn Kategorien: Substantia, Quantitas, Forma seu Figura, Vis vel Facultas, Operatio seu actus, Actio, Passio, Similitudo, Dissimilitudo, Circumstantia. Er versucht keine Ableitung dieser seiner Kategorien, welche theilweise mit den aristotelischen zusammenfallen. In der Substanzkategorie geht er von Aristoteles ab, indem er drei Substanzen unterscheidet; seine Substantia prima ist im Unterschiede von der individuellen Substanz des Aristoteles generelle Substanz; die Substantia secunda Campanella's ist die Materie, während sie bei Aristoteles die Species ist. Die drei Substanzen Campanella's haben Ähnlichkeit mit der scotistischen Unterscheidung einer dreifachen Materie. Campanella's Kategorien der Potenz und des Actus müssen zufolge ihrer eigenthümlichen Auffassung von den gleichlautenden aristotelischen Kategorien unterschieden werden. Die Kategorie der Similitudo drückt weit mehr einen platonischen, als einen aristotelischen Gedanken aus. Ragnisco bemängelt an Campanella das Fehlen einer inneren Verknüpfung der Primalitäten des endlichen Seins mit jenen des göttlichen Seins; die Creationsidee reiche nicht aus, diese Verknüpfung philosophisch einleuchtend zu machen. Übrigens stellt er die philosophische und geschichtliche Bedeutung Campanella's hoch und verweist für die nähere Würdigung derselben auf Spaventa's Saggio critico sopra Tommaso Campanella. Auch der Prometheus der italienischen Philosophie Giordano Bruno kann sich dem Banne seiner Zeit nicht völlig entwinden. Er thut wol einen mächtigen Schritt vorwärts, wenn er das Princip der Kategorien als generische Substanz faßt und zur Idee der Substanz jene der Ursache hinzufügt. Sofern er aber die Indeterminirtheit des Principes als Indifferenz faßt, nähert er sich dem Spinozismus, und verkehrt ein der Philosophie des Nikolaus Cusanus anhaftendes Gebrechen in dessen Gegentheil; der Cujaner läßt die Alterität äußerlich zur Einheit hinzutreten, ohne sie aus derselben abzuleiten, bei Bruno hingegen ist die Differenz oder das von Gott unterschiedene Anderssein etwas völlig Verschwindendes. Bruno hat die ächte Idee der Dialektik noch nicht erfaßt, weil es in seinem System keinen wahrhaften Unterschied zwischen Gott und Welt gibt.

Die Grundtendenz der mit Cartesius beginnenden neuzeitlichen Philosophie ist die Lösung des die Realität der menschlichen Erkenntniß betreffenden Problems. Hegel hat die Lösung dieses Problems in den beiden Sätzen formulirt, daß alles Vernünftige auch wirklich ist und alles Wirkliche vernünftig ist. Cartesius hat die unmittelbare Beziehung des Denkens zum Sein bloß ausgesprochen, Hegel hat sie vollkommen begründet. Der in den Bereich des Psychologismus gebannte Cartesianismus konnte zu der Lösung dieses wesentlich ontologischen Problems nicht vordringen; sein Unvermögen hiezu wurde in dem aus der psychologischen Richtung herausgewachsenen Skepticismus Hume's kund, der aber andererseits einen neuen Wendepunkt des philosophischen Denkens bezeichnet und das Auftreten Kant's vorbereitet. Im transcendentalen Idealismus Kant's gelangt die philosophische Denkvernunft dahin, im Gedanken nicht den Fasser der Dinge, sondern die Dinge in ihrer Abstraction zu erkennen; als Abstraction der Dinge ist der Gedanke die Wurzel der Kategorien, erfaßt aber nur die Formen der Dinge, ohne in's Wesen derselben einzudringen.¹ Das Bemühen, den subjectivistischen Idealismus Kant's zu überwinden, bedingte den weiteren Fortgang der neueuropäischen Philosophie und deren Anlangen bei Hegel. Es handelte sich um die von Kant aufgegebene Gewinnung des Dinges an sich. Fichte wollte die Realität des außer dem denkenden Geiste Seienden aus der nothwendigen Selbstbegränzung des denkenden Ich ableiten, welche den Gedanken des Nichtich involvire; in dem Satze aber: „das Ich setzt das Nichtich" — sind zwei einander entgegengesetzte Kategorien significirt, die in einer höheren Idee zur Einheit vermittelt sein müssen. Schelling erkannte dieß, stellte es jedoch als unbewiesene Wahrheit hin. Nach Hegel hingegen soll in der Philosophie nichts als bloße Voraussetzung hingenommen, sondern Alles, auch das Erste, wovon sie ausgeht, als denknothwendig erwiesen werden. Die Hegel'sche Doctrin stützt sich auf die beiden Principien des Widerspruches und der Identität. Die universalen Ideen oder Kategorien sind so beschaffen, daß sie, indem sie die höchsten Genera rerum ausdrücken, zugleich auch die distinctiven Eigenheiten derselben kenntlich machen. Jede Kategorie involvirt eine andere als ihren denknothwendigen Gegensatz und hat eine wesentliche Beziehung auf dieselbe. Dieß wurde schon vor Hegel erkannt und ausgesprochen; nicht minder die Denknothwendigkeit einer Vermittelung des Entgegengesetzten. Daß diese auf die Identität von Denken und Sein zurückzuführen sei, ist vor Hegel zwar behauptet, aber erst durch ihn förmlich nachgewiesen worden. Das unsterbliche Werk, in welchem dieser Nachweis geliefert wird, ist Hegel's Phänomenologie, in welcher die Entwickelung des menschlichen Bewußtseins durch alle ihre Stufen bis zu dem Punkte verfolgt wird, wo das empirische Bewußtsein sich in das transcendentale Bewußtsein umsetzt und damit alle Einschränkungen des empirischen Bewußtseins überwindet. Auf dieser Höhe angelangt, ist das Bewußtsein reines Bewußtsein, d. i. nicht mehr Bewußtsein dieser oder jener Sache, sondern des Seienden insgemein, und als dieses Bewußtsein ist es unter Einem die Intellection des Seienden und das Sein der Intellection. Der Gedanke ist sich da selbst Object und die Aufgabe der Logik ist, die in der Aufeinanderfolge der dialektisch miteinander verknüpften Kategorien enthaltenen ontologischen Bestimmtheiten des zur Erfassung seiner Identität mit dem Sein vorgedrungenen Denkens

---

¹ Über Ragnisco's Kritik der Kant'schen Philosophie siehe Bd. IV, S. 60.

zu entwickeln. Angesichts der durch Hegel errungenen Höhe des ontologisch speculativen Denkens sind die in den Systemen Herbart's und Schleiermacher's enthaltenen Ableitungen der kategorischen Bestimmtheiten der Dinge einfach als Rückschritte des philosophischen Denkens im Zurücksinken auf den Standpunkt des psychologistischen Empirismus zu beklagen. Krause will die Kategorien aus dem unendlichen Sein ableiten, als dessen uns erkennbare Bestimmtheiten er sie betrachtet; er weiß aber nicht zu sagen, wie und warum die Bestimmtheiten des unendlichen göttlichen Seins auch die Bestimmtheiten des endlichen Seins werden müssen, und so sinkt auch er gleich Herbart und Schleiermacher auf den Standpunkt der Anerkennung eines thatsächlichen Statthabens herab.

Den Bearbeitungen der Geschichte der Philosophie sind schließlich noch gelehrte commentatorische Arbeiten über die beiden berühmtesten Philosophen des Alterthums: Plato und Aristoteles, anzureihen. Der Anstoß zur Unternehmung solcher Arbeiten ging von Rosmini aus, welcher in seinen historisch-kritischen Studien über den Pythagoräismus und Platonismus, sowie über das Verhältniß der aristotelischen Lehre zur platonischen ausreichend Gelegenheit hatte, den Werth und die Verdienstlichkeit der mit den Mitteln neuzeitlicher kritisch-philologischer Erudition zu unternehmenden commentatorischen Beleuchtungen philosophischer Schriftwerke des Alterthums zu würdigen. Auf seine Anregung ging A. Bonghi an die Ausarbeitung eines Commentars über die Metaphysik des Aristoteles, von welchem noch zu Lebzeiten Rosmini's die erste Hälfte erschien,[1] mit einer dem Werke vorangestellten Widmungsrede an Rosmini; die zweite Hälfte ist zwar bis jetzt noch nicht veröffentlicht worden, liegt aber sicherem Vernehmen nach druckbereit vor. Als dankenswerthe Vorarbeiten seines Unternehmens hebt er die kritische Textausgabe der aristotelischen Metaphysik sammt Commentar von Bonitz, die Erläuterungen zum aristotelischen Organon von Waitz, Trendelenburg's Geschichte der Kategorienlehre und die Darstellung der aristotelischen Philosophie von Brandis hervor. Als seine Hauptgewährsmänner unter den vorangegangenen Auslegern des Aristoteles nennt er Alexander von Aphrodisias und Thomas Aq.; die oftmalige Übereinstimmung des Letzteren mit Ersterem, welchen Thomas nicht gelesen haben konnte, erklärt er sich aus den bei

---

[1] Metafisica d'Aristotele volgarizzata e commentata. Libri I—IV. Turin, 1854.

Averroes vorfindlichen Angaben über Alexander's Auslegungen. Auch Niphus ist von Bonghi zu Rathe gezogen, bietet aber nichts Neues, da er in der Hauptsache an Alexander sich hält; selbstständiger verfahre der dem 16. Jahrhunderte angehörige Antonio Scaino,[1] welcher, von der scholastischen Auslegungsmanier abgehend, sich auf ein vergleichendes philosophisches und philologisches Studium des Textes der aristotelischen Schriften zu stützen sucht, worin er bereits an Hermolaus Barbarus einen Vorgänger hatte. In Form einer Einleitung werden die kritischen Untersuchungen über die Ächtheit und Reihenfolge der einzelnen Bücher des aristotelischen Werkes dem Commentar vorausgeschickt; sie beschränken sich aber im vorliegenden ersten Bande auf die sechs ersten Bücher, deren Übersetzung und Erklärung in demselben geboten wird. Jedem einzelnen Buche ist eine Inhaltsübersicht desselben vorausgestellt; dann folgt die Übersetzung des Textes zusammt der in fortlaufenden Anmerkungen unter dem Texte gegebenen Erklärung desselben; am Schlusse eines jeden einzelnen Buches folgt ein Anhang philologisch-kritischen Inhaltes, welcher theils die Textkritik, theils den Sinn und die richtige Übersetzung controverser Textstellen betrifft. Bonghi hatte die Absicht, am Schlusse des Bandes eine Beleuchtung der aristotelischen Kritik der platonischen Philosophie und des Verhältnisses der aristotelischen Metaphysik zum platonischen Idealismus beizufügen; er fand jedoch diese Aufgabe durch eine Abhandlung Zeller's so befriedigend gelöst, daß er es vorzog, diese in italienischer Übersetzung wiederzugeben.

Vom Jahre 1880 an ließ Bonghi eine Reihenfolge von Übersetzungen und Erklärungen platonischer Dialoge erscheinen, welche in den bis 1885 erschienenen fünf Bänden den Euthyphron, Apologie des Sokrates, Kriton, Phädon, Protagoras, Euthydemos und Kratylos enthalten. Daran sollen in weiterer Folge zunächst das Gastmahl und der Theätet sich anschließen. Bonghi betrachtet seine Erklärung der platonischen Dialoge als eine Lebensaufgabe, die er, so weit als es ihm bei seiner bereits vorgerückten Lebenszeit gestattet ist, fortführen will. Er hatte den Gedanken an dieses Unternehmen schon frühzeitig gefaßt, und als noch junger Mann (1846) eine Erklärung des Philebus erscheinen lassen, welchem 1856 Protagoras und Euthydem

---

[1] Über A. Scaino vgl. Tiraboschi Stor. lett. VII pp. 404 sg. und Brucker Hist. philos. IV, P. 1, p. 234.

nachfolgten; diese beiden Dialoge sind in die seit 1880 veröffentlichte Sammlung der Dialoge aufgenommen. Die Reihenfolge derselben betreffend will sich Bonghi an die von Thrasyllos festgestellte Ordnung halten, nicht als ob sie die richtige wäre, sondern weil sie die zuerst festgestellte und in der Mehrzahl der Ausgaben der platonischen Werke befolgte Ordnung ist. Bonghi behält sich vor, die heute auf der Tagesordnung stehende Frage über die logische und geschichtliche Aufeinanderfolge der platonischen Dialoge in einem Schlußbande zur Sprache zu bringen und nebstbei auch die bisherigen Untersuchungen über die Ächtheit oder Unächtheit der unter Plato's Namen gehenden Schriften einer kritischen Prüfung zu unterziehen.

Bonghi, ein Meister des Stiles, betrachtet die Übersetzung der platonischen Dialoge als eine Art Kunstübung, durch welche der griechische Philosoph dem Denken und Empfinden gebildeter Italiener möglichst nahe gebracht werden soll. Mit dieser Absicht steht im Einklange, daß jedem der bisher erschienenen Dialoge eine Ansprache an eine gebildete Dame aus dem Bekanntschaftskreise des Übersetzers und Erklärers vorausgestellt ist; der Inhalt der Ansprachen steht mit dem Inhalte der Dialoge in irgend einer näheren oder entfernteren Verbindung, und verfolgt augenscheinlich den Zweck, die Angelegenheiten und Interessen des heutigen italienischen Bildungslebens mit der Lehrweisheit der platonischen Gespräche in Contact zu setzen. Indem Bonghi sich zum Mittler der platonischen Lehrweisheit an das gebildete Publicum macht, will er sich keineswegs der Anforderungen überheben, welche vom strengwissenschaftlichen Standpunkte an eine Erklärung der platonischen Schriftwerke zu stellen sind; er zeigt sich vielmehr bemüht, diesen Anforderungen in der Weise zu entsprechen, daß zugleich auch dem ästhetisch-künstlerischen Interesse feinsinniger Leser genügt wird, und die Erklärung jedes einzelnen Dialoges zu einem wissenschaftlichen Kunstwerke sich gestaltet. Der Übersetzung des Dialoges werden jederzeit die nöthigen einleitenden sachlichen Orientirungen vorausgeschickt, die kritischen und gelehrten Erläuterungen des übersetzten Textes werden in Anhänge und in die zahlreichen Anmerkungen verwiesen, welche dem übersetzten Texte nachfolgen. Sowol die Disposition der einleitenden Orientirungen als auch die Beschaffenheit der Nachträge modificirt sich je nach dem Inhalte des zu erklärenden Dialogs, so daß trotz der constanten Gleichheit des Verfahrens im Allgemeinen doch eine große Abwechslung und Mannigfaltigkeit in der Behandlung der einzelnen Dialoge zu Tage tritt. So beginnt z. B. die Einleitung in die Übersetzung des Phädon mit einer Auseinandersetzung der Gründe, aus welchen dieser Dialog immerfort das Interesse aller Gebildeten fesseln werde; hierauf folgt eine Beleuchtung der von Plato für den Inhalt des Dialogs gewählten Darstellungsform in Verbindung mit den nöthigen Orientirungen über die im Dialog redend eingeführten oder erwähnten Personen; daran schließt sich eine kritische Analyse des Dialogs und eine Würdigung desselben als Kunstleistung. Der Erklärer läßt sich sofort in eine Erörterung darüber ein, ob die im Dialog vorgetragene Unsterblichkeitslehre als sokratische Doctrin anzusehen sei, gibt eine kritische Übersicht der bisherigen Auffassungen und Interpretationen derselben in älterer und neuerer Zeit (Olympiodor, Ficinus, Erizzo,[1] Tiedemann, Wyttenbach, Tennemann, Schleiermacher, Stallbaum, Hermann, Steinhart, Zeller, H. Schmidt, G. F. Rettig, Susemihl, A. Bischoff, D. Zimmermann, Überweg, Bonitz, Cousin, Fouillée, Grote, Jowett u. s. w.) mit schließlicher Beigabe und Auseinandersetzung seiner eigenen Ansicht unter Beleuchtung des mythisch-religiösen Hintergrundes der platonischen Unsterblichkeitslehre. Im Zusammenhange damit steht die Untersuchung, ob Plato die im Phädon enthaltenen Beweise für die Unsterblichkeitslehre selber erfunden, oder aus älteren Traditionen geschöpft habe. Bonghi entscheidet sich für das letztere, hält aber dafür, daß eine adäquate und erschöpfende Darstellung der platonischen Unsterblichkeitslehre nur unter Beiziehung seiner in anderen Dialogen (Menon, Phädrus, Gastmahl, Gorgias, Staat) niedergelegten Gedanken hierüber sich geben lasse. Dasjenige, was ihm an beweiskräftigem Inhalte in den Argumentationen des Phädon enthalten scheint, sieht er in Rosmini's Lehre vom Universale als Terminus der menschlichen Seelennatur enthalten,[2] betrachtet jedoch die philosophische Überzeugung von

---

[1] Vgl. über Erizzo: Tiraboschi Stor. lett. IV, p. 836.

[2] Diese Äußerung wurde im Kreise der heutigen Schüler Rosmini's sehr beifällig aufgenommen (vgl. Sapienza VII, pp. 235 sg.), dagegen aber das Bedauern über eine andere nebenher geäußerte Ansicht über die Schwierigkeit, die christliche Auferstehungslehre mit der auf das geistige Wesen der Seele gegründeten Unsterblichkeitslehre in Einklang zu bringen, ausgesprochen. In der That hat die Auferstehungslehre ihre ideelle Begründung in der gottgedachten Idee des Menschen als Ineinsbildung von Geist und Stoff; und diese Idee ist den von Bonghi berücksichtigten Anklängen der orientalischen Traditionen an die christliche Auferstehungslehre als tieferer, aus dem verborgenen illuminativen Machtwirken des

der Seelenunsterblichkeit als ein noch immer der weiteren Discussion unterliegendes Problem, ohne verkennen zu wollen, was die speculative Scholastik für die Erweisung der in christlichem Sinne verstandenen Seelenunsterblichkeit bereits geleistet habe. Diesen einleitenden Erörterungen schließt sich eine Inhaltsübersicht des Dialogs als unmittelbare Überleitung auf den Text desselben an. Der Übersetzung folgen zunächst eine von Moleschott gelieferte Auseinandersetzung der Wirkungen des Schirlingsaftes (cicuta), sodann die Anmerkungen zu dem an die Fürstin von Teano gerichteten Widmungsschreiben (Inhalt: la vita è dolore), zur Einleitung und zum Texte des Dialogs, schließlich zwei Anhänge, deren einer die Scholien Olympiodor's zum Phädon, der andere die Einwendungen des Straton von Lampsakus gegen zwei Unsterblichkeitsbeweise des Phädon zum Gegenstande hat. Die unter Berufung auf die Aussage des Panätius von Rhodus in neuerer Zeit mehrfach bestrittene Ächtheit des Phädon sucht Bonghi unter Anschluß an Zeller dadurch zu sichern, daß er die Angaben der Alten über die von Panätius behauptete Unächtheit des Phädon als mißverständliche Deutung der eigentlichen Meinung des Panätius zu erhärten sucht. [1]

Die Aufgabe, welche Bonghi sich in seiner Erklärung der platonischen Schriften gesetzt hat, mahnt an eine andere, die zwar seit der

---

göttlichen Logos zu verstehender Erklärungsgrund vorauszusetzen. Man wird ferner nicht zu verkennen haben, daß in der christlichen Auferstehungslehre die höhere Vermittelung zwischen den zwei einander gegenüberstehenden Einseitigkeiten der philosophischen abstract spiritualistischen Auffassung der Unsterblichkeitslehre und der mythisirenden Lehre von stets neu sich wiederholenden Einleibungen der Seele gegeben ist.

[1] Der Versuch, den bezüglichen Äußerungen des Panätius eine Zeugenschaft für die Ächtheit des Phädon abzugewinnen, wurde in Mamiani's philosophischer Zeitschrift wiederholt bekämpft von Alessandro Chiapelli in den beiden Abhandlungen: Panezio di Rodi e il suo giudizio sulla autenticità del Fedone (Filos. d. scuol. ital. Vol. XXV, pp. 223—242) — Ancora sopra Panezio di Rodo e il suo dubbio sulla autenticità del Fedone platonico (Vol. XXX, pp. 337—357). Chiapelli erklärt die Verwerfung der Ächtheit des Phädon von Seite des Panätius daraus, daß derselbe die im Phädon angenommene Unsterblichkeit des menschlichen Seelenwesens im Widerspruche fand mit der aus anderen Schriften Platons zu entnehmenden Beschränkung der unsterblichen Dauer auf die der menschlichen Seele einwohnende unpersönliche Vernunft. Chiapelli verweist bezüglich des Näheren hierüber auf die von ihm veröffentlichte Schrift: Interpretazione panteistica di Platone (Florenz, 1881).

Zeit der Kirchenväter niemals völlig außer Augen gelassen wurde, aber stets nur nach Maßgabe der einem bestimmten Zeitalter zu Gebote stehenden Erkenntnißmittel gelöst werden konnte. Der welthistorischen Bedeutung der platonischen Philosophie muß ein welthistorisches Verständniß derselben entsprechen. Wir sahen in den vorausgegangenen Theilen dieses Werkes, in welcher Weise die beiden Begründer und hervorragendsten Vertreter der neuzeitlichen nationalen Philosophie der Italiener dieses Verständniß zu vermitteln suchten; sie ließen die platonische Philosophie aus den Religions- und Culturtraditionen der vorchristlichen Völkerwelt herauswachsen, und erkannten in Plato einen Zeugen und Interpreten des dem geschichtlichen Menschheitsleben immanenten göttlichen Wahrheitsgeistes. Diese Auffassung Plato's ist auch Bonghi nicht fremd; ihre motivirte Darlegung fällt jedoch über die seinem Unternehmen gesetzten Ziele und Gränzen hinaus. Er bleibt bei der Thatsache stehen, daß die platonische Weisheit auf dem Grunde älterer Religionstraditionen stehe, unterläßt es aber, über Ursprung, Inhalt und Bedeutung dieser Traditionen sich auf dem Wege geschichtsphilosophischer Forschung Rechenschaft zu geben. Dieses Problem muß gelöst werden, um zu einem sicheren und bestimmten Verständniß des Verhältnisses der Philosophie zur Religion, und der Entwickelungsgeschichte des philosophischen Gedankens zum welthistorischen Entwickelungsprocesse des menschheitlichen Religionsgedankens zu gelangen. Keiner der europäischen Culturnationen ist dieses Problem näher gerückt, als den Italienern, dem ältesten der Culturvölker des christlichen Europa. Dessen waren sich bereits die beiden Gründer der neuzeitlichen italienischen Philosophie bewußt; und es ist kein Zweifel, daß ein wahrhafter, in der geistigen Eigenart des italienischen Volkes wurzelnder Fortschritt des philosophischen Geistes der Nation und die hiedurch bedingte geistige Rangstellung der italienischen Nation inmitten des christlich europäischen Culturlebens von der glücklichen und erfolgreichen Lösung jener Aufgabe abhängig sei.

# Namen- und Autorenregister.

(Die den Namen beigefügten Zahlen bedeuten die Seitenzahlen des Buches.)

Aegydius Romanus 305, 306.
Aeschylus 128, 132, 134, 135, 136.
Ahrens 269, 270.
Albini 325.
Aleardi 161, 162.
Alexander von Aphrodisias 415.
Alfieri 51, 56, 135, 150, 200.
Allievo 208, 225 ff.
Althusius 307.
Amabile 382.
Amari (Graf, Enrico) 279 f., 282.
Anakreon 136, 200.
Anguilli 219.
Anselm von Canterbury 386, 387, 389.
Aporti 207, 208.
Arbigo 176.
Ariost 75, 116, 129, 130 f., 134, 147, 199.
Aristoteles 69, 98, 99, 101 f., 209, 247, 267 f., 269, 270, 300, 305, 330 f., 359.
Aubisio 251, 256.
Augustinus (Kirchenlehrer) 37, 79, 190, 191, 218, 224, 269, 354, 356.
Aureolus 386 f.
Austin 339.

Baader (F. v.) 390.
Balbo (C.) 374.
Baco von Verulam 388, 412.
Bagehot 342.

Bain 339.
Balbo (C.) 305.
Balme-Frezol 209.
Barbaro (Ermolao) 416.
Barbeyrac 311.
Baroli 255, 260.
Barot (Ulysse) 374.
Bartoli (Ad.) 158.
Bartolo de Saffoserato 306.
Basedow 209, 230.
Bastiat 289, 344.
Baumgarten 184.
Beccaria 322.
Belime 270.
Belli 11.
Benecke 209.
Bentham 270, 274, 339, 340.
Berchet 162.
Bernardini 224.
Berti (Domenico) 207, 209, 226.
Bertini 208.
Bertola 161.
Billia 210.
Bluntschli 267, 269.
Bobba 227 382, 383, 394.
Boccaccio 126, 134, 146.
Boccalini 307.
Bodinus 306, 307, 337.
Boethius 386.
Boileau 49.

Bojardo 75.
Bötler 309.
Bonald 248.
Bonaventura 386, 387.
Bonghi 157, 415.
Bonitz 415, 418.
Boscowich 8.
Bossuet 99, 101 370, 374, 389.
Botteri 300.
Bovio 257, 272, 267 ff., 351.
Boyle 388.
Bradwardina 386.
Brandis 415.
Brofferio 162.
Bruno (Giordano) 163, 169, 382. 388, 411, 413.
Buchanan 307.
Buchez 359.
Büchner 338.
Buckle 360.
Buffalini 209.
Buffon 11.
Buoncompagni 208, 243, 325.
Burke 337.
Burlamaqui 311.
Byron 160, 169.

Caborna 208.
Cairns 342.
Calberon 136.
Calufo 6 ff., 10 ff.
Calza 15 ff.
Camoens 75, 131.
Campanella 169, 301, 322, 354, 382, 388, 412.
Cantoni (C.) 179—189.
Cantù 138.
Capasso 382, 383.
Caporali 163 f., 272.
Capponi 224, 229, 301.
Cardanus 388.
Carducci 158, 162, 176.
Carle 257, 325—347.
Carmignani 284, 301—325.
Cartesius 388, 389, 391, 408, 413.
Castelvetro 190.

Castiglione 190.
Cattaneo (C.)
Catullus 136, 200.
Cavagnari 257, 269 ff., 325.
Cavallotti 162.
Celesia 158.
Cervantes 134.
Cesare 57.
Cesarotti 160.
Chastellux 307.
Chaubet 53, 58.
Chiabrera 134.
Chiapelli 419.
Ciavarini 382.
Cicero 99, 129, 268.
Cimabue 199.
Clairant 11.
Clarke 388.
Coccejus (H.) 311.
Coccejus (Sam.) 266, 311.
Colajanni 257.
Comte 359.
Confucius 221.
Conti (Ant.) 160
Conti (Aug.) 165—175, 176, 241—248. 367, ff. 373, 382, 383.
Cooper 126.
Corneille 102, 135.
Correggio 199.
Corsini (Od.) 382.
Corte (Pietro) 7.
Cortigiano 190.
Cossa 162, 176.
Cousin 361, 390.
Cudworth 388.

Dante 43, 57, 71, 80, 110, 112, 116, 123, 128, 130, 133, 134, 137, 140 ff., 145, 146, 150, 161, 169 f., 200, 399, 305 f., 335, 346, 370, 388.
D'Acquisto 255.
D'Annunzio 176.
Da Vinci (Leonardo) 192, 199.
D'Ayala 278.
D'Azeglio (Massimo) 52, 126, 226.
De Dominicis (S. F.) 219.

De Foe 126.
De Giorgi 256.
De Gubernatis 162.
De Leonardis 161 f.
De Maistre 248.
De Sanctis 138—152, 154, 155, 157, 158, 159, 160.
Demosthenes 99.
Di Giovanni 383.
Duns Scotus 387, 411.
Donizetti 198.

Empedokles 405.
Epiktet 384.
Epikur 331, 332, 339, 340.
Ercilla 131.
Erigana (Joh. Scot.)
Erizzo 418
Espinas 325, 358, 359.
Estraba 289.
Euripides 135.

Facciolati 382.
Falco 382.
Fauriel 47, 49, 51, 58.
Favaro 384.
Felice (F. B. de) 311.
Fenelon 389.
Ferrari (Giuf.) 272, 374, 375, 382.
Ferrari (Paolo) 158, 162, 351, 353.
Ferri (Enrico) 257, 287, 288.
Ferri (Luigi) 382.
Ferrucci (Caterina) 209.
Fichte 255, 270, 394, 414.
Ficinus 388, 418.
Filangieri 209, 301, 322, 323, 375.
Fiorentino 282, 283, 407.
Fontana 255, 367, 371, 378.
Foramiti 325.
Fornari 83—95, 97—111, 113 f., 125—138, 139, 154, 156, 157, 191.
Forni 12.
Fortunat von Brescia 382.
Foscolo 42, 50, 150, 160, 169.
Franchi (Auf.) 394.
Fröbel 224.

Gabelli 359.
Gajus (röm. Jurist) 333, 336.
Galasso 252 ff., 383.
Gale 388.
Galilei 382, 388.
Galluppi 254, 403.
Garofali 287.
Gauthey 209.
Gelli 190.
Gelmini 224.
Genovesi 382.
Gentile (Alberico) 270, 278, 309.
Gervinus 360.
Geßner (Sal.) 160.
Giannone 301, 375.
Gioberti 56—83, 84, 95, 96 f., 111, 146, 156, 157, 167, 177, 178, 185, 191, 195, 207, 250, 251, 265, 273, 351, 353, 373, 384, 390, 391, 393, 403.
Gioja 251, 289.
Giorbani 51.
Giordano-Zocchi 383.
Giotto 199.
Giovanni de Fiesole 199.
Girard (J. G.) 208.
Giusti 57, 134.
Goethe 51, 112, 133, 161.
Goldoni 200.
Gozzi 57, 134, 160.
Graf (Arthur) 158.
Gratry 390.
Gravina 102, 301.
Gray 136, 160.
Gregorovius 360.
Grossi (Tommaso) 126, 162.
Grotius 243, 268, 269, 270, 278, 308, 309 f., 336, 340.
Guerzoni 158.
Guicciardini 300.
Guizot 360.
Guizot (Madame) 207, 209.

Häckel 338.
Hamilton 390.
Hanslick 163.

Harrington 322.
Hartmann (E. v.) 338.
Hegel 102, 106, 107, 111 f., 113 f., 151, 154, 156, 157, 190, 191, 195, 269, 270, 274, 351, 354, 359, 369, 374, 375, 376, 394, 402 413.
Heinrich von Gent 386.
Helvetius 340.
Hemming 306.
Hennings 311.
Heraklit 329.
Herbart 116, 118, 390, 415.
Herder 359, 374.
Hobbes 270, 273, 307, 309, 310, 317, 336, 340 375.
Homer 43, 71, 112, 128, 129, 174, 199.
Horaz 200, 413.
Hume 322.

Imbriani 134.
Ivo von Chartres 307.
Ivo von Paris 307.
Jacobi (F. H.) 390, 393.
Johannes Chrysostomus 99.
Johannes Damascus 386.
Johannes Scotus Erigena 386.
Juvenal von Anania 389.

Kant 102, 178, 179—189, 222, 229 f., 253 f., 255, 260, 266, 270, 274, 285, 316 f., 319 f., 321, 322, 323, 336, 339, 394, 399 f., 403, 413.
Klopstock 131.
Krause 270, 390, 415.

Labanca 249 ff., 262 ff., 365 f., 384.
Lambruschini (Raff.) 207, 209, 224, 229, 230.
Lampredi 314 f.
Laplace 11, 90.
Latino (Em.) 219, 224.
Laurent 359.
Lebrun 49.
Leibniz 79, 253, 266, 268, 269, 306, 311, 389, 391.

Leone 189—200.
Leopardi 56, 83, 136, 151, 159, 160, 162, 169, 200.
Lignana 407.
Lilla 256, 263 ff.
Lioy (Diodato) 256, 272—279.
Locke 273, 307, 309, 323, 340.
Longo 257.
Lope de Vega 136.
Lotze 257.
Lucretius 384.

Mably 307.
Macchiabelli 300, 307, 337, 359.
Maclaurin 7.
Magni (Valerian)
Malebranche 388, 391.
Malthus 289, 296.
Mameli 162.
Mamiani 256, 280, 283 ff., 288, 294, 325, 339, 351, 354, 391, 394.
Mancini (St. P.) 282 ff., 321, 339.
Mandeville 307.
Manzoni 45—52, 53, 55, 57 f., 126, 138, 147 f., 162, 200, 251.
Mariano 354, 382.
Mario (Alberto) 162.
Maroncelli 54 f.
Marselli 358 ff., 368.
Marsilius von Padua 382.
Massaccio 199.
Mattirolo 256.
Maximus 386.
Mazzini 249.
Meli 162.
Melillo 256.
Mercantini 162.
Metastasio 145, 200.
Miceli 389, 390, 391.
Michelangelo 195, 199.
Michelet (Jules) 359.
Mignet 360.
Milanese 207, 217.
Milde (P. E.) 207, 209.
Mill (Stuart) 339.
Milton 112, 131.

Minghetti 298, 289—294.
Miraglia 257.
Moleschott 338, 419.
Mommsen 360.
Montagnini 256.
Montesquieu 306, 307, 308, 337, 359, 374.
Monti 51, 52, 57, 136, 150.
More (H.) 388.
Morus (Thomas) 305, 322, 354.
Muratori 382.
Mussato 133.

Naunarelli 158.
Necker (Albertine) 207, 209.
Needham 307.
Nemesius 386.
Newton 11, 12, 90, 388.
Niccolini (G. B.) 57.
Nicolaus Cusanus 388.
Nicolini (Nic.) 57.
Niemeyer 209.
Niphus 416.

Ocellus 385.
Oldendorp 306.
Olympiodorus 418, 419.
Orgagna 199.

Pagano (Mario) 301, 359.
Pagano (Vincenzo) 256, 265.
Palestrina 198.
Panätius von Rhodus 419.
Paoli (Franc.) 204, 206,
Paroto 229.
Parini 57, 134, 150.
Parker (S.) 388.
Parmenides 405
Paruta 359.
Pascal 388.
Paulus (röm. Jurist) 333, 336.
Pellico (Silv.) 50 f., 54.
Pepere 256, 265.
Perez (Paolo) 32, 204.
Pergolese 198.
Perticani 57.

Pessina 256.
Pestalozzi 208, 224
Petrarca 128, 136, 145, 147, 200, 388.
Petrich (Antonio) 178 f., 185.
Philoponus 386.
Picus (Joh.) 388.
Pindar 200.
Pindemonte (Ipp.) 160.
Pini (Ermenegildo) 391.
Plato 69, 81 f., 95, 98, 99, 101, 129, 190, 191, 211, 247, 267, 268, 269, 270, 305, 330 f., 354, 359, 385, 394, 395, 406 f., 411, 416 ff.
Plotinus 394, 397, 409.
Plutarch 150.
Poerio 162.
Poli 256, 381.
Poliziano 58, 136.
Polybius 359.
Prati (Giov.) 161.
Price 270.
Priestley 307.
Prisco 256.
Proclus 410.
Propertius 200.
Pseudo-Dionysius 386.
Pufendorf 243, 310.
Puglia 257.
Pythagoras 82, 190, 191, 228, 329.

Quetelet 359.
Quintilian 411.

Racine 135.
Raffael 195, 199.
Ragnisco 402—41=.
Ranke 362.
Ranieri (Ant.) 159.
Rapisardi 162, 176.
Rayneri 208—217, 224, 229, 230.
Remusat (Madame) 209.
Renazzi 322.
Renchlin 388.
Ricardo 289.
Ricci (Giuliano) 264.
Richter (J. P.) 390.

Romagnosi 51, 289, 322, 324 f., 339, 359.
Rosa (Salvator) 200.
Rosmini 5 f., 9 ff., 23 ff., 27 ff., 32—45, 54, 55, 78 f., 104, 177, 205 ff., 208, 209 f., 213, 224, 235 ff., 249, 251, 256, 257 ff., 262, 263 f., 269, 280 ff., 293, 294, 325, 352 f., 373 f., 393, 394 ff., 402, 415.
Rossetti 162.
Rossi (Ginf.) 175 f., 382.
Rossi (Pelegrino) 284, 289 f.
Rossi (Tommaso) 383, 391.
Rossini 198.
Rousseau (J. J.) 209, 274, 307, 340.

Sappho 200.
Saredo 257.
Savigny 270, 337.
Savonarola 306.
Say (J. B.) 289.
Scaino (Antonio) 416.
Scheffer (L.) 382.
Schelling 102, 118, 255, 270, 338, 390, 394.
Schiattarella 257, 272.
Schiller 135, 161.
Schlegel (Fr.) 359.
Schlegel (W.) 58.
Schleiermacher 390, 415.
Schopenhauer 255, 338.
Schwarz (J. H. Chr.) 209.
Scott (W.) 126.
Segneri 100, 146.
Selden 306.
Sergi 288.
Settembrini 154 ff., 157, 158.
Sextus Empiricus 385.
Shakespeare 112, 123, 134, 136, 174, 200.
Shelley 160.
Siciliani 219 ff.
Sidney 307.
Sismondi 289.
Smith 270, 289.
Siottopintor 207.

Soave 207.
Sokrates 190, 191, 253, 297, 330, 406.
Solger 390.
Somis de Chiavrie 49.
Sophokles 135, 136.
Soto (Dominicus) 306.
Spaventa 257, 412.
Spencer 221, 339, 340, 341, 342.
Spinoza 163, 253, 307, 391.
Stahl (J. F.) 266.
Stecchetti 176.
Stefanoni 176.
Stellini 339, 382.
Storch 289.
Straton v. Lampsacus 419.
Strube 307.
St. Simon 344.
Suarez 278, 306.
Synesius 386.

Taine 163.
Tamburini 325.
Taparelli 251, 256, 325.
Tarditi 207.
Tari 115 ff.
Tartini 85.
Tasso (Torq.) 102, 129, 130, 131, 145, 147, 161, 169.
Taverna 207.
Thiers 360.
Thomas Aquinas 12, 190, 191, 266, 268, 269, 273, 399 f., 304, 335, 386, 387, 411, 415.
Thomasius 260, 266, 312 f.
Thornton 342.
Tibullus 136.
Tizian 199.
Tolomei 256, 325.
Tommaseo 55 f., 57, 177, 179, 218, 224.
Torti (Giov.) 53.
Toscano 256, 265.
Tracy 289.
Traina 257.
Trendelenburg 267, 269, 274, 418.
Trezza 53.
Tronconi 176.

Troya 208.
Tulelli 383.
Turati 257, 287.
Tylor 342.

Ulpian 333.

Valdarnini 227 f., 229 f.
Vanini 388.
Vannetti 57.
Varro 88.
Vasari 199.
Vattel 311.
Vecchia (Paoli) 219.
Velardita 175 f.
Veniali 209.
Ventura 248, 251.
Vera 111 f., 113, 354 ff., 359, 374, 376, 407.
Verdi 198.
Verga 176.
Vico 57, 129, 149, 152, 157, 192, 195, 196, 249, 263, 267, 268, 269, 270, 273, 301, 302, 307, 308, 315 f., 323, 326, 335, 337, 339, 346, 355, 359, 371, 374, 375, 377, 382.

Villari (Pasq.) 160, 227, 359, 370, 374, 375, 377, 383.
Villibà 325.
Virgil 43, 71, 128, 131.
Visconti (Hermes) 17 f.
Vitriarius 311.
Vittoria (Franz) 278.
Vives 307.
Voltaire 135, 359.

Waitz 415.
Winckler 306.
Wolff 184, 270, 311, 315, 317.

Zanella 159 f., 162.
Zeiller 318. f.
Zeising 163.
Zeller (Ed.) 416, 418.
Zeno (Apostolo) 200.
Zeno (Stoicus) 331.
Ziegler 311.
Zingarelli 83 f., 198.
Zola 163, 176.
Zoncada 158.
Zorli 287, 288.

---

## Nachträgliche Druckberichtigungen zum vierten Bande:

SS. 5 u. 12: Canestrini statt Cannestrini.
S. 61, Anm. 1: Criticismo statt Cristicismo.
S. 95, Zeile 13: hinwegtäuschten statt hinwegtäuschte.
S. 102, Anm. 1: Vico's statt Vico.
S. 103, Zeile 11 von unten: aus dem statt als dem.
S. 112, Anm. 2: del Gottardo statt de Gottardo.
S. 128, Zeile 6 von unten: nicht so sehr statt nicht sehr.
S. 129, Zeile 10 von unten: von Gott und Welt statt vor Gott und Welt.
S. 136, Zeile 12: der nach Labanca statt nach Labanca der.
S. 180, Zeile 4 von unten: in welchen statt in welchem.
S. 182, Zeile 7: Cefarattl statt Cefarettl.
S. 218, letzte Zeile: Menschensein statt Menschen sein.
S. 242, Zeile 2: eucharistische statt aucharistische.
Im Namenregister Ferri Enrico 6 statt 182.

## Schriften desselben Verfassers über die italienische Philosophie des achtzehnten Jahrhunderts:

Giambattista Vico als Philosoph und gelehrter Forscher. Wien, 1881 (zweite Ausgabe).

Die Cartesisch-Malebranche'sche Philosophie in Italien: I. M. A. Fardella (Wien, 1883). II. Giac Sig. Gerdil (Wien, 1883).

Zwei philosophische Zeitgenossen und Freunde G. B. Vico's: I. Paolo Mattia Doria (Wien, 1886). II. Tommaso Rossi (Wien, 1886).

www.ingramcontent.com/pod-product-compliance
Lightning Source LLC
Chambersburg PA
CBHW032011300426
44117CB00008B/981